사회복지정책론

이광석 · 김순양 · 박순우

도서출판 대영문화사

머리말

선진국의 역사 발전을 살펴보면 국가의 발전은 발전국가로부터 민주국가로, 이어서 민주국가로부터 복지국가로 진행한다고 한다. 우리나라도 이 경로를 밟아서 이제는 민주국가가 확립되고 복지국가로 이행하고 있다. 복지국가로의 이행 과정에서도 복지 주체의 다양화를 특징으로 하는 복지다원주의로 변화하고는 있지만 아직은 국가복지가 중심이다. 이제는 제도나 프로그램과 같은 하드웨어적 복지로부터 국민의 복지 의식 증진과 이에 어울리는 행위와 같은 소프트웨어적인 복지로 바뀌어 갈 차례이다. 저자들은 이러한 견해에 입각해서 사회복지정책을 연구하고 강의해 왔으며, 우리나라의 복지와 관련된 기존의 연구들에 관심을 가져왔다. 그 결과 보완할 영역이 적지 않음을 느끼게 되었다.

베버리지 보고서(Beveridge Report) 이후에 복지 선진국의 흐름을 주의 깊게 관찰해 보면, 이들 국가의 사회복지정책이 포괄하는 영역이 우리나라에 비해 상당히 넓음을 알 수 있다. 즉, 우리나라의 사회복지정책은 전형적인 복지 영역에 한정되므로 새로이 나타나는 복지 현상을 이해하는 데는 한계가 있다. 이 책의 집필 목적은 이 흐름을 보완해서 서구의 시각인 사회정책(social policy)으로 복지를 보려 했다.

또 복지국가에도 다양한 형태가 있음은 널리 지적되어 왔으므로 한국 복지와의 적실성(relevance)을 고려해서 설명하려고 했다. 이런 관점으로 볼 때, 소규모 인구 수에 기초한 북유럽의 복지 체계가 우리의 복지에 잘 적용될지는 의문이다. 그 반대인 탈규제에 기초한 시장 중심의 복지 체계 역시 우리에게 적실한 것인지 의문이 든다. 이 책에서는 우리의 실정에 적합한 복지 체계의 탐색을 영국의 복지를 바탕으로 삼아서 논의했다. 그 까닭은 영국의 복지가 복지국가의 원형으로서 의미를 지니고 있으면서도 끊임없이 변화하는 흐름에 발맞추려 하는 과정이 시사하는 바가 크기 때문이다.

이 책의 특징은 사회복지정책을 다루는 많은 저서가 제도를 중심으로 서술하는 데 비해 이 책은 주제에 따라서 5편으로 구성했다는 데 있다. 제1편은 복지국가론이 주제이고, 제2편은 사회정책론을 다루었다. 제3편은 지방정부의 사회정책과 사회적 경제를 주제로 해서 이루어진 부분이다. 제4편은 영국의 사회정책을 다룬 글들을 모아 놓았고, 제5편은 복지정책의 미래를 논의했다.

제1편에는 5개의 장으로 구성되어 있는데, 제1장은 마셜(T. H. Marshall)의 시민권 이론 재해석으로 박순우 교수가 집필했고, 제2장은 복지국가 위기와 복지다원주의를 다룬 글로 김순양 교수가 서술했다. 제3장은 지속 가능한 복지국가와 시장의 역할에 대한 글로 김순양 교수가 논의를 전개했다. 제4장은 국가복지와 복지 모순에 대해 서술했는데 이광석 교수가 집필했다. 제5장은 유교적 전통과 복지국가를 주제로 다룬 김순양 교수의 글이다.

제2편은 4개의 장으로 이루어져 있는데, 제6장은 사회정책 과정 분석에서의 제도 개념을 다루고 있으며 김순양 교수가 집필했다. 제7장은 이데올로기와 개별 사회정책의 관계를 논의했는데 박순우 교수의 글이다. 제8장은 정책 편차의 개념 정립에 관한 논의로 이광석 교수가 집필했다. 제9장은 김순양 교수가 우리나라의 고도 경제 성장 시기의 사회정책 형성 체계 및 형성 과정을 설명했다.

제3편은 5개의 장으로 구성되어 있는데, 제10장은 지방복지의 개념 도입과 관점에 관한 연구로 이광석 교수가 집필했다. 제11장은 사회적 기업에 대한 정부 지원 시스템 구축 방안에 대한 논의로 김순양 교수가 집필했다. 제12장은 사회적 일자리와 성인지에 대해서 쓴 글로 이광석 교수가 집필했다. 제13장은 의료 분야에서 사회적 기업의 응용을 다루었는데 물리치료사를 중심으로 논의했고 이광석 교수가 집필했다. 이어서 제14장은 치매특별등급제도 운영에서의 지방정부 역할을 논의한 이광석 교수의 글이다.

제4편은 4개의 장으로 이루어져 있는데, 제15장은 영국 노동시장정책의 사회투자적 성과를 논의한 박순우 교수의 글이다. 제16장은 영국 공공주택정책의 정책 방향과 시사점을 다루었는데, 이광석 교수가 집필했다. 제17장은 갈등의 역동성과 NGO에 대한 글로 영국 구제역(foot and mouth disease: FMD)을 중심으로

논의했고 이광석 교수의 글이다. 제18장은 박순우 교수가 영국 사회투자국가의 성과와 과제를 아동정책을 중심으로 살펴본 것이다.

제5편인 제19장은 복지의 미래 방향으로 복지에서 인문학주의(人文學主義)의 도입을 촉구하는 현상학적 복지를 제시했는데, 이광석 교수의 글이다.

이 책이 학계와 실무종사자들 모두에게 널리 읽혀 우리나라 사회복지의 발전에 작으나마 기여하는 바가 있기를 기대한다.

2018년 8월
저자 일동

차 례

제 2 편 사회정책론

제 3 편 지방정부의 사회정책과 사회적 경제

제 4 편 영국의 사회정책과 시사점

제 5 편 복지정책의 미래

제 1 편

복지국가론

제 1 장

시민권 이론의 재해석

제1절 서 론

사회복지정책은 사회복지를 연구 주제로 하는 학문으로, 이 학문을 공부하기 위해서 반드시 익혀야 할 필요한 개념들이 있다. 그들은 사회복지, 사회악(social evils), 복지국가, 복지다원주의, 국가복지 등이 그것인데, 먼저 사회복지가 무엇인지 탐구해 본다.

사회복지란 두 가지 개념을 포괄하는데, welfare와 wellbeing이 그것이다. wellbeing이란 사람들이 얼마나 잘 지내느냐(how well people are)에 대응하는 개념으로 개인적 측면(human wellbeing)에 초점을 둔다. 이와는 대조적으로, welfare란 얼마나 일을 잘 해 내느냐(how well people do)에 대응하는 개념으로, wellbeing을 증진시키기 위한 제도적 장치(the systems by which wellbeing may be promoted)에 치중한다(Dean, 2006: 1－2). 따라서 사회복지정책은 사회복지를 발전시키려는 실제 행정이나 정책을 말한다.

표 1-1 사회복지정책이 다루는 영역과 범위

사회가 해결해야 할 사회악(five evils)

무지 (ignorance)	질병 (disease)	나태 (idleness)	비위생 (squalor)	결핍 (want)
이를 해결하기 위해서 의무교육제도를 도입한다 (up to age 15, free education).	이를 해결하기 위해서 국민보건의료 서비스를 도입한다 (National Health Service free at the point of use).	이를 해결하기 위해서 국가는 완전고용의 책무를 진다 (state commitment to securing full employment).	이를 해결하기 위해서 공공임대주택 제도를 도입한다 (public housing for all citizens to rent).	이를 해결하기 위해서 국민연금제도를 도입한다 (national insurance benefits for all in need).

구체적으로 말하면 wellbeing이 개인적 차원을 의미한다면 종교나 윤리·도덕의 주제가 될지언정 사회복지정책의 주제는 되지 못한다. wellbeing이 사회복지정책의 주제가 되기 위해서는 사회적이라야 한다. 즉, social wellbeing이라야 하는데, 이를 다른 말로 사회적 행복(social happiness)이라고도 한다. 이 사회적 행복을 증진시키기 위해서 먼저 사회악(social evils)을 제거해야 한다. 베버리지 보고서(Beveridge Report)에 따르면 사회를 발전을 가로막는 다섯 가지 사회악이 있는데, 이를 극복하기 위한 정책이 사회복지정책이다. 그 포괄하는 영역과 범위는 의료(healthcare), 교육, 주택, 고용 및 사회보장(social security)이 된다. 이를 알기 쉽게 나타내면 <표 1-1>과 같다.

결핍을 극복하기 위한 사회보장정책은 소득보장과 사회복지 서비스(최근에는 사회 서비스라는 용어가 일반적이지만)를 포괄한다. 소득보장 속에는 사회보험, 공공부조 및 사회수당제도가 있다. 사회보험이란 일정한 기여(contribution)를 전제로 한 수혜를 의미하며, 이 속에는 연금제도, 건강보험제도, 고용보험제도, 산재보험제도, 장기요양보험제도가 있다. 연금제도에 속하는 제도에는 국민연금제도, 공무원연금제도 및 사학연금제도 등이다. 한편 공공부조란 기여를 전제하지 않고 자산조사(means-test)를 전제하므로 낙인(stigma)이 중요한 문제로 등장한다. 사회수당이란 사회보험 및 공공부조의 중간적 성격의 현금급여를 말하는데, 아동수당 등이 대표적이다.

복지국가는 국가에 의한 복지의 제공(the provision of social welfare through institutions of the state)을 중심으로 하는 국가 형태를 일컫는데, 국가 안에서의 계급 갈등을 방지하고 국민 통합을 이루어 내었다고 평가받고 있다. 그럼에도 복지국가는 국가가 주도적으로 복지를 제공하다 보니 국가의 역할이 지나치게 증대했다는 비판을 받고 있는데, 이를 과부하(過負荷, state overloaded) 현상이라고 한다. 달리 표현하자면 국가 중심의 복지 공급은 다른 복지 공급자의 역할을 억제했다는 비판으로, 이를 시정하기 위해 등장한 개념이 복지다원주의이다. 즉, 국가가 제공하는 복지 공급을 재조정해서 가정과 같은 비공식적 영역이나 자발적 영역, 시장(private market) 등에서 제공하는 복지의 공급도 나름의 역할을 하도록 함을 의미한다(Coffey, 2004).

사회복지정책의 발전은 야만사회로부터 문명사회로의 발전이라는 함축을 지니고 있다(Dean, 2006: 13-19). 이 문명사회(civilization)로의 발전은 시민권(citizenship)과 밀접히 관련되어 있다. 따라서 시민권 이론을 설명하고 이를 재해석할 필요가 있다.

1949년 토머스 마셜(Thomas Humphrey Marshall)이 시민권 이론(citizenship theory)을 제시한 이후 사회과학계는 국내·외를 막론하고 지속적인 관심을 보여왔다. 오늘날 사회정책을 연구하는 거의 모든 학자가 직·간접적으로 시민권, 특히 사회권을 논의의 중심 주제로 채택하고 있으며(Esping-Andersen, 1990: Turner, 1993; Rees, 1996), 영국의 경우는 매년 '마셜 기념강연회'가 개최되고 있을 정도이다. 한국 사회에서도 1980년대 이후 사회학, 정치학, 그리고 사회정책학 등에서 이 이론에 대한 관심이 지속적으로 표현되고 있다(김형식 편, 1998; 김영란, 2002; 안치민, 2003). 이러한 경향은 시민권 이론이 한편으로 지나치게 규범적이라는 비판을 받음에도 불구하고 사회과학계의 중요한 담론으로 자리 잡았음을 증명한다.

토머스 마셜에 의해 제기된 시민권 이론은 경제학자 앨프리드 마셜(Alfred Marshall)의 질문에 답하려는 의도에서 연구된 것이라 한다(George & Pinker, 1995: 104). 알프레드 마셜의 질문이란 "최소한도의 직업을 제공함으로써 '모든 사람이 젠틀맨(gentleman: 신사)이 되도록 할 수 있음'이 증명될 수 있는가?" 하는 질문이다. 이를 토머스 마셜은 '모든 사람이 시민이 되도록 할 수 있음'으로 바꾸어 대답하려 했다. 시민권이란 공동체의 일원으로 받아들이는 것으로 여기에는 세 가지의 요소가 있다. 그들은 공민권, 정치권 그리고 사회권을 말하는데, 이에 관한 자세한 것을 도표로 작성한 것이 <표 1-2>이다.

표 1-2 마셜의 시민권 이론

	제1단계(1st stage)	제2단계(2nd stage)	제3단계(3rd stage)
시민권(citizenship)	공민권(civil right)	정치권(political right)	사회권(social right)
관련 제도 (Institutions associated)	법원(court of justice)	의회/지방정부 (parliament/councils of local government)	교육제도/사회 서비스 (educational system/ social services)
발전 시기 (Historic Review)	18~19세기	19~20세기	20세기

자료: George & Page(1995); Baldock et al.(2003:71-77).

하지만, 이제까지 이 이론에 대한 논의는 주로 마셜의 초기 저작인 『시민권과 사회계급(*Citizenship and Social Class*)』의 내용을 중심으로 진행되어 왔으며, 위의 세 가지 권리 중 사회권에만 배타적 초점을 맞추는 경향이 있었다. 이 결과 크게 두 가지 문제가 발생했다. 첫째는 사회권(social rights)에 논의의 초점을 맞추다 보니 다른 두 권리, 즉 공민권(civil rights)과 정치권(political rights)을 당연한 것으로 간주하는 경향이 있었다. 정치권에 대한 논의를 배제한 채, 현재의 복지제도를 평가하기 위한 준거 틀로서 사회권만을 논한 것이다(박순우, 1995). 환언하면, '사회권'이라는 수사(rhetoric)에 매료되어 사회정책 연구를 '완전한 시민권(full citizenship)'이라는 전체적 틀 속에서 조망하지 못한 것이다. 하지만, 한 사회가 현시점에서 보이는 복지적 특색을 좀 더 포괄적으로 이해하기 위해서는 지금까지 그 사회가 경험해 왔던 정치·경제·사회적 역사를 고려해야 하며, 이러한 역사적 고려가 공민권과 정치권의 발달을 논하는 작업으로 이해될 수 있다. 아쉽게도 시민권을 언급한 거의 대부분의 문헌은 국내·외를 막론하고 이 점을 간과하고 있다.

두 번째 문제는 시민권 이론에 대한 학자들의 논의가 위에서 언급한 한 편의 초기 저술을 중심으로 이루어진 결과 시민권의 권리, 특히 사회권의 내용들이 변화되었음을 직시하지 못하고 있다는 점이다. 이 결과, 시민권 이론은 지극히 규범적인 이론으로 '오해'받고 있으며, 이러한 오해 역시 국내·외를 막론하고 보편적으로 나타나고 있다(안치민, 2003). 하지만 실제로 시민권 이론은 1949년 이후 변화했다. 이러한 변화는 한편으로 마셜 자신의 생각 변화에 의해서, 다른 한편으로는 마셜 이후 학자들에 의해 진행되고 있다.

이 장에서는 이러한 변화를 고찰하고 학자들의 오류를 수정함으로써 지금까지 제한적으로 해석되어 온 시민권 이론에 대한 이해의 폭을 넓히고자 한다. 이를 위해, 첫째로 초기 규범적 시민권 이론에서 보이는 시민의 권리에 기반을 둔 국가복지주의는 서비스 공급 주체의 다원화를 특징으로 하는 복지다원주의로 변화한 사실을 밝힌다.

둘째, 이러한 이해의 오류로 인해 대표적으로 나타나는 문제 중 하나가 마셜과 시민권 이론을 사회민주주의 이데올로기에 편입시키는 현상이다. 여기에서는 이러한 점을 수정하고자 한다.

셋째, 시민권 이론의 변화에 가장 핵심적인 영향을 미친 것은 제2차 세계대전 후 복지환경의 변화이다.

마셜의 시민권 이론의 변화는 이러한 환경 변화를 반영하는 '성찰적(reflective)' 모습을 띠고 있다. 따라서 이 이론을 단순한 지나치게 규범적인 이론으로 치부하기보다는 오늘날에도 여전히 유효한 이론으로서 적용될 수 있음을 밝히고자 한다.

결국, 이러한 논의를 통해 시민권 이론이 '정적인' 이론이 아닌 '동적인' 이론이며, 전체 체계로서 시민권 이론에 대한 이해는 초기 시민권 이론과 후기 시민권 이론 양자를 종합적으로 이해해야 된다는 점을 지적하고자 한다.

제 2 절 '정적인' 시민권 이론과 몇 가지 오해

정적인 시민권(static citizenship)[1]은 우리가 일반적으로 이해하고 있는 것으로서 공민권, 정치권, 사회권으로 구성되어 있다. 혹자는 시민권의 역사를 고대 그리스의 민주정치 체제로부터 도출하고 있지만(Habermas. 1994; Oliver & Heater, 1994), 우리가 논하는 마셜의 시민권 이론은 국민국가의 형성 및 복지국가의 역사적 발달과 궤적을 같이한다(Bendix, 1964).

주지하다시피, 공민권(civil rights)은 18세기 형성되었으며, 인간의 가장 기본권적인 성격인 자유권을 핵심으로 한다(Marshall, 1963: 74). 이는 영국 사회에서 산업혁명을 통해 봉건주의 체제가 붕괴되고 자본주의 시대가 도래하던 시기임과 동시에, 과거 자발적 공동체들(예를 들어, 길드 및 우애조합 등) 및 신흥 부르주아 계급이 시민혁명을 통해 근대적 시민사회를 형성해 나가는 시기이다. 이러한 맥락에서 볼 때, 공민권 중 '계약 체결의 자유' 및 '사유재산권'은 자본주의적 생산양식의 성장을 기능하게 했던 권리적 기반이었다. 이와 더불어, 공민권의 또 하나의 축인 '법 앞의 평등' 및 '언론, 출판, 집회, 결사의 자유'는 근대적 시민계급, 시민사회가 발전할 수 있는 발판이었다. 마셜이 직접 언급하지는 않았지만, 이러한 사회의 두 갈래 분화 과정을 공민권이라는 하나의 용어로 설명하고자 했다. 이러한 인식 때문에 마셜은 공민권 시기의 대표적 사회정책 프로그램이었던 빈민법을 억압적 성격에도 불구하고 신랄하게 비판할 수 없었을 것이다(Marshall, 1965: 19-20).

정치권(political rights)은 19세기에 발달한 권리로서 마셜은 이를 "한 사회의 성원으로서 투표할 수 있는 권리뿐만 아니라 대의기구에 선출될 수 있는 권리"라고 정의한다(Marshall, 1963: 74). 이 권리는 공민권의 확대를 통한 자본주의의 발달이 탄력을 받기 시작하던 18세기까지는 소수의 몇몇만이 누리던 '집단독점'의

1) 이 용어는 이 책에서 처음 사용하는 것이며, 따라서 조작적 개념 규정이다. '정적'이란 표현은 1949년 시민권 이론이 최초로 제시된 이후 학계에서 일반적인 범주에 따라 이해하는 시민권 이론을 지칭하는 개념이다. 따라서 이 이론이 복지국가를 둘러싼 환경 변화와 더불어 변천, 수정되어 온 과정을 간과한 채 마셜의 초기 저작, 그중에서도 특히 『시민권과 사회계급(*Citizenship and Social Class*)』(1950)을 중심으로 논의되는 현상을 지칭한다.

상대에 있었다. 즉, 교육을 받고 세금을 납부할 능력이 있을 정도의 재산을 가진 소위 '젠틀맨(gentlemen)'에게만 주어진 권리였다(Marshall, 1963: 80). 하지만 자본주의의 발달과 함께 성장한 노동자 계급은 자본주의 체제가 생성해 내는 구조적 문제의 피동적 대상자로서 남아 있기를 거부하고, 이미 획득된 언론의 자유와 집회 · 결사의 자유를 통해 이의 해결 방안을 모색하게 된다. 19세기에 걸쳐 유럽에서 광범위하게 나타난 노동자 계급의 집단적 움직임과 신흥 부르주아 계급의 사회개혁운동은 이러한 이해관계의 표출이었으며, 정치권의 대중화는 당시 사회운동의 대표적 의제였다(Moore, 1967). 이러한 의미에서, 마셜이 19세기 영국을 중심으로 논했던 정치권의 확대는 단순한 선거권, 피선거권의 개념을 넘어 민주주의의 발달로 이해되어야 한다(박순우, 1995: 74).

사회권(social rights)은 자본주의 및 시민사회 성장의 토대였던 공민권과 민주주의의 확대를 가능케 했던 정치권의 변증법적 상호작용의 결과이다. 20세기에 확립된 이 권리는 "적정 수준의 경제적 복지로부터 사회적 유산을 공유하고 그 사회의 보편적 기준에 따라 문명화된 삶을 살 수 있는 권리"이며, 이를 현실화시키는 사회제도는 "교육과 사회복지 서비스"이다(Marshall, 1963: 74). 좁은 의미에서 볼 때, 사회권은 공동체의 멤버십과 성원들 간의 기능적 유대를 통해 확립될 수 있지만, 그 범위를 확대한다면 사회권의 확보는 국가의 시장 규제를 통한 적정 수준의 경제적 복지의 보장 및 사회보장 프로그램을 통해 실현된다(Flora & Alber, 1981: 40).

마셜은 위의 세 권리가 모두 갖추어진 20세기 사회를 '완전한 시민권(full citizenship)'이 확립된 사회로 보았으며, 모든 시민이 문명화된 삶을 살 수 있도록 최저한의 생활 수준을 보장해 주는 근대적 복지국가를 구체적인 사례로 제시했다. 상이한 권리의 확대에 기초해서 인류 역사 및 복지국가의 발달을 설명하고 있는 마셜의 이론은 자선과 박애에 기초해서 빈민을 대상으로 삼았던 기존의 복지에 대한 인식을, 권리 개념에 기초해서 전 국민을 대상으로 한 보편적 복지라는 패러다임으로 전환시켰으며, 여기에는 국가의 1차적 책임이 강조된다는 사실을 지적했다는 점에서 가장 큰 의의를 찾을 수 있다.

하지만 세 가지 권리의 발달 과정을 통한 역사 인식 방법에는 심각한 문제점이 발생한다. 마셜의 표현을 빌리자면, 시민권의 발달 과정은 한 사회 내에서 '지역 간 차별성이 좁혀지고(geographical fusion)', '기능적 분화(functional separation)'가 진행되는 과정이다(Marshall, 1963: 75). 환언하면 시민권 이론은 보수주의적이고 자유주의적인(whiggish) 역사 인식을 전제로 한 근대화론의 일부인 것이다(Flora & Alber, 1981; Pierson, 1998: ch. 1; Gladstone, 2003: 25-26, 29). 이러한 역사적 이해는 결국 크게 두 가지 문제를 발생시킨다. 첫째는 시민권의 발달, 특히 정치권 및 사회권의 발달에서 중요한 원인인 '사회적 갈등'이 배제되었다는 점이다. 위에서 밝힌 바와 같이 사회권 확립의 배경에는 자본과 노동의 사회적 합의가 있었으며, 갈등 관계에 있는 양 집단이 합의점에 도달하기까지는 노동자들의 끊임없는 투쟁이 있었다. 19세기 유럽을 휩쓸었던 노동운동이 이를 충분히 설명한다. 두 번째는 사회권이 확립된 20세기가 인류 역사 혹은 최소한 시민권 발달의 마지막 단계로 이해된다는 점이다.[2] 마치 대니얼 벨(Daniel Bell)의 '이데올로기의 종언'이나 후쿠야마(Francis Fukuyama)의 '역사의 종언'과 같은 인식이 내재되어 있는 것이다.

위의 문제 중 첫 번째는 단순히 시민권 이론에 국한되어 나타나는 문제가 아니라 근대화론 일반에서 공통적으로 발견되는 약점이라고 할 수 있다. 결국 시민권 이론에 초점을 집중시킨다면 더 큰 문제로 대두되는 것은 두 번째의 것이다. 즉, 시민권의 세 가지 권리 확대와 인류 발달을 결부시켜 이해하면, 20세기에 이르면 마셜의 시민권 이론 자체에 대한 논의도 끝나는 것처럼 이해될 수 있다. 물론 시민권 이론이 서구 학계에 등장한 이후 다양한 측면에서 비판이 있어 왔다. 여기에서 이야기하고자 하는 것은 1949년 시민권 이론을 최초로 제기한 이후 마셜 스스로 이 이론에 대한 정교화의 노력을 기울였음에도 불구하고, 학자들은 이 부분에 대한 관심을 소홀히 했다는 점이다. 이 결과 마셜의 시민권 이론에 대한 오늘날의 논의 혹은 비판은 최초에 제시된 아이디어만을 중심으로 협소하게 진행되는 문제를 낳고 있다. 시민권 이론이 여전히 복지의 국가책임주의라는 생각과 결부되는 것이 한 사례이며(Harris, 1987; Twine, 1994), 다른 한 사례는 이데올로기의 스펙트럼 위에서 시민권 이론의 위치가 심각히 오해되고 있다는 사실이다. 결국, 시민권 이론에 대한 제한된 이해가 전체 체계로서 이를 이해하는 데 어려움을 안겨 주고 있다.

---

2) 이 외 시민권 이론에 대한 좀 더 구체적인 비판은 Mishra(1981: ch.2)를 참조할 것.

시민권 이론이 여전히 국가책임주의에 고착해 있는가의 문제는 아래에서 제시될 '동적인' 시민권 이론에서 다룬다. 이에 앞서 시민권 이론에 대한 또 하나의 대표적 오류인 이 이론의 이데올로기상의 위치 설정의 문제를 먼저 살펴본다.

제 3 절 시민권 이론의 이데올로기

지금까지 다수의 학자는 마셜의 시민권 이론, 특히 사회권이 이데올로기적으로 스칸디나비아 국가들 그룹에서 발견되는 사회민주주의와 유사한 성격을 갖는다고 주장한다(Esping－Andersen, 1990; Moon, 1988; Mouffe, 1988; 김영란, 2002). 널리 알려진 바와 같이 대표적인 사회민주주의 학자인 에스핑－앤더슨(Gøsta Esping－Andersen)은 서로 다른 모습의 복지국가들을 유형화하면서 그 중요한 기준으로 '탈상품화(decommodification)'의 개념을 제시했다. 그리고 이 개념을 마셜의 사회권과 밀접하게 연관시킨다. 그에 따르면, 탈상품화란 '개인 혹은 가족이 시장 참여의 여부에 관계없이 사회적으로 수용 가능한 생활 수준을 영위할 수 있는 정도'를 의미하며(Esping－Andersen, 1990: 37), 이것이 개인의 사회권 확립을 위한 핵심 조건이라고 보았다.

> "사회권의 명확한 기준은 이를 통해 사람들이 순수한 시장 세력에 의존하지 않고 독립적으로 자신의 생활을 영위할 수 있도록 허락받는 정도이다. 이러한 의미에서 사회권은 상품으로서 시민의 지위를 완화시킨다. …… 재산이라는 법적·실제적 지위에 사회권이 추가되고, 그러한 권리가 신성불가침으로 보장되며, 수행 능력보다는 시민권에 기초해서 보장된다면, 이는 시장에 대한 개인의 탈상품화를 수반함을 의미한다"(Esping－Andersen, 1990: 21).

이러한 기준에서 그는 탈상품화의 정도가 높은 사회민주주의형 복지국가가 사회권을 가장 확고히 보장해 준다고 보았다. 사회민주주의와 마셜의 사회권을 이데올로기 스펙트럼(spectrum)상에서 동일한 지점에 위치시키는 것은 올바른 판단인가?

위에서 논의한 지금까지의 내용을 종합적으로 고려해 볼 때, 이 질문에 대한 답은 회의적일 수밖에 없다. 먼저 원론적인 수준에서 볼 때, 이들 양자 사이에는 복지 프로그램에 대한 인식의 차이가 발생한다. 사회민주주의자들에게 복지란 사회적 평등을 가져오는 수단이자 그들의 최종 목적지인 사회주의로 가는 출발점이었다. 영국의 대표적 사회민주주의자인 크로스랜드(A. Crosland)는 복지국가의 확대를 통해 영국은 사회주의적 이상에 좀 더 가까워지고 있다고 생각했다(Crosland, 1964: ch. 2). 하지만 마셜의 생각은 달랐다. 복지의 확대를 통한 사회권의 확립이 사회적 평등 달성에 기여할 수 있음을 인정했지만, 이것이 사회주의의 도래를 가져올 것이라고는 전혀 기대하지 않았다. 현대 국가를 '민주－복지－자본주의(democratic－welfare－capitalism)'의 세 가지 핵심 요소로 특징지으려 했던 노력에서 보듯이(Marshall, 1972: 32), 그에게 자본주의는 유지되어야 할 필수 제도였으며, 사회권은 궁극적으로 이 필수 제도가 사회주의로 이양되는 것을 저지하는 방어벽이었다. 그는 실제로 다음과 같이 주장한다.

> "광범위한 영역에서 경제적 자유가 보장되지 않는 사회는 민주주의적 자유도 유지하기 어려우며, 부의 생산과 재분배를 효율적으로 이루어 낼 수 있는 것은 경쟁시장에 의해 제공되고 표현되는 유인(incentives)의 기제이기 때문에, 나는 복잡한 현대 사회에서 다른 방법은 불가능하다고 확신하는 사람 중의 한 명이다"(Marshall, 1981: 135).

사회학자로서 마셜에게 평생의 과업은 동등한 지위라는 사회주의적 요소가 계급불평등이라는 자본주의적 요소와 결부되었을 때, 이들 양자가 어떻게 서로 조화롭게 공존할 것인가의 해답을 찾는 것이었다. 사회민주주의자들에게 전후 복지국가의 태동은 사회주의 사회로 향하는 긴 여정의 출발점이었지만, 마셜에게 이 시기는 지난 300여 년간 시민권이 걸어온 긴 여정의 끝이었다. 결론적으로, 마셜과 에스핑－앤더슨은 이데올로기 스펙트럼상에서 동일한 지점에 서 있지 않다.

이러한 맥락에서 볼 때 마셜은 자유주의자라고 진단할 수도 있다. 몇 가지 증거는 이러한 생각을 뒷받침해 준다. 첫째, 개인사적 측면에서 볼 때 그는 성공한 건축가의 네 번째 자녀로 태어나서 전형적인 영국 상류층의 문화를 누리며 성장했다. 이러한 성장 배경은, '처음 대학에 들어갔을 때 노동계급 출신의 학생들과 자신이 동등한 학생 신분에서 수업을 받고 있다는 사실에 충격을 받았다'는 스스로의 고백에서 보듯이(Marshall, 1973: 399), 그의 인생 전체에 상당한 영향을 미쳤을 것이라고 짐작할 수 있다. 물론 그의 이데올로기의 지향점은 사회학자로서 길을 걷기 시작하면서 달라진다. 예를 들어 그는 1962년 총선에서 노동당의 후보로 출마할 만큼 이데올로기의 변신을 보여 준다(Halsey, 1984: 3). 하지만, 이러한 유년기의 경험은 마셜의 내면에 잠재의식으로 자리 잡혔을 것이며, 자본주의 체제 유지에 필요한 생명력으로서 시민의 권리 발달을 이해하도록 유도했을 것이다.

둘째, 시민권 이론으로 초점을 옮겨가면 마셜의 이러한 자유주의적 성향은 더욱 명확히 드러난다. 즉, 좌파 학자들과 달리 그는 시민권 획득의 전제 조건으로서 시민들이 다양한 사회적 의무를 이행할 것을 요구하고 있다.[3] 여기에서 저자가 주장하는 것은 마셜이 제시하는 의무의 내용이 아니라, 그의 사회 인식 방법이다. 그의 의무론은 전통적 자유주의자들이 주장하는 시민 혹은 국가의 의무와 근본적인 차별성을 보인다. 자유주의자들이 일차적으로 관심을 보이는 것은 시민권과 공민권 보장을 위한 국가의 불간섭 의무이다. 따라서 이를 통해 보장되는 권리는 본질적으로 '소극적 자유(freedom from)', 즉 다양한 종류의 간섭으로부터 자유를 의미한다. 생존의 권리는 살해당하지 않을 권리이며, 표현의 자유에 대한 권리는 침묵이 아닌 말할 수 있는 권리이다. 신체적 보존 및 안전의 권리는 공격, 강간 및 다양한 억압으로부터 자유로울 권리이다. 이러한 권리는 특별한 간섭으로부터 자유로울 권리이기 때문에 동료 시민, 정부, 사회기관은 살해, 간섭, 강간, 억압 등을 삼가야 하는 의무를 갖는다(Plant, 1992: 18). 전통적 자유주의자들과의 차이를 간단히 말하면, 마셜의 의무론이 시민의 적극적 의무를 강조한다면, 전통적 자유주의자들의 의무는 국가의 소극적 의무를 강조한다. 그러나 이러한 의무 내용의 차이점에도 불구하고 각 시민이 사회의 독자적인 성원으로서 자신을 유지시킬 의무가 있다는 원칙을 독특하게 적용하고 있다는 점과, 이러

3) 여기에는 납세, 사회보험 기여, 병역, 가족 성원의 교육, 공동체의 복지 증진 등이 포함된다. 이에 대한 구체적 논의는 마셜(Marshall, 1963: 73, 117, 122-4)을 참조하라.

한 의무 체계가 시민권의 도덕적 기반임을 믿고 있다는 점은 의무 이행을 권리 보장과 등가물로 제시하는 자유주의자들에게 전형적으로 나타나는 사회 인식 방법이라 할 수 있다(Harris, 1987: 160).

하지만, 마셜의 의무론에서 제시되는 구체적 의무의 내용들을 살펴보면 그가 반드시 자유주의자라고 단언(斷言)할 수 없다. 그의 적극적 의무론은 전통적 자유주의자들의 한계를 뛰어넘는 내용을 가지고 있다. 또한 지위의 평등이라는 시민권적 원리를 통해 계급불평등으로 대변되는 자본주의 체제에 일정 정도의 수정을 가하려 했다는 사실은 그가 순수한 자유주의자가 아님을 보여 준다. 아래에서 밝히겠지만, 그가 선택한 복지다원주의는 자유주의 혹은 사회민주주의의 추구라는 단순한 이분법적 입장을 떠나 중도의 길을 택한 것이다(Pinker, 1991). 이러한 맥락에서 마셜을 '소극적 집합주의자'로 분류하는 조지와 윌딩(George & Wilding, 1985)의 처방은 옳다. 결국 마셜을 이데올로기 스펙트럼의 왼쪽 혹은 오른쪽 어느 한 부분에 배타적으로 치우쳐 위치시키는 것은 오류이며, 이러한 오류 역시 그에 대한 연구가 지금까지 피상적으로 진행됨으로써 발생한 하나의 결과라고 할 수 있다.

제 4 절 마셜의 생각 변화와 '동적인' 시민권 이론[4)]

마셜(1893~1981)은 일반적으로 사회학자로서 알려져 있지만, 그의 학문적 경력의 출발점은 역사학이다. 케임브리지대학교에서 영국의 경제발달사와 중세 사회사에 대한 고찰이 그의 학문적 시작이었다. 그의 고백에 따르면(Marshall, 1973: 400), 대학생활에서 그에게 가장 큰 영향을 준 두 명의 스승이 있었는데, 한 명은 클래팜(John Clapham), 다른 한 명은 랍슬리(Gaillard Lapsley) 교수였다. 클래팜

4) 동적인 시민권(dynamic citizenship)이란 용어 역시 조작적 개념 정의를 통해 규정되었다(각주 1. 참조). 이는 '정적인' 시민권과 상반된 개념으로서, 시민권 이론이 기본 전제에는 변함이 없지만 1950년대 이후 사회 환경의 변화 맥락을 반영하면서 새롭게 발전되어 왔음을 언급하기 위해 사용된다.

교수는 19세기 영국의 전형적인 중산층 가정에서 성장한 마셜에게 영국의 경제사를 이해하기 위해서는 일반 서민들의 생활을 먼저 이해해야 된다는 점을 인식시켜 주었으며, 랍슬리 교수는 사회구조를 어떻게 이해해야 할 것인가에 대한 가르침을 주었다고 회상하고 있다. 결국 마셜은 사회학자의 길로 들어서기 전에 역사사회학자로서의 수련 기간을 거쳤으며, 이러한 학문적 배경이 시민권 이론을 세 가지 권리 발달에 따라 역사적으로 이해하려는 데 일조했다.

이러한 역사사회학적 인식 외에 마셜의 시민권 이론에 영향을 준 다른 요인이 있다. 여러 가지 학문적 · 사상적 요인이 있겠지만, 이러한 요인들을 추적할 수 있는 한 가지 단서로서 시민권 이론이 경제학자인 앨프리드 마셜(Alfred Marshall)의 기념 강연을 통해서 최초로 제기되었다는 사실이다. 즉, 사회학자인 토머스 마셜은 경제학자인 앨프리드 마셜의 학문적 영향을 받아서 시민권 이론 속에 이를 상당히 포함시켰다. 그 보기로서, 경제학자 마셜은 일반 시민의 계몽화(enlighterment)와 부르주아화(embourgeoisement)를 위해 교육과 노동의 경험이 중요함을 역설했던 학자이다. 그는, "기술의 진보와 교육의 확대 그리고 노동 시간의 단축을 통해 젠틀맨(a gentleman)[5]이 주류를 이루는 사회가 도래할 것이며, 이러한 사회에서 장시간의 노동은 금지되고 모든 시민은 젠틀맨의 지위를 위협하는 직업으로부터 자유로울 것이다"라고 주장한다(Halsey, 1975: 11). 이러한 종류의 주장은 다른 곳에서도 역시 발견되는데, "영혼 파괴적인 육체노동의 시간을 줄이고 교육 및 문화적 기회를 확대함으로써, 사회계급으로 인한 효과는 사라지고 합의와 협력에 바탕을 둔 새로운 형태의 사회가 나타날 것이다"(Pinker, 1995: 104)라는 주장이다. 사회학자 마셜이 사회권을 실현하는 두 가지 핵심 사회제도 중 교육을 강조한 것은 결국 경제학자 마셜의 영향을 받았기 때문이라고 할 수 있다.

경제학자 마셜 외에 시민권 이론에 영향을 준 다른 대표적 사회사상가를 들자면 레너드 홉하우스(Leonard Trelawny Hobhouse)일 것이다. 그는 『자유론(*Liberalism*)』에서 다양한 종류의 자유가 역사 발달 과정에서 개인들에게 주어졌다고 주장한다. 이러한 자유에는 기본권적 자유권(civil liberty), 재정적 자유

5) 여기서 말하는 'gentleman'이란 오늘날 우리가 흔히 지칭하는 '신사'의 개념이 아니라 일정 정도의 재산을 소유하고 있으며, 교육을 받은 부르주아 계급을 의미한다. 마셜의 시민권 이론에 따르면 19세기에는 공민권과 정치권을 소유한 소수의 인구집단이 여기에 속했으며, 이들만이 시민으로서의 배타적 권리를 소유했다(본문의 정치권 부문 참조).

(fiscal liberty), 개인적 자유(personal liberty), 사회적 자유(social liberty), 경제적 자유(economic liberty), 국내에서의 자유(domestic liberty), 인종적 · 국민적 자유(racial and national liberty), 국제적 자유(international liberty), 정치적 자유(political liberty), 그리고 마지막으로 대중주권주의(popular sovereignty) 등이 열거된다(Rees, 1996: 8). 홉하우스가 제시한 이러한 자유의 종류는 사실상 마셜이 제시한 사회권의 세 권리의 모든 범주를 포괄한 것이다. 다만 이들 두 학자 간의 차이점이라면, 홉하우스는 이러한 역사적 발달 과정을 개인적 자유의 확대로 인식한 반면, 마셜은 권리의 확대로 바라본 것이다.

이러한 영향 하에서 마셜은 시민의 동등한 지위와 권리의 개념으로 특징지을 수 있는 사회를 시민권 이론에 기초해서 구상했다. 위에서 언급한 바와 같이, 현대 사회의 모든 성원은 시민으로서 궁극적으로 개인적 자유, 정치적 참여, 경제적 복지 및 보장을 누릴 수 있을 것이라고 생각했다. 그뿐만 아니라, 시민권의 확립을 통해, 현대 자본주의 사회의 사회계급 제도가 발생시키는 불평등을 수정할 것이며, 균등한 소득은 아닐지라도 균등한 권리에 기반한 사회가 도래할 것이라고 믿었다. 그의 표현을 빌리자면, "시민권은 건물의 최저층의 높이를 높여 전체의 모습을 바꿀 수 있으며, 심지어 고층빌딩(skyscraper)을 방갈로(bungalow)로 변화시킬 수 있다"(Marshall, 1963: 110−110). 자본주의 사회를 도심의 건물에 비유하면서 시민권의 확대가 불평등한 자본주의 사회를 좀 더 평등한 사회로 변화시킬 수 있을 것이라고 믿었다.

하지만, 시민권 이론에 대한 마셜의 초기 생각은 고정되어 있지 않았다. 시민권 이론이 처음 제기된 이후 사회적 변화는 그로 하여금 이 이론을 좀 더 보완 · 수정하도록 요구했다. 이는 원래의 시민권 이론이 새로운 개념의 시민권 이론으로 변화되는 과정이었다. 이러한 맥락에서 리스(Rees, 1995)는 우리가 일반적으로 이해하는 사람과 다른 마셜이 있다고 주장한다. 마셜의 초기 생각은 변했으며, 그렇지 않았더라면 오히려 이상했을 것이다.

마셜의 생각이 변화 혹은 정교화했다는 증거는 그의 초기 저작 『기로에 선 사회학(*Sociology at the Crossroads*)』(1963)에 실린 글과 후기 저작 『복지권(*The Right to Welfare*)』(1981)에 실린 글들을 비교해 봄으로써 찾을 수 있다. 첫 번째 증거는 두 저작에서 상이하게 제시되는 권리의 개념화로부터 시작한다. 초기 저작에 실린 『시민권과 사회계급』(1950)에서, 그는 권리 특히 사회권을 '적정 수준의 경제적 복지 및 보장에 대한 권리'라고 비교적 단순하고 추상적인 방법으로 규정하고 있다. 다음의 인용문에서 보듯이 권리에 대한 공식적 개념 규정은 보이지 않는다.

> "서비스 형태로 제공되는 급여 속에서 시민의 권리는 명확하게 규정될 수 없다. (개념적 요소보다는) 질적인 요소가 훨씬 더 크기 때문이다. 법적 강제력이 있는 적정 수준의 권리를 부여받을 수는 있다. 하지만 시민들에게 좀 더 중요한 문제는 합법적 기대(legitimate expectations)라는 상부 구조이다. …… (권리에 대한 명확한 개념 규정보다) 훨씬 더 어려운 문제는 몸이 불편한 시민이 적절한 치료를 받도록 하는 것이다. 이러한 관점에서 하나의 정책을 즉각적으로 실천에 옮기는 것보다는 법률을 통해 입법화하는 것이 더 중요하다고 할 수 있다. 입법화란 언젠가 실천될 정책을 미리 선언하는 성격을 갖는다고 할 수 있기 때문이다"(Marshall, 1963: 118).

두 가지 중요한 질문이 위의 인용구를 통해 제기된다. 첫째, 마셜은 특정의 서비스에 대한 자격이 법적 강제력을 통해 보장되지 않으면 권리도 없다는 전통적인 권리의 개념에 충실했는가? 둘째, '합법적 기대'라는 개념을 통해 그가 의도하고자 했던 바는 무엇인가? 마셜은 이에 대한 답변을 자신의 후기 저작에서 제시하고 있다.

『복지권(*The Right to Welfare*)』(1981)의 한 장을 이루는 복지권에 대한 후기(After Thought on the Right to Welfare)에서 마셜은 권리의 위계 체계(hierarchy)를 구축한다. 위계 체계의 최상부는 엄격하게 규정되고 법적 강제력을 가진 권리가 차지한다. 두 번째 위치를 차지하는 권리는 한 개인의 요구가 현재의 정책 범위 내에서 자유재량을 통해 평가될 수 있도록 보장받는 권리이다. 세 번째 위치를 차지하는 것은 합법적 기대로서, 이는 하나의 정책이 추구하는 목표에 근거한다. 위계 체계의 가장 아랫부분을 구성하는 것은 일반적으로 받아들여지는 기준이며, 이를 근거로 사회정책 및 이의 수행 정도가 평가된다(Marshall, 1981: 96–98). 이러한 권리의 체계화 속에는 우리가 주목해야 할 새로운 문구들이 눈에 띈다. 그는 권리의 개념에 단순히 '법적 권리'뿐만 아니라 우리가 일반적으로 권리의 범주에 포함시키지 않는 '자유재량', '기대', '적정 수준' 등의 개념을 포함한 것이다. 실제로 마셜은 다음과 같이 주장하고 있다.

> "한 개인의 특정 욕구를 만족시키기 위해 고안된 거의 모든 급여 및 서비스에는 '자유재량'의 요소가 포함되어야 한다. …… 자유재량을 통해 제공되는 급여는 완전한 의미의 법적 권리를 갖추었다고 할 수 없다"(Marshall, 1981: 86).

결국, 마셜은 후기 저작을 통해 사회권 실현을 담보하는 복지급여의 상당 부분이 권리의 영역 밖에서 제공될 수 있음을 인정하고 있다.

서비스의 선택 및 전달에서 이러한 자유재량이 보장되기 위해 마셜이 강조한 것이 바로 전문가의 역할이다. 즉, 전문가는 자유재량을 발휘함으로써 자신의 직업에 대한 상대적 자율성을 확보할 수 있을 뿐만 아니라 서비스 및 급여의 수준을 높일 수 있으며, 행정의 효율성 및 효과성을 증진시킬 수 있다고 믿었다(Marshall, 1981: 87). 이렇게 함으로써 그는 결국 시민권의 권리 체계 내에 전문가의 자유재량을 포함시켰으며, 이것이 사회 서비스를 통해 사회권을 보장하는 구체적 방법이라고 믿게 된다. 그에게 전문가주의란 클라이언트의 욕구를 파악하고 희소한 자원을 할당하기 위한 필요 조건이었다. 이와 더불어 마셜이 바라본 전문가의 의무와 권리는 정책 비판을 통해 이의 개선에 기여하는 것이며, 더 나아가 정치무대에서 이익집단으로 활동하는 것이다(Marshall, 1981: 96).

하지만, 전문가의 자유재량이라는 개념은 권리의 개념과 상당히 먼 거리에 있다. 다수의 학자는 사회정책에서 전문가주의가 가져오는 문제점에 대해 지적해 왔다. 예를 들어, 윌딩(Wilding, 1982: ch.4)에 따르면 전문가는 공공의 이익보다는 자신의 이익을 추구하기 때문에 서비스는 클라이언트의 욕구보다는 전문가의 기술을 따라 조직화되는 문제가 발생한다. 또 특정의 전문가집단이 정책을 지배할 수 있기 때문에 서비스의 발달이 왜곡될 수 있는 문제가 발생하며, 역할의 분담은 전문가들 사이의 불협화음을 발생시킬 수 있다. 앨콕(Alcock, 1991: 66) 역시 비슷한 문제점을 지적하는데, 복지국가의 발달과 함께 전문가들의 역할이 지배적일 만큼 확대되었지만 국가 관료나 전문가의 판단에 기초한 자유재량적 서비스 제공은 서비스 질의 악화 및 클라이언트의 소외라는 문제를 야기한다. 예를 들어, 자산조사를 통한 복지급여는 비용을 지불함으로써 복지의 권리를 인정받은 다수의 사람을 배척시키는 한편, 수혜율(take-up rate)을 현저히 저하시킨다. 이러한 맥락에서 티트머스(Titmuss, 1968: 1971)는 전문가들의 자유재량권을 적절히 통제해 수급자의 권리를 보장해 줄 것을 권장한다. 서비스 전달에서 전문가 개입의 중요성을 인정하지만 이의 남용을 우려하고 있는 것이다.

후기 저작에서 발견되는 마셜의 생각 변화의 또 다른 증거는 그가 사회 서비스(social services)와 사회보험(social insurance)을 구분하면서, 사회보험을 완전한 복지 요소로서 간주하지 않았다는 사실이다. 그는 윌리엄 베버리지(William Henry Beveridge)의 정액보험 원칙이 1960년대 소득비례제도에 바탕을 둔 연금이나 다른 급여로 대체되는 것을 목격했다. 그는 연금이나 공적인 사회 서비스가 하나의 국가적 사업으로 등장하면서 복지의 새로운 요소로 편입해 들어오는 것을 이해해야만 했다. 그가 내린 결론은 다음과 같다. 사회 서비스에는 교육, 보건, 주택 등 사회적 인간의 기본 문제 및 욕구 영역이 포괄되지만 사회보험은 사용주와 피용자가 공동으로 기여해야 하는 사회적 소득(social income)을 의미하는 것이었다. 이러한 시스템 안에서 복지적 요소란 고액의 기여자로부터 저액의 기여자에게로 이전하는 자원의 수직적 재분배 기능이 있다는 점에서만 발견된다. 마셜에게 사회보험이란 복지적 요소와 자본주의적 요소가 함께 결부된 '변종'이며, 이 둘의 관계를 연결하는 가교에 불과하다(Marshall, 1981: 113). 즉, 사회보험은 사회적 시민권을 확보하기에는 역부족인 제도이며, 이러한 역부족의 제도가 보편화되어 가므로 복지 체계 속에서 자신의 시민권 이론을 재정립할 필요를 느꼈던 것이다.

이에 따라 사회권에 대한 마셜의 생각은 약 30년의 시간을 두고 상당히 변화했다. 한편으로 이 변화는 권리 개념의 확대라고 볼 수 있지만, 다른 한편으로는 전통적으로 우리가 인식하고 있는 권리 개념의 약화라고 볼 수 있다. 마셜은 왜 피상적으로 보기에 전혀 관계가 없어 보이는 '자유재량', '합법적 기대', '적정 수준' 등의 개념을 시민권의 범주 속에 포함시키고 있는가? 그 근저에는 사회권 실현의 핵심 제도로서 사회복지 서비스와 이를 둘러싼 환경의 변화가 있었다. 즉, 이러한 권리 개념의 확대 혹은 변화를 이해하기 위해서는 제2차 세계대전 이후 서구 복지국가를 둘러싼 정치경제학적 환경의 변화와 이러한 환경의 변화가 영국 복지국가에 미친 영향을 고찰해야 한다.

제 5 절 시민권 이론 변화의 동인 Ⅰ: 국제 정치경제학적 맥락

1945년 이후 서구 경제의 지속적인 성장은 소위 '복지국가의 황금기'를 가능케 한 물질적 토대였다. 이를 바탕으로 세계는 보편적 형태의 복지국가가 등장하는 것을 지켜볼 수 있었다. 하지만 1970년대 초반 케인스(John Maynard Keynes)가 예견하지 못한 스태그플레이션(stagflation)은 세계 경제의 침체를 가져왔고, 급격한 성장을 보이던 복지국가를 '위기'에 봉착하게 했다. 복지국가는 이러한 경기 침체가 국가의 복지 역할 확대로 인해 더욱 악화되었다고 믿는 신보수주의자들의 직접적인 공격 대상이 된 것이다(Mishra, 1984: ch.2). 결국, 서구 자본주의 국가의 정책은 신자유주의적 기조로 전환되면서 정부의 복지 역할은 현저히 축소되며, 민영화 · 탈규제화의 움직임들이 나타난다(Armstrong, Glyn, & Harrison, 1991). 이러한 물결은 칠레와 같은 제3세계의 국가들로 급격히 확산된다(Glennerster & Midgley, 1991). 이러한 환경 속에서 복지권에 대한 비판은 우파와 좌파 양쪽으로부터 동시에 나타났다.

먼저 우파로부터의 공격은 복지에 대한 권리의 개념이 개인의 노동 의무에 미치는 역효과에 집중되었다. 마셜은 노동이 공민권의 확립을 통해 확보되는 권리로서 인식을 했지만(Marshall, 1963: 77), 우파는 이를 권리가 아닌 의무로 인식한 것이다(Murray, 1984; Mead, 1986). 예를 들어, 머레이(C. Murray)는 미국의 사회정책 역사를 분석하면서 공공부조제도가 '의존의 문화'를 창출하며, 가난의 문제를 더욱 심각하게 만든다고 보았다. 따라서 그는 노동 의무의 개념에 기초해서 급여가 제공되는 '노동을 통한 복지(workfare)' 제도가 도입되어야 한다고 역설한다. 미드(L. M. Mead) 역시 노동은 납세 혹은 준법과 같은 맥락의 사회적 의무로서 받아들여져야 한다고 주장한다. 이에 따라 그는 노인이나 장애인일지라도 한 가정의 가장이라면 노동시장에 참여해야 하며, 복지 수급자는 자신의 가정을 위해 최대한 기여해야 하는 의무를 져야 한다고 주장한다. 또한 공공부조는 부모가 노동시장에 참여함에도 불구하고 충분한 소득을 획득할 수 없을 때만 제공되어야 하며, 빈민은 영어에 능통해서 사회적·정치적 참여의 기회를 보장받고 취업의 가능성을 높이기 위해 충분한 학교교육을 받아야 한다고 역설한다(Mead, 1986: 242－246). 이러한 생각은 국가가 제공하는 복지급여를 통해 하나의 천부인권처럼 사회권이 확보된다는 인식을 명백히 거부한다. 반면 이들이 강조하는 것은 시민의 보완적 의무로서 노동이다. 이러한 현상이 미국 내에서 만연해지는 것을 보면서 헤클로(Heclo, 1998)는 '사회적 시민권의 죽음'이라고 표현했다. 하지만 마셜은 자신의 인생 말기에 이러한 현상이 나타나는 것을 바라만 보고 있을 수는 없었을 것이다(Glennerster, 1998).

좌파 역시 복지국가의 위기와 이에 따른 사회권의 성격 논쟁에 중요한 기여를 했다. 그들의 1차적 관심은 자본주의 체제 내에서 국가 역할의 본질적 한계에 집중되었지만, 궁극적으로 자본주의 사회 내에서 보장될 수 있는 사회권의 한계에도 모아졌다. 오코너(J. O'Connor)에 따르면, 현대의 복지국가는 '자본 축적'과 '정당화'라는 두 가지 핵심 기능을 수행해야 한다. 하지만 이러한 두 기능은 근본적으로 모순 관계에 있는데, 자본가의 이익대표기구로 이해되는 국가는 한편으로 자본 축적을 위한 조건을 창출·유지해야 하지만, 다른 한편으로 사회 질서 유지에 필요한 기능도 수행해야 한다(O'Connor, 1973). 이러한 모순적 역할로 인해 결국 국가는 국민들의 충성심을 담보하는 1차적 수단으로서 공공복지 프로그램을 운영해야 됨에도 불구하고(Gough, 1979), 결국 상대적 자율성의 범위 내에서만 그 활동이 기능하다는 것이다(Poulantzas, 1978). 이러한 맥락에서 볼드윈(Baldwin, 1990: 1)은 현대 복지국가의 발달을 부(富)의 재분배보다는 '위험과 불행의 문제 해결에 소요되는 비용을 재할당'하는 맥락으로 이해해야 한다고 주장한다. 복지국가의 역할에 대한 좌파의 이러한 회의론적 이해가 이의 축소에 직접적인 영향을 미치지 않았을 수도 있다. 하지만 명확한 것은 이들이 복지국가의 역할에 대해 근본적인 질문을 제기하고 있다는 점이다. 이들의 입장에서 보면, 사회권 보장의 1차적 책임자로서 국가라는 근대화론적 이해는 거부된다. 결국 마셜이 그린 이상적 사회권은 자본주의 사회 체제 내에서 실현 불가능한 것으로 보인다.

제 6 절 시민권 이론 변화의 동인 Ⅱ: 국내 정치경제학적 맥락

복지국가 발달을 둘러싼 영국 내 정치경제학적 맥락 역시 마셜이 초기에 인식한 것과 다른 방향으로 전개되었다. 해리스(Harris, 1995)는 20세기 영국의 복지국가 발달이 직접세를 통해 재원이 충당되는 사회보험 방식의 보편주의를 추구해 온 것처럼 일반인들이 인식하고 있지만, 실제로는 시민권적 아이디어가 아닌 다른 변수들이 더 깊은 영향을 미쳤다고 주장한다. 즉, 일반 시민들은 빈민법의 전통을 통해 복지 수급자에게는 낙인이 따른다는 사실을 알았으며, 이러한 낙인을 회피하기 위해 조세 방식보다는 사회보험 방식을 선호했다. 또한, 일반 시민들은 자신의 권리를 보장하는 방법이 납세자로부터 비납세자로의 수직적 재분배보다는 기여 방식에 입각한 보편적인 사회보험 방식의 도입을 통해 이루어져야 한다고 믿었다. 결국, 사회적 시민권이란 특정의 도덕적·행동적 자격 취득 과정을 통해 달성되는 것이며, 출생 시부터 사회의 모든 시민에게 무조건적으로 주어지는 소극적 권리가 아니라는 것이 일반 여론이었다.

이렇게 보면 영국의 복지국가는 마셜의 시민권 이론을 실현하기에는 처음부터 그 기반이 약했다. 글레너스터(Glennerster, 2000: ch. 3)는 제2차 세계대전 이후 영국 사회정책 발달을 고찰하면서 전후 복지국가를 향한 '사회적 합의'는 없었다고 주장한다. 그에 따르면, 베버리지 보고서에 기초한 영국의 복지국가는 '천부적 권리로서 시민권' 혹은 '국민 최저한도의 보장이라는 사고(思考)에 입각한 보편적 프로그램'의 원칙을 구체화시키지 못했다. 이 자리를 대신해서 들어온 것은 기여와 계약의 원리에 기초한 사회보험이었다. 영국은 사회보장제도를 통해서 '국민 최저한도의 보장'이라는 목표를 달성하고자 했지만, 새로운 권리의 형태로서 사회보험은 이러한 목표를 이루는 데 한 번도 기여하지 못했다. 마셜의 시민권 이론 아이디어에 근접한 사회 서비스는 국민보건 서비스(NHS)와 초·중등 교육뿐이었으며, 복지정치는 합의가 아닌 집단 간의 갈등에 의해 더 깊은 영향을 받았다. 그뿐만 아니라, 전후 영국의 복지국가는 정부와 민간 부문이 함께 참여하는 혼합형 사회보험 국가를 향해 나아가고 있다(Glennerster, 1998). 이러한 설명은 사회권이 근대 복지국가의 형성 초기부터 사실상 의지할 수 있는 버팀목이 되지 못했음을 나타낸다.

이러한 현실은 마셜의 공리주의적 사고의 변화에 깊은 영향을 주었다. 그의 관찰에 따르면, 1950년대는 '내핍의 사회(the austerity society)'로서 희소한 자원 배분을 둘러싸고 하나의 사회적 합의가 이루어졌던 시기였다. 식량 배급, 가격 통제, 주택 임대가격의 통제 및 무주택자를 위한 공공주택의 제공이 하나의 사회적 동의를 얻을 수 있었다. 하지만 1960년대는 이전에 비해 시민들의 임금과 생활 수준이 현저히 상승한 '풍요의 시기'였다. 이 시기의 일반적 현상은 소비자 물가의 상승과 이에 따른 임금 상승 요구의 증폭이었으며, 이는 복지급여의 원래적 가치를 훼손함과 동시에 전후 사회적 합의를 침식하게 되었다(Marshall, 1961: 12-14). 1970년대의 경기 침체는 전후 안정의 초석이었던 완전 고용의 유지를 불가능하게 함으로써 복지국가와 사회권의 쇠퇴를 야기했다. 이러한 일련의 변화 과정 속에서 마셜이 직시했던 것은 서로 다른 집단들이 표현하는 다양한 종류의 새로운 욕구였다. 비어(Beer, 1982)가 언급한 바와 같이, 이 시기의 영국은 스스로를 거부하는 역행의 길을 가고 있었다. 이러한 환경 속에서 시민권의 확대를 요구하는 것은 사실상 불가능했으며, 이러한 문제를 담아내기 위해서는 새로운 제도적 장치가 필요했다.

아마도 이 시기에 마셜은 시민권의 세 가지 권리가 발전하고 평등한 사회가 도래하는 것을 자연적 발달 과정으로 이해한 것이 오류임을 깨달았을 것이다. 실제로 한 글에서 그는 복지제도에 대한 '의구심과 자각(doubt and disillusion)', 그리고 '낙관적 요소와 경종의 감정(elements of optimism and a feeling of alarm)'이 공존한다고 고백하고 있다(Marshall, 1970: 12-14). 1972년에 발표된 "복지자본주의 사회에서 가치의 문제(Value Problems of Welfare-capitalism)"란 글은 이렇게 변화하는 새로운 환경 속에서 시민권의 서로 다른 세 요소[6]를 조화롭게 융합시키기 위해 그가 얼마나 고민하고 있는지를 여실히 보여 준다.

결국, 마셜은 사회적 시민권이 단순히 동등한 지위와 권리에 결부된 것이라

6) 그의 표현을 빌리자면 이들은 첫째, 인간의 시장에서의 가치(자본주의적 가치), 둘째, 시민으로서의 가치(민주주의적 가치), 그리고 마지막으로 자신을 위한 가치(복지가치)로 해석된다(Marshall, 1972: 30).

는 이상적인 생각에서 좀 더 현실적인 측면을 반영하는 개념으로 변경했다. 그리고 이러한 변화의 핵심에는 과거 300년의 역사가 보여 주지 못한 새로운 사회경제적 환경이 있었다. 사회보험 프로그램의 발달과 더불어 국가가 주체가 되는 복지 서비스에 사적(私的) 요소가 침투해 들어오고 있음을 관찰한 것이다 이제 시민들은 기여 원칙에 입각한 보험제도의 도입으로 인해 시민권을 '구매해야' 된다는 점을 깨달았다. 이는 시민권이 천부적 권리로서 단순한 공동체의 성원이기 때문에 주어지는 것이 아니라, 계약과 기여의 관계를 통해서 획득된다는 점을 의미한다. 이와 더불어, 아이를 돌보는 여성이나 돌봄노동자(home carers), 장애인과 같이 노동시장의 외부 혹은 주변부에 머무르고 있는 사람은 시민권으로부터 배제될 수 있음을 의미한다. 따라서, 이 시기에 그의 주요 고민은 어떻게 공적 부문과 사적 부문을 조화롭게 통합시킬 것인가에 모아졌다.

이러한 일련의 변화 과정을 통해서 마셜이 마지막으로 도달한 결론은 복지다원주의였다. 즉, 국가뿐만 아니라 다른 사회의 다른 부문도 복지 공급자로서 역할을 하지만, 공공 부문을 통해 제공되는 복지급여가 가장 큰 부분을 차지하는 체계이다(Rees, 1985: ch. 13). 마셜의 정의를 직접 인용하자면, "복지사회란…… 복지의 목표를 달성하기 위한 사회의 집합적 책임을 인정하는 사회이며, 단순히 빈곤문제의 해결에만 초점을 두는 것은 아니다"(Marshall, 1981: 88). 그가 시민권의 범주에 자유재량의 개념을 포함시킨 것도 이러한 맥락에서 이해되어야 할 것이다. 그에게 법적 강제력을 가진 것만이 권리라는 생각은 사라졌다. 법적 강제력을 가진 권리의 존재 여부에 관계 없이 시민들의 욕구를 충족시키는 것이 사회적 의무라는 생각이 깊게 자리 잡은 것이다. 이러한 종류의 권리를 공고화시키는 것이 바로 시민권의 사회적 역할이다. 다시 한번 그의 표현을 인용하자면, "법이 자유재량적 판단의 영역으로 남겨놓은 분야를 법원이 권리로 전환시킬 수는 없다"(Marshall, 1981: 98). 즉, 법적 강제가 필요한 영역과 자유재량적 판단이 적용된 영역이 구분되며, 사회적 시민권은 이러한 양자의 조화로운 협력 관계를 통해 실현된다고 본 것이다. 이러한 맥락에서 그가 결국 강조하게 되는 것은 국가와 같은 공식적 부문 및 가족과 같은 비공식적 부문, 그리고 지역사회가 복지 서비스의 공급자로서 협력적 역할을 수행해야 된다는 점이었다.

제7절 결 론

이 장의 서론 부분에서 제기했던 연구 문제에 답함으로써 제1장을 맺고자 한다. 지금까지의 논의를 통해 우리가 발견한 사실은 첫째, 초기 권리에 기반한 국가복지 중심의 시민권 이론은 복지 주체의 다양화를 특징으로 하는 복지다원주의로 변화했다는 점이다.

둘째, 시민권 이론에 대한 학자들의 연구가 마셜의 초기 저작에 집중된 결과 마셜 본인 및 그의 이론에 대한 이해가 극히 제한되었다는 사실이다. 우리는 이로 인해 발생하는 대표적 오류인 시민권 이론의 이데올로기상의 위치를 재정립했다.

셋째, 우리가 발견한 사실은 사회적 시민권에 대한 마셜의 정교화 노력 혹은 생각의 변화가 20세기 이후 사회정책 발달 과정에서 나타난 합의와 갈등의 역사를 반영하고 있다는 것이다.

이러한 과정에서 그가 해결하고자 매달렸던 핵심 과제는 변화하는 사회제도와 사회정책의 환경 속에서 새롭게 등장하는 가치들 간의 갈등을 어떻게 하면 하나의 조화로운 틀 속에 통합시킬 수 있을 것인가의 방법을 찾는 작업이었다. 이러한 성찰적 노력을 통해 그가 도달한 결론은 사회권의 범주에 사회보험제도와 같은 새로운 요소를 포함시켜야 하지만, '권리로서의 복지', '국가 책임', '복지사회의 달성' 등과 같은 근본 원칙들을 포기해서는 안 된다는 사실이다. 시민권 이론의 전통적 기반이 심각하게 흔들리는 상황에서도 이 자체를 포기하지 않은 채 지속적인 수정을 가하면서 역동적인 것으로 만든 이유를 여기에서 찾을 수 있다.

따라서, 대부분의 사회정책 이론가들이 이해하는 것과 달리, 마셜의 시민권 이론은 '정적인' 측면과 '동적인' 측면을 동시에 포함하고 있다. 이것이 바로 우리가 오늘날에도 시민권 이론에 생명력을 불어넣으면서 복지제도의 중요한 분석틀로 이용하고 있는 이유일 것이다(Park, 2004). 환언하면, 시민권 이론이 하나의 규범적 이론으로서 치부하고 기각하기보다는 성장과 축소의 역사를 거쳐 현재에 이른 복지제도를 분석하는 유용한 틀로써 이용될 수 있다.

예를 들어, 오늘날 영국에서 진행되고 있는 복지국가의 재편 과정은 '핵심 프로그램에 대한 국가 역할의 복귀'로 압축해서 설명된다(Glennerster, 1999: 10). 연금제도의 개혁을 통해 이 현상을 설명하자면, 빈곤 예방 및 해결책인 1차 연금은 여전히 국가 책임으로 남는다. 이에 반해 소득비례 연금인 2차 연금은 국가 책임을 상당 부분 감소하는 대신 사적 부문, 특히 기업이 책임을 지도록 했다. 국가는 시민생활에 직접적인 영향을 미치는 교육 및 의료 서비스에 더욱 집중하는 국가 책임의 방향 선회를 도모하고 있다. 이것이 바로 토니 블레어(Tony Blair) 정부가 추진했던 '제3의 길(the Third Way)'이자 '사회적 파트너십(social partnership)'의 핵심 내용 중 하나이다. 사회권 보장에 대한 1차적 책임은 국가가 떠맡는 대신 다른 사회적 행위자들도 협력적으로 참여하는 것이다. 이러한 내용은 1970년대 마셜이 '동적인' 시민권 이론을 통해서 제시했던 복지다원주의와 정확히 맥락을 같이한다. 과거의 이론임에도 불구하고 시민권 이론이 복지제도를 분석하는 데 여전히 중요한 준거 틀로써 이용될 수 있음을 보여 주는 증거이자, '정적인' 시민권 이론과 '동적인' 시민권 이론을 동시에 고려해야 함을 지적하는 부분이다. 만약 균형을 잃고 양자 중 어느 한쪽에 치우치는 것은 전체로서 시민권 이론에 대한 이해를 사회권에 집중하는 것과 마찬가지로, '편중되고 제한된 이해'라는 문제를 낳게 된다.

이 장의 초점에서 약간 벗어나지만, 이 시점에서 시민권 이론이 한국 사회에 적용될 수 있는가? 적용 가능하다면 한국 사회복지정책에 던지는 함의는 무엇인가를 고민해 볼 필요가 있다. 시민권 이론 자체의 변화 과정을 다룬다는 이 글의 성격상 그리고 제한된 분량으로 인해 이 문제를 여기에서 심도 깊게 다룰 수는 없다. 하지만, 다음과 같은 다섯 가지의 질문을 구체적으로 던질 수는 있다.

첫째, 한국 사회는 영국에서 보이는 것과 같은 시민권의 세 가지 권리가 발달할 수 있는 역사적·문화적 기반이 있었는가?

둘째, 한국 사회는 마셜이 처방한 시민권의 세 가지 권리가 발달하는 역사적 순서를 밟았는가?

셋째, 마셜의 권리 발달 과정이 한국 사회에서는 어느 정도 설득력 있게 적용될 수 있는가?

넷째, 한국 사회에서 완전한 시민권 발달을 저해한 요인은 무엇이며, 이 요인이 실제로 한국의 사회정책에 어떠한 영향을 미쳤는가?

다섯째, 오늘날 한국에는 시민권 실현에 필요한 조건들이 어느 정도 충족되었는가?

위의 질문에 대한 답은 또 하나의 연구를 필요로 한다. 하지만, 자본주의와 민주주의의 변증법적 역동 속에서 복지제도가 발전한다는 근대화론의 기본 전제 속에서 답을 찾는다면 한국 사회의 자본주의 및 민주주의의 발달은 영국과 전혀 상이한 경로를 밟아 왔으며, 시민권 이론을 적용하기에는 상당한 무리가 있을 것이다(Park, 2004). 그럼에도 불구하고 다른 한편으로 시민권 이론은 현대 사회정책이 어떤 방향으로 발전되어야 하는가에 대한 궁극적인 해답을 제시하고 있다는 점을 고려할 경우, 이 이론이 가지는 사회정책적 원리를 기준으로 한국의 복지제도를 평가하고, 발전 방향을 제시할 수 있는 충분한 준거 틀이 될 수 있다.

마지막으로 사회학자로서 마셜은 변화하는 사회적 현상을 설명하기 위한 '하나의 거대한 아이디어(single big idea)'를 찾고자 했다. 자신 스스로 고백하고 있듯이, 사회과학자의 의무란 "막연한 거리에 있는 이상향을 찾아가는 것이 아니라 중간 거리쯤에 디딤돌을 놓아 이정표를 세우는 것"이라고 했다(Marshall, 1963: 33). 그는 이러한 의무를 시민권이란 아이디어를 통해 실현코자 했던 것이다. 영국의 사회학자이며 역사학자인 마이클 만(Michael Mann)은 마셜의 시민권 이론을 평가하면서 다음과 같이 이야기하고 있다. "고귀하고 중요하며 진실한 아이디어란 드물며, 이러한 아이디어들이 하나의 응집력 있는 이론으로 발전하기란 더욱 힘들다. 마셜은 그렇게 찾기 힘든 아이디어를 개발하고 이를 이론화시킨 소수 몇 명의 학자 중 한 사람이다. 이것이 바로 그의 시민권 이론을 이해하고 발전시켜야 되는 중요한 이유이다"(Mann, 1987: 339). 하지만 지금까지의 논의를 통해 볼 때, 하나의 이론 혹은 거대 담론이 변화하는 사회를 담아내기에는 결코 충분하지 않다. 아마도 오늘날에도 다수의 학자가 마셜과 그의 시민권 이론을 이야기하는 것은 그의 끊임없는 재발견의 노력이 있었기 때문이다. 현대의 사회정책을 논의하는 연구자로서 우리는 이 점을 간과해서는 안 될 것이다.

제 2 장

복지국가의 재편과 복지다원주의

제 1 절 서 론

복지국가(welfare state)의 기원은 1880년대의 비스마르크(Otto E. L. von Bismarck)의 사회보험 입법으로까지 거슬러 올라갈 수 있지만, 서구에서 본격적으로 복지국가가 발달하게 된 것은 제2차 세계대전 이후부터이다. 이때부터 보편주의(universalism)와 사회적 시민권(social citizenship) 개념에 기반을 둔 다양한 복지제도들이 도입되었으며, 이후 1970년대 중반까지 약 30년간은 서구 복지국가의 황금기였다. 경제 성장을 통해서 뒷받침된 국가의 재정 능력, 분배와 복지에 대한 국민적 동의, 노사정 간의 합의의 정치 실현, 케인스주의에 입각한 적극적인 국가 개입 등의 시대적 조류에 편승해서 서구에서 복지국가는 대세가 되었다. 당시의 큰 정부, 적극적 정부의 핵심이 복지국가였다.

그러나 1970년대 들어서 1973년의 중동전쟁과 그 이후 세계경제의 침체와 더불어 높은 조세, 과도한 정부 지출, 광범위한 국가 개입으로 특징지을 수 있는 복지국가를 계속 유지하기가 어렵게 되었다. 경제가 좋던 시절에 잠복해 있던 복지국가의 문제점들이 경제가 나빠지면서 일시에 분출했다. 시장의 역할을 회복하고자 했던 신자유주의자들은 서구 자본주의 국가가 당면한 문제의 근원이 모두 복지국가에 있다고 비판했다. 복지국가가 개인의 근로 의욕과 기업의 투자 여력을 감퇴시켰으며, 가족의 유대감을 붕괴했고, 노동의 동기를 약화시켰으며, 독점적 서비스 공급으로 인해 복지 서비스의 질을 저하시켰다고 비판했다. 영국 · 미국 등 서구의 주요 국가들에서 때맞추어 보수 정당들이 속속 집권하면서, 이제 복지국가는 이론적 · 실천적 양면에서 위기에 직면하게 되었으므로, 재편의 길을 모색하지 않을 수 없게 되었다. 복지국가 재편의 큰 흐름은 신자유주의, 사회조합주의, 그리고 마르크스주의에 기반을 둔 세 갈래였다. 그러나 이들 중에서 마르크스주의는 1980년대 후반 이후 사회주의 국가의 패망과 함께 그 영향력이 현저하게 줄어들었을 뿐만 아니라, 실제 선진 복지국가들 중에 마르크스주의에 입각한 재편을 실천한 사례도 없다. 따라서 이 글에서는 복지국가 재편의 방식과 관련해서 신자유주의적 재편과 사회조합주의적 재편의 두 가지 흐름에 대해서만 논의하고자 한다.

우리의 경우는 1960년대 들어서 다양한 복지제도들이 도입되기 시작했으며, 1980~1990년대를 거치면서 적어도 제도화의 측면에서는 복지국가를 구성하는 주요 제도들이 모두 도입되었다. 특히, 1980년대 후반 들어서 전(全)국민의료보험이 도입되고, 일반 국민을 대상으로 하는 국민연금이 도입됨으로써 복지의 대상이 획기적으로 확대되었다. 이후 1995년 7월부터 고용보험이 시행됨으로써 흔히 복지국가의 중요한 기준으로 간주하는 4대 사회보험이 완비되었다. 따라서 적어도 제도화의 측면에서는 1990년대 중반 이후 복지국가의 단계에 접어들었다고 볼 수 있다. 그러나 다른 한편으로 실질적인 복지국가는 제도화만으로 평가해서는 안 되며, 복지 지출 규모, 적용 대상 범위, 보장의 수준 등을 종합적으로 고려해야 한다. 이 점에서 우리의 경우는 아직 실질적으로 복지국가라고 볼 수 있는지는 논란이 있으며, 따라서 복지국가도 제대로 해 보지도 않은 나라에서 복지국가의 위기니 재편이니 하는 말들이 적실성이 있는지에 대해서도 논란이 있을 수 있다.

그러나 우리의 경우도 현재 무상보육·무상급식·반값등록금·청년수당 등을 둘러싸고 이른바 '복지 포퓰리즘(populism)' 논쟁이 뜨겁다. 이러한 보편적 복지가 국가재정에 큰 부담을 초래할 것임은 물론, 복지재원 마련을 위한 증세문제를 유발함으로써 복지국가 논쟁은 정치권은 물론, 국민 전체로 확산되고 있다. 연금 개혁 논쟁도 궁극적으로는 연금보험의 재정 고갈로 인한 국가재정의 부담과 관련된 것이다. 따라서 우리도 현재 우리가 복지국가이든 아니든 조만간에 복지로 인한 위기 상황에 직면하게 될 것이며, 우리의 복지제도도 재편의 길을 모색하지 않을 수 없을 것이다. 따라서 이러한 시점에서 우리에 앞서 복지국가의 장·단점을 경험해 본 서구 복지국가들의 경험을 살펴보는 것은 우리의 복지국가의 앞날을 설계하는 데 유익한 시사점을 줄 수 있을 것이다.

제 2 절 서구에서의 복지국가의 발달, 위기, 그리고 재편

1 복지국가의 등장과 발달

복지국가는 "국민의 복지 증진을 중요한 국가 존립 목적의 하나로 표방하며, 이를 위해 다양한 복지제도를 시행하면서 국민생활에 적극적으로 개입하는 국가"이다(Alcock, 1996). 이러한 복지국가의 본질에 대해서, 킹(Steven King)은 복지국가의 본질을 공공 부문의 규모 팽창, 고용과 물가 등의 거시적 경제 운영에 대한 국가 개입, 미세한 경제활동 부문까지의 국가 통제, 국가의 복지 제공 책임 등을 언급하고 있다. 브릭스(Assa Briggs)는 국가가 다음과 같은 행동을 하는 것을 강조하고 있다(이상 Lowe, 1993에서 재인용). ① 개인과 가족에게 최소한의 소득을 보장한다. ② 개인과 가족에게 닥치는 위기 상황에 대처할 수 있도록 해준다. ③ 국민들에게 적절한 수준의 복지를 제공하기 위해 시장의 기능을 수정하고자 한다.

복지국가의 등장 시점에 대해서는 다소간 이견이 있지만, 대체로는 1880년대 이래 독일을 필두로 주요 사회보험제도가 정착되면서부터라고 보고 있다. 물론 당시는 보편적인 복지가 아니라 선별적인 복지제도였지만(김태성 · 성경륭, 1997), 이전에 비해서는 제도화의 정도가 상당히 진전되었다. 이후 복지국가가 본격화되기 시작한 것은 1930년대의 경제공황과 제2차 세계대전을 계기로 국가 개입이 보편화되면서부터이다. 대표적인 것이 대공황을 극복하기 위한 방안으로 고안된 미국의 뉴딜(New Deal) 복지 프로그램과 1942년에 제안된 영국의 베버리지 보고서이다.

뉴딜 복지 프로그램은 크게 빈곤자 생계보조나 공공토목사업과 같이 연방정부의 보조금을 통해서 구제사업을 실시하는 것과 사회보장법(Social Security Act, 1935년)을 통해서 다양한 사회보장 프로그램을 제도화하는 것이다. 특히 사회보장법은 노령 · 유족연금, 노령부조, 요보호아동부조, 맹인부조, 모자보건시설, 아동복지시설, 공중위생사업, 직업보도사업 등을 포함하는 포괄적인 복지입법이었다(Davies & Derthick, 1997). 베버리지 보고서는 다음과 같은 주요 내용을 담고 있다. ① 결핍 · 질병 · 무지 · 나태 · 비위생(불결)이라는 5대 사회악을 퇴치한다. ② 국민의 최저 생활을 보장하고 강제 가입의 사회보험을 실시한다. ③ 복지 전담기구로서 사회보장부(社會保障部)를 설치한다. ④ 무차별 · 무료의 보건의료 서비스를 실시한다. 베버리지 보고서는 전후 산재보험법(1946) · 국민보건법(1946) · 국민부조법(1948) · 아동복지법(1948) 등으로 결실을 맺게 되면서, 서구 복지국가의 초석이 되었다(Fraser, 2009).

제2차 세계대전 이후 자본주의 경제의 번성과 국가−자본−노동 간의 화해적 정치구조의 실현으로 성장, 고용, 복지가 조화되는 복지국가가 제도적으로 정착되었다. 이후 1970년대 중반까지의 약 30년 동안 서구 사회는 높은 경제성장률, 낮은 인플레이션, 낮은 실업률을 토대로 복지제도의 확충(제도의 포괄성), 수혜자의 확대(수혜의 보편성), 복지 지출의 증대(복지 혜택의 적절성) 등을 실현한 복지국가의 황금기를 구가하게 되었다(Pierson, 2001). 이처럼 서구에서 복지국가가 발달하게 된 것에 대해서 미쉬라(Mishra, 1984)는 다음과 같은 점들을 꼽고 있다.

첫째, 산업화의 진전과 자본주의 경제의 발전이다. 산업화로 인해 노동자들이 수적으로 증가함과 동시에 이들의 위험 노출도 커지게 되었다. 따라서 노동자들의 교육, 재해 보상, 소득 보장 등이 중요하게 되었다. 그리고 자본주의 경제의 발전은 경기 변동과 이로 인한 실업의 가능성을 일상화했다.

둘째, 높은 고용과 안정적 경제 성장이다. 이로써 분배와 복지에 대한 동의가 가능하게 되었다.

셋째, 케인스 경제이론과 베버리지 사회이론의 영향이 크다. 케인스는 시장에 대한 국가 개입을 지지하는 적극적 국가에 대한 이론적 토대를 제공했고, 베버리지는 생활의 최저 수준 유지를 위한 국가 책임을 강조했다.

넷째, 이 밖에도 다양한 사회이론가들이 공헌했다. 대표적으로 기능주의자들은 사회 통합의 기제로서 복지가 중요함을 강조했으며, 산업사회론자들은 산업화된 경제는 실질적인 국가 개입을 필요로 한다고 주장했다.

다섯째, 노동운동의 활성화도 복지국가의 발달에 기여했다. 즉, 강력한 노동조합과 노동자정당의 출현이 복지국가의 발달을 촉진했다.

여섯째, 서구의 사회주의자들 역시 복지국가를 지지했다. 이들은 평화적이고 합법적으로 평등사회를 실현하는 방안으로서 복지국가를 옹호했다.

2 복지국가의 위기

1970년대 초반에 도래한 서구 경제의 침체는 복지국가를 뿌리에서부터 흔들어 놓았다. 불황 속의 물가 상승(stagflation)이라는 상황 하에서 고용 감소로 인한 복지 지출 급증, 조세수입 감소, 재정적자 확대, 투자 감소, 경기 침체, 실업 증가, 다시 이로 인한 복지 지출 증가라는 악순환이 발생했다. 복지 지출의 하방경직성은 이러한 악순환을 더욱 가속화시켰다(이혜훈, 1997).[1] 경제적 불황 앞에서 국가의 경제관리 능력에 대한 신뢰가 붕괴되었으며, 국가의 재정 능력은 한계에 직면했다. 그리고 주요 서구 국가들에서 보수정당들이 집권하면서 복지국가

1) 복지 지출의 하방경직성(下方硬直性)은 한번 증가한 복지 지출은 이를 줄이는 것이 어렵다는 '복지 불가역성'을 의미한다.

를 지탱해 주었던 화해의 정치구조에도 균열이 발생했다(Midwinter, 1994). 따라서 복지국가는 경제적 측면에서는 국가 부담을 증가시키고 경제적 효율성을 저하시켰으며, 도덕적 측면에서는 국민들의 자립심을 상실시키는 도덕적 타락을 유발했다는 비판을 받으면서 위기에 직면하게 되었다. 복지국가 위기의 징후는 다양한 측면에서 부각되었다.

첫째, 복지국가는 경제에 부정적인 영향을 초래했다. 복지 지출의 증가는 조세 부담을 증가시키고 재정적자를 유발했다. 특히, 경제 침체기의 실업률 증대와 이에 대처하기 위한 복지 지출의 증대는 인플레이션을 유발했다. 복지국가는 기업의 복지비용을 증가시킴으로써 기업의 경쟁력을 저하시키며, 수혜자들의 근로의욕을 저하시키고, 노동 공급을 감소시키며, 저축과 투자를 감소시켜 궁극적으로는 자본 축적을 저해했다(Esping-Andersen, 1996).

둘째, 복지국가가 과연 정의와 평등의 구현에 기여했는지에 대한 의문이다. 즉, 복지 지출의 증가가 빈곤의 감소와 분배의 형평성을 실현하는 데 긍정적이었다는 증거를 찾기가 어렵다.

셋째, 복지국가는 정치 · 행정적 측면에서도 부작용을 초래했다. 정치적으로 복지국가 하에서는 이익집단과 국민들이 지나친 요구를 하게 되고, 정치인들은 이들의 지지를 얻기 위해서 무리한 복지 지출을 승인하고 비합리적으로 정책을 결정하게 했다. 행정적으로 복지국가는 행정의 비대화와 비능률을 초래하며, 정보 독점, 비전문성 등의 관료제적 폐단을 초래했다. 국가 중심의 복지국가는 집권화를 유발하고 민간 부문의 자발성을 위축시켰다. 수혜의 중복 현상, 복지 프로그램의 남발 및 복지 프로그램 관리의 비효율성 등도 복지국가가 낳은 폐단이다(Clarke, 2010).

그런데 1970년대 중반 이후 서구의 복지국가가 위기에 직면했다는 데에는 의견이 일치하지만, 이러한 위기의 원인 · 정도 · 처방에 대해서는 이념적 정향에 따라서 견해가 상이하다. 우선 신자유주의자들의 견해이다. 프리드리히 하이에크(Friedrich A. von Hayek)와 밀턴 프리드먼(Milton Friedman)의 영향 하에서 잉태된 신자유주의(neoliberalism)는 복지국가가 개인의 경제적 자유를 침해하고 경제적 번영을 저해한다고 보았다. 따라서 적극적인 국가 개입을 특징으로 하는 복지국가를 비판하고, 경제 침체의 주된 원인을 시장 기제의 작동을 왜곡시키는 국가의 경제 및 복지 개입이라는 내적 요인에서 구한다(Andrain, 1985). 구체적으로 복지국가는 노동의 동기를 약화시키고 저축과 투자를 감소시킨다. 복지국가를 유지하기 위한 높은 세금 역시 경제에 부정적인 영향을 미친다. 그리고 한번 시작된 복지 프로그램은 계속되는 경향이 있으며, 이는 정부의 과부담을 초래한다. 따라서 복지국가가 경제 침체의 주범이며, 해결 방안은 작은 정부와 시장경제 체제로 돌아가는 것이다. 또 잔여적(residual) 원칙에 입각해 수혜자의 범위를 제한하고, 가족이나 민간 부문에 의해서 복지 욕구가 더 많이 충족되도록 해야 한다는 것이다. 개인의 자유는 작은 정부 하에서 보장될 수 있다(Barry, Osborne, & Rose, 2013).

다음은 마르크스주의자(Marxists)의 견해이다. 이들은 자본주의 체제가 가지는 기본적 모순의 필연적 결과로서 복지국가 위기를 조망한다. 복지국가는 빈곤층과 노동자들의 사회문제 해결에 실패했다. 복지국가는 부유층과 교육받은 사람들의 요구에만 부응하면서, 노동계급 · 빈곤층 · 여성 · 소수인종의 요구는 배제했다. 이들에게 복지국가는 자본주의 체제를 유지하기 위한 수단이었다(Alcock, 1996). 이를 오코너(O'Connor, 1979)는 자본주의 국가가 수행하는 정당화 기능을 통해서 설명하고 있다. 즉, 자본주의 국가는 자본 축적 기능과 정당화 기능을 동시에 수행해야 하는 모순되는 요구에 직면해 있다. 국가는 높은 이윤을 보장하고 투자를 촉진하기 위한 여건을 만들어야 하며, 이를 위해서는 많은 지출을 해야 한다. 그러나 자본 축적을 통한 이윤은 국가 예산에 흡수되지 않고 자본가에게 남게 된다. 따라서 국가는 정당화 기능을 수행하기 위한 지출도 증대해야 한다. 이러한 모순적인 지출 압력은 국가의 재정 위기를 초래하며, 정치 · 경제 · 사회 전반의 위기로 작용하게 된다. 요약하자면, 마르크스주의자들은 복지국가의 위기 원인을 자본주의 체제에 내재해 있는 모순에서 찾으며, 자본주의와 복지를 동시에 추구하는 복지자본주의는 한계에 직면할 수밖에 없다고 보고 있다.

마지막으로는 중도적인 입장에 있는 사회민주주의자들의 견해이다. 이들은 복지국가의 위기는 국가 개입의 필연적 결과나 자본주의의 모순으로부터 야기되는 구조적 문제가 아니라, 복지국가 발전 과정의 시행착오와 상황 변화로 인한 일시적 현상으로 본다(Gilbert, 1983). 따라서 현재의 위기는 복지국가 체제 내에서 해결이 가능한 것이다. 기본적으로 복지국가 위기는 1970년대의 경제 침체 때문인데, 복지국가가 경제를 악화시킨 것이 아니라, 외부적인 경제환경의 변화로 인해 경제가 나빠진 것이다. 따라서 경제 상황이 호전되면 위기도 사라질 것이라고 본다. 그리고 복지국가 위기의 원인 중의 하나는 복지 프로그램의 운영상의 문제이다. 이로 인해 복지 서비스의 대응성과 효율성이 저하되었으며, 이는 국민들의 신뢰를 약화시켰다. 따라서 경제 상황이 호전되고 복지 프로그램의 운영이 개선되면 복지국가의 위기도 상당 부분 극복될 수 있다(Pierson, 2001).

3 복지국가의 재편

1980년대 이후 서구의 복지국가는 수정과 재편의 길을 모색했으며, 이러한 재편의 방향은 각국이 처해 있는 정치·경제·사회적 현실에 따라서 상이했으나, 크게는 영미식의 신자유주의적 재편과, 유럽의 인구 규모가 적은 국가들 중심의 사회조합주의적 재편으로 크게 나눌 수 있다(이혜훈, 1997). 물론 이 중에서도 대세는 신자유주의적 재편 방식이었다.

1) 신자유주의적 재편

신자유주의는 기본적으로 정부 개입에 비판적이며 개인의 자유를 고양하는 효율적인 자원 배분 기구로서의 시장을 존중한다. 따라서 정부 개입은 최소한으로 제한되어야 하며, 자연적인 자원 배분 기구인 시장의 기능이 중시되어야 한다고 본다(Clarke, 2010). 그동안 적극적이고 큰 정부에 기반하는 복지국가가 서구 사회를 풍미한 데에는 정치인과 관료제의 영향이 크다. 정치시장은 자원 제약 변수와 정찰가격이 없기 때문에 선거 경쟁에서 유권자들은 정치인에 대한 무한정의 기대를 가지며, 정치인들은 선거에서의 승리를 위해서 지출을 확대한다. 관료제는 본래적으로 팽창 지향의 속성을 가지는 이익집단이며, 그 결과 자원의 비효율적인 배분과 공공 서비스의 질을 저하시킴으로써 정부실패를 야기한다. 따라서 신자유주의는 시장을 신뢰하고 시장의 기능을 강화하는 것을 해결책이라고 본다(Clarke, 2004).

이러한 신자유주의의 구체적 내용을 보면, 첫째, 작은 정부를 지향한다. 위기로부터 탈출하는 길은 정부의 과잉 부담을 초래한 큰 정부를 지양하고, 정부 지출을 삭감해 재정의 균형을 이루며, 관료적 개입을 최소화하는 것이다. 따라서 복지 지출 삭감과 복지 프로그램의 감축이 불가피하다.

둘째, 감세의 경제학이다. 신자유주의는 개입주의적 정부가 기업에게는 과중한 조세를 부담시키고 개인에게는 저축 의욕을 감퇴시킴으로써 결국에는 경제적 파멸을 조장한다고 본다. 따라서 기업활동에 활력을 주고 개인의 근로 의욕을 고취하기 위해서는 감세와 세제 개혁이 필요하다(Crouch, 2011).

셋째, 다음과 같은 점에서 복지국가에 비판적이다(Pierson, 1994). i) 복지국가는 인간의 자유를 위협하며, 가족 유대감이나 공동체 의식 등과 같은 전통적 가치들을 약화시킨다. ii) 복지국가는 국민들로 하여금 정부 의존 심리를 심화시킴으로써 자립심과 위기 대응 능력을 감소시킨다. 이는 자본주의 정신을 왜곡하는 것이다. iii) 복지국가는 평등과 분배를 지나치게 강조하는 반면에, 개인적 책임을 간과하며, 복지를 국가복지와 동일시하는 잘못된 관념에 기초하고 있다. iv) 복지국가는 당면한 사회문제를 제대로 해결하지 못하고 있다. 빈부 격차와 사회적 배제는 심화되고 있다. v) 복지국가는 강자에 과잉 반응하면서 복지 서비스의 수혜의 형평성을 저해하고 있다. vi) 복지국가는 관료조직의 비대화와 비효율성을 초래한다.

복지국가의 위기에 대한 신자유주의적 재편은 복지국가에 대한 이러한 비판에 기반을 두고 있다. 즉, 국가 개입을 최소화하고 복지 지출을 줄이며, 시장의 복지 공급 기능을 확대하는 방향으로 복지국가의 재편을 도모하는 것이다. 구체적으로, 첫째, 복지 서비스의 민영화를 확대하고, 가족 · 지역사회 · 종교단체 등의 사적 기구가 더 많은 책임을 갖도록 유도한다. 또한 복지 서비스의 수혜자에 대한 수익자 부담 원칙을 강화시킨다(Heffernan, 2000).

둘째, 복지 서비스의 제공에서 선별주의를 강화한다. 복지의 대상자를 자립할 수 없는 자와 가족 부양이 어려운 자 등 진정한 욕구(need)를 가진 자로 제한하며, 보험료율을 인상하는 등의 조치를 단행해야 한다. 대표적으로 영국의 마거릿 대처(Margaret H. Thatcher) 정부는 복지국가 위기 극복 방안으로서 복지 예산 삭감, 공영주택 매각, 의료 서비스 일부의 유료화, 복지 수혜자의 자기 부담 증가, 복지시설 축소, 사립교육 진흥 등의 정책을 추진했다(Evans, 2013).

셋째, 복지 지출을 축소하고자 한다. 이를 위해서 로널드 레이건(Ronald W. Reagan) 정부는 푸드 스탬프(Food Stamps) 등의 공공부조 프로그램을 사회안전망 프로그램에서 제외하고 프로그램의 수급 자격을 강화하는 등 복지 프로그램을 정비했다. 그리고 연방정부의 복지 지출을 삭감하기 위한 방편으로서, 지방정부에 더 많은 권한과 책임을 부여하는 방식의 신연방주의(new federalism)를 주창했다.

2) 사회조합주의적 재편

사회조합주의는 복지국가의 틀 안에서 위기의 문제를 해결하고자 하며, 사회적 합의를 통해서 복지와 성장 간의 조화를 도모하고자 한다. 따라서 복지 제공자로서 국가의 책임도 계속 유지하고자 한다. 대표적으로 미쉬라(Mishra, 1984)는 신자유주의는 불충분한 근거와 선택적인 자료를 바탕으로 일반화를 시도했는데, 국가의 기능에 대해서 근시안적인 편견을 가지고 있으며, 정치의 역할에 대해서도 부적절한 사고를 가지고 있다고 비판한다. 또 그는 불평등을 전제로 하는 시장의 원리에 대해서도 비판적이다. 하지만 그는 마르크스주의적 해석에 대해서도 비판적이다. 그리고 복지국가를 사회조합주의 복지국가와 다원주의 복지국가로 구분하고, 사회조합주의 복지국가의 특성으로서 수요와 공급을 모두 고려한 경제 조절, 경제정책과 사회정책 간의 상호의존성, 국가와 주요 사회집단들 간의 사회적 합의를 통한 협력과 상호 의존, 사회적 책임성 등을 언급하고 있다(Anderson, 2001).

이러한 관점에서 복지국가의 위기에 대한 사회조합주의적 재편의 방향은 당면한 경제 침체의 원인을 복지국가만이 아닌 다양한 요인들에서 찾아야 하며, 해결 방안도 무조건적인 복지 지출 축소와 정부 개입 철회에서 찾아서는 안 된다고 본다. 시장이 모든 문제를 해결해 주는 만능의 열쇠는 아니다. 따라서 방법은 국가와 시장, 국가와 이익집단 모두가 사회적 연대의식과 책임감을 가지고 동반자 의식으로 무장해야 하며(Crepaz, 1992), 복지국가의 위기를 타개하기 위해서는 제도화된 대화와 타협의 장에서 상호 협력을 해야 한다.

제 3 절 복지 공급 주체의 다원화: 복지다원주의

1 복지다원주의의 의의 및 등장 배경

복지다원주의(welfare pluralism)는 복지를 공급할 수 있는 주체가 국가 외에도 시장·가족·친구·공동체·자원조직 등 다양하며, 따라서 이러한 다양한 공급 주체들을 적극적으로 복지 서비스 공급 과정에 통합함으로써 사회 전체적으로 복지의 총량을 극대화해야 한다는 주장이다. 흔히 복지혼합(welfare mix) 혹은 혼합경제(mixed economy)라고 불리기도 한다.

복지다원주의는 이념적으로 복지국가에 대한 신자유주의적 관점과 일맥상통한다. 신자유주의도 복지에 대한 국가 개입을 전적으로 부정하는 것은 아니며, 국가의 역할을 가급적 줄이는 대신에 시장의 역할을 강화하고자 하는 것이다(Lowe, 1993). 이 점에서 복지다원주의는 복지에 대한 국가 개입을 축소하는 하나의 유력한 방안이 된다. 이제 논의의 초점은 배타적으로 국가복지냐 시장복지냐가 아니라, 복지 서비스를 제공할 수 있는 적절한 구조는 무엇이고, 서로 다른 영역들 간에 어떻게 조화와 협력을 도모하며, 다양한 복지 공급 주체들을 어떻게 복지 제공 과정에 포용할 것인지에 맞추어지고 있다. 복지다원주의는 특정 영역이 복지 서비스의 제공을 독점해야 한다는 사고에 도전하며, 상이한 영역들 간의 균형과 협력을 추구한다(Alcock, 1996).

구체적으로 복지다원주의 하의 다양한 복지 제공 주체들이 무엇인지를 보면, 존슨(Johnson, 1986)은 i) 국가가 중심이 되는 공적 영역(public sector), ii) 사(私)보험과 시장이 중심이 되는 상업적 영역(commercial sector), iii) 자원봉사조직과 자조(self-help)조직이 중심이 되는 자발적 영역(voluntary sector), iv) 가족·친구·이웃이 중심이 되는 비공식적 영역(informal sector)으로 구분하고 있으며, 복지 제공 주체의 역사적 변화는 비공식적, 자발적, 상업적, 공적 영역의 순이라고 보았다. 앨콕(Alcock, 1996)도 유사하게 복지다원주의 하의 복지 제공의 주체를 국가, 시장, 자발적 영역, 비공식 영역의 네 가지로 유형화한다. 여기에서도 이들의 유형화를 따르고 있다.

이러한 복지다원주의의 등장은 1980년대 이래의 복지국가의 수정과 재편의 추세와 맥을 같이한다. 1980년대 이후 영미권 국가들을 중심으로 신자유주의가 풍미하면서, 이에 입각한 다양한 복지 개혁들이 시도되었지만, 여전히 복지국가의 미래에 대해서는 대립되는 시각이 있다. 복지국가의 장래에 대한 비관론자들은 그동안의 복지국가가 사회적 형평성 제고나 빈곤 해소에 크게 기여하지 못했으며, 강자의 이해에 대한 과잉 반응으로 복지 수혜의 역진성을 초래함으로써 오히려 빈부 격차를 심화시켰다고 주장한다. 그뿐만 아니라, 복지국가는 개인의 성취 동기를 둔화시킴으로써 개인의 발전을 저해함은 물론, 궁극적으로는 사회의 발전을 저해했다. 또한 복지행정의 비효율성을 심화시키고, 복지 서비스의 질을 저하시켰다. 따라서 복지국가의 미래에 대한 비관론자들은 향후 복지 지출의 증대에 대한 합의를 도출하기가 어려울 것으로 보고 있다.

반면에 낙관론자들은 복지 수요가 지속적으로 증대할 것이기 때문에 복지국가의 유지는 불가피할 것으로 본다. 구체적으로, 향후 사회 질서가 이완되고 사회구조의 불안정성이 증가함으로써 사회적 일탈행위가 늘어날 것이며, 이렇게 되면 사회 통합의 기제로서 복지의 역할도 증대할 것이다. 그리고 도시화와 사회문제의 증대, 기술 혁신에 기인한 부적응자 및 실업자의 증대, 노령화의 진행 등으로 인해 복지 수요는 지속적으로 증가할 것이다. 그 결과 복지국가의 틀은 유지될 수밖에 없다는 것이다. 실제로 신자유주의가 지배하는 국가들에서도 1980년대 이후의 복지 지출을 보면, 증가율은 다소 둔화되었지만 지출 규모는 지속적으로 증가했다. 복지 지출 증가율이 경제성장률을 상회하고 있다. 따라서 복지국가 위기론 이후에 복지의 확대가 둔화되는 것은 사실이지만, 이것이 복지국가의 후퇴나 붕괴를 의미하지는 않는다는 것이다.

그러나 복지국가의 장래에 대한 논쟁에도 불구하고, 분명한 점은 이제 과거처럼 복지 지출의 대폭적인 확대를 통해서 국가가 독주하는 형태의 복지국가를 유지하려는 발상은 더 이상 지지를 받기가 어렵다는 것이다. 제2차 세계대전 이후 30여년 동안 유지되어 왔던 복지국가의 폐단이 많은 교훈을 주었기 때문이다. 이제 복지국가도 사회적 · 경제적 상황에 적응해야 한다. 개방과 경쟁을 기반으로 하는 세계화의 시대에 경제와 복지가 조화할 수 있는 방안을 모색해야 한다. 이제 복지 공급의 주체가 국가냐 시장이냐 하는 이분법적 발상에서 벗어나야 하며, 다양한 복지 공급 주체들의 역량을 결집할 수 있는 방안을 모색해야 한다. 이에 따라서 복지 제공자로서의 국가와 다양한 민간 부문 간의 적절한 역할 분담 방안을 모색하려는 복지다원주의에 대한 관심이 고조되고 있다.

2 복지다원주의 하의 복지 서비스 공급 주체들

1) 국가

복지국가는 복지를 모든 국민이 누려야 할 권리로 간주하며, 이러한 사고에 따라 복지 공급의 주체로서 국가(the state)의 광범위한 역할을 강조한다. 실제로 복지국가 하에서 국가는 대인 서비스 제공, 주요 복지산업의 국유화, 고용 창출 등 다방면에서 주도적으로 개입한다. 특히, 국가는 공공 지출을 통해서 국민들에게 직접 복지 서비스를 공급하는 서비스 제공자(provider)로서의 기능, 민간 부문이 제공하는 복지 서비스에 대해서 보조금을 지원하거나 세금 감면 등의 간접적인 보조를 행하는 지원자(supporter)로서의 기능, 규칙과 절차를 제정하고 강제력을 토대로 복지 서비스의 제공 과정을 통제하는 규제자(regulator)로서의 기능, 가장 큰 단일의 고용주(employer)로서의 기능까지를 수행하고 있다(Alcock, 1996).

그러나 국가에 의한 복지는 많은 한계에 직면하고 있다. 광범위한 국가복지에도 불구하고, 사회문제와 복지 수요는 계속 증대하고 있지만, 이제 복지의 확대를 위해서 계속 세금을 인상하는 것은 어렵다. 국가 중심의 복지는 비용 면에서 한계에 봉착한 것이다. 또한 국가 중심의 복지는 관료주의적 폐단을 유발한다. 국가가 모든 복지 서비스를 제공하거나 규제하는 것이 현실적으로도 불가능하다. 따라서 1980년대 이후 복지 제공자로서 국가의 역할을 재검토하게 되었으며, 특히 신자유주의자들은 국가의 역할을 축소하고 민간 부문의 역할을 강화하고자 했다(Fraser, 2009).

그럼에도 유의할 점은 복지국가에 대한 재편, 특히 신자유주의적 재편에서도 복지 공급 주체로서 국가의 기능과 역할을 전적으로 부인하는 것은 아니라는 점이다. 과거와 같이 국가가 복지의 모든 영역에 개입할 것이 아니라, 반드시 필요한 부분에 한정해서 개입해야 한다는 것이다. 국가만이 가지는 권한, 책무, 정당성이 있다. 따라서 복지 공급 주체로서의 국가의 역할에 대한 논쟁도 국가복지의 존폐가 아닌, 국가의 역할 범위에 관한 것이다. 그리고 국가의 역할 범위는 고정된 것이 아니라, 상황과 복지 서비스의 종류 등에 따라서 가변적일 수 있다(Clarke, 2010). 그리고 국가복지는 여전히 가장 기본적인 것이며, 다른 부문이 갖지 못하는 장점도 있다. i) 국가만이 의도적인 사회계획을 추진할 수 있다. ii) 다른 부문에 비해서 법적 책임성(accountability)이 높다. iii) 국가에 의해서 제공되는 복지 서비스만이 국민들에게 권리로서 인정된다. iv) 가장 직접적으로 평등의 달성에 기여할 수 있다. v) 전 국민을 대상으로 하므로 규모의 경제를 실현할 수 있다. vi) 보건의료 서비스 등 예방적 서비스 제공은 국가가 아니면 시행하기 어렵다. 따라서 복지다원주의 하에서도 국가는 다른 부문들이 제공하기 어려운 복지 서비스를 여전히 제공해야 하며, 사회 전체 차원에서의 계획, 규제, 지원, 평가 등의 역할을 계속 수행해야 한다. 사적 영역에서 적절하게 보호를 받을 수 없는 사회적 한계 계층에 대해서는 국가가 최종적인 후원자의 역할을 수행해야 한다. 국가는 복지국가와 복지사회를 지탱하는 최종적인 버팀목의 역할을 수행할 수밖에 없다.

2) 시장

시장(market or commercial sector)은 복지 서비스가 가격을 매개로 시장에서 거래되는 것을 말한다. 현재 신자유주의 추세와 더불어 민영화가 확대되면서 복지 서비스의 공급 과정에서 시장의 기능도 증대하고 있다. 그리고 시장의 장점은 이윤의 동기가 작용함에 따라서 복지 서비스 공급 과정에서 경제적 효율성을 추구할 수 있으며, 수요자의 입장에서는 선택의 폭이 확대되며, 따라서 복지 서비스의 공급 과정에서 수요자의 욕구에 대한 반응성이 크다는 점이다(김순양, 2015). 국가복지의 근본적 한계점은 개인들의 욕구에 대한 정보가 불충분하고, 독점으로 인해서 복지 서비스의 질이 저하된다는 것이었다. 그뿐만 아니라, 국가의 개입은 재정 위기를 초래하고, 궁극적으로 경제 침체를 촉발했다. 따라서 1980년대 이래 복지국가 위기를 극복하기 위한 기본 방향도 시장의 기능을 제고하려는 것이었으며, 이를 위해서 규제 완화, 세금 인하, 조세 감면 등 다양한 시장 부양책이 도입된 것이다. 복지 영역에서는 복지 서비스의 민영화 확대, 정부보조금 축소, 공영주택 매각, 민간 의료보험 장려, 사립교육 확대, 수익자 부담 확대 등의 시장 친화적 복지정책들이 도입되었다(Millar, 2009).

그러나 기본적으로 시장과 국가는 상호 보완적이며, 역할 관계도 상대적인 것이다. 잠재적인 사회문제를 예방하고 전체 국민의 삶의 질을 보장하기 위해서는 국가 개입이 필요하다. 시장이라고 해서 완벽하게 선(善)하거나 자율적일 수는 없으며, 독과점의 위험, 생산자와 소비자 간의 정보의 비대칭성, 소비자들의 비이동성(immobility)과 빈곤으로 인한 선택의 제약 등의 문제가 존재한다. 따라서 완전한 자유경쟁시장은 자본주의 체제 하에서 존재하기 어려우며, 시장과 국가는 상호 보완적이다. 시장의 자유는 규칙을 제정하고 사회·경제적 약자를 보호하기 위한 국가의 개입과 조화를 이루어야 한다. 다만, 현재의 추세는 복지 분야에서 그동안 국가의 과잉 개입이 가져온 폐단이 컸기 때문에, 시장을 포함하는 민간 부문의 역할을 좀 더 강화하자는 것이다.

물론 복지 서비스 공급자로서의 시장은 단점도 적지 않다. 복지 대상자의 상당수는 시장에서 선택권을 행사할 수 있는 능력, 지식, 정보가 부족한 경우가 많다. 시장은 과도하게 수익성을 추구함으로써 형평성을 저하시킬 수 있으며, 지불능력이 없는 계층은 복지 서비스의 소비로부터 배제하게 된다. 따라서 오늘날은 시장과 국가의 장점을 결합하려는 시도로서, 준(準)시장 개념이 활성화되고 있다(Le Grand & Bartlett, 1993). 준시장은 국가가 복지 서비스를 보장하고 비용을 지원하면서도, 수요자로 하여금 공급자를 선택할 수 있게 한다. 이를 통해서 복지 서비스를 제공하는 데서 수요자 선호를 반영하고 가격에 대한 민감성을 유지하고자 한다.

3) 자발적 영역

자발적 영역(voluntary sector)은 성원들의 자발적 결정에 의해서 구성되는 사적인 기구이다. 그럼에도 수익에 따라서 움직이지 않는다는 점에서 시장과 다르며, 상당한 정도로 조직화되어 있다는 점에서는 비공식 영역과도 구분된다(Alcock, 1996). 자발적 영역은 국가나 시장보다도 오히려 역사가 깊으며, 오랫동안 복지 서비스 공급의 중심에 있었다. 국가나 시장이 복지 서비스 공급 주체로서 더욱 중시되는 근래에도 여전히 중요한 역할을 수행하고 있다. 특히, 복지국가 위기론의 등장과 더불어 자발적 영역이 다시 주목받고 있다. 이제 국가는 자발적 영역과 파트너십을 형성하고, 민간위탁 등의 방식으로 자발적 영역에 대해서 계약을 기반으로 공적 자원을 지원하고 있다(Lewis, 2005).

자발적 영역은 다양한 목적을 추구하는 조직들로 구성되어 있어 유형화가 쉽지 않지만, 어떤 동기에 기인해 가용자원을 모으느냐를 기준으로 유형화해 보면 다음과 같다. 첫째, 보호(protective)조직이다. 이는 성원들 상호간의 이익 증진과 상부상조를 위해서 만들어진다. 활동도 내부적으로 어떻게 효율적으로 작동하느냐에 초점이 맞추어지며, 가입 동기는 주로 자기 이익이다. 둘째, 대표(representative)조직이다. 이는 성원들의 자기 이해를 대변하지만, 주로 외부 활동을 통해서 이를 달성하고자 한다. 셋째, 캠페인조직은 성원들의 이익보다는, 많은 사람에게 영향을 미치는 이슈들에 대해서 캠페인을 벌인다. 주로 이타적 동기에 의해서 작동된다. 넷째, 서비스(service)조직 역시 주로 이타적 동기에 의해서 움직이며, 특히 사회적 약자를 돕고자 하는 박애주의 동기가 크게 작용한다. 활동 방식도 캠페인보다는 구체적인 서비스 제공에 주력한다.

이러한 자발적 영역은 문제점도 적지 않게 노출하고 있다(Hadley & Hatch, 1981). 첫째, 국가나 시장 등 다른 영역들과의 관계 설정 문제이다. 이들로부터 독립적이라고 하지만 실상은 그러하지 못한 경우가 많다. 재원의 상당 부분을 국고 지원이나 스폰서십(sponsorship) 등의 형태로 민간기업에 의존하고 있다. 기금 마련을 명분으로 시장에서 서비스를 판매하기도 한다. 따라서 자발적 영역이 여타의 영역들로부터 어떻게 독립성을 유지하며, 건설적인 상호 의존 관계를 유지하느냐가 중요한 관건이다. 둘째, 내부구조와 작동 형태와 관련한 딜레마이다.

외형적으로는 이타적으로 보이는 자발적 활동이 실제로는 성원을 보호하는 이기적 동기에 의해서 지배되거나, 소수의 유력 집단의 이해에 의해서 좌우되는 경우도 많다. 셋째, 자발적 영역은 본래적으로 선한 것이라는 편향된 가정이다. 자발적 조직 중에는 반(反)복지적인 활동이나 복지 남용을 행하는 경우도 많다. 넷째, 자발적 조직의 활동이 공적 복지를 감소시키기도 한다. 즉, 자발적 조직이 약간의 복지 서비스를 제공하고 있다는 것을 명분으로, 국가가 해당 분야의 복지 서비스 공급을 등한시하는 경우가 있다. 다섯째, 자발적 조직이 소수의 주도로 임시방편으로 시작되어 활동이 무계획적이고 흐지부지되는 경우가 있다.

4) 비공식 영역

비공식 영역(informal sector)에 의한 복지는 복지 서비스가 요(要)보호자와 가까운 사이인 가족 · 친지 · 친구 · 이웃 등에 의해 개별적으로 제공되는 경우를 말한다. 여기에는 경제적 보호뿐만 아니라, 일상생활에 필요한 다양한 서비스나 활동들이 포함된다. 비공식 영역의 중요한 특징은 조직화되지 않은 것이라는 점이다. 무엇을 어떻게 해야 할지에 관한 규칙과 규제도 없다. 그러나 이것이 믿을 수 없고 예측할 수 없다는 것은 아니다(Evers, 1995). 비공식인 보호와 지지는 상호성(reciprocity)을 핵심으로 하는 것으로서, 상당한 정도의 예측 가능성이 있다.

비공식 영역에 의해서 제공되는 복지는 오래전부터 다른 복지활동들의 근간이 되어 왔다. 가정이나 이웃에서 제공되는 비공식적인 서비스가 없다면 국가나 시장, 자발적 영역은 제대로 기능을 하지 못한다. 비공식 영역은 조직화되지 못하고, 제대로 기록되어 있지 않기 때문에 규모를 정확하게 파악하기는 어렵다. 그러나 비공식 영역에 의한 복지 제공 역시 기회비용을 수반한다는 점에서, 이를 인정하는 것은 정책적으로 중요하다(Joshi, 1988).

비공식 영역에서의 보호와 지지는 대부분 가족집단이나 공동체 내에서 이루어진다. 따라서 전통적인 가족가치관과 공동체정신을 부활하는 것은 복지 제공의 측면에서 중요하다. 가족 보호(family care)는 요보호자의 욕구에 잘 부응할 수 있고 사회적인 비용 부담을 지우지 않지만, 가족에게는 재정 부담과 취업 기회 제약 등이 수반된다. 공동체 보호(community care)는 친구나 이웃 등 인근 지역 거주자들이 요보호자의 일상생활을 지원하는 활동이다. 비공식 영역과 관련해서 존슨(Johnson, 1986)은 다음과 같은 범주를 언급하고 있다. i) 씻어 주거나 옷을 입혀 주고 먹여 주는 등의 개인적 보호, ii) 요리나 세탁 등의 가정보호, iii) 잡일을 도와 주는 등의 보조적 보호, iv) 방문, 교유 등의 사회적 지지, v) 질병이 있는 사람 등에 대한 관심과 감독 등의 감시행위 등을 제시하고 있다.

비공식 영역은 복지 서비스 공급 과정에서 다른 영역과 중복되는 경우가 많은데, 특히 자발적 영역 중의 상당 부분이 비공식 영역으로부터 발전되어 나왔기 때문에 양자 간의 구분이 모호한 경우가 많다. 그리고 상업적 복지의 발달은 비공식적 보호의 상당 부분을 대체함으로써 비공식 영역에 많은 영향을 미치고 있다. 그 보기로서, 개인 간병인의 고용, 유료 노인시설이나 유아시설의 이용 등의 상업적 복지가 비공식적 보호를 대체하거나 보완하고 있다. 국가에 의한 복지도 비공식적 보호의 부담을 경감시켜 주는 방향으로 비공식 영역에 영향을 미치고 있다. 또 만성 질환 노인 수발에 대한 국가 보조 등도 예로 들 수 있다.

제 4 절 한국의 복지국가와 복지다원주의

1 한국의 복지국가 형성 과정

일제강점기에도 1927년부터 시행된 방면위원제도나 1944년 제정된 조선구호령 등 주요 복지제도들이 있었으며, 해방 이후부터 1950년대에도 후생시설(현재의 사회복지시설)의 설치나 운영과 관련된 법제, 군사원호법(1950), 경찰원호법(1951) 등이 제정된 바 있다. 그리고 1960년에는 사회보험제도의 효시라고 평가되는 공무원연금법이 제정되었다. 그러나 이러한 일부 복지제도의 발전에도 불구하고, 1961년 이전까지는 복지가 체계적으로 제도화되지 못했으며, 국가재정의 상당 부분을 외국으로부터의 무상원조에 의존하던 상황에서 제대로 복지를 시행할 수 없었다.

우리나라에서 본격적으로 복지가 제도화되기 시작한 것은 1961년 5·16군사정변 이후부터로서, 특히 1963년 12월까지의 군사정부 하에서 다량의 복지제도가 입법되었다. 이 시기에 도입된 복지입법들로서는 군사원호보상법(1961)·고아입양특례법(1961)·생활보호법(1961)·아동복리법(1961)·재해구호법(1962)·선원보험법(1962년)·사회보장에 관한 법률(1963년)·군인연금법(1963)·산재보험법(1963년)·의료보험법(1963년) 등을 들 수 있다. 이들 가운데 생활보호법은 우리나라 공공부조제도의 근간을 이루게 되는 것이며, 산재보험법은 강제가입 방식을 택하면서 대기업부터 중소기업까지 단계적으로 적용되면서 성공적으로 정착되었다. 의료보험법도 임의가입의 형태를 취함으로써 제대로 정착되지는 못했지만, 법의 내용은 대부분 그대로 유지되어 1977년부터 강제가입의 의료보험을 도입하기에 이르렀다. 아동복리법의 경우도 1981년 아동복지법으로 전면 개정되기까지는 아동복지와 관련한 중요한 입법이었다. 이처럼 5·16군사정부 하에서는 중요한 복지제도들이 단기간에 많이 도입되었는데, 많은 학자가 그 원인을 군사정변의 정당성을 확보하기 위한 정치적 동기에서 찾고 있으며, 당시의 열악한 경제 여건 하에서 이러한 복지제도들을 제대로 시행할 의지가 있었는지에 대해서는 회의적으로 바라보고 있다. 이는 당시 제정된 주요 복지입법들 중 상당수가 사문화되었거나 시행령의 미비로 제대로 시행되지 못했던 데서도 어느 정도 입증된다.[2] 따라서 5·16군사정부 하에서는 많은 복지제도가 도입되었지만, 당시의 열악한 경제 여건, 정치적 의지의 부족, 복지에 대한 사회적 압력의 부재 등으로 인해 복지의 실질적 발달로는 연결되지 못했다.

1963년 말의 민정 이양 이후에는 새로운 복지제도가 거의 도입되지 못했는데, 이는 군사정부 하에서 이미 주요 복지법제들이 대부분 입법된데다, 당시 경제 발전에 중점을 두고 있던 상황에서 열악한 재원을 복지에 할당하기가 어려웠기 때문이다. 이 시기에 법제화가 된 것들 중에 의미가 있는 것은 자활지도에 관한 임시조치법(1968)과 사회복지사업법(1970) 정도이다. 1972년 10월 유신 이후는 경

2) 예로서, 선원보험법은 시행령이 제정되지 못해 사문화되었으며, 생활보호법·아동복리법·재해구호법 등은 1969년 이후에야 시행령이 제정되어 그 이전까지는 제대로 시행되지 못했다. 임의가입 방식을 택한 의료보험법의 경우도 1977년 이전에는 몇 개의 시범사업만 실시되었을 뿐이다.

제 개발과 총력안보 체제 구축에 국가 역량을 집중했으며, 복지나 분배의 문제에 대해서는 큰 관심을 두지 않았다. 더구나 대통령직선제를 폐지하고, 국회의원 정수의 1/3을 대통령이 지명하는 등으로 선거의 경쟁성이 줄어들면서 복지입법에 대한 정치적 동기도 많이 줄어들었다. 따라서 복지가 발전하지 못했다. 1970년대 제정된 복지입법들로는 국민복지연금법(1973)·사립학교교원연금법(1973), 의료보험법 제2차 개정(1976)과 강제 의료보험의 도입, 공무원 및 사립학교교직원 의료보험법(1977)·의료보호법(1977)·특수교육진흥법(1977) 등을 들 수 있는데, 이 중에서 국민복지연금법은 중화학공업정책을 위한 내자 동원 수단의 성격이 강한 것으로서, 이후 경제 상황의 악화를 이유로 사문화되었다. 전반적으로 1970년대는 사회보험제도가 어느 정도 진척되었지만, 문제는 이러한 사회보험의 대상을 특수직역(공무원·군인·사립학교 교직원)이나 대기업 종사자들로 국한함으로써 적용 대상 면에서 욕구의 긴급성과는 역행했다는 점이다. 이는 기본적으로 사회보험의 재정안정화를 도모함으로써 정부 부담을 최소화하고자 한 동기에서 비롯되었다고 볼 수 있다.

1980년대 들어서는 사회복지 서비스 분야의 입법이 본격적으로 추진되었다. 이때부터는 경제 일변도의 정책으로부터 벗어나서 경제 발전과 사회 발전을 동시에 달성하고자 했다. 1980년대 후반 이후부터 민주화 시기를 거치면서 복지에 대한 시민사회의 복지 욕구도 적극적으로 표출되기 시작했으며, 여성의 사회 진출이 활발해지면서 탁아 및 육아복지에 대한 관심이 크게 증대했다. 1988년의 장애인올림픽을 계기로 장애인복지에 대한 관심도 증대했다. 이처럼 1980년대에는 복지 수요가 급증했으며, 이에 발맞추어 물가 안정·경제력 증가·흑자경제 도래 등으로 국가의 복지 공급 능력도 향상되었다. 따라서 1980년대에는 사회적 약자를 위한 복지제도가 진전되었음은 물론, 건강보험의 전국적 확대나 국민연금의 도입 등에서 볼 수 있듯이 일반 국민을 위한 사회보험도 본격적으로 시행되었다. 최저임금제도도 도입되었으며, 1987년부터 사회복지전문요원제도를 도입함으로써 복지 인력도 크게 확충했다. 1980년대에 도입된 복지입법들로서는 사회복지사업기금법(1980)·아동복지법(1981)·심신장애자복지법(1981)·노인복지법(1981)·국민연금법(1986)·최저임금법(1986)·모자복지법(1989)·장애인복지법(1989) 등이 있으며, 특히 1988년 1월부터 농어촌지역 의료보험, 1989년 7월부터 도시지역 의료보험이 실시됨으로써 강제가입의 의료보험제도가 완비되었다.

1990년대는 우리나라에서 본격적으로 복지국가의 틀이 갖추어진 시기이다. 무엇보다도 1993년 12월 고용보험법이 제정되고 1995년 7월부터 시행됨으로써 복지국가의 기본 요건인 4대 사회보험을 완비하게 되었다. 그리고 1990년대는 지방자치제 실시와 지역 주민들의 복지 욕구 분출에 기인해 지역 기반의 복지가 활성화되었으며, 지역복지의 중심기관으로서 사회복지관사업이 확대되었다. 또한 복지의 방향이 그동안의 시설보호로부터 재가보호로 전환되면서 가정위탁보호사업, 가정봉사원파견사업, 주간 및 단기 노인보호사업 등이 활성화되었다. 그리고 1990년대는 복지에 대한 시민사회단체의 영향력이 크게 증대했다. 이후 1997년 말부터는 경제 위기 국면이 도래함으로써 불안전한 사회안전망을 강화하기 위한 국민기초생활보장제도가 도입되었으며, 1998년 10월부터 고용보험제도가 모든 사업장으로 확대되었다. 노·사·정 대타협의 일환으로 국민건강보험법도 제정되었다. 또한 1999년 4월부터 국민연금의 적용 대상을 도시지역 주민들에게까지 확대함으로써 전 국민 연금보험을 실시하게 되었다. 따라서 1990년대는 우리나라에서 복지국가의 초석이 다져진 시기이며, 이는 시민사회의 활성화, 국민들의 복지 권리 의식 증대, 민주화로 인한 선거의 경쟁성 및 정치권의 반응성 증대, OECD 가입 등 세계화의 진전, 경제적 능력의 증대 등이 어우러진 결과였다. 1990년대 입법화된 중요한 복지법제들로서는 장애인고용 촉진 등에 관한 법률(1990)·영유아보육법(1991)·고령자고용촉진법(1991)·고용보험법(1993)·정신보건법(1995)·국민의료보험법(1997)·사회복지공동모금법(1997)·국민건강보험법(1999)·국민기초생활보장법(1999) 등을 들 수 있다.

2000년대 들어서는 복지제도가 더욱 보완되었다. 무엇보다도 2000년대에는 저출산·고령화사회가 본격화됨에 따라서 노인계층의 생활보장 및 의료보장과 관련한 복지가 진전되었다. 대표적인 것이 고령이나 노인성 질병 등으로 일상생활을 혼자서 영위하기 어려운 노인들에게 신체활동 및 가사활동을 지원하기 위해 2007년 4월에 도입된 노인장기요양보험법과, 생활이 어려운 노인들에게 기초적인 수준의 연금을 지급함으로써 노인들의 생활 안정을 지원하기 위해 2007년 4월에 도입한 기초노령연금법이다. 이후 기초노령연금법은 2014년 7월 급여 수준을 인상하고 국민연금과의 관계를 조정해 기초연금법으로 명칭이 변경되었다.

그리고 2000년대에는 생산적 복지와 사회적 경제(social economy)가 강조됨으로써 사회적 일자리 사업, 사회적 기업 등 저소득층을 위한 근로 연계 복지(workfare)가 활성화되었다. 이에 따라서 2007년 4월 사회적기업육성법이 제정되었으며, 취업성공패키지, 희망리본사업 등 다양한 프로그램도 도입되었다. 또한 다문화사회가 본격적으로 진행됨에 따라서 다문화복지에도 관심을 기울이게 되었으며, 다문화가족지원법(2008.3)과 외국인 근로자의 고용 등에 관한 법률(약칭 외국인고용법, 2003.8) 등이 제정되었다. 그뿐만 아니라, 가정의 중요성이 재조명되고 여성의 사회적 참여가 증가함에 따라서 가정(가족) 친화 복지 · 여성 친화 복지 등도 강조되고 있으며, 그 일환으로 건강가정기본법(2004년 2월)이 제정되었다. 무엇보다도 2010년대 들어서는 무상보육 · 무상급식 · 무상의료 · 청년수당 · 증세 문제 등 무상복지와 관련한 사회적 논쟁이 점화됨에 따라서 복지국가를 둘러싼 논쟁도 본격적으로 공론화되었다.

이상에서 우리나라에서의 복지국가의 형성 과정을 살펴보았다. 물론 현재 우리나라가 복지국가라고 볼 수 있는지에 대해서는 여전히 논란이 있을 수 있다. 전반적으로 평가해 볼 때, 제도화나 적용 대상 범위 등의 측면에서는 복지국가가 상당히 진행되고 있다고 볼 수 있으며, 질적인 측면에서는 복지국가의 초기 단계 내지는 진입 단계 정도에 있다고 볼 수 있을 것이다. 그러나 현재의 상황을 어떻게 평가하든, 향후 경제 수준 및 국민 의식의 향상과 더불어 복지국가는 계속 발달할 것이며, 이와 더불어 복지국가의 방향 및 장래에 대한 논의도 더욱 뜨거워질 것임은 틀림없다.

2 한국 복지국가의 과제

지금까지 한국이 복지국가를 향해 걸어온 과정을 되돌아보면, 몇 가지 문제점이 보인다. 이를 정리해 보면 첫째, 복지가 발달하는 과정에서 정치적 요인의 영향이 과도하게 컸다. 정치가 복지의 발달에 영향을 미치는 것은 세계적으로도 공통적인 것이지만, 우리의 경우는 군사쿠데타 등 정치적 격변 상황이 많아 이를 정당화하는 수단으로 복지를 이용한 면이 있으며, 대통령선거나 총선 등을 전후해서 복지공약을 과도하게 남발하는 경우가 많았다. 1961년 5·16 군사정변 이후에 많은 복지제도가 입법화되었으며, 1987년 대선을 앞둔 시점에서의 국민연금제도 도입, 2012년 대선에서의 기초연금제도 공약 등 대통령선거 및 총선거 때마다 지키지도 못할 다양한 복지제도들을 공약했다. 2016년 4월 총선거를 앞두고도 여야 각 정당은 저마다 현재 노인 70%에게 월 20만 원씩 지급하고 있는 기초연금을 인상하겠다고 공약한 바 있다. 그러나 이처럼 정치가 복지에 과도하게 영향을 미치게 되면, 대중 영합적인(populist) 복지정책이 남발되며, 그 결과 복지재정에 큰 부담을 초래하게 된다.

둘째, 적용 대상 면에서 선별주의에서 보편주의로 확대되어 온 것은 서구와 동일하지만, 그 순서가 복지에 대한 욕구가 큰 계층보다는 실시가 용이한 계층부터 우선적으로 적용되어 왔다는 점이다. 사회보험의 경우가 대표적이다. 대체로 우리나라 사회보험은 특수직역(공무원·군인·사립학교 교직원)→대기업 종사자→중소기업 종사자→농어민→도시자영업자의 순으로 적용 범위가 확대되어 왔다. 이는 행정적 편의성도 작용했겠지만, 그보다는 국가의 재정 부담 가능성을 최소화하려는 의도가 크게 작용했다고 볼 수 있다.

셋째, 입법화 과정에서 당위성과 명분을 앞세워 졸속으로 처리되는 경우가 많았다. 특히, 초기에 그러한 경향이 강해서, 입법은 되었으나 장기간 실시되지 못하는 경우가 많았다. 과거를 보면 선원보험법, 의료보험법, 아동복리법, 생활보호법, 국민복지연금법 등 그 사례가 많다. 근래에도 기초노령연금(현재의 기초연금), 무상보육, 무상급식 등의 도입 과정에서 이러한 제도의 도입이 국가재정에 미칠 파장을 계산하지도 않고 장기적인 재정계획을 수립하지 않은 채 졸속으로 제도를 도입한 바 있다. 이러한 무계획적인 복지제도 도입은 오랫동안 한국의 복지재정에 부담을 줄 것이다.

넷째, 개별 복지입법들이 난립함으로써 체계적이고 통일적인 시행을 저해하는 경우가 많았다. 국민건강보험으로 통합되기 이전의 의료보험제도가 직장, 지역(농어촌·도시지역), 특수직역 등으로 각기 분산되어 있었으며, 연금보험은 현재까지도 국민연금·공무원연금·사립학교교직원연금·군인연금으로 분리되어 운영되고 있다. 이러한 복지제도의 분립은 복지제도가 지향하는 사회적 연대성

(social solidarity)의 원칙을 저해하고, 계층이나 집단 간에 서비스의 형평성을 저하시킬 우려가 크다. 그리고 분산 관리 시스템으로 인한 행정적 · 재정적 낭비도 적지 않다.

다섯째, 1980년대까지는 복지입법 과정에서 관료집단이 주도해서 시행상의 편의를 우선적으로 고려하는 경향이 강했으며, 관료집단 내부의 주도권 다툼이 잦았다. 따라서 복지의 내용이 국민들의 요구에 대응하기보다는 관료적 편의성에 의해서 규정되는 경우가 많았다. 반면에 1990년대 이후부터는 시민사회와 정치권의 영향력이 지나치게 강해져 복지입법이 남발되는 경향이 있으며, 입법 내용의 실현 가능성이나 장기적 영향에 대한 고려가 부족한 경우가 많다.

여섯째, 복지입법의 내용 중에서 선언적이고 임의적인 조항이 많아서 복지의 실천으로 연결되지 못하는 경우가 많았으며, 이에 따라서 국가의 복지에 대한 실천 의지도 의문스러운 경우가 많았다. 현재 많은 복지입법이 "…할 수 있다", "…하도록 노력한다" 등의 형태로 표현되어 있는 경우가 많다. 이러한 것들은 복지행정에 대한 신뢰성을 저하시키고, 행정의 예측 가능성을 저하시킬 우려가 있다.

마지막으로, 일반 국민들의 경우는 복지에 대한 인식과 관심이 저조하고, 복지에 대한 권리 의식이 부족했다. 따라서 복지제도의 발달 과정에서 일반 국민들의 참여가 저조했다. 근래 들어 복지 분야에서도 시민단체가 활성화되고 있으며, 마셜(Marshall, 1977)이 주장했던 사회적 시민권(social citizenship) 개념에 대한 인식이 강화되고 있다. 이에 따라서 국민들의 복지정책 과정에의 참여도 과거에 비해서 상당히 활성화되었다. 그럼에도 여전히 상당수의 참여 제도들(그 보기로서, 주민참여예산제도나 시민옴부즈맨제도 등)이 형식적으로 운영되는 경우가 많으며, 관련 시민사회단체의 경우도 과두제적으로 작동하는 경우가 많아 일반 국민의 참여가 용이하지 않은 실정이다.

따라서 지금까지의 이러한 문제점들을 거울삼아, 향후의 복지국가를 설계할 때에는 좀 더 건전한 방안들을 모색해야 한다. 이를 위한 과제들을 구체적으로 살펴보면, 첫째, 복지문제가 과도하게 정치화되는 것을 경계해야 한다. 특히, 선거 때마다 과도한 복지공약을 남발하고 있어 선거 후에 이의 시행을 둘러싼 논란이 증폭하고 있다. 이 과정에서 정치권의 무책임성도 커지고 있다. 따라서 이를 방지하기 위해서는 정치권이 복지문제를 선거에 이용하지 않는 것이 중요하지만, 이에 못지않게 국민들도 좀 더 냉철하고 합리적인 판단을 행하고, 국가의 장래에 대해서 좀 더 높은 책임성을 갖는 자세가 필요하다.

둘째, 정확한 수요와 욕구에 근거해서 복지를 공급해야 한다. 현재처럼 특정 계층에 과잉 반응하거나 무분별하게 복지를 공급해서는 복지국가의 정당성과 지속 가능성을 유지하기가 어렵다. 따라서 현재의 복지 공급 능력을 정확하게 진단하고, 그 범위 내에서 복지 수요 및 욕구의 우선순위를 파악하며, 이에 입각해서 복지 공급의 수준과 방식을 잘 설계해야 한다.

셋째, 복지제도의 입법 과정에서 심사숙고와 장기적인 안목이 필요하다. 복지는 하방경직성의 특성을 갖는다. 즉, 일단 복지가 한번 시행되고 나면 그 범위나 수준을 계속 늘리는 것은 쉽지만, 줄이는 것은 어렵다는 것이다. 대상자들의 반발이 거세기 때문이다. 따라서 복지제도를 도입하거나 복지 지출을 결정할 때는 지속적인 공급 능력, 복지 수요의 긴급성, 환경 변화 가능성 등을 세밀하게 예측하고, 신중하게 접근하는 것이 필요하다.

넷째, 복지의 통합성과 연계성을 제고해야 한다. 현재처럼 복지제도나 프로그램이 난립되어 있으면 비효율적이고 낭비적일 뿐만 아니라, 형평성이나 수혜자 만족도 측면에서도 문제가 발생한다. 따라서 가급적 유사하거나 중복된 기능이나 프로그램은 통폐합하는 것이 필요하며, 그것이 어려우면 연계성과 조정을 강화하는 방안을 모색해야 한다. 특히, 정부 각 부처별로 유사한 복지제도나 프로그램을 남발하는 것을 방지하기 위해 복지행정의 조정 및 평가 기능을 강화해야 한다.

다섯째, 복지제도 형성이나 정책 결정 과정에서 과도하게 정치적 영향력이나 외부 압력이 개입되는 것을 방지해야 한다. 물론 정치권이나 외부의 의견을 수렴하고, 이들과 더불어 거버넌스적인 관점에서 복지행정을 운영하는 것은 장려할 만한 것이지만, 그렇다고 특정 세력이나 이해집단에 의해서 복지행정이 좌우되어서는 안 된다. 그렇게 되면 복지행정의 신뢰성과 형평성이 저하되고, 복지재정의 낭비가 심화된다.

여섯째, 복지제도의 도입 과정에서 선언적이고 임의적인 조항은 최소화하는 것이 필요하다. 이러한 것은 미래의 불확실성에 대비하려는 의도라고 이해는 할 수도 있지만, 그보다는 정치편의성과 행정편의성이 많이 개입된 것이다. 그렇게 되면, 제도의 시행 과정에서 책임성이 줄어들며, 이에 따라서 제도의 취지가 퇴색된다. 따라서 복지제도를 입법화할 때에는 가급적이면 내용을 구체적이고 분명하게 표현함으로써 제도의 실천성을 담보할 수 있어야 한다.

마지막으로 복지행정의 민주화가 필요하다. 복지가 특정 세력에만 지나치게 반응한다든지, 관료나 정치권이 복지 이슈를 독점한다든지, 국가에 의한 복지만을 강조하는 것은 바람직하지 않다. 복지행정에서는 국민들의 의견을 적극적으로 수렴하고, 국민들이 복지행정 과정에 적극적으로 참여하게 하며, 국민들로부터 평가를 받고, 평가의 결과에 대해서 국민들에게 책임을 지는 것이 필요하다.

3 복지다원주의 구축 방안

빈부 격차의 심화, 인구 노령화, 가족 유대감의 약화 등 다양한 요인으로 인해 복지에 대한 수요가 폭증하고 있다. 특히, 실업인구 · 의료비용 · 노인 수발 비용 등의 증대로 인해 국가복지에 대한 수요가 크게 증가하고 있다. 그렇다고 국가복지를 무리하게 확대할 경우에는 여러 가지 문제점에 봉착하게 될 것이다. 국가의 경제 능력이 제한되어 있는 상태에서 국가복지의 확대는 국가재정에 큰 부담을 초래할 것이며, 작은 정부를 지향하는 정부혁신의 추세와도 맞지 않는 면이 있다. 따라서 증대하는 복지 수요를 국가복지의 확대를 통해서 대처하는 데는 한계가 있으며, 복지다원주의에서 주장하는 바와 같이 시장 · 자발적 영역 · 비공식 영역 등의 다양한 복지 공급 주체들을 복지 서비스 공급 과정에 적극적으로 참여하게 하는 것이 필요하다. 국가와 이들 민간 영역의 복지 제공 주체들 간에 적절한 기능 분담을 행하고, 상호 협력 체계를 구축함으로써 복지 공급의 효율성을 도모하며, 사회 전체적으로 복지의 총량을 극대화하는 지혜가 필요하다. 이하에서는 복지다원주의에서 언급하는 다양한 복지 공급 주체들의 역할 제고 방안을 제시하고자 한다.

1) 국가의 역할 재설정

20세기 이후 서구에서의 복지 확대 과정은 곧 국가 역할의 증대 과정을 의미한다. 물론 1970~1980년대 이래 복지국가의 위기와 재편의 과정을 거치면서 국가의 역할이 축소되고 재조정되기 시작했지만, 여전히 국가는 복지 서비스 공급 과정에서 중추적인 역할을 수행하고 있다. 반면에, 우리의 경우는 아직 초보적인 복지국가 단계에 있지만, 전반적인 국가 우위의 전통 속에서 복지 영역에서도 국가의 역할이 계속 증대해 왔다. 물론 이 과정에서 복지재원의 비효율적 배분, 관료주의적 폐단, 복지 서비스의 남발 등 많은 문제점도 노출되었다. 그리고 현재는 국가 개입의 축소와 정부 지출 감축이라는 요구와 복지 수요의 양적인 팽창과 질적인 다양화라는 상반되는 요구 사이에서 국가의 역할에 대한 혼선이 발생하고 있다. 따라서 국가가 복지 서비스 공급 과정에서 지속적으로 주요 역할을 수행할 수밖에 없는 상황에서, 국가의 역할 범위를 재정립하고, 서비스 공급 과정상의 문제점을 시정하는 것이 긴요하다.

첫째, 복지 서비스를 공급하는 데서 국가의 기능과 역할을 재정립해야 한다. 기본적으로 국가는 민간 부문의 복지 공급 주체들이 적극적으로 참여하고 창의성을 발휘하게 하는 지원자의 역할을 수행할 것이 기대된다. 그리고 다양한 복지 제공 주체들의 역할을 조정하고 통합해 주는 조정자 내지는 통합자의 역할도 수행해야 한다. 민간 부문으로부터 배제되기 쉬운 취약계층에 대한 복지 제공자의 역할을 지속해야 하며, 복지정책 전반에 대한 계획자로서의 역할도 수행해야 한다.

둘째, 사회적 취약계층에 대한 복지 제공자로서의 기능을 강화하되, 대상자의 선정 과정을 엄격하고 공정하게 관리해야 한다. 그리고 국가복지의 수혜자들로 하여금 의타심을 조장해서는 안 되며, 이들의 자활 의지를 조장하는 방향으로 정책을 시행해야 한다.

셋째, 국가복지 제공에서 발생하기 쉬운 비효율성과 관료주의를 타파해야 한다. 즉, 복지예산의 낭비적인 부분을 최소화하며, 복지 인력을 전문화해야 하고, 복지공무원의 재량행위가 남용되지 않도록 해야 한다. 그리고 복지 서비스 제공 과정에서 경쟁 체계를 강화하고 성과평가의 결과에 따라서 책임을 지는 풍토를 조성해야 한다.

넷째, 복지 관련 정부부처들 간의 할거주의를 극복하고, 복지행정 조직들 간에 종적·횡적 기능 배분 체계를 확립해야 한다. 복지행정 조직들 간의 이해관계 때문에 분산되거나 중복되어 있는 복지 프로그램은 과감하게 통폐합하며, 현장의 실정을 잘 반영할 수 있도록 분권화하는 것이 필요하다. 그리고 복지 서비스의 통합 연계성을 강화하며, 이를 위해서 복지행정의 조정 기능을 강화하고 복지행정의 원스톱(one-stop) 체계를 구축해야 한다.

다섯째, 지방정부의 경우는 전시행정을 지양하고 복지행정을 좀 더 내실화해야 한다. 그 사례로서, 민선 자치단체장들이 선거를 의식해서 시설 건립에 치중하려는 경향이 있는데, 이보다는 내실 있는 프로그램의 개발에 관심을 기울이는 것이 필요하다. 그리고 일선행정기관인 읍·면·동을 지역복지의 허브(hub)로서 기능할 수 있도록 전환하며, 이를 위해 복지·고용·교육·보건의료 등의 유관 기능을 어떻게 통합하고 조정할 것인지를 고민해야 한다.

여섯째, 복지 분야의 사회적 규제를 합리적으로 조정한다. 규제라고 하면 무조건 나쁜 것이라고 생각하는 경향이 있지만, 복지행정 분야에서는 반드시 그런 것만도 아니다. 규제 중에서 경제적 규제 분야에서는 완화 내지는 철폐해야 할 것들이 많지만, 사회적 규제의 경우는 오히려 합리적으로 강화해야 할 분야도 적지 않다. 그 사례로서, 고용 과정에서 성차별·장애인 차별 등은 엄격하게 규제해야 한다. 복지시설에서의 복지 남용이나 인권 침해 행위 등도 규제를 강화해야 한다. 보건복지 분야에서도 위생, 무허가 진료행위, 면허증 대여 등 규제해야 할 분야가 많다. 따라서 국가는 합리적 규제자로서의 기능을 지속적으로 수행하는 것이 필요하다.

마지막으로, 민간 부문을 활성화할 수 있는 방안을 강구해야 한다. 우선은 복지 서비스 중에서 민간에서 공급하는 것이 더 나은 것들은 무엇인지를 점검하고, 이러한 것들은 과감하게 민간에게 위탁한다. 이러한 민간위탁은 단순한 재정 지원에 머무를 것이 아니라, 적절한 관리 감독과 성과평가를 행하도록 한다. 그리고 민간 부문이 제공하는 복지 서비스에 대해서 세제 지원을 확대함으로써 이들의 역할을 고취한다. 또한 프로그램의 개발과 지원, 정보의 제공, 성공 사례의 전파, 복지 종사자들에 대한 교육 기회의 제공 등을 통해서도 민간 부문의 역할을 지원할 수 있다.

2) 시장의 활성화

복지다원주의의 기본 방향은 기존의 복지국가 하의 국가 중심의 복지에서 국가 외의 다른 주체들도 복지 서비스 공급 과정에 적극적으로 참여시키는 데 있다. 특히, 복지다원주의가 불가피하게 복지국가의 신자유주의적 재편과 연결되는 이상에는 민간 영역의 복지 공급 주체들 중에서도 특히 시장의 역할을 제고하는 것이 긴요하다(Alcock, 1996).

우리의 경우, 지금까지는 복지를 영리 목적으로 이용하는 것에 대해서 부정적 시각이 강해 기업들이 복지 분야에 뛰어들기를 주저했다. 복지시장에 대한 체계적인 파악도 제대로 되어 있지 못하다. 정부에서도 복지시장에 대한 행정적·재정적 지원책을 마련하는 데 소홀했다. 따라서 복지 분야에서 시장의 기능이 활성화되어 있지 못했다. 그러나 현재는 고령화 추세의 가속화와 더불어 복지시장에 대한 관심을 기울여야 할 시점이다. 유료노인주택·보건의료산업·평생교육시장·실버산업·민간의료보험·개인연금 등 다양한 방면에서 이미 상당한 정도로 시장의 기능이 활성화되어 있다. 향후 노인·아동·장애인 등을 대상으로 하는 시장의 규모는 크게 확대될 전망이며, 이에 따라서 복지시장을 체계적으로 파악하고 합당한 지원책을 모색하는 것이 시급한 실정이다. 복지 분야에서 시장을 활성화하기 위한 방안을 적시해 보면 다음과 같다.

우선 복지시장의 역할에 대한 기업, 정부, 복지 수요자의 인식 전환이 필요하다. 지금까지 기업, 특히 대기업이나 중견기업의 경우는 복지 분야를 시장의 대상으로 잘 보지 않았지만, 이제 복지시장에 대한 관심을 기울여야 한다. 복지 분야에서도 창의적으로 도전하고, 새로운 서비스를 창출하며, 그 결과로서 수익을 창출할 수 있는 분야가 적지 않다. 연금제도 등이 정착되면 노인 등 사회적 취약계층의 구매력도 크게 증가할 것이다. 정부의 입장에서도 복지시장의 개념·범위·규모 등을 체계적으로 파악하고, 이를 활성화하기 위한 지원책을 수립해야 한다. 현재 복지 분야에서는 시장의 역할에 대한 국가적 관심이 매우 부족하다. 시장이 활성화되면 좋은 복지 서비스를 값싸게 공급할 수 있는 방안도 모색될 수 있다. 복지 수요자의 입장에서는 복지에 대한 인식을 바꾸어야 한다. 그동안 복지 서비스는 국가에서 무상으로 주거나, 가족이나 친지들 간에 주고받는 것으로 생각하는 경향이 강했다. 복지 서비스에 대한 비용 지출이나 수익자 부담의 개념이 희박했다. 그 결과 복지의 발달이 공짜 심리 내지는 정부 의존 심리를 만연시킨다는 비판이 적지 않았다. 그러나 이제 복지 수요자의 입장에서도 복지 서비스를 시장에서 사적으로 구입하는 데(예를 들면, 개인연금이나 실손보험) 적극적이어야 하며, 보건의료나 노인산업 등의 분야에서 적극적으로 정보를 수집해 비용을 지불하면서 질 높은 서비스를 향유하려는 자세가 필요하다.

다음에는 복지시장에 대한 규제를 합리화해야 한다. 현재 복지 분야(의료복지 포함) 산업에 대한 사전 규제가 만연해 있다. 물론, 복지의 경우는 상당 부분이 사회적 · 경제적 · 육체적 취약계층을 대상으로 하기 때문에 적절한 정도의 사전 규제는 불가피하다. 그러나 많은 경우에는 관례적으로 규제 권한을 행사하거나, 의사단체나 약사단체와 같은 강력한 이익집단의 압력에 의해서 진입 규제의 장벽이 높은 분야가 많다. 현재 국회에 계류 중인 서비스산업발전법의 경우도 의료 관련 내용의 경우는 기본적으로는 진입 장벽을 둘러싼 논란인 것이다. 따라서 복지시장을 활성화하기 위해서는 가능하면 진입 규제나 사전 규제는 완화하고, 사후평가나 관리감독을 내실화하는 방향으로 가야 할 것이다. 그리고 상당 부분은 업계의 자율 규제를 통해서도 효과를 거둘 수 있다.

복지시장에 대한 세제 지원 등 직 · 간접적인 지원 방안이 합리적으로 강구되어야 한다. 현재 실버산업이나 아동보육 및 교육 등의 분야에서는 보조금 등 국가의 직접적인 지원이나 세금 감면 등의 간접적인 지원이 많다. 그러나 이 경우에도 중앙정부와 지방정부 간, 정부부처들 간, 지역 단위에서는 특별행정기관과 지방자치단체 간에 혼선과 중복이 많다. 영유아 교육을 위한 누리과정을 둘러싼 논란도 국가－지방자치단체－시 · 도교육청 간에 재정 부담을 둘러싼 조정 및 역할 분담이 부실해서 생기는 것이다. 또한 문제는 국가나 지방자치단체의 지원이 남발되는 되는 경우가 많다는 점이다. 복지 관련 산업을 유치하거나 민간 부문을 활성화하는 것은 좋지만, 지원을 남발하게 되면 프로그램 중복으로 인한 재정 누수 현상, 국민들의 무임승차 의식, 복지시장 질서의 교란 등 많은 문제를 야기하게 된다. 따라서 복지시장을 지원하되, 좀 더 체계적이고 계획적으로 행하며, 그리고 평가와 모니터링을 내실화함으로써 정부의 복지시장 지원책이 소기의 성과를 거두게 해야 한다.

복지시장 내에서 실질적인 경쟁이 유지되어야 한다. 시장은 공급자들 간에 실질적인 경쟁이 유지될 때에만 소비자 선호를 반영할 수 있다. 복지시장도 복지 서비스 공급자들 간에 실질적인 경쟁이 유지되어야 한다. 이를 위해서 정부는 독과점행위 감시 등을 통해 복지시장의 경쟁 저해 요인을 제거하고, 다양한 유인책을 사용해 중소기업 등의 시장 진입을 지원해야 한다. 오늘날 활성화되고 있는 사회적 기업이나 마을기업 등도 상당수는 복지 서비스를 시장 방식으로 공급하는 것이다. 이에 대해서 정부는 다양한 지원을 행하고 있는데, 이를 좀 더 체계적이고 성과 지향적으로 행할 필요가 있다.

시장의 주체인 기업의 복지 참여를 적극적으로 유도해야 한다. 기업이 복지 분야에 참여하는 방안으로는 종업원들에 대한 기업복지를 강화하는 것도 포함될 수 있지만, 더욱 적극적으로는 기업이 복지산업에 적극적으로 참여하는 것이다. 이를 위해서 정부의 지원책이 필요하다. 그 보기로서, 실버산업에 대한 세제 지원, 연구개발 지원 등의 인센티브를 제공하는 것이다. 그리고 기업의 사회공헌 활동을 복지시장과 연결하는 방안이나 기업의 예술문화 지원활동인 메세나 활동을 문화복지와 연계하는 방안도 적극적으로 모색해야 한다.

준시장(準市場, quasi-market)을 본래의 취지에 맞게 작동하게 해야 한다. 근래 들어 국가복지와 순수시장 방식의 복지가 동시에 한계에 직면하면서, 이에 대한 대안으로서 준시장에 대한 관심이 고조되고 있다. 준시장은 복지 서비스를 공급하는데서 국가가 복지재정을 부담하되, 시장이 가지는 장점, 즉 경쟁을 통해서 소비자 선호를 반영하고 서비스 질과 서비스 만족도를 높이기 위해 고안된 것이다. 복지 분야의 경우는 복지 서비스의 민간위탁과 바우처제도가 대표적인 보기이다. 현재 복지 서비스는 상당 부분이 국가나 지방자치단체가 재원을 부담하지만, 실제의 서비스 전달은 민간 부문이 담당하고 있다. 그러나 이러한 민간위탁 방식은 장점이 많이 있지만, 수탁자 선정 과정의 폐쇄성, 불공정성, 비경쟁성 등으로 인해서 본래의 장점을 살리지 못하고 있다. 관리 감독과 성과평가도 매우 부실한 상태이다. 따라서 수탁자 선정 과정의 개방성, 공정성, 경쟁성 확보가 시급하다. 모니터링을 내실화하고, 성과평가를 강화해서 이를 인센티브와 연계하는 방안을 모색하는 것이 필요하다. 바우처의 경우도 현재 문화 및 복지 분야에서 다양한 종류의 것들이 도입되고 있지만, 아직 용처가 다양하지 못하고, 수요자의 욕구를 제대로 반영하지 못하는 경우가 적지 않다. 무엇보다도 복지 남용의 우려가 적지 않다. 그 보기로서, 자격 요건이 되지 않는 사람이 수혜를 받거나, 가족이나 다른 사람이 사용하는 것 등이다.

3) 자발적 영역의 역할 강화

현재 종교단체, 지역사회단체, 사회복지법인, 자원봉사단체 등의 다양한 자발적 조직들이 복지 서비스를 공급하는 데 관여하고 있다. 1950~1970년대는 국가의 복지 공급 능력이 매우 부실한 상황에서 많은 자원조직이 외국 민간단체의 후원을 통해서 장애인이나 고아 등의 사회적 약자를 위한 다양한 서비스를 제공해 왔다. 그 보기로서, 맹아학교나 농아학교 등 많은 장애인 특수학교들이 종교단체나 자선단체에 의해서 설립되고 운영되었다. 1980년대 후반 이후부터는 지역사회복지와 재가복지가 강화되면서, 지역사회에 기반을 둔 사회복지법인이나 비영리단체들이 정부를 대신하거나 혹은 정부로부터 사업을 위탁받아서 복지 서비스를 공급해 왔다.

역사적으로도 국가복지가 미진하던 상황에서, 민간 부문의 자발적 조직들이 복지 서비스를 공급하는 데서 중요한 역할을 수행해 왔다. 대표적인 것이 향약(鄕約)이다. 향약은 중국 송나라의 여씨향약(呂氏鄕約)에서 출발하는데, 백성들에게 유교의 가르침을 생활화시켜 사회 기강을 바로잡는 것을 목표로 했다. 우리나라에는 조선 중종 때 도입되었는데, 덕업상근(德業相勸), 과실상규(過失相規), 예속상교(禮俗相交), 환난상휼(患難相恤)의 4개를 실천 덕목으로 삼았다. 향약은 양반계층의 주도로 유교적 도덕성에 기인해 결성되었는데, 규약을 통한 강제성이 있었다. 당시 향약은 지방정부의 기능이 미치지 못하는 촌락 단위에서 자치규약을 제정해 유력 인사들이 주도해서 일종의 마을자치제 형태로 운영되었다. 향약의 4대 덕목 중에서 마을 주민들이 어려운 일이 있으면 서로 돕는다는 환난상휼은 지역사회에서 자발적으로 인보상조(隣保相助)의 복지를 시행하자는 것이다(김신열, 2009). 환난상휼은 수해 · 화재 · 질병 등을 당했을 때 서로 위로하고 상부상조하며 빈민이나 무연고자들을 공동으로 부양해 주는 것으로서, 환란과 질병의 구호, 빈민 구휼, 장례의 부조 등의 7개 사업을 규정하고 있었다.

역사적 전통을 보거나 현실을 보거나 간에 우리는 향후 복지 서비스를 공급하는 데 자발적 영역을 복원하고 강화하는 것이 중요하다. 이를 위해서 우선은 자발적 영역의 인력, 재원, 조직을 더욱 건실하게 하고 전문화하는 것이 필요하다. 인력 면에서는 각종 민간 사회복지시설이나 단체에 종사하는 인력들의 전문성을 제고하며, 이들의 소진(burn-out)을 방지하기 위한 동기 부여 방안을 마련해야 한다. 자원봉사 인력과 관련해서는 전문가들의 자원봉사 활동 참여를 조장해야 하며, 자원봉사자들이 안심하고 봉사활동에 전념할 수 있도록 제도적 지원책을 강구해야 한다. 재원 면에서는 사회 전반에 기부문화를 확산하며, 후원사업 및 결연사업 등을 통해서 자발적 영역의 재원을 확충해야 한다. 확보된 재원은 사용 용도와 성과를 공개하는 등 투명하고 효율적으로 관리해야 한다. 조직관리 면에서는 자발적 영역 내의 다양한 기관들 간에 적절한 업무 협력 체계와 정보 공유 체계를 개발해서 연계성을 강화해야 한다. 그뿐만 아니라, 복지 대상자 및 지역사회에 대한 수요 조사 등을 주기적으로 실시해서 서비스 욕구와 서비스 공급을 제대로 결합해야 하며, 수요자들의 욕구에 부합하는 프로그램을 적극적으로 개발해야 한다.

지역사회 단위에서는 지역사회의 복지 네트워크를 구축해서 공공기관과 자발적 영역 간에는 물론, 자발적 기구들 간에도 상시적인 협조와 의사전달 체계를 구비해야 한다. 현재 지역사회 단위에서 많은 자발적 조직이 활동하고 있지만, 대부분이 규모 면에서 영세하며, 활동이 꾸준하지 못하고, 주먹구구식 운영을 벗어나지 못하고 있다. 서로 협력하고 연계하면 시너지 효과를 낼 수 있는 분야가 많은데, 중구난방 식으로 작동하는 경우가 많다. 따라서 이러한 혼선을 방지하기 위해서는 지역 단위에서 자원조직 네트워크를 형성해 업무 협조나 연계를 강화하는 것이 필요하다. 정부는 이들의 활동을 통합적으로 지원할 수 있는 기술적·재정적 지원책을 모색해야 한다.

그리고 지역공동체를 활성화해야 한다. 우리의 경우, 빠른 속도로 도시화가 진행되면서 기존에 존재하던 지역 단위의 자원조직이나 상호부조 조직들이 거의 와해되었다. 현재 영국은 공동체 복원을 위해서 '큰 사회(Big Society)' 담론을 통해 다양한 프로젝트를 시행하고 있다(황기식, 2015). 우리도 기존에 행하고 있는 마을기업이나 협동조합 등을 활용해서 마을 단위에서의 복지공동체(welfare community)를 구축하기 위한 다양한 아이디어를 짜내야 할 시점이다.

또한 복지 서비스 공급 과정에서의 종교단체의 역할을 강화하는 것도 필요하다. 현재 교회나 사찰 등의 종교시설이 지역 단위에 흩어져 있지만, 이를 복지 기능과 적절하게 연계시키지는 못하고 있다. 전통적으로 종교시설이나 종교단체는 복지 서비스 제공 과정에서 중요한 역할을 수행해 왔다. 유럽의 교회나 수도원에서 빈민이나 부랑인 등을 대상으로 복지 서비스를 제공해 왔으며, 우리의 경우도 고려시대에는 불교 사찰에서 빈민에게 식량이나 의복을 공급하는 등 적극적으로 구빈복지를 행했다. 물론 오늘날도 종교시설이나 단체에서 이러한 기능을 일부 수행하고 있지만, 이를 노인복지나 장애인복지 등과 좀 더 적극적으로 연결할 필요가 있는 것이다. 현재 문화관광부의 종무행정은 종교활동에 대한 국가 개입 비판을 우려해 문화재관리 등의 차원에서 극히 소극적으로 행해지고 있다. 향후 복지부처와 종무행정부처가 더욱 긴밀하게 협력해 종교단체의 복지 기능을 활성화하는 것이 필요하다.

4) 비공식 영역의 활성화

비공식 영역은 가족, 친지, 친구, 이웃 등에 의해서 비공식적인 방식으로 복지를 제공하는 것이다. 비공식 영역은 전통적으로 복지 서비스를 공급하는 데서 가장 중요한 역할을 수행해 왔다. 가령, 노인이나 아동에 대한 보호는 가족이나 이웃이 우선적으로 개입된다. 특히, 우리의 경우는 혈연 관계를 중시해 친족들 간에 상부상조하는 전통이 강했다(김기원, 2000). 국가복지가 취약한 상황에서 비공식 영역 내의 상부상조는 복지 욕구를 충족하는 가장 기본적인 수단이었다.

유교적 전통에서는 사회의 기본 단위를 가(家)로 보았기 때문에 가족은 단순한 혈연 관계를 넘어서 생산공동체, 소비공동체, 그리고 복지공동체의 역할을 수행했다. 자녀의 경로효친, 부모의 자애(慈愛), 형제간의 신의(信義) 등은 모두 복지의 기본 틀이 되는 것이다. 이러한 가족 개념은 다시 친족, 부락, 지역사회 등으로 확대된다. 특히, 과거에는 많은 부락이 동족부락이었기 때문에 혈연공동체와 지연공동체가 겹치는 경우가 많았다. 그리고 농경사회는 정주사회였기 때문에 설사 같은 성씨가 아니라고 하더라도 오랫동안 같이 살다 보면 동류의식이 생길 수밖에 없었다. 이러한 상황에서 국가의 복지 역할이 미미했기 때문에 대부분의 일상적 복지활동이 가족, 동족, 부락 단위에서 자발적으로 행해졌던 것이다. 대표적인 것이 계와 두레이다.

계(契)는 친목 도모와 상부상조 등 상호 공통적인 이해를 가진 사람들이 구성한 민간협동조직으로서, 금전이나 물질을 기초로 성립되었다는 면에서는 경제조직의 성격이 강했다. 계는 제도적인 금융기관이 없던 시기에 서민 경제생활에 중요한 역할을 수행했으며, 현재의 사회보험과 강제저축의 성격을 띠는 것이었다. 특히 계는 일반 서민계층이 중심이 되어 상부상조 정신에 근거해서 자생적으로 생성되었으며, 비강제적인 성격이 강했다는 점에서 전술한 향약과 차이가 있다.

두레는 마을 단위에서 상호 협력을 목적으로 조직된 일종의 농민협동조직이며, 농경작업을 공동으로 추진하기 위한 자율적인 지역사회 공동체조직이다. 두레를 통해서 공동작업, 공동식사, 공동놀이 등을 함으로써 작업의 능률을 높이고 공동체 의식을 다졌다(최우영, 2006). 두레가 이행하는 공동노동의 형태는 모내기 · 김매기 · 벼 베기 · 타작 등 논농사의 전 과정에 적용되었으며, 특히 많은 인력이 합심해서 일을 해야 하는 모내기와 김매기에는 거의 반드시 두레가 동원되었다. 또한 마을의 공동 잔치로 풋굿이나 호미씻이와 같은 논농사 이후의 놀이도 함께했다. 대체로 모내기나 추수를 마친 뒤 공동작업에 직접 참여한 사람들이 모여, 농악에 맞추어 연희를 곁들여 놀면서 농사로 인한 노고를 잊고 결속을 다졌다. 그리고 두레가 발전해서 규모가 작은 일에는 품앗이가 행해졌는데, 김장품앗이 · 길쌈품앗이가 대표적이다.

오늘날은 도시화 · 산업화 · 핵가족화로 인해서 전통적인 경로효친 사상, 가족들 간의 유대감, 이웃들 간의 상부상조 정신은 많이 퇴색했다. 그 결과 가족, 친척, 이웃들의 복지 공급자로서의 기능도 많이 약화되고 있다. 그럼에도 여전히 국가복지나 시장에 의한 복지의 제공에는 많은 비용이 수반되는 등 한계가 있다. 더구나 우리의 경우도 복지행정의 추세가 시설수용 보호 중심에서 재가복지 중심으로 이동하고 있다. 따라서 어느 때보다 가족이나 이웃 등의 전통적인 비공식 부문의 복지가 중요한 시점이다. 따라서 비공식 영역의 역할을 강화하는 것이 필요한데, 그 방안을 예시해 보면 다음과 같다.

비공식 영역의 역할을 제고하기 위해서는 우선 가족복지를 강화하는 것이 필요하다. 노인이나 장애인 등을 부양하는 가족들에 대한 지원을 강화함은 물론, 입양가정이나 결연가정 등에 대한 제도적 지원책도 강화해야 한다. 그리고 경로효친 사상을 함양하며, 가족 내에서의 아동이나 부녀자에 대한 학대행위 등을 방지해야 한다. 또한 가족 유대감을 강화할 수 있는 프로그램을 개발하고 보급해야 한다. 현재 정부는 가정 친화적(family-friendly) 복지정책의 일환으로 출산휴가 보장, 경력단절 여성 지원, 입양정책 개선 등 다양한 복지정책을 시행하고 있다. 근래 논쟁이 되고 있는 이른바 '불효자방지법'도 이러한 가족복지 강화책의 일환이라고 볼 수 있다.

재가복지를 강화하는 것도 중요하다. 기존의 시설 중심의 복지는 비용도 많이 들지만, 서비스 질의 측면에서도 문제가 있다. 따라서 복지 대상자들이 가정에서 일상생활을 영위하면서 복지 서비스를 받을 수 있는 재가복지를 활성화하되, 국가는 가족이나 이웃들이 주도적인 역할을 수행할 수 있도록 지원하는 것이 필요하다. 즉, 가족이나 이웃들에 대한 서비스 교육, 심리상담 등을 통해 이들이 복지 대상자들을 적절하게 지지할 수 있도록 지원하는 것이다. 이 점에서 오늘날 괴도하게 시설복지에 의존해 거동이나 부양이 불편한 부모를 무조건 시설에 수용하고자 하는 추세는 재고의 여지가 있다.

그리고 이웃들 간의 유대를 강화하기 위해서 공동체 참여 및 지역사회 개발 프로그램을 활성화해야 한다. 현재 도시화의 진전 및 주거문화의 변화로 인해서 이웃들 간의 유대감은 와해되고 있으며, 그 결과 사회적 안전망으로서 이웃의 기능이 상실되고 있다. 따라서 주민 참여 프로그램 개발, 공동체 복원 프로그램 등을 통해서 이웃 간의 상부상조 정신을 회복하는 방안을 모색해야 한다. 이러한 사회적 안전망의 강화는 독거노인이 급속도로 증가하고 있는 시점에서 중요한 과제이다. 이와 관련해서 현재 농어촌 지역에서는 노-노(老老)케어, 즉 노인들 간에 서로 방문하고 보호를 행하는 프로그램이 시행되고 있는데, 이를 도시지역에도 적극적으로 확대할 필요가 있을 것이다.

제 5 절 결 론

20세기 들어서 복지국가는 서구에서 보편적인 흐름이 되었지만, 그 진행 과정에서는 우여곡절이 많았다. 영원할 것 같던 서구의 복지국가도 경제의 부침과 더불어 흥망성쇠의 기로에 들어섰다. 그러나 다행히 대다수 서구 국가는 이러한 복지국가의 위기 상황을 직시하고, 적극적으로 수정 · 보완 · 재편의 과정을 거침으로써 좀 더 지속 가능한 복지국가로 거듭나게 되었다. 그 일환으로서, 서구에서는 국가복지 중심의 복지국가의 한계를 극복하기 위한 하나의 방편으로서 복지 서비스 공급 주체를 다원화하고자 하는 복지다원주의에 대한 관심이 고조되고 있다. 복지다원주의에 입각해서 '복지국가로부터 복지사회'로의 전환을 도모하고 있다.

이러한 서구 복지국가들의 전례는 이제 갓 복지국가의 문턱에 들어서고 있는 우리에게 중요한 교훈과 시사점을 던져 주고 있다. 복지국가는 국민들의 삶을 윤택하게 하고 국민들을 번듯하게(decent) 만들어 주며, 사회적으로 형평성을 실현하는 데 주춧돌이 된다. 그러나 다른 한편으로 복지국가는 국가재정을 파탄내고, 계층 간 갈등을 유발하며, 사회 통합을 저해하고, 근면과 자조의 정신을 훼손하는 재앙이 될 수도 있다. 후손들에게 막대한 부담을 초래하기도 한다. 따라서 우리의 입장에서는 복지국가가 빈곤문제를 해결하고 삶의 질을 향상시켜 줄 것이라는 막연한 기대에서 벗어나, 우리의 현실 특히 복지 공급 능력을 잘 판단해 복지국가의 미래를 장기적인 관점에서 설계해야 한다.

우리나라는 복지 수요는 급증하고 있으나, 이에 부응하기 위한 복지 공급 능력은 제한되어 있다. 따라서 국가복지에 지나치게 의존하는 형태의 복지국가는 현재의 우리 경제 여건으로는 한계가 있다. 복지국가를 위해서는 복지 지출을 확대해야 하며, 이를 위해서는 복지재원을 마련하는 것이 급선무이다. 복지재원을 마련하기 위해서 증세는 불가피하다. 그러나 증세는 국민들의 조세 저항을 유발함은 물론, 시장과 경제의 활력을 저하시킬 우려가 있다. 일각에서 '증세 없는 복지'를 주장하지만, 서구 복지국가들의 선례를 보면 이는 기대하기 어려운 일임을 알 수 있다. 증세가 없이도 일정 기간 동안은 다소의 복지재원을 충당할 수 있겠지만, 보편적 복지를 위한 대규모 재원을 마련하기는 어렵다. 이러한 딜레마적인 상황에서 국가 중심의 복지를 무한정으로 확대하는 것은 어려운 일이며, 서구의 복지국가 발달 과정에서도 실증되었듯이 그것이 바람직하지도 않다.

따라서 그 해결 방안은 우리 정도의 초보적인 복지 수준에서는 한편으로는 국가복지가 필요한 부분에서는 이를 지속적으로 강화하면서, 다른 한편으로는 국가 영역의 바깥에 흩어져 있는 다양한 복지자원들을 적극적으로 활용하는 방안을 모색하는 것이다. 즉, 복지다원주의의 관점에서 국가를 포함한 다양한 복지 공급 주체들을 적절하게 관리하고 배치함으로써, 사회 전체적으로 복지가 충만한 복지사회를 지향하는 것이다. 복지다원주의는 저성장기의 감속경제에 적합한 복지 공급 방식으로서, 복지 서비스의 공급은 사회 전체의 책임으로서 국가뿐만 아니라, 민간 부문의 역할도 이에 못지않게 중요하다고 본다. 국가는 국가대로, 시장, 자발적 부문, 비공식 부문 등의 민간 부문은 민간 부문대로, 각기 적합한 역할을 수행함으로써 궁극적으로는 사회 전체의 복지가 극대화될 수 있는 것이다.

아직 복지국가라고 칭하기가 쑥스러운 우리나라의 경우는 저소득층이나 취약계층의 기본적인 복지 욕구 충족을 위한 국가의 역할을 지속하는 가운데, 우선 복지 공급 과정에서 시장의 기능을 좀 더 활성화해야 한다. 이 경우에 시장은 국가복지를 대체하기보다는, 고품질의 복지 서비스를 요하는 계층에 대해서 복지 상품을 판매하는 일, 복지 서비스의 공급 체계 전반에 경쟁을 자극하는 일 등을 수행함으로써 국가복지와 보완적 관계를 형성할 것이 기대된다.

자발적 영역의 경우도 국가복지와 더불어, 국가는 주로 모든 국민에게 적용되는 사회보험이나 저소득층에 대한 경제적 지원 등 고비용이 수반되는 분야에 치중하고, 자발적 영역은 취약계층(노인, 아동, 장애인, 다문화가정 등)을 위한 복지 서비스 분야를 중심으로 국가복지를 보완하는 것이 바람직하다. 그리고 민간의 전문성을 활용하는 것이 필요한 복지 서비스의 경우는 민간위탁 방식을 도입해서 사회복지법인이나 지역사회단체 등의 자발적 영역을 적극적으로 활용해야 한다.

비공식 영역의 경우는 복지에 대한 일차적 안전망으로서의 중요성이 크다. 특히, 우리의 경우는 가족이나 친족들 간의 상부상조 전통이 여전히 남아 있기 때문에 비공식 영역이 기초적인 복지 공급자 역할을 수행하도록 지원하는 것이 필요하다. 그 보기로서, 만성 질환 노인을 수발하거나 고아를 입양하는 등의 분야에서는 가족, 친지, 이웃 등의 비공식 영역이 주도적인 역할을 수행하고, 국가는 이에 대해서 재정 지원이나 조세 감면 등의 방식으로 지원을 하는 것이다. 그리고 지역사회 단위에서는 이웃이나 근린집단의 역할을 강화해서 건전한 복지공동체를 형성함으로써 국가복지에 대한 의존을 줄이는 것이 필요하다.

제 3 장

지속 가능한 복지국가와 시장의 역할

제1절 서 론

높은 세금으로 유지되는 복지국가는 필연적으로 경제 상황과 맞물릴 수밖에 없다. 경제 불황기에는 경제 주체들의 담세 능력이 떨어지고, 따라서 복지재원을 마련하기가 어렵게 된다. 서구의 복지국가가 황금기를 구가할 수 있었던 것은 당시의 서구 경제가 호황을 누렸기 때문이지만, 1970년대 들어 세계 경제가 침체되면서 복지국가는 위기에 직면하게 되었다(Walsh et al., 2005). 복지국가 비판론자들은 경제적인 측면에서 복지국가는 국민들의 조세 부담을 증가시키고, 근로 의욕을 저하시키며, 기업의 복지비용을 증대시키고, 국가의 재정적자를 심화시켰다. 정치적인 측면에서는 특정 이익집단에 과잉 반응하면서 비합리적인 정책 결정을 초래하고 자원 배분의 효율성을 저해했다. 행정적 측면에서도 독점으로 인한 복지 서비스의 질 저하를 초래했으며, 복지 프로그램의 남발로 인한 낭비와 비효율성을 심화시켰다고 주장했다.

따라서 복지국가는 재편이 불가피하며 몇 갈래로 그 길을 모색하게 되었는데, 그중에서도 주된 흐름은 신자유주의적 재편이었다. 이는 기존의 국가복지의 틀을 근본적으로 바꾸려는 것으로서, 기본 방향은 국가의 역할을 축소하고 시장의 기능을 강화하려는 것이다. 그리고 신자유주의적 재편은 다른 한편으로는 복지다원주의로 연결되었다. 복지다원주의는 국가복지로부터 탈피해서 시장 · 자원영역 · 비영리 부문 · 비공식 영역 등 다양한 복지 공급 주체들의 역할을 강화함으로써 사회 전체의 복지 총량을 극대화하고자 한다. 특히, 민간 영역의 역할을 강화함으로써 국가복지에 대한 과잉 의존을 탈피하려 한다. 물론 복지다원주의는 신자유주의와 같은 것은 아니지만, 기본적으로 양자는 민간 부문의 역할을 강조한다는 점과 복지국가 위기에 대한 대처 방안이라는 점에서 맥락을 같이한다(Stewart, 2007).

이처럼 복지국가에 대한 신자유주의적 재편과 복지다원주의의 등장은 시장(市場)의 역할을 재조명하게 되었다. 시장에 의한 복지는 소비자의 선택권 존중, 경쟁과 복지 서비스 질의 향상, 낭비 요인 제거, 국가의 과잉 부담 억제, 조세 부담 경감, 자립심과 자조의식 증대 등 여러 면에서 긍정적인 점이 많다. 다른 한편으로 시장은 여러 가지 문제점도 유발할 수 있다. 경제적 약자의 배제 및 사회적 형평성의 저해, 소비자의 비이동성으로 인한 선택권의 제약, 지나친 영리 추구 행위, 진입 장벽 및 독과점의 문제, 규제비용 등이 그것이다(김진욱, 2011). 따라서 복지 서비스 공급에서 시장의 역할이 중요하지만, 시장의 장점을 극대화하고 문제점을 최소화하며, 시장과 다른 복지 공급 주체들과의 조화와 협력을 도모하는 것도 과제로 남는다.

물론 지금까지 복지국가의 재편과 관련해서 시장의 역할에 대한 논의가 없었던 것은 아니지만, 대부분이 복지국가의 위기를 극복하기 위해서 시장의 역할이 필요함을 규범적으로 주장하는 정도에 그치고 있다. 아직 복지국가의 한 축인 시장을 떼어내어 이의 역할 · 실태 · 문제점을 총괄적으로 다루고 있는 경우는 거의 없다. 시장과 국가 간의 관계 및 시장의 범위와 관련한 이론적 논의도 매우 부족할 뿐만 아니라, 시장의 실태나 문제점에 대한 실증분석은 거의 없는 실정이다.

이러한 배경에 따라서, 이 장에서는 복지국가의 지속 가능성을 증진하기 위한 하나의 방편으로서 시장의 역할을 제고하는 방안을 모색하되, 이를 시장의 장점은 극대화하고 문제점은 최소화하는 방향에서 탐색해 보려고 한다. 이를 위해서 이 장은 크게 네 부분으로 구성된다. 첫 번째는 이론적 논의 부분으로서, 복지국가 하에서 주된 복지 서비스 공급 주체인 국가의 역할과 한계를 논의하고, 다음에는 또 다른 공급 주체인 시장의 개념과 범위, 장·단점에 대해서 논의한다. 이어서 국가와 시장이 결합된 형태인 준시장(quasi-market)에 대해서 토의한다. 두 번째는 우리나라에서의 복지시장의 실태를 사회보험·공공부조·사회복지 서비스로 구분해서 실증적으로 분석하는 것이다. 세 번째는 현재의 복지국가 하에서 시장의 문제점 및 시장에 대한 국가 지원 체계의 문제점을 분석한다. 네 번째는 이러한 실태 및 문제점 분석을 토대로 복지국가의 지속 가능성을 증진하기 위한 시장의 역할 제고 방안을 시장의 장점 극대화 및 한계점 극복 방안, 시장과 다른 복지 공급 주체들 간의 상호 보완 및 협력 방안, 준시장의 내실화 방안을 중심으로 제언한다.

제 2 절 복지 서비스 공급 주체로서의 국가와 시장

1 복지 서비스 공급 주체로서의 국가

1970년대 이후 서구의 복지국가 위기에 직면하게 되자, 선진 각국의 복지국가는 다양한 방식으로 재편을 모색했는데, 그중에서도 주류적 흐름은 영·미를 중심으로 전개된 신자유주의적 재편의 방식으로서, 국가(the state)가 중심이 되던 복지국가 대신에 시장이 중심이 되는 복지사회를 지향했다. 이러한 흐름 속에서 1980년대 중·후반 이후에는 복지 서비스 제공 주체로서 기존에 논의되던 국가와 시장뿐만 아니라, 자발적 영역과 비공식적 영역을 포함하는 다양한 복지 공급 주체들 간의 협력과 조화를 주장하는 복지다원주의가 등장하게 되었다. 복지국가에 대한 신자유주의적 재편과 복지다원주의는 기존의 국가 중심의 복지국가에 대해서 비판적이며, 복지 서비스를 제공하는 데서 민간 부문의 역할을 강화하고자 하는 데서는 공통점이 있지만, 신자유주의는 시장의 역할을 특히 강화할 것을 주장하는 데 비해서, 복지다원주의는 시장뿐만 아니라 다른 복지 서비스 공급 주체들도 각기 역할을 수행하며, 이들의 역할이 적절하게 조화를 이룰 것을 주장하고 있다(Alcock & May, 2014). 그러나 시장의 역할에 대한 강조점의 차이에도 불구하고, 신자유주의의 경우도 국가의 복지 서비스 공급자 역할을 부정하는 것은 아니며, 국가만이 수행할 수 있는 역할이 있음을 인정하고 있다. 다만, 불필요한 영역에 과도하게 개입하는 것은 경계하는 것이다. 복지다원주의도 물론 복지 서비스를 공급하는 데서 국가의 역할이 여전히 중요함을 강조하고 있다. 복지 서비스 공급 주체로서 국가의 역할과 한계를 구체적으로 살펴보면 다음과 같다.

국가는 복지국가 하에서 주도적인 역할을 수행해 왔다. 즉, 복지국가는 복지를 모든 국민이 누려야 할 권리로 간주했으며, 이를 위해 국가의 광범위한 역할을 강조했다(이인희, 2005). 우선 국가는 공공 지출을 통해서 직접 복지 서비스를 공급하는 서비스 제공자(provider)로서의 기능을 수행한다. 국가는 또한 민간 부문에 대한 지원자로서의 기능을 수행한다. 즉, 민간 부문이 공급하는 복지 서비스에 대해서 보조금을 지원하거나 세금 감면 등의 간접적인 보조를 행함으로써 관여하는 것이다. 그리고 국가는 규제자로서, 규칙과 절차를 제정하고, 강제력을 토대로 복지 서비스의 공급 과정을 통제하는 기능을 수행한다. 그뿐만 아니라, 국가는 가장 큰 단일의 고용주이기도 하다(Alcock & May, 2014). 국가는 관료의 채용은 물론, 공공투자사업 내지는 일자리사업을 통해서 많은 인력을 고용하고 있다.

신자유주의와 복지다원주의는 복지국가에서와 같은 국가 독점에는 반대하지만, 국가만이 가지는 복지 공급의 권한, 책무, 정당성이 있다는 것이다(Abrahamson et al., 2005), 첫째, 국가만이 장기적이고 의도적인 사회계획을 추진할 수 있다. 민간 부문은 단기적 이익을 추구하며, 국가만큼 조직화되지 못한다. 둘째, 국가는 다른 공급 주체들에 비해 공적인 통제와 감시를 많이 받으며, 법적 책임성(accountability)이 높다. 셋째, 국가에 의해서 제공되는 복지 서비스만이 국민들에게 권리로서 인정된다. 민간 부문의 복지 서비스는 자발성, 자선이나 시혜, 수익 추구 등의 동기에 의해서 공급되며, 강제성이 없다. 이에 비해서 국가복지는 시민들의 입장에서는 일종의 권리로서, 국가의 입장에서는 의무로서 제공되는 것이다. 넷째, 국가복지는 가장 직접적으로 평등의 달성에 기여할 수 있다. 즉, 국가는 보편주의 원리에 입각해서 복지 서비스를 제공할 수 있으며, 따라서 평등을 달성할 소지가 크다. 반면에 시장은 경제적 약자를 배제할 수 있으며, 자발적 영역이나 비공식 영역의 경우도 보편적 복지를 시행하기는 어렵다. 다섯째, 국가복지는 전 국민을 대상으로 하므로 규모의 경제를 실현하기가 용이하다. 국가복지는 일정 기준을 충족하는 사람들에 대해서 보편적으로 시행하는 경우가 많다. 마지막으로, 예방적 서비스는 국가가 아니면 공급하기가 어렵다. 이러한 서비스는 규모가 방대해서 자발적 영역이나 비공식 영역이 공급하기 어려우며, 무임승차가 발생해 시장이 공급하기도 어렵다.

이처럼 국가는 민간 부문들이 제공하기 어려운 복지 서비스를 공급해야 하며, 사회 전체 차원에서의 적절한 계획, 규제, 지원, 평가의 역할을 수행해야 한다. 사회적 취약계층에 대해서는 국가가 최종적인 지원자의 역할을 수행해야 한다. 국가는 복지국가와 복지사회를 지탱하는 최후의 버팀목인 것이다. 따라서 복지 서비스 공급 주체로서 국가의 역할에 대한 논쟁도 국가복지의 존폐에 관한 것이 아니라, 국가의 역할 범위에 관한 것이라고 이해할 수 있다. 그리고 국가의 역할 범위는 고정된 것이 아니라, 상황과 복지 서비스의 종류 등에 따라서 가변적일 수 있다(Rao, 1996).

그러나 국가복지는 여전히 적지 않은 한계점이 있음을 인식해야 한다. 광범위한 국가복지에도 불구하고, 사회문제와 복지 수요가 줄어들지 않고 있으며, 사회적 불평등도 감소하지 않고 있는 것은 그동안의 복지국가가 의도한 목표를 제대로 달성하지 못했음을 실증한다. 또한 국가 중심의 복지는 관료주의적 폐단을 유발했으며, 경쟁의 부재로 인해서 복지 서비스의 질을 저하시켰다. 높은 세금에 의존하던 복지국가가 시장과 민간 부문의 노동 동기와 창의성을 저해한 것도 사실이다. 이제 국가 중심의 복지는 비용 면에서 한계에 봉착하고 있으며, 그렇다고 복지의 확대를 위해서 계속 세금을 인상하기는 어렵다. 국가가 복지 서비스 공급을 독점하는 것이 현실적으로도 불가능하게 되었다(Lund, 2007). 따라서 여전히 복지 공급 주체로서 국가의 기능과 역할을 인정하지만, 과거처럼 모든 복지 영역에 개입할 것이 아니라, 반드시 필요한 부분에 한정해서 개입해야 하며, 다른 복지 공급 주체들이 활동할 수 있는 공간을 마련해 주어야 한다. 이를 위해서 국가는 직접적인 생산자나 규제자로서의 역할은 최소화하고, 후원자, 지원자, 조정자로서의 역할에 치중할 것이 요구된다.

2 복지 서비스 공급 주체로서의 시장

1) 시장의 개념과 범위

신자유주의는 경제활동은 물론 복지 서비스 공급에서도 시장(market)의 주도적 역할을 강조하고 있으며, 복지다원주의에서는 시장과 국가를 보완적 관계로 보고 있다. 물론 전자가 후자에 비해서 시장의 역할을 좀 더 강조하는 것이지만, 기존의 복지국가에서 국가가 주도적으로 복지 서비스를 공급하던 것을 시장에 과감하게 이전하거나 시장의 기능을 강화하는 방향으로 복지국가를 재편해야 한다는 점에서는 기본 인식을 같이한다. 그러나 이처럼 시장의 기능과 역할을 강조하는 추세에 있지만, 여전히 시장의 개념과 범위에 대해서는 일치된 견해를 찾기가 어렵다.

홀든(Holden, 2008)에 따르면, 시장에 의한 복지는 복지 서비스를 시장에서 사고파는 것이다. 따라서 시장은 금전 관계를 통해서 복지 서비스의 판매와 소비를 매개하게 된다. 이때 복지 서비스의 판매자는 영리 추구를 목표로 하기 때문에, 구매자가 복지 서비스를 소비하기 위해서는 비용을 지불해야 한다. 시장에서의 복지 서비스의 판매자는 주로 기업을 포함한 영리기관이며, 서비스의 구매자 내지 소비자는 시민 개개인일 수도 있고, 국가기관이나 보험회사 등의 기업일 수도 있다. 복지 서비스 공급자로서의 시장은 수요(demand)에 의해서 작동하게 된다는 점에서, 국가나 비영리기관들이 대상자들의 욕구(need)에 기인해서 작동하는 것과는 근본적 차이가 있다. 이처럼 시장은 가격을 매개로 수요와 공급의 원리에 의해서 작동하는 것이며, 소비자는 구매력을 갖추어야 시장에서 복지 서비스를 구입할 수가 있다(Drakeford, 2007).

시장을 이처럼 개념적으로 정의할 수 있지만, 실제로 시장의 구체적 범위를 설정하고, 이에 입각해서 시장의 실태와 규모를 측정하는 것은 어려운 작업이다. 우선은 비용 지불 여부 및 비용 부담 주체와 관련한 시장의 범위가 문제이다. 복지다원주의는 시장을 국가·자원 영역·비공식 영역과 구분하고 있는데, 이는 시장의 속성을 영리를 주로 추구하는 것으로 본다. 즉, 시장은 영리를 추구하며, 나머지 영역은 비영리적인 것들이다. 그러나 시장의 또 다른 속성을 복지 서비스 구매에 대한 비용 지불로 보게 되면, 시장과 다른 영역 간의 구분은 모호해진다. 국가가 제공하는 복지 서비스 중에서도 수익자 부담의 원칙에 입각해서 비용을 지불하는 것들이 적지 않다. 국가가 관리하는 복지 서비스 중에서 많은 것이 비용 부담을 거의 전적으로 개인이나 사업주에게 의존하는 경우가 많다. 그 보기로서, 연금보험이나 건강보험 등의 사회보험은 서비스 비용의 대부분을 개인이나 사업주가 납부하는 보험료에 의존하므로, 사실상 관리만 국가가 하는 것이다. 비영리기관이나 자원 영역에서 제공하는 복지 서비스 중의 일부도 사용자의 비용 부담을 통해서 운영되는 경우가 많다. 보건소, 국공립의료기관, 국공립요양시설 등에서 제공하는 보건의료 서비스의 경우, 비용의 대부분을 이용자가 부담한다. 비영리기관이나 단체가 상업적으로 제공하는 복지 서비스도 많다. 민간에서 제공하는 보육 서비스를 예로 들 수 있다. 더구나 현재 사회적 목적과 수익성을 동시에 추구하는 사회적 기업 등의 사회적 경제(social economy) 영역이 활성화됨에 따라서 비영리 부문과 영리 부문 간의 경계도 허물어지고 있는 추세이다.

그리고 시장에서의 소비와 비용 부담의 주체는 소비자 개인이나 민간 부문으로 보고 있지만, 복지시장의 경우에는 소비자가 개인이나 기업뿐만 아니라 국가나 비영리기관이 비용 부담자가 되는 경우도 많다. 그 보기로서, 시장에서 기본적인 의식주를 구매하거나 유료 요양시설을 이용하는 것은 개인이며, 병원에서 고객에게 제공하는 의료 서비스에 대해서 보험회사가 비용을 지불하는 경우에는 기업이 비용 부담의 주체가 된다. 반면에 민간에게 복지 서비스 생산을 위탁하고 국가가 비용을 지불하는 민간위탁은 국가가 비용을 지불하는 주체이다. 바우처(voucher)의 경우도 이를 통해 개인들이 시장에서 서비스를 구매하지만, 비용 부담의 주체는 국가이다. 따라서 비용 부담의 주체와 관련 없이 시장의 범위를 정하게 되면 시장의 범위는 매우 포괄적이게 되며, 그동안 국가복지라고 간주되던 영역의 상당 부분도 시장복지에 해당하게 된다.

시장과 직업복지(occupational welfare)의 관계도 시장의 범위를 설정하는 데서 혼란을 유발한다. 앨콕과 메이(Alcock & May, 2014)에 따르면, 직업복지(혹은 기업복지)는 비용 부담의 주체 면에서 사업주가 인적자원 관리의 일환으로 제공하는 것이지만, 시장을 기반으로 하는 상업적 복지에 해당한다. 홍경준(1999)도 복지 공급 주체를 국가 · 시장 · 공동체의 삼분모델로 구분하고, 직업복지를 시장 영역 내에 포함한다. 이처럼 직업복지를 시장의 대표적 행위자인 기업이 비용을 지불해서 제공하는 복지라고 보게 되면, 시장복지와 동일시하거나 시장복지의 일환으로 보는 것이 타당하다. 그러나 이 경우에도 문제는 직업복지 중에서 법으로 강제하고 있는 법정복지(그 보기로서, 근로기준법에 의한 법정퇴직금 등)와 기업이 종업원 관리 차원에서 자발적으로 제공하거나 노사 협의의 결과로 제공하는 비법정복지와 구분이 필요하다(김진욱, 2005).

2) 시장의 장 · 단점

근래 들어 시장화나 민영화 등이 활발하게 논의되면서 복지 서비스 공급에서도 시장의 역할이 강조되고 있다. 그동안의 국가복지가 가지고 있던 한계는 개인들의 복지 욕구에 대한 정보가 불충분하고, 관료제적 독점으로 인해서 복지 서비스의 질이 저하된다는 것이었다(Alcock & May, 2014). 그리고 국가의 과잉 개입은 국가재정의 위기를 초래하고, 이는 궁극적으로 경제 침체를 촉발했다. 따라서 1980년대 이래의 복지국가 재편의 기본 방향도 시장의 역할을 강화하려는 것이었으며, 이를 위해서 규제 완화, 세금 인하, 조세 감면 등 다양한 시장 부양책이 도입된 것이다. 복지 영역에서는 민영화 확대, 공영주택 매각, 민간의료보험 활성화, 사립교육 진흥, 수익자 부담 확대 등의 시장 친화적 복지정책이 도입되었다(Walsh et al., 2005).

국가복지에 대비한 시장의 장점은 여러 가지가 있다. 무엇보다도 시장은 경쟁의 원리와 이윤 동기에 의해서 작동하기 때문에 복지 서비스 공급 과정에서 경제적 효율성을 도모할 수 있다. 즉, 시장은 가격을 매개로 하고 비용을 지불해야 하므로 불필요한 낭비를 줄일 수 있다. 이에 비해서 국가복지는 비용 관념이 없어 공급자인 국가나 소비자인 국민 모두 복지 서비스를 낭비할 우려가 있다. 그리고 시장은 경쟁을 본질로 하기 때문에 이를 통해서 복지 서비스의 질을 제고할 수 있다. 또한 시장은 수요자의 입장에서는 선택의 폭이 확대되며, 따라서 수요자에 대한 반응성이 크다.

그러나 시장은 한계점도 적지 않다. 무엇보다도 시장은 비용 지불 능력이 있는 사람들만 이용할 수 있기 때문에 경제적 취약계층에 대해서는 배제적이다. 이는 복지 서비스의 보편성과 평등성을 저해하는 것이다. 그리고 시장은 이용자들에게 선택권을 부여하지만, 이러한 선택권은 실제로는 소비자들의 능력에 의해서 제약되는 경우가 많다. 복지 서비스의 경우 많은 대상자가 선택에 필요한 지식과 정보가 부족한 경우가 많다. 따라서 선택권이 제대로 보장되지 못할 수 있다. 그리고 시장은 과도하게 수익성을 추구함으로써 사회적 형평성을 저하시키고 복지에 대한 권리 개념을 퇴보시킬 수 있다. 또한 시장은 개인 책임 원리에 기반을 두기 때문에 보편적 복지나 사회적 연대성 개념을 후퇴시킬 수 있다. 따라서 시장의 절대적 역할을 강조하는 신자유주의와는 달리, 복지다원주의에서는 시장과 국가의 장점을 결합하려는 시도로서 준시장(quasi-market)[1] 개념에 주목하고 있다(Le Grand & Bartlett, 1993).

3 국가와 시장의 결합: 준시장

순수시장과 준시장 간의 논란은 시장이라는 실체와 '시장의 원리'라는 서비스 공급 방식 간의 차이에 관한 것이다. 즉, 준시장은 그 자체로서 시장이라기보다는, 시장의 작동 원리(즉 경쟁, 선택, 소비자 선호 등)를 복지 서비스 공급에 도입하려는 것이다. 신자유주의에서 주창하던 시장의 본래 개념은 순수시장을 의미하는 것이다. 물론 사회복지의 관점에서 순수시장에는 상점에서 기본적인 의식

1) 준시장은 국가가 복지 서비스를 보장하고 비용을 지원하면서도, 소비자로 하여금 공급자를 선택할 수 있게 한다. 이를 통해서 소비자 선호를 반영하고 가격에 대한 민감성을 유지하고자 한다.

주 해결에 필요한 것들을 사는 것도 포함되지만, 그보다는 유료 노인시설의 이용, 장애인 보장기구의 개인적 구매, 민간 유아시설 이용 등과 같이 개인이 비용을 지불하고 복지 서비스를 구매하는 것 등을 주로 의미한다. 물론 이러한 구매 행위에 대해서는 국가가 보조금을 지불하거나 세금을 감면해 줄 수 있다. 민영화의 방식 중에서도 국영기업이나 공공주택의 매각 등은 국가복지를 순수시장의 형태로 전환하는 것이다. 이와 같은 순수시장의 형태는 개인이나 민간 부문이 비용 부담의 책임을 진다는 점에서 단순하게 "시장의 원리가 작동한다"는 의미를 넘어서, "시장이라는 실체가 존재한다"는 것을 전제로 하는 것이다.

반면에 준시장은 국가가 계속 서비스 비용을 부담하고 서비스 제공의 주체가 되면서, 서비스 생산은 민간 부문에 맡기는 것이다. 즉, 복지 서비스 공급에서 선택과 경쟁이라는 시장의 원리를 활용하고자 하는 시도이다(Alcock & May, 2014). 준시장은 국가복지와 시장복지를 공존시키고자 하는 것으로서, 기본적으로는 재정도 국가에 의해서 지원되며, 일반적으로 서비스도 무료나 실비로 제공된다. 따라서 빈곤으로 인해서 배제되지 않는다. 이 점에서는 국가복지와 다를 바가 없다. 국가복지와 다른 점은 국가가 아닌 민간 부문이 복지 서비스의 생산자가 된다는 것과 소비자의 선택권이 보장된다는 점이다. 따라서 순수시장은 아니지만, 시장의 원리가 작동하는 것이다. 준시장의 대표적인 것이 바우처와 민간위탁이다(이현주 · 정익중, 2012).

바우처는 국가가 직접 서비스를 공급하거나 국가가 생산자에게 보조금을 지불하는 형태가 아니라, 복지 대상자에게 시장에서 서비스를 구입할 수 있는 구매권을 주는 것이다. 비용 부담은 여전히 국가가 하게 된다. 그렇게 되면, 수혜자는 시장을 자유롭게 이용할 수 있으며, 시장에서 선택을 할 수 있다(정광호, 2008). 이 경우에 문제는 바우처와 현금급여가 어떠한 차이가 있느냐는 점이다. 현재 대부분의 국가에서 공공부조를 현금급여로 제공하는데, 현금은 아무런 낙인(stigma)을 남기지 않고 시장을 이용할 수 있으며, 선택권도 충분하게 보장된다. 오히려 현금급여는 용도를 지정할 수 없기 때문에 선택권의 범위가 더욱 넓다. 그렇다고 우리나라의 기초생활보장과 같은 공공부조를 준시장 방식이라고 보기는 어렵다.

민간위탁은 완전한 민영화와는 달리 비용은 국가가 여전히 부담하면서, 서비스의 생산은 민간 부문에 맡기는 방식이다. 즉, 복지 서비스의 공급 과정을 제공

(provision)과 생산(production)의 과정으로 구분하고, 서비스 제공은 여전히 국가가 담당하지만, 생산은 민간 부문에 맡기는 것이다(Savas, 2000). 이는 비용 절감이나 효율성의 측면도 있지만, 전문성 향상을 통해서 서비스의 질을 개선하고자 하는 측면이 크다. 이 경우에는 서비스 생산기관은 대부분 비영리기관이다. 따라서 순수한 시장이라고 볼 수는 없으며, 시장과 자원 영역 내지는 비영리 영역 간의 혼합이 나타나는 유형이다. 현재 우리의 경우 사회복지시설은 물론, 일자리사업 등 복지 프로그램의 상당 부분이 민간위탁 방식으로 운영되고 있어 민간위탁을 포함하는 준시장의 범위는 매우 넓다.

이처럼 복지 서비스 공급 주체로서 시장의 범위를 설정하고 이에 입각해서 복지 서비스 공급에서 시장이 차지하는 비중을 측정하는 것은 쉬운 일이 아니다. 시장의 특성을 서비스 구입을 위한 비용 지불, 가격에 의한 수요와 공급의 매개, 욕구가 아닌 소비에 입각한 공급, 선택과 경쟁, 소비자 선호 등을 들 수 있지만(Drakeford, 2007), 실제로는 이러한 것들을 개념화하고 범주화하는 것은 어려운 작업이다. 국가나 비영리기관이 제공하는 서비스에 대해서도 수익자 부담의 원칙을 적용하는 경우가 적지 않으며, 국가복지 중에서도 선택과 경쟁, 소비자 선호를 반영하려는 시도가 많이 행해지고 있다. 대표적인 시장기구인 기업이 제공하는 복지 서비스 중에서도 법에 의거해서 무상으로 제공해야 것들도 적지 않다.

준시장과 소비자 선택권의 개념도 불분명하기는 마찬가지이다. 민간위탁 방식으로 공급되는 복지 서비스의 경우도 대부분 단일의 수탁자가 서비스를 공급하기 때문에 소비자 선택권이 반영되기 어려운 경우가 많다. 바우처가 소비자 선택권을 존중하는 제도라고 하지만, 어떤 의미에서는 공공부조 등에서 이미 오래전부터 시행되고 있는 현금급여만큼 소비자의 선택권을 광범위하게 보장하는 것도 없다. 즉, 시장만이 선택권을 아니라, 국가복지도 소비자에게 선택권을 부여할 수 있는 것이다. 따라서 일부 연구들(김진욱, 2011)에서처럼 시장의 범위를 개인연금 규모, 민간 의료보험회사의 보험급여, 자동차보험의 의료비 지출, 가계의 의료비 지출, 가계의 보육비 지출 등에 국한해서 시장의 크기를 측정하는 것은 현실을 지나치게 단순화한 것이다.

시장의 범위를 복지 서비스 분야에서 영리를 추구하는 기업이 제공하는 것만으로 단순화하더라도, 그 종류는 매우 다양하고 포괄적이다. 홀든(C. Holden)은 영리 추구형 복지기업의 유형으로 i) 병원·학교 등과 같이 국민들에게 직접 복지 서비스를 제공하는 기업, ii) 복지 서비스를 전달하는 데 불가결한 제품을 생산하는 기업, 의약품이나 교육기자재를 생산하는 기업이 이에 해당한다. iii) 복지 서비스를 직접 제공하는 조직에 서비스를 공급하는 기업으로 그 보기로는 의료폐기물 처리업체, 병원 식사 공급업체 등을 들 수 있다. iv) 민간 건강보험사나 모기지 회사처럼 보험 서비스나 재정 서비스를 제공하는 기업, v) 복지 서비스를 제공하는 시설이나 건물의 디자인, 건축, 유지와 관련되는 기업, vi) 이 밖에도 종업원에게 직업복지 서비스를 제공하는 다양한 기업들로 구분하고 있다(Holden, 2008).

더불어 오늘날 사회적 기업, 마을기업, 협동조합 등 다양한 형태의 사회적 경제 영역들이 활성화되고 있는데, 이러한 것들도 영리 추구를 목표로 하지는 않지만, 시장의 형태에 포함된다고 볼 수 있다. 따라서 시장의 범위는 매우 광범위하고 포괄적이어서, 이를 정확하게 측정하는 것은 거의 불가능하다.

제 3 절 복지 서비스 공급 주체로서의 시장의 실태 분석

시장의 범위를 제대로 규정하지 못하는 상태에서 무리하게 시장의 규모를 측정하려는 것은 어려운 일이다. 그러나 현재 전반적으로 국가 중심의 복지가 한계에 직면해 있는 상황에서, 시장의 역할을 제고할 필요가 있으며, 보건의료복지 등 일부 복지 영역에서는 경제 활성화 측면에서도 시장의 역할을 강화하려 하고 있다. 따라서 불완전한 지표들이지만, 일부 지표들을 통해서 시장의 확대 추세를 점검해 보고, 시장과 국가복지를 둘러싼 논쟁점들을 정리해 보는 것은 복지 공급 주체로서의 시장의 실태를 파악하는 데 의미가 있을 것으로 보인다. 이하에서는 시장의 범위를 주요 복지 서비스 영역별로 설정해 보고, 그 실태를 파악하고자 한다.

1 사회보험과 시장

사회보험 영역을 크게 소득보장과 의료보장으로 구분해 볼 경우에, 소득보장과 관련해서는 공적 연금에 대한 보완책으로서 금융기관에서 취급하는 개인연금이 있다. 개인연금은 공적 연금만으로는 충분한 노후소득보장이 되지 않는 것을 보충하기 위한 것인데, 개인연금보험과 개인연금저축으로 구분할 수 있다. 둘 다 국가가 절세 혜택을 제공하는 것이지만, 개인연금보험은 원리금을 수령할 때에 세금을 감면해 주는 것인데 비해서, 개인연금저축은 연말정산 시에 소득공제를 해 주는 것이 다르다. 개인연금저축은 이를 취급하는 금융기관별로 은행의 연금저축신탁, 보험사의 연금저축보험, 증권사의 연금저축펀드로 다시 구분되기도 한다.

퇴직연금은 일종의 직업복지로서, 2005년 1월 제정된 '근로자 퇴직급여 보장법'에 의해서 근로자의 안정적인 노후생활 보장을 위해서 운영되고 있다. 퇴직연금은 확정급여형 퇴직연금, 확정기여형 퇴직연금, 개인형 퇴직연금으로 구분되는데, 확정급여형 퇴직연금은 근로자가 받을 급여의 수준이 사전에 결정되어 있는 퇴직연금제도이고, 확정기여형 퇴직연금은 급여의 지급을 위해서 사용자가 부담해야 할 부담금의 수준이 사전에 결정되어 있는 퇴직연금제도이며, 개인형 퇴직연금은 가입자의 선택에 따라 가입자가 납입한 일시금이나 사용자 또는 가입자가 납입한 부담금을 적립 · 운용하기 위해서 설정한 퇴직연금제도로서, 급여의 수준이나 부담금의 수준이 확정되지 않은 퇴직연금제도이다(근로자 퇴직급여 보장법 제2조). 그리고 2007년부터 출시되기 시작한 주택연금의 경우도 시장 방식의 소득보장책이라고 볼 수 있다. 주택연금은 60세 이상인 퇴직자가 본인 또는 공동 명의의 주택을 주택금융공사에 맡기면 주택금융공사가 보증을 서서 지정 은행으로부터 매월 연금을 받는 역(逆)모기지 방식의 금융 상품이다.

다음에 의료보장과 관련한 시장의 범위는 이를 우선 서비스 공급자의 측면에서 보면, 우리의 경우 일부 국 · 공립병원이나 보건소 등을 제외하면 대부분의 보건의료 서비스가 민간 병 · 의원, 약국 등에서 가격을 매개로 서비스가 제공되고 있다. 즉, 대부분의 보건의료 서비스가 시장에서 공급되고 있는 것이다. 국 · 공립병원이나 보훈병원 등도 관리는 국가나 지방자치단체가 하지만, 의료급여 수급자를 제외하고는 대부분 이용자가 비용을 부담하고 있다.

그리고 의료보험시장의 측면에서 보면, 의료보험 분야에서 시장에서의 의료보험의 공급은 대표적으로 손해보험회사나 생명보험회사에서 취급하는 민영의료보험을 들 수 있다. 이는 의무 가입의 공적 의료보험제도인 건강보험에 대한 보충형 의료보험으로서, 건강보험에서 부담하지 않는 본인 부담 의료비(법정본인부담금 및 비급여 치료비)를 보험 가입 금액 한도 내에서 보상해 주는 실손형 의료보험이다. 이는 공적 보험의 보장 공백을 메우기 위한 것으로서, 이미 1970년대부터 민간 보험회사에서 판매하고 있다. 이러한 민영 의료보험은 건강보험제도라는 공적인 사회보험제도가 있지만, 본인 부담금이 많고, 건강보험으로는 고급의 의료 서비스를 향유하기가 어려우며, 고액 질병에 대한 의료비를 부담하는 데 한계가 있기 때문에 소비자가 임의적이고 보충적으로 가입하는 것이다. 그리고 보험회사에서는 암보험이나 장애인전용보험도 판매하고 있는데, 전자는 암 발생 시 진단비 · 입원비 · 수술비를 지급하는 것이며, 후자는 장애인의 사고 · 재해 · 질병의 위험으로부터 보호하기 위한 것이다(생명보험협회, www.klia.or.kr).

2 공공부조와 시장

공공부조는 소득보장정책으로서의 기초생활보장과 의료보장정책으로서의 의료급여로 대표되는데, 경제적 빈곤계층에 대해서 국민의 세금을 재원으로 무상으로 제공하는 것이다. 따라서 기본적으로는 본인이 비용을 지불해 시장에서 복지 서비스를 구입하는 시장의 영역과는 거리가 있다. 특히, 절대 빈곤층에 대한 생계 보호는 거의 전적으로 국가복지에 의존하고 있는 실정이다.

그러나 공공부조라고 해서 시장의 영역이 존재하지 않는 것은 아니다. 물론 공공부조 영역에서는 순수시장의 방식은 한계가 있지만, 대신에 대상자에게 선택권을 부여하고 공급자에 대해서는 이용자의 선호를 반영할 수 있도록 시장의 원리를 도입하는 방향으로 운영되고 있다. 즉, 준시장의 방식이 활용되고 있다.

준시장의 방식은 대표적으로 민간위탁과 바우처제도를 들 수 있는데(이현주 · 정익중, 2012), 이러한 방식은 노인복지나 아동복지 등과 같은 사회복지 서비스 영역에서 많이 발달해 있지만, 저소득층이나 취약계층을 대상으로 하는 공공부조 영역에도 확산되고 있는 추세이다. 그 보기로서, 저소득층을 위한 성과관리형 일자리사업인 희망리본사업이나 취업성공패키지 등은 민간위탁 방식으로 운영되고 있다.

이 중에서 희망리본사업은 개인별 맞춤형 사례관리를 통해 참가자들의 경제적 자립을 촉진하고, 사업 실적에 기반한 예산 지원으로 성과관리를 강화하며, 지역 내 관련 기관들 간 연계 체계를 강화하는 것을 목적으로 하고 있다. 희망리본사업의 사업 대상은 조건부 수급자와 차상위 계층 중에서 자활 역량 평가점수가 70점 미만인 자와 조건부과 제외자를 주요 대상으로 하고 있다(류만희, 2012). 희망리본사업은 시 · 군 · 구에서 관리하고 있으나, 실제 사업 수행은 민간위탁 방식으로 행하고 있다. 취업성공패키지는 저소득층의 안정적인 일자리 취업을 지원하는 것을 목표로 개인별 취업활동 계획에 따라 단계별 취업 지원 프로그램을 제공하고, 취업성공수당을 지급함으로써 노동시장 진입을 체계적으로 지원하고자 하는 것이다(김순양, 2014). 취업성공패키지는 자활역량 평가점수가 70점 이상인 사람을 대상으로 단계적으로 통합적인 취업 지원을 실시한다. 운영 체계면에서 취업성공패키지는 고용센터에서 관장하지만, 실제 운영은 민간위탁 방식으로 행하고 있다.

다음에 저소득층이나 취약계층에 대한 바우처제도 역시 보건복지부는 물론 고용노동부나 문화체육관광부 등 다양한 정부부처에서 사회서비스바우처 · 직업훈련바우처 · 여행바우처 · 문화바우처 · 주택바우처 등을 시행하고 있다. 따라서 전통적으로 빈곤계층이나 취약계층을 대상으로 하는 공공부조 영역에서는 국가복지가 여전히 중심을 차지하고 있지만, 다양한 형태의 준시장 방식이 도입되고 있으며, 이는 그만큼 복지 서비스 공급 기제로서 시장의 역할이 커지고 있다는 증거이다.

3 사회복지 서비스와 시장

노인복지·장애인복지·아동복지·여성복지·다문화복지 등을 포함하는 사회복지 서비스 영역에서는 전통적으로 시장의 역할이 매우 크다. 즉, 노인·장애인·아동·여성 등이 육체적으로 취약계층이기는 하지만, 경제적 능력이 있는 사람들이 많으며, 이들은 본인이 비용을 지불하고 시장에서 서비스를 구매해 왔다. 우선 노인복지부터 살펴보면, 국가 직영의 일부 노인종합복지관·노인일자리사업·노인돌봄서비스·노인보건서비스 등을 제외하고는 대부분의 노인복지 서비스가 시장 내지는 준시장의 방식으로 공급되고 있다. 노인복지시설의 경우 민영 유료 노인복지시설이 급증하고 있다. 노인복지법(제31조)에는 노인복지시설의 종류로 노인주거복지시설, 노인의료복지시설, 노인여가복지시설, 재가노인복지시설 등을 열거하고 국가가 직영하거나 민간 부문이 설치할 수 있도록 하고 있으나, 현재 대부분은 민간 부문이 운영하고 있다. 물론 노인복지시설 운영자들은 비영리기관이 많으며, 이 점에서는 순수시장이라고 보기 어려운 면이 있다. 그러나 대부분의 민간 노인복지시설이 영리 추구를 목적으로 하면서, 이용자들이 지불하는 비용으로 운영되고 있다는 점에서는 시장 영역이라고 볼 수 있다. 특히, 노인장기요양보험의 도입으로 민간 부문에서 많은 유료 노인요양시설이나 요양병원을 운영하고 있다. 실버산업 분야에서도 고가의 실버타운 등 시장 방식이 확산되고 있다. 그뿐만 아니라, 노인복지 분야에서는 노인일자리사업 등 노인복지사업을 민간위탁 방식으로 운영하거나, 사회 서비스 바우처사업을 실시하는 등 준시장 방식도 활발하게 도입되고 있다. 이러한 시장 및 준시장 방식의 노인복지 서비스에 대해서 국가는 시설 관련 기준을 설정하고, 감독을 행하며, 부당한 사안이 발생하면 사업 정지 등 벌칙을 가하고 있다. 또 시설 입소 노인의 보호를 위해서 노인복지 명예지도원을 지정해 운영하고 있으며(노인복지법 제51조), 필요한 경우에 재정 보조 및 세금 감면을 제공하고 있다. 따라서 노인복지 서비스와 관련해서 국가는 직접 서비스를 공급하는 경우보다는 규제·감독·지원 등의 역할을 주로 수행하고 있다.

장애인복지는 노인복지에 비해서 시장의 역할이 제한적이다. 물론 보조기구

구입이나 의료시설 이용 등을 장애인이 시장에서 행하기도 하지만, 장애인복지 서비스의 상당 부분은 국가에 의해서 제공되고 있다. 이는 기본적으로 장애인의 경우는 이동이나 취업에 어려움이 있어 경제적으로 빈곤한 경우가 많아 시장을 이용하는 데 어려움이 있기 때문이다. 구체적으로 현재 장애인복지법에서는 일반 장애인에 대해서도 세제 혜택이나 공공시설 이용료 감면 등의 경제적 부담을 경감해 주고 있지만, 저소득 장애인이나 중증장애인에 대해서는 추가적인 서비스를 제공하고 있다. 장애인에 대한 국가의 지원에는 의료비 지원, 자녀교육비, 사업자금 대여, 생업 지원, 장애수당, 장애아동수당, 자립생활 지원, 장애인보조기구 구입 또는 수리비 지급 등 다양한 서비스가 포함된다. 그리고 장애인복지시설에는 장애인거주시설·장애인지역사회재활시설·장애인의료재활시설 등이 포함되는데(장애인복지법 제58조), 이러한 시설들은 국가가 직접 운영하거나 민간위탁 방식으로 운영한다. 따라서 장애인복지의 경우는 기본적으로 국가복지의 비중이 크며, 장애인 보조기구 구입 또는 수리비 지원, 장애인 보조기구업체에 대한 지원 등과 같이 시장에서 행해지는 부분에 대해서도 재정 보조를 하고 있다. 따라서 장애인복지 서비스의 경우는 상대적으로 시장에 대한 의존도가 적은 편이지만, 장애인활동 지원사업이나 발달재활 서비스 등의 분야에서 바우처사업도 도입되고 있다.

반면에 아동복지 영역에서는 시장이 활성화되어 있다. 구체적으로, 아동복지시설에는 아동양육시설·아동일시보호시설·아동보호치료시설·공동생활가정·자립지원시설·아동상담소·아동전용시설·지역아동센터의 여덟 가지가 포함되는데(아동복지법 제52조), 이들 시설의 대부분이 민간이 직영하거나 민간위탁 방식으로 운영되고 있다. 무엇보다도 민간 부문이 활발하게 참여하고 있는 분야는 영유아보육법에 의한 어린이집과 유아교육법에 의한 유치원과 같은 보육 서비스 분야이다.

어린이집은 이처럼 주로 민간 부문에 의해서 운영되고 있지만, 영유아보육법 제34조에 의거해 보육사업은 지방교육재정부담금에 의해 무상으로 공급되고 있다. 따라서 보육시설은 대부분 민간 부문이 설치·운영하고 있지만, 비용 부담은 주로 국가가 한다는 점에서 순수시장 방식이라고 보기는 어렵다. 만 3세부터 초등학교 취학 전 어린이들이 다니는 유치원의 경우도 국립·공립·사립으로 구분되지만, 사립유치원의 경우는 시장을 통해서 유아교육 서비스를 제공한다. 그러나 유아교육도 무상으로 실시되고 있기 때문에(유아교육법 제24조), 비용 부담의 측면에서는 순수시장이라고 보기는 어렵다. 다만, 학부모의 입장에서는 다양한 유치원들 중에서 선택할 수 있다는 점에서는 시장의 원리가 작용한다고 볼 수 있다. 그리고 초·중등교육법에 의한 학교들 중에서 의무교육인 일반 초·중학교와는 달리, 사립 초등학교나 국제중학교 등은 시장을 통한 방식이라고 볼 수 있다. 고등학교의 사립학교, 특수목적고 등도 물론 시장의 방식이 교육 서비스에 도입된 것이다.

여성복지와 관련해서는 그 범위를 정확하게 규정하기가 어렵다. 일반 여성에 대해서는 대체로 양성평등·여성 인권·건강가정·여성 발전·경력단절여성[2] 지원 등의 측면에서 논의가 될 수 있으며, 취약계층 여성의 측면에서는 한부모가정·기초생활보장 대상 여성·다문화가정·여성장애인 등에 대한 국가의 지원을 중심으로 논의할 수 있다. 즉, 일반 여성을 상대로 하는 여성복지 서비스는 대부분 시장에서 공급되고 있으며, 일부 보건의료 분야나 경력단절여성에 대한 지원 등은 준시장 방식으로 공급되고 있다. 그 보기로서, 정부는 사회 서비스 전자바우처사업의 일환으로 산모·신생아관리사업·임신출산진료 지원 등에 대한 바우처사업을 시행하고 있다. 그리고 경력단절여성 사업은 대부분 민간위탁 방식으로 공급되고 있다. 즉, 경력단절여성에 대해서 정부는 상담·정보·취업 및 복지지원 서비스를 종합적으로 제공하는 경력단절여성지원센터를 포함한 관련 업무를 민간 부문에 위탁하고 있다. 반면에 취약계층 여성들의 경우 우선 모자가정에 대해서는 생계비·아동교육지원비·아동양육비 등을 국가가 제공하고 있다(한부모가족지원법 제12조). 따라서 한부모가족 지원 서비스는 대부분 국가에 의해서 공급되고 있으며, 한부모가족 복지시설을 민간위탁 방식으로 운영하고 있는 등 일부 준시장 방식이 도입되고 있다. 다음에 아이돌봄서비스는 기초생활보장 수급자·한부모가정·장애인가정·다문화가정·맞벌이가정의 자녀를 우선 지원 대상으로 하고 있는데, 일정 소득 이하 가구는 비용을 지원한다. 따라서 아

2) 경력단절여성은 "임신·출산·육아와 가족구성원의 돌봄 등을 이유로 경제활동을 중단하였거나 경제활동을 한 적이 없는 여성 중에서 취업을 희망하는 여성"이다(경력단절여성 등의 경제활동촉진법 제2조).

이돌봄서비스의 경우도 상당 부분을 국가가 지원하고 있는데, 운영 방식은 대부분 민간위탁 방식이다. 또한 아이돌봄서비스 이용권을 지급하고 있는데, 이는 일종의 바우처 방식이다(아이돌봄지원법 제21조). 이처럼 취약 여성에 대한 복지는 대부분 준시장의 방식으로 공급되고 있다.

이상에서 현재 우리나라 복지 서비스 공급에서의 시장의 역할을 살펴보았다. 그러나 이는 실태의 일부분만을 살펴본 것이며, 주택 · 교정 · 교육 등 복지 전반에 대해서 이를 정확하게 파악해 보는 것은 현실적으로 어려운 작업이다. 따라서 여기에서는 시장의 역할에 대한 일반적인 추세를 살펴보는 데 그쳤지만, 대체로 복지 서비스 분야에서는 민영 의료보험이나 민간 연금보험, 민간 의료 서비스, 사

표 3-1 복지 서비스 분야에서 시장의 실태

	세부 영역	시장(혹은 시장 방식)의 주요 내용
사회보험	개인연금	• 개인연금보험과 개인연금저축으로 구분 • 가입자 수는 전체 국민의 17.1%(2013년 기준) • 수입보험료는 감소추세
	퇴직연금	• 확정급여형, 확정기여형, 개인형으로 구분
	주택연금	• 2007년 이후 시행, 가입률 저조함.
	민간의료보험	• 실손형의료보험 • 암보험, 장애인전용보험 등
공공부조	희망리본사업	• 시군구, 자활역량 평가점수 70점 이하, 민간위탁 방식
	취업성공패키지	• 고용센터, 자활역량 평가점수 70점 이상, 민간위탁 방식
	기타 자활사업	• 보건복지부 자활근로사업, 고용노동부 자활사업 등
	바우처사업	• 사회서비스, 직업훈련, 문화, 주택 등의 바우처사업
사회복지 서비스	노인복지	• 유료노인복지시설, 노인요양시설, 요양병원, 유료노인주택 등, 각종 실버산업 • 민간위탁, 바우처사업
	장애인복지	• 보조기구 등 장애인용구 시장 • 장애인복지시설 민간위탁 • 바우처사업(장애인활동지원사업 등)
	아동복지	• 민간 부문 운영 및 사립 어린이집이나 유치원 • 사립 초중등교육 및 시설학원 이용 • 저소득층 아동 대상 바우처사업(학습지 바우처 등)
	여성복지	• 여성복지시설 민간위탁 • 저소득층 여성 대상 바우처사업

교육시장, 유료 노인복지시설 등과 같이 일반 국민들이 비용을 지불하고 이용하는 순수시장 형태도 일부 복지 영역에서 발달해 있지만, 상당 부분은 정부가 비용을 부담하고(일부 자부담 포함) 운영은 민간 부문이 시장의 방식으로 행하는 준시장의 형태가 있음을 알 수 있다. 이처럼 사회복지 분야에서 준시장의 형태가 발달하게 된 것은 복지 서비스가 다른 상품이나 서비스와 구별되는 속성이 있기 때문일 것이다. 앞의 <표 3-1>은 복지 서비스 분야에서 시장의 실태에 관해서 지금까지 논의한 내용을 정리한 것이다.

제 4 절 시장에 대한 지원 체계의 문제점

현재 선진국의 추세는 '복지국가에서 복지사회로', '큰 정부에서 큰 사회로' 나아가는 것이다. 이 과정에서 복지다원주의의 유용성이 강조되었으며, 그 일환으로 시장이 좀 더 적극적인 역할을 수행할 것을 독려하고 있다(Pratt, 2004). 우리의 경우도 이러한 흐름에서 벗어나지 않는다. 보편적 복지 논쟁이 촉발되고 복지 지출이 급증하고 있지만, 재정 능력이 취약한 상태에서 복지의 지속 가능성에 대한 우려가 고조되고 있다. 즉, 국가 중심의 복지국가를 지탱하기가 어려운 저성장 시기에 복지 지출 증대에 대한 우려가 점증하고 있는 것이다. 이에 따라서 복지 서비스를 공급하는 데서 시장을 포함한 민간 부문의 역할을 강화해야 한다는 주장이 설득력을 얻고 있으며, 그 일환으로서 기업의 복지 기능 제고, 준시장의 활성화, 사회적 기업의 육성 등의 방안들이 논의되고 있다(임혁백 외, 2009). 특히, 근래 들어 유료 노인시설 및 요양시설 · 의료관광산업 · 임대주택시장 등의 활성화 노력에서 보듯이 복지시장에 대한 관심이 증대하고 있다.

다른 한편으로는 복지시장에 대한 관심의 증대에도 불구하고, 현재 정부 차원에서 시장을 체계적으로 파악해 지원하기 위한 관리 체계는 매우 부실하다. 따라서 국가와 시장 간에 협력과 역할 분담이 되지 못하고 있으며, 시장 · 비공식 영역 · 자원 영역 등 민간 부문 간에도 연계와 조정이 되지 못하고 있다. 복지 서비스 공급 주체로서의 시장에 대한 인식 및 관리상의 문제점을 구체적으로 살펴보면, 첫째, 시장의 범위와 역할에 대한 이해와 인식이 부족하다. 사실 국가 중심의 전성기의 복지국가 하에서도 시장은 보건의료 · 교육 · 사회 서비스 · 주택 등 다양한 영역에서 중요한 역할을 수행해 왔다. 시장은 중산층이나 부유층을 대상으로 하는데서는 물론, 저소득층을 대상으로 하는 복지 서비스 분야에서도 중요한 공급자였다. 그럼에도 불구하고, 그동안 복지 서비스 공급 체계를 조정하고 지원해야 할 국가는 시장의 범위를 어디까지로 보아야 하며, 시장에서 공급하는 복지 서비스의 실태는 어떠한지를 제대로 파악하고 관리하는 데 소홀했다. 어떠한 분야에서 시장의 방식이 유리한지 등에 대한 분석도 제대로 하지 못해 왔다. 그 결과 복지시장의 실태에 대한 효율적인 정보를 생산하지 못하고 있음은 물론, 시장의 역할을 제고하기 위한 방안도 마련하지 못하고 있다.

둘째, 시장에 대한 체계적인 지원책이 부실하다. 현재 국가복지가 한계에 직면하면서 시장을 활성화해야 한다는 주장은 하고 있지만(김진욱, 2011), 실제로는 복지시장을 체계적으로 지원하기 위한 청사진은 마련되어 있지 못하다. 시장을 제대로 지원하고 육성하기 위해서는 세제 지원, 보조금 지원, 민간위탁, 바우처 제공 등 정책 수단을 체계적으로 파악하고, 이를 복지 서비스별로 해당 분야의 복지시장의 실태와 특성을 감안해서 적절하게 연계해야 한다. 그러나 현실에서는 정부의 지원이나 보조가 단편적이고 임기응변식으로 행해지는 경우가 비일비재하며, 그 결과 투입에 비해서 산출은 부실하며, 시장은 제대로 활성화되지 못하고 있다.

셋째, 시장과 국가 간의 역할 분담이 미흡하다. 그동안 국가의 과도한 개입으로 인해서 복지재정의 부담이 커짐에 따라서 국가의 역할을 축소하고 시장을 활성화해야 한다는 주장이 많이 제기되어 왔다(Drakeford, 2007). 그러나 이러한 필요성에도 불구하고, 실제로는 사회복지의 어떠한 영역에서 어떠한 방식으로 국가의 개입을 축소해야 하며, 국가와 시장 간의 관계는 어떻게 설정해야 하는지 등에 대한 구체적인 논의는 부족했다. 그리고 직접적인 생산자로서 국가의 역할은 축소하고, 지원자 · 조정자 · 규제자의 역할을 강화해야 한다는 주장은 많았지만(여유진 외, 2014), 이를 위한 구체적 청사진은 마련되지 못했다. 국가와 시장이 각기 어떠한 영역에 강점이 있는지, 양자 간에 중복으로 인한 낭비가 발생하는 부분은 무엇인지, 시장의 어떠한 분야를 후원하고 규제해야 하는지 등에 대한 논의와 실천이 부족하다. 현실에서는 무상복지 논쟁과 복지 지출의 급증에서도 보듯이, 오히려 국가의 역할이 무분별하게 강화되고 있는 실정이다.

넷째, 시장과 다른 영역 간의 연계와 협력이 부족하다. 민간 영역의 복지 서비스 공급 주체로는 시장 외에도, 비공식 부문 · 자원 영역 등도 있다. 이들의 차이점은 시장이 가격을 매개로 작동되는 데 비해서, 나머지 두 영역은 자발성 · 박애주의 · 상부상조 등의 동기에 의해서 작동하는 것이다(Powell, 2007). 그럼에도 세 영역은 서로 조정하고 협력해야 시너지 효과를 거둘 수 있는 것들이 많다. 특히, 준시장의 경우는 대부분 자원 영역이나 비영리기관 등에 의해서 운영되고 있기 때문에 국가 · 시장 · 자원 영역 간에 긴밀한 협력과 정보 공유가 필요하다.

다섯째, 시장을 지원하는 데서 국가기관들 간에 연계와 조정이 미흡하다. 현재 복지시장에 대해서 세제 감면, 보조금 지원 등의 방식으로 다양한 지원을 행하고 있으며, 준시장 영역에서도 보건복지부 · 고용노동부 · 여성가족부 · 문화체육관광부 · 교육부 등 다양한 정부부처들이 개입하고 있다. 지방정부 단위에서도 지방자치단체는 물론, 고용센터나 지방교육지원청 등 다양한 행정기관들이 시장을 지원하거나 민간위탁사업을 시행하고 있다. 그러나 문제는 시장에 대한 지원이 부처 간 할거주의 내지는 칸막이 현상으로 인해서 제대로 된 연계나 협력이 없이 중구난방으로 행해지고 있다는 점이다. 이는 중복으로 인한 예산 낭비와 비효율성을 초래하고 있다.

여섯째, 준시장을 제대로 관리하지 못하고 있다. 현재 복지 서비스의 상당 부분은 준시장의 방식으로 공급되고 있다. 준시장은 정부가 비용을 지원하는 것이기 때문에 잘 설계되어 관리되어야 하며, 시행 과정에 대한 감독과 성과평가도 제대로 되어야 한다(Mooney, 1998). 그러나 민간위탁의 경우를 보면, 목표가 불분명한 경우가 많고, 수탁자의 모집 과정이 폐쇄적이고 소극적이어서 경쟁을 촉발하지 못하며, 수탁자 선정 과정의 공정성과 투명성이 저하되는 경우가 많다. 수탁자에 대한 지도 감독도 형식적으로 되거나 절차 중심적으로 되는 경우가 많으며, 민간위탁사업의 성과평가가 제대로 되지 못하고 있다. 고객의 불만 사항이나 만족도 등에 대한 환류도 거의 없다. 재계약 과정 역시 기존의 수탁자를 중심으로 폐쇄적이고 형식적으로 운영되는 경우가 대부분이다(김순양 · 고수정, 2004).

바우처사업의 경우는 유사사업이 많으며, 대상자가 특정 계층에 편중되어 중복되는 경향이 있다. 그리고 바우처사업의 효과나 성과에 대한 검증이 부실하다. 따라서 현재 준시장에 대한 지원·관리·감독·평가 등이 체계적으로 이루어지고 있지 못하며, 그 결과 비용만 투입하면서 의도한 성과는 제대로 거두지 못하고 있는 실정이다.

마지막으로, 시장에 대한 규제가 체계적이지 못하다. 다른 분야처럼, 복지 서비스 시장도 독과점·가격 담합·차별 등의 문제를 안고 있다. 특히, 복지 서비스는 대부분 사회적 약자를 대상으로 하기 때문에 공급자와 수요자 간에 정보의 비대칭성이 발생하는 제한된 시장인 경우가 많다(Lund, 2007). 그리고 준시장의 경우는 계약 과정의 부정부패·계약 불이행·중복·서비스 오남용 등의 폐단이 적지 않다. 따라서 복지시장도 일정한 규제, 즉 사회적 규제가 필요하다. 그러나 현실적으로는 정부는 복지시장의 특성에 대한 인식이 부족해서 획일적인 규제를 하는 경우가 많다. 규제의 정도와 관련해서도 과잉 규제를 하거나, 반대로 규제를 지나치게 느슨하게 해서 복지 남용이 초래되는 경우도 적지 않다. 또한 복지 서비스의 경우는 공정 경쟁도 중요하지만, 가격이나 서비스 수준에 대한 적절한 규제도 필요한데, 이에 대한 인식이 부족하다.

제 5 절 지속 가능한 복지국가를 위한 시장의 역할 제고 방안

현재 우리나라가 복지국가라고 볼 수 있는가에 대해서는 논란이 있지만, 향후 경제 수준 및 국민 의식의 향상과 더불어 복지국가는 계속 진전될 것이며, 이와 더불어 복지국가의 방향 및 장래에 대한 논의도 가열될 것이다. 다른 한편으로 우리나라는 복지 수요는 급증하고 있으나 경제 성장 둔화, 국방비 지출 등으로 복지 공급 능력은 제한되어 간다. 따라서 국가복지에 지나치게 의존하는 것은 한계가 있다. 따라서 다양한 복지 공급 주체들이 복지 서비스 공급 과정에 참여하고 협력하게 함으로써 복지 총량을 극대화하는 것이 필요하다. 복지 서비스 공급은 사회 전체의 책임으로서 국가뿐만 아니라, 민간 부문의 역할도 매우 중요하다. 국가는 국가대로, 시장 · 자발적 부문 · 비공식 부문 등의 민간 부문은 민간 부문대로 각기 적절한 역할을 수행함으로써 궁극적으로는 사회 전체의 복지가 극대화될 수 있는 것이다(Alcock & May, 2014).

그러나 이것이 복지 서비스를 공급하는 데서 국가의 역할이 중요함을 부정하는 것은 아니다. 그 이유는 기본적으로 복지는 일반 국민뿐만 아니라, 비용 지불 능력이 부족한 경제적 · 사회적 취약계층도 중요한 서비스 대상이기 때문이다. 따라서 신자유주의에서도 순수시장뿐만 아니라, 국가의 비용 부담을 전제로 하는 준시장을 강조하고 있는 것이다. 따라서 복지 서비스의 공급에서 시장의 역할을 강조하더라도 국가를 대체하는 차원이라기보다는, 양자 간의 상호 보완과 조화는 물론 시장과 자원 영역, 비공식 영역 등 다른 복지 제공 주체들과의 협력을 도모하려는 시도라고 보는 것이 타당하다. 즉, 시장은 고품질의 복지 서비스를 제공하고 복지 서비스 공급에서 경쟁을 자극하는 등의 방식으로 국가복지와 보완적 관계를 형성할 것이 기대된다. 그러면 복지 서비스를 공급하는 데서 시장의 역할을 제고할 수 있는 구체적 방안은 무엇인가. 여기에서는 이를 시장의 한계점 극복 방안, 국가 · 자원 영역 · 비공식 영역 등 다른 복지 서비스 공급 주체들과의 상호 보완 및 협력 방안, 준시장의 활성화 방안을 중심으로 논의하고자 한다.

1 시장의 장점 극대화 및 한계점 극복 방안

복지 공급 주체로서의 시장은 국가복지에 비해서 소비자의 선호 및 선택권 존중, 경쟁의 자극, 경제적 효율성 도모, 서비스 질의 향상, 국가의 복지 부담 감축, 관료적 비효율성의 극복, 국민들의 의존 심리 극복 등 여러 가지 장점이 있다. 따라서 신자유주의자들은 물론, 복지다원주의에서도 국가복지에 대한 대안적 혹은 보충적 기제로서 시장의 역할을 강조하고 있다. 다른 한편으로 시장은 서비스의 불평등, 경제적 약자에 대한 배제, 정보의 비대칭성, 소비자의 비이동성, 독과점 등 문제점도 적지 않다(유호선, 2007). 따라서 복지 공급 주체로서의 시장이

제 역할을 다하기 위해서는 시장의 장점은 극대화하고, 문제점은 최소화하는 방안을 모색해야 한다.

첫째, 시장에서의 독과점을 방지하고 서비스 공급자들 간의 경쟁을 확보해야 한다. 시장의 가장 큰 장점은 경쟁과 이로 인한 복지 서비스의 질 제고와 복지 남용의 제거이다. 이를 위해서는 시장에서의 복지 서비스 공급자들이 다수이고, 이들 간에 공정한 경쟁이 보장되어야 한다(Rao, 1996). 그러나 현실에서는 각종 규제로 인해서 복지시장 진입이 어려운 경우가 많고, 특히 준시장은 소수의 기관이 독점하는 경우가 많다. 따라서 시장의 원리를 도입한다고 하지만, 실제로는 시장의 장점인 경쟁이 보장되지 못한다. 시장의 경쟁을 보장하기 위해서는 우선 시장의 진입 장벽을 낮추는 것이 필요한데, 이를 위해서는 까다로운 사전 규제는 줄이고 사후평가를 중심으로 시장을 지원해야 한다. 복지시설 설치 기준 등도 획일적으로 정할 것이 아니라, 현지 실정 및 복지 서비스 분야별 특성에 부합하도록 융통성 있게 해야 한다. 그리고 현재 복지 서비스의 생산은 대부분 비영리기관으로 제한하고 있는데, 성격에 따라서는 영리기관의 참여도 장려할 필요가 있다. 또한 시장에서의 불공정 행위에 대한 지도 단속을 강화해서 독과점으로 인한 폐단을 최소화해야 한다. 아울러 공급자를 다양화하는 방안의 하나로서, 복지시설이나 기관 자체를 위탁하기보다는 주요 프로그램별로 위탁해서 위탁자들 간에 경쟁을 자극하는 방안도 강구할 수 있다.

둘째, 시장에서의 소비자 선택권을 강화하는 방안을 강구한다. 선택권의 문제는 경쟁과 밀접한 관련을 갖는다. 따라서 선택권을 보장하기 위해서도 우선은 시장에서의 경쟁을 유지하는 것이 필요하다. 다음에는 선택을 위해서 생산자 및 서비스에 대한 적절한 정보가 제공되어야 한다(Powell, 2007). 이를 위해서는 통합 정보 시스템을 구축하고, 여기에는 해당 복지 서비스별로 어떠한 공급자들이 있으며, 이들이 생산하는 복지 서비스의 내용은 무엇이며, 나아가서는 서비스의 질에 대한 고객평가 등을 포함할 수 있다. 다음에는 복지시설을 이용하는 데서 행정 단위의 주소지 개념을 없애고, 적어도 광역단체 단위로 문호를 개방하는 것이 필요하다. 즉, 현재는 기초단체 단위별로 주소지 관내의 시설을 이용하도록 제한하고 있는데, 주소지 지역에 서비스 공급자가 소수이다 보니 이용자로서는 선택권이 별로 없게 된다.

셋째, 복지 서비스 질에 대한 감독과 평가가 필요하다. 국가복지에 비해서, 가격을 매개로 하는 시장은 서비스의 질을 높일 수 있는 장점이 있다. 가격 대비 서비스의 질이 낮으면, 소비자들이 이용을 하지 않을 것이기 때문이다(Holden, 2008). 그러나 복지 서비스의 경우는 시장에서 공급된다고 해서 서비스의 질이 저절로 높아지는 것은 아니다. 실버타운 등과 같이 순수시장 형태라고 하더라도 아직은 공급자가 제한되어 있으며, 복지 서비스의 상당 부분이 준시장에서 공급되기 때문이다. 따라서 서비스 질을 담보하기 위해서는 적절한 수준의 국가 개입이 필요한데, 우선은 공급자로 하여금 직원 고용 현황 · 영업 상태 · 자본 상태 등을 일목요연하게 공시하도록 해서 이용자들이 서비스 질을 비교 · 평가할 수 있도록 해야 한다. 이 경우에도 복지 서비스의 대상자들은 취약계층이 많음을 고려해서, 단순하게 정보를 비교 · 나열할 것이 아니라, 해당 정보들을 평가하고 설명해 쉽게 내역을 이해할 수 있도록 해야 한다. 그리고 정기적으로 이용자 만족도를 조사해서 그 결과도 공개한다. 준시장의 경우에는 서비스 질을 평가해 등급화하고, 차등적인 인센티브를 제공함으로써 서비스 질을 제고하는 방안이 필요하다. 주의할 점은 준시장을 운영하는 데서 최저 입찰 기준 적용 등 지나치게 비용 절감을 도모할 때에는 서비스의 질이 저하될 우려가 있다.

넷째, 소비자의 빈곤과 이로 인한 배제의 문제를 극복해야 한다. 시장의 가장 큰 문제점 중의 하나는 빈곤계층은 시장을 이용하기가 어려우며, 따라서 이들이 배제될 우려가 있다는 점이다(Walsh et al., 2005). 이를 해결하기 위해서는 우선 복지 서비스의 비용 지불이 가능한 계층과 불가능한 계층을 구분하는 것이다. 물론 비용 지불이 어려운 빈곤층에 대해서는 국가복지의 혜택을 받게 하거나, 준시장을 활용하게 해야 한다. 이 경우에는 대상자를 적극 발굴해서 복지사각지대가 발생하지 않도록 함과 동시에, 엄격한 자격 요건 심사 및 관리를 통해서 복지 남용 및 복지 사기(fraud) 문제를 방지해야 한다. 그리고 빈곤층에 대한 지원도 가급적 바우처 방식으로 보조를 행함으로써 시장의 원리를 활용하는 것이 필요하다. 다음에 비용 지불이 가능한 계층에 대해서는 공급자에 의한 역선택 문제가 발생하지 않도록 가격통제 등 적절한 개입이 필요하다. 그리고 복지 서비스 공급기관이나 기업에 대해서는 세제 혜택 등을 부여함으로써 지나친 가격 상승을 억제해야 할 것이다.

다섯째, 불평등 문제를 해결해야 한다. 획일적인 서비스를 제공할 수 있는 국가복지와는 달리, 시장에서는 경제적 취약계층에 대한 불평등 문제가 발생할 수 있다. 물론 시장의 방식에서는 이를 완전하게 해결할 수는 없다. 가급적이면 형평성을 제고하는 방안을 모색하는 것이다. 이를 위해서는 복지시장의 지역 간 편차를 완화하는 방안을 강구해야 한다. 현재 대부분의 복지시설이 대도시에 집중되어 있어 지역 간의 불평등이 심하다. 따라서 직접 지원이나 세제 혜택 등의 보조를 할 경우에 중소도시나 농어촌지역과 대도시지역의 복지시설에 대해서 차등 지원을 행하는 것이 필요하다. 다음에는 복지 서비스를 공급하는 데서 욕구(need)에 의한 공급과 수요에 의한 공급을 조화시킬 필요가 있다. 시장은 수요에 기반해서 공급을 결정하는 것인데, 이 경우에는 유효 수요가 부족한 경제적 취약계층은 시장을 이용하기가 어렵다. 따라서 이들에 대해서는 국가가 개입해서 준시장을 창출하는 것이 필요하다.

여섯째, 소비자의 비이동성(immobility)과 이로 인한 접근성 문제를 해결해야 한다. 시장은 제품과 소비자의 이동성을 전제로 하는 것이다. 그러나 복지 서비스는 그 특성상 제품과 소비자가 제대로 이동을 할 수 없는 문제가 있다. 따라서 시장에 대한 접근성 면에서 문제가 발생하게 된다(Alcock & May, 2014). 그 보기로서, 사회복지시설은 이동할 수 있는 제품이 아니다. 그리고 노인이나 장애인 등과 같은 복지 서비스 소비자들은 신체적 불리함으로 인해서 쉽게 이동할 수 없다. 이러한 비이동성과 이로 인한 접근성 부족의 문제를 해결하기 위해서는 우선 찾아가는 서비스를 하는 것이 필요하다. 즉, 상당 부분의 복지 서비스는 공급자가 직접 소비자에게 찾아가서 서비스를 제공해야 한다. 많은 복지 프로그램도 이동이 가능하므로, 서비스 수요자에게 통근차량 등 이동 수단을 제공해야 한다. 다음에는 복지 프로그램을 도서관, 보건소, 동사무소 등을 활용하는 지역 밀착형으로 운영하는 것이 장려된다. 이렇게 되면 이용자들의 접근이 용이해지고 비용 부담도 줄어들 수 있다. 그리고 복지 프로그램을 유연하게 운영해야 한다. 특히, 접근성은 시간적 요인에 의해서 제약을 받는 경우가 많은데, 복지 프로그램을 주중에 주간에만 운영하면 많은 사람이 이용하기가 어렵다. 주말반이나 야간반 등을 운영할 필요가 있다. 농어촌 지역의 경우는 농한기 프로그램 운영도 필요하다. 이 밖에도 시설복지의 경우는 설계할 때에 신체적 취약계층을 위한 공간적 접근성을 제고해야 하며, 이를 위해서는 표준시설 설계 등을 보급한다.

마지막으로, 정보의 비대칭성 문제를 해결해야 한다. 시장의 장점은 소비자가 서비스를 구매하는 데서 선택을 할 수 있다는 것인데, 이를 위해서는 소비자가 서비스에 대한 충분한 정보를 가져야 한다. 그러나 복지 서비스의 경우는 공급자가 정보를 충분하게 제공하지 않거나, 소비자의 지식 부족 등으로 소비자가 정보를 제대로 갖지 못하는 경우가 많다(Mooney, 1998). 이렇게 되면 소비자는 실질적인 선택권을 행사하지 못하게 된다. 이를 극복하기 위해서는 무엇보다도 순수시장인 경우에는 민간 공급자와 소비자 간에, 준시장의 경우에는 정부와 수탁자 간, 수탁자와 소비자 간에 정보 공유 체계를 구축해야 한다. 이를 위해서는 순수시장의 경우는 공급자들이 스스로 정보를 일목요연하게 공개하는 것이 필요하지만, 이를 기대하기 어려운 경우에는 소비자권리운동을 확산해서 압박하는 방안을 강구해야 한다. 국가의 역할로서는 민간 부문의 복지 서비스 공급기관들에 대한 서비스 비용 및 품질 관련 정보를 비교할 수 있는 통합 웹사이트를 구축한다. 그 보기로서, 종합병원에 대해서 의료 서비스별로 가격을 비교한 정보를 제공한다든지, 전국의 실버타운에 대한 가격 비교 정보를 제공하는 등이다. 준시장의 경우는 국가가 개입하면 정보의 비대칭성 문제를 어느 정도 해소할 수 있다. 해당 복지 서비스에 대한 홍보를 강화하고 홍보 수단을 다양화하는 방안, 수탁자로 하여금 정보 공개를 의무화하는 방안, 성과평가 결과를 공시하는 방안 등이 해당한다.

2 다른 복지 서비스 공급 주체들과의 상호 보완 및 협력 방안

작금의 신자유주의와 복지다원주의 추세에서 시장의 역할이 어느 때보다도 강조되고 있지만, 시장 단독으로는 양질의 복지 서비스를 공급하기가 어렵다. 복지 서비스는 일반 상업제품이나 서비스와는 상이한 속성을 가지고 있기 때문이다. 시장에 의한 복지와 국가복지 간에는 상호 보완해야 할 부분이 많으며, 복지 서비스는 속성상 오래전부터 자발적 영역이 중요한 역할을 수행해 왔다. 그뿐만 아니라, 아무리 핵가족화로의 이행이라거나 공동체 붕괴의 시대에 들어섰다고 하지만, 여전히 가족이나 이웃을 포함한 비공식 영역의 역할은 막중하다. 따라서 복지 서비스를 공급하는 데서 시장을 활성화하는 것이 필요하지만, 다른 공급자들과의 협력과 조화가 중요한 것이다. 이하에서는 복지 서비스의 다양한 공급 주체들 간에 협력과 조화를 통한 시너지 창출 방안을 제시하고자 한다.

첫째, 시장과 국가 간의 협력과 조화를 증진해야 한다. 복지 서비스는 시장이 국가의 역할을 완전하게 대체할 수는 없다. 따라서 시장과 국가 간의 관계는 좀 더 건설적인 보완 관계로 발전해야 하는데, 이를 위해서는 우선 복지 서비스를 공급하는 데서 국가의 역할을 정립해야 한다. 복지 서비스 생산자로서 국가의 역할은 국가가 아니면 할 수 없는 분야와 국가가 월등하게 잘할 수 있는 분야에 국한하고, 국가는 기본적으로 지원자 · 평가자 · 감독자의 역할에 충실하는 것이 필요하다. 복지시설의 인권 보호, 고용시장의 양성평등, 보건의료 점검 등과 같이 사회적 규제자로서의 역할도 필요하다. 그리고 국가는 준시장을 활성화하는 데서도 역할 정립이 필요하다. 콜데리(Kolderie, 1986)에 따르면, 서비스 생산자로서의 기능은 민간 부문에 맡기고, 국가는 재정 지원을 통한 서비스 제공자로서의 기능을 충실하게 수행하는 것이다. 이 경우에 국가는 준시장에 대한 공정한 관리자 · 감독자 · 평가자의 역할을 수행함으로써 준시장의 비효율과 독과점을 방지해야 한다. 그리고 국가는 시장 위반자에 대한 엄중한 단속자 내지는 법집행자로서의 역할을 수행해야 한다. 현재 산재보험이나 기초생활보장 등의 공적 복지 영역에서는 물론, 시장이 서비스를 공급하는 보건의료나 보육 등의 영역에서도 범법행위가 빈발하고 있다. 이러한 현상은 복지에 대한 신뢰성을 저하시킬 뿐만 아니라, 복지재정에도 큰 부담이 되고 있다.

둘째, 시장과 자원 영역 간에 협력과 조화를 도모해야 한다. 자원 영역은 비영리적 동기를 가지고 있지만, 시장과 보완적으로 작동할 수 있는 소지가 없는 것은 아니다. 준시장의 방식에서는 더욱 그러하다. 복지 서비스의 경우에 대부분의 민간위탁사업이 비영리기관에 의해서 수행되고 있다. 이 경우에 영리회사의 경우는 이러한 비영리기관과 연계해서 공동으로 서비스를 생산 · 판매하는 등의 방식으로 협력할 수 있다. 바우처사업의 경우도 마찬가지이다. 현재 바우처사업은 주로 비영리기관에서 관리하지만, 바우처를 이용한 구매행위는 시장에서 발생하고 있다. 이 경우에 시장과 비영리기관 간에는 이벤트 협약 등을 통해서 특화된 서비스를 제공할 수 있을 것이다. 그리고 기업의 사회공헌 활동이나 메세나 활동을 자원 영역과 결합해서 복지 서비스를 공동으로 생산할 수 있다. 무엇보다도 사회적 경제나 그 일환인 사회적 기업은 그 자체로서 시장과 자원 영역이 연계된 새로운 형태의 복지 서비스 공급 방식이다. 대체로 비영리기관이 수행 주체가 되는 사회적 기업에 대해서 영리기업은 마케팅 지도, 생산품 구매, 재정 지원 등의 방식으로 지원하기도 하지만, 일부 영리기업은 자체적으로 별도 법인을 설립해서 사회적 기업을 운영하기도 한다.

셋째, 시장과 비공식 영역 간의 협력과 조화를 도모하는 것이다. 비공식 영역에는 가족 · 친지 · 이웃 · 공동체 등이 포함되는데, 현재 시장 영역인 기업에서는 근무 방식이나 고용의 측면에서 정책적으로 가정 친화적(family-friendly) 복지 내지는 일 · 가정 양립 정책을 독려하고 있다. 배우자 출산휴가, 유연근무제, 재택근무 등이 모두 그 일환이다. 그리고 기업의 일사일촌(一社一寸)운동의 경우는 공동체 활성화의 한 방안이라고 볼 수 있다. 영리기업과 마을기업 간의 협력 모델 구축도 공동체 역할을 강화하는 하나의 방안이 될 수 있다. 기업복지의 확대는 가정의 복지 서비스 구매력을 향상시키는 데 중요한 역할을 수행할 수 있음은 물론, 건강가정 지원에도 긍정적인 기여를 할 수 있다.

3 준시장의 내실화 방안

복지 서비스 공급에서의 준시장은 근래 들어서는 사회 서비스 분야를 중심으로 바우처사업이 활성화되고 있지만, 전통적으로 민간위탁이 중심이 되어 왔다. 민간위탁은 국가가 계속 서비스 제공의 책임을 지지만, 실제로 서비스를 생산해 전달하는 것은 민간 부문에 맡기는 방식으로서, 복지 서비스 공급에서 시장의 방식을 활용하는 것이다(Savas, 2000). 현재 각종 시설복지, 일자리사업, 여성복지 등 취약계층을 대상으로 하는 각종 프로그램의 경우 대부분이 민간위탁 방식으로 공급되고 있다. 따라서 이하에서는 민간위탁을 중심으로 준시장의 활성화 방안을 제언한다.

우선, 민간위탁의 과정이 개방적이어야 한다. 그래야만 유능한 민간 부문이 경쟁 과정에 유치될 수 있으며, 이를 통해서 가장 전문적이고 유능한 수탁자를 선정할 수 있으며, 그 결과 복지 서비스의 질을 향상시킬 수 있다. 그러나 실제로는 민간위탁 과정이 폐쇄적이고 소수만이 경쟁에 응모하는 경우가 많다. 따라서 민간위탁 과정의 폐쇄성을 방지하기 위해서는 민간위탁사업에 대한 홍보와 정보 공개를 강화하고, 적극적 모집으로 전환해야 한다. 그리고 지역 단위에서 주요 기관들 간에 나눠먹기 식으로 사업을 배분하는 것을 방지하기 위해서는 수탁자의 풀(pool)을 전국적 혹은 광역 단위로 확대할 필요가 있다.

다음에는 수탁자 선정 과정이 투명하고 공정해야 한다. 현재 수탁자 선정 과정이 불투명해서 부정부패의 소지가 적지 않으며, 그 결과 선정 결과에 대한 불신이 적지 않다. 따라서 수탁자 선정 과정의 투명성과 공정성을 제고하기 위해서는 수탁자 선정 기준을 사전에 공개하고, 선정 기준을 가급적 객관적인 지표들로 구성하며, 선정위원회의 구성을 공정하게 해야 한다. 그리고 선정 결과에 대한 이의신청 절차를 구비해서 탈락자들에 대한 납득할 만한 설명이 되어야 한다. 또한 현재 수탁자 선정은 대부분이 대형 법인이나 기관에 유리하게 되어 있는데, 특정 분야에 전문성을 가진 소규모 법인이나 기관들의 장점도 감안할 수 있는 방향으로 선정 기준을 조정할 필요가 있다.

계약 내용이 구체적이고 호혜적이어야 한다. 수탁자가 선정되면 위탁기관과 수탁자 간에 계약을 체결하게 되는데, 계약 내용의 구체성이 부족할 뿐만 아니라, 수탁자에게 일방적으로 의무를 부과하는 내용들로 되어 있다. 그러나 계약서가 효력을 발휘하기 위해서는 계약의 내용이 구체적이어서 이행 상태를 점검할 수 있으며, 위탁기관과 수탁자 간의 관계가 갑을 관계가 아닌 쌍방향적 관계가 될 수 있도록 호혜적인 내용들로 구성되어야 한다(김순양, 2006). 즉, 수탁자의 의무나 벌칙 사항만 나열할 것이 아니라, 위탁기관이 져야 할 의무들(그 보기로서 예산 지원 규모 등에 대한 내용)도 포함하고 있어야 한다. 그리고 계약 내용을 위탁기관이 일방적으로 작성할 것이 아니라, 중립적인 기관으로 하여금 내용의 타당성을 점검할 수 있는 장치를 마련하는 것도 필요하다.

지도·감독을 내실화해야 한다. 현재 위탁기관은 수탁자에 대해서 분기별, 연차별 등으로 일정한 지도·감독을 행하도록 하고 있다. 이를 통해서 계약 내용이 지켜지고 있는지, 탈법행위는 없는지 등을 점검할 수 있다. 그러나 실제로 이러한 지도·감독은 형식적인 경우가 많으며, 영수증이나 서류 점검 등 합법성 위주의 감독이 되는 경우가 많다. 향후 지도·감독은 수탁기관의 인력·재정·프로그램·인권·고객만족 실태 등을 점검함으로써 실질적으로 이루어져야 한다. 그리고 지적 사항들이 어느 정도 시정되었는지에 대한 사후 감독도 중요하다.

성과평가를 강화해야 한다. 민간위탁의 목적은 복지 서비스의 질을 제고하거나 서비스 공급의 경제성을 제고하는 것이다. 이 중에서 어느 것을 목표로 하든지 간에 민간위탁이 본연의 목표를 달성하고 있는지를 살펴보려면 성과평가가 필요하다(Savas, 2000). 현재 제도상으로는 민간위탁사업에 대한 성과평가를 주기적으로 하게 하고 있지만, 실제로는 형식적으로 되거나 성과평가 결과가 제대로 활용되지 못하고 있다. 따라서 성과평가를 내실화하려면 성과평가기관이 전문적이고 중립적이어야 하며, 성과평가의 기준과 방법에 관한 표준적인 절차를 만드는 것이 필요하다. 그리고 성과평가가 공정하고 투명하게 이루어져야 하며, 고객 만족 등 질적인 부분도 잘 평가해야 한다. 무엇보다 성과평가의 결과가 차등적인 예산 지원은 물론, 재계약 과정에서 제대로 활용되어야 한다. 그래야만 성과평가가 인센티브 제도로서의 기능을 수행할 수 있다.

재계약 과정을 내실화해야 한다. 현재 민간위탁 사업은 대부분 3년 내지는 5년 단위로 성과 결과에 입각해서 재계약 여부를 결정한다. 그러나 재계약 과정은 매우 폐쇄적이고 형식적인 경우가 많다. 특별한 하자가 없으면 기존의 수탁자에게 계속 맡기는 것이 관례로 되어 있다. 따라서 재위탁의 과정도 공개성·공정성·경쟁성이 유지되도록 관리해야 하며, 무엇보다도 지도·감독이나 성과평가의 결과가 재계약 여부 결정에 활용되어야 한다. 이를 위한 하나의 방안은 성과평가의 결과 일정 등급 이하의 평가점수를 받는 수탁자는 의무적으로 탈락시키는 것이다.

외부의 감시 시스템을 강화해야 한다. 민간위탁 과정은 대부분 위탁기관인 국가와 수탁자 사이에서 발생한다. 그러나 민간위탁 사업의 이용자 내지는 고객은 일반 시민들이다. 따라서 국가만이 감독이나 평가를 행하기보다는, 이용자나 고객의 관점에서 감시와 평가를 행하는 것이 필요하다. 이를 위해서는 시민단체의 감시 역할도 필요하지만, 시민 옴부즈맨, 시민감사청구제도 등을 활용해서 민간 위탁사업의 내용이나 질에 대한 상시적인 비판과 감시 체계를 갖출 필요가 있다.

순수시장과의 연계를 강화한다. 현재 민간위탁의 수탁자는 대부분 비영리기관이다. 그러나 비영리기관이 반드시 전문성이 높다고 보기는 어렵다. 비영리기관은 대체로 비용 절감 인식과 경쟁에 대한 관념이 부족한 경우가 많다(Rao, 1996). 그 결과 민간위탁이 서비스의 질 제고와 비용 절감으로 연결되지 못하게 된다. 따라서 이를 보완하기 위해서는 복지 서비스의 성격에 따라서 영리기구도 민간 위탁 사업에 참여할 수 있도록 하는 것이 필요하다. 그리고 수탁자에 대해서는 가격 책정이나 인력 충원 등에 대해서 최소한의 가이드라인 정도만 제시하고, 운영상의 자율성을 부여함으로써 시장 원리를 강화하는 것도 고려할 수 있다. 민간 위탁사업에 대해서도 일정 소득 이하의 빈곤계층을 제외하고는 수익자 부담 원칙을 강화하는 방안도 강구해야 한다.

제 6 절 결 론

이 장에서는 국가복지의 문제점을 해소하고 복지국가의 지속 가능성을 증진하기 위한 방편으로서, 시장의 역할 제고 방안을 모색했다. 이를 위해서 우선 복지 서비스 공급 주체로서 국가의 역할과 한계를 논의하고, 이어서 또 다른 공급 주체인 시장의 개념, 범위 및 이와 관련한 논쟁점, 우리나라의 복지 서비스 공급에서의 시장의 실태를 탐색했다. 그리고 국가와 시장을 결합하는 복지 서비스 공급 방식으로서의 준시장에 대해서도 논의했다. 또한 복지국가 재편을 위한 시장의 역할 제고 방안으로서 시장의 장점 극대화 및 한계점 극복 방안, 시장과 다른 복지 공급 주체들 간의 보완 및 협력 방안, 준시장의 내실화 방안을 중심으로 살펴보았다.

전반적으로 우리의 경우, 복지 서비스를 공급하는 데서 시장의 역할이 중요함을 인식은 하고 있지만, 아직 시장의 개념이나 범위에 대한 정확한 이해가 부족하며, 시장의 역할을 어떻게 설정하고 활성화할 것인지에 대한 논의도 부족하다. 시장의 실태에 대한 현황 파악도 피상적인 수준에 그치고 있다. 그동안 우리는 복지국가의 구축을 주장해 왔으며, 그 일환으로 사회보험제도 확대, 사회안전망 확충, 보편적 복지를 주창해 왔지만, 복지비용은 누가 부담하고, 복지재원은 어떻게 마련하며, 관리의 주체는 누가 되고, 민간 부문은 어떻게 활용할 것인지 등에 대한 체계적 논의는 부족했다. 따라서 여기에서는 실증적 측면에서 다소 미흡한 면은 있지만, 그동안 복지국가와 관련해서 거의 논의되지 못했던 시장의 범위와 역할을 논의해 보고자 했다. 여전히 복지 공급 주체로서의 시장은 그 범위가 모호하고, 따라서 시장의 현황을 분석하는 데는 한계가 있지만, 시장의 범위, 실태, 문제점을 발견하기 위한 노력은 절실하다. 이 연구는 이러한 노력의 출발 단계에 해당하는 것이다.

논의의 결과, 복지국가라고 해서 국가복지를 강화하는 것만이 능사는 아니며, 다양한 복지 공급 주체들 간에, 특히 국가와 시장 간의 역할을 재설정하고 협력과 조화를 도모하는 것이 필요함을 확인할 수 있었다. 물론 시장이 국가복지를 완전하게 대체할 수는 없고 시장에 의한 복지가 본질적인 한계가 있다. 그러나 저성장 시기에 국가복지만으로 한계가 있는 상황에서, 시장의 역할을 제고하는 방안이 절실하다. 복지 서비스가 가지는 고유한 특성을 감안해서 국가복지가 필요한 분야에서는 계속 이를 수행하되, 가능한 분야에서는 시장을 활성화해서 시장 원리를 도입하며, 시장의 장점은 극대화하고 단점은 최소화하는 것이 필요하다. 이를 통해 국가와 시장을 포함한 상이한 복지 공급 주체들 간에 협력과 조화를 강구함으로써 지속 가능한 복지국가를 구축해야 한다. 이를 위해서는 경쟁·선택권·효율성이라는 시장의 장점들이 잘 구현될 수 있게 하며, 개방성·투명성·공정성·책임성·합리성·다양성 등에 기반하는 시장의 원칙을 확립해야 할 것이다.

이 장은 그동안 제대로 연구가 되지 못했던 복지국가와 시장의 관계를 조명하고, 복지국가의 지속 가능성을 제고하기 위한 시장의 역할 제고 방안을 제언한 데 의의가 있다. 그러나 시장의 범위 설정의 어려움이나 실증자료의 한계 등으로 인해서 실태 파악이나 문제점 분석에서 좀 더 심층적인 연구가 되지 못한 면이 있다. 그리고 복지국가와 시장의 관계에 대한 이론들이 대부분 추상적인 수준에 머무르고 있는 현실에서, 복지국가를 유지하는 데서 미래의 시장이 지향해야 할 방향을 체계적으로 제시하는 데서도 한계가 있었다. 현황 및 문제점 분석이 제한적이다 보니 이에 기반한 정책 대안을 제시하는 데도 미진한 부분이 있었다. 따라서 향후로는 다음과 같은 후속 연구가 필요할 것이다.

첫째, 이론적인 측면에서, 시장의 범위를 좀 더 구체적으로 설정하기 위한 토의가 필요하며, 복지국가와 시장의 관계에 대해서도 좀 더 체계적인 논의가 필요하다.

둘째, 시장의 범위 설정과 관련한 변수 및 세부 지표 개발을 위한 후속 연구가 필요하다. 그래야만 시장의 실태를 제대로 파악할 수 있을 것이다.

셋째, 시장의 역할 정립 및 실태 파악을 위한 실증분석을 강화해야 한다. 이를 위해서 심층적인 면접조사 등을 시행할 수 있다.

넷째, 이 연구에서 제언한 시장의 역할 제고 방안에 대한 더욱 구체적인 정책 개발이 필요하다. 이 연구는 실증분석의 한계로 인해서 구체적인 정책 방안을 제시하는 데 미진한 부분이 있었다.

마지막으로, 복지행정 분야에서 보편적이면서도 특징적인 현상 중의 하나인 준시장에 대한 좀 더 심도 있는 연구도 필요하다. 여기에는 준시장을 당위론적으로 수용할 것이 아니라, 이것이 반드시 필요한지, 문제점은 무엇인지, 역기능을 해소할 수 있는 방안은 무엇인지 등을 중심으로 비판적으로 고찰하는 것이 필요할 것이다.

제 4 장

국가복지와 복지 모순*

제1절 서 론

최근 들어 우리나라는 복지 욕구의 증대와 이에 대한 정치권의 대응력 강화로 인해 복지급여의 종류 및 예산이 크게 확대되었다. 그리고 복지제도의 양적인 팽창뿐만 아니라 복지정책 설계와 전달체계의 개선을 위한 노력도 지속적으로 이루어지고 있다. 그럼에도 불구하고 여전히 복지 전달체계와 관련해서 정책의 중복 설계나 칸막이 집행 및 수급의 중복 발생 등 개선되어야 할 부분이 지속적으로 제기되고 있다. 특히, 2013년 사회보장정보시스템의 구축으로 중앙부처 복지사업 간의 관계가 드러남에 따라 제도의 불일치성과 전달체계의 깔때기 현상, 복지 수급의 중복성 그리고 특정 계층만을 위한 복지사업의 편중성에 대한 논의가 가중되었다(강혜규 · 최성은, 2010; 보건복지부, 2011a; 함영진 외, 2012b).

* 이 장은 함영진과 함께 『국가정책연구』(2013년, 제27권 제2호)에 게재한 글을 옮긴 것이다.

우리나라의 중앙부처는 엄격한 기능분할주의와 위계적인 조직구조를 유지해 왔다. 이는 부처별로 정책설계 및 집행 권한을 인정해서 고유의 업무를 성실히 수행할 때 총체적인 행정의 목표는 달성될 수 있다는 논리에 근거한다. 이로 인해 부처의 고유 업무에 대한 다른 부처의 개입은 금기시되어 왔다. 그래서 다른 부처에서 어떠한 사업을 집행하고 있는지, 또는 동일한 사업을 집행하고 있음을 인지한 상태에서도 부처 간 칸막이를 넘어 협업 및 조정을 시도하기는 매우 어려운 일이었다. 특히, 복지사업의 특성으로 대변되는 복지 욕구의 중복성이나 복지대상의 광범위성과 복지행정의 복잡성이 존재함에 따라 부처 간 명확한 기능의 분할이 어려워 부처 간 기능의 중복 또는 프로그램의 중복 설계가 발생할 수밖에 없다. 이러한 문제점을 개선하기 위해서 국무총리실을 중심으로 복지사업의 소관 부처는 상이하지만 사업의 성격이 유사한 159개 복지사업을 54개로 총괄 조정을 추진했다(국무총리실, 2009). 2011년에는 공공 전달체계 효율화를 위해 이들 복지사업을 중심으로 복지사업 중복 수급 방지를 위한 대안 마련이 이루어졌다. 이는 유사한 프로그램이라 할지라도 소관 부처의 요구에 따라 해당 사업의 특수성을 인정해서 사업의 집행은 이루어지되, 사전 확인과 사후관리를 통해 중복 수급을 방지한다는 취지이다. 예를 들면, 2009년 당시 복지부 소관 사업인 만 5세아 보육료 지원사업과 유사한 교육과학기술부의 유아학비 지원사업, 농림수산부 농어업인 영유아 양육비 지원 프로그램의 집행은 각 부처별 사업의 특수성을 고려해서 부처별로 사업은 집행하되, 복지 대상자의 중복 수급은 방지한다는 것이다(국무총리실, 2011). 이러한 개별 프로그램은 각 부처의 고유 기능과 사업의 특수성을 고려해서 합리적으로 설계되어 있다고 볼 수 있지만, 국가 전체적인 측면에서는 여러 부처가 주체가 되어 유사한 프로그램이 개별적으로 기획되고, 여러 전달체계를 통해 상이하게 집행되는 현상은 운용상 문제점으로 지적된다. 따라서 국가 복지사업의 효율적 설계와 운용을 위해서는 종합적인 시각이 필요하며, 국가 복지사업의 합리화를 위해서는 범정부적인 노력이 필요하다. 이러한 정책 조정의 필요성은 부처 간 칸막이 해소를 위한 노력과 일맥상통한다(보건복지부, 2011a; 홍성대 외, 2012; 함영진 외, 2012b).

지금까지 효율적 복지정책 설계 및 전달체계관련 이론적인 논의와 모형 개발에 대한 연구는 학계와 현장을 중심으로 지속적으로 수행되어 왔다(이현주 외,

2005; 임도빈 · 이현국, 2009; 강혜규 · 최성은, 2010; 강신욱 외, 2011; 보건복지부, 2012a). 그러나 기존 연구가 이론적 분석 또는 지방자치단체 중심의 복지 전달체계 설계에 중점을 둔 반면 중앙부처 복지사업의 설계와 집행의 측면에서 실증사례 분석 연구는 아직 미진한 부분이 많다. 이러한 시점에서 이 장에서는 복지 모순, 특히 복지사업 운영 모순의 측면에서 실질적인 정책 사례 분석을 통해 주요 문제점을 파악하고 이에 대한 정책적 대안을 제시하는 데 목적이 있다.

이를 위해 복지 모순의 개념을 검토한 후 분석틀을 제시하며, 복지사업 운영 측면에서 복지 모순 사례를 분석하고, 복지 모순을 극복하기 위해 주요 대안을 제시하는 순서로 전개한다.

제 2 절 복지 모순 관련 선행 연구 검토 및 분석 틀

1 복지 모순의 개념

복지 모순은 복지국가의 위기론이 팽배했던 1970년대에 활발하게 논의되었다. 복지 모순은 다양한 관점에서 정의될 수 있는데, 어떠한 복지제도나 복지 프로그램이 다른 복지제도나 복지 프로그램의 존재 이유 · 내용 · 취지 등을 훼손하거나 또는 그 고유한 목적 달성이나 복지 서비스의 제공보다도 관리나 조직의 자체 이익 추구로 전환하는 경우라고 정의하기도 하고(이광석 · 김동룡, 2012), '(both) A (and B)'가 정책 목표이지만 'either A or B'로 되어 어느 한쪽을 선택할 수밖에 없거나 그 과정이나 결과가 'neither A nor B'로 되어 정책 목표를 기대한 대로 이룩하기가 불가능한 상황으로 정의하기도 한다(이광석 · 원종학, 2011). 그 정의가 일치되지 않는 이유는 복지 모순이 분석 수준의 문제로 어느 맥락에서(강신택, 2005: 50－51), 어느 시점에서(정정길 외, 2005), 어떤 관점에서 살펴보느냐에 따라 모순으로 나타나기도 하고 그렇지 않게 보이기도 하기 때문이다.

이 장에서는 복지 모순을 개체의 측면(individualistic viewpoint)에서는 합리성이 존재하더라도 전체의 측면(holistic viewpoint)에서 볼 때에는 그 합리성이 불합리성으로 변하는 현상으로 보았다(이형순, 1988; 강신택, 1982: 131−159). 이러한 복지 모순은 어떤 제도나 프로그램이 개별적인 단위 기준(또는 부처 기준)으로 보았을 때는 합리적이지만 개별 단위 기준을 넘거나 여러 부처를 거쳐 살펴보았을 때 복지재정 및 주체에 따라 복지 운영의 불합리한 면이 나타날 수 있음을 의미한다. 이를 복지정책이나 프로그램의 관점으로 치환하면 아래 <표 4−1>로 정리된다.

표 4−1 복지 모순의 개념

		A 프로그램	
		의도대로	의도되지 않은 결과
B 프로그램	의도대로	+ +	+ −
	의도되지 않은 결과	− +	사회적 결과 − −

위 표는 개별 복지 프로그램(A와 B)의 의도는 최선(+ and +)이었으나 그 결과가 차선(+− or −+)으로 나타나기도 하지만, 사회적 관점에서는 이들 결과가 (그 최선의 결과마저도) 다른 복지 프로그램이나 복지제도와의 관계에서 바람직하지 않은, 또는 의도되지 아니한 결과를 초래하는 현상을 의미한다. 이 현상을 복지국가의 문제로 전환하면, 복지 영역의 양적 확대와 프로그램의 다양화에 따라서 좋은 결과를 산출해야 함에도, 바람직하지 않은 또는 의도되지 아니한 결과를 산출하는 모순을 나타낸다. 즉, 복지사업을 개별적으로 보았을 때는 합리적이며 정책설계와 집행의 의의를 찾을 수 있지만, 다른 복지사업과 연계해 전체적인 측면에서 살펴보면 운용상의 비효율성과 서로 간 모순이 발생할 수도 있다. 이러한 논리는 부처 측면에서도 개별 부처의 역할과 기능은 개별적으로 합리성을 갖고 설계되어 기능 분화되어 있다고 볼 수 있으나 복지사업의 특수성과 모호성으로 인해 부처 간 역할 중복과 기능의 중첩 현상이 발생함으로써 운용상의 모순이 발생할 수도 있다.

정책기능 분할주의에 근거해서 정부 부처의 역할은 체계적으로 분담되도록 해당 조직이 구성되어 있다. 이에 따라 해당 부처의 업무 범위 및 행정 권한이 주어진다. 그러나 복잡한 외부 환경에 의해 부처별 권한 범위와 기능을 명확히 구분하는 것은 한계가 있다. 아울러 부처이기주의로 대변되는 부처 할거와 부처별 예산의 극대화를 위한 사업의 확대 등 여러 제도적 요인으로 인해 역할 분담이 완벽하게 기능할 수 없다. 이에 따라 개별 부처로 보았을 때는 합리적인 정책이라 할지라도 국가적 정책 운용 측면에서는 유사한 정책설계에 따른 외연적인 확대 현상과 부처 간 역할과 기능의 중첩 현상을 야기하고 있다. 예를 들어 에너지 복지와 관련된 새로운 정책 수요가 발생했다면, 이와 관련해서 복지의 주무부처인 보건복지부, 에너지와 관련된 주무부처인 산업자원부와 주거와 관련된 국토해양부 등 여러 부처에서 에너지 복지 관련 정책들이 계획 및 집행되어 정책 운용상의 비효율성이 발생할 가능성이 있다. 즉, 부처별 기능주의 및 업무분할주의에 따라 부처 간 칸막이 현상이 고착화되었으며, 이로 인해 발생하는 정책 간 조율과 부처 간 소통 부재가 부처 간 이기주의를 야기했다고 볼 수 있다. 이로 인해 정책 중복 및 편중이 발생하고 정책을 설계할 때 의도되었던 가치 실현이 어려워지는 등 여러 측면에서 부작용이 발생할 수 있으며, 이에 따라 부처 간 정책 운용의 연계 및 정책 조정이 강조되기 시작했다. 이러한 현상이나 결과가 복지 모순의 연구를 촉진한다고 볼 수 있다.

2 복지 모순 관련 기존 문헌 검토

1) 복지 모순 관련 선행 연구 검토

복지 모순과 관련된 기존 연구의 흐름을 살펴보면 크게 사회 전반에 내장되어 있는 복지 모순, 제도 때문에 야기되는 복지 모순 그리고 복지급여를 집행하면서 발생하는 운용의 관점에서 복지 모순 관련 연구들로 유형 구분해서 살펴볼 수 있다.

첫째, 정치적 또는 사회적 관점에서 복지정책의 규모가 확대되는 과정에서 자체적으로 발생하는 내장된 복지 모순은 생산의 사유화와 분배의 사회화, 즉 자본 축적(accumulation) 기능과 정당화(legitimization) 기능 사이의 모순에서 살펴볼 수 있다(Offe, 1984: 81−83). 다시 말하면, 이윤 추구 과정에서의 규제 능력의 상실 가능성과 체제 안정을 위한 규제의 필요성이 서로 어긋나는 것을 말하며, 거시적 관점에서의 접근으로 자본주의 체제에 기인하는 본유적인 모순이다.

둘째, 제도적 복지 모순은 복지제도를 창설·발전시키는 데 다른 요소가 제약 요인으로 작용하는 경우를 일컫는 것으로 복지제도는 재정적 제약 요인을 많이 꼽는다(원종학 외, 2011). 예컨대, 건강보험제도에서는 공공성이 가장 중요하므로 정부의 규제와 관여로 이루어진다. 한국은 건강보험제도를 도입할 때에 자본이 없으면서도 의료 공급을 해야 하므로 시장의 역할에 많이 의존했다. 이 경로의존성이 포괄수가제의 도입에서 이해단체(여기서는 의사단체)의 동의 없이는 불가능하게 한다. 즉, 시장주의와 공공성의 모순을 초래한다고 볼 수 있다. 또 경제성과 윤리성의 충돌도 복지 모순의 한 축을 이룬다.[1)]

마지막으로, 운용상의 복지 모순을 살펴보면 사업설계 주체 또는 집행 주체 간 정책적 협의 또는 조정이 이루어지지 않아 발생되는 경우로 볼 수 있다. 예를 들어 설명하면, 취약계층의 집수리 사업을 살펴보면 국토부, 복지부, 농림부 그

1) 이에 관해서는 서남규(2011)의 연구가 있다. 그의 연구를 요약하면, 한정된 의료자원의 할당을 위해 경제적 평가(비용편익 분석 및 비용효과 분석[Cost Effectiveness Analysis] 등)가 우선순위를 위한 강력한 도구이지만 이를 사용하는데는 방법론적이고 실제적인 한계가 많이 있다. 윤리적인 관점에서도 서로 다른 형평성인 ① 평등주의(egalitarianism), ② 필요에 따른 할당(allocation according to needs), ③ 구제의 원칙(rule of rescue), ④ 접근의 형평성(equality of access), ⑤ 최소한의 적정성(decent minimum) 제공, ⑥ 롤스의 최대최소 원칙(Rawls' maximum principle), 그리고 ⑦ 자유지상주의(libertarianism) 등 일곱 가지 개념이 존재하는데, 우리나라 국민건강보험제도의 운영에는 대체적으로 접근의 형평성 원칙을 중심으로, 최소한의 적정성과 구제의 원칙에 입각한 운영 논리가 제기되고 있다. 그 반대 방향에서는 최소한의 적정성이나, 최대최소의 원칙, 자유지상주의 등을 주장한다. 더 나아가 정치적 합리성과 공공성의 관계도 중요하다. 예컨대 4대 보험 징수 통합의 업무가 그것이다. 징수공단에서 시작해 건강보험공단으로 귀결됨은 국민연금공단을 비롯한 다른 공단의 업무를 축소시키고 이 문제를 해결하기 위해 노인인력 개발 업무를 맡겼다. 다시 이 업무는 노인인력개발원으로 가고 이제는 장애인 판정 업무가 주어졌다. 장애인 관련은 국민연금과의 관련성이 노인인력 개발보다 덜하다. 구성의 모순으로 치달으면 나쁜 점도 있으나 관점이 개별 조직의 입장이라면 위 보기에서 보듯 정치적 합리성이 우선한다.

리고 산업자원부에서 자체적으로 설계해서 집행하고 있고 서로 간의 연관성 부재로 인해 복지사업 운용에 비효율성이 발생하고 있다. 그 의미는 정책 대상 집단에게 정부의 복지 제공이 집중되다보니 수혜자 자신이 복지급여와 서비스에 만족하면서 스스로 자립 · 자활 의지가 부족한 채 현실에 안주 또는 의존하려 하며, 복지 전달체계와 관련해서는 거짓의 방법으로 급여와 서비스를 지급받는 사기(詐欺)(CPAG, 2008: ch.40; Mosher & Hermer, 2005; Dean & Melrose, 1996), 복지정책의 중첩과 중복 현상, 복지급여와 예산의 누수 현상, 특정 계층에 집중되는 급여로 인해 계층 간 소득이 역전되는 현상 등의 복지 모순이 발생하기도 한다(이광석 · 김동룡, 2012).

2) 정책 운용 관련 선행 연구 검토

이 연구의 목적은 복지정책이 부처별로 또는 프로그램별로 집행되는 과정에서 야기되는 복지 모순 사례를 살펴보고 그 대안을 제시하는 데 있다. 복지정책의 운영 과정에서 나타나는 문제점과 관련된 연구를 살펴보면 크게 정책 조율과 부처 연계의 중요성을 강조한 연구로 볼 수 있다. 이들 대부분의 연구는 정책 운용 과정에서 발생하는 행정 · 제도적 문제점으로 부처할거주의와 부처 간 소통의 부재, 정책 간의 연계가 이루어지지 않음을 문제점으로 들었으며, 부처 간 또는 정책 간 연계의 방법을 각기 제시했다. 정책 조정의 중요성을 강조한 피터(Peter, 1998: 296)는 부처 간 정책의 중복(redundancy) · 불일치(incoherence) · 공백(lacunas)을 최소화시킴으로써 부처 간 정책 운용 과정의 정책 연계 및 조정의 필요성을 강조했다. 아울러 관료제 문제점의 일환인 부처 간 칸막이 현상을 해소하기 위한 노력으로 부처 간 연계의 필요성을 강조한 박천오 외(2012)에서는 연계형 정부(jointed−up government), 총체형 정부(whole−of−government) 또는 협력적 거버넌스(cooperative governance)를 강조하면서 융합행정의 중요성을 강조했다. 이러한 융합행정은 공공 전달체계 과정에서 발생하는 외부의 불확실한 요인을 완화하고, 개별 부처에 직면한 문제를 공동으로 대처함으로써 종합행정의 구현과 복지행정의 효율성을 제고하는 데 목적이 있다고 보았다(Heimovics et al., 1993; Miller−Millesen, 2003; 정규진 외, 2012).

아울러 제18대 대통령직 인수위원회(2013)는 국가정책 운용상 발생하는 여러 문제점을 해결하고 정책 추진의 효율성과 부처 간 의견 조율을 위한 컨트롤 타워의 설치가 핵심 국정과제로 제시되었으며, 부처를 초월한 협조 체제 구축의 필요성을 강조했다. 이에 따라, 복지정책의 설계와 집행도 부처 간 제도 연계의 중요성이 강조되고 있다.

부처 간 연계 및 정책 운용은 기존의 기능분할주의를 극복하고 위계적 조직구조를 완화하는 데 목적이 있으며, 더 나아가 유사한 복지정책을 설계하고 집행하는 복수의 행정기관 간 협의와 협업을 통해서 상호 중첩된 기능을 연계하고 자원의 공동 활용을 통해서 복지행정의 효율성과 효과성을 제고하는 데 있다. 이러하기 때문에 복지정책 운용상에 나타나는 문제점에 대한 심층적인 논의가 필요하다.

3) 복지사업 관련 현황 검토

우리나라의 복지사업은 외연적으로 크게 팽창했으며, 이로 인해 지출도 지속적으로 증가했다. 특히 1980년대 이후 기초생활보장제도와 사회보험 등 주요 복지제도의 도입을 바탕으로 단기간에 복지 선진국 수준으로 복지제도의 틀을 확충했으며, 2000년대 들어서 사회 서비스와 기초노령연금 등 복지사업의 확대로 인해 복지 지출도 빠르게 증가했다. 예산의 증가율을 살펴보면, 2005년 50.8조 원이었던 복지 지출이 2011년 86.4조 원으로 크게 증가했다. 이는 같은 기간 내 공공 부문 지출 증가율이 6.3%인 점을 감안하면 복지 지출 증가율 8.9%는 매우 높다고 볼 수 있다.

특히 2013년 1월부터 사회보장기본법이 전면 개정되어 시행됨으로써 사회보장에 대한 이념이 시혜에서 권리로 변모했으며, 복지에 대한 정치적 수요가 증가함에 따라 다양한 복지사업의 확대로 인해 중앙부처 및 지방자치단체의 복지 관련 예산 집행의 양적 확대는 당분간 지속될 것으로 보이며, 특히 부처별로 복지사업의 양적 설계와 지출이 크게 증가할 것으로 보인다. 이를 나타낸 것이 <표 4-2>이다.

표 4-2 부처별 복지사업 수행 빈도

기관	빈도(종)	백분율(%)	기관	빈도(종)	백분율(%)
복지부	130	43.9	금융위원회	5	1.7
국가보훈처	38	12.8	방송통신위원회	6	2.0
여성가족부	22	7.4	문화체육관광부	4	1.4
고용노동부	21	7.1	산림청	3	1.0
교육과학기술부	19(한국장학재단 2 포함)	6.4	중소기업청	2	0.7
행정안전부	15	5.1	국세청	1	0.3
국토해양부	12	4.1	환경부	3	1.0
지식경제부	9	3.0	계	296	100
농림수산식품부	6	2.0			

자료: 함영진(2012b).

상술한 <표 4-2>와 같이 중앙부처 복지사업은 보건복지부의 130여종의 복지사업 이외에도 여성가족부(23종), 행정안전부(15종) 등 16개 중앙부처 및 유관기관에서 총 296개의 복지사업이 시행되고 있다. 이는 2006년도 조사된 8개 부처 216개 복지사업과 2009년도 9개 부처 252개 복지사업보다 양적으로 증가된 수치이다. 그리고 지방자치단체에서 자체적으로 실시되고 있는 복지사업까지 더하면 복지사업은 그야말로 질적·양적으로 증가일로를 걷고 있다.

3 연구의 분석 틀

이 장에서는 복지정책 운용상에 나타나는 복지 모순의 현상을 살펴보고 이에 대한 정책적 대안을 도출하는 데 목적이 있다. 특히, 복지정책 운용상 야기되는 복지 모순의 발생 원인과 이에 대한 현상을 설명하기 위해 복지 모순의 연원이 심층에 있고 변형 과정을 통해 표층으로 옮아간다는 관점인 구조주의 관점에서 살펴보고자 한다.[2]

2) 물론 구조주의도 여러 종류이고 그 강조점마다 다르다. 여기서는 심층(deep structure)과 표층

여기에서는 개체 측면에서는 합리성이 존재함에도 불구하고 전체 측면에서는 불합리성이 존재할 수 있다는 복지국가로의 전환에서 철학 문제에 기초해서 복지 모순 관련 논의의 근원을 두고자 하며, 복지 모순의 표층 부문에서 발생하는 현상을 복지사업 정책설계, 전달체계 급여 기준의 관점에서 살펴보았다.

첫째, 복지사업 정책설계 측면에서 발생하는 복지 모순의 현상은 여러 부처에서 유사한 복지사업을 충분한 논의 없이 개별적으로 정책을 수립하는 경우를 중심으로 살펴보았다.

둘째, 전달체계 측면에서 복지 모순의 현상은 부처기능주의에 따라 정책이

그림 4-1 연구의 분석 틀

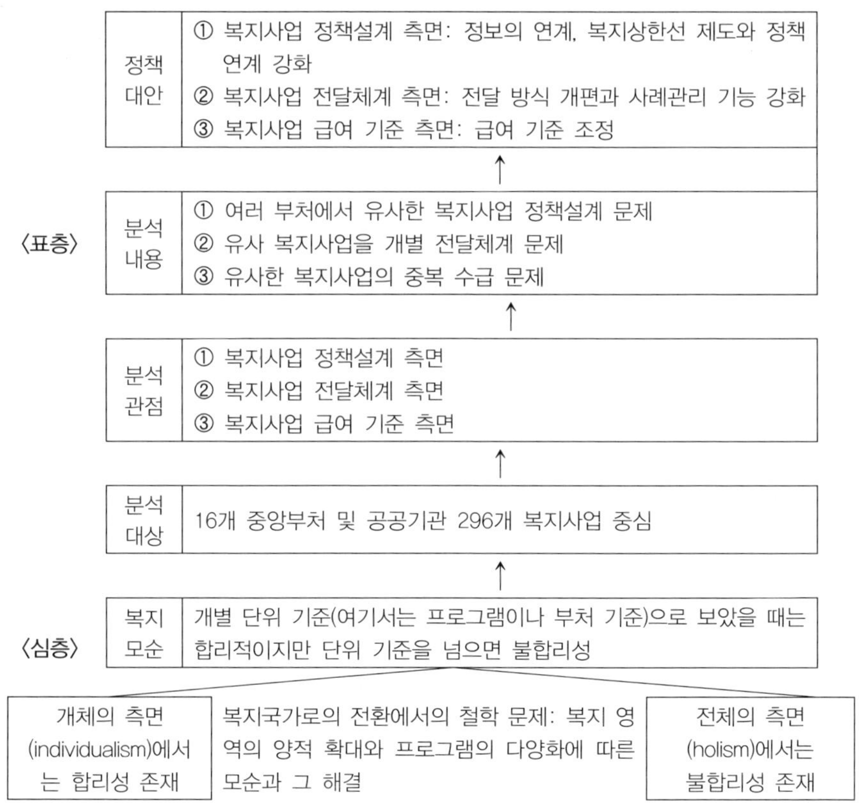

(surface structure), 그리고 그 사이의 변형에 중점을 두는 구조주의를 채택한다.

개별적으로 수립되었다 할지라도 전달체계의 통합 및 연계를 통해 협업해서 정책을 집행한다면 행정의 효율성을 제고할 수 있겠지만, 유사한 복지사업이 개별적인 전달체계를 통해 집행된다면 국가 전체적 측면에서는 발생할 수 있는 복지행정의 비효율성 문제를 중심으로 살펴보았다.

마지막으로, 복지정책 급여 기준의 측면에서 복지 모순 현상은 복지 대상자를 결정짓는 급여 기준과 선정 방식과 관련된 문제점을 중심으로 살펴보았다. 아울러 여기에서는 복지 모순 현상분석을 기초로 해서 복지 모순의 잠재화를 위한 정책 대안을 제시했다. 이를 연구의 틀로 도식화하면 앞의 [그림 4-1]과 같다.

제 3 절 복지사업 운용 관련 주요 모순

복지사업의 확대와 복지 지출의 비약적인 증가에도 불구하고 국민들의 복지 체감도는 여전히 답보 상태에 놓여 있다. 이 장에서는 그 원인을 복지사업 운영과정에서의 복지 모순, 특히 복지사업 설계, 급여 기준 그리고 전달체계 과정에서 발생하는 모순을 중심으로 보았다. 이러한 문제 인식에 따라 이 연구는 복지사업의 정책설계 단계에서 나타나는 모순과 전달체계 및 제도의 수급권자 선정 기준과 관련된 모순을 살펴보았다.

1 복지정책 설계의 모순

복지제도 설계의 비효율성에 대해서 논의할 때 빠지지 않고 등장하는 것이 부처별 복지제도의 중복 설계와 편중 설계이다. 복지 부문에서 중복(duplicated services)이라는 의미는 매우 모호하면서 상대적인 개념이다. 왜냐하면 수급자 입장에서는 여러 개의 유사한 급여를 수급받을 때 비로소 욕구가 충족되는 경우에 복지정책이 중복 설계되었다고 보기 어려운 반면, 공급자 입장에서는 두 개의 복지사업이 충족시키고자 하는 욕구가 동일하고, 급여 대상이 동일하며, 구체적 사업 내용 면에서도 유사한 면이 많은 경우는 복지사업 설계의 중복으로 볼 수도 있기 때문이다(보건복지부, 2011a). 이로 인해 복지사업 설계의 비효율성과 관련된 문제가 나타날 개연성이 높다. 그리고 부처별 전문성을 고려하지 않은 복지사업의 산발적인 확장과 개별적인 전달체계 구축으로 특정 대상 계층에 집중되거나 제공되지 못하는 사각지대가 발생될 수 있다(함영진, 2012b). 이를 최근의 사례인 돌봄서비스 복지사업과 소득 역전 현상을 중심으로 살펴보자.

1) 돌봄서비스 복지사업

유사한 복지사업들이 부처별로 집행되어 언론을 통해 알려진 대표적인 사례가 취약계층을 위한 돌봄서비스 관련 복지사업이다. 자가(自家)에 기거하고 있는 장애인 및 노인을 위해 돌봄서비스를 제공하고 있는데, 이 또한 복지사업 중복 설계 현상이 발생하고 있다. 현재 보건복지부는 노인 및 장애인을 대상으로 5개 방문형 돌봄지원서비스사업을 시행 중에 있다. 이러한 돌봄서비스는 지원의 대상, 제공 서비스 및 내용은 명목상 상이하지만 독립적인 생활과 자립을 도모하기 위해 경제적 지원보다는 수급자를 돌보고 도움을 주기 위한 사회 서비스라는 측면에서 유사한 점이 많다. 그리고 수급자의 가사 및 간병을 위해 도우미를 지원하는 사업으로 가사활동이 취약한 가정 및 대상자에게 인력을 지원해서 가사활동을 지원하기 위해 인력 지원 서비스를 지원하는 데에 유사성이 있다. 예를 들면, 가사간병도우미와 장애인 활동 지원은 1급 장애인의 경우 대상 및 제공 서비스 측면에서 유사한 점이 발생될 수 있다. 그리고 방문형 돌봄지원사업을 65세 기준으로 수급 가능한 복지사업을 살펴보았을 때 65세 미만 수급자는 장기요양보험, 장애인 활동 지원, 가사간병도우미 서비스이고, 65세 이상 수급자는 장기요양보험, 노인돌봄 기본 및 종합 서비스를 받고 있다. 노인돌봄 종합서비스의 지원 대상을 노인성 질환자로 한정하고 있기 때문에 가사간병도우미 서비스를 수급받다가 65세 이상이 되면 적절한 지원을 받지 못하는 돌봄지원사업의 사각지대가 발생할 우려가 있다. 물론 현재 사회복지 통합관리망을 통해 복지사업 간 연계는 이루어지고 있어 유사 복지사업 간 중복 수급 원천 차단 기능이 작동되

표 4-3 방문형 돌봄서비스 개요

(단위: 원, 명)

사업명	부처	주요 내용	지원 대상	예산	지원 인원
노인돌봄 기본 서비스	복지부	- 가정방문, 유선 등을 통한 주기적 안전 확인, 생활교육, 서비스 연계 등 예방 서비스	- 65세 이상 요양 서비스 불필요 독거노인 * 소득, 건강, 주거, 사회적 접촉 등의 수준을 평가해서 보호 필요가 높은 순으로 대상자 선정	369억	14만 2천
노인돌봄 종합 서비스	복지부	- 방문 서비스(식사 · 세면 도움, 옷 갈아입히기, 체위 변경, 신체 기능의 유지 · 증진, 화장실 이용 도움, 외출 동행 생필품 구매, 청소 · 세탁 등), 주간보호 서비스	- 65세 이상(장기요양보험 등급 외 A, B) * '12년 신규 신청자: 치매 또는 중풍의 노인성 질환자, 전국 가구 평균소득 200% 이하 (건보료 확인)	622억	3만 1천
가사간병 도우미	복지부	- 신체 수발(목욕, 대소변, 세면 등), 가사 지원, 외출 지원, 정서 지원, 간병 지원 등	- 65세 미만 기초수급자, 차상위계층 중 가사 · 간병이 필요한 자 * 장애인(1~3급), 소년소녀가정, 한부모가정, 중증 질환자 등 재가 간병이 필요하다고 시 · 군 · 구청장이 인정한 자	142억	8천
장애인 활동 지원	복지부	- 활동 보조(신체활동, 가사활동 및 이동 보조 등) 방문목욕, 방문간호(간호, 진료의 보조, 요양에 관한 상담 또는 구강위생 등)	- 등록1급 장애인(만6세 이상~만 65세 미만) * 인정조사표에 의한 조사 결과 220점 이상인 자	3,000억	5만 5천
방문건강 관리	복지부	- 보건소 전문인력(간호사, 물리치료사 등)이 가정 방문해서 대상자의 건강문제 스크리닝, 건강관리 서비스 제공, 보건소 내 · 외 자원 연계 실시	- 건강문제가 있는 취약계층	323억	2만 7천

자료: 홍성대 외(2012).

고 있지만, 효율적 복지정책 설계 측면에서 돌봄지원 서비스 관련 복지사업의 중복 설계 가능성이 존재하고 있다. 이를 정리한 것이 <표 4-3>이다.

복지사업 급여설계 및 집행 과정에서 중복이 존재하지 않는다고 하더라도 복지급여의 총량 자체가 특정 계층에게 집중된 현상은 거시적 복지설계 관점에서 복지급여 분배의 비효율성의 문제로 볼 수 있다.

2) 소득 역전

복지자원이 특정 계층에게 집중화되는 것을 소득 역전이라고 하며, 그 의미는 그 수급 여부에 따라서 양자택일(all or nothing)로 이어져 이들이 일자리를 찾도록 하는 근로 유인이 약해질 수 있음을 함축한다. 이 소득 역전 현상은 수급자의 탈수급 및 근로 의욕 저하의 원인이며, 계층 간 수급 여부에 따라서 비형평성의 원인이 될 수 있다. 앞서 설명했듯이 우리나라 복지급여는 소득재산 기준으로 수급 결정을 판정하는데, 각 복지급여의 자격 기준으로 가장 많이 활용되는 기준은 기초보장 수급 조건과 동일한 '소득인정액이 최저생계비의 100% 이하'라는 조건이다. 이는 실제로 많은 복지사업의 대상자 선정 조건이 기초생활보장제도의 수급 자격과 연계되어 있음을 보여 준다. 다음으로 많은 것이 법정 차상위 지원 기준인 '소득인정액이 최저생계비의 120% 이하'이다. 소득이 최저생계비의 150% 이하 조건을 사용하는 급여도 17개로 비교적 많은 편으로 나타났다. 즉, 이러한 복지사업 기준 설정은 우리나라의 복지사업이 취약계층 중심으로 설계되어 있음을 보여 주며, 이들 또한 최저생계비 이하 소득계층에서 벗어날 경우 받을 수 있는 복지급여의 규모는 상대적으로 큰 폭으로 감소하는 것을 의미한다. 이로 인해 복지급여가 특정한 소득계층에게 집중되는 현상이 발생하게 되며, 중위계층이 느끼는 복지체감도가 낮은 원인으로 작용한다(보건복지부, 2011a). 이를 그래프로 나타내면 <표 4-4>와 같다.

<표 4-4>에서 보는 것처럼 소득 기준이 높아짐에 따라 수급 가능한 급여의 수는 당연히 감소한다. 그 가운데에서도 표의 2번 기준선(소득인정액 최저생계비의 100% 이하 조건, 기초생활수급자 자격 기준)을 넘어서는 순간, 수급 가능한 급여의 수는 90개에서 66개로 급격히 줄어든다. 또한 4번 조건(소득인정액이 최저생계비의 120% 이하, 차상위 기준)에서 5번 조건(소득인정액이 최저생계비의 130% 이하)으로 옮겨갈 때에도 수급 가능한 급여의 수가 65개에서 45개로 줄어든다. 9번 조건(소득이 최저생계비의 150% 이하)에서 10번 조건(소득이 전국평균소득의 50% 이하)로 높아질 때에 수급 가능한 급여의 수는 32개에서 23개로

표 4-4 복지사업 급여 기준 대비 수급 가능 사업 누적 수

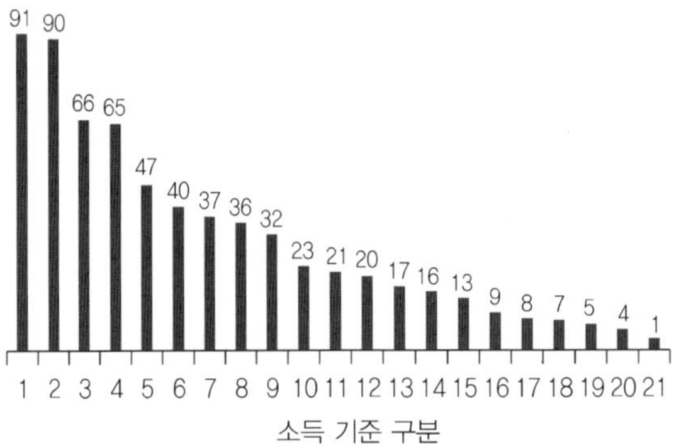

1. 소득인정액≤월 50/80만 원
2. 소득인정액≤최저생계비100%
3. 소득≤최저생계비 100%
4. 소득인정액≤최저생계비120%
5. 소득인정액≤최저생계비130%
6. 소득≤최저생계비 120%
7. 소득인정액≤월 72/112만 원
8. 소득인정액≤최저생계비150%
9. 소득≤최저생계비 150%
10. 소득≤전국 평균소득의 50%
11. 소득≤최저생계비 200%
12. 소득인정액≤전국 평균소득100%
13. 소득≤도시근로자 평균소득 70%
14. 소득≤소득 50분위수
15. 소득인정액≤소득 70분위수
16. 소득≤최저생계비 300%
17. 소득≤전국 평균소득의 100%
18. 소득≤도시근로자 평균소득100%
19. 소득≤소득 70분위수
20. 소득≤전국 평균소득의 150%
21. 소득≤도시근로자 평균소득 200%

자료: 보건복지부(2011a : 71-72), 재인용.[3)]

또 한 차례 큰 폭으로 줄어든다. 이처럼 우리나라의 복지사업은 취약계층인 기초생활수급자를 중심으로 복지사업이 설계되어 있다. 그리고 기초생활수급자와 차상위 간 수급받을 수 있는 복지사업 수의 차이가 크며, 차상위 수급자와 차차상위 간의 차이가 크다고 볼 수 있다. 이와 같이 복지급여가 특정한 소득계층에게 집중되면, 특정한 소득을 기준으로 복지급여의 종류와 금액이 큰 폭으로 감소하게 되고, 이는 결국 복지급여 배분의 계층 간 형평성을 침해하게 된다(보건복지부, 2011a).

3) 중앙부처 293개 복지사업 중 현금 및 현물급여를 대상으로 조사한 91개 복지사업을 중심으로 X축은 소득재산 규모에 따른 급여 기준 및 소득 분위이며 Y축은 각 급여 기준별 수급 가능한 복지사업의 수를 나타낸다(보건복지부, 2011a: 71-72).

2 복지정책 전달체계의 모순

복지제도의 효율화를 위해 지속적으로 제기되어 왔던 문제가 전달체계이며, 특히 동일 대상이거나 유사 복지사업임에도 불구하고 전달체계가 이원화되어 있을 때 전달체계의 비효율성을 야기하며 행정력의 낭비를 초래한다. 이러한 전달체계에 대한 관심은 끊임없이 이어져 왔으며, 이는 복지 서비스를 필요로 하는 수요자에게 전달하기 위해 구성되는 조직과 구조 그리고 경로 및 제반 환경을 중심으로 효율화하기 위한 노력들이 있어 왔다(보건복지부, 2011b). 특히, 1980년대 신공공관리(New Public Management: NPM)의 효율성이 공공 부문에서 중요한 어젠다로 자리 매김 하면서 복지사업 집행의 효율화와 행정력의 낭비 방지 등에 대한 여러 강구책이 제시되었다. 그러나 여전히 중앙의 과두적 전달체계 구조로 인해 지방자치단체에서는 복지행정의 깔때기 현상이 발생되어 동일한 복지사업이 여러 전달 통로를 통해 개별적으로 집행되고 있으며, 이는 지방자치단체 복지행정력의 낭비 현상과 업무의 과부하로 이어진다(홍성대 외, 2012). 이러한 전달체계의 개별화는 행정적·재정적 비효율성을 야기할 뿐만 아니라 제공되는 복지사업에 대한 수급권자의 접근성에 대한 혼란과 만족도를 저해하는 요인으로 작용하고 있다. 예를 들어 취약계층 가구 자녀의 교육비 지원사업은 교육부와 복지부를 중심으로 이루어지는데, 이에 대한 전달체계는 교육청과 학교를 통해 전달되는 교육부 사업과 지방자치단체를 통해 집행되는 복지부 사업으로 전달체계가 이원화되어 있다. 취약계층 교육비 지원사업은 저소득층 가구 초·중·고등학교 교육비 및 학습 관련 부대비용을 지원함으로써 취약계층 자녀의 교육과 관련된 부담을 덜어 주고 학습 기회를 제공하기 위해 설계된 복지사업이다. 그러나 저소득층 등에 대한 교육비 지원사업은 3개 부처에서 7개 사업으로 시행되어 수혜자의 혼란 및 불필요한 행정력이 낭비되고 있다. 이러한 교육비와 관련된 복지사업은 중복 수혜를 방지하기 위해 금지 조항을 규정하고 있으며, 이에 대한 보완장치도 지속적으로 마련해 왔다. 하지만, 복지사업의 통합적인 집행을 통한 효율적인 행정과 수급자 맞춤형 복지 서비스 제공이라는 취지에 부합하지 못하고 있다. 특히 저소득층 자녀 교육비 지원사업의 경우는 지방자치단체와 교육청 및 학교를 통한 전달체계가 공존하고 있어 복지행정의 효율성을 저해하고 있다. 이를 <표 4-5>에서 정리했다.

표 4-5 취약계층 자녀 교육비 지원 복지사업 개요

(단위: 원, 명)

사업명	부처	주요 내용	지원 대상	전달 체계	예산	지원 인원
저소득층자녀 학비 지원	교육부	• 입학금, 수업료, 학교 운영비	• 최저생계비 130~140% 이하 가구의 자녀(시도별로 차이) * 차상위계층, 담임 또는 학교장 추천자	교육청/학교	4,239억	40만
기초생활보장 교육급여	복지부	• (중학생) 부교재비, 학용품비 • (고등학생) 입학금, 수업료, 교과서대, 학용품비	• 최저생계비 100% 이하 가구의 자녀	시·군·구	1,356억	29만
의사상자 교육 보호	복지부	• (중학생) 부교재비, 학용품비 • (고등학생) 입학금, 수업료, 교과서대, 학용품비	• 의사상자 자녀	시·군·구	–	
장애인 자녀 교육비 지원	복지부	• (중학생) 부교재비, 학용품비 • (고등학생) 입학금, 수업료, 교과서대, 학용품비	• 최저생계비 130% 이하 등록 장애인(1~3급) 본인 및 자녀	시·군·구	9억	1천
한부모가족 교육비 지원	교육부	• 입학금, 수업료 (중, 고), 학용품비	• 최저생계비 130% 이하의 한부모가족 자녀	학교/시·군·구	600억	6만 5천
청소년 한부모 고교생교육비 지원	여성부	• 입학금, 수업료, 교과서대	• 최저생계비 150% 이하의 청소년 한부모(기초수급자 제외)	시·군·구	1,500만	20가구
청소년특별지원 학업 지원	여성부	• (취학) 입학금, 수업료, 교과서대 • (검정고시) 학원비 * 고입 자격 월13만 원, 고졸 자격 월 25만 원	• 최저생계비 180% 이하의 보호자가 없거나 있어도 실질적 보호를 받지 못하는 청소년	시·군·구	약 1억	613명

자료: 홍성대 외(2012).

3 복지정책 급여 기준의 모순

사회보장기본법 개정으로 인해 우리나라의 복지급여는 시혜에서 권리로 성격이 변화했다. 이에 따라 국가는 모든 국민을 경제적 위험으로부터 보호하고 최저 생계를 유지할 수 있도록 최소한의 소득 보장 의무를 진다고 볼 수 있다. 그러나 여전히 복지예산 및 제도 수용의 한계로 신청주의와 선별주의에 따라 복지 대상자를 선정하고 있다. 이러한 복지 대상자 선정과 관련해서 제기될 수 있는 문제가 선정 기준과 선정 방법이다.

첫째, 선정 기준과 관련해서 부양 의무자의 문제점을 살펴보면 다음과 같다. 기초생활보장제도의 부양 의무자 기준에 대한 논쟁은 국민기초생활법이 제정된 지 10년이 지난 오늘날까지 지속적으로 제기되고 있는 문제이다. 현재 기초생활보장급여에 적용되고 있는 법적 부양 의무자 기준은 민법에 의해 규정되어 있으며, 급여 기준 충족 요건을 정리하면 다음 <표 4-6>과 같다. 부양 의무자가 없는 경우와 부양 의무자가 있어도 부양 능력이 없거나 미약한 경우는 선정 기준을 충족한다. 부양 의무자 능력이 있음에도 불구하고 사적 부양이 이루어지지 않는 경우가 선정 기준의 문제점으로 제기되고 있다. 특히, 부양 의무자 기준의 문제점으로 많이 거론되는 사유로서는 공적 자료 및 법의 테두리 안에서는 수급권자

표 4-6 국민기초생활보장제도의 부양 의무자 기준 및 적용 조건

범위	소득재산 기준	적용 조건
수급권자의 1촌의 직계 혈족 및 그 배우자	소득 (A+B)×130%/185%: 부양 능력 있음. 부양 능력 미약 (부양비 산정: 30% 또는 15%) B의 130%: 부양 능력 없음. 0 ― (A+B)의 42% 재산 환산액	(아래 표 참조)

부양 의무자	부양 능력	적용 여부
무	–	충족
유	부양 능력 없음.	충족
	부양 능력 미약	전제 충족
	부양 능력이지만 불능 및 기피	충족
	능력 있음.	불충족

자료: 홍성대 외(2012).

에게 부양 능력 있는 부양 의무자가 있음에도 불구하고 실제적으로는 부양을 받을 수 없는 경우이다. 이러한 상황은 수급권자의 경제적 상황이 최저생계비 이하로서 경제적 위험에 직면하고 있음에도 불구하고 공적 자료에는 부양 의무자가 있다는 이유로 수급권자에서 제외됨으로써 발생되는 문제이다. 이러한 부양 의무자 기준의 문제점은 무엇보다도 취약계층에 대한 보호의 의무가 국가 책임보다는 가족 책임 전가에 대한 비판이다(함영진 외, 2012a).

하지만 기초생활보장에서 명시하고 있는 부양 의무자 기준은 민법에 의해 규정되어 있는 사안이라 연쇄적인 법적 개선이 필요한 부분이기도 하다. 이러한 법에 의해 규정된 부양 의무자 문제로 인해 발생되는 사각지대를 살펴보자. 2009년 기준으로 소득인정액이 최저생계비 미만임에도 불구하고 국가로부터 어떠한 복지급여도 받지 못해 사회복지 사각지대에 놓인 비수급 취약계층이 약 410만 명에 이르고 있다. 이 중 약 100만 명이 소득재산 수준이 최저생계비 100% 아래임에도 불구하고 부양 의무자 기준 초과로 수급권에서 탈락해 열악한 빈곤에 놓여있다(여유진 외, 2009). 또 다른 연구인 김은하 · 이희종(2012)의 기초생활보장 탈락자 실증 연구에 따르면, 2011년 국민기초보장제도 신청 건수 251,005 건 중 약 55%(138,583건)가 선정되고 약 45%인 112,422건이 신청 탈락했는데 이 중 소득 · 재산 기준 초과로 탈락한 비율이 약 52%(58,966건)이고, 부양 의무자 기준으로 약 15%(17,134)건이 신청 탈락했다. 이로 인해 소득 · 재산 기준은 최저생계비 이하 극빈곤층임에도 불구하고 부양 의무자 기준으로 인해 많은 수급 신청자가 탈락했으며, 이는 기초보장 사각지대 발생 원인으로 볼 수 있다. 이와 더불어 제도적 불합리성의 문제 중 부양 의무자의 부양 능력 소득 판정 기준도 문제이다. 부양 의무자의 부양 능력 소득 판정 기준이 지나치게 낮게 설정되어 충분한 경제적 능력이 없는 사람까지 부양 의무를 법적으로 강제하고 있어 부양 의무자 가구조차 빈곤층으로 전락시킨다는 비판을 받고 있기 때문이다. 이러한 문제점을 보완하기 위해 노인과 장애인 등 취약계층의 경우 최저생계비 185%까지 기준을 완화했지만 이 또한 부양 능력 미약 구간 설정의 적절성의 문제도 끊임없이 제기되고 있다.

표 4-7 2011년 수급 신청 대비 선정 건수 및 부적합 사유

2011	수급 신청	선정 건수	선정 부적합 건수				
			소계		소득인정액 초과	부양 의무자 기준	기타
계	251,005	138,583	112,422		58,966	17,134	36,322건
	100%	55%	45%	100%	52%	15%	33%

자료: 김은하 · 이희종(2012).

둘째, 복지 대상자 선정 방법과 관련된 주요 문제점은 소득인정액 산정 방법에서 찾아볼 수 있다. 현재 국민기초생활보장제도 등 많은 복지사업이 수급자 및 부양 의무자의 소득과 재산을 파악하기 위해 소득인정액 방식을 활용하고 있다. 소득인정액은 소득평가액과 재산의 소득환산액의 합으로 계산된다.

소득인정액 산정 방식 중 소득평가액은 실제 소득에서 가구 특성에 따른 지출 요인을 반영한 지출비용을 제하고, 근로활동을 통해 얻은 소득에 대한 근로소득공제액을 제해 계산된다. 실제 소득은 근로소득 · 사업소득 · 재산소득 · 공적이전소득의 합으로 구성되어 있다. 소득인정액 항목 중 소득평가액과 함께 중요한 부분이 재산의 소득환산액 계산이다. 이는 수급권자의 재산의 총액을 단순히 합하는 것이 아니라 재산의 가치를 소득의 가치로 환산하는 것이다. 이러한 재산의 소득환산액은 수급권자의 재산의 합에서 지역별 기본재산액과 부채를 제한 후 재산의 유형에 따른 소득 환산율을 곱해 계산된다. 재산의 유형은 토지 · 건축물 · 주택 등과 같은 일반재산과, 저축예금 · 주식 등과 같은 금융재산으로 분류되고, 자동차가액이 급여보장 단위별로 상이한 환산율이 적용되고 있다. 재산의 소득환산액 산정에 활용되는 소득환산율은 재산의 유형에 따라 상이하다. 기초생활보장의 경우 일반재산은 월 4.17%인 반면, 금융재산은 일반재산의 1.5배인 월 6.26%의 환산율이 적용되고 있다. 그 이유는 일반재산과 금융재산이 갖는 자산의 가치를 기준으로 산정되었기 때문이다. 즉, 금융재산이 현금화 및 유동성 측면에서 일반재산보다 용이하기 때문에 금융재산이 일반재산보다 높은 환산율을 적용하고 있다. 하지만 기초노령은 동일한 환산율을 적용하고 있다.

이와 같이 재산을 소득으로 환산하는 과정에서 비합리성의 소지가 발생할 수

표 4-8 주요 사회보장제도의 소득인정액 항목

구분	소득평가액	재산의 소득환산액	소득환산율	기본재산액
ㅇ 기초생활보장 ㅇ 자활 지원 ㅇ 타법 의료급여 ㅇ 장애인자립자금 대여 ㅇ 장애인자녀 교육비 ㅇ 경증장애수당 ㅇ 장애아동수당 ㅇ 차상위 본인 부담 경감 대상자 ㅇ 한부모가족 지원	실제 소득 – 가구 특성별 지출비용 – 근로소득 공제	(재산 – 기본재산액 – 부채)×월 소득환산율	일반재산: 월 4.17% 금융재산: 월 6.26% 승용차: 월 100%	(단위 만 원) 대도시: 5,400 중소도시: 3,400 농어촌: 2,900 차상위 자활 지원 대도시: 13,500 중소도시: 8,500 농어촌: 7,250
ㅇ 기초노령연금	실제 소득 – 가구 특성별 지출비용 – 근로소득 공제	[(재산 – 기본재산액) + (금융재산 – 2,000만 원) – 부채]×연 소득 환산율 /12월	연 5%	대도시: 10,800 중소도시: 6,800 농어촌: 5,800
ㅇ 장애인연금	실제 소득 – 가구 특성별 지출비용 – 근로소득 공제	[(재산 – 기본재산액)) + (금융재산 – 2,000만 원) + 자동차가액 – 부채]× 연 소득환산율/12월	연 5%	대도시: 10,800 중소도시: 6,800 농어촌: 5,800
ㅇ 영유아 보육료 지원	실제 소득	(재산 – 기본재산액 – 부채)×월 소득환산율	일반재산: 월 4.17%/3 금융재산: 월 6.26%/3 승용차: 월 100%/3	대도시: 5,400 중소도시: 3,400 농어촌: 2,900

자료: 보건복지부(2102a).

있으며, 복지사업별로 재산의 소득환산율이 상이함에 따른 행정 관점에서 비효율성이 발생하고 있다.

첫째, 재산의 소득환산제도는 개별 가구의 재산 소유 유형에 대한 고려와 급여의 적절성 확보를 목적으로 도입되었지만, 재산을 소득으로 환산할 수 있다는 전제 조건과 방식에 대한 문제가 지속적으로 제기되고 있다. 즉, 재산의 유형별 특성과 복지사업의 특성으로 인해 비형평성이나 비용이성(非容易性), 과다 책정 문제가 발생하고 있다.

둘째, 소득·재산 조사의 용이성 측면에서 살펴보면 복지사업 보장 단위마다

소득환산율 및 소득·재산 항목이 상이하기 때문에 수급 대상자의 소득·재산조사에 일괄적인 적용이 불가능하며, 이로 인해 급여보장 단위별로 소득·재산조사를 해야 하는 행정력 낭비가 발생하고 있다. 예를 들어 설명하면, 어느 수급권 가구가 기초생활보장과 기초노령 그리고 영유아 보육을 신청했을 때 동일한 가구임에도 불구하고 재산의 소득환산율이 다르기 때문에 급여보장 단위별로 상이한 소득인정액이 도출되고 있다. 이에 수급자 측면에서는 소득·재산 조사의 혼란과 신뢰성에 대한 의구심이 생길 수 있으며, 급여보장 단위별 소득·재산조사로 인해 행정력 낭비가 발생될 수 있다. 물론 복지사업의 특성을 고려해서 소득 및 재산 항목이 상이하고 공제하는 항목이 달리 적용되는 점에서는 수긍하는 면도 있지만, 적용 환산율이 급여보장 단위마다 다른 점은 복지행정력의 비효율성 문제가 발생될 수 있다.

셋째, 소득인정액을 계산할 때 과다 책정의 문제가 발생될 소지가 있다. 최저생계비 계산은 잔물량 방식에 의해 3년마다 계측되고, 매년 물가상승률을 적용해 가구별 최저생계비를 계산하고 있다. 가구별 최저생계비에서 소득·재산조사 후 계산된 소득인정액을 제한 금액이 기초생활 복지급여로 제공되고 있다. 기초생활보장급여가 보충성 원리와 최저생활보장 원리의 절충을 통해 산출되는 것이지만, 소득인정액을 계산할 때 재산의 소득환산액율이 최저생계비를 계산할 때 적용되는 시중 물가와 이에 대한 상승률에 비해 매우 높게 설정되어 있어 소득·재산조사의 과다 책정 문제가 발생될 수 있다. 이에 보건복지부는 2013년도 예산에서 주거용 재산의 경우 소득환산율을 월 4.17%에서 1.04%로 하향 조정해 약 1만 명의 기초생활수급자를 추가 보호한다고는 하지만, 이 또한 다른 재산 항목으로 점차 확대되어 나가야 할 것이다.

넷째, 재산의 소득환산액을 계산할 때 지역별로 감해 주는 기본재산액으로 인해 발생하는 지역형평성 문제이다. 기본재산액은 수급자가 기본적인 생활에 필요하다고 인정해 보건복지부 장관이 정해서 고시하는 금액으로 수급자 일반재산과 금융재산에서 공제되는 재산 금액이다. 이는 지역별 물가 및 경제 상황을 배려한 항목이다. 그러나 기본재산액은 가구의 규모를 고려하지 않고 일괄 적용되고 있으며, 지역의 구분 기준을 대도시, 중소도시 그리고 농어촌으로 구분함으로써 지역형평성 문제를 야기하고 있다. 예를 들면 기초생활보장 기준으로 대도시 지역의 수급자는 가구 규모와 상관없이 5,400만 원, 중소도시는 3,400만 원 그리고 농어촌 지역은 2,900만 원이 공제되는데, 대도시와 중소도시 기준이 모호할 수 있다. 특히, 인구 100만 규모의 울산은 대도시로 보아 5,400만 원이 공제되는 반면, 이와 유사한 수원, 고양시, 성남시 등은 중소도시로 분류되어 있어 강릉시, 동해시와 동일한 3,400만 원이 공제되고 있기 때문에 지역별 형평성 문제가 발생될 수 있다.

제 4 절 문제 해결을 위한 정책적 대안

앞서 살펴본 바와 같이 우리나라 복지사업의 정책설계 및 전달체계에는 적지 않은 문제점이 존재한다. 그러나 이러한 복지 모순과 관련된 문제점들은 복지사업의 복잡성과 특수성으로 인해 다른 어떤 정책 영역보다 해결하기 어렵다. 어쩌면 산발적인 복지사업의 기획과 칸막이식 집행 그리고 많은 조직과 주체들이 관여하는 전달체계의 속성상 당연히 발생하는 문제점일 수도 있다. 하지만 한정된 복지자원의 효율적 활용과 복지체감도의 증진을 위해 정책설계부터 집행까지를 통합·관리하고 전략을 효율화할 필요성이 있다.

1 복지사업 정책설계 측면 정책적 대안

1) 복지사업 관련 정보의 효율적 활용

국가복지사업이 부처별로 분절적으로 설계되어 있거나, 개별 시스템을 통해 개별적으로 관리되고, 유사한 복지사업임에도 불구하고 개별 전달체계를 통해 집행된다면 국가적 측면에서는 운영상 비효율성이 존재할 가능성이 크다. 이와 같은 복지 전달체계의 비효율성과 비합리성을 개선하기 위해 2000년에 들어서면서 정보 인프라 확충에 대한 수요가 다양한 주체로부터 표출되었으며, 이러한 여건과 배경에 따라 2010년 1월 사회복지 통합관리망이 구축되었다. 2010년 사회복지 통합관리망 구축 이후 복지급여 부적정 수급자의 차단과 복지재정 누수 방지 등 복지 지출의 효율화와 신뢰성 제고에 크게 기여했다(추병주 · 함영진, 2010). 그리고 2011년 개정된 사회보장기본법에 따라 중앙행정기관과 지방자치단체에서 시행하는 복지 대상자 선정 및 관리 등에 관한 정보를 통합 · 연계해서 처리 · 기록 및 관리하는 시스템을 구축 · 운영하고 있다. 즉, 사회보장에 해당되는 모든 정보들을 하나로 통합 · 연계함으로써 사회보장정보시스템을 고도화할 것을 강제하고 있는 것이다. 이를 기반으로 2013년 2월 16개 부처 296복지사업을 종합적으로 관리하기 위해서 사회보장정보시스템을 구축했다. 따라서 사회보장정보시스템이 중앙부처 복지사업을 통합 · 관리할 수 있는 기반이 마련되었다고 볼 수 있다.

사회보장정보시스템을 복지사업 집행에 적극 활용함으로써 부처 간 정보를 공유해 유사한 복지사업이 여러 부처에서 설계되는 것을 미연에 방지하고, 유사한 대상으로 하는 복지사업임에도 불구하고 급여 기준 및 적용 범위가 상이해서 개별 집행이 이루어질 수밖에 없는 경우라면 전달 주체 간 정보 공유를 통해 집행의 효율성과 수급 · 이력관리를 통한 재정의 건정성을 확보할 수 있을 것이다. 사회보장정보시스템은 그간 부처별로 상이하게 집행되어 오던 복지행정의 절차, 형식, 규칙 그리고 전달체계 전반의 원칙을 표준화함으로써 부처 간 정책 연계 및 운영의 효율화를 기하고 있다. 따라서 사회보장정보시스템이 그 자체가 목적이 될 수는 없지만, 이를 복지 부문에서 적극 활용함으로써 기존의 업무 처리의 전산화 개념을 넘어 부처 간 정책 및 사업의 연계와 복지행정의 효율화를 통한 대(對)국민 복지만족도를 제고하는 데 기여할 것이다. 따라서 이전에 부처 간 정책 연계를 위해서 시도되었던 전달체계의 물리적인 통합, 조직 및 인력의 병합 또는 부처별 정보 시스템의 통합 개념보다는 정보 가교 시스템을 활용해서 기관 간 정보를 공동으로 활용함으로써 업무 수행 과정에서 정책을 연계하고 서로 간 집행의 효율화를 기할 수 있을 것이다.

2) 복지상한선 제도의 도입

정책적 대안으로 참고할 만한 외국의 제도는 영국의 복지상한선(welfare cap)[4] 제도이다. 2013년부터 실시되는 이 제도는 근로 능력이 있는 수급권자를 대상으로 실업수당·주거수당·아동수당과 돌봄수당제도에 대해 복지 수혜에서 상한선을 설정했다. 상한선은 가족의 경우 주당 £500(약 1,000,000원), 아이가 없는 부부는 £350(약 700,000원), 가구 단위는 £26,000(약 52,000,000원 상당)이다. 그 의미는 어떤 프로그램이든 총액으로 그 이상을 수혜하지 못하도록 하고, 따라서 이들이 일자리를 찾도록 유인하려는 의도이다.

이 제도의 도입 이유는 첫째, 늘어나는 복지 지출의 예산의 절감 노력에 기인한다. 이에 따라 2015년도까지 3년 동안 £51,000,000(추산액)의 예산이 절약되리라 보고 있다.

둘째, 복지급여와 일자리의 연계를 통해 영국의 복지병을 해결하고 공정성을 제고하기 위한 노력의 일환으로 볼 수 있다. 즉, 일하지 않으면서 복지급여 수급만을 받는 가구가 일하는 가정이나 개인보다 높은 소득이 발생되는 소득 역전 현상의 문제점을 고치려는 것이다. 영국은 이 제도로 인해 2013/2014 회계연도에 67,000 가구, 2014/2015 회계연도에 75,000 가구가 영향을 받으리라 예상하고 있으며, 그 대상은 성인 90,000명과 아동 220,000명으로 보고 있다. 물론 아동복지와 주거복지 등에 수급자의 상황을 고려하지 않은 일괄적인 복지상한선 설정은 여러 문제점을 유발시킨다는 비판을 받고 있기는 하다.

셋째, 근로 능력이 있음에도 불구하고 복지급여에 의존하고 있는 수급권자가 일하는 비수급권자보다 소득이 높게 나타나는 소득 역전 현상에 대한 문제점을 해결하기 위해서는 복지급여와 근로의 연계가 필요하다. 한국에서도 복지사업과 근로사업 간 연계뿐만 아니라 복지상한선 제도의 도입에 대한 면밀한 검토가 필요하다(이광석·김동룡, 2012).

4) welfare cap의 의의와 장단점 및 그 영향에 관해서는 http://www.family-action.org.uk/ section.aspx?id=13573, http://www.bbc.co.uk/news/uk-politics-16693959을 참조하기 바란다. 통상적으로 일하는 가구(working families)의 평균소득과의 비교(the level of the average salary)를 통해 설정된다.

3) 복지사업의 통합 설계

복지정책의 설계는 복지급여가 개별 수요자 중심으로 다양한 욕구에 대응할 수 있도록 여러 측면을 고려해서 포괄적으로 설계되어야 하며, 이러한 복지사업은 서로 간 연계되어 수급자에게 통합적으로 제공되어야 한다. 동일한 대상과 유사한 목적을 갖는 복지사업은 정책설계 및 집행의 효율성 측면에서 조정이 필요하다. 복지사업의 효율화를 위한 제도 조정은 사업의 이관, 사업의 병합 또는 정책 종결을 통한 신규 사업 설정 그리고 서로 간 정보를 연계하는 방안을 살펴볼 수 있다. 이러한 정책 조정은 한 부처 내에서 이루어지는 사업과 부처 간 협의가 필요한 경우로 나눠볼 수 있는데, 후자의 경우는 매우 복잡한 양상을 띤다. 이러한 복지사업의 조정은 집행의 효율성뿐만 아니라 맞춤형 복지사업을 집행하기 위한 선결 조건이다. 앞서 설명한 취약계층 집수리사업의 경우 여러 부처에서 집행되어 통합적으로 집행되지 못해 수급자 입장에서는 집수리 공사를 여러 번 하는 번거로움이 발생하고, 도배 장판·부엌·지붕 등이 개별 집행될 경우 통합적으로 집수리 서비스를 하지 못해 행정력 낭비로 이어질 수 있다. 따라서 여러 부처 사업이 지방자치단체 한 부서로 사업이 이관되고 예산도 포괄적으로 활용이 가능하다면 수급자 맞춤형 통합 주거복지 서비스 집행이 가능하게 된다. 그리고 단순히 집수리사업만이 아니라 가옥의 에너지 효율 사업과 일자리 창출로서 도배 장판 등 집수리 자활사업을 연계해서 정책을 설계하고 집행된다면 좀 더 효과적이고 통합적인 복지 서비스를 제공할 수 있을 것이다(함영진 외, 2012b).

그리고 의료급여 수요자에 대한 적절한 진단과 제때에 이루어지는 적정 급여는 그 자체로는 합리적 정책이다. 또한 일상생활과 직업으로의 복귀를 위한 고용지원 및 자활 지원 서비스 역시 근로 능력 수급자에 대한 합리적 정책이다. 하지만 이들에 대해 단순한 의료급여 또는 자활 지원 차원을 넘어서 이 두 정책이 연계 및 통합·설계된다면 현재 문제가 되고 있는 의료급여 문제를 해결할 수 있다. 의료급여와 고용 지원 및 자활 지원 서비스 정책 간 조정과 연계는 보건의료와 고용복지의 선택적·연속적 제공을 통해 의료급여 수급자 중 근로 능력자를 판별해 내어 의료급여로부터의 탈피 및 차상위로의 탈수급이 이루어진다면 복지정책의 궁극적 목적을 달성할 수 있다. 그리고 복지급여와 근로와의 연계는 생산적 복지 관점에서 지속적인 연계의 노력이 이루어졌으며, 이를 통해 근로 유인과 복지급여의 의존도를 줄이면서 자립의 극대화를 추구한다.

2 복지사업 전달체계 측면 정책적 대안

1) 복지사업 전달 방식의 전환

공급자 측면에서 복지사업 전달의 효율화는 급여 전달 구조와 운영 방식의 체계화 · 단순화 · 표준화를 통해 불필요한 갈등과 혼선에 따른 행정비용(administrative costs)과 이전비용(transition costs)을 축소한다. 물론 복지급여의 효율성만을 추구한 나머지 단순한 사업 축소나 자격 기준 강화를 통한 비용 절감으로 간주해서는 적절하지 않으며 바람직하지도 않다. 그러나 현재의 복지급여 전달체계는 13개 중앙부처가 기획 및 설계를 담당하고 있는 289개의 복지사업들이 각기 다른 목표와 수단, 절차와 구조, 예산과 대상 집단을 갖고 운영되고 있지만 실제 서비스가 귀착하는 수요자를 중심으로 그의 욕구를 체계화하고 이에 따른 복지급여의 순차적 · 보완적 연계 및 통합관리가 이루어진다면 훨씬 단순한 사업 구조가 가능할 뿐만 아니라 서비스 제공 비용의 절감도 가능할 것이다. 이와 같이 유사 복지급여를 조정해서 대상자 중심으로 통합관리가 이루어진다면 국민의 복지체감도 제고뿐만 아니라 정책 간 갈등과 중복의 태생적 문제를 해결할 수 있다. 사업 집행 방식의 전환을 통해서 복지사업 집행의 효율화 및 만족도를 제고할 수 있을 것이다. 예를 들면, 현재 문화관광부에서 집행하고 있는 여행 · 문화 · 스포츠 바우처는 차상위 이하 동일 대상으로 유사 목표를 갖고 설계된 사업이지만 관리 주체가 상이하고 상호간 연계되지 않아 이용자의 혼선과 집행 과정에서 비효율성이 발생된다. 따라서 개별 바우처 서비스를 패키지화해서 통합적으로 제공한다면 이용자 측면에서는 선택권 증진을 통해 만족도를 향상시킬 수 있으며, 제공자 측면에서는 유사사업을 통합 · 운영함으로써 정책의 실효성을 강화할 수 있을 것이다. 그리고 유사사업인 경우 포괄적 예산 프로그램을 활용해서

부처 간 정책 공유뿐만 아니라 지방자치단체와의 횡단적 복지사업 전달체계를 형성할 수 있다. 이 경우 예산을 매개로 해서 복지사업 간 연계뿐만 아니라 집행체계를 통합함으로써 복지사업의 효율성과 효과성을 제고할 수 있다.

2) 사례관리 기능의 강화

사회보장 부문의 유형을 구분해 보면, 공공 부문과 민간 부문으로 분류될 수 있다. 이러한 공공 부문과 민간 부문의 효과적인 연대와 통합은 복지급여 전달체계의 효율화를 위해 매우 중요한 부분이다. 앞서 논의된 복지정책의 설계와 전달체계에 대한 모순을 효과적으로 대응하고 수요자 중심에서 대안을 제시하기 위해서는 무엇보다도 수급자의 욕구와 공공·민간 부문의 복지자원과의 효과적인 연계가 필요하다. 이를 위해 공공 부문과 민간 부문의 물리적 연계를 위해 조직과 복지급여의 조정을 통한 개선안들이 지속적으로 제기되어 왔다. 최근 들어서는 공공 부문과 민간 부문의 단순한 물리적 통합과 연계뿐만 아니라 실질적인 수요자의 욕구와 환경을 고려한 공공·민간 통합 사례관리 기능에 대한 중요성이 증대되었다(홍성대, 2011). 이와 같이 복합적인 복지 욕구를 지닌 수급권자의 문제를 해결하기 위해서는 공공·민간 부문의 정보의 연계와 자원의 통합관리뿐만 아니라 사례관리사에 대한 실질적인 권한 강화와 확충이 필요하다. 이를 위해 기존 시·군·구청의 서비스 연계팀이 희망복지지원단으로 재편되면서 통합사례관리와 공공·민간 복지자원의 통합·연계를 통해 한 곳에서 맞춤형 복지 서비스(one-stop shop)를 제공하고 있다. 이를 위해서는 무엇보다 사례관리사가 필요한데, 보건복지부는 일선 현장에서의 원활한 서비스 제공을 위해 공무원이 아닌 전문 민간인을 채용해 사업 추진을 지원하고 있다.

<표 4-9>와 같은 사례관리사는 자활사례관리사업, 드림스타트사업, 장애인사례관리사업, 취약 한부모가족 역량강화사업, 다문화가족 사례관리사업, 취업성공패키지사업, 의료급여 사례관리사업, 노인돌봄기본서비스 제공사업, 맞춤형 방문건강관리사업 등에 배치되어 서비스 중계 및 조정 역할을 수행하고 있으며, 이를 통해 복지정책의 효율적인 연계와 수급자를 위한 맞춤형 복지 서비스를 제공하고 있다. 그러나 이러한 공공·민간 통합사례관리의 강화를 위해서는 법적

표 4-9 사례관리사(전문요원)의 종류 및 인원(경상북도 중심)

구분	인원	근무 부서	기능
자활 사례관리사 – 자격: 사회복지사	7	시·군에 설치된 지역자활센터	– 저소득층의 자활사업 참여자 초기상담 및 진단 – 자립 지원 서비스 제공 – 지역사회 복지자원 발굴 및 조직화 ※ 2012년부터 시범 실시
희망키움 사례관리사 – 자격: 사회복지사	11	시·군에 설치된 지역자활센터	– 저소득층 자립을 지원하기 위한 '희망키움통장' 가입 독려 – 초기 상담관리, 통장입금 상황 관리 등 ※ 2010년 7월부터 배치
의료급여 관리사 – 자격: 간호사 면허 소지자로 병원근무 경험자	49	시·군청 주민생활지원과	– 의료급여 수급자권자에 대한 상담과 사례관리로 자가(自家) 건강관리 능력 향상 – 합리적인 의료기관 이용 유도를 통해 건강한 삶의 질 향상과 의료재정 안정화에 기여 ※ 2003년 5월부터 배치
사회복지 통합서비스 전문요원 – 자격: 사회복지사 또는 사회복지 종사 경험자	70	시·군청 희망복지지원단	– 복지사각지대 해소를 위해 위기 가구 발굴 – '보건복지콜(129)센터'와 연계한 상담, 현장 방문 및 사후관리 ※ 2010년 1월부터 배치

자료: 경상북도(2012).

측면에서 명확한 근거 마련뿐만 아니라 사례관리 수행 및 판정 방식과 사례관리사의 권한 배분과 직업적 안정성 제공이 무엇보다 절실하다. 특히, 많은 사례관리사가 비정규직 기간제(2년 계약) 근로자의 신분으로 보수 수준도 월 1,858천 원~2,509천 원에 불과하다.[5] 따라서 사례관리사(전문요원)의 보수 기준이 모호하며, 예컨대 희망키움 사례관리사의 보수는 2,509천 원(사회복지사 자격 소지자)인데 비해, 자활 사례관리사는 1,858천 원(사회복지사 자격 소지자로서, 3년 이상 복지 분야 경력)이다. 이는 전문성·난이도가 반영되지 않고 주관부서인 보건복지부에서 결정하기 때문이다. 또 사례관리사(전문요원)는 경력이 인정되지 않아서 수년째 근무하고 있음에도 신규채용자와 보수가 동일해서 책임감이 낮아 이직률이 높은 편이다. 이를 개편해서 복지상담사제도를 도입해 찾아가는 복지

5) 자활 사례관리사의 보수는 1,858천 원, 희망키움 사례관리사는 2,509천 원, 의료급여 관리사는 2,219천 원, 사회복지 통합서비스 전문요원은 2,176천 원이다.

의 첨병 역할을 할 수 있도록 해 주어야 한다.

3 복지사업 급여 기준 측면 정책적 대안: 복지사업 급여 기준의 조정

복지급여가 특정 계층에 집중되어 수급자 계층과 차상위 계층 간 소득 역전 현상이 발생하게 되면 수급 대상 가구의 근로 유인을 저하시키고, 따라서 탈수급을 저해하는 요인으로 작용할 가능성이 높다. 이러한 문제점이 지속된다면 복지가 장기적으로 경제 성장과 개인의 소득 증대에 기여할 것이라는 논리가 설득력을 잃고, 결과적으로 복지의 확대에 대한 장애 요인으로 작용할 가능성이 높다(한국보건복지개발원, 2012). 따라서 특정한 소득계층에 집중되고 있는 복지급여가 더욱 광범위한 소득계층에게 돌아갈 수 있도록 복지급여의 소득 기준을 조정하는 것이 필요하다. 소득을 중심으로 급여 자격을 획일화하면 소득 하위계층에게 집중되는 현상이 발생되기 때문에 소득·재산 기준선 이외에도 욕구·근로능력·가구의 상황을 고려함으로써 복지급여의 배분을 더욱 효율화시킬 수 있다. 즉, 소득·재산 중심의 기계적이고 획일적인 자격 기준뿐만 아니라 복지 대상자의 환경을 고려한 급여 기준의 다양화가 필요하다.

복지급여 기준의 조정 방안은 선정 기준과 자격 기준을 중심으로 살펴볼 수 있다. 이때 선정 기준은 소득·재산 기준과 인구학적 특성 기준으로 구분할 수 있다. 하지만, 우리나라 복지사업의 선정 기준을 보면 국민기초생활보장제도와 직·간접적으로 많은 관련을 갖고 있다. 왜냐하면 현재 많은 복지사업의 선정 기준이 기초생활수급자 자격 여부에 따라 우선 선정되고 있기 때문에 우리나라 복지사업에서 기초생활수급자가 차지하는 의미는 거의 절대적이다. 특히, 기초생활수급자와 차상위 간 수급받을 수 있는 급여의 수가 상당한 차이가 있다. 이 중 큰 차이를 보이는 것이 의료급여이다. 사실 의료급여는 기초생활보장의 6개 세부사업 중 예산 면에서 절반을 차지할 만큼 큰 비중을 차지하고 있다. 따라서 기초생활수급자와 차상위 간 급여를 조정하고 복지를 확대하기 위해서는 의료급여의 개선이 시급하며 별도의 급여기준선을 설정해서 의료급여를 개별화해 의료 욕구를 지닌 취약계층을 보호해야 한다(보건복지부, 2011a). 그러나 기초생활보장의 의료급여와 차상위 본인 부담 경감과 같은 의료급여의 확대는 막대한 예산을 수반한다. 한정된 자원 내에서 의료급여의 확대를 추진한다면 현재 의료급여의 수급 대상을 생계급여의 지급 대상에 준해서 조정하고, 대신 본인 부담 경감 대상자에 대한 지원 범위를 더 확대하는 방향으로 조정하는 방안을 검토할 필요가 있다. 또한 장기적으로는 위의 두 급여 이외에 건강보험료 지원을 통해 의료보장의 대상이 되는 계층 범위를 확대하는 방안도 검토해 볼 필요가 있다. 다만 이와 같은 방안이 도입될 경우 건강보험 재정 부담 증가가 분명히 예상되는 만큼 이에 대한 별도의 방안 마련이 전제되어야 할 것이다.

제 5 절 결 론

앞서 설명한 바와 같이 복지사업 운용의 복지 모순이란 복지급여의 제도설계 또는 전달체계 과정에서 정책 조정(policy coordination)이 이루어지지 않아 발생되는 현상이다. 즉, 표면적으로는 동일한 목적으로 동일 대상을 위한 복지사업임에도 불구하고 부처 간 중복 설계와 특정 계층을 위한 집중 설계 그리고 산발적인 전달체계로 인해 발생하는 운영상 비효율성이 존재하는 경우를 말한다. 복지 모순의 개념은 정책 목표와 현실의 괴리로 나타나는 현상이며 정책문제를 정의하기 위해 우선적으로 규정해야 하는 과제이다. 따라서 현재 상황을 어떻게 이해하는가가 중요하며, 어떠한 복지정책 문제가 한 요인에 기인하는 문제라기보다는 정책 과정에 영향을 미치는 정치적 또는 사회적 상황을 고려해야 한다.

이 장에서는 복지사업 운영 과정에서 나타나는 복지사업의 중복 설계와 특정 계층을 위한 집중 설계, 부처별 또는 사업별로 존재하는 전달체계, 그리고 급여 기준 설정 시에 발생하는 기준 적용의 문제 등 운영 과정에서 나타날 수 있는 문제점을 살펴보았다. 이러한 점은 현재 복지사업의 양적 팽창과 지출의 증가에도 불구하고 국민의 복지체감도가 낮은 원인으로 작용하고 있으며, 앞서 제시한 복지 모순을 저하시켜야만 복지만족도를 제고할 수 있다. 이를 위해 이 연구에서는 복지사업 및 정책의 부처 간 총괄·조정이 필요하며, 이를 통해 향후 복지사업의 통합 설계의 필요성을 제시했다. 또 효율적인 복지 서비스 전달체계 구현을 위해 사회보장기본법에서 명시하고 있는 사회보장정보시스템의 효율적인 활용과 복지상한선제도의 도입을 제시했다. 그리고 복지사업 급여 기준의 개선을 위해 기준 완화 및 표준화의 필요성을 제시했다. 아울러 공공 부문과 민간 부문의 복지 자원의 효율적인 연계와 수급자 맞춤형 복지 서비스를 제공하기 위한 통합적 사례관리의 강화를 방안으로 제시했다.

이 장에서는 복지사업 운영의 관점에서 복지 모순을 제시했지만 향후 좀 더 체계적인 복지 모순 연구가 되기 위해서는 복지정책 결정 단계에서 집행 및 사후 관리까지를 아우르는 범위에서 후속 연구가 필요하다. 특히, 복지정책 설계 단계에서 복지제도가 내포하고 있는 목적과 복지정책 평가 결과에 기반을 둔 실질적인 연구가 절실하다. 이러한 연구를 위해 기반 연구로서 복지정책의 문제를 복지 모순의 관점에서 기술하고 정책적 대안을 제시한 점에 이 장은 그 의의가 있다.

제 5 장

유교적 전통과 복지국가

제1절 서 론

근세 이후 서구는 정치적으로는 민주주의, 경제적으로는 자본주의를 발전시키면서 거의 모든 면에서 동양을 압도했다. 이에 고무되어 많은 서구 학자는 동양의 지체 내지는 저발전의 원인을 찾는 데 부심했으며,[1] 그중의 하나로 유교적 전통을 지목했다. 가부장주의, 가족주의, 계서주의 등을 특징으로 하는 유교적 전통으로 인해 동양에서는 정치적 권위주의가 득세하고 자본주의 발전은 지체되었다고 보았다. 복지와 관련해서도 유사한 생각이었다. 많은 서구 학자는 유교적 전통으로 인해 동아시아의 복지, 특히 국가복지가 저발전되었다고 보았다. 대표적인 것이 존스(Jones, 1993)의 유교복지국가론(confucian welfare state theory)이다. 여기서는 동아시아 복지국가의 저발전 원인을 주로 유교의 가족주의와 가부

1) 이 장에서의 동양은 유교적 전통이 강한 동아시아를 지칭한다.

장주의 전통에서 찾았다. 즉, 유교적 전통 하에서 가족 중심의 경제공동체가 형성됨에 따라서 가족이 복지의 주요 공급자가 되었다는 것이다. 유교의 가부장주의는 기업복지에도 큰 영향을 미쳤다. 즉, 종업원에 대한 시혜나 보호의 차원에서 기업복지가 행해지는 것이다. 따라서 복지는 주로 가족이나 기업을 중심으로 행해졌으며, 서구와 같은 국가복지 중심의 복지국가는 발달하지 못했다는 것이다.

그러나 이러한 주장에 대해서 여러 의문을 품게 된다. 유교적 전통은 과연 복지국가의 발전을 저해하는 요인으로만 작용했는가? 서구 학자들이 주장했던 유교복지국가론은 과연 유교의 실체를 정확하게 이해한 것인가? 유교는 국가에 대한 충성과 헌신만 요구하면서 개인의 복지와 안녕(wellbeing)에는 무관심한 것인가? 역사적으로도 유교적 전통 하에서 국가복지는 미미했는가? 많은 의문이 제기된다.

이러한 배경에 따라서, 이 장은 유교국가인 조선(朝鮮)을 사례로 과연 유교적 전통이 복지국가의 발전을 저해한 원인이었는지를 점검함으로써 서구 학자들이 주장하는 유교복지국가론의 적실성을 비판적으로 검토하려는 것이다. 이를 통해 유교적 전통이 강하던 시기에 과연 복지국가가 저발전되었는지, 그러하다면 그 원인이 과연 유교적 전통에 기인한 것인지를 밝히고자 한다.

이를 위해 이 장에서는 첫째, 유교 및 동아시아의 복지국가 저발전에 대한 서구 학자들의 주장을 유교복지국가론을 중심으로 논의한다.

둘째, 종합적 사유 체계로서의 유교의 실체를 파악하고, 복지국가와 관련한 유교의 입장, 즉 유교의 복지사상을 탐색한다.

셋째, 유교에 입각한 복지의 실태를 유교국가인 조선의 경우를 사례로 고찰하고, 이를 통해서 유교가 복지국가 이념과 상치되지 않음을 주장한다. 그리고 제반 정치사회적·경제적·재정적·행정적 한계로 인해 유교의 복지사상이 현실의 복지국가로 구현되기 어려웠음을 논의한다.

마지막으로, 동아시아의 복지국가를 이해하는 데서 유교복지국가론이 가지는 의의와 한계를 토론한다.

제 2 절 동아시아 복지국가에 대한 서구적 인식: 유교복지국가론

서구 학자들은 동아시아에서의 복지국가, 즉 국가 중심의 복지에 대해서 주로 저발전의 관점에서 논의한다. 이는 동아시아의 후발 공업국들이 가파른 경제성장에 비해서 국가복지는 지체 내지는 저발전되었다고 보기 때문이다. 구체적으로, 에스핑-앤더슨(Esping-Anderson, 1990)은 동아시아의 복지국가를 자유주의, 보수주의, 사회민주주의의 세 유형 중에서 보수주의 복지 체제로 분류한다. 이는 낮은 복지 지출과 복지급여, 직업 및 지위에 따른 분절된 사회보험, 남성 가장 중심의 사회복지, 가부장주의에 기반한 기업복지의 발달 등을 특징으로 하는데, 동아시아의 복지국가는 여기에 해당한다는 것이다. 그러나 그의 주장은 일본을 사례로 유형화한 것으로 동아시아 국가에 보편적으로 적용하기가 어렵다는 비판을 받는다(조영훈, 2001).

이후 연구자들은 동아시아 복지국가를 설명하려면 별도의 유형이 필요함을 주장하며 논쟁을 촉발했다. 특히, 동아시아의 고도 성장국가들에서 왜 복지국가가 저(低)발전되었는지에 논의를 집중했다. 이들은 동아시아의 후발 공업국들은 한정된 자원을 경제 발전에 우선 배분했기 때문에 복지는 우선순위가 뒤처지게 되었으며, 그 결과 복지국가는 저발전되었다고 주장한다(Aspalter, 2006). 이들 국가에서 국가복지는 극빈계층이나 긴급 수요자에 제한되었으며, 본인 기여도가 높은 사회보험, 그것도 경제 발전의 주축인 산업노동자 대상의 사회보험이 우선적으로 발달했다. 이러한 발전주의 복지체제론은 기본적으로 발전국가론(developmental state)에 토대를 두고 있으며, 발전국가론 자체가 가부장적 국가론과 결부되어 있기 때문에 유교적 전통과 무관하지는 않다. 그러나 발전주의 복지체제론은 기본적으로 동아시아 복지국가의 저발전을 자원 배분에 관한 국가의 선택에 초점을 두기 때문에 문화결정론과는 거리가 있다. 그리고 분석 시기도 동아시아 국가의 경제발전기에 초점을 두기 때문에 동아시아의 전통사회 시기의 복지국가의 저발전을 설명하는 데는 한계가 있다. 따라서 복지국가 발달에 대한 유교의 영향을 좀 더 잘 이해하려면 다른 이론이 필요한 바, 그것이 유교복지국가론이다.

유교복지국가론도 동아시아 복지국가에 대한 논의는 동아시아의 고유한 특성에 초점을 두어야 한다고 주장하는 점에서는 발전주의 복지체제론과 동일하다. 차이점은 발전주의 복지체제론이 동아시아 복지국가의 저발전이 경제 발전에 우선순위를 두는 전략적 판단에 기인한 것이라고 보는데 반해서, 유교복지국가론은 유교라는 문화적 전통이 복지국가의 저발전을 초래했다고 주장하는 점이다. 유교복지국가론은 존스(C. Jones)가 시발했는데, 그는 일본·한국·홍콩·싱가포르·대만 등 동아시아의 다섯 개 선도 국가를 분석하고, 이들 나라의 공통적 토대로 유교적 전통을 지목했다(Jones, 1993). 유교적 전통 하에서는 개인에 대한 집단의 우위성이 강조된다. 국가는 거대한 가정이다. 국가의 방향을 결정하는 주체는 정부와 기업이며, 노동조합은 배제된다. 복지와 관련해, 유교적 전통 하에서는 복지제도와 다른 사회적 기능을 하는 제도들을 제대로 구분하지 않는다. 따라서 가족·공동체·국가 간의 역할 구분도 제대로 되어 있지 않지만, 대체로 사회구성원에 대한 보호는 가족이나 공동체가 주로 행하며, 국가의 복지 기능은 미약하다. 복지에 대한 일반 국민들의 요구 역시 매우 미약하다. 이러한 유교적 전통에 기반하는 동아시아 복지 체제의 특징으로 노동자가 배제되는 보수적 조합주의, 평등이 없는 연대(solidarity), 가족주의에 기반하는 복지제도, 자유가 없는 자유방임주의 등을 언급하고 있다(나병균, 2010). 그 주장의 핵심은 가족 및 혈연공동체를 중시하는 유교적 전통이 강한 동아시아 국가들에서는 비공식적 혹은 자발적 복지가 중심이 되었으며, 따라서 국가복지는 지체되었다는 것이다. 유교적 전통은 가부장적 가족주의 가치관이 강한데, 이는 경로효친 사상을 함양하고 가족이나 작은 공동체 단위에서의 상부상조를 고양했지만, 복지에 대한 국민들의 권리 의식 발달을 저해했다. 따라서 국가 역시 복지에 대한 의무감이 낮았으며, 복지 개입을 최소화했다. 그 결과 이들 국가는 경제 성장에도 불구하고 복지의 수준이 낮았다. 따라서 유교 복지국가는 에스핑-앤더슨이 분류하는 자유주의, 보수주의, 사회민주주의 복지모델 어느 것과도 맞지 않는 독자적 모델이라고 주장한다.

유교복지국가론에 대해서는 동아시아의 일부 학자들도 동조하며, 동아시아 복지모델의 독자성을 부각한 점, 민간 부문의 역할을 부각한 점, 동아시아 복지에 대한 국제적 관심을 유발한 점 등은 인정할 만하다. 그러나 유교복지국가론은 기본적으로 오리엔탈리즘(orientalism)에 근간을 두는 것으로서 비판이 적지 않다. 화이트와 굿맨(White & Goodman, 1998)이나 워커와 웡(Walker & Wong, 2005) 등은 유교복지국가론의 문화적 접근이 동아시아에서의 점증하는 국가 역할을 제대로 설명하지 못하고 있다고 비판하면서, 동아시아 국가들 간에도 유교의 형태나 영향이 상이하기 때문에 획일적으로 이해해서는 안 되며, 과거의 문화적 영향을 강조함으로써 동아시아 복지정치의 실상을 간과하고 있다고 주장한다. 또한 문화주의적 접근의 한계로서 역사적으로 내재화된 가치의 영향을 단순한 추론이 아니라 어떻게 객관적으로 분석할 것인가도 문제로 지목된다(나병균, 2010). 따라서 우리는 동아시아의 주요 국가들이 유교적 가치를 공유하며, 이것이 국가복지의 저발전에 상당한 영향을 미쳤음을 일부 인정하더라도, 좀 더 균형 잡힌 관점과 경험적 연구를 토대로 재검토할 필요가 있다.

제 3 절 유교의 사유 체계 및 복지사상

1 유교의 사유 체계: 미시적 관점과 거시적 관점

유교에 대해서 서구 학자들은 대체로 비판적이었다. 서구 학자들은 유교적 전통이 동아시아의 자본주의 발달을 지체시키는 주요 원인이라고 보았다. 복지와 관련해서도 가족과 공동체 관계를 중시하는 유교적 전통으로 인해 동아시아에서 복지국가가 발달하지 못했다고 주장한다. 물론 이러한 주장들에 대해서는 찬반 논란이 있다. 이 장에서는 동아시아 복지국가의 저발전에 대한 서구 학자들의 주장에 대해서 다음과 같은 질문을 가지고 있다. 서구 학자들이 유교의 총체적 실체가 아닌 특정 부분만을 본 것은 아닌지, 동아시아 국가들에서 복지국가의 저발전 원인이 유교에만 있는 것인지, 과연 동아시아 국가들에서 복지가 그렇게 저발전되었는지, 저발전되었다면 어떤 측면에서 그러했는지에 대한 것이다. 지금부터 이러한 질문에 답하고자 한다.

유교에 대한 이해는 시대와 학파에 따라 차이가 있지만, 골격은 다음과 같이 설명할 수 있다. 공자(孔子, BC 551-479)는 전란으로 불안정하던 시기에 인간의 선(善)한 본성을 회복해 정치와 사회를 안정시키는 규범으로 유교(儒教)를 설파했다. 유교는 인간의 본성, 사람들 간의 관계, 우주관 등에 대한 종합철학이지만, 단순하게 철학에만 그치는 것은 아니다. 국가 통치, 군신 관계, 지도자의 덕목 등에 관한 부분에서는 정치사상이며, 가족 내에서의 부모형제 간 관계, 사회에서의 남녀노소 및 친구 간 관계에 관한 부분에서는 도덕과 윤리의 실천 원리이다. 그뿐만 아니라, 유교는 교육, 경제, 행정, 외교, 심지어는 예악(禮樂)에 이르기까지 인간 생활의 거의 전 영역을 포괄한다.

따라서 유교는 미시적 윤리사상을 넘어 국가 통치, 사회의 구조화, 경제 이념, 세계관 등의 거시적 이념 체계를 포괄하는 종합적 사유(思惟) 체계이다. 서구 학자들이 보았던 유교는 주로 미시적 부분에 해당하는 것으로 보인다. 그 보기로서, 유교적 전통 하에서는 복지를 가족 및 공동체 단위에서의 상부상조를 통해 해결함으로써 국가복지가 발전하지 못했다는 주장은 가족 및 공동체 윤리 측면에 치중해 유교를 바라보았기 때문이다. 유교의 통치 이념인 민본주의나 왕도정치 등은 국가 차원에서의 복지가 발달할 수 있는 중요한 토대가 되며, 유교의 이상사회인 대동사회(大同社會)도 오늘날의 복지사회와 추구하는 바가 유사하다. 따라서 동아시아에서의 복지국가의 저발전 원인으로 유교를 지목하기 위해서는 유교의 총체적 실체를 먼저 이해해야 한다. 유교는 복지를 가족 및 공동체 단위에서 자치적으로 해결하도록 촉진하는 면이 있지만, 다른 한편으로는 국가의 선도적 역할을 촉진하는 통치 및 정치 이념의 성격도 강하다. 따라서 유교가 복지국가의 발달에 미치는 영향은 양면성이 있다.

미시적 측면에서 유교는 인간에 대한 윤리철학이다. 인간 개개인에 대한 사고(思考)로부터 시작해서 이를 가족, 공동체, 사회, 국가, 나아가서는 우주 속에서의 개인으로까지 확장한다. 개인에 대한 유교의 인식은 인간의 본성은 선하며, 도덕에 기반한 내재적 가치를 지닌다고 본다(유병용 외, 2002). 사회가 혼탁한 것은 인간의 선한 본성을 드러내지 못하기 때문이며, 수신(修身)과 교육을 통해서 이를 드러나게 해야 한다. 수신은 모든 인간 관계와 사회생활의 기본이 되는 것으로서, 그 실체는 신독(愼獨)과 자기 수양이다. 신독은 부끄러운 행위를 하지 않으며 나의 행위에 대해 책임을 지는 것이다. 자기 수양은 자신의 행위를 늘 뒤돌아보고 반성하며, 더 나은 생각을 늘 체득하는 것이다.

유교는 관계 지향의 사고이며 인간 관계에 관한 철학이다. 삼강과 오륜은 총화에 기반하는 올바른 질서를 유지하기 위한 인간 관계의 윤리로 고안되었다. 개인이 수신(修身)하는 것은 홀로 편안함을 추구하기 위함이 아니라, 이를 토대로 가족 성원들 간에 사랑과 존경의 관계를 형성하고, 국가에 충성하며, 나아가서는 넓은 사회 및 우주와 조화롭게 공존하고자 함이다. 유교적 관계성의 핵심은 인(仁)인데, 인은 가족 관계로부터 사회 전체로 확대된다. 혈연의 정을 확대해서 남을 사랑하며, 인에 의거해 정치를 행하는 것이 인정(仁政)이다. 공자는 인을 "사람을 사랑하는 것(愛人)"을 핵심으로 하며(『論語』, 顔淵篇), "자기의 사심(邪心)을 이기고 예로 돌아가는 것(克己復禮)"이라고 했다. 그리고 사람은 인과 더불어 의·예·지를 마음에 가지고 있다. 이러한 것들은 모두 조화롭고 신뢰할 수 있는 인간 관계를 형성하기 위함이다.

거시적 측면에서 유교는 국가 통치의 이념이다. 유교의 정치 이념은 인정(仁政), 덕치, 민본을 지향하는데, 이들은 서로 연결되어 있다. 이는 법과 무력을 통한 통치가 아니라, 인의(仁義)와 도덕으로 민생을 개선하고 교화함으로써 통치하는 것이다. 왕도정치는 유교가 이상으로 생각하는 도덕정치이다. 왕도정치는 공자의 "정치는 덕으로 행한다(爲政以德)"라는 정명(正名)사상을 바탕으로 맹자가 체계화했는데, 인을 바탕으로 하는 도덕정치를 지향한다. 군주는 선정을 행하는 의무자로서, 하늘의 명령에 따라 백성을 사랑하고 덕으로써 다스려야 한다. 그렇게 되면 백성들도 자발적으로 복종한다. 군주의무론은 천인합일(天人合一)의 정치이다. 군주는 덕으로 교화하고 예로 돌아가야 하는 의무를 지며, 그렇게 되면 백성들은 그를 어버이처럼 따르게 된다(최치원, 2012).

민본주의(民本主義)는 백성이 나라의 근본이며 백성의 뜻이 곧 하늘의 뜻이라는 것으로서, 백성을 무겁게 생각하는 중민(重民)사상이다. 민본사상에는 군주는 신하의 벼리가 된다는 충군(忠君) 관념이 존재한다. 양자가 결합되는 곳에서는 군주에 대한 일방적 복종이 아니라, 군주와 신하는 협력해서 민본을 실천해야 한다. 민본은 『서경(書經)』의 "백성이 오직 나라의 근본이다(民惟邦本)"에서 유래하는 것으로서, 민심이 곧 천심이라는 천인합일(天人合一)의 사고이다. 민본을 위한 구체적 방법은 여민동락(與民同樂)으로서, 현실 정치에서는 백성의 경제적 안정을 보장하고 군주의 과욕을 억제하는 위민을 강조했다(『孟子』, 梁惠王章句下篇).

유교는 대일통(大一統)의 국가관을 지향한다. 『시경(詩經)』에서는 "넓은 하늘 아래 왕의 땅이 아닌 곳이 없다(普天之下 莫非王土)"고 말한다. 이는 군왕을 최고 통치자로 하고 사해(四海)의 백성을 모두 왕의 신민으로 보는 것이다. 이는 군주제를 통해서 질서 있는 사회를 구축하려는 소망이 담긴 것이다. 그러나 이 경우에도 군주는 백성을 국가의 근본으로 삼아야 하며, 민심을 얻어야 한다. 그리고 유교는 법치보다는 인치(人治) 관념이 강하다. 이러한 인치론은 인간의 본성이 선하다고 보아서 수신을 치국(治國)의 근본으로 삼는 것이다. 그리고 유교는 보수적이라고 비판을 받기도 하지만, 실제로는 개혁과 변화를 수용하는 변통(變通)의 이념이 내포되어 있으며, 날마다 새로워지는 것(日新)을 중시한다(성균관대학교 유학과, 2000).

유교는 평화를 추구하는 통치 이념이다. 유교는 반목 대신에 화합과 질서를 추구한다. 유교의 이상사회는 요순(堯舜) 시대이다. 요순 시대와 하·은·주(夏殷周)의 삼대지치(三代之治)는 예와 도가 실현되던 최적의 문화 상태였다. 고르게 나누고 풍족해서 불평불만이 없던 대동사회이다. 따라서 유교는 이러한 시대로 복귀하고자 하며, 이를 위해서는 사람의 선한 본성을 회복하는 것이다. 이를 위해 우선은 "사람을 배부르게 하고, 그 다음에 교육을 하는 것이다." 맹자(孟子)는 "항산(恒產)이 있어야 항심(恒心)이 생긴다"고 하면서, 명군(明君)은 "우선 백성이 먹고 살 수 있는 생업을 마련해 주고, 그 이후에 백성을 몰아서 선에 이르도록 해야 한다(制民之產 然後驅而之善)." "지배자는 지배자답고 백성은 백성다우며, 어버이는 어버이답고 자식은 자식다운(君君臣臣 父父子子)" 정치 속에서 사람들 간의 긴장은 제거되고 평화가 온다. 긴장을 제거하려면 중용(中庸)의 자세가 필요하다. 정자(程子)에 의하면, 중용은 "치우치거나 바뀌지 않는 것을 일컬으며, 천하의 바른 도이자 정해진 이치이다"(최치원, 2012).

2 유교의 복지사상

유교의 통치철학인 민본주의는 국가가 백성의 삶을 적극적으로 보살펴야 한다는 복지국가 이념과 직결된다. 민본주의의 근간이 민생과 복지인 것이다. 민본주의는 위민(爲民)과 보민(保民)을 기초로 한다. 공자는 지향해야 할 공동선으로 경제적 부(足食), 국방력(足兵), 인간의 신뢰(民信之)를 들었다. 이 중에서도 경제적 부를 가장 기본으로 보았다. 맹자는 민본과 인정(仁政)의 근거를 군주가 남의 불행과 고통을 방치하지 않는 동정심에서 찾았다. 사람은 어려움에 처한 사람을 지나치지 못하는 인·의·예·지(仁義禮智)의 마음을 가지며, 이것이 네 가지 실마리(四端)의 시작이다.[2] 이러한 토대 위에서, 맹자는 양민(養民)과 보민(保民)을 중시했다. 위정자는 백성의 생활을 안정시키고 도의로써 가르치며, 형벌을 줄이고 세금을 감해야 한다고 주장했다. 이처럼 유교는 백성의 생활을 안정시키는 것을 민본(民本)의 기초로 삼았다.

결국, 민본주의의 기초는 백성들이 일정한 부(富)를 갖추는 것이다. 백성들은 일정한 생산과 수입이 보장되어야 선한 본성을 유지할 수 있으며, 그렇게 되어야 왕도정치가 실현된다. 따라서 유교에서는 도덕의 경제적 기초를 중시하는데, 그것이 항산항심론(恒産恒心論)이다. 백성들에게 떳떳이 살 수 있는 생업이 없으면(無恒産) 이로 인해 떳떳한 마음이 없어지게 된다(無恒心). 맹자에 따르면, 어진 군주는 백성의 생활을 안정시키는 것이 가장 중요한 과제이다. 물질적 기반을 만들고, 이를 토대로 학교를 세워 도덕을 교육함으로써 일정한 마음(恒心)을 갖게 해야 한다.

이처럼 유교는 민본주의에 입각해 백성들의 경제를 유지함으로써 인의(仁義)를 토대로 하는 왕도정치를 실현하고자 한다. 이러한 유교의 사상은 오늘날 복지국가 이념과 크게 다르지 않다. 특히, 유교는 우선적 보살핌의 대상으로 환과고독(鰥寡孤獨)을 들고 있는데, 이는 오늘날에도 공공부조의 우선적 대상이다.

2) 네 가지 실마리는 사단(四端), 즉 사람의 본성에서 우러나는 네 가지 마음을 의미한다. 여기에는 인(仁)에서 우러나는 측은지심(惻隱之心), 의(義)에서 우러나는 수오지심(羞惡之心), 예(禮)에서 우러나는 사양지심(辭讓之心), 지(智)에서 우러나는 시비지심(是非之心)이 있다.

유교는 부(富)의 분배, 즉 균분(均分)을 역설한다. 공자는 "나라를 소유하고 집을 소유한 자는 적음을 근심하지 않고 고르지 못함을 근심하며, 가난함을 근심하지 않고 편안하지 못함을 근심한다. 따라서 고르면 가난함이 없고, 화(和)하면 적음이 없으며, 편안하면 기울어짐이 없는 것이다"고 설파한다(『論語』, 季氏篇, 유병용 외, 2002: 45에서 인용). 『논어(論語)』 옹야(雍也) 편에서는 "군주는 궁핍한 자를 돌봐 주고 부유한 자를 계속 대 주지 않는다"고 함으로써 역시 균등한 분배의 중요성을 강조하고 있다.

사회 전체의 측면에서 유교가 지향하는 바는 대동사회(大同社會)이다. 대동사회는 백성의 경제생활은 안정되어 있고 공평한 분배가 이루어지며, 인륜이 구현되는 이상사회이다. 대동사회라는 용어는 『예기(禮記)』 예운(禮運) 편에서 유래하는데, "대도(大道)가 행해지던 때에는 천하를 사유(私有)의 것으로 보지 않고 공공의 것으로 보았다. 그 때문에 백성들이 그 어버이만을 친하게 하지 않고 다른 사람의 어버이까지 친하게 했고, 자기 자식만을 사랑한 것이 아니라 다른 사람의 자식도 똑같이 자애했다. 노인들은 여생을 편히 마칠 수 있었고, 젊은 사람들은 소용되는 곳이 있었으며, 어린이들은 모두 건전하게 생활할 수 있었다. 홀아비, 과부, 고아, 늙어 홀로인 자, 몹쓸 병에 걸린 사람들은 모두 봉사를 받을 수 있었다.…… 외부와 구획짓는 문을 만들었지만 걸어 잠그지 않았다. 이와 같은 세상을 대동이라 한다"고 했다(이명희, 2001: 270에서 인용). 대동사회는 노동능력이 있는 사람은 일하게 하고 그렇지 못한 사람은 잘 부양한다. 자신의 부모나 자식을 대하듯 널리 다른 사람에게도 사랑을 베푼다. 서로 사랑하고 돕는 기풍이 충만하며, 사람들 간에는 조화를 지향한다. 개인은 근면하고 삼간다. 자족하지만 부(富)에 대해서 과도하게 탐하지 않는다(이승환, 1998). 이러한 대동사회는 오늘날의 복지국가의 이상과 다르지 않다.

이처럼 유교의 민본주의나 대동사회의 관념은 국가에 의한 복지의 실천을 강조하고 있다. 그럼에도 이러한 유교적 복지사상을 오늘날의 국가 기능 및 복지국가 관념과 직접 조응(照應)해서 이해하는 데는 무리가 있다. 이는 근대 이전 서구 국가들도 마찬가지이다. 우선 근대 이전까지는 국가의 실체와 기능이 현재와는 다르다. 당시의 국가는 지금처럼 분명한 실체가 있다고 보기도 어려우며, 주권재민(主權在民)에 기인한 국가는 더욱 아니다. 유교에서 민본주의, 여민동락

(與民同樂), 인의(仁義)의 정치 등을 강조하지만, 이는 어디까지나 군주의 선의와 시혜에 기반하는 것이다(Yao, 2010).

제 4 절 유교국가에서 국가복지의 이상과 실제: 조선시대의 경우

1 조선시대 국가복지의 형성

조선은 유교국가이다. 따라서 민본주의와 왕도정치의 실현을 강조했으며, 이의 근간으로 백성들의 경제생활 안정을 중시했다. 백성들의 경제생활을 안정시키는 것은 민본이 추구하는 목표이면서 이를 달성하는 수단이다. 이러한 유교적 이상은 자연스럽게 구휼과 구빈, 구황(救荒), 비황(備荒), 의료구호 등으로 연결되었다. 이러한 것들은 모두 오늘날의 사회복지에 해당하는 것으로서, 위민(爲民)과 민본(民本)을 지향하는 유교적 통치 이념과 국민 복리를 추구하는 복지사상은 밀접하게 연관되어 있음을 알 수 있다.

구체적으로, 조선을 유교국가로 자리 매김 한 정도전(鄭道傳)은 통치자와 관인(官人)들이 백성을 나라의 근본으로 보고 백성을 위해 소임을 다할 때만 존재의 의의가 있다고 했다. 그는 민본주의를 백성을 위하고(爲民), 백성을 중히 여기고(重民), 백성을 보호하고(保民), 백성을 기르고(養民), 백성을 편안하게(安民) 하는 것으로 보았다. 이것이 실현되려면 백성의 경제생활이 안정되어야 한다. 이와 관련해 정도전은 다음과 말했다. "의식생활이 풍족해져 염치를 알게 될 것이요, 창고가 가득 차 예의가 진흥될 것이며, 태평스러운 왕업이 이룩될 것이다. 입는 것과 먹는 것이 풍족해야 예의를 안다"(정도전, 『경제문감(經濟文鑑)』, 한영우 역, 2000: 203). 이처럼 정도전은 민본주의의 실천은 백성이 생업을 가지고 안정된 경제생활을 할 수 있게 하는 것이라고 보았다. 따라서 생활이 곤궁하고 재해를 당한 백성을 구제하는 것이 곧 유교가 지향하는 복지사상인 것이다.

『세조실록(世祖實錄)』 권(卷)4에는 "민(民)은 천(天)이다. 민심이 편안한 연후에 천심도 편안해지는 것이니 나라를 다스리는 도는 마땅히 안민(安民)을 우선해야 한다. 군주는 경천근민(敬天勤民)하지 않으면 안 된다……"라고 하고 있다(이석규, 1994: 28). 유교적 실천의 연장선상에서 빈민 구제를 국가의 책무로 보았다. 하나의 방책으로 구언(求言)제도를 중시했는데, 이는 심각한 재해가 발생한 경우에 그 원인과 처방에 대한 의견을 널리 구하는 것이다. 자연재해는 하늘의 경고로서 그 책임이 군주에게 있다고 보고, 구언을 통해서 잘못된 정치를 바로잡아 민생을 안정시켜야 한다고 보았다(최명순, 1997). 퇴계 역시 곤궁하고 외로운 사람에 대한 구휼이 민본의 시작임을 『성학십도(聖學十圖)』에서 다음과 같이 말하고 있다. "인간이 모두 나의 동포라는 사고를 전제로 홀아비, 과부, 고아, 독신 등 매우 불우한 처지에 처한 타인들을 내 형제 및 자매처럼 돌보는 것이 마땅하다" (유병용 외, 2002).

민본주의 이념과 이에 입각한 복지사상은 조선 후기까지 계속된다. 정약용(鄭若鏞)은 『목민심서(牧民心書)』의 애민(愛民) 편과 진황(賑荒) 편에서 복지의 실천을 강조했다. 애민 6조에서 지방 수령들이 연령, 친척 유무, 재산 상황 등을 고려해서 구휼 대상자를 선정하고 이들을 보호해야 함을 강조했다. 구한말 개화파인 박영효(朴泳孝)는 1888년에 올린 상소문에서 백성들의 궁핍을 해소하고 의식주를 확보하며, 생활환경을 개선하는 것이 문명국가로 나아가는 길이라고 주장했다. 또한 그는 1895년 내무아문 개혁 훈시에서 질병 예방 및 환자 치료를 위한 전문 의료기관 설치, 기아(棄兒) 금지, 4궁 구휼, 공공장소의 청결 유지 등을 지시했다. 이러한 것들은 구빈과 보건의료 서비스를 행하는 것을 국가 통치의 기초임을 강조하는 것이다.

이처럼 조선시대는 전 기간에 걸쳐 유교적 민본정치를 실천하고자 했다. 유교의 이상사회인 대동사회 역시 민본과 왕도에 입각한 통치를 행할 때 실현될 수 있는 것으로 보았다. 대동사회는 사람들이 온화하고, 서로 믿고 공경하며, 남의 재물을 탐하지 않으며, 서로 도와 주면서 균분이 실현되는 이상사회이다. 이러한 사회에서는 정치는 인(仁)을 근간으로 행해지며, 군주와 통치 계급은 백성을 보살피고 동고동락한다. 대동사회의 정치는 인의와 민본에 입각한 정치이며, 이의 근간은 백성들의 생업과 경제적 안정을 보장하며, 궁핍하고 외로운 백성은 누구나 구제를 받게 하는 것이다. 따라서 복지의 실천은 민본주의 나아가서는 대동사회를 이루는 기초가 된다.

2 조선시대 국가복지의 제도화

조선은 유교적 민본주의의 이상을 구현하기 위해서 다양한 복지제도를 도입했다. 그러나 조선시대의 국가복지는 오늘날 복지국가의 중추인 사회보험제도는 발달하지 못했으며, 사회 서비스 분야도 고아 보호, 장애인 보호, 경로우대 차원에서 약간의 제도가 있었을 뿐이었다. 따라서 조선시대의 국가복지는 오늘날의 공공부조에 해당하는 구빈행정을 중심으로 발달했으며, 더해서 보건의료복지가 일부 발달했다. 국가복지의 대상도 지금과 같은 광의의 복지가 아니라, 경제적 취약계층을 위한 공공부조를 중심으로, 고아·장애인·무자녀 노인 등의 사회적 취약계층을 대상으로 하는 제한적 복지에 머물렀다. 보건의료복지도 대부분 빈민을 대상으로 제한적으로 행해졌기 때문에 오늘날과 같은 보편적 복지가 아니라, 공공부조제도의 일환인 의료 보호 차원에 머물렀다.

조선시대의 국가복지는 대체로 구빈(救貧) 및 구료(救療) 차원의 복지에 해당하는데, 구빈제도는 춘궁기나 재해 시를 대비하는 비황(備荒)제도와 어렵고 가난한 백성들을 보살피는 전통적 구휼책인 구황(救荒)제도를 포함하며, 이것이 조선시대 국가복지의 중심이었다. 조선시대의 대표적 구빈제도는 의창(義倉), 사창(社倉), 상평창(常平倉)의 3창(三倉) 제도이다. 이 중에서도 의창의 역할이 중요했는데, 이는 춘궁기에 곡물을 대여하고 추수기에 상환하게 하는 것이다. 대여방식 중 하나는 춘궁기에 종자와 식량이 떨어진 빈민에게 국가에서 곡식을 대여했다가 추수기에 원본만을 회수하는 방식으로 정기적으로 시행했다. 다른 하나는 흉년이 들었을 때 의창곡을 방출해 빈민을 진휼한 다음에 풍년을 기다려 역시 원본만 회수하는 것으로서, 부정기적으로 시행했다. 사창 역시 춘궁기에 곡물을 대여하고 추수기에 상환하게 하는 제도이지만, 민간에서 관장했다. 상평창은 곡물과 포목으로 물가를 조절하고 빈민을 구제하는 기능을 수행했다.

구빈제도 시행기관으로 세종 때 구황청(救荒廳)을 설치했는데, 이는 빈곤한 백성에 대한 구제기관이다. 인조 때인 1626년 진휼청(賑恤廳)으로 명칭을 바꾸고 전국 8도에 구호양곡을 방출하는 등의 진휼사업을 실시했다. 그리고 필요하면 중앙정부에서 진제사(賑濟使) 또는 구황순찰사(救荒巡察使)를 임명해 재해지역 등에 파견해서 구빈행정을 지도·감독하게 했다(최명순, 1997). 그리고 피재민으로부터 의견을 듣는 구언(求言)제도를 통해 이들에게 조세, 노역, 채무를 경감했다. 이는 부정기적으로 행한 것이지만, 재난 등 위기 시의 민생 안정을 민본의 주요 실천 수단으로 본 것이다. 특히, 조선시대는 4궁 구호사업인 진궁(賑窮)을 중시했다. 이는 이들이 국가의 보호를 절실히 필요로 하는 가장 취약한 계층이었기 때문이다.

조선시대는 빈곤 아동과 노인에 대한 복지를 강조했는데, 전자는 당시 국민들의 평균수명이 짧았기 때문에 조실부모(早失父母)한 아동을 보살펴야 할 필요성이 컸기 때문이다. 노인복지는 빈곤 노인의 경우는 노동 능력이 없기 때문이기도 하지만, 유교사회에서 국가적 차원의 경로효친 사상이 발현된 것이라고 볼 수 있다. 우선 빈곤 아동에 대한 보호를 위해 한성(漢城)에는 진휼청 유접소(賑恤廳留接所)에서, 지방에서는 진장(賑場)에서 무의무탁한 유기아를 수용 보호했다(권오구, 2000). 그리고 빈곤 아동에 대한 국가 보호제도는 정조(正祖) 때인 1783년 걸식 아동 구제를 위해 「자휼전칙(字恤典則)」을 규정한 것에서 잘 드러난다. 「자휼전칙」은 행걸아·유기아의 연령, 구제기관, 구제 방법 등에 대한 9개의 절목으로 구성되어 있는데, 행걸아·유기아, 장애아동에 대한 국가의 보호와 책임을 강조하고 있다. 「자휼전칙」은 부모나 친척 또는 상전(上典)이 없어 의탁할 곳이 없는 아동을 3세 이하의 유기아(遺棄兒)와 10세까지의 행걸아(行乞兒)로 구분해서 구호 대상으로 했다.

노인에 대한 복지는 조선 초기부터 한성에 기로서(耆老署)를 설치해서 70세 이상 노인들을 입소시켜 잔치를 베풀고 노후를 즐겁게 하는 일을 담당했다. 노인복지는 유교사회에서 경로효친과 노인 공경 기풍을 진작하는 차원에서도 중요했기 때문에 『경국대전(經國大典)』 예전(禮典)에는 경로, 혼인비용 보조, 노인에 대한 의복과 식량 관급, 의약 구제 등을 규정했다(권오구, 2000).

이 밖에도 조선시대의 구빈제도에는 빈민이나 걸인에게 식사를 제공하는 시식(施食), 이재민에게 조세나 부역을 감면해 주는 견감(蠲減), 생계 곤란에 처한 사족(士族)을 부조하고 혼례나 장례를 치르지 못하는 자를 구호해 주는 고조(顧助) 등의 제도가 있었다. 그리고 조선시대에는 병자를 치료해 주는 구료제도가 발전했는데, 궁내 의료를 담당하는 전의감(典醫監), 일반 백성들에게 의약품과 치료를 제공하는 혜민서(惠民署), 한성의 동·서부에 각기 설치해서 빈민 치료를 행한 동서활인서(東西活人署), 의약 서적을 간행하고 약물의 조사 및 채집 등을 행한 제생원(濟生院), 주인 없는 시체를 매장해 주는 매치원(埋置院), 빈곤한 환자에게 의원을 파견해서 치료하게 하는 월령의(月令醫) 등의 제도가 있었다.

이처럼 조선시대에는 적어도 제도화 측면에서는 상당한 정도로 복지가 진척되었다. 물론 이미 삼국시대부터 진대법 등의 빈민구제제도가 있었으며, 최고 취약계층인 4궁에 대한 구휼제도가 시행되었다. 고려시대에는 불교의 자비사상에 입각해서 사찰의 복지 기능이 있었으며, 일부 상설 복지기관들도 설치되었다. 그러나 조선시대에는 유교의 영향으로 인해 이전에 비해서 더욱 다양한 복지제도들이 설치되었다. 특히 구빈복지와 의료복지의 제도화가 크게 진척되었으며, 아동, 노인, 장애인 등의 취약계층에 대한 복지도 부분적으로 발달했다.

3 조선시대 국가복지의 한계

조선은 유교적 이념에 입각해 다양한 종류의 복지를 국가 주도로 제도화했다. 대부분이 오늘날의 공공부조에 해당하는 구빈행정이나 자연재해에 대한 구호행정에 해당하는 것이었지만, 그 이전에 비해서 국가복지의 제도화가 획기적으로 진척되었다. 노인이나 아동 등의 사회적 약자에 대한 복지와 보건의료복지도 많이 제도화되었다. 이는 사회복지의 자연스러운 발달 과정이라고 볼 수도 있지만, 기본적으로는 국교인 유교의 민본주의와 대동사회의 정신이 실천된 측면이 강하다. 조선시대 이후에도 1961년 군사정변 주체 세력들이 “도탄에 빠진 민생을 구한다”는 취지에서 많은 복지제도를 설치했는데, 이 역시 유교적 가부장적 국가관이 반영된 것이다. 이 점에서는 국가복지와 유교적 전통의 부조화를 주장하는 유교복지국가론은 적어도 복지의 제도화 측면에서는 비판의 여지가 있다. 즉, 유교적 전통은 오히려 국가복지를 촉진하는 요인이 될 수도 있다.

그러나 복지의 제도화와 복지의 실천은 다른 차원의 것이다. 복지의 제도화를 실행할 수 있는 경제 능력, 전달체계, 실행 의지 등이 뒷받침되지 않으면 제도는 화중지병(畵中之餠)에 불과하다. 보건의료복지의 경우는 의료기술 요인도 중요하다. 의료기술이 뒷받침되지 않으면 좋은 의료복지제도를 만들어도 국민들의 건강을 지킬 수 없다. 따라서 논리상으로는 유교복지국가론의 주장과는 달리, 유교가 복지국가의 발달을 저해만 한 것이 아니라 촉진하는 요인이 될 수도 있지만, 이것이 실제로 복지국가의 발달을 가능하게 했다는 주장은 논리적 비약이다. 제도와 실천은 다른 차원이기 때문이다. 이하에서는 유교국가인 조선에서 많은 복지제도가 설치되었음에도 불구하고, 실제로는 이러한 제도들이 실현되기가 어려웠음을 당시의 경제적 빈곤, 부실한 재정 능력, 관료의 부정부패와 사회적 불안정, 부실한 전달체계 및 담당 인력의 전문성 부족, 열악한 보건의료 환경과 의료기술 등을 중심으로 검토해 보고자 한다.

1) 경제적 빈곤

복지제도가 시행되기 위해서는 국가의 경제적 역량이 필수적이다. 조선시대는 유교적 이념에 입각해 많은 복지제도를 만들고 일부 복지시설을 설치했다. 그러나 이것이 의도대로 시행되었을지는 의문이다. 당시의 경제적 능력이 제도를 뒷받침하기에는 턱없이 열악했기 때문이다. 물론, 조선시대의 국가경제 상태를 일관되게 보여 줄 수 있는 객관적 자료나 통계치는 없다. 따라서 부분적인 자료들로써 당시의 경제 상황을 추정해 볼 수밖에 없지만, 당시 농업국가의 생산력을 감안해 볼 때 이러한 방식으로써도 조선의 경제적 능력을 이해하는 데 큰 무리는 없을 것이다.

조선시대의 경제 상황을 구체적으로 보면, 조선 전기에는 장기간 흉년이 지속되었다는 기록이 있다. 따라서 백성들이 굶주림에 시달렸다. 농업국가에서 흉년과 기근이 장기화되었다는 것은 당시의 국가경제 능력이 매우 열악했음을 방증한다. 따라서 조선 초기부터 『경국대전』 등을 통해 복지 관련 제도도 일부 규정하고, 고려 이래의 구빈 대책인 의창이나 상평창 등을 정비했지만, 이러한 경제적 환경 하에서 복지제도가 규정대로 시행되었다고 기대하는 것은 무리이다. 구체적으로, 태종이 재임한 19년 동안 흉년이 들지 않은 해가 없었다.

임진왜란 이후는 전란의 폐해로 경제 상황이 더욱 악화되었다. 농업국가의 가장 직접적인 경제 능력 지표인 토지 면적 실태를 보면, 임진왜란 직전에 1,316천 결이던 토지 면적이 1611년에는 542천 결로 크게 줄어들었다. 당연히 이는 국민들의 빈궁화와 국가재정의 파탄을 초래했다. 농민들이 황폐화된 토지를 떠나게 되면서 세수는 줄어들고, 이에 따라 할당된 세수를 확보해야 하는 지방관의 작폐는 더욱 심화되었다(Kim, 2001). 1607년 강원도 감사 최강필의 상소문을 보면, 당시의 열악한 경제 상황을 짐작할 수 있다. "신(臣)이 영서에서 강릉까지 가보았는데 처자식을 거느리고 고향을 떠나는 사람들이 길을 메웠으며, 열 집 가운데 아홉 집이 빈집이었습니다. 이제 작은 마을뿐만 아니라 큰 고을에 이르기까지 밥 짓는 연기가 사라졌고, 고통에 이기지 못한 백성들이 무기를 들고 도적으로 변신하고 있습니다……"(박성수, 1999: 291).

조선 말기에는 경제가 파탄지경이었다. 면세전의 증가로 농지의 실 결수가 크게 줄어들고 국가의 수입은 늘어나지 않고 있다. 왕권국가 하에서는 토지를 국가가 관장해야 하지만, 실제로는 지배집단의 사유물로 전락했다. 18세기 중반부터 전결의 총 결수는 정체되어 있는 데 비해 실 결수는 지속적으로 감소해서 19세기 중후반에 이르면 총 결수의 절반 정도에 불과했다. 그럼에도 농민들은 전세(田稅) 외에 대동세, 삼수미세 등 각종 세금을 과도하게 짊어졌다(최배근, 1998).

2) 부실한 재정 능력

조선의 국가 경제 상황이 이러하니 정부의 재정 능력도 취약할 수밖에 없었다. 따라서 많은 복지제도를 만들었지만 시행을 위한 재정 능력이 부족했다. 정부재정 상태를 세수 측면에서 살펴보면 다음과 같다. 농업국가의 주요 세수는 전결세(田結稅)인데, 이는 크게 전세(田稅)와 대동세(大同稅)로 구성된다. 전세는 당초에는 결당 20두로 정했으며, 농사의 풍흉(豊凶)에 따라 9등급으로 나누어 4~20두 사이에서 징수했다. 그러나 점차 결당 4두로 고정되었으며, 이런 관행이

인조 때에 영정법(永定法)의 실시로 법제화되었다. 이로 인해 전결세에서 전세가 차지하는 비중이 크게 줄어들었다. 반면에 대동세의 액수는 상당히 컸다. 가호(家戶)마다 공물(貢物)을 매겼는데, 농민에게 비용이 집중되거나 지역 간 불균형이 컸다. 그리고 방납(防納)이 발생하면서 비리가 잦았다. 이에 따라 공물을 현물로 징수하는 대동법(大同法)이 실시되었는데, 숙종대에 전국으로 확대되었다. 세율도 1결에 12두로 고정되었으며, 이를 중앙 상납, 지방 유치(留置), 관청재정으로 이용했다(한국사연구회 토지대장연구반, 2008).

그러나 조선시대의 국가재정은 재정의 근간인 전결세 수입이 불안정한데 비해서, 진휼 지출과 국방 지출은 계속 증가함에 따라 전반적으로 불건전했다. 우선 전결세의 수입 면에서, 결당 수취액은 법적으로 정해져 있었지만, 전체 수취액은 예정대로 징수되지 않았다. 무엇보다 면세되는 궁방(宮房)과 아문(衙門)의 둔전(屯田)이 증가함에 따라 수세지(受稅地)가 크게 잠식되었다. 다음에는 자연재해가 빈번함에 따라 재해에 따른 부세(賦稅) 탕감이 많았다. 예로서, 숙종 39년 재해로 인해 줄어든 전결세는 삼남(三南)에서만 12만 결에 달했다. 반면에 진휼 지출과 군사비 지출은 계속 증가해 국가재정을 압박했다. 진휼 지출은 재해로 인한 떠돌아 다니는 농민 발생을 방지하기 위한 것이었는데, 중앙에서 제대로 보조가 되지 않아 지방의 아문이 독자적으로 진휼곡을 조달해야 하는 경우가 많았다(양진석, 1999). 진휼 지출은 숙종 이전에는 주로 진휼곡을 대여하는 방식이었으나, 숙종 때부터는 절반 혹은 1/3은 무상으로 공급함에 따라 진휼 지출의 부담이 크게 증가했다. 그리고 조선 후기 들어 군비 지출이 급증했다. 특히, 임진왜란 이후 훈련도감, 어영청, 금위영 등의 군사기관이 신설되면서 군수비용이 크게 증가했다. 조선 전기는 병농(兵農)일치제였으나 훈련도감이 설치되면서 급료제로 운영되었다. 이를 위해 삼수미(三手米) 제도를 실시했는데, 1671년(현종 12년)의 경우 삼수미 수입은 25,791석인데 비해, 도감군의 급료는 60,396석에 달했다(김종수, 1996: 114). 이 밖에도 왕실이나 외척 등 특수신분층에 대한 정부 지출도 많아 정부재정을 고갈시키는 한 원인이 되었다.

따라서 조선시대에는 전반적으로 국가재정이 영세하고 불건전했는데, 이로 미루어 복지 지출은 이재민이나 극빈자 구호 정도를 제외하고는 지출이 어려웠을 것으로 추정된다. 전세나 대동세 등 수취액이 고정되어 수세 규모가 한정되어 있어 점증하는 재정 수요에 충당하기가 어려웠다. 이에 따라 조선시대에는 부족한 국가재정을 충당하기 위해 다양한 방안을 강구했는데, 대표적인 것이 납속책(納粟策)이다. 이는 부족한 재정을 보충하거나 재해가 발생했을 때의 구휼을 목적으로 곡물과 돈을 받고 국가에서 일정한 특전을 부여하는 것이다. 조선 전기에도 있었지만 대상은 노비에게만 국한되었고 액수도 컸으며, 제도화되지는 못했다. 납속이 대규모로 제도화되는 것은 임진왜란 중에 군량미 조달을 위한 방안으로 시행되면서부터이다. 이때부터 경제적 여유만 있으면 서얼과 향리는 납속을 통해 신분 상승을 할 수 있었으며, 천민의 경우는 일단 속량(贖良)했다가 다시 양반이 될 수 있었다(서한교, 1990). 17세기 이후 납속은 빈번하게 행해져 제수되는 위계 품직의 종류도 다양해졌으며, 사찰 · 서원의 중건, 무기 제작, 산성 복구 등의 명목으로 확산되었다. 그러나 납속책은 19세기 이후 세도 정권에 의한 매관매직의 수단으로 변질되면서 국가재정 보충이라는 본래의 목적보다는 점차 신분 상승의 기회로 이용되었다. 그리고 양민들은 납속책으로 획득한 명예 지위를 실제의 양반 지위로 둔갑시켜 군역에서 벗어나게 되어, 양정(良丁)의 부족을 초래함으로써 군정문란의 원인이 되었다. 그리고 인위적 신분 변동은 전통적 신분제의 근간을 흔듦으로써 사회 불안정을 초래했다(이장희, 1978).

3) 관료의 부정부패와 사회적 불안정

조선은 유교 이념에 입각해 관인 지배 체제를 구축했다. 고위관료들은 과거시험을 통해 등용되었으며, 입직 이후에도 지속적으로 유교 이념을 학습했다. 조선의 고위관료들은 모두 유교적 이념을 공유하는 학자관료(scholar bureaucrats)였다. 중간 및 하급관리의 경우도 기본적으로는 유교국가를 실천하는 데 동조했다. 그것이 관료의 사명이고 윤리였다.

그러나 이론과 현실이 언제나 같지는 않다. 과거시험에서부터 부정부패가 적지 않았고, 입직 이후에는 당파싸움에 개입되었으며, 관료적 사명감보다는 분파적 이해를 우선시하는 경우가 다반사였다. 관료제 내부적으로는 인사관리상의 부정이 적지 않았으며, 백성들과의 관계에서는 삼정(三政)을 둘러싼 부정부패가 만연했다. 특히, 이는 중 · 후기로 내려올수록 더욱 심화되는데, 근본적으로는 조선 초기의 유교적 기풍(ethos)이 점차 쇠퇴했기 때문이다. 현실적으로는 전란과 민란 등으로 국토가 황폐해지고 경제가 열악해지면서 생계형 관료 부패도 급증했다. 반면에 관료 부패에 대한 감시 체계는 제대로 작동하지 않았다. 특히, 18세기 이후는 외척·세도정치가 만연하면서 관료들의 부정부패가 극성을 부렸다. 이러한 상황에서 복지제도가 실질적인 복지 향상으로 연결될 리는 만무했다. 조선시대 중·후반기 이후의 관료 부패에 관한 증거 자료들은 무수히 많다.

조선 말기에는 백성들의 삶이 더욱 피폐해지고 급기야는 1811~1812년의 홍경래난을 필두로 단성민란, 진주민란, 임술(壬戌)민란 등 전국적으로 민란이 확산되었으며, 동학농민운동으로까지 이어졌다. 그 보기로서, 진주민란은 경상우도 병마절도사 백낙신의 불법·탐학을 계기로 발생했는데, 그는 52,000여 석, 돈으로 156,000냥을 착복했다. 이에 1862년 진주 시민들이 민란을 일으켰다. 이후 민란은 전국적으로 확산되어 임술민란으로 확대되었다. 19세기 후반에는 안동 김씨 일문의 세도정치로 권력 견제 시스템이 무너지면서 매관매직, 목민관의 수탈, 탐관오리의 토지 과점이 횡행했으며, 농민들은 과중한 조세와 고리대에 시달렸다(이광석, 2006). 그럼에도 부패관료에 대한 감시 시스템은 작동되지 못했다.

특히, 조선시대 중후반에는 삼정의 문란이 극심했는데, 정약용은 특히 환곡을 둘러싼 부정부패의 심각성을 여러 곳에서 지적하고 있다. “지금은 환곡은 위로는 나라의 용도를 보충하고, 중간으로는 온 관청의 용도를 유지하며, 아래로는 시·군의 재정을 넉넉하게 하는데, 백성은 생각지도 않는 것이다……”(정약용, 『경세유표(經世遺表)』, 지관수제[地官修制])(최병선·심준섭, 2010에서 인용함). 군정의 폐해도 마찬가지이다. 이에 대해서 다산은 “집집마다 탄식하고 울부짖게 되니 나라의 무법이 어찌 여기까지 이르렀는가. 심하면 배가 불룩한 것만 보아도 이름을 적으며, 혹은 여자를 남자로 바꾸기도 하고, 더 심한 것은 강아지 이름도 군안(軍案)에 오르니……”라고 한탄하고 있다(김운태, 1981: 399에서 인용함). 공납(貢納)을 둘러싼 방납(防納)의 폐해도 극심했다. 방납은 공납을 대신 납부하고 추후에 거두어 가는 것으로서, 공물을 공급하는 사람, 즉 공인(貢人)을 지정해 놓고 이들에게 국가의 필요 공물을 대납(代納)하게 한 것이다. 그러나 공인들은 지방 관리들과 결탁해서 공납의 몇 배를 백성들에게 과도하게 징수했다(이성무, 2011).

이처럼 조선 중·후기에는 관료의 부정부패가 극에 달했다. 이로 인해 1850~1862년 사이에 파직된 지방 관료가 공식적으로는 442명에 달했는데(김운태, 1981: 394), 감사제도의 부실 등을 감안하면 파직이나 징계 대상 관료는 부지기수로 많았을 것이다. 그리고 이러한 관료들의 부정부패는 급기야 민란으로 연결되니 조선의 사회 질서가 무너지는 것은 당연했다. 양반첩의 매매 등으로 신분계층이 무너지고 사회는 혼탁했다. 즉, 조선 말기에는 양반계층이 급증해 사실상 양반이 아닌 사람이 적을 정도였다. 이처럼 부정부패가 만연하고 사회가 불안정한 속에서 복지제도가 제대로 시행되기는 어려웠다.

4) 부실한 전달체계 및 담당 인력의 전문성 부족

복지제도가 현실에서 구현되려면 집행을 위한 전달체계가 구비되어야 하며, 담당 인력의 책임성과 전문성이 높아야 한다. 그러나 조선시대에는 복지 업무를 관장하는 전문기관이 부실해서 복지 업무의 전임성(專任性)이 낮았고, 관리자, 특히 현장 책임자인 목민관의 책임성이 높지 못했으며, 전담 인력도 부족해서, 전문성의 발전을 가로막았다. 이러한 현실을 구체적으로 보면 다음과 같다.

조선시대는 복지행정의 범위가 제대로 규정된 것은 아니며, 대체로 극빈자, 자연재해를 당한 사람, 중증 질환자 등을 구제하는 응급 처방의 성격이 강했다. 당시 의창·환곡 등의 구빈기관과 동서활인서·혜민서 등의 구료기관들이 설치되어 있었지만, 이를 통합·조정할 수 있는 관리 체계는 매우 부실했다. 대체로 중앙부처들 중에서는 호조가 복지 기능을 일부 수행했지만, 대부분이 수취 및 국가재정 관리와 관련한 기능이었으며, 복지 기능을 체계적으로 관장한 것은 아니다. 오히려 복지 업무는 17세기 초 선혜청이 설치되기 이전까지는 비변사(備邊司) 내의 진휼청(賑恤廳)에서 관장했으나, 기능이 구빈 기능에 제한되었으며, 인력도 극히 영세했다.

중앙의 복지행정 유관 기관들을 보면, 호조(戶曹)는 호구(戶口)·공부(貢賦)·전량(錢糧)·식화(食貨)에 관한 일을 관장하던 육조(六曹) 관서이다. 초기의 호조 소속기관은 판적사(版籍司), 회계사(會計司), 경비사(經費司)가 있었는데, 판적사는 호구·전답·조세·부역 등의 사무를, 회계사는 회계사무를, 경비사는 국용(國用)경비 지출사무를 관장했다. 조선 중기 이후에는 새로운 업무가 늘어나 정조대에는 3사 14방(房) 체제로 정비되었다. 그러나 조선 후기에는 국가재정이 취약해짐에 따라 호조 소관 사무가 크게 축소되었다. 선혜청(宣惠廳)은 대동법(大同法)의 실시에 따라 1608년(선조 41년)에 설치한 기관으로, 대동미·대동포·대동전의 출납을 관장했다. 선혜청은 조선 후기에 국가 세입의 대부분을 관리하면서 호조의 기능을 훨씬 능가해 비대화에 대한 비판이 적지 않았으며, 그 결과 1894년 갑오개혁 때 폐지되었다(한국학중앙연구원, 2011). 진휼청(賑恤廳)은 흉황(凶荒)을 극복하기 위해 1525년(중종 20년)에 설치되어 1894년 폐지되었다. 조선 초기에는 기민 구제 및 곡가 조절 업무를 호조가 담당했다. 세종 때는 구황청(救荒廳)과 상평창(常平倉, 후일의 상평청)을 설치해 빈민 구제는 구황청에서, 곡가 조절은 상평창에서 전담했다. 세조 때 의창이 경영난으로 폐쇄되고 사창(社倉)도 점차 폐쇄됨에 따라 새로운 진휼책을 강구하지 않을 수 없었다. 이에 따라 1525년(중종 20년) 진휼청을 설치했으며, 곧 상평청과 합병해 평상 시에는 곡가 조절 업무를, 흉황 시에는 구휼·진대의 업무를 수행하게 했다. 임란 이후 다시 상평청과 진휼청으로 분리되었으나, 1608년(광해군 원년) 선혜청이 설치되자 진휼청은 이로 옮겨가면서 다시 상평청과 통합되었다. 이후 인구 증가 및 흉황의 빈발에 따른 구휼·진대 업무의 증가로 1661년(현종 2년) 진휼청을 다시 분리해 비변사 관할로 했다. 1686년(숙종 12년)에 다시 선혜청 관리 하에 두었으며, 이때부터 1894년에 폐지되기까지 진휼청은 선혜청의 지휘를 받으며 구휼 업무를 수행했다(한국학중앙연구원, 『한국민족문화대백과』).

지방 단위에서는 별도의 복지행정 체계를 갖추지 못했으며, 지방관서에서 호방(戶房)이 일부 진휼 사무를 담당했다. 조선시대에는 지방관서의 행정 업무도 중앙부서와 같이 육전 체제로 편성했으므로 호방은 지방의 호구관리, 전결(田結) 조사, 세금 부과 및 징수와 관련한 실무를 담당했다. 호방은 지방민의 생활 및 경제적 이해에 밀접하기 때문에 권세가 컸다. 조선 후기에는 수령과 결탁해 농간을 부리는 일이 많았다. 그리고 호방은 복지행정 전담기구는 아니었으며, 중앙 복지행정기구에 해당하는 진휼청과의 관계에서도 업무 분담이나 연계성을 확보하지 못했다.

복지행정이 제대로 시행되려면 담당기관이나 공무원들의 전문성과 사명감이 확보되어야 한다. 따라서 복지 서비스 전달체계의 원칙 중 하나로 전문성을 들고 있으며, 전문성은 해당 업무에 대한 전임성, 적절한 보직 경로, 사명감과 책무성 등이 갖추어져야 가능하다(Stern, 2006). 조선시대에는 진휼 업무 전담기구라고 볼 수 있는 진휼청의 낭청이나 그 밑의 계사(計士)·서리·고직(庫直) 등의 관원들은 어느 정도 전임성이 있었다고 볼 수 있지만, 복지 서비스를 집행하는 지방 관원들은 복지 관련 전문성이나 사명감이 부족했다. 그 이유는 조선시대의 관리는 유교적 소양을 시험해 충원되었기 때문으로 중앙이든 지방이든 복지행정에 대한 전문성은 거의 없었다. 더욱이 전보나 보직관리 등의 인사도 체계적으로 관리되지 못했으며 교육훈련이나 고과평가 등도 부실했다. 무엇보다 지방행정 단위에서는 복지행정 전담부서가 없는데다 매관매직이나 부정부패 등으로 전문성과 책임성을 함양할 만한 토대가 구축되지 못했다. 따라서 조선시대의 복지행정은 기관이든 관료 개인이든 복지행정에 대한 전문성과 책임성은 매우 낮았다고 볼 수 있다.

5) 열악한 보건의료 환경 및 의료기술

사회복지의 두 축은 소득 보장과 의료 보장이다. 따라서 보건의료복지는 사회복지의 중요한 영역이다(Pierson, 2006). 특히, 근세 이전에는 각종 질병이나 전염병을 퇴치할 수 있는 의약 기술이 발달하지 못했기 때문에 보건의료복지는 유교의 민본주의를 실현하기 위해서도 중요했다. 따라서 조선시대에는 다양한 보건의료제도와 시설을 설치해서 보건의료복지를 행하고자 했다.

그러나 조선시대의 보건의료복지의 실제는 매우 열악했다. 구체적으로 첫째, 보건의료에 대한 접근성이 낮았다. 보건의료시설들은 대부분 왕실이나 사대부 계층의 수요에 충당하거나 극빈층을 위한 것이며, 일반 국민들은 배제되었다. 이들은 빈곤으로 인해서 보건의료에 접근하기도 어려웠지만, 보건의료 서비스 자체가 절대적으로 부족했다.

둘째, 보건의료 기술 수준이 매우 낮았다. 보건의료복지를 위해서는 적절한 보건의료 기술 수준의 확보가 필수적이다(Buse et al., 2005). 그러나 당시는 한의나 한약에 의존하는 수준으로 기술 수준이 높지 못했다.

셋째, 양질의 보건의료 인력을 충원하기가 어려웠다. 보건의료는 인력의 질이 핵심이다. 따라서 오늘날은 보건의료 인력을 장기교육과 자격증 부여를 통해서 엄격하게 관리한다. 그러나 조선시대에는 보건의료 인력을 잡직(雜織)으로 천대하거나 기껏해야 중인계급 대우를 했으며 수입도 많지 않았다. 따라서 유능한 인력을 확보하기가 어려웠다. 공공 보건의료 인력도 절대적으로 부족했다.

넷째, 예방 영역이 발달하지 못했다. 조선시대는 각종 질병과 전염병이 창궐했음에도 보건의료가 치료 기능에 치중되어 있고 예방활동은 부실했다. 이는 보건의료 재정, 인력, 기술의 부족 등이 복합적으로 작용한 결과이다. 이에 따라 한 번 전염병이 돌면 다량의 인명이 희생되었다.

다섯째, 보건의료 인력을 체계적으로 관리하지 못했다. 일부 보건의료 인력은 의과(醫科)시험을 통해서 선발했지만, 그 수는 극히 적었으며, 대부분 궁궐이나 공공의료시설에 근무했다. 민간의료 인력들은 대부분 약간의 의료 기술을 사사로이 배워 의료인 행세를 했다. 따라서 보건의료 서비스에 대한 체계적 관리가 되지 못했으며, 의료사고가 발생하더라도 책임 추궁 등이 어려웠다.

여섯째, 지리적으로 보건의료시설이 대부분 수도인 한성에 편중되어 있었다. 이는 궁궐이나 사대부 계층이 여기에 집중되어 있었기 때문이다. 따라서 지방에서는 공공 보건의료시설이 극히 부족했으며, 주로 민가에서 무면허 의료행위가 행해졌다.

이처럼 조선시대는 민본주의에 기초해 일부 보건의료제도나 시설들이 설치되었지만, 실제로는 낮은 보건의료 접근성, 열악한 보건의료 기술, 보건의료 인력의 부족 및 낮은 처우, 예방활동의 미흡, 보건의료 관리 체계의 부실 등으로 일반 국민에 대한 보건의료 서비스 수준은 매우 낮았으며, 따라서 제도와 실제 간에는 괴리가 컸다. 이러한 상황에서 백성들은 무자격 의료인들로부터 간단한 치료를 받거나, 전래의 민간요법에 의존했다. 그 결과 각종 질병이나 전염병에 속수무책으로 노출되었으며, 이는 이들의 수명을 단축시키고 인구를 감소시키는 중요한 원인이 되었다.

제 5 절 유교복지국가론에 대한 검토 및 결론

유교복지국가론은 가족 및 혈연공동체를 중시하는 유교적 전통이 강한 동아시아 국가들에서는 비공식적 혹은 자발적 복지가 중심이 되었으며, 따라서 국가복지는 지체되었다고 주장한다. 이 연구는 이를 비판적으로 검토한 것이다. 이를 위해서 대표적인 유교국가인 조선의 경우를 사례로 역사적 고찰을 했다. 물론 조선을 분석 대상으로 한 것은 유교복지국가론의 주장과 일정한 시차가 있다. 대체로 서구 학자들의 동아시아에 대한 관심은 근세 이후부터이기 때문이다. 그럼에도 불구하고, 유교복지국가론이 기본적으로 유교적 전통의 영향을 강조하기 때문에 조선의 사례를 분석하더라도 유교적 전통과 국가복지를 연계해 보는 데는 큰 무리가 없을 것이다. 오히려 어느 때보다 유교적 전통이 강했던 조선의 경우가 유교복지국가론의 진위(眞僞)를 가리는 데 좋은 사례가 될 수 있다.

분석 결과, 유교복지국가론은 문화결정론이라는 일반적인 비판 외에도, 유교를 개인 간의 관계나 가족주의 등의 미시적 관점에서만 인식한 면이 있다. 따라서 유교의 총체적 실체를 제대로 파악하지 못했다. 유교는 가족이나 사회 성원들 간의 관계는 물론, 국가, 정치, 경제, 사회 이념, 우주관 등에 관한 복합적 사상체계이다. 특히, 유교의 민본주의, 대동사회 등의 사고는 국가복지를 제도화하는 데 큰 영향을 미쳤다. 조선시대에는 구빈복지, 노인복지, 아동복지, 보건의료복지 등에 대한 국가복지가 상당 부분 제도화되었다. 이 점에서는 유교복지국가론은 비판을 면하기가 어렵다. 유교국가인 조선에서도 많은 국가복지제도나 시설이 설치되었으며, 이는 일제강점기를 거쳐 1960~1970년대의 경제 성장 시기까지 계속된 것이다. 오히려 유교적 전통이 강할수록 국가는 책기론(責起論, the prince's obligation theory)에서 주장하는 것과 유사한 성격의 복지 사명감을 좀 더 강하게 발동할 수 있다.

그러나 조선시대에 국가복지가 발달했다는 것은 제도화의 측면에서 그러하다는 것이며, 현실은 그렇지 못했다. 그 이유는 무엇보다 조선의 경제적 환경이 열악했으며, 따라서 국가재정 능력이 취약했기 때문이다. 특히, 양란(兩亂) 이후에는 농업경제의 기반 붕괴로 재정 능력이 더욱 위축되었다. 그리고 생산력의 중요한 토대인 인구 규모도 빈발하는 기근과 전염병으로 정체 상태였다. 또한 세입 및 세출 과정에서 만연하는 관료 부패와 서리, 토호들의 발호로 국가의 재정 체계가 제대로 작동하지 못했다. 복지의 전달체계도 효율적이지 못했으며, 매관매직이 횡행해서 인력관리도 부실했다. 보건의료복지는 시설과 인력이 크게 부족했고, 유능한 의료 인력이 충원되지 못했으며, 이들의 전문성이나 사명감도 부족했다. 무엇보다도 보건의료 기술이 낮았다. 따라서 질병이 만연하고, 이에 따라 평균수명이 짧고 영아사망률이 높았다. 이러한 현실적 제약으로 인해 조선시대에는 유교적 사명감에 기인해서 국가복지가 상당 부분 제도화되었음에도 불구하고, 실제로는 국가복지의 수준이 낮고 일반 국민들은 궁핍한 삶을 살았다. 조선시대 복지의 실태를 정리해 보면 다음과 같다.

첫째, 국가복지를 생산과 수취(收取) 기능의 일부로 간주했다. 이는 자급자족적인 농경사회에서는 생산과 소비가 서로 분리되지 않기 때문이다. 농경사회에서는 생산에 문제가 없으면 소비나 부양에도 큰 문제가 없었다. 따라서 국가는 생산조직만 잘 작동하게 해 주면 소비와 부양은 저절로 해결된다고 보았다. 맹자(孟子)의 무항산(無恒產) 무항심(無恒心)의 사고도 백성들의 생업과 생산을 잘 유지하면 국가의 안정과 백성의 복지가 실현될 수 있다고 보는 것이다(국민호, 2007). 따라서 유교의 국가복지 관념은 백성으로 하여금 생업에 종사하게 하고 세금이나 부역을 감해 주는 것을 중요한 복지로 보는 것이다.

둘째, 선별주의와 잔여적(residual) 복지관(福祉觀)에 입각한 제한적 복지였다. 어느 국가든 초기 단계에서는 취약계층부터 시작해 점차 국민 전체로 확대되는 것이 일반적이다. 즉, 복지국가의 발달과 더불어 선별주의에서 보편주의로, 잔여주의에서 제도주의로 나아가는 것이다. 조선시대의 경우도 4궁, 빈곤자, 이재민, 근로불능자 등의 빈곤계층을 우선으로 했다.

셋째, 계급 차별적 복지였다. 조선시대의 복지는 극빈계층을 제외하고는 대부분이 왕실이나 양반계층에 우선 적용되었다. 보건의료복지는 특히 그러했다. 이러한 계급 차별적 복지의 전통은 근래의 특수직역(공무원 · 군인 · 사립학교 교직원 등) 우선의 사회보험 적용과 일맥상통한다. 일반 백성은 물론, 노비나 천민 등의 하층계급도 대체로 복지의 대상에서 배제되었다. 여성은 특히 불리하게 처우를 받아 여성복지에 해당할 만한 것은 제대로 없었다.

셋째, 공공부조가 중심이었다. 사회복지를 크게 공공부조, 사회보험, 사회 서비스로 구분할 경우에(Stern & Axinn, 2017), 조선시대의 복지는 대부분 빈곤층을 대상으로 한 무상의 공공부조였다. 그러나 환곡의 경우는 이재민 등의 빈곤층에게 제공했지만, 상환을 전제로 했기 때문에 무상복지는 아니었다. 사회보험제도는 없었으며, 오히려 민간 부문에서 발달한 계(契)의 경우가 사회보험의 성격을 가지고 있었다. 의료복지도 오늘날의 의료급여에 해당하는 것으로 건강보험과는 상이하다. 사회 서비스도 전반적으로 미흡했지만, 경로효친 사상에 기인해 노인복지는 어느 정도 행해진 것으로 보인다.

넷째, 사후 처리와 관련한 소극적 복지였으며, 적극적인 예방 기능은 미미했다. 조선의 복지는 4궁이나 이재민에 대한 사후 구제책의 성격이 강했으며, 방빈(防貧) 대책은 미진했다. 특히 보건의료복지는 치료 기능에 치중해서 예방이나 방역활동은 극히 미미했다. 당시의 보건의료 기술로써 질병이나 전염병의 사전 예방은 어려웠을 것이다.

다섯째, 복지가 오늘날처럼 사회적 시민권(social citizenship)의 관점이 아니라 국가, 즉 군주의 시혜로써 행해졌다. 백성은 다스림의 대상일 뿐, 권리를 주장하고 군주에게 책임을 묻는 주체는 아니다. 시혜는 주는 자로서는 의무가 아니며, 받는 자에게는 감사의 대상이다. 유교에서 말하는 생업의 조장도 군주의 의무가 아닌 권장 사항이다. 군주가 생업을 보장하지 못하더라도 백성들이 책임을 묻거나 시정을 요구할 수 있는 것은 아니다(유병용 외, 2002). 그러나 군주는 시혜를 일회적·개별적으로 행하기보다는 백성 모두를 대상으로 제도적인 시혜를 베풀어야 한다. 그것이 국가 통치에 더욱 효과적이기 때문이다.

여섯째, 국가복지가 시혜로써 행해지지만 이는 단순한 자선이 아닌 통치의 정당성 확보라는 정치적 목적을 갖는다. 주권은 군주에게 있지만 군주는 민심을 얻어 정당성을 확보해야 한다. 군주와 백성이 함께 즐거워하는 것, 즉 여민해락(與民偕樂)을 통해 정당성을 확보하면서 다스리는 것이 선정(善政)이다(이석규, 1994; 이승환, 1998). 국가복지는 군주통치의 정당성을 확보해 권력을 튼튼하게 해 주는 수단이다. 백성을 배부르게 하고 생업을 갖게 하며, 부역과 세금을 감해 주는 것도 어디까지나 왕권통치의 안정성과 정당성을 확보하기 위한 용도였다

(박승희, 1999).

일곱째, 선정 기준이 확립되어 있지 못했다. 조선시대의 구빈복지는 근로 능력, 부양 의무자, 자산, 연령 등에 대한 기본적인 선정 기준이 확립되어 있지 못했다. 보건의료복지나 이재민복지의 경우도 선정 기준이 부실했다. 이는 담당 관료의 재량행위 오남용이나 부정부패로 연결될 소지가 컸다. 그 보기로서, 환곡이 문란해진 것은 선정 기준이 불명확하고 제대로 지켜지지 않는 가운데 관료들의 부정행위가 많았기 때문이다. 선정 기준이 불명확하다 보니 복지 대상자의 입장에서도 복지 남용행위가 만연했다. 따라서 복지재정의 낭비가 심하고, 복지 사각지대가 광범위하게 존재했다.

여덟째, 급여 수준이 불충분했다. 빈곤층이나 이재민 등을 위한 복지제도가 있었지만, 국가의 비축 식량이 부족하고 재정 능력이 취약하다 보니 급여 수준을 보장하기가 어려웠다. 4궁에 대한 구휼도 최저 생계 유지 수준에도 미치지 못하는 정도였다. 보건의료복지는 일반 백성들에게는 거의 미치지 못했다. 의료시설과 인력이 극히 부족했기 때문이다. 따라서 공명첩 발행 등의 납속책을 통해서 복지재정을 충당하고자 했으나, 이것도 크게 실효성이 없었다.

마지막으로, 복지 서비스가 지리적으로 편차가 컸다. 대체로 수도권인 한성과 경기 일원이 유리했다. 특히, 보건의료복지의 경우가 그러했는데, 주요 의료시설이나 인력이 대부분 한성 일원에 집중되어 있었다. 이는 왕실이나 사대부 계층이 대부분 이 지역에 거주했으며, 지방정부의 복지 역량이 취약했던 것이 주요 원인이었을 것이다. 여기에 더해 사회통제론의 관점에서 보면, 국가와 통치 세력의 안전을 유지하는 데서 수도권 일원이 좀 더 중요한 지역이었기 때문이다.

이처럼 조선시대에는 실질적인 복지가 취약한 상태에서 일반 국민들은 자발적 인보상조제도에 크게 의존했다. 대표적으로 계(契), 두레, 향약(鄕約)을 들 수 있다. 계는 민간의 자발적인 협동조직으로서, 금전이나 물질을 기초로 성립하는 경제조직이다. 서민 경제생활에 중요한 역할을 수행했다. 두레는 농경작업을 공동으로 추진하기 위해 마을 단위에서 자율적으로 구성한 공동생산조직이다. 공동작업, 공동식사, 공동놀이 등을 통해 작업의 능률을 높이고 공동체 의식을 다졌다. 향약은 유교의 가르침을 생활화시켜 마을 주민들을 교화하고 기강을 바로잡는 데 목적이 있었다. 향약의 4대 실천 덕목 중에서 복지와 관련되는 환난상휼

(患難相恤)은 수해 · 화재 · 질병 등을 당했을 때 향약의 회원들이 서로 도우며, 빈민이나 무연고자를 공동으로 부양했다. 환란 및 질병 구호, 빈민 구휼, 장례 부조 등의 사업을 규정했다. 대체로 계는 농민층을 중심으로 자생적으로 생성되고 비강제적 성격이 강한데 비해서, 향약은 양반층을 중심으로 유교적 도덕성에 기인해 인위적으로 조직되었으며 규약을 통한 강제성이 있었다.

결국, 유교적 이념에 기반해서 통치되던 조선은 유교의 통치 이념이나 국가관이 국가의 제도에 많이 반영되었으며, 그 일환으로 적지 않은 복지제도가 구축되었다. 그러나 이러한 복지제도들이 오늘날과 같은 분배 중심의 복지제도는 아니었으며, 부역이나 세금을 감해 주거나 자연재해 시에 종자나 곡식을 대여해 주는 등으로 생산활동을 장려하는 방식이 주였다(최연식 · 임유진, 2011). 이는 생산과 분배가 분화되지 못했던 농경사회에서는 생산활동이 중요한 복지 수단이었기 때문이다. 그리고 가족이나 공동체 중심의 복지와 국가복지가 병존했지만, 국가복지가 지금처럼 보편적 · 일상적으로 행해진 것은 아니었다.

중요한 점은 국가의 기능이나 국가복지의 개념을 현재와 동일하게 보는 것을 지양해야 하며, 현재의 복지국가와 다른 방식이라고 해서 유교국가가 국가복지를 등한시했다고 볼 수는 없는 것이다. 이러한 현상은 근세 이전의 서구에서도 보편적인 것으로서 유교적 전통의 특이 현상이라고 보기도 어렵다. 따라서 유교복지국가론은 일견 타당한 면도 있지만, 유교국가인 조선의 사례를 통해서 분석해 본 결과, 다음과 같은 점에서 한계가 있다고 볼 수 있다.

첫째, 유교복지국가론은 문화결정론적 사고를 근간에 두고 있다(조영훈, 2001). 가족주의, 가부장주의, 혈연주의 등을 기반으로 하는 유교적 전통으로 인해 동아시아 복지국가가 저발전되었다고 본다. 따라서 복지를 주로 가족이나 혈연공동체, 또는 기업복지에 의존하고 있다고 본다(White & Goodman, 1998). 그러나 이러한 문화결정론적 사고는 환경적 맥락, 사회구조적 제약, 정치지도자의 역할 등의 제도적 · 구조적 맥락 요인과 행위자 요인을 간과할 우려가 있다. 따라서 우리는 동아시아 복지국가의 저발전 요인을 유교적 전통이라는 문화적 특수성에서만 찾는 것은 지양해야 하며, 이것이 영향을 미치거나(influence) 제약할(constrain) 수는 있지만, 결정하는(determine) 것은 아님을 인식할 필요가 있다.

둘째, 유교복지국가론은 종합적 사유 체계로서 유교의 속성을 간과하고 있다.

특히, 정치사상 내지는 국가 운영의 원리로서의 유교를 간과하고 있다. 유교를 문화적 측면에서만 보는 것은 유교의 일면만 보는 것이다. 유교는 단순한 문화적·도덕적 현상을 넘어서 정치철학 내지는 국가 이념이며, 거시적인 사회 체계이며 우주관이다. 유교는 민본주의, 대동주의, 무항산 무항심 등의 정치·경제·사회의 종합적 이념 체계이다(Yao, 2010). 따라서 우리는 유교적 전통이 복지국가에 미치는 영향을 논의할 때는 개인관, 가족관, 공동체관은 물론, 국가관, 정치 및 행정사상, 경제관, 목민사상 등이 어떻게 복지국가의 발달에 영향을 미칠 수 있는지를 종합적으로 파악해야 한다.

셋째, 유교복지국가론은 유교의 긍정적인 면을 균형 있게 보는 데 소홀하다. 서구 학자들은 유교를 자본주의와 복지국가의 저해 요인으로 보는 경향이 강했는데, 유교복지국가론 역시 마찬가지이다. 혈연주의, 배타주의, 연고주의 등 유교적 전통의 부정적 측면을 강조했다. 그러나 이는 유교적 전통의 긍정적인 면을 과소평가하는 것이다. 유교는 가족 간의 유대감과 책임 의식, 국가와 사회에 대한 헌신, 교육 중시, 성취지향성, 현실주의 및 탈신비주의 등의 긍정적인 면도 많으며(김기현, 2013), 이는 사회복지와 관련해서 기업복지의 발달, 직업훈련, 공동체주의, 자발적 복지 등 긍정적 요소를 가지고 있다.

넷째, 동아시아 국가들 간의 차이를 경시하고 있다. 서구와 구분되는 동아시아 문화의 특수성을 강조하지만, 동아시아 국가들 간에도 문화적·정치적·사회적·지정학적 차이가 크다. 그리고 유교에 대한 수용 방식이나 작동 면에서도 상이한 역사적 배경을 가지고 있다. 유교는 상이하게 변용되어 수용되고 정착된 것이다(John & Berthrong, 2004). 근세 이후에는 서구 문물의 도입 속도, 식민지 경험, 상이한 정치 이데올로기 등의 영향으로 유교가 해당 국가에 미친 영향도 각기 상이하다. 그뿐만 아니라, 유사한 문화적 전통 하에 있더라도, 각 국가가 처해 있는 상이한 정치행정제도, 국가 목표, 경제 체제, 지정학적 요건 등도 복지국가의 상이한 발달 경로를 초래할 수 있다. 따라서 유교적 전통을 논의하는 데서 동아시아 국가들의 개별적 특수성을 무시하고, 이들을 동일하게 범주화하는 것은 경계해야 한다.

다섯째, 유교복지국가론은 통합적 관점이 부족하다. 동아시아 국가들에서 복지국가가 지체된 것을 유교적 전통의 탓으로만 돌리기는 어렵다. 복지국가가 지체된 데는 다양한 요인이 작용했다. 정치적으로 사회민주당의 부재 및 낮은 선거 경쟁성, 사회적으로 낙후된 시민사회 및 분열된 노동운동, 경제적 능력의 부족, 사회적 시민권 사상의 결여, 지정학적 측면에 기인한 높은 국방비 지출 등 다양한 요인이 복합적으로 작용했다(Pierson, 2006). 따라서 동아시아 복지국가의 발달 여부를 논의하는 데서는 유교적 전통은 물론, 정치·경제·사회·지정학적 요인을 포괄하는 통합적 관점이 필요하다.

여섯째, 대부분의 복지국가 논의들이 그러하듯이, 유교복지국가론 역시 복지국가의 저발전 증거로서 복지 지출 수준이라는 단일의 계량지표에 의존하고 있다. 그러나 복지국가의 발달 정도를 이것만으로 측정하는 데는 한계가 있으며, 다른 지출 항목들과의 상대적 비교, 국가의 경제 능력 등과의 대비, 빈곤 및 분배 관련 지표 등과의 대비 등도 필요하다(김순양, 2012). 좀 더 중요한 것은 복지국가의 발달 여부는 복지 지출 외에도, 사회복지의 제도화 수준, 관련 기구나 인력의 분화 및 증감, 수급 범위(coverage) 등의 다양한 지표들도 고려해야 한다.

마지막으로, 유교복지국가론은 경험적 분석이 취약하고 객관성이 부족하다. 즉, 유교적 전통과 복지국가 저발전 사이의 인과 관계에 대한 경험적 증거가 부족하다. 유교라는 문화적·철학적 개념이 복지국가의 발달 여부에 영향을 미친다고 보는 것 자체가 실증하기 어려운 주제이다. 유학 전공자들 중에도 19세기 말 이후 100년 이상에 걸쳐서 일제강점기와 서구화 과정을 거치면서 현재 유교가 우리에게 과연 그렇게 큰 영향을 미치는지를 반문하는 경우가 적지 않다(김기현, 2013). 그리고 가족주의를 유교복지국가론의 핵심 요소로 보지만, 이는 유교문화권만이 아니라 이슬람권이나 가톨릭문화권인 남미 국가들에서도 광범위하게 나타나는 현상이라고 주장한다(조영훈, 2001). 가족주의나 공동체주의는 인류의 보편적 가치라는 것이다. 그리고 유교복지국가의 특성으로 가족 등 사적 기제에 대한 높은 의존과 이로 인한 국가복지의 저발전을 들지만, 이 역시 정황 판단에 가까운 것으로 검증이 필요하다.

제 2 편

사회정책론

제 6 장

사회정책 연구와 제도 개념

제1절 서 론

사회정책 과정에는 다양한 공식 · 비공식적 행위자들이 개입되며, 이들은 어떠한 방식으로든 '선택행위'를 하게 된다. 따라서 사회정책 이론도 결국은 이러한 선택 과정에 무엇이 개입되는지를 탐색하려는 것이며, 요즘에 사회과학 전반을 풍미하고 있는 신제도주의(new institutionalism)도 이들 중의 하나이다. 물론, 신제도주의가 처음부터 사회정책 연구를 위해서 고안된 것은 아니다. 신제도주의는 주요 기초사회과학 분야에서 '행위자들의(사회구성원으로서든, 조직성원으로서든, 개인으로서든) 의사 결정 내지는 선택행위에 무엇이 영향을 미치는가?'라는 폭넓은 의문에 답하기 위해 등장했으며, 이들의 대답은 '제도가 중요하다(Institutions matter)'는 것이다. 즉, 신제도주의자들은 학문 영역별로 제도의 개념 등 각론에서는 차이가 있지만, '제도가 행위자들의 행위(behaviour) · 선호(preference) · 선택(choice)을 제약한다(constrain)'는 기본 명제를 공유하는 것이다. 사람들의 행위 · 선호 · 선택 그 자체보다는 그렇게 행위하도록(혹은 선택하도록) 하는 제도적 맥락을 중시하는 것이다(Béland, 2005).

이후 응용사회과학인 사회정책학에서도 제도 개념을 차용해 정책 산출이나 정책 변동을 설명하고자 했다. 정책 산출과 관련해서는 이를 선택의 결과로서 보고, 이 과정에서 제도가 어떠한 제약 요인으로 작용하는지를 보려 했으며, 정책 변동과 관련해서는 정책 자체를 하나의 제도로 보고서 정책 변동의 동인(動因)이 무엇인지를 파악하고자 했다. 물론, 이러한 제도 개념의 정책 영역으로의 이식(移植)은 전통적인 사회정책과정론이 간과했던 측면, 즉 행위의 기저에 깔려 있는 제도적 요인의 행위구속성을 인식하게 함으로써 사회정책 연구의 지평을 확대했다는 평가를 받는다. 그동안 사회정책이론들이 정책 과정의 동태성을 설명하고자 했지만, 제도적 맥락을 고려하지 못함으로써 사회정책 과정의 메커니즘을 입체적으로 이해하는 데는 한계가 있었던 것이다.

다른 한편으로는 사회정책 과정 분석에서의 제도 개념에는 풀지 못한 숙제도 산적해 있다. 실제로 제도가 정책 선택에 그렇게 큰 영향을 미치는지, 정책 선택에 영향을 미칠 것으로 보이는 다른 개념들(이해관계, 신념, 모방 등)과의 관련성은 무엇인지, 의사 결정 내지는 갈등 해결의 제도가 어느 정도 지켜지는지 등 많은 의문이 아직 미제(未濟)로 남아 있다. 좀 더 근본적으로 제도가 구체적으로 무엇을 지칭하며, 이를 어떻게 조작할 것인지 등은 현실을 분석하려는 사회정책 연구에서는 당연히 제기할 만한 의문들이다. 따라서 이 연구는 사회정책 과정 분석에서 '제도가 과연 그렇게 중요한가(Do institutions really matter?)'라는 의문에서 출발한다.

이러한 배경에 따라서, 이 장은 신제도주의에서의 제도 개념을 사회정책 과정 분석에 적용하는 경우에 어떠한 의의와 한계점을 가지는지를 이론적 · 실천적 관점에서 논의하고, 이를 토대로 사회정책 과정의 동태성을 좀 더 적실하게 분석하기 위한 통합적 개념 틀을 모색해 보려는 것이다. 이를 위해 우선 신제도주의의 각 분파들, 즉 합리적 선택제도주의, 역사적 제도주의, 사회학적 제도주의가 각기 제도의 개념, 형성, 행위구속성, 변동 등을 어떻게 이해하고 있는지를 비교론적으로 검토한다. 이어서 신제도주의에서의 제도 개념이 사회정책 과정 분석에서 어떠한 유용성을 가지고 있는지를 토의한다. 다음에는 이 연구의 중심 부분으로, 사회정책 과정 분석에서 제도 개념이 가지는 한계점을 개념 및 방법론, 제도와 현실적 정책환경, 제도와 정책행위자, 제도와 정책 과정 등을 구분해서 논의한다. 마지막에는 앞 장들에서의 이론적 · 실천적 논의를 토대로 사회정책 과정 분석을 위한 좀 더 적실한 통합적 개념 틀을 문제 제기의 차원에서 언급한다.

제 2절 신제도주의에서의 제도 개념

1 구제도주의, 행태주의, 신제도주의

제도(institutions) 개념에 대한 논쟁은 사실 오래된 것이다. 주지하다시피 의사 결정에서 행위자의 행태 측면을 중시하는 행태주의(behaviorism)는 공식적 · 법적 제도를 연구의 중심에 두었던 법적 · 제도적(legal-institutional) 접근의 유용성에 의문을 표하면서 등장했다. 이들은 법적 · 제도적 접근의 서술적, 비과학적, 정태적 성향을 비판했다(Peterson & Shackleton, 2002). 법적 · 제도적 접근은 주로 정부기관의 구조 · 권한 · 기능 등의 공식적 측면을 관련 법규에 근거해 정태적으로 서술함으로써 행위자들 간의 갈등과 경쟁이 발생하는 동태적인 측면을 이해할 수 없었다. 행태주의자들은 신생 국가들에서 만연하는 제도와 실제 간의 심각한 괴리를 목격하면서 제도만으로는 사회 현상을 이해할 수 없다고 결론지었다. 제도보다는 제도를 둘러싼 환경적 맥락과 제도를 움직이는 사람의 행태가 중요함을 인식하게 되었다. 특히, 행태주의는 개인의 행위를 분석의 기본 단위로 설정하고, 개인 행위를 결정하는 추동력은 자기 이해라고 보았다. 따라서 정책을 자기 이해를 추구하는 개별 행위자들의 상호작용의 결과로서 이해했다. 그리고 행태주의는 "오직 반증될 수 있는 언명(statements)만이 의미가 있다"고 주장하는 논리실증주의(logical positivism)에 입각해, 개인과 집단의 행위에 대한 객관적인 관찰을 통해서, 현상을 설명하고 예측하기 위한 보편적인 인과 법칙을 도출하고자 했다.

그러나 영원한 승자가 없음은 학문 세계도 마찬가지였다. 오랫동안 변방으로 밀려났던 제도주의가 신제도주의라는 이름으로 부활했다. 그 계기는 1970년대의 경제 위기 상황에 대한 처방을 둘러싼 논쟁이었다. 즉, 당시의 세계적 위기 상황에서 각 국가들은 상이한 방식으로 대응했다. 보편적 진리를 발견하고자 했던 행태주의가 기로에 서게 되었다. 왜 동일한 문화를 공유하는 서구 국가들 간에 상이한 정책 선택이 나타나는가? 서구 국가들과 발전도상 국가들 간의 문화적·행태적 차이를 잘 설명해 주던 행태주의가 여기에는 묵묵부답이었다. 신제도주의는 선진국들 간에 상이한 정책적 대응이 나타나는 것은 상이한 제도적 틀을 가지고 있기 때문이라고 주장했다. 이들에게는 제도가 중요한 것이었다(Peters, 2001).

따라서 신제도주의는 여러 면에서 행태주의와 대조적이다. ① 행태주의가 원자화된 개인을 가정하고 개인의 행위를 중시하며, 개인 행위의 합을 집단 내지는 전체의 행위라고 유추한다(Blom-Hansen, 1997). 반면에 신제도주의는 행위를 제약하는 제도의 영향을 강조하며, 제도적 규칙과 과정이 선호를 다양하게 왜곡한다고 주장한다. ② 행태주의는 개인의 선호를 주어진 것으로 보기 때문에 이러한 선호가 어떻게 형성되는지를 설명하지 않는다. 그러나 신제도주의에서 선호는 외부적으로 주어진 것이 아니라, 제도를 통해서 형성되는 내재적 산물이다. 제도가 선호를 형성하고 변화시킨다. ③ 행태주의는 기능주의적 시각에 입각해서 의도성과 기능성을 강조한다. 즉, 환경이 변화하면 이에 적응하기 위해서 행태는 합리적으로 반응한다. 그러나 신제도주의는 현재의 제도를 과거의 산물로서 파악한다. 형성된 제도는 환경 변화에도 불구하고 지속되는 성향이 있다(Young, 2002). 그리고 제도의 의도하지 않았던 결과와 제도 변화의 우연성에도 관심을 둔다. ④ 행태주의가 통시적(通時的)이고 보편적인 원리를 발견하고자 하는 데 비해서, 신제도주의는 각국에 고유한 맥락 및 역사성을 중시한다. 따라서 역사적인 비교접근법을 선호한다. ⑤ 행태주의는 개인의 행위가 분석 단위이며, 개인 행위는 계산된 자기 이해가 반영된 것으로 본다. 그러나 신제도주의는 제도의 독립적인 역할과 개인 행위에 대한 제도의 영향력을 강조한다. 개인의 선택은 이익극대화에 의해서만 발생하는 것이 아니라, 이익의 적절성(appropriateness)을 정해 주는 제도에 의해서 제약된다. 즉, 제도가 구체적 상황에서 각 개인이 취할 수 있는 적절한 행위가 무엇인지를 정해 준다(Clarke & Newman, 1997).

이처럼 신제도주의는 행태주의에 반기를 들지만, 그렇다고 과거의 법적·제도적 접근(흔히 구제도주의)으로 돌아가자는 것은 아니다. 양자는 제도의 중요성을 강조하는 점에서는 공통적이지만, 제도의 개념과 범위, 제도의 행위구속성, 제도의 인과성 및 설명력 등 거의 모든 면에서 차이가 있다. 이 점에서 양자의 차이는 행태주의와 신제도주의 간의 차이만큼이나 크다. i) 양자는 제도의 개념을 상이하게 해석한다. 구제도주의는 제도를 공식적으로 규정된 측면에 한정하는 데 비해서, 신제도주의는 공식적인 제도뿐만 아니라, 비공식적인 문화, 관행, 절차, 행위 규칙까지를 포함한다(Young, 2002). ii) 방법론적으로 구제도주의는 공식 제도를 관련 법규를 중심으로 기술하는 데 치중했다. 제도들 간의 비교도 부분적으로 행했다. 그러나 제도와 행위는 별개의 것이었다. 경험적 분석보다는 규범적 원칙을 논의했다. 따라서 정태적이었다. 반면에 신제도주의는 독립변수로서의 제도가 선호 및 선택에 영향을 미치는 인과관계를 설명하고자 했다(Béland, 2005). iii) 구제도주의가 주로 특정 국가의 현재의 제도에 관심을 가지는 데 비해서, 신제도주의는 국가들 간의 제도의 상이성 및 이것이 어떻게 정책 선택의 차이를 가져오는지에 대해서 관심이 많다. iv) 구제도주의는 제도 그 자체의 속성을 이해하는 데 치중하는 반면에, 신제도주의는 사람의 행위와 선택을 제약하는 구조적 틀로서의 제도를 파악하고자 한다. 이 점에서 신제도주의는 사회의 거시적 구조와 미시적인 개인 행위를 연계하는 중간 매개체로서 제도를 이해하는 측면이 있다(Clarke & Newman, 1997).

2 신제도주의에서의 '제도' 개념

신제도주의가 제도가 중요한 것임을 강조하는 것이라면, 신제도주의를 이해하기 위해서는 제도의 개념을 구체적으로 밝히는 것이 긴요하다. 그러나 전술한 구제도주의와의 차이에서 언급한 바대로, 신제도주의에서 의미하는 제도 개념은 구제도주의에 비해서 매우 광의로 이해되고 있으므로, 이 개념이 매우 모호하다. 때로는 행위를 구속하는 외적인 제약 요인을 모두 포함할 정도로 추상적이고 포괄적인 성향이 있다. 그 결과, 신제도주의가 제도를 논의의 핵심에 두지만, 제도의 범위가 어디까지이며, 이를 어떻게 조작화하며, 제도의 차이란 것이 과연 무엇을 비교해야 하는지 혼란에 직면하게 된다. 특히 비공식적 제도의 범위는 너무나 추상적이다.

더구나 제도의 개념에 대해서 학자들 간에 최소한의 합의점도 찾기가 어렵다. 신제도주의의 분파들 간에는 물론 같은 분파 내에서도 학자들마다 제도의 개념을 전혀 달리 이해하는 경우가 많다. 그리고 이전부터 논의가 있어 왔던 정책요인론의 정책환경과 제도 간의 차이가 무엇인지를 제대로 설명하는 연구도 찾기가 어렵다. 주지하다시피 이미 1960년대 이래의 정책요인론에서도 정책 선택을 결정하는 요인으로서 정책환경의 개념을 언급하고 있다. 이것이 제도와 무슨 차이가 있는 것인가?

이처럼 신제도주의에서 의미하는 제도의 개념은 매우 모호하고 추상적이며 일관성이 부족하다. 물론 이것은 신제도주의의 과학적 엄밀성을 저해하는 요인이다. 이하에서는 이러한 제약을 염두에 두면서, 신제도주의의 분파들인 합리적 선택 제도주의, 역사적 제도주의, 사회학적 제도주의에서 제도 개념, 제도의 형성, 제도의 행위구속성, 제도의 변화 등을 어떻게 이해하는지를 비교론적으로 논의하고자 한다(Koelbre, 1995).

합리적 선택 제도주의는 합리적 선택이론에 제도 개념을 결합한 것으로서, 제도분석을 위한 미시적 기초를 제공하고 있다(Schmidt, 2006). 합리적 선택 제도주의에서는 제도를 주로 행위를 제약하는 규칙으로 본다. 대체로 신제도주의의 세 분파 중에서는 제도의 개념을 가장 협의로 이해하고 있다. 대표적으로 마치와 올슨(March & Olsen, 1989)은 제도를 "조직에서의 행위 규칙, 관습, 그리고 절차의 목록(repertory)"으로 정의하고, 정치적 제도를 "역할과 상황 간의 관계에 의거해서 적절한 행동이 무엇인지를 규정해 주는 상호 관련된 규칙과 관습의 집합"으로 정의한다. 브라운(Browne, 2001)은 제도를 공식적인 규칙으로 이해하면서, 여기에는 법규, 공적 프로그램, 공공 조직이 포함되는 것으로 보고 있다. 제도의 형성과 관련해서는 이를 거래비용 관점에서 설명한다. 즉, 제도는 '공유재의 비극

(tragedy of commons)'이라는 사회적 딜레마를 해결하기 위한 도구로서 만들어지는 것이다. 이에 따르면, 개인적으로는 합리적인 행위가 집합적 차원에서는 비합리적 결과를 낳을 수 있다. 따라서 개인 행동을 규율해 집합적 차원에서도 합리성을 도모하는 것이 과제로 대두되는데, 이를 위한 행위 규칙이 곧 제도인 것이다. 제도의 행위구속성에 관해, 합리적 선택 제도주의는 신제도주의의 분파 중에서 제도가 개인의 행위나 선택을 구속하는 정도가 가장 약하다고 본다. 개인이 합리적 선택을 통해 규칙으로서의 제도를 만들지만, 이러한 규칙을 해석하고 인지하는 데서 상당한 재량권을 갖게 된다. 그리고 합리적 선택 제도주의는 제도 변화도 비교적 용이하게 발생하는 것으로 본다. 제도가 형성될 당시의 욕구를 계속 충족시켜 주지 못할 때 목표 지향적인 개인은 제도를 변화시킨다.

역사적 제도주의는 현재의 제도나 정책을 과거의 산물로서 이해한다. 즉, 과거의 선택이 후속 선택의 경로를 제약한다는 제도의 '경로의존성(path dependency)'을 강조한다(Bomberg & Stubb, 2004).[1] 따라서 역사적 제도주의는 제도를 장기간에 걸친 인간 행동의 정형화된 형태로서, 개인과 집단의 행위와 의사 결정에 영향을 미치는 공식적・비공식적 제약 요인으로 보고 있다. 여기서 제도는 헌법적 규칙, 정부조직, 공식적 행위 방식 등의 공식적인 것뿐만 아니라, 비공식적 게임 규칙, 관습, 절차 등도 포함한다(Browne, 2001). 제도의 형성과 관련해서, 역사적 제도주의는 제도가 역사적인 퇴적, 정치적 필요성, 혹은 우연하게 만들어진다고 주장한다. 즉, 제도 형성에서 역사적이고 정치적인 측면을 부각시킨다. 제도 형성에서 행위자들 간의 불균형적 권력 관계에 기인한 강제를 중시한다(Schmidt, 2006). 제도는 국민들의 장기적인 이익극대화를 추구하기 위한 정치적 강제에 의해서 형성된다. 제도의 행위구속성과 관련해서, 제도가 행위자들의 전략 및 정책 선택에 결정적인 영향을 미친다고 본다. 따라서 정책 선택에서 행위자의 선호보다는 이를 구속하는 제도의 역할을 중시한다. 그러나 제도가 행위를 결정하는 것은 아니며, 단지 행위자의 선택을 제약하는 맥락을 제공한다. 따라서 동일한 제도하에서도 상이한 선택이 가능하며, 개인과 집단의 선택 행위에 의해

1) 경로의존성은 제도 개념에서 가장 중요한 용어로서, "처음의 정책 선택이 후속의 정책 진화(policy evolution)를 제약한다"는 의미를 가진다. 운전을 할 때 기존의 경로를 이탈해 운전하기가 어렵듯이, 제도 역시 기존의 경로에 의존적이므로 새로운 경로를 개척하기는 쉽지 않다. 그만큼 제도는 안정적이며, 행위구속성이 큰 것이다(Bomberg & Stubb, 2004).

서 제도 또한 변화한다. 제도의 변동과 관련해서, 역사적 제도주의는 본질적으로 제도의 연속성을 강조하지만, 그렇다고 제도가 불변한다는 것은 아니다. 그러나 제도는 환경 변화에 적응하면서 점진적으로 변화하는 것이 아니라, 외부 환경의 변화에 기인해 간헐적이고 급격하게 변화한다. 즉, 제도 변화는 주로 정치적 사건 등의 외적 충격으로 인한 기존 제도의 위기 및 붕괴로 인해 나타난다. 특히, 정치적 · 경제적 위기가 사회 관계와 제도를 재형성하는 중대한 역사적 전환점에 주목한다. 그러나 위기가 극복되고 나면 새로운 제도는 다시 고착화되는 경향이 있다. 이것이 단절된 균형(punctuated equilibrium)이다(Oliver & Mossialos, 2005).

사회조직론의 한 분야로서 출발한 사회학적 제도주의는 개인의 행위 및 의사결정 과정을 인지적 · 문화적 요인에 초점을 두고 설명한다. 이들에게서 제도는 초개인적 분석 단위이다. 즉, 사회와 문화의 산물인 개인의 선호 · 선택은 문화적 맥락으로서의 제도로부터 분리해서 설명할 수 없다. 따라서 사회학적 제도주의에서의 제도는 문화, 상징, 의미, 관습, 사회적 규범 등을 포함하는 넓고 추상적인 개념이다(Schmidt, 2006). 사회학적 제도주의에서 제도의 형성은 문화적 가치나 인지적 틀을 창출해 가는 과정으로 이해되는데, 이는 개인이 통제할 수 없는 것이다. 따라서 제도의 생성은 권력에 의해서 인위적으로 조작되는 것도 아니며, 개인들 간의 합의를 통해서 형성되는 것도 아니다. 오랜 세월 동안의 인지 과정을 거치면서 일종의 문화 유형으로서 형성되는 것이다. 제도의 행위구속성 면에서, 사회학적 제도주의는 개인의 행위가 제도적 맥락 내에 천착되는 것을 강조한다. 즉, 개인의 행위는 개인이 통제할 수 없는 사회적 · 경제적 · 정치적 관계에 구조적으로 천착되어 있는 것으로서, 개인은 제도를 선택하거나 제도의 구속으로부터 벗어나기가 어렵다. 제도 변화와 관련해서, 사회학적 제도주의에서 제도는 환경 변화에 수동적으로 반응하기보다는 환경을 제도의 요구에 부합하도록 주조(mould)한다(Powel & DiMaggio, 1991). 따라서 제도 변화는 새로운 행위양식이 확산되어 가는 과정이다. 즉, 새로운 행위규범이 정당성을 획득하게 되면 사회는 이에 적응해 가게 되며, 이 과정에서 가치판단 기준이나 인식의 틀이 바뀌고 새로운 행위양식이 확산되는데, 이것이 제도 변화이다. 따라서 제도 변화의 개연성과 개인에 의한 제도 변화 가능성이 매우 낮다. 제도는 개인에 외재(外在)하면서 오랜 세월에 걸쳐서 고착된 것이다. 제도는 시행착오의 과정을 통해서 문화와 관습의 변화와 더불어 서서히 바뀐다.

이처럼 제도에 관한 개념은 신제도주의의 각 분파들마다 상이하게 이해되고 있는데, 이 중에서도 가장 빈번하게 인용되는 것 중의 하나가 홀(Hall, 1992)의 것으로서, 그는 제도를 "정치와 경제 각 부문에서 개인들 간의 관계를 구조화시키는 공식적 규칙, 순응 절차, 표준화된 관행"이라고 정의하고 있다. 특히, 그는 제도를 세 가지 수준으로 구분하고 있는데, 상위 수준에서의 제도는 민주주의 및 자본주의와 관련된 기본적인 조직구조(선거에 대한 헌법 규정, 사유화를 규정하는 경제제도 등)를 의미한다. 이러한 수준의 제도는 자본과 노동의 일반적 관계를 규정하고 정책의 방향을 포괄적으로 제약하는 구조적 틀로서 기능한다. 중간 수준의 제도는 개별 국가의 국가와 사회의 기본적 조직구조의 특성과 관련되는 것으로서, 사회집단 간 권력 관계와 정책에 영향을 미친다. 이는 국가 간 제도와 정책의 상이성을 설명하는 데 유용한 것으로서, 노동조직의 구조(노조의 조직화율, 집권화 정도 등), 자본의 조직화 형태(생산자조직의 특성, 자본 분파 간 관계), 세계 경제와의 관계, 정치 체제의 특성과 국가의 조직구조(선거제도, 정당체제, 관료제의 조직 형태 등) 등이 이에 해당한다. 역사적 제도주의는 대체로 이러한 중간 수준의 제도, 특히 정치제도에 초점을 두고 있다. 마지막으로 하위 수준의 제도는 공공조직의 표준화된 관행, 규정, 일상적 절차 등을 의미한다. 물론 여기에는 공식적인 것과 비공식적인 것이 모두 포함된다.

아이켄베리(Ikenberry, 1988) 역시 제도를 세 가지 수준으로 구분하고 있는데, 제도의 범위에는 정부 제도의 구체적 형태로부터 국가의 전반적 구조 및 규범적 사회 질서까지를 아우른다. 제도에 대해 가장 넓게 정의하면(最廣義) 국가 개입 정도 및 국가와 시민사회 간 관계에 관한 규범적 신념 체계를 의미한다. 중간 수준에서의 정의는 제도를 국가 내의 권력 집중과 분산을 의미하는 것으로 보는 것이다. 가장 좁게 정의하면(最狹義) 제도를 행위자들 간의 갈등을 중재하는 법적·관리적 규칙으로 이해한다. <표 6-1>은 홀과 아이켄베리의 제도의 수준을 정리한 것이다.

그러나 이들이 제도의 개념을 세 가지 차원으로 구분해서 범주화했다는 점에서는 진일보한 것이지만, 이들의 제도 개념 역시 모호하기는 마찬가지이다. 특히, 가장 상위 수준 내지는 광의의 제도 개념은 너무나 추상적이어서 이를 현실의 제도분석에 적용할 수 있는 수준으로 조작화하는 것은 사실상 불가능하다. 중간 수준의 제도 개념은 주로 역사적 제도주의에서 즐겨 사용하며, 따라서 행정학이나 정치학에서 인기가 있는 것이지만, 이 역시 제도가 지칭하는 범위와 내용을 구체적으로 이해하는 것은 쉬운 일이 아니다. 하위 수준 내지는 협의의 제도는 대체로 제도를 의사 결정과 결부해 고찰하고자 하며, 그나마 제도 개념을 이해하는 데 용이한 점이 있다. 그러나 이 역시 제도의 비공식적인 측면을 범주화하고 이를 분석하는 것은 쉽지 않아 보인다.

표 6-1 제도 개념의 각 수준

수준	홀(P. A. Hall)	아이켄베리(G. J. Ikenberry)
상위 수준/광의	민주주의 및 자본주의와 관련된 기본적인 조직구조(선거에 대한 헌법 규정, 사유화를 규정하는 경제제도 등)	국가 개입 정도 및 국가와 시민사회 간 관계에 관한 규범적 신념 체계
중간 수준/중간	개별 국가의 국가와 사회의 기본적 조직구조의 특성과 관련	국가 내의 권력의 집중과 분산
하위 수준/협의	공공조직의 표준화된 관행, 규정, 일상적 절차 등	행위자들 간의 갈등을 중재하는 법적·관리적 규칙

제 3 절 사회정책 과정 분석에서 제도 개념의 유용성

사회정책 연구에 도입된 제도 개념은 대부분이 제도를 통해서 정책 선택을 설명하고자 하는 것들이다. 그 결과, 지금까지 사회정책 연구에서의 제도 개념은 정책 과정보다는 정책 산출에 주로 관심을 집중했다. 그러나 선택으로서의 정책 산출은 정책 과정의 결과물이다. 따라서 제도 개념이 사회정책 연구에서 유의한 기여를 하려면, 정책 산출뿐만 아니라 정책 과정과도 결합되어야 하며, 다행히 그 가능성은 충분히 있다.

구체적으로 보면, 우선 제도 개념을 사회정책의 의제 설정 과정에 도입하면, 과거에 형성된 제도(혹은 정책)가 가능한 의제 설정의 범위를 어떻게 제약하는지를 분석할 수 있다. 무엇보다도 제도 개념 중에서 광의 및 중범위의 개념은 의제 설정의 유형과 직접 관련될 수 있다. 즉, 사회의 권력 관계가 의제 설정의 유형을 결정하는 데 영향을 미칠 수 있는데, 예로서 국가와 시민사회 간의 권력 관계에서 국가의 권력이 강하면 콥과 엘더(Cobb & Elder, 1983)의 의제 설정 유형 중에서 동원형(mobilization model)이나 내부접근형(inside access model)이 많이 나타날 수 있고, 반대로 시민사회의 권력이 강한 경우에는 외부주도형(outside initiative model) 의제화가 되기 쉽다. 사회 내의 기본적인 문화나 관습, 헌법 제도 등 광의의 제도들도 의제화의 내용이나 방식에 영향을 미칠 수 있다. 문화나 관습에 배치되거나 헌정 질서에 위반되는 이슈는 공식의제화가 되기 어렵다.

무엇보다도 제도 개념은 사회정책 결정의 과정과 방식을 직접적으로 제약할 수 있다. 제도 개념 중에서 홀(Hall, 1992)의 유형화에 따르면 중범위의 제도 개념에 해당하는 사회집단 간의 권력관계는 사회정책 결정의 주도자와 참여자의 범위를 제약하게 되며, 정책 목표 설정에도 영향을 미친다. 그리고 정책대안 선택과 관련해서도 논의할 수 있는 대안의 범위를 제약할 수 있다. 반면에 협의의 제도 개념에 해당하는 의사 결정 및 갈등 해결의 규칙은 사회정책 결정의 체계 및 절차를 제약하게 된다. 물론 이는 정책 산출에도 영향을 미치게 된다. 가령, 거부점(veto point)의 수와 특성은 정책 결정의 방식은 물론, 정책 산출의 내용에도 상당한 영향을 미치게 된다. 그뿐만 아니라, 관례 등의 비공식적인 의사 결정 제도나 갈등 해결 기제의 경우도 사회정책 결정 과정에 결정적인 영향을 미치는 경우가 많다. 가령, 비공식적인 사전 내락이나 내부 조정절차 등의 경우가 사회정책 결정을 좌우하는 경우가 많다. 따라서 제도 개념은 사회정책 결정 과정을 설명하는 데서도 유용한 정보를 제공할 수 있다.

그럼에도 제도 개념은 근본적으로 정책 과정보다는, 그 결과로서의 정책 산출 내지는 정책 선택을 설명하는 데 유용한 이론 틀이다. 제도의 차이가 어떻게 정책 선택의 차이를 유발하는지를 보는 데 유익한 것이다. 그러나 이 경우도 유의할 점은 제도가 정책 선택의 내용을 결정하는 것은 아니며, 단지 제약을 한다는 점이다. 동일한 제도적 제약 하에서도 행위자들의 전략이나 인지 등에 따라서 상이한 정책 선택이 발생할 수 있으므로, 결정론적인 관점에서 해석하는 것은 경계해야 한다. [그림 6-1]은 제도 개념이 사회정책 과정을 어떻게 제약하는지를 간략하게 도식화한 것이다.

그림 6-1 사회정책 과정과 제도 개념

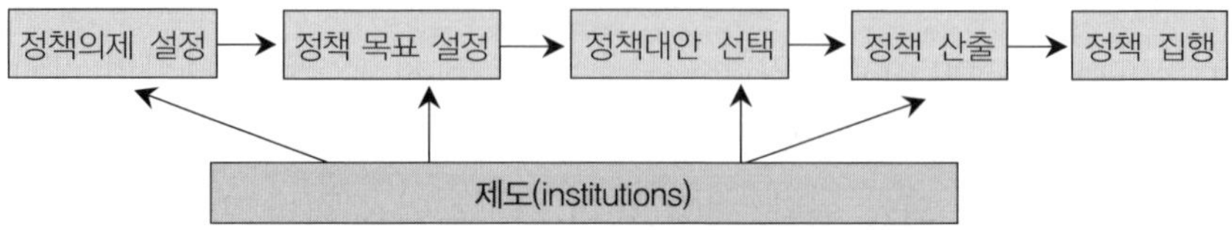

전반적으로 신제도주의는 제도를 통해서 정책 선택의 차이를 밝혀보려는 것으로서, 사회정책 과정의 내적인 동태성을 이해하는 데는 한계가 있다. 역사적 제도주의가 경로의존성을 강조하지만, 실제로는 제도가 어떠한 경로를 통해서 사회정책 과정을 제약하고, 궁극적으로는 이것이 정책 선택의 차이로까지 이르게 하는지에 대해서는 만족할 만한 답을 주지 못한다. 그리고 미시적인 측면에서의 의사 결정이나 갈등 해결의 제도 역시 현실적으로는 이러한 제도 자체와 실제 제도의 작동이 상이한 경우가 많기 때문에(물론 이 경우 비공식적인 제도 개념으로 보충할 수는 있지만), 제도 자체만으로써 사회정책 과정을 분석하는 데는 한계가 있다.

그리고 정책행위자가 제도를 자신의 인지나 이해관계에 따라서 상이하게 해석하며, 아이디어의 유통을 통한 정책 이전(policy transfer) 등을 통해서 발생하는 정책 변동이나 정책 진화 등을 설명하는 데는 어려움이 있다. 이 점에서 역사적 제도주의 등에서 '단절된 균형' 등의 개념을 사용해서 제도 변화를 설명하고, 이를 통해서 정책 변동의 기제를 유추할 수도 있지만(Parsons, 2003), 실제의 사회정책 과정 및 변동의 메커니즘은 이보다 훨씬 복잡한 것이라는 점에서 주의를 요한다.

정책 선택과 관련해서도 이를 제도의 개념만으로 해석하는 데는 무리가 있다. 그것은 정책 선택에 영향을 미치는 요인은 매우 복합적이기 때문이다(Young, 2002: 4). 정책 선택에는 환경적 요인은 물론, 행위자의 전략, 아이디어, 이해, 신념, 리더십 등 다양한 내적 요인들이 복합적으로 영향을 미친다. 따라서 제도의 차이가 정책 선택의 차이를 일정 부분은 설명할 수 있지만, 제도만으로 정책 선택을 보려는 것은 현실을 지나치게 단순화시키는 오류에 빠질 수 있다.

제 4 절 사회정책 과정 분석에서 제도 개념의 한계

1 제도 개념의 불명확성과 불충분성

무엇보다도 제도의 개념이 모호하며, 지칭하는 범위가 매우 추상적이고 포괄적이다. 따라서 구딘(Goodin, 1996: 1)은 "거의 모든 신제도주의자들이 제도의 개념과 범위를 규정하는 데서 너무나 모호하다"고 주장하고 있다. 제도가 중요하다고 하지만, 제도가 도대체 무엇을 지칭하며, 문화적 · 제도적 차이라는 것이 도대체 무엇을 의미하는가? 비공식적 제도의 범위는 어디까지인가? 특히, 홀(Hall, 1992)이나 아이켄베리(Ikenberry, 1988)가 언급하는 광의의 제도 개념은 현실에서 적용하기가 어렵다. 제도 개념에 대해서 학자들 간에 최소한의 공통점도 찾기가 어렵다. 따라서 현재 제도 개념은 개념 규정 및 방법론 면에서 다음과 같은 논란에 직면하고 있다.

첫째, 제도를 어떻게 규정하고 조작화하며, 측정할 것인가 하는 점이다. 누구나 제도의 중요성을 말하지만, 이를 측정하거나 조작화하고자 한 연구는 전례를 찾기가 어렵다. 따라서 신제도주의가 제도와 행위 간의 인과관계를 설명하고자 하지만, 그 인과관계의 정도를 구체적으로 설명하는 데는 한계가 있다. 따라서 설명의 신뢰성이 저하된다. 제도를 기술하는 데서도 제도의 개념이 지나치게 모호하고 추상적이다 보니 오히려 구제도주의보다 기술의 구체성이 떨어지는 면이 있다. 특히, 사회학적 제도주의에서의 제도 개념은 너무나 추상적이어서 이를 현실에 적용하기가 어려운 경우가 많다(Peters, 2001: 73). 제도가 선택을 결정하는 것은 아니라고 하지만, 제도 개념에 입각한 많은 연구가 제약한다(constrain) · 규제한다(regulate) · 영향을 미친다(influence) 등의 용어들이 혼용하고 있다. 따라서 이들 개념 간의 관계를 밝히는 것이 필요한데, 이들을 제도의 행위구속성 정도를 기준으로 [그림 6-2]와 같이 배열할 수 있다.

그림 6-2 제도의 행위구속성 정도와 관련된 용어들 간의 관계

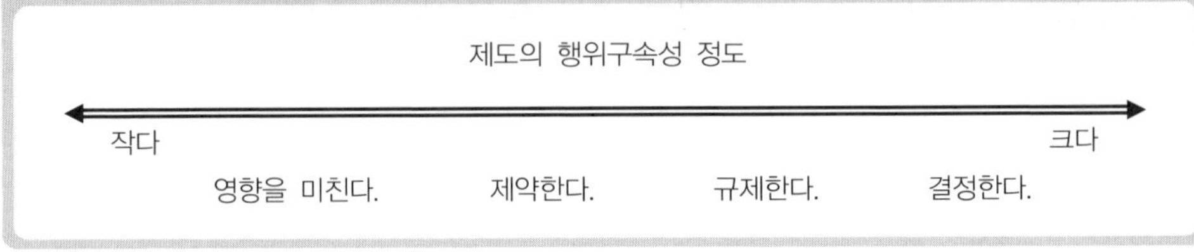

둘째, 제도가 상이한 정책 선택에 영향을 미치는 요인이라면 정책요인론이나 체제론 등에서 이미 오래전부터 논의해 온 정책환경 혹은 환경적 맥락과의 차이는 무엇인가. 그 보기로서, 정책 과정에 영향을 미치는 요인으로서의 정치 제도와 정치적 환경이라는 두 개념 간에는 무슨 차이가 있는가? 상대적으로 안정적이고 지속성이 있는 것은 제도이고, 가변적인 속성이 강한 것은 정책환경이라고 보아야 하는가? 그리고 흔히 사회구조론 등에서 이야기하는 구조(structure)와 제도 간의 차이는 무엇인가? 구조도 행위를 제약하는 것인데, 이는 제도보다 거시적인 것이며, 제도는 거시적인 구조와 미시적인 행위 사이에서 이를 매개하는 것인가? 이에 대한 논의는 일부 행해지고 있지만, 만족할 만한 답은 아직 없다.

셋째, 신제도주의에서는 제도가 선택을 제약한다고 주장하지만, 제도가 선택을 어느 정도, 어떠한 경로를 통해서 제약하는지 등에 대해서는 제대로 언급하지 않고 있다. 실제에서는 제도가 선택을 구속하는 정도가 획일적인 것은 아니며, 특정 국가의 문화적 배경과 정치 상황 등에 따라서 가변적이다. 그리고 행위자가 제도의 구속성을 수용하는 정도도 행위자마다 상이할 것이다. 따라서 '제도가 행위를 제약한다'는 주장만으로는 정책 선택의 차이를 유의미하게 설명하는 데 한계가 있다. 그렇다면 제도 개념 자체가 실증분석을 행하는 데서 한계가 있게 된다.

넷째, 제도 개념에서는 환류의 관점이 부족하다. 즉, 제도 개념에서는 제도가 행위자의 선택을 제약하는 것을 강조하지만, 그 반대의 경우에 대해서는 별로 주의를 기울이지 않는다. 그러나 실제로는 행위자의 선호가 변화함에 따라서 제도

의 형태에 영향을 미칠 수 있으며, 선택된 정책이 집행되면서 이것이 정책 산출에 역으로 영향을 미칠 수 있다(Spicker, 2006). 그 보기로서, 선택된 정책이 실패할 경우에 행위자들은 동일한 실패를 반복하지 않기 위해서 정책 결정 제도 자체를 점검할 것이며, 이는 정책 결과가 제도에 역으로 영향을 미치는 것이 된다.

다섯째, 방법론 면에서 제도 개념은 단일 사례의 분석에는 취약하다. 이는 기본적으로 제도의 개념 및 그 영향을 측정할 수 있는 변수의 개발 및 측정지표의 설정이 미흡하기 때문이다. 이 점에서 단일 사례를 대상으로 한 국내외의 제도 연구는 엄밀성 면에서 한계가 있다. 제도가 정책 선택에 미치는 개략적인 영향력이나마 파악하기 위해서는 비교연구가 거의 유일한 방법이다. 여기서 비교연구는 반드시 상이한 국가들 간에 비교를 해야 한다는 것은 아니며, 국가 내에서의 종단면 비교도 가능하다.

마지막으로, 신제도주의에서의 제도 개념은 제도들 간의 상충 가능성을 제대로 다루지 못하고 있다. 우선 공식적 제도와 비공식적 제도 간에 상충이 있다. 의사 결정 제도를 예로 들면, 공식적으로 법제화된 의사 결정의 규칙과 비공식적으로 작동되는 관례 간에는 괴리가 있을 수 있다. 이 경우 어느 것을 우선해야 하며, 어느 것이 행위구속성에 더 큰 영향을 미치는지 등에 대한 논의가 필요하지만, 신제도주의는 여기에 대해서 답을 내놓지 못하고 있다. 또 홀(Hall, 1992)이나 아이켄베리(Ikenberry, 1988) 등이 유형화했던 거시(혹은 광의) 수준의 제도와 미시(혹은 협의) 수준의 제도들 간에도 충돌이 있을 수 있다. 그 보기로서, 사회 내의 권력 관계는 한쪽으로 편중되어 있는데, 미시 수준의 공식적인 행위 규칙은 권력 분산을 전제로 하는 민주적인 것을 규정하고 있다면, 이들 상이한 수준의 제도 간에는 충돌이 발생할 수 있다.

2 제도와 현실의 정책환경

제도의 유효성은 해당 국가가 처해 있는 상황과 정치사회적 발전 정도에 따라서 상이하다. 즉, 유사한 제도(이 경우는 주로 공식적인 측면의 제도) 하에서 작동된다고 하더라도 선진국과 개발도상국 간에는 제도의 구속력과 작동 방식이 상이하다. 개발도상국은 대체로 제도와 현실 간의 괴리가 크다. 이는 어떤 면에서 공식 제도와, 문화·관습 등의 비공식 제도 간의 괴리라고 볼 수 있다. 따라서 생태주의 접근은 물론, 행태주의에 근간을 두는 비교정치론이나 비교행정론 등이 서구의 제도가 개발도상국의 현실에 제대로 접목되지 못하는 현실을 밝히고자 했던 것이다.

제도 개념은 그것이 사회적으로 지켜진다는 것을 전제로 한다. 지켜지지 않는 제도는 제도로서의 의의를 갖지 못한다. 그러나 현실에서는 제도가 제대로 지켜지지 않는 경우가 많다. 특히 개발도상국의 경우가 그러하다. 서구로부터 이식된 제도가 개발도상 국가에서 제대로 작동하지 못하는 것은 제도와 현실 간의 괴리에도 원인이 있지만, 이에 못지않게 행위자들이 제도를 준수하는 정도가 낮은 것도 큰 이유가 된다. 잘 지켜지지 않는 또 다른 이유는 제도를 지키지 않는 것이 행위자에게 유리한 경우이거나, 제도를 편의적이고 자의적으로 적용하는 경우, 제도가 지나치게 비현실적인 경우, 제도의 정당성에 동의하지 않는 경우, 제도 위반에 대한 감독 체계 및 벌칙이 부실한 경우 등이다.

제도들 간의 우선순위와 관련해 개발도상국에서는 법규와 같은 공식적 제도보다 관례 등의 비공식적 제도가 우선시되는 경향이 있다. 이 경우 자칫 법규(공식적인 의사결정규칙) 위반으로 인한 책임문제 등이 발생할 수 있다. 이는 우리의 경우에도 쉽게 목격되는데, 주요 정책 결정 과정에서 국무회의보다 대통령의 사전 내락이 중요시되거나, 공식적인 결재 과정보다는 비공식적인 사전 지시나 조정이 중요시된다. 제도에 따르는 의사 결정보다는 조직책임자의 결단에 의해서 중요한 안건이 결정된다. 이 경우 제도는 사후에 꿰맞추는 수준에 불과하게 된다. 국무총리가 제도에 규정된 대로의 권한을 행사하지 못하는 것이나 많은 정부위원회가 유명무실화되는 것도 마찬가지이다(조석준, 2004). 국회의 의사 결정과 관련해서도 상임위원회의 공식회의보다는 여야 간사들 간의 사전 협의가 중요하다거나, 본회의가 최종 의사 결정 기구이지만 실제로는 역할이 미미한 것 등 많은 예가 있다.

또 제도가 부재(不在)하는 경우도 있는데, 이때는 제도 개념을 통해서 현상을 설명하는 데 한계가 있다. 이 역시 개발도상국에서 많이 발생한다. 우리나라에서도 근대적인 법제, 의사 결정 제도, 정책 등의 역사가 일천해서 제도 자체가 불비(不備)된 경우가 많다. 이 경우에는 신제도주의가 주장하는 제도의 지속성이나 경로의존성 등의 개념이 성립하기 어렵다. 오히려 그보다는 선진국으로부터의 아이디어의 유입을 통한 정책 모방(policy imitation) 내지는 무임승차형의 정책 이전(policy transfer)이 많다(김영순, 2002). 따라서 사회정책 연구에서는 제도의 경로의존성뿐만 아니라 제도의 이전, 확산, 창출에 관한 논의도 필요하다.

다음에 제도가 있다고 하더라도 이를 인위적으로 변경시키거나 단절하는 경우가 많다. 따라서 제도의 변화가 잦으며, 제도의 불안정성이 높다. 우리의 경우, 과거의 제도를 부정하는 경향이 강하다. 정권이 바뀌는 경우는 물론, 기관장만 바뀌어도 기존의 제도를 폐지하는 경우가 많다. 그 원인은 쿠데타 등을 통한 인위적 정권 변동, 이전 정권의 정통성에 대한 불인정, 새로운 것을 보이려는 강박관념, 단기적 조망 등 다양하다. 이처럼 과거와의 단절을 강조하는 정치행정 풍토에서는 확립된 제도의 구속성은 줄어들 수밖에 없다. 전혀 다른 측면에서 최근에는 개혁의 방편으로서 업무 프로세스의 혁신, 새로운 사고, 관례로부터의 탈피 등을 인위적으로 강조한다. 이 경우에도 제도의 경로의존성은 적실성이 줄어들 수밖에 없다.

3 제도와 정책행위자

신제도주의에서는 제도가 행위와 선택을 제약한다. 물론 행위자가 제도의 틀 안에서 기계적으로 작동한다는 것은 아니지만, 신제도주의는 개인의 행위를 강조하는 행태주의와는 대조적으로 개인의 행위를 제약하는 제도의 측면을 중시한다. 그러나 현실에서는 제도와 행위자 간의 관계는 그렇게 단순하지가 않다.

첫째, 기본적으로 제도 개념은 사회정책 과정에서 행위자 개개인이 차지하는 역할을 과소평가하는 경향이 있다. 즉, 행위자의 제도 해석 및 창출 능력에 대해서 별로 주의를 기울이지 않는다. 이는 제도가 구조와 행위자 간의 관계를 매개하는 것이라고는 하지만(Clarke & Newman, 1997), 실제로는 신제도주의가 행태주의라는 행위자 중심의 접근에 반기를 든, 구조 중심의 접근에 가까운 것이기 때문이다. 역사적 제도주의처럼 제도 형성의 외재성 및 제도 변동의 우연성을 지나치게 강조하게 되면, 행위자 개인은 무력한 존재가 되지 않을 수 없다. 그러나 이는 정책 과정에 참여하는 주체적인 행위자의 실제 모습이라고 보기는 어렵다. 특히, 오늘날 정책결정자들의 상당수가 기업가적 행위자로서 제도 혁신을 주도하고 있음에 비추어 보면 알 수 있겠다(Crouch, 2007).

둘째, 제도의 행위구속성 및 이에 대한 행위자의 수용성 정도가 국가마다 또는 조직 특성별로 편차가 크다. 우선 국가의 정치·사회적 발전 정도에 따라서 행위자들이 제도를 내면화하는 정도가 다르다. 따라서 제도의 행위구속성이 국가마다 상이하다. 대체로 개발도상국이 선진국에 비해서 행위자들의 제도에 대한 수용성이 낮다. 기존 제도에 부여하는 정당성의 정도와 제도 설정 과정에서의 참여 정도가 낮기 때문이다. 또 국가 내에서도 조직 특성에 따라서도 제도 수용성 정도가 상이하다. 가령, 질서를 강조하는 계층제적 조직과 창의성을 강조하는 조직들 간에는 제도의 제약 정도와 성원들의 제도 수용 정도가 다를 수 있다.

셋째, 행위자가 제도를 재해석하고 재규정한다. 행위자는 제도에 의해서 수동적으로 제약을 받기만 하는 것은 아니며, 자신의 이해, 인지, 선호에 따라서 제도를 자신에게 유리한 방향으로 재해석한다(Hudson & Lowe, 2004). 제도를 해석하는 데서 정치적인 타협과 전략이 개입될 수도 있다. 따라서 제도의 행위구속성은 개인들 간에도 편차가 크다. 이 점에서 신제도주의는 주체적 행위자로서의 개인의 역할을 과소평가한다.

넷째, 제도를 인식하고 적용하는 데서 행위자는 상당한 재량을 행사한다. 심지어는 제도를 무시하거나 자의적이고 편의적으로 적용하는 경우도 많다. 이처럼 행위자들이 선택 과정에서 재량을 행사하게 되는 것은 무엇보다도 제도가 구체성이 결여되는 경우가 많기 때문이다. 제도 중의 상당수, 특히 법제화된 제도의 경우는 책임 회피용이 많으며, 이 경우는 행위에 대한 지침이 되지 못한다. 그리고 제도가 현실을 제대로 반영하지 못하는 경우에도 행위자들은 재량을 행사한다. 어떤 면에서는 제도의 비현실성을 방치함으로써 재량을 확대하고자 하는 성향도 있다. 이처럼 제도를 운영하는 과정에서 행위자들의 재량이 개입되면, 같은 제도라고 하더라도 행위자에 따라서 제도의 구속력이 달라진다.

다섯째, 관례 · 상징 · 문화적 인지 등 비공식적 제도의 경우도 점차 행위구속성이 약화되고 있다. 사회 변화가 급속도로 진행되기 때문이다. 이에 따라서 가치관의 혼란, 관습의 부정, 가치 체계의 다양화 등이 광범위하게 나타나고 있다. 따라서 행위 규칙이 과거와 같이 행위와 선호를 강력하게 제약하지 못하고 있다. 즉, 원자화된 개인이 좀 더 자유롭게 선택하고 행동하는 것이다. 그리고 오늘날 많은 조직이 선례보다는 혁신과 창의성을 장려하고 있는데, 이렇게 되면 행위자는 확립된 제도와 새로운 제도 간에 갈등을 경험하게 된다.

여섯째, 신제도주의, 특히 합리적 선택 제도주의는 사람이 합리적이기 때문에 제도를 만들고 지킨다고 본다. 개인들이 합의해서 만든 제도이건, 관습 등과 같이 사회적으로 주어진 제도이건 제도를 지키게 하는 유인구조가 있으며, 제도를 지키지 않는 경우에는 공식적인 제재 아니면 사회적 비난이라는 벌칙이 가해진다. 따라서 제도가 개인의 이익을 크게 침해하지 않는 한에서는 이를 잘 지키는 것이 합리적이다. 그러나 행위를 하는 배경은 합리성만으로 설명하기 어려운 경우가 많다. 사람은 합리성과 계산에 따라서만 행동하는 것이 아니라, 이타적으로 때로는 감정적으로 행동하기도 한다. 물론 이렇게 되면 제도와 행위는 별개로 작동한다.

4 제도와 정책 과정

신제도주의에서의 제도 개념은 제약으로서의 제도적 맥락과 선택으로서의 정책 산출 간의 관계를 설명하는 데 유용하다. 그러나 제도 개념은 사회정책 과정의 내적인 동태성, 즉 행위자들 간의 동태적인 상호 관계를 분석하는 데서는 한계가 있다. 이 점에서 제도 개념은 과정적 관점이 취약하며, 제도가 정책 산출을 제약하는 경로에 대한 설명이 부족하다. 제도 개념을 사회정책 과정 분석에 적용할 경우의 한계점은 다음과 같다.

첫째, 제도 개념은 정책 변동을 설명하는 데 취약하다. 따라서 정책 변동을 유발하는 다양한 요인을 설명하는 데 한계가 있다. 물론 신제도주의에서도 제도와 정책의 변화를 논하지 않는 것은 아니지만, 기본적으로 제도와 정책의 안정성과 지속성에 초점을 두고 있다. 이 점에서 신제도주의에서의 제도 개념은 정태적인 속성이 강하다.

둘째, 정책 변동을 설명할 때 제도라는 단일의 외적 요인에 의존하는 것도 한계로 지적된다. 전술했듯이, 정책 변동의 원인은 매우 복합적이고 다양하다. 물론, 합리적 선택 제도주의는 행위자들의 이해와 편익을 제도 개념과 부분적으로 결합하지만, 기본적으로는 그것들이 독립적 지위를 갖기보다는 제도 형성을 설명하기 위한 하위 개념으로서 의의를 갖는다. 그러나 실제의 정책 과정에서는 전략이나 학습 등의 개념이 제도와는 무관하게 작동되거나, 새로운 아이디어의 도입으로 인해 정책 산출이 달라지는 경우가 많다.

셋째, 제도 개념으로서는 사회정책 과정의 정치적 성격을 설명하는 데 어려움이 있다. 사회정책 과정은 다양한 이해관계자들이 참여하는 정치적인 과정으로서, 상당 부분은 제도와 무관하게 발생한다. 그리고 킹던(Kingdon, 2003)의 주장처럼, 정치적 기회구조가 일종의 정책 창(policy window)으로서 사회정책 과정을 왜곡시킬 수 있다. 사회정책 과정에서는 관료정치이론에서 주창하는 것처럼 행위자들 간에 정치적 게임이 발생하기도 하며, 옹호연합모형의 주창처럼 행위자들이 신념 체계에 근거해서 정치적으로 대립할 수도 있다(Sabatier & Weible, 2007). 그리고 사회정책 과정에서는 외부 고객집단의 입장이나 지지도 중요하다. 따라서 제도가 정치 과정을 제약할 수는 있지만, 실제로는 그 정도가 미미할 수 있으며, 심지어는 제도와는 무관하게 전개될 수도 있다.

넷째, 제도 개념은 사회정책 과정에서 개입하는 감성 · 인상 · 직감 · 감정 · 연고 관계 등의 비(非)합리적이거나 초(超)합리적인 요인들을 제대로 설명하기가 어렵다. 전술했듯이, 신제도주의 특히 합리적 선택 제도주의에서의 제도 개념은 기본적으로 합리주의를 근간으로 한다. 그러나 실제로는 인간의 행위는 합리적으로는 설명되기 어려운 측면이 많다. 사회정책 과정도 마찬가지이다. 합리성에 기반을 두어야 상대방에 대한 설득력이 높아지겠지만, 그것만으로 자신에게 유리한 정책 선택이 담보되지는 않는다. 다른 행위자들과의 상호작용 과정에서 다양한 정치적이거나 비합리적인 것들 혹은 직관이나 경험 등도 동원함으로써 자신의 의도를 관철하고자 한다. 이 점에서 파슨스(Parsons, 2003)의 "정책 과정은 본질적으로 합리적이거나 경제적인 것이 아닌, 정치적인 것이다"라는 주장은 설득력이 있어 보인다.

다섯째, 동일한 제도의 제약 하에서도 정책 선택의 변이가 다양하고 큰 경우가 많다. 이러한 경우에는 제도의 행위구속성이라는 개념의 취지는 퇴색된다. 이때는 제도가 정책 선택에 직접적으로 영향을 미치는 요인으로서보다는 매개적 역할이 크게 된다. 즉, 제도가 정책 선택에 영향을 미치지만, 정책 과정에서 다양한 다른 요인이 개입함으로써 다양한 경로의 정책 선택을 유발하는 것이다. 그 보기로서, 정책 과정과 시점(timing)의 관계를 검토하면, 특정 정권의 임기 초반과 임기 후반은 비록 제도적 요인은 동일하더라도, 행위자들의 행동 유형이나 정책 선택은 상이할 수 있다.

여섯째, 사회정책 과정에서는 권력 관계가 중요한 이슈가 되지만, 제도 개념은 이를 분석하는 데 한계가 있다. 물론 전술한 아이켄베리(Ikenberry, 1988)는 중간 수준에서의 제도를 국가 내의 권력의 집중과 분산을 의미하는 것으로 이해하고 있으므로 국가기구들 간의 권력 관계를 제도 개념을 통해서 상당 부분 분석할 수 있다. 그러나 이 경우에도 정책 과정에 참여하는 주요 행위자들 간의 미시적 권력 관계를 이해하는 데는 한계가 있을 수밖에 없다. 권력은 공식적인 국가기구나 이익집단 등과 같이 조직이나 집단 단위에서도 행사되지만, 행위자 개인들 간의 관계에서도 행사되는 것이다. 따라서 정책 과정 분석에서 권력의 문제를 이해하기 위해서는 거시적 차원에서의 국가와 시민사회 간의 권력 관계, 중범위 수준에서의 정부기구들 간이나 이익집단들 간의 권력 관계, 그리고 미시적 차원에서의 개별 행위자들 간의 권력 관계가 적절하게 연계되어야 한다. 이 경우 제도 개념은 거시적 차원과 중범위 수준의 권력 관계는 어느 정도 분석할 수 있지만, 미시적인 차원의 권력 관계를 이해하는 데는 취약하다. 이 점에서 자원의존관계를 통해서 행위자들 간의 상호작용을 이해하는 정책 네트워크 모형이 적절하게 결합될 필요가 있다(Blom－Hansen, 1997).

마지막으로 사회정책 과정 분석에서는 영향 요인으로서의 정책환경이 고려되어야 한다. 사회정책은 진공 속에서 형성되는 것이 아니라, 행위자들이 통제할 수 없는 다양한 요인 간의 상호작용의 결과로서 형성된다(Peters, 2004). 그러나 제도 개념은 정책환경과의 관계에서 모호함이 많다. 제도가 행위자의 선호와 정책 선택을 제약한다는 면에서는 정책환경의 일부분이기도 하다. 그러나 정책환경 중에는 정치적 이슈나 우발적 사건 등과 같이 가변적인 것도 많은데, 이러한 것들은 제도의 개념으로 설명하기가 어렵다. 제도는 기본적으로 안정성과 지속성을 가지기 때문이다. 따라서 정책 과정과 정책 산출에 영향을 미친다는 점에서는 정책환경과 제도 개념이 공통점이 있지만 양자를 구분하는 것은 쉽지 않다. 그리고 체제론 등에서 정책환경의 개념을 정책 연구에 도입할 때는 환류의 관점을 동시에 고려하고 있다. 그러나 제도 개념은 제도가 정책 선택을 어떻게 제약하는지에 주로 관심이 있을 뿐, 이러한 정책 선택이 어떻게 환류되며, 역으로 제도에는 어떠한 영향을 미치는지에 대해서는 관심이 별로 없다.

제 5 절 결 론

신제도주의는 제도의 차이가 어떻게 정책 선택의 차이를 가져오는지를 잘 설명한다. 이 점에서 신제도주의가 강조하는 '제도가 중요하다'는 명제는 타당성이 있어 보인다. 그러나 제도 개념은 사회정책 연구에서 유용성이 큰 만큼, 모호하고 불확실한 면도 많다. 제도가 중요하다고 해서 이를 지나치게 과신해서는 안 되며, 제도로써 정책 선택의 모든 것을 설명하고자 한다면 이는 학문적인 만용이 아닐 수 없다. 어떤 면에서 신제도주의에서 이야기하는 제도 개념만으로는 사회정책 과정은 물론, 정책 선택도 만족할 만하게 설명하기가 어렵다. 정책 선택에는 제도 외의 다른 많은 요인이 동시에 영향을 미칠 수 있기 때문이다. 그리고 선진국에서 통용되던 제도의 행위구속력이 개발도상국에서는 제대로 작동하기 어려울 수 있음도 지적되었다. 따라서 제도의 유용성을 인정하는 만큼, 사회정책 과정 분석에서 제도 개념이 가지고 있는 한계에 대해서도 고민해야 한다. 이 시점에서 우리는 '제도가 중요하다'는 명제 못지않게, '제도가 과연 그렇게 중요한가?'라는 의문도 동시에 가져볼 수 있어야 한다. 사회정책 과정의 동태성을 이해하기 위해서는 제도 개념은 다음과 같은 점들에서 보완될 필요가 있다.

첫째, 사회정책 과정 분석을 위해서는 다양한 개념을 결합하는 통합적인 개념 틀이 모색되어야 한다. 특히, 체제론은 정책환경, 정책 과정, 정책 산출을 일련의 과정론적 관점에서 바라본다. 신제도주의는 제도가 정책 선택을 제약한다고 하지만, 이러한 과정론적 관점에 입각해 보면 정책 과정을 제대로 설명할 수 없으면 정책 선택도 충분히 설명하기가 어렵다. 정책 산출이란 정책환경이나 제도의 영향 하에서 자동적으로 도출되는 것이 아니라, 동태적인 정책 과정의 결과물이기 때문이다. 따라서 제도 개념은 정책 과정을 좀 더 잘 설명하는 이론모형인 정책 네트워크모형, 관료정치모형, 다원주의모형, 옹호연합모형 등과의 결합과 상보(相補)가 필요하다. 이를 통해서 사회정책 과정에서의 제도와 행위자 간의 길항(拮抗) 관계를 좀 더 잘 밝힐 수 있으며, 그 결과 정책 산출도 좀 더 잘 설명할 수 있다.

둘째, 환경적 맥락과 제도의 관계를 이해해야 하며, 이러한 환경적 맥락의 차이에 따라서 제도의 행위구속력이 상이해질 수 있음을 인식할 필요가 있다. 즉, 제도 개념을 적용하는 데서 좀 더 유연한 사고가 필요하다. 제도가 정책 선택을 제약하지만, 그 정도는 각 국가의 고유한 환경적 맥락, 정책 결정의 시점, 리더십 행태, 심지어는 돌발적이거나 우발적인 상황 등이 작용해 매우 가변적일 수 있다. 이러한 경우에 제도가 생각만큼 안정적인 것이 아니라, 불안정한 속성을 가질 수 있음도 이해할 필요가 있다.

셋째, 관련 개념들 간의 관계가 정립되어야 한다. 즉, 환경·구조·제도·행위의 개념들이 상대적 관계 속에서 이해되어야 한다. 이들 개념을 절대적으로 구분하기는 어렵다. 우선 환경과 제도의 관계에서, 행위를 제약한다는 측면에서 제도 역시 환경적 맥락의 일부분이 될 수 있다. 그러나 다른 한편으로 제도는 환경으로부터 제약을 받는다. 사회정책 과정 분석에서 환경적 맥락은 정치·경제·사회적인 요인들 중에서 좀 더 거시적이고 가변적인 속성이 강한 것이라고 볼 수 있으며(Cochran et al., 2003), 제도가 행위를 구속하는 데서 편차를 가져오게 하는 외적 요인이라고 이해된다. 물론 양자 간의 관계는 상대적이다. 제도라고 해서 항상 안정적인 것만은 아니기 때문이다. 제도와 구조를 구분하는 것은 더욱 어렵다. 실제로 양자를 혼용하는 경우가 많으며, 구분하는 경우에도 개념의 범위를 학자들마다 상이하게 이해하고 있다. 즉, 구조를 제도보다 상위 개념으로 이해하는 경우가 있는가 하면, 그 반대로 보는 경우도 있다(이호철, 1996). 그러나 기본적으로 구조의 개념이 좀 더 거시적이고, 사회적이고, 고착화된 개념으로 이해한다. 제도와 행위의 관계도 신제도주의는 이것들이 쉽게 구분되는 것으로 보고 있지만, 실상은 그렇지 않다. 양자를 분리해서 설명하는 것이 쉽지 않음은 물론, 행위가 반복되고 유형화되면 제도가 되는 것이다(Waarden, 1992). 따라서 양자 간의 관계도 상대적인 것이다.

넷째, 거시·중간·미시 수준의 제도 간 및 다양한 형태의 제도 개념들 간의 관계를 규명하는 것이 필요하다. 그리고 제도 개념을 현실의 사회정책 과정 분석에 사용하려면, 각 수준별로 조작화하고 측정지표를 개발해야 한다. 사실 홀(Hall, 1992)이나 아이켄베리(Ikenberry, 1988)의 각 수준별 정의에 의하면 제도가 의미하고 지칭하는 범위는 너무나 다양해서, 제도가 아닌 것이 없을 정도이다. 현재 제도가 구체적으로 무엇이며, 이러한 제도가 어떻게 정책 선택을 제약하는지를 측정할 수 있는 변수나 지표를 개발하려는 노력은 매우 부실하다. 제도들 간의 관계 정립 역시 매우 소홀하다. 공식적 제도와 비공식적 제도 간의 관계, 비공식적 제도 내에서의 문화, 규범, 관습 등 다양한 개념 간의 관계에 대한 논의는 거의 없다. 따라서 제도 개념은 매우 폭넓고 융통성 있게 사용될 수 있다는 장점이 있지만, "만병통치약이 실제로는 어느 병도 제대로 치유하지 못한다"는 함정을 가지고 있다. 향후 제도 개념이 사회정책 과정 분석에서 좀 더 유용해지려면, 그 의미를 좀 더 명확하게 하고, 나아가서는 제도 개념을 측정할 수 있는 수준으로 조작화하며, 좀 더 구체적인 지표를 개발하는 것이 필요하다.

다섯째, 제도가 정책 선택에 미치는 영향을 과대평가하거나 제도 개념의 유용성을 과신하는 것은 피해야 한다. 여러 요인 중에서 영향력 있는 하나의 요인 정도로 인식하는 것이 현실적이다(Young, 2002). 제도 개념 못지않게 행위자 요인도 중요하다. 행위자로서의 개인 혹은 집단의 이해·자원·전략·권력 관계·인지와 아이디어·리더십·신념 등도 정책 과정에서는 중요한 요인들이다. 물론, 이 경우 제도는 상대적으로 좀 더 구조적인 요소로서, 행위를 제약하는 요인으로서 작용할 수 있을 것이다. 제도 개념이 행태주의를 비판하면서 등장했지만, 사회정책 과정 분석에서 양자는 다 같이 유용하며, 상호 교류와 융합이 필요하다.

여섯째, 사회정책 과정별로 제도가 수행하는 역할에 대한 실증적 연구가 필요하다. 구체적으로 의제 설정 과정에서 제도는 의제 설정의 유형을 좌우하는 데 큰 영향을 미치게 된다. 예로서, 중범위 수준에서의 제도 개념 중에서 권력 관계로서의 제도의 영향이 그것이다. 그리고 제도는 차후의 정책의제의 범위를 제약할 수 있다. 즉, 제도 개념에 입각하면 확립되어 있는 제도나 정책을 벗어난 파격적인 정책의제는 채택되기가 어렵다. 정책 결정 과정과 관련해서는 미시적 제도로서의 의사 결정 제도 내지는 규칙은 정책 결정의 방식에 영향을 미치며, 중범위 제도로서의 권력 관계는 정책 결정의 주도자 및 참여자의 범위를 제약함은 물론, 가능한 정책대안의 범위를 제약한다. 권력자원을 많이 가진 행위자의 이해나 의사에 반하는 정책대안이 구상되기는 어렵기 때문이다. 그리고 제도로서의 법과 규칙에 위반되는 정책대안도 고려되기가 어렵다. 정책 산출 측면에서 제도는 이를 제약하는 역할을 수행하는데, 이 경우에도 제도가 어떻게 정책 산출에 영향을 미치게 되는지에 대한 경로를 파악해야 한다.

일곱째, 제도의 형성 및 변동에 관심을 두는 것 못지않게, 제도의 이전·확산·수렴에 대한 연구도 필요하다. 오늘날과 같은 세계화 시대에 제도는 한 국가 내에서 형성되고 변동되는 데 그치는 것이 아니라, 국가를 넘나들면서 이전되고 확산된다. 국가 내에서도 민간기업의 관리 방식이나 제도가 정부조직으로 이전되고 있다. 따라서 제도와 정책 선택의 관계를 보다 잘 이해하기 위해서는 제도의 형성이나 변동 못지않게, 제도의 국가 간 및 조직간 유통에 대한 연구도 필요하다.

여덟째, 제도와 행위자 간의 상호작용에 대한 관심이 제고되어야 한다. 신제도주의는 기본적으로 행위자보다는 제도의 측면에 주안점을 둔다. 물론, 합리적 선택 제도주의의 경우는 행위자가 제도를 형성하는 측면에 주목하지만, 이 역시 이렇게 형성된 제도가 행위를 어떻게 제약하는지에 주로 관심을 두는 점에서는 다른 분파들과 차이가 없다. 그러나 사회정책 과정에서의 행위자는 단순한 수동적인 존재는 아니다(Marcussen & Kaspersen, 2007). 행위자는 제도의 제약을 받지만, 제도를 만들고 재해석하기도 한다. 따라서 제도의 행위구속성 정도는 행위자마다 편차가 크다. 그리고 행위자들 중에는 제도가 있으니 이를 따르고자 하는 것이 아니라, 자신의 선호에 맞게 혹은 자신의 이해에 유리하게 제도를 변경하거나 새롭게 창출하고자 한다. 여기에는 공식 제도인 법규의 개정을 주창하는 것으로부터, 비공식적인 관습이나 규범 등을 혁신하려는 행위까지 광범위하게 포함된다. 따라서 제도 개념이 사회정책 과정 분석에서 좀 더 유용성이 있으려면, 제도 및 제도의 행위구속성에 대한 이해와 더불어, 행위자가 제도를 재해석하고 변경하는 측면도 이해를 해야 한다. 즉, 제도와 행위자 간의 관계는 쌍방향적 관계임을 이해할 필요가 있다(Peters & Pierre, 2005).

마지막으로, 제도와 행위자 간을 연결시켜 주는 개념이 필요하다. 즉, 신제도주의는 제도가 행위와 선택을 제약하는 면을 강조하지만, 그 과정이나 경로에 대한 분석이 부족하다. 이 점에서 신제도주의는 자신이 비판했던 행태주의와 같은 비판에 직면할 수 있다. 즉, 신제도주의가 행태주의로서는 동일한 혹은 유사한 사회적 맥락이나 경제 수준 하에 있는 국가들 간의 상이한 정책 선택을 설명할 수 없다고 비판했듯이, 신제도주의 역시 유사한 제도적 속성 하에 있는 국가들 간의 상이한 정책 선택을 제대로 설명하지 못한다는 비판에 직면할 수 있다. 유사한 제도적 제약 하에서도 행위자가 이를 어떻게 인식하고 수용하느냐에 따라서 제도의 행위구속성이 달라지는 것이다. 따라서 제도와 행위자를 연결하는 개념이 개입되어야 신제도주의의 설명력도 높아질 수 있다. 따라서 제도 개념은 환경적·구조적 맥락→제도→정책행위자의 인식 및 선호의 차원(이해·신념·인지·감정·아이디어·선호)→정책행위자의 행위 및 선택의 차원(행위·전략·상호작용(타협·갈등·리더십)→정책 산출→집행 및 환류로 이어지는 수정된 개념 틀 속에서 이해되는 것이 더욱 현실적일 것이다.

[그림 6-3]은 이상에서 논의한 내용들을 토대로 구성한, 이 연구에서 제시하는 사회정책 과정 분석을 위한 통합적인 개념 틀이다.

결국, 아무리 좋은 개념 틀이라고 하더라도 선진국에서 개발된 것을 무조건 이식해 적용하는 데는 한계가 있다. 상황에 따른 취사선택과 변용(變容)이 필요하다. 대부분의 사회과학이론이 그러하듯이, 제도 개념도 전적으로 선진국 학자들에 의해서 개발된 것이다. 이러한 제도 개념이 선진국에서 풍미하게 된 데에는 선진국의 현실을 적절하게 설명할 수 있었기 때문이다. 즉, 제도 개념과 관련해서 선진국에서는 다음과 같은 조건들이 비교적 잘 충족되어 있었다. i) 제도와 현실이 상당한 정도 부합한다. ii) 제도가 광범위하게 존중되고 지켜진다. 따라서 제도의 행위구속력이 강하다. iii) 제도 자체가 상당한 정도로 합리적이다. 따라서 제도가 안정적으로 유지된다. iv) 지속되는 선행의 제도가 있으며, 따라서

그림 6-3 사회정책 과정 분석을 위한 통합적 개념 틀

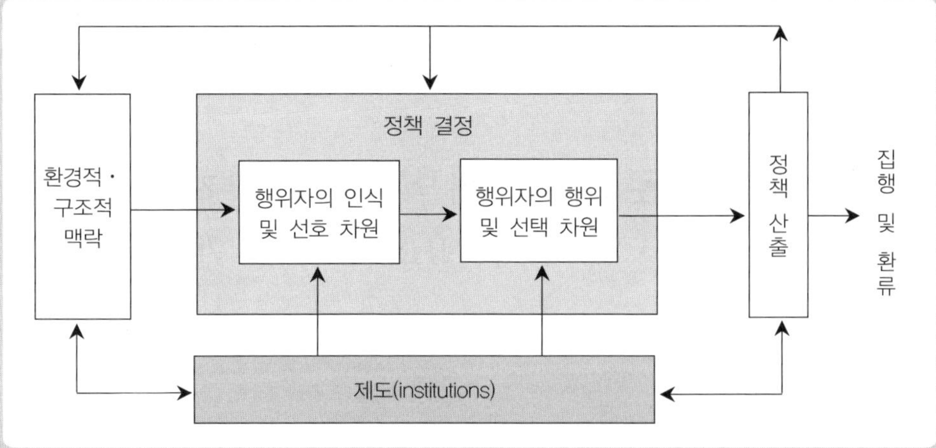

제도는 경로의존성이 강하다.

그러나 개발도상국들에서는 이러한 조건들이 갖추어지지 못하는 경우가 많다. 제도와 현실이 괴리되고, 제도가 지켜지지 않는 경우가 많다. 비합리적인 제도가 많으며, 따라서 행위자들이 제도를 존중하지 않거나 별도의 행위 규칙을 따르는 경우가 많다. 확립된 제도가 부재하는 정책 영역이 많으며, 제도 변화가 급속하게 발생하는 경우가 많다. 따라서 선진국에서 잘 적용되던 제도 개념이 개발도상국들에서는 잘 적용되지 않을 수 있는 것이다. 이 경우의 연구 자세는 선진국의 관점을 맹목적으로 추종하기보다는, 냉정한 평가와 비판을 통해 취사선택해서 적용하는 것이 필요한 것이다. 사회과학에서는 어느 개념도 신화의 영역에 남아 있을 수는 없기 때문이다.

제 7 장

이데올로기와 개별 사회정책과의 관계:
영국 NHS의 구조 개혁을 중심으로

제 1 절 서 론

한 사회의 사회복지정책이 변화하는 과정에는 다양한 요인들이 상호작용적 영향을 미친다. 이러한 요인들 중에서 특정 시기에 그 사회를 지배하는 중심 이데올로기(ideology)는 간과될 수 없는 요소일 것이다. 이데올로기란 '반드시(ought)'라는 규범적 요소와 더불어 '왜(why)'와 '어떻게(how)'라는 설명적 요소를 내포하면서(Baldock et al., 1999: 71) 사회를 결집시킬 뿐만 아니라 이를 진단해서 존속 혹은 변화의 방향을 제시하는 중요한 지침이기 때문이다(예를 들어, Marx & Engels, 1949; Mannheim, 1950). 이러한 이유 때문에 사회정책의 변화에 대한 논의는 이데올로기적 담론을 수반하기 마련이다. 특히, 자본주의적 생산 체제와 민주주의적 정치 체제가 공존하는 서구 복지국가와 같이 사상적 유연성이 확보된 사회에서 이데올로기와 사회정책 간의 관계는 다양한 학문적 논의의 소재를 제공해 왔다.

이데올로기의 가장 단순한 도식화는 '좌(left wing)'와 '우(right wing)'의 구분이지만, 이 선상에는 다양한 입장과 지칭이 존재한다. 예를 들어, 조지와 윌딩(George & Wilding, 1976)은 복지와 관련된 이데올로기를 반집합주의(anti-collectivism) · 소극적 집합주의(reluctant collectivism) · 페이비언 사회주의(Fabian socialism) · 마르크스주의(Marxism) 등으로 구분하고 있으며, 피츠패트릭(Fitzpatrick, 2001: 120-138)은 극우(radical right) · 보수주의(conservatism) · 사회민주주의(social democracy) · 마르크스주의(Marxism) 등으로 구분하고 있고, 딘(Dean, 2006: 20-24)은 자유주의(liberal) · 보수주의(conservative) · 평등주의(egalitarian) · 공화주의(republican) 등으로 구분하고 있다. 이러한 이데올로기들은 특정 시기 복지제도 변화에 주도적 역할을 수행했지만 그렇다고 해서 배타적 영향력을 발휘하지는 못했다(Baldock et al., 1999: 71).

이러한 이데올로기와 사회복지정책 간의 관계에 대한 연구는 크게 두 가지로 나눌 수 있다. 먼저 복지국가 발달과 관련된 논의로서 제2차 세계대전 이후부터 1970년대 초반까지의 복지국가 확대기를 설명하는 사회민주주의 및 국가개입주의, 1980년대 이후 복지국가 축소기를 설명하는 신자유주의, 그리고 1990년대 후반 이후 현재까지 복지 재편의 시기를 설명하는 '제3의 길' 논의 등이 있다(Clark, Cochrane, & Smart, 1987; Giddens, 1998 참조).[1)] 이러한 논의는 주로 특정 정당의 집권과 그 정당이 지향하는 이데올로기를 기본 전제로서 염두에 두고 있다. 두 번째로 이들 간의 관계는 복지국가 성격 및 유형화와 관련된 논의로 나타나기도 한다. 대표적인 보기가 에스핑-앤더슨(Esping-Andersen, 1990)의 복지국가 유형론으로서, 널리 알려진 바와 같이 서구의 상이한 복지국가 체제를 자유주의적 복지 체제, 보수주의적 복지 체제, 사회민주주의적 복지 체제 등으로 구분하고 있다. 사회복지정책과 이데올로기의 관련성을 논하는 연구는 최근 들어 이데올로기적 경직성이 가시적일 만큼 완화된 우리 사회에서도 활발한 모습을 보이고 있다. 예를 들어, 김용익(2002)은 2000년 우리 사회를 뜨겁게 달구었던 '의약분업

1) 물론 좀 더 세부적으로 살펴보면, 평등과 같이 이데올로기가 복지제도의 발달에 미치는 영향은 극히 미약하며, 이보다는 경제 발전과 이로 인한 다양한 사회문제의 대규모화가 직접적인 원인이라는 주장도 있다(Wilensky, 1975).

사태'를 자본주의와 사회주의라는 이데올로기적 요소를 중심으로 논하고 있으며, 원석조(2002)는 건강보험의 통합문제를 좌파와 우파라는 이데올로기적 기준으로 다루고 있다. 또한 비슷한 시기에 출판된 김연명(2002)의 책은 김대중 정부 이후 한국 사회의 급격한 사회복지정책의 변화가 신자유주의적 경로를 밟고 있는지 아니면 복지국가 확대의 방향으로 나아가고 있는지를 심도 깊게 다루고 있다.

그러나 이데올로기와 복지정책의 관계에 관한 국내·외의 논의는 주로 전자를 통해 후자의 성격을 규정하거나 전자가 후자의 변화를 결정하는 방법 혹은 영향을 기본 전제로 상정하고 있다. 즉, 특정의 이데올로기라는 틀을 통해 복지제도를 재단하려고 할 뿐, 복지정책의 변화가 이데올로기에 영향을 줄 수도 있다는 전제는 간과되었다. 이러한 문제는 위에서 언급한 바와 같이 이데올로기가 사회 변화의 방향성을 규정한다는 개념이 학자들로 하여금 일원적 관계를 설정하게끔 유도했을 수 있다. 하지만, 제2차 세계대전 이후 영국에서 복지국가 건설을 위해 노동당과 보수당 사이에 형성되었던 사회적 대타협을 지칭하는 버츠켈리즘(Butskellism)이나, 1932년 루스벨트(F. D. Roosevelt)의 뉴딜(New Deal)정책 이후 레이건(R. Reagan) 행정부가 집권하기 전까지 미국 사회에서 나타났던 복지에 대한 민주당과 공화당 간의 암묵적 합의는 이데올로기가 복지에 영향을 미치는 것이 아니라 복지가 이데올로기적 대립을 중립화시키는 결과를 가져올 수도 있음을 증명한다. 이데올로기와 복지정책 간의 관계는 일방적이 아닌 쌍방적 영향 관계라고 할 수 있다.

이데올로기와 복지정책에 대한 기존의 논의가 가지는 또 하나의 문제는 '개별성'에 대한 고려가 없다는 점이다. 이들에 대한 기존의 연구가 거시적인 틀에서 이루어진 결과 한 사회의 주류 이데올로기와 전체 복지국가의 변화라는 맥락만이 주로 고려되었다. 그 결과, 모든 사회복지정책은 그 사회가 지향하는 이데올로기와 같은 경로를 가는 것으로 인식되었다. 그러나 이러한 인식은 두 가지 의문점을 제기한다. 첫째, 초점을 하나의 개별 사회복지정책의 변화에 맞출 때, 이데올로기가 미치는 영향력은 전체 복지국가 프로그램에 미치는 영향력과 비슷한 수준에서 나타나는가? 둘째, 위에서 지적한 바와 같이 개별 사회복지정책이 이데올로기적 대립을 중립화시키거나 전체 사회가 추구하는 이데올로기와 관계없이 진행될 수도 있지 않은가?

기존의 연구들은 이러한 의문들에 대해 극히 부분적인 대답만을 제시하고 있다. 예를 들어, 최근의 연금제도 개혁에 대한 논의는 첫 번째 의문에 대한 대답을 제시하는 것 같다. 최근 서구, 특히 영국에서 진행되고 있는 다층 보장 방식의 연금제도 개혁과 신자유주의 이데올로기 간의 관계를 고찰해 보면, 특정의 개별 정책은 전체 사회복지정책과 동등한 맥락에서 이데올로기로부터 영향을 받는 것 같다(World Bank, 1994; DSS, 1998; Holzmann & Stiglitz eds., 2001 등 참조). 이에 반해 두 번째 질문에 대한 대답을 구할 수 있는 연구를 찾기란 쉽지 않다. 대처(M. Thatcher) 정부 시기 영국의 국민의료제도인 NHS(National Health Service)에 대한 연구는 이 제도가 신자유주의라는 이데올로기로부터 어느 정도 자유로웠음을 보여 준다. 르 그랑드와 비자르(Le Grand & Vizard, 1998)의 연구는 이 시기 GDP 대비 국민의료비가 보수당의 선거 득표 결과와 결부되면서 완만하나마 지속적으로 증가했음을 보여 준다. 하지만 의료비 증가라는 변수를 통한 단순한 설명은 왜 NHS 제도가 연금제도와 같은 신자유주의적 경로를 밟지 못했는가를 충분히 설명하지 못한다. 특히, NHS 제도가 완만하나마 확대될 수밖에 없었던 궁극적 원인을 설명하는 데 한계가 있다. 이를 파악하기 위해서는 단순히 한 정권에서 나타나는 선거 결과의 변화 등에 초점을 맞추기보다 이데올로기적 성격이 상이한 두 개 이상의 정권 기간 동안 동일한 제도의 변화를 살펴보아야 할 것이다.

이러한 인식은 이데올로기와 복지제도에 관한 기존의 분석 틀에는 한계가 있으며, 이러한 문제를 해결하기 위해서는 특히 개별 사회복지정책의 구조적 변화에 초점을 맞추어야 한다. 양자의 관계에 관한 기존의 연구는 크게 두 가지 접근법을 취했다. 하나는 정권의 성격 변화와 새로운 정권이 지향하는 이데올로기의 등장 혹은 쇠퇴가 복지제도의 변화에 어떠한 영향을 주는가이다. '노동당 혹은 사회민주주의 정권의 등장과 복지국가의 성장 혹은 보수당의 집권과 복지국가의 후퇴' 등의 논리로 접근하는 방식이다. 다른 하나는 이들 양자의 관계를 증명하기 위한 수단으로서 복지정책에 할당되는 재정의 총량을 비교하는 것이다. 하지만, 첫 번째 접근법은 NHS와 같이 두 개 이상의 성격이 상이한 정부의 집권 기간을 거치면서도 변화의 근본 기조가 흔들리지 않는 복지제도를 설명하지 못한다. 두 번째 접근법은 일종의 결과를 놓고 원인을 추적하는 방식이다. 이는 음모이론(conspiracy theory)과 같은 동기이론(motivation theory)이 갖는 치명적인 결함으로서 증명 불가능성 때문에 사회과학적 일반화가 불가능하다. 결국, 이데올로기와 복지제도에 대한 기존의 연구 방법은 두 개 이상의 성격이 다른 정부의 집권 기간을 중심으로 특정 정책을 둘러싸고 나타나는 구조 변화 과정에 관심을 가짐으로써 보완되어야 한다.

따라서 이 장의 궁극적인 목적은 한 사회의 주류 이데올로기가 변화에 특별한 영향을 미치지 못하는 개별 사회복지정책 분야가 있다는 것을 밝히는 데 있다. 이와 더불어, 이러한 정책이 주류 이데올로기로부터 자유로울 수 있는 원인을 설명하기 위해서는 해당 정책의 구조적 변화와 관련된 문제들을 고찰해야 함을 지적하고자 한다. 이를 위해 영국의 NHS 제도를 논의의 대상으로 삼는다. 물론, NHS라는 하나의 제도만을 대상으로 이데올로기와 개별 사회복지정책 간의 관계를 논하기 때문에 과도한 일반화의 오류를 낳을 가능성이 있다. 하지만 이 제도를 선택한 이유는 서구 복지국가의 산실인 영국의 대표적 복지제도일 뿐만 아니라 트로이의 목마처럼 자본주의 사회에 침투해 있는 가장 사회주의적인 제도로서 이데올로기적 논쟁의 첨예한 대상이 될 수 있기 때문이다. 환언하면, NHS 제도를 선택함으로써 논의되는 복지제도의 대표성은 확보되었다고 볼 수 있다. 이와 더불어 이 제도가 가장 급격한 변화를 경험했던 대처 정부 이후부터 과거 정부와 이데올로기적 지향이 다른 최근 신노동당 정부 시기에 초점을 맞춘다. 이를 위해 복지와 이데올로기의 관계에 관한 다양한 문헌뿐만 아니라, NHS 구조개혁이 본격화되었던 1990년대 이후 영국 정부의 NHS 관련 각종 보고서 및 문서, 그리고 이에 관한 평가 자료들을 고찰한다. 마지막으로, 이러한 논의를 통해 한국 복지제도의 변화를 규정하고 설명하는 데 이데올로기가 차지할 수 있는 위치를 탐색해 보고자 한다.

제 2 절 NHS의 개혁과 핵심 쟁점

1948년 7월 5일 전격적으로 실시되어 전후 영국 복지국가 건설의 마지막을 장식한 NHS 제도는 두 가지 측면에서 사회보험의 원리가 지배적인 유럽 대륙과 다른 영국만의 독특한 의료제도를 창출시켰다. 첫째는 과거 빈민법과 1911년 의료보험 체계 하에서 자선병원이나 지방정부 등을 통해 개별적이고 산발적으로 제공되던 병원 서비스, 가정의(family doctors), 치과의사, 약사, 지역사회 간호(community nursing) 및 방문보건 서비스 등을 하나의 포괄적 체계로 재편했다. 다른 하나는 의료의 사회화로 압축 설명될 수 있는데, 조세 방식의 재원 조달 방법을 택함으로써 모든 시민이 지불 능력보다는 욕구에 기초해서 서비스를 제공받는 의료의 평등성을 확보하게 되었다(Glennerster, 2000: 50). 특히 두 번째 특징 때문에 영국의 복지국가를 왕관에 비유한다면 NHS는 왕관을 빛나게 하는 보석으로 지칭된다(Le Grand & Vizard, 1998: 75).

그러나 전체 영국 시민의 건강 증진을 궁극적인 목표로 삼고 있는 이 제도는 지속적인 변화를 거듭해 왔다. 제도 시행 4년 만인 1952년 무상의료의 원칙을 포기하고 처방전비(1실링) 및 치과진료비(1파운드) 제도를 도입했다. 1962년 파월(E. Powell)의 병원의 미래 계획(Hospital Plan)이 발표되면서 병원시설의 근대화와 더불어 구 단위 일반의 제도(district general practitioner system)가 정착하는 계기가 되었다. 1967년에는 샐먼(Salmon) 보고서가 출간되면서 의사와 간호사 간의 행정조직이 정비되었으며, 1968년부터 1977년 기간 동안에는 새로운 병원의 건립, 일반의(GP)에 대한 재정 지원 및 서비스 제공 의무의 강화를 특징으로 하는 일반의를 위한 헌장(GP's Charter) 제도의 도입과 행정 체계의 정비 등이 이루어졌다(Glennerster, 2000: 112－120; Lowe, 2005: 190－200). 하지만 변화의 폭이 가장 넓었던 시기는 '철의 여인'으로 불리는 대처(M. Thatcher)의 보수당 정권이 등장한 1979년부터 최근 노동당 정부의 개혁 시기까지를 들 수 있다. 이 시기 동안 준시장(quasi－market) 원리의 도입, 1차 의료 서비스의 재조직 등 NHS 구조에서 근본적 변화가 나타났기 때문이다.

1 보수당의 NHS 개혁

1979년부터 1990년까지의 대처 정부와 1990년부터 1997년 초반까지의 메이

저(J. Major) 정부를 통칭하는 보수당 정부는 신자유주의 이데올로기의 기치 아래 복지국가의 근본적인 구조 변화 및 대폭적인 재정 축소정책을 단행한 것으로 널리 알려져 있다. 이 기간 연금이나 가족수당 등 대다수의 국가복지 프로그램은 민영화 · 탈중앙화 · 급여 삭감 등 후퇴의 경로를 밟았다. 하지만 NHS 제도만큼은 과거 노동당 정부와 비교해서 커다란 차이점을 보이지 않았다. 특히, 1979년부터 1988까지 보수당의 NHS정책은 과거 노동당과 큰 차이가 없었는데, 1979년과 1983년 보수당의 강령에는 NHS에 할당되는 자원의 총량에서는 커다란 변화가 있을 것이라는 언급이 담겨 있지 않았다.

실제로 노동당 집권 기간 동안 NHS에 소요된 예산을 살펴보면 이러한 현상이 증명된다. 대처 집권 기간 동안 NHS 예산은 이전 노동당 정부 때보다 증가해서 평균 약 5% 정도에 머물렀으며, 메이저 정부에 들어서는 5.8% 로 증가했다(Le Grand & Vizard, 1998: 86, Table 4.1). 이는 NHS가 신자유주의라는 이데올로기의 영향으로부터 안전지대였음을 확인하는 대표적인 증거로 이용된다. 하지만 이 시기 NHS제도가 신자유주의로부터 자유로웠던 좀 더 정확한 이유를 분석하자면 재정적 측면과 더불어 구조적 측면의 변화와 그 동인(動因)도 함께 고찰해야 할 것이다.

보수당 집권 시기 NHS는 구조적 측면, 좀 더 정확히 말해 서비스의 공급 측면에서 대폭적인 수정을 경험했다. 이러한 변화가 가시적으로 나타난 시기는 대처 집권 후 10여년이 지난 1980년대 말부터이다. 대표적인 예가 1989년 백서(Working for Patients: DoH, 1989)의 발간과 이에 수반한 내부시장(internal market) 혹은 준시장(quasi-market) 원리의 도입, 1991년 환자권리헌장(Patient's Charter)의 실시(DoH, 1991), 1992년 국민의 건강(The Health of the Nation: DoH, 1992)의 발간을 통한 국민건강 목표의 설정 등을 들 수 있다.

이러한 구조적 변화가 발생하게 된 배경에는 몇 가지 이유가 있었다. NHS는 1948년 실시 이후 기본적으로 명령과 통제 기제에 근거한 관료 체계였다. 국가는 대부분의 병원을 소유 · 운영했으며, 모든 의사와 간호사를 포함해 병원에서 근무하는 모든 직원은 공무원이었다. 일반의(General Practitioner: GP)의 경우는 약간 달라 명목상 자영업자의 범주에 속했지만 의료행위를 위해서는 국가와 계약관계에 있어야만 했다. 이러한 시스템은 여러 가지 면에서 장점을 보여 주었다.

행위별 수가제가 아니기 때문에 과잉 진료의 동기가 발생하지 않았다. 실제로 진료 동기는 역방향으로 나타났는데, 의사들은 월급제 근무를 하기 때문에 진료행위를 줄여 업무 부담을 완화시키려는 움직임이 보였다. 이렇게 함으로써 대기자 명단(waiting list)이 늘어나면 그들의 사적 진료행위에 대한 요구가 높아지는 경향이 있었기 때문이다. 결국, 환자의 입장에서 볼 때 이러한 시스템은 행위별 수가제보다 서비스 공급자가 유발시키는 수요, 즉 과잉 진료로부터 자유로울 수 있었다. 이는 또한 '거시적' 차원에서 높은 효율성을 보여 주었는데, 보건 서비스에 할당되는 GDP의 양이 다른 국가들에 비해 상대적으로 적으면서도[2] 포괄적 서비스 제공을 통해 서비스의 수준은 뒤지지 않는 결과를 가져왔다.

하지만 다른 측면에서 볼 때 NHS는 여러 가지 불만족스러운 면을 가지고 있었다. 이 제도는 '미시적(micro)' 차원에서 효율성이 낮다고 일반적으로 간주되었다(Enthoven, 1985). 진료행위의 자율성이 보장되었지만 비용 계산 메커니즘이 부재한 상태에서 자원은 비용 절감과 무관한 방식으로 이용되었다. NHS는 역사적으로 결정된 치료 패턴에 고착되어 있었으며, 다른 대부분의 국가에서 보듯이 병원 중심적 · 기술집약적 서비스에 지나치게 의존했다(Kirkup & Donaldson, 1994). 이와 더불어, 백내장 · 탈장 등과 결부된 비교적 단순한 치료를 받기 위해서 오랜 시간을 기다려야 하는 문제도 발생했다(Frankel & West, 1993).[3] 결국 이 제도는 환자들의 욕구에 둔감하고 선택의 범위를 제한하는 반면, 그 내부에서 일하는 전문가들은 자신들이 봉사해야 되는 사람들보다 자신들의 이해를 추구하는 데 더 많은 관심을 갖는다고 인식되었다.

이러한 문제는 1988년 NHS의 항구적 난제였던 재정 위기와 결부되면서 더욱 심각해졌으며, 정치인들은 특정의 조처를 취해야 한다는 압박을 받게 되었다(Lawson, 1992). 이러한 배경에 따라 대처 정부는 백서 환자를 위한 업무(Working for Patients)를 통해 NHS 구조 개혁에 대한 안을 제시했으며, 여기에 담긴 개혁

---

2) 실제로 2002년 국가별 GDP 대비 총 의료비 지출을 보면, 프랑스 9.7%, 독일 10.9%, 이태리 8.4%, 스웨덴 9.2%, 노르웨이 9.9%, 일본 7.9% 등으로 영국의 7.&%보다 높다(OECD, 2005).

3) 예를 들어, 1988년 9월 총 대기자 수는 90만 명으로서 이 중 75.6%가 0~11개월을 기다려야 했으며, 10.2%는 24개월 이상을 기다려야 했다. 이러한 문제는 더욱 악화되어 1997년 3월 총대기자 수는 116만 4천 명 정도로 증가했으며, 이들 대부분은 0~11개월 기간 동안 대기자 명단에 올라 치료를 기다려야 했다(Le Grand & Vizard, 1998: 100).

내용은 1990년 제정된 '국민보건서비스 및 지역사회보호법(National Health Service and Community Care Act)'을 통해 입법화되었다.

백서를 발표할 때 NHS의 열악한 재정적 상황과 당시 집권당이 보수당이었다는 점을 고려한다면, 이것이 담고 있는 내용은 상당히 충격적이었다. 백서에는 자원 할당을 증가시키겠다는 계획이 전혀 없었으며, 노인들이 민간 사보험에 가입할 경우 세제 혜택을 부여한다는 계획을 제외하면 의료 보호(medical care)를 위해 사적 기금의 역할을 확대한다는 계획도 보이지 않았다. 대신, 대처 수상이 백서의 서론에서 "NHS는 앞으로도 계속 소득에 관계 없이 모든 사람이 이용할 수 있으며, 주로 일반조세를 통해 재원이 마련될 것이다."라고 밝히고 있다. 결국 보수당 정부 하에서도 재원 조달의 수준과 원천은 과거 노동당 정부와 비교해서 변함없이 지속되게 되었다.

1) 내부시장 원리의 도입

서비스의 공급 측면에서의 변화는 의료 서비스의 구매자와 공급자의 분리와 더불어, 공급자 간의 경쟁 체제가 도입을 특징으로 하는 내부시장(internal market) 혹은 준시장(quasi-market) 원리의 도입으로 대표된다. NHS에 내부시장 원리가 도입됨으로써 기존의 의료기관은 구매자와 공급자로 분리되었다. 구매자는 두 가지 종류가 있었다. 하나는 구(區) 보건국(District Health Authority)으로서 할당된 예산을 통해 해당 구의 인구 규모와 특성을 기준으로 2차 보호 서비스를 구매하게 되었다. 다른 하나는 기금 보유 GP(GP fundholder) 제도였는데, 이들은 등록된 환자 수가 11,000명 이상인 의사 중 이 계획에 자발적으로 참여한 사람들로서 정부로부터 예산을 할당받아 2차 보호 서비스를 구매할 수 있게 되었다. 하지만 기금 보유 GP들이 구매할 수 있는 2차 보호 서비스는 구 보건국에 비해 상대적으로 제한되었으며, 주로 긴급성이 요구되지 않는 수술 환자들을 위한 것이었다(Lowe, 2005: 354-356).

공급자 측면에서 볼 때, 병원과 다른 서비스 공급자는 서로 독립된 트러스트(trust)를 구축하게 되었다. 이러한 트러스트는 비영리 조직으로서 명목상으로는 여전히 NHS의 체계 내에 속했지만, 급여 지불, 서비스 전달, 복합적 기술의 사용

(skill mix) 등과 관련해서 특정의 자율성을 갖게 되었다. 더불어, 이러한 공급자들은 의료 서비스 제공을 위해 위에서 언급한 두 종류의 구매자들과 계약을 체결하게 되었다.

내부시장 원리 도입 이후 가장 놀라운 발전 중의 하나는 기금 보유 일반의(GP) 수의 증가였다. 1996년 4월이 되었을 때, 전체 일반의의 50%가 기금 보유 일반의였으며, 이들은 전체 인구의 52%를 담당했다(NHSE, 1996: 6). 이 계획은 점차 확대되어 1993년에는 등록 환자의 수가 7,000명인 일반의도 기금 보유 일반의가 될 수 있었으며, 그들이 구매할 수 있는 서비스도 지역사회 간호 서비스 및 발병 치료, 식이요법, 물리 치료와 같은 서비스로 범주가 확대되었다. 1995년에는 등록 환자가 5,000명이 되는 의사도 기금 보유 일반의가 될 수 있도록 기준이 완화되었다. 이와 더불어 좀 더 근본적인 변화가 나타났는데, 2개의 또 다른 기금 보유 일반의 제도가 새롭게 도입된 것이다. 이 중 하나는 기준 인원 이하의 환자가 등록된 의사들을 위한 것으로서, 등록 환자의 수가 3,000명인 의사도 자신들이 고용하고 있는 피용자 및 의약품, 지역사회 서비스 구매를 위해 일정 정도의 예산을 보유할 수 있게 되었다. 이러한 방식을 도입하게 된 배경에는 새로운 기금 보유 일반의를 찾기가 점차 어려워지면서, 이들이 완전한 기준을 갖춘 기금 보유 일반의가 되기 전에 사전 경험을 제공하자는 취지가 있었다. 다른 하나는 기준 인원 이상의 등록 환자가 등록된 의사들에게 적용되었는데, 이를 통해 다수의 개업의는 모든 병원 서비스 및 지역사회보호 서비스를 구매하기에 충분한 예산을 지원받았다(Le Grand & Vizard, 1998: 81).

위에서 언급한 바와 같이 1988년 백서는 1990년 '국민보건 및 지역사회보호법'의 제정을 통해 법률화되었으며, 1991년 4월부터 시행되었다. 구매자와 공급자를 분리하는 조직상의 변화는 난항 없이 달성되었으며, 모든 의료보호 공급자들은 이제 독립된 트러스트(trust)가 되었다. 이러한 과정은 다수의 병원이 정부로부터 독립되어 있던 1948년 이전의 상태로 돌아감을 의미하며, 이러한 이유 때문에 분리 과정은 커다란 어려움이 없었다(Glennerster, 2000: 188-189). 하지만 이러한 변화는 다른 문제를 야기했다. 가장 명백한 문제 중 하나는 바로 관리 및 행정담당 인력이 급격히 증가한 것이었다. 1990년부터 1995년 사이 행정 및 사무 직원의 수는 15% 증가했으며, 총괄책임자 및 고위 관리자의 수는 133% 증가했다

(DoH, 1996a). 이 결과, NHS 예산 중 행정비에 소요되는 비율이 개혁 전 8%에서 약 11%로 증가했다(Kings Fund, 1997). 전체적으로, 준시장 원리 도입을 통한 NHS 개혁은 많은 논쟁을 불러일으켰다. 지금까지 다수의 비판이 제기되었으며(예를 들어, Paton, 1992 참조), 몇몇 학자는 이러한 비판들을 평가해 보고자 시도했다(Le Grand & Bartlett, 1993; Robinson & Le Grand, 1994). 하지만 이러한 개혁이 성공했는지 실패했는지의 의문에 대해서는 아직도 의견의 일치를 보지 못하고 있다.

2) 환자권리헌장의 도입

내부시장 원리의 도입과 더불어 보수당 정부가 추진한 NHS 개혁의 또 하나의 축은 환자권리헌장(Patient's Charter)의 도입이다. 여기에는 환자가 기대할 수 있는 10가지의 보호권과 정부가 달성코자 하는 7가지 전국적 보호 기준이 명시되어 있다. 헌장에 명시된 10개의 권리 중 7개는 이미 존재하던 것들인데, 여기에는 지불 능력에 관계 없이 욕구에 기초해서 치료를 받을 수 있는 권리, 일반의(GP)에 등록할 수 있는 권리 등이 해당된다. 이 밖에 3개의 새로운 권리로서는 첫째, 환자의 정보 접근권이다. 이는 서비스의 질적 수준 및 최장 대기 기간 등을 포함해서 지역보건 서비스에 대한 자세한 정보에 접근할 수 있는 권리이다. 둘째로 모든 환자는 어떠한 치료를 받더라도 대기자 명단에 오른 이후 2년 이내에 치료를 받을 수 있는 권리이며, 셋째로 NHS에 대한 이용자들의 불만이 합당히 조사되어야 하는 권리이다(Le Grand & Vizard, 1998: 81). 좀 더 구체적인 내용을 살펴보면, 이 헌장에는 먼저 앰뷸런스 서비스에 대한 기준이 제시되는데, 도시지역은 14분 이내에, 비도시지역은 19분 이내에 응급 서비스가 도착해야 하며, 둘째는 외래진료소를 이용할 경우의 예약 절차인데, 모든 환자는 구체적인 예약 시간을 지정받고 이를 기준으로 30분 이내에 진료를 받아야 한다는 것이다. 셋째는 사고 및 응급 보호에 대한 기준으로서, 사고를 당한 환자는 지체없이 진료를 받아 어떠한 치료가 필요한지 평가되어야 한다는 내용이다(DoH, 1991).

이러한 목표들이 어느 정도 달성되었는가를 평가하기 위한 방법도 개발되었다. 매년 발행되는 'NHS 수행비교표(NHS Comparative Performance Tables)'를 이용하는 것인데, 이러한 표를 통해서 병원 및 앰뷸런스 서비스가 환자권리헌장에 제시된 기준 및 기타 정부가 도입한 기준들에 어느 정도 부합하고 있는지를 알 수 있게 했다. 구체적으로 수행비교표의 지표에는 외래환자 및 사고로 인한 응급환자의 경우 대기 시간, 취소된 수술 횟수, 탈장, 관절경 검사, 백내장, 복강경 검사를 위한 주간 수술 횟수의 비율, 내과수술, 비뇨기과, 외상, 정형외과, 귀, 코, 목, 안과, 구강수술, 성형수술 및 부인과 치료를 받은 환자 중 3개월 이내 치료를 받은 환자의 비율, 환자권리헌장에 제시된 시간 기준 이내에 도착한 앰뷸런스 서비스의 비율 등이 포함되었다(Le Grand & Vizard, 1998: 83). 병원등급표와 더불어 수행비교표가 처음으로 발표된 것은 1994년 6월이었으며, 여론의 집중적인 관심을 받았다. 처음 발표되었을 때는 심각한 논란이 있었지만, 이제는 구매자와 환자에게 중요한 정보 중 하나로 간주되고 있다. 1998년에는 이 계획을 확대해 병원에서 수술을 받은 환자의 사망률을 지표로 포함시키려는 제안이 있었다. 이는 또 하나의 중요한 발전을 의미하는데, NHS의 수행 결과, 즉 환자의 건강에 미치는 영향을 평가하는 최초의 시도 중 하나였기 때문이다. 반면, 이러한 조치는 문제를 야기할 가능성도 가지고 있었는데, 특히 병원은 자신들의 수행성을 높이기 위해 치료가 어려운 환자를 거부하는 동기를 제공했기 때문이다.

내부시장 원리의 맥락에서 볼 때 환자권리헌장의 도입은 흥미로운 발전이었다. 이는 시장에서처럼 이용자들의 욕구와 필요에 대해 NHS가 좀 더 적극적으로 반응하기 위한 도구였다. 하지만 시장과 달리 이는 전혀 다른 전통에서 도출된 전혀 다른 종류의 도구였다. 일반적으로 시장은 경쟁 메커니즘을 통해 공급자들을 좀 더 민감하게 반응하도록 만든다. 만약 구매자가 특정의 공급자로부터 받는 서비스에 대해 불만족을 느낀다면, 그들은 다른 공급자를 찾아보겠노라고 위협해서 해당 공급자가 서비스를 개선하도록 유인책을 제공하게 된다. 이에 반해, 권리헌장은 상의하달식 관리도구로서, 상징적으로는 새로운 소비자 주권주의(consumerism)를 목표로 하지만 관리자들의 지시에 따라 그 수행 실적이 향상되도록 고안되었다. 원칙적으로 권리헌장에 명시된 권리와 기준을 반대하는 사람은 없을 것이다. 보건 서비스 관리자들은 헌장에 제시된 기준들을 중요하게 간주하고 있으며, 특히 수치로 나타나는 결과에 민감하게 반응하게 되었다. 또한 이들은 관련 목표, 특히 대기 시간 축소 등의 목표를 달성하기 위해 상당한 시간을 투자하게 되었다.

그러나 몇 가지 문제는 여전히 남아 있었다. 몇 가지 권리(예를 들어 각 환자에 대한 담당간호사 지명 제도 등)는 형식적으로 운영되었으며, 상의하달식 특성도 여전히 남아 있었다. 즉, 환자에게 주어진 '권리'는 법적 구속력을 갖지 못하기 때문에 이의 실천은 법원의 판결을 통해서도 보장될 수 없는 경우가 많았다. 대신, 환자는 자신들의 권리 충족을 위해 관리자들에게 의존하게 되었을 뿐만 아니라, 관리자들은 수치적 목표를 달성하는 데만 초점을 맞추기 때문에 보호의 질적인 측면은 간과될 수도 있었다. 이와 더불어, 수치적 목표는 그 자체가 왜곡된 해석을 낳을 수 있었다(Boggott, 1994: 197).

3) 국민건강 개선

내부시장 원리의 도입, 환자권리선언의 실시와 더불어 보수당 정부가 추진한 또 하나의 개혁은 NHS와 별도로 국민건강 자체를 개선하려는 노력이었다. 1990년대 국민건강 개선에 대한 필요성이 인식되면서 보수당 정부는 아주 광범위한 전략을 개발하기 시작했다. 이러한 전략은 1992년 백서 국민의 건강(The Health of the Nation: DoH, 1992)에 구체적으로 명시되었는데, 다섯 개의 주요 목표 영역으로서 암, 심장병 및 뇌졸중, 정신질환, 후천성 면역결핍증 및 건전한 성생활, 그리고 사고가 선정되었다. 이러한 문제들이 선정된 이유는 첫째, 이들이 국민건강을 위협하는 주요한 문제였기 때문이며, 둘째 이와 관련된 부분에 대한 정책이 상대적으로 뒤처져 있었고, 셋째, 이러한 문제를 해결하기 위해 실증적 전략을 발전시킬 수 있을 정도로 위험 요인에 대한 충분한 지식이 구축되어 있었기 때문이다. 이러한 전략은 다양한 방법을 통해 실행되었다. 중앙정부 차원에서는 독립적인 내각위원회가 설치되어 전략의 실행을 감독했으며, 보건 담당기관들은 자기 지역 주민들의 건강 상태를 점검하고 욕구에 기반을 둔 서비스 계획을 주관했다. 지방에서는 모범이 되는 사례들을 알리기 위해 지방협력관들이 임명되었으며, NHS 실무위원회(the NHS Executive)는 각 지역에 '중심'집단(focus groups)을 설치했다.

그럼에도 불구하고 이러한 정책에는 몇 가지 비판을 수반했다(Baggott, 1994:

258－9).

첫째, 구체적이지 못한 목표들이 어느 정도 유용하게 이용될 것인가에 대한 불안감이 있었다. 새로운 정책은 계량적으로 측정 가능한 것에 관심을 보였으며, 심각하지만 수량화될 수 없는 문제들은 우선순위에서 배제되는 결과를 가져왔다.

둘째, 목표 달성을 위한 전략이 모호했다. 실제로 목표들 중 상당수는 정책 실행의 효과가 불분명한 영역이었으며, 몇몇 영역은 이미 올바른 방향으로 나아가고 있어 특별한 정책 실행의 도움이 필요 없었다. 따라서 정부가 이러한 목표들을 선택한 이유는, 이들이 어떤 방법을 통해서든 성취될 것이고, 그렇게 됨으로써 정치인들은 자신의 공적으로 돌릴 수 있기 때문이라는 의구심마저 대두되었다.

셋째, 이 계획은 의학적 모델에 기반을 둔 것으로서, 건강 증진보다는 질병예방에 더 깊은 관심을 갖고 있었다.

넷째, 목표 달성을 위한 전략이 내부시장과 어떻게 연관되는지가 명료하지 않았다. 구매자들은 국민건강 증진을 위한 목표를 수행하도록 임무를 부여받지만, 그들에게 주어진 예산이 기존의 치료 및 보호 서비스를 제공하는 데 1차적으로 이용되고 목표 실천을 위한 적절한 도구를 찾을 수 없는 상황에서 어떻게 자신들의 임무를 수행해야 되는지가 명확하지 않았다.

마지막으로 가장 논쟁이 되는 부분으로서, 이 전략은 상이한 사회집단 및 지역 간에 발생하는 의료의 불평등에 대해 전혀 언급하지 않았다. 의료의 불평등에 대한 문제가 제기되자 정부는 보건부 내에 하나의 위원회를 설치해 이 문제를 검토하도록 했다. 1995년 제출된 보고서(DoH, 1995)에서 이 위원회는 구매자들이 의료 불평등을 규명하고 해결하며, 이러한 개입을 평가할 수 있는 계획을 수립하도록 권고했다. 이 보고서가 나온 이후 NHS 실무위원회는 여러 지침을 통해 욕구가 가장 큰 지역에 자원을 집중하기 위해서는 보건 담당기관의 역할이 중요함을 강조하게 된다.

전체적으로 볼 때, 1980년대 후반부터 본격적으로 실시된 보수당 정부의 보건의료정책은 크게 세 가지 부분으로 정리할 수 있다. 첫째는 자원에 대한 압박이 가중되고 있는 상황에서 경영혁신만으로는 더 많은 서비스를 제공할 수 없다는 현실 인식에서 시작되었으며, 보수당 정부는 내부시장 원리를 통해 경쟁 체제를 도입함으로써 효율성을 증진시키고자 한 것이다(Glennerster & Le Grand, 1995). 둘째는 앞의 개혁 방안들이 충분치 않다는 인식에서 출발해 우수병원 선정(hospital league tables), 환자권리선언, 국민건강을 위한 목표의 설정 등 상의하달 방식의 관리기법을 도입한 것이다. 셋째는 국민건강의 질을 개선하기 위한 노력으로서 국민건강을 위협하지만 대응 정책이 부진했던 부분에 대한 집중적인 예방 프로그램의 개발이다.

하지만 이러한 개혁에도 불구하고 여전히 해결되지 않거나 새롭게 등장하는 문제들이 감지되었다. 실제로 1996년에 발행된 세 권의 백서(1996 b, c, d)는 1차 의료 서비스를 제공하는 일반의(GP)들의 다양한 운영 형태로 인한 1차 의료 서비스의 분절화 및 질적 차등성 · 경직성 · 의료 불평등 등의 문제를 집중적으로 언급하고 있다. 1차 의료 서비스의 분절화 및 질적 차이는 기금을 보유하는 일반의(GP)와 그렇지 못한 일반의들 간의 간극으로 인해 발생했다. 기금을 보유하지 못한 일반의 서비스를 이용하는 환자들은 기금을 보유한 일반의 서비스 이용 환자들보다 여러 가지 측면에서 낮은 서비스를 받게 된 것이다(Glendinning, 1998). 특히, 이러한 차이는 병원 서비스를 이용하는 경우보다는 일반의 진료소 내에서 의료 서비스를 받는 경우 두드러지게 나타났다.

서비스의 경직성 문제는 일반의(GP)들이 직접 제공하는 진료 서비스와 NHS 트러스트가 제공하는 지역사회 보호 및 기타 서비스들 간의 협력 관계의 부재, 일반의에 대한 전통적인 재정 지원 방식의 경직성 및 이로 인해 지역별로 상이한 의료 욕구에 능동적으로 부응하지 못하는 문제, 의사 · 간호사 및 다른 의료 전문가들 사이에서 전통적으로 발생해 온 경력 구조, 기술 및 전문지식의 분화 등에 기인했다(Glendinning, 1998).

내부시장 원리의 도입과 더불어 발생한 또 다른 문제는 의료 서비스에 대한 사회경제적 불평등의 증가였다. 일반의의 기금 보유는 서비스에 대한 접근성 · 질 · 비용의 문제를 해결하기 위해 시장 원리를 도입한 것으로서 병원 및 지역사회 보건 서비스를 재구성하기 위한 것이었다. 전체적으로 보아 이 정책은 병원 입원을 위한 대기 시간의 단축과 같은 소비자에게 민감한 문제들에서 어느 정도 개선을 가져왔다(Glennerster et al., 1994; Le Grand et al., 1998). 하지만 훨씬 더 의미 있는 변화는 기금 보유 일반의들 자신이 진료소 내부에서 발생한 것들이었다. 예를 들어, 이들은 일상적인 심리문제를 다루기 위해 상담전문가를 진료소 내에 고용했으며, 검진 및 소규모의 수술이 진료소 내에서 행해질 수 있게 되었고, 외래 환자를 위한 전문진료소가 수술실 내에 마련되어 환자에 대한 의사들의 접근성을 높여 주었다(Ennew et al., 1998). 그러나 기금 보유 일반의의 분포는 매우 불균형적이었다. 즉, 좀 더 풍요로운 지역에 있는 환자들은 열악한 도심지역에 거주하는 시민들보다 훨씬 1차 의료 및 병원접근성에서 훨씬 개선된 서비스를 받게 되었다. 이에 반해 열악한 지역에 사는 주민들은 의료 및 사회적 보호의 욕구가 훨씬 강함에도 불구하고, 이곳에 근무하는 일반의들은 보조 직원이나 추가 서비스 없이 혼자서 진료를 하는 비율이 높았다(Leese & Bosanquet, 1995; Lunt et al., 1997). 이러한 문제는 질병발생률 및 사망률의 불평등으로 연결되었다.

종합적으로 볼 때, 보수당 집권 기간 NHS 제도에 대한 구조 변화는 그 범위가 광범위했다. 이러한 개혁이 실패했는지 성공을 거두었는지를 두고 논란이 많다. 하지만 이러한 노력이 지속적인 재정 압박 상태에서 보건의료 서비스를 좀 더 효율화시키고자 하는 정부의 노력이었다는 점은 인정해야 한다.

2 신노동당의 NHS 개혁

1997년 집권한 현재의 신노동당(New Labour) 정부는 보수당의 유산, 즉 1차 의료 서비스의 분절화 및 질적 차등성 · 경직성 · 의료 불평등 문제를 해결해야 하는 과제를 안고 있었다. 하지만, 이러한 문제의 일부는 보수당 정부의 정책 결과가 아닌 1948년 NHS가 시작되면서부터 나타났던 것들이다. 일반의(GP) 및 치과의사 · 안과의사 · 약사 등 다른 가족의료 서비스 제공자들은 NHS 제도 초기부터 병원 및 지역사회보건 서비스와 별도의 재정 및 행정 체계를 갖추고 있었다. 특히 일반의들은 NHS로부터 독립된 자영업자로서의 신분을 유지하고자 노력했다. 그 결과, 일반의가 제공하는 서비스는 항상 공급보다는 수요의 문제를 발생시켰다. 왜냐하면 의료비 지출 수준은 환자들의 수요와 더불어 일반의 본인들의 전문적인 의료행위 패턴(예를 들어, 처방전 발급 및 임상실험 요청 등)이 결합되어 결정되었기 때문이다. 하지만, 일반의의 1차적 역할 중 하나는 더 많은 비용이 소요되는 병원 치료에 대한 '문지기(gatekeeper)'로서 의료비용을 절감하는 데 있었다. 이러한 수요의 문제로 인해 일반의들에게 제공되는 현금의 상한선을 설정함과 동시에 관리상의 엄격함을 가하자는 제안들이 나타났다(Elston, 1991). 1990년대 초반 영국의 의료정책은 1차 의료를 어떻게 운영할 것인가에 초점이 모아졌던 것이 바로 여기에 기인한다. 이 시기 다수의 의료정책 관련 문건들은 '1차 의료 중심의 NHS'라는 표현을 사용하게 되었다(NHSE, 1994). 이는 NHS의 자원 배분 및 활동의 중심이 병원 중심의 2차 의료에서 1차 및 지역사회 보건 서비스로 변화됨을 의미하며, NHS 전체의 틀을 결정하고 운영하는 데 일반의 및 기타 1차 의료 서비스 전문가들의 역할이 커졌음을 의미한다(Petchey, 1996).

이와 더불어 보수당 집권기 동안 시행된 NHS 정책, 특히 내부시장 원리의 도입은 또 다른 논란을 불러왔다. 이러한 논란의 핵심에는 일반의들의 예산 소유를 통해 병원 및 지역사회보건 서비스를 구매하거나 위임할 수 있는 기회가 확대된 것과 관련된다. 원래 일반의들의 기금 보유가 내부시장 원리 도입의 핵심 내용은 아니었으나(Glennerster et al., 1994), NHS를 1차 의료 서비스 중심으로 전환하는 데 핵심적인 요소가 되었다. 왜냐하면, 이를 통해 의료 보호의 구매와 제공에 관한 결정을 내리는 과정에서 최대한 환자의 욕구를 반영할 수 있었기 때문이다 (NHSE, 1994: para 1). 이 결과, 1997년 모든 일반의의 50% 이상이 기금 보유 의사이거나 기금 보유 그룹 소속이었다(Exworthy, 2001). 하지만 1990년대 NHS 개혁 과정에서 일반의들의 행동을 변화시키기가 극히 어렵다는 사실이 확인되었다. 이들은 NHS와의 독립적 계약자로서 자신들의 지위에 변화가 오는 것을 강력히 거부했다. 1990년부터 적용된 새로운 계약 조건에는 이들에게 매년 75세 이상의 노인들에 대한 건강검진을 실시하도록 새로운 의무를 부가함과 동시에 서비스 제공에 필요한 새로운 재정 유인책을 도입했지만, 전문가로서 이들의 입장을 바꾸지는 못했다. 그뿐만 아니라, 계약서에 새로운 내용을 강요함으로써 정부와 의사와의 관계는 악화되어, 노동당의 신임 보건부 장관은 더 이상의 변화를 강제할 수 없었다. 또한, 계약 내용의 변화를 통해 추가적이고 보편적인 서비스뿐만 아니라 이들의 질적 측면을 평가할 수 있는 기준들이 도입되었지만 일반의와 지역사회 보건 서비스 그리고 다른 NHS 서비스들 간에 발행하는 분절 현상을 해결할 수는 없었다. 1990년부터 일반의들과의 계약을 총괄하는 가족보건 서비스 당국은 병원 및 지역사회보호 서비스를 담당하는 부서와 분리되어 있었기 때문이다. 따라서 1차 의료 서비스와 지역사회 보호 서비스 제공자 간의 협력 관계는 극히 약했으며, 이들이 일괄적이고 통합된 체계를 이룰 가능성은 없었다.

마지막으로, 기금 보유 일반의들이 보유할 수 있는 처방전 예산의 범위를 제한했음에도 불구하고 1차 의료 서비스에 대한 지출은 여전히 수요 중심으로 이루어 졌을 뿐만 아니라 불공평하게 배분되고 있었다. 결국, 의료 서비스의 수준과 질에서 불평등의 증가는 내부시장 원리를 도입함으로써 나타난 결과라고 할 수 있다. 이러한 평가는 시장 원리의 자유로운 작용을 통해 NHS가 개선될 수 있으리라는 암시를 주기도 한다. 하지만, 현 정부가 해결해야 하는 1차 의료 체계 내에서의 불평등 및 불균형의 문제는 다분히 정치적인 성격을 가지고 있다. 기금 보유 제도의 폐지를 통해 보편적이고 조세재정 방식의 NHS를 확립하는 것이 노동당이 야당이던 시기부터 추진해 온 정치적 공약이었기 때문이다. 노동당은 집권직후 의료 불평등의 문제를 조사하기 위한 독립위원회를 구성했으며, 이 위원회는 모든 사회집단을 통해 남성과 여성의 사망률이 감소했지만 평균수명에서는 현저한 차이가 있음을 밝혀냈다. 특히 남성의 경우에는 심장병·뇌졸중·폐·암 자살이, 여성의 경우에는 순환기 질환과 폐암이 이러한 사회적 차이를 발생시키는 주요 원인으로 인식되었다(Acheson, 1998: 13).

종합적으로 볼 때, 노동당 정부는 출범과 동시에 NHS에서 증가하는 수요의 문제, 행정의 비체계성으로 인한 서비스의 분절성 혹은 경직성, 의료의 불평등 문제에 대한 해결 방안을 찾아야 했다. 해결 방안은 1990년 초부터 이미 예고된 바와 같이 1차 의료 중심으로 NHS 체계를 전면 재편성하는 것이었다. 실제로 집권 7개월 만에 발표된 새로운 백서(Secretary of State for Health, 1997)는 '근대화(modernisation)하라'는 기치 아래 NHS의 구조·조직·재정 조달 방법에서 대변혁을 예고했다.

1) 1차 의료 재조직

1차 의료 재조직의 핵심은 일반의(GP)의 기금 보유, 복합기금, 총괄 구매, 지역위탁단체 등의 기존 정책을 폐지하고 단일 조직인 1차 의료집단(primary care groups)을 구성하는 것이다([그림 7-1] 참조). 1차 의료집단은 한 지역에 있는 모든 일반의(GP)를 포괄하는데 약 50명의 일반의와 10만 명의 환자로 구성되며, 이의 책임은 다음과 같다.

- 지역 주민의 보건 증진
- NHS 트러스트로부터 지역사회 보건 및 병원 서비스 위임
- 일반의(GP)와의 협력을 통한 1차 의료 서비스의 개선
- 1차 의료와 지역사회 보건 서비스의 통합
- 서비스의 계획 및 전달 과정에서 지역사회 서비스와의 연계

그림 7-1 NHS의 행정 체계

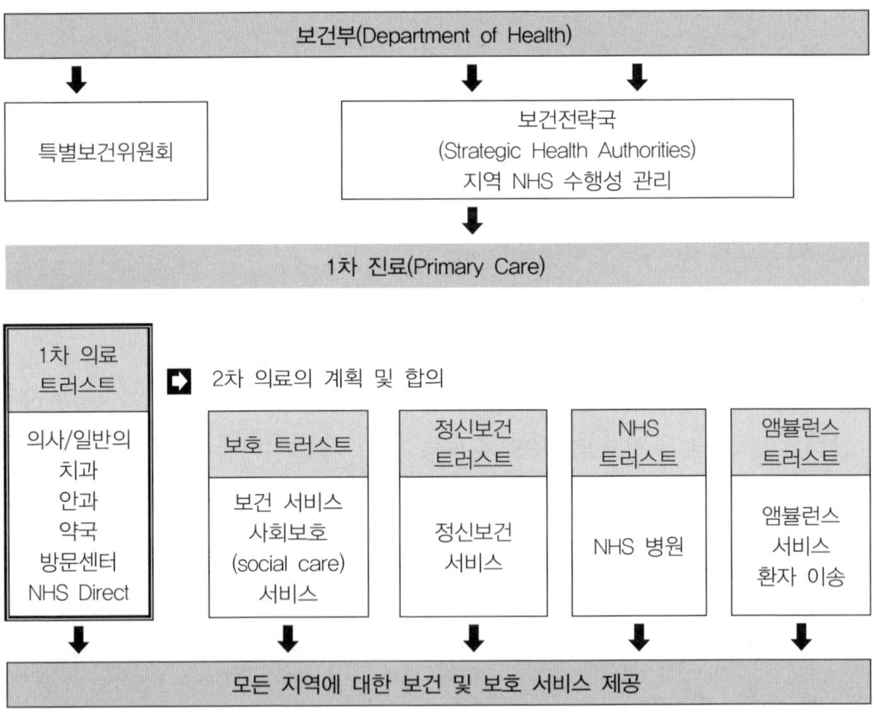

* 각 서비스에 대한 구체적인 내용은 김연명·박순우·전창배(2006: 36-45) 참조.
* 자료: NHS homepage 자료를 토대로 작성.

이러한 기능들은 보건 서비스의 개선을 위해 각 지역별 전략 수립을 내용으로 하는 '보건증진계획(health improvement plan)'이라는 포괄적인 틀 속에서 수행되었다. 1차 의료집단들은 지역보건국과 별도의 독자적이고 자율적인 역할을 수행하며, 이들의 자율성은 전문기술 및 조직 역량에 따라 4개 중 하나에서 결정된다. 이러한 과정을 거친 후 각 보호집단은 궁극적으로 완전한 자율성을 갖는 1차 의료 트러스트로 발전하며, NHS의 전반적인 경영구조뿐만 아니라 병원 서비스를 위탁하고 지역보건 서비스를 제공하는 책임을 맡게 된다. 1차 의료집단 혹은 트러스트는 과거 3개로 분리되어 있던[4] 예산을 단일화해서 운영하게 된다. 이 예산의 규모는 과거와 같은 지출 패턴에 근거하기보다는 지역의 인구사회학적 특성을 반영하는 새로운 재정 지원 공식에 의해 결정된다. 이들은 또한 좀 더 비용이 많이 드는 병원 서비스에 대한 '수문장'의 역할을 수행하기 위해 약품 처방 및 병원, 지역사회 보건 서비스에 소요되는 일반의(GP)의 예산을 설정하고 관리하게 된다.

1999년 4월, 481개의 1차 의료집단이 발족되어 잉글랜드 전체를 담당하게 되었다. 2년 후, 이들 중 260개가 충분한 조직적 역량을 갖추고 1차 의료 트러스트로 발전했으며, 이들은 잉글랜드 인구의 47.7%를 담당하게 되었다. 하지만, 1차 의료집단 중 다수는 다른 집단과 합병되었으며, 이 결과 총수는 424개로 축소되었다. 나머지 1차 의료집단은 2002년에 트러스트가 되었다. 1차 의료집단과 트러스트 간의 합병은 이 조직들이 담당하는 인구 규모에 깊은 영향을 미쳤다. 즉, 예정된 모든 합병이 진행될 경우 1차 의료집단이나 트러스트가 담당하게 될 평균 인구는 1999년 105,000명에서 193,000명으로 증가될 것이며, 합병을 통해 형성될 새로운 1차 집단 및 트러스트는 평균 224,000명을 담당하게 될 것으로 예상되었다(Bojke, Gravelle, & Wilkin, 2001). 2000년 2001년 영국 정부가 발표한 정책 제안서에는 1차 의료 트러스트가 욕구를 사정하고 모든 보건 서비스를 계획하며 건강을 개선하는 핵심 조직이 될 것이라는 정부의 기대가 담겨져 있다.

예산 및 지역 실정에 맞는 전략 수립의 책임을 1차 의료 트러스트로 이양하

4) 여기에는 전체 예산의 82%를 차지했던 병원 및 지역사회보건 서비스에 필요한 예산과 더불어 15%를 차지했던 GP의 처방전 예산, 3%를 차지했던 진료기구 및 컴퓨터, 보조원 등과 같은 부대비용이 해당된다(HFMA/NHSE, 2001).

는 것은 2002년 지금까지 지역 예산을 분배하고 지역보건 서비스를 계획, 위탁하는 데 핵심 역할을 수행해 온 지역보건국(local health authorities)이 해체됨으로써 완결되었다. 지역보건국은 소수의 전략보건국(strategic health authorities)으로 대체되어 약 150만의 인구를 담당하면서 다음과 같은 역할을 수행한다.

- '전략적 지도력(strategic leadership)'의 제공
- '강력하고 응집력 있는 전문 지도력(strong and coherent professional leadership)'의 보장
- 각 지역의 NHS 트러스트 및 1차 의료 트러스트의 수행성 관리
- 각 조직들 간의 진료망(clinical networks) 결성을 통해 보호의 질과 일관성을 개선할 수 있는 프로그램의 지원(DoH, 2001: 6-17)

결국, 1차 의료 트러스트는 "지역 주민들에게 제공되는 모든 서비스에 대한 책임을 지게 되며, 지역 서비스를 개선하는 데 주도적인 역할을 수행할 뿐만 아니라 제반 서비스를 지역의 욕구에 맞게 조정할 것이다"(DoH, 2001: 14).

헌터(Hunter, 1999: 19)는 NHS 1차 의료 체계에서 이러한 개혁을 '문화적 변혁'이라 칭했다. 이러한 변화는 한편으로 과거부터 진행되어 온 변화를 지향하는 정책이 강화되었음을 의미하지만, 다른 한편으로는 핵심 영역에서 구조적 · 문화적 변화가 나타나고 있음을 의미한다. 이 중 가장 주목할 만한 것은 일반의(GP)의 지위 변화이다. 이제 일반의는 NHS 제도 내에서 계약상 독립적 지위를 유지하지만, 업무에 필요한 지원 · 자원의 수준 및 진료행위에 대한 통제권을 갖고 있는 조직에 소속되었다. 이러한 조직 개편을 통해 일반의는 NHS 관리 체계의 직접적 책임을 담당하게 되었다. 결국, 전문가의 자율성과 환자 옹호를 강조하던 기존의 입장에서 자원의 공평한 분배 및 제공되는 서비스의 질에 대한 협력적 · 집합적 책임을 강조하는 방향으로 전환된 것이다. 일반의가 주된 역할을 수행하는 조직에 NHS 자원이용권을 부여한[5] 분권화는 1990년대 초부터 시작된 의사결정 및 자원 할당의 책임을 일선 의료전문가들에게 이전하겠다는 정부정책의 완결편이라고 할 수 있다. 실제로, 과거 기금 보유 일반의 제도 하에서 일선 의사

5) 이는 현재 전체 NHS 예산의 75%에 이른다.

들은 극히 제한된 영역에서만 서비스 자원에 대한 통제권을 가지고 있었으며, 따라서 실질적인 혜택을 누리는 사람들은 기금을 보유한 일반의의 환자들뿐이었다. 하지만 이제 1차 의료 트러스트가 소속 지역 내 모든 병원 및 지역사회 보건 서비스, 처방전 발행, 일반의 진료에 필요한 기본 설비자원에 대한 책임을 담당하기 때문에 일반의의 자원통제권은 훨씬 확대되었다고 볼 수 있다.

2) 의료의 질 향상 프로그램 강화

신노동당 정부가 관심을 갖는 또 하나의 영역은 공평성(equity) · 공정성(fairness) · 보편성(universality)의 문제이다. 아래의 인용문에서 보듯이, 백서의 내용은 지속적인 치료와 양질의 서비스를 보장할 수 있는 '국민'보건 서비스의 구축을 바라는 신노동당 정부의 염원이 담겨져 있다.

> "여러분의 지불 능력이나 담당 의사 혹은 거주지에 관계 없이 오직 욕구에 근거해 (서비스가) 결정되는 것…… '국민'보건 서비스란 전체 국민에게 공정하고 지속적인 서비스를 제공할 수 있는 시스템을 의미한다"(Secretary of State for Health, 1997: 5, 55).

이러한 조치는 일반적인 수준에서 볼 때 내부시장 원리를 적용하는 과정에서, 좀 더 구체적으로 말하면 일반의(GP)의 기금 보유로 인해 발생한 다양성에 대한 정치적 반응이라고 할 수 있다. 하지만, 이는 또한 노동당 정부가 추진하는 NHS 근대화사업과 밀접히 연관되어 있다. 왜냐하면 이를 통해 양질의 의료 서비스를 전국적 수준에서 변함없이 유지할 수 있기 때문이다.

이를 위해 먼저 언급해야 될 것이 NICE(the National Institute for Clinical Excellence)의 설치이다. 이 기구는 효과적이고 비용 절감적인 치료 형태를 규명 · 추진하고 이러한 치료를 전달하는 방식을 모색하기 위해 설치되었다. 이는 또한 특정 치료에 소요되는 비용의 감당 가능성 및 절감의 문제와 관련해서 정부에 조언할 뿐만 아니라 의료 여건의 관리를 위해 실증적인 진료 지침을 승인하는 역할을 수행한다.

두 번째로 지적해야 할 것이 NSFs(National Service Frameworks)의 도입이다. 이는 하나의 전국적 기준을 개발함으로써 제공되는 의료 서비스 혹은 치료집단을 각 영역별(예를 들어, 노인, 정신질환 등)로 구분하고 이들에게 필요한 핵심적 개입 방법을 규명하는 데 목적이 있다. 2001년 말까지 암 · 심장병 · 소아과 응급치료 · 당뇨병 · 정신건강 서비스 · 노인을 위한 서비스 등을 다루는 NSF들이 발간되었다.

세 번째는 CHI(Commission for Health Improvement)로서, 이는 NHS 트러스트 및 1차 의료 트러스트 등 다른 조직들의 수행성을 모니터하고 판단하는 책임을 수행한다. 여기에서 '수행성'이란 NICE의 지침 및 NSF가 충족되는 정도를 포함하며, CHI는 모든 NHS 조직의 수행성에 관한 보고서를 매 4년마다 작성해 서비스 접근의 공평성 · 비용효율성 · 환자에게 제공된 보호 및 반응이 적절한 결과를 가져왔는지 여부 등을 확인한다. 심사를 받은 기관의 수행성이 양호하게 나온 경우 자율성 확대 · 추가 재정 지원 등의 유인책을 제공받지만 수행성이 낮게 평가될 경우 정부가 파견한 외부인사가 관리직을 맡게 된다.

NICE와 CHI의 활동 및 NSF의 도입은 병원 혹은 지역사회에서 근무하는 모든 의료전문가에게 영향을 미쳤으며, 특히 오랜 독립의 역사를 고수해 온 일반의(GP)들에게 미친 영향은 지대했다. NHS 안에서 이러한 문화적 변화를 '진료관리(clinical governance)'라고 지칭할 수 있는데, 이는 진료와 관련된 의사 결정을 경영 · 조직적 틀, 좀 더 구체적으로 1차 의료 트러스트의 조직 체계 내에 편입시킨 것이다(Donaldson & Muir Gray, 1998: 38). 즉, 이는 의료 질의 개선을 위해 보호 과정뿐만 아니라 진료와 관련된 의사 결정을 포괄하는 조치이며, 진료 과정에서 내려진 제반 결정의 질 및 지속성에 대한 책임(예를 들어, NICE 지침 및 NSFs의 준수)을 NHS 조직 및 전문가들에게 전적으로 위임하는 것이다. 진료관리의 책임을 1차 의료 트러스트 및 다른 NHS 조직들에게 위임함으로써 전문적 규제의 초점은 정부 규제 · 전문가 집단에 의한 승인 등의 외부 기제로부터 '자체관리 조직 체계 · 절차 · 지침' 등의 내부적 기제로 변화되었다(Newman, 2001: 90). 1차 의료 트러스트가 진료관리의 임무를 수행하기 위해 사용하는 전략에는 다음과 같은 것들이 포함된다.

• 일반의(GP)를 위한 개발계획 수립
• 일반의를 위한 개별 학습 계획 수립
• 일반의 및 직원들을 위한 교육 행사
• 진료 전반에 대한 감사
• 심장병 치료지침 등 지역별 지침 개발

이러한 전략을 위해 1차 의료 트러스트는 다양한 재정 유인책을 고안해서 일반의들이 감사에 적극 응하거나 목표 달성을 위해 노력하고 서비스 질 향상을 위한 별도 계약을 체결하도록 권장하고 있다. 이와 더불어 1차 의료 트러스트는 소속 의료기관 및 개업 일반의들 중 수행성이 낮게 나타나는 경우 다양한 방법을 통해 이 문제를 해결해야 한다. 가장 일반적인 방법으로는 비공식적 논의·훈련 기회 제공·추가 자원의 할당 등이 있으며, 진료감사·수행성이 높은 다른 의료기관 및 일반의들에 대한 정보 제공 등의 방법도 이용된다. 처벌적 방법에는 자원 할당의 보류나 공식적 절차를 통한 제제 등이 있지만 거의 사용되지 않고 있다(Campbell et al., 2001).

이러한 조치가 환자들의 의료 서비스 평가에 어떠한 영향을 미쳤는지에 대한 구체적인 연구는 나오지 않았지만, 이러한 조치는 전통적으로 독립성을 강조해 온 일반의들에게 일종의 문화적 변화가 발생하고 있음을 의미한다. 이제 일반의와 다른 의료전문가들 간의 의사소통을 촉진할 수 있는 시스템이 마련되었으며, 특히 1차 의료 트러스트 내에서 일반의들의 진료 서비스의 질 및 기타 이용 가능한 다른 서비스에 대한 정보를 공유할 수 있게 되었다. 이를 통해 이러한 정보는 자신이 속한 1차 의료 트러스트 내에서 익명화가 불가능해졌으며, 심지어 몇몇 1차 의료 트러스트는 이러한 정보를 내부에서뿐만 아니라 일반에게도 공개하려는 움직임을 보이고 있다(Campbell et al., 2001).

3) 건강 증진 및 의료 불평등 해소

신노동당 정부가 역점을 둔 또 하나의 분야는 건강 증진 및 불평등 문제의 해결이었다. 이에 대한 관심 역시 1997년 백서에서 표명되었는데, 각 보건국은 현지에 있는 1차 의료집단이나 트러스트, 지방공공기관, 다른 이해 당사자들과 협력해서 주민들의 의료 욕구를 평가하고 이를 충족시킬 수 있는 전략을 강구해야 한다(Secretary of State for Health, 1997, ch. 4). 이와 더불어 NFS에는 질병 예방에 필요한 조치가 포함되도록 하고 있다.

그러나 일반의(GP)들은 1차 의료 트러스트에 속해 있음에도 불구하고 높은 자존감 때문에 이러한 변화의 장애물로 작용할 수 있다. 일반의들은 자율적 전문가로서 자신들의 역할을 강조해 왔으며, 개별 환자의 옹호자라는 역할에서 윤리적 의무를 찾고 있다. 하지만 개별 환자의 옹호자로서 역할과 전체 국민의 건강증진자로서 역할은 중복 및 상충될 수 있다(Gillam et al., 2001: 90). 이와 더불어, 1차 의료집단의 책임은 '건강 증진'이라고 명시되었지만 해당 문구의 해석 및 실현 방법을 놓고 의견 합의가 이루어지지 않아 혼란이 야기될 수 있다. 실제로 1차 의료 트러스트 내 핵심 관료들 사이에 '건강 증진'에 대한 해석이 분분한데, 한편에서는 이를 NHS의 핵심 활동으로 국한시켜 심장질환 및 정신질환 분야같이 NSF에 의해 서비스 개입 및 목표가 명확히 규정된 영역에 양질의 보건 서비스를 제공하는 것으로 인식하고 있다. 다른 한편에서는 질병의 경제사회적·환경적 원인의 해결 및 안녕의 추구라는 좀 더 광범위하고 구체화되지 않은 목표를 지향하는 것으로 이해되고 있다(Abbott, Florin, Fulop, & Gillam, 2000).

이 결과 몇몇 1차 의료집단 및 트러스트는 기준 지침의 도입, 장기 환자 등록체계 구축, 의료 욕구의 평가 및 서비스의 확립 혹은 확대 등 건강 증진을 위한 개입의 초점을 1차 의료 서비스 개발에 집중시켜 왔다. 이에 반해 다른 1차 의료집단 및 트러스트는 젊은이를 대상으로 한 성교육, 젊은 부모에 대한 지원, 운동처방, 사고의 예방, 1차 의료 체계 내에서 이용 가능한 복지급여에 대한 조언 등 좀 더 사전적이고 포괄적인 의료 증진 활동에 관심을 보여 왔다(Florin et al., 2002). 실제로, 대부분의 1차 의료집단 및 트러스트는 지역사회 개발, 레저, 교육, 보호자에 대한 지원, 사고 예방, 복지급여에 대한 조언 서비스 등 주민 건강에 직·간접적으로 영향을 미치는 다른 법정 서비스 및 사업들과 관계를 맺고서 재정을 지원하고 있다(Gillam et al., 2001). 여기에 할당되는 재정은 1차 의료집단 및 트러스트 전체 예산의 일부에 불과하지만 전통적으로 질병의 예방보다는 치료에 초점을 맞추어 왔던 NHS 체계에서 변화의 상징적 의미를 담고 있다.

다른 기관과의 적극적인 협력 체계를 구축하는 작업은 건강 증진을 위한 1차 의료집단 및 트러스트의 핵심 전략 중 하나이자 빈곤한 개인 및 지역사회에 무차별적으로 영향을 미치는 질병의 원인이 사회·경제·환경적 요인에 근거함을 인정한 것이라고 할 수 있다. 이러한 맥락에서 볼 때, 1998년과 1999년 사이에 잉글랜드 지역에 설치된 26개의 Health Action Zones(HAZs)는 관련 기관과의 협력을 강조한 대표적인 사례로서 지적할 수 있다. HAZs는 박탈의 정도가 높은 지역에 위치한 34개의 보건국과 73개의 지역보건국 그리고 총 1천 3백만 명의 인구를 담당하고 있으며, 1999년부터 3년 동안 총 2억 9천만 파운드의 예산을 할당받았다. 대부분의 HAZs는 해당 지역이 마련한 건강증진계획(Health Improvement Plan)의 틀 안에서 운영되지만, 이 계획의 목적을 실현하는 혁신적인 방법으로 자리잡았다. 이러한 혁신 방안 중 우선순위를 차지하는 것은 법정 단체, 자발적 기관, 지역사회 등 현지 이해 당사자들의 광범위한 참여를 유도하는 것이다(Barnes & Sullivan, 2002: 82).

그러나 1차 의료집단 및 트러스트가 책임지고 있는 건강 증진 프로그램과 HAZs의 발전은 중앙정부에 의해 주도되어 왔으며, 그 결과 매우 구체적이고 단기적이며 측정이 쉬운 건강 증진 및 질병 감소 목표들에 집중적인 초점이 맞춰졌다. 예를 들어, 런던의 램버스(Lambeth)나 서더크(Southwark), 루이셤(Lewisham) 지역을 담당하는 HAZs는 해당 지역의 아동·청소년의 건강 및 안녕의 증진에 초점을 집중하기로 결정했지만 1년도 채 되지 않아 중앙정부는 그들의 초점이 너무 협소하다고 지적했으며, 이들 외에도 맨체스터(Manchester) 등 다른 27개의 HAZs는 암이나 심장병 및 정신질환과 같은 국가적으로 우선순위가 높은 문제들로 초점을 변경하도록 권고했다(Barnes & Sullivan, 2002: 82). 이 결과 최근 1차 의료집단 및 트러스트들은 건강증진사업을 위한 우선순위가 심장질환의 축소 및 정신건강의 증진과 같은 전국 단위 NSF의 우선순위에 따라 결정된다고 보고하고 있지만(Gillam et al., 2001), 중앙정부의 통제력은 강화된 현상이 발생했다.

이와 더불어, 1차 의료집단들은 트러스트로 조직 확대를 도모해야 하는 당면 문제를 안고 있으며, 이러한 움직임은 다른 모든 활동을 위축시키고 있다. 그 결과 건강 증진 활동이라는 근본 목표는 위축됨과 동시에 강제력이 없거나 시급한 문제가 아닌 활동은 낮은 우선순위를 차지하는 문제점을 노출하고 있다.

노동당 정부의 NHS 개혁을 종합적으로 평가해 보자면 다음과 같은 결론을 내릴 수 있다. 첫째, 전문가의 자율권이라는 개념보다 관리의 개념이 우선순위를 차지한다는 것이다. 노스와 페컴(North & Peckham, 2001)은 앨퍼드(Alford, 1975)의 '구조적 이해관계' 이론에 따라 1차 의료집단 및 트러스트 내에서 일반의(GP) 및 다른 전문가들의 지위를 분석한 결과, '독점화된 전문가(professional monopolizers)'로서 이들의 지위는 '국가의 협력적 합리추구자(state corporate rationalizers)'라는 강요된 역할로 인해 심각하게 도전받고 있다고 결론지었다. 하지만 이러한 현상은 단순히 권력 관계 및 지배 체제의 직선적 재편만을 의미하지 않는다. 이 밖에도 전문가들의 관심을 유도해 의료 서비스 체제 내에서 협력적 문화와 비전을 창출하기 위한 분권화 · 권한위임 · 서비스의 질 및 기준에 대한 관심 고조의 방법 등이 동시에 사용되고 있기 때문이다. 결국, 이러한 문화적 변화의 과정에서 가장 중요한 요소는 1차 의료 트러스트가 자원 할당과 진료 서비스의 질에 대한 책임을 담당한다는 점이다.

이와 더불어, '협력적 합리추구자'의 개념은 획일적이고 전체주의적인 관리론을 거부한다. 월비와 그린웰(Walby & Greenwell, 1994)은 NHS 내에 '테일러리즘(Taylorism: 과학적 관리론)'과 '신물결 관리(new wave management)'라는 두 가지 상반된 관리 형태가 존재함을 지적한다. 테일러리즘에는 중앙화, 관리의 구체화, 효율성 증진, 기술숙련도가 낮은(따라서 비용이 적게 드는) 직원에게 위임 가능한 업무의 규명 등이 주로 해당된다. 이에 반해 '신물결 관리'에는 위임, 지방분권화 등의 업무가 해당된다. 이러한 두 가지 관리 방식은 현재 NHS 운영에서 명확히 나타나는데, 예산에 대한 책임을 일선 전문가들에게 위임한 것은 '신물결 관리'의 일환으로 인식될 수 있다. 이에 반해, 진료지침의 개발 및 이러한 지침을 준수 혹은 위반한 의사에 대한 보상 혹은 처벌 등의 진료관리 구조는 테일러리즘, 즉 '과학적' 관리 방식을 반영한다고 볼 수 있다.

하지만 이러한 두 가지 관리 방식 중 NHS 개혁의 무게 중심이 향하는 곳은 지방의 의료전문가 및 단체에 대한 중앙관리 방식의 강화, 즉 '과학적' 관리 방식의 강화라고 할 수 있다. 하지만, 이러한 중앙통제 양식의 강화는 1차 의료 체계의 변화를 통해 NHS를 개혁하려는 정부의 노력을 약화시킬 수 있다.

우선적으로 대두되고 있는 문제는 의료의 불평등 및 건강 증진과 같은 정부 개혁의 중요한 요소들이 좀 더 시급한 문제들로 인해 주변화되고 있다는 사실이다. 이는 단지 중요성 문제가 아니라 좀 더 쉽게 측정 · 평가될 수 있는 사안들이 좀 더 어렵게 측정 · 평가될 수 있는 사안들에 비해 우선적으로 다루어지고 있는 것이다. 의료전문가 및 단체의 활동 중 몇 가지는 쉽게 측정 · 평가될 수 있으며, 따라서 목표나 지표 등으로 전환될 수 있다. 하지만, 건강 증진이나 보건 서비스에서 양호한 결과의 획득 등과 같은 사안들은 평가 및 측정이 더 어려우며, 실천의 가능성도 낮다. 헌터(Hunter, 2001: 58)가 지적한 바와 같이, 정부의 보건 전략은 구조적 변화와 특정 서비스의 수행성 향상을 지속적으로 강조한 결과 "빛을 보지 못하고 주변화되었다."

둘째, 만약 일반의(GP)나 1차 의료기관에 근무하는 다른 전문가들이 자신들에게 주어진 '자율적 관리권'이 단순히 중앙의 지침이나 지표를 실행하는 것에 지나지 않는다고 느끼게 된다면 그들이 NHS 전체 관리 시스템에 통합되려는 의지를 약화시킬 수 있다.

셋째, 역량의 문제로서 NHS는 1990년대 초부터 조직 변화를 반복해 왔으며, 현재는 자원을 관리하는 데 한계를 보이고 있다. 대규모의 구조적 · 문화적 변화는 1차 의료 트러스트로의 중심 이동 및 책임 이전을 수반했으며, 이는 일선에서 서비스의 변화를 모색해야 하는 현지 의료단체들에게 심각한 긴장감을 야기했다 (DoH 2001: Appendix A).

헌터(Hunter, 2001: 60)의 주장처럼, "정부의 개혁 의제는 NHS와 같은 공공 서비스가 직면하고 있는 복잡한 관리 업무에 대한 무경험과 무지로 인해 구식의 관리 방식에서 탈피하지 못하고 있다." 결국, 영국 정부는 지금까지 지속해 온 개혁을 완성하기 위한 선결 조건으로서 좀 더 유연한 관리 체계를 강구해야 할 것이다.

제 3 절 NHS와 복지 이데올로기

지금까지 우리는 영국의 대표적 복지정책인 NHS를 중심으로 '신자유주의'와

‘제3의 길’이라는 상반된 이데올로기를 지향하는 두 개의 다른 정부의 개혁을 살펴보았다.[6] 이러한 작업을 통해 하나의 개별 정책이 과연 어느 정도까지 사회의 핵심 이데올로기로부터 영향을 받는지를 살펴보고, 복지제도와 사회 이데올로기 간의 관계에 대한 일원론적 또는 결정론적 결론을 내리고 있는 기존의 연구를 재검토하고자 했다.

NHS는 완성된 제도가 아니기 때문에 출범 이후부터 지속적인 변화를 겪어 왔다. 이러한 변화는 특히 1980년대 중반 이후 두드러졌는데, 소위 ‘내부시장(internal market)’ 원리로 알려진 경쟁 시스템의 도입이 있었고, 기존의 중앙집권적인 자원할당제도에서 NHS Trust와 기금 보유 일반의(GP)제도 등 재정분권화를 시도한 새로운 제도 운영 방식이 시작되었다. 1997년 노동당 정부의 집권 이후에도 상당한 변화가 나타났다. 대처(M. Thatcher) 정부의 유산인 NHS 트러스트와 일반의(GP) 등 1차 의료 체계에 대한 개혁이 진행되었다. 특히 주목할 만한 것은 의료의 질 향상을 위한 각종 프로그램이 본격적으로 도입된 점이다. 예를 들어 ‘표준진료지침’ 개발을 위한 기구인 NICE의 설립과 의료기관 평가 및 의료의 질을 사후적으로 감시하기 위한 별도의 기구인 CHI와 CHAI 설립 등이 그것이다.

이러한 일련의 개혁 과정을 보면 이데올로기란 동전의 양면과도 같은 특징을 보이는 것 같다. 대처 정부 시기에 내부시장 원리를 통한 경쟁의 유도와 블레어(T. Blair) 정부의 1차 의료 개혁을 통한 책임성 및 효율성의 제고라는 두 지향점을 비교해 보면 성격이 상이한 양 정권에서도 시장주의 지향적인 정책이 보인다. 어쩌면 NHS는 가장 자본주의적인 사회에서 가장 이질적인 사회주의적 요소를 담고 있었기 때문이라고 설명할 수 있다. 하지만 대처 정부 시기 환자권리헌장을 통한 시민들의 권리 보호, 기금 보유 일반의 제도의 도입으로 인한 행정비용의 증가와, 블레어 정부의 서비스 질 관리 및 의료 불평등 문제를 해결하기 위한 NICE 등 다양한 중앙관리 시스템의 강화 등은 양 정권에 걸쳐서 최소한 시장 중심적 이데올로기가 지양되고 있음을 보여 준다. 그 이유는 무엇인가?

6) 영국 노동당 정부가 받아들였던 제3의 길(The Third Way)을 놓고서 신자유주의와 근본적인 차별성이 없음을 강조하는 주장들이 많다(예를 들어, 홉스봄 외, 1999). 하지만 ‘사회투자국가’, ‘복지다원주의’, ‘의식의 전환’을 통한 ‘적극적 복지’를 주장하는 이 이데올로기는 사회민주주의적 복지국가 확대의 노선인 제1의 길이나 신자유주의적 복지 축소의 노선인 제2의 길과 분명한 차별성이 존재한다(Giddens, 1998, 특히 ch.4 참조).

글레너스터(Glennerster, 1999: 9－10)는 오늘날 복지국가들이 경험하는 새로운 문제 중 하나로서 복지제도에 대한 시민들의 기대 수준이 변화했음을 지적한다. 그동안 정부는 다양한 사회문제를 해결하기 위해 사회보장 및 빈민가족에 대한 지출을 증가해 왔지만 일반 시민들은 서비스의 개선을 느끼지 못하고 있다는 것이다. 이는 공공 부문의 서비스 질이 개선되기는 했지만 시장에서 제공되는 서비스 질의 향상 속도를 따라가지 못하는 '기대의 상대적 위기'에 기인하기도 한다. 하지만, 좀 더 근본적인 이유는 그동안 지속적인 조세 증가 혹은 전혀 발생하지 않은 조세 감면에도 불구하고 시민들의 생활에 직접적인 영향을 미치는 교육이나 의료 등의 영역에서 서비스가 개선되지 않은 사실에 기인한다. 실제로 영국 시민의 의료 서비스에 대한 1996년 만족도를 보면, 매우 불만족스럽다고 응답한 비율이 다른 유럽 국가들에 비해 아주 높게 나타난다.[7] 아이러니한 것은, 1980년대와 1990년대 사회조사 자료를 보면 국민들은 복지 서비스 향상을 위해 기꺼이 더 많은 세금을 납부하겠다고 하지만 실제로 세금 인상을 주장하는 정당은 정권 획득에 실패했다는 점이다. 1997년 블레어 정부가 집권에 성공한 것도 궁극적으로는 보수당으로 인해 황폐해진 복지제도를 개선하되 '세금은 인상하지 않겠다'는 공약이 있었기 때문이다.

이러한 진단이 노동당 정부가 출범한 이후에 나왔지만 단순히 현재의 복지정치에 국한된 것만은 아니다. 1990년대 중반까지 영국 복지국가의 변화를 분석하고 있는 한 연구(Glennerster & Hills eds., 1998)는 이러한 변화를 압축적으로 설명하기 위해 '핵심 정책으로의 복귀(retreating to the core)'라는 표현을 쓰고 있다. 즉, 세금 인상이 불가능한 제한된 자원의 총량 속에서 시민들의 변화하는 기대 수준에 부합하는 복지 개혁이 나타나야 하며, 그러기 위해서는 시민들에게 직접적인 영향을 미치는 교육이나 복지 등에 대한 투자가 집중되어야 한다는 것이다. 신자유주의의 보수당이건 사회민주주의의 또 다른 형태인 제3의 길의 노동당이건 이러한 구조적 한계를 가지고 있었던 것이다.

이러한 관점에서 본다면 이데올로기와 복지정책의 변화를 재정적인 측면에서

7) 영국은 이에 대해 40.9%의 응답률을 보인 반면, 프랑스는 14.6%, 독일 10.9%, 스웨덴 14.2%로 나타났다. 이러한 경향은 2002년 조사에서는 크게 변하지 않았는데, 의료제도가 잘 운영된다고 응답한 비율이 영국은 8.3%인데 반해, 프랑스는 22.0%, 스웨덴은 11.4%, 독일은 2.9%였다(OECD, 2005).

바라보는 학자들의 견해도 보완될 필요가 있다. [그림 7-2]에서 보는 바와 같이 연금·수당·사회부조 등 사회보장정책은 대처 집권 시기에 급격한 변동을 경험했으며, 1997년 이후에는 지속적인 감소를 보이고 있다. 이와 더불어 민영화의 대표적 대상인 주택은 전 시기를 거쳐 지속적인 하락을 보이고 있다. 이 둘만을 본다면 개별 복지정책은 이데올로기의 영향을 받는다고 할 수 있다. 하지만 시민들이 민감하게 반응하고 있는 보건의료와 교육의 경우를 살펴보면 이야기는 달라진다. 보건의료의 경우 GDP 대비 예산은 지속적인 증가를 보여 왔다. 대처가 집권하던 1979/80년 GDP 대비 NHS 예산이 5.4%였던 것이 보수당 집권 말기인 1995/6년에는 6.6%로 증가했으며, 노동당정부 시기인 2001/2002 회계 연도에는 7.2%에 이르렀다. 교육의 경우도 예산 변동이 폭이 가시적일 만큼 크지 않다. 1978년 대처 집권 시기 5.4%의 비율은 노동당 집권기인 1996/1997년 4.7%로 감소했으나 2001/2002년에는 다시 5.0%로 회복했다.

결국, 이러한 증거는 NHS 개혁이 특정이 지배 이데올로기에 커다란 영향을 받지 않았음을 나타낸다. 그렇다면 두 정부에서 NHS제도를 둘러싸고 나타난 개

그림 7-2 주요 복지정책의 GDP 대비 예산 변화(1978~2002)

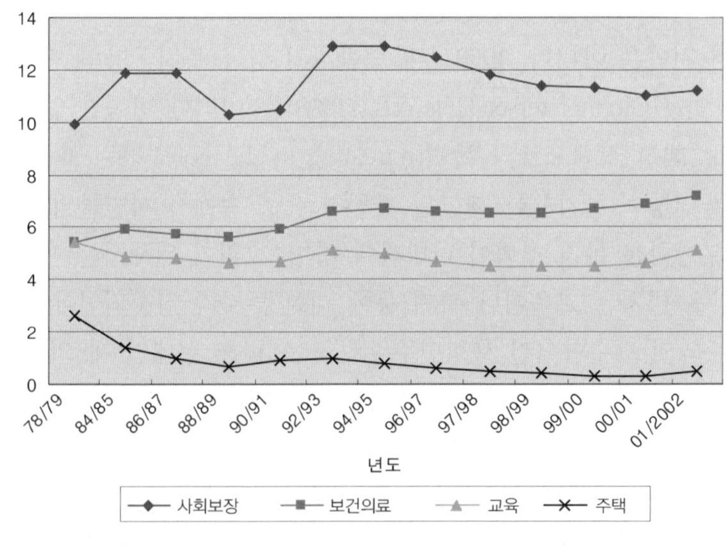

자료: Lowe(2005: 454, Table A.7)에서 재구성.

혁은 근본적인 이유는 무엇인가? 첫째, 어떻게 NHS를 비용 효율적으로 조직화하고 관리할 것인가? 둘째, 적절한 재정 조달 방식은 무엇인가? 셋째, 환자와 직원·일반 납세자들 사이에서 갈등적 양상을 보이면서 나타나는 수요와 기대를 어떻게 균형 있게 조정할 것인가? 넷째, 어떻게 자원을 가장 필요한 곳에 가장 적합하게 할당할 것인가 등의 문제였다. 지난 50년 동안, 특히 대처 정부 이후 NHS 변화는 이러한 문제를 놓고 영국 정부가 지속적인 해결책을 찾아온 과정이라고 할 수 있다. 바로 이러한 이유 때문에 1980년대 이후 영국 국가복지 프로그램의 전반적인 축소에도 불구하고 NHS는 상이한 성격의 두 정부를 거치면서 지속적인 성장을 경험했던 것이다.

제4절 결 론

1980년대 이후 복지국가 변화의 핵으로 자리 잡고 있는 복지정치의 특징은 무엇이며, 거기에서 이데올로기는 어떠한 지위를 점하고 있는가? 피어슨(Pierson, 1996)은 오늘날 복지국가의 축소의 양상을 설명하면서 두 가지를 주장하고 있다. 하나는 다수의 학자가 복지국가의 전면적 축소를 이야기하지만, 이는 부분적인 것에 지나지 않는다는 것이다. 다른 하나는, 복지국가 축소기의 복지정치는 과거 팽창기와 다른 양상을 보이는데, 팽창기에는 복지정책 관련 정치인들이 복지 확대를 통해 '칭찬을 듣고자(credit claiming)' 했지만, 축소기에는 이에 따른 '비난을 회피(blame avoiding)'하려고 한다는 것이다. 이러한 주장은 특히 첫 번째 설명을 고려할 때 일견 설득력이 있지만 두 번째 것을 고려한다면 한계점도 보인다. 즉, 현대 복지국가에서 복지정치는 단순히 비난을 회피하려는 노력에 그치지 않으며, 재정 압박과 같은 구조적 한계 속에서 여론에 직접적인 영향을 미치는 제도들에 대해서는 칭찬을 듣고자 하는 노력도 같이 한다는 것이다. 이러한 노력 때문에 개별 복지정책의 변화는 때로 한 사회가 지향하는 이데올로기적 입장과 관계없이 혹은 역방향으로 진행될 수 있다.

이러한 관점에서 볼 때, 이데올로기와 복지정책의 변화 관계를 설명하는 기존의 접근은 한계를 갖는다. 즉, 사회민주주의 정당의 집권과 복지국가의 확대 혹은 보수주의 정권의 등장과 복지의 축소 등 정권의 성격과 복지제도의 변화를 일원적 관계로 상정하는 것은 복지제도 변화의 밑그림만을 보게 한다. 이와 더불어, 개별 복지정책이 이데올로기로부터 자유롭다는 것을 설명하기 위해 재정적 부분만을 고찰하는 것은 왜 후자가 전자에 원인을 제공하지 못했는가를 근본적으로 밝혀 주지 못한다. 따라서 이데올로기와 복지정책 간의 관계를 좀 더 면밀히 고찰하면서 그 특징을 파악하기 위해서는 위에서 제시된 구조 개혁의 원인과 배경을 함께 고찰해야 하며, 양자에 대한 기존의 연구 방법이 보완되어야 한다.

초점을 바꾸어, 이데올로기와 개별 복지정책에 관한 이러한 논의가 한국 사회에 어떠한 함의를 갖는가? 서두에서 밝힌 바와 같이 최근 우리 사회에서 복지제도와 이데올로기 간의 상호관계에 대한 논의들이 활발해지고 있다. 하지만 양자의 관계에 관한 대부분의 논의가 그러하듯이 특정의 이데올로기를 중심으로 복지제도를 분석·성격 규정하는 일원적 방법을 사용하고 있다. 이렇게 되면 이데올로기를 중심으로 복지제도를 재단하게 되어 정책의 변화는 유연성을 상실할 수밖에 없다. 즉, 특정의 정책을 변화·발전시키는 데 다양한 선택이 존재함에도 불구하고 지배적 이데올로기가 제시하는 방향을 따라야 하는 것이다. 대표적인 예로서, 1980년에 시작된 의료보험 통합 논쟁이 이데올로기적 잣대에 휘둘리면서 우리 사회를 약 20년간 분쟁의 소용돌이 속으로 몰아넣었던 것을 기억한다. 1990년대 초반 "새는 좌우의 날개로 날아야 한다"는 어느 한 학자의 주장은 우리 사회가 이데올로기적 다양성을 가져야 한다는 것으로 해석되지만, 같은 시기 "좌와 우를" 넘어서라는 다른 학자의 주장은 우리가 굳이 하나의 이데올로기에 얽매일 필요 없이 유연성을 가져야 함을 지적하고 있다. 특히 시민들의 기대 수준이 높은 정책들에 대해서는 이러한 접근이 필수적일 것이다.

제 8 장

사회정책에서의 정책편차: 개념 정립을 위한 시론*

제1절 서 론

부작용 없는 정책은 없다. 정책은 진공관 속에서처럼 사회·경제적 환경으로부터 독립해서 존재하는 것이 아니라 사회·경제적 환경 속에서 작용하기 때문에, 의도했던 결과를 낳기도 하고, 의도하지 않았던 결과를 낳기도 한다. 어떤 경우에는 원래의 상태로 돌아가거나 심지어는 정책을 수행하지 않음만 못한 경우도 보게 된다. 만약 정부의 정책이 의도했던 목적에는 합당하나 예상된 범위에서 벗어나 부작용을 낳는다면 이 부작용을 없애기 위해 땜질식 처방의 정책을 초래하는 경우가 생기게 된다. 이 글은 이러한 현상을 체계적으로 정리하고자 하는 노력의 일환이다. 이 정책부작용(政策副作用)을 귀납적이거나 연역적인 방법을

* 이 장은 이광석 교수와 최창현 교수가 공저한 것으로 『거버넌스학회보』(2014년 제21권 제2호)에 게재한 글을 옮긴 것이다.

통해 일반이론을 구축할 수 있다는 가정에 입각해 부동산정책을 사례로 하여 시도했다.

앞서 언급한 바처럼 어느 정책이나 부작용이 있을 수밖에 없다면 이에 대한 대책을 연구할 필요가 있을 것이다. 정책부작용의 개념을 정립하기 위해 사례로 채택한 주택가격을 살펴보면, 경제개발 시대에 개인적 부(富)를 창출하는 원동력이라는 인식이 자리 잡았고(손낙구, 2008), 부동산정책 속에는 주거복지라는 개념조차 존재하지 않았으며 언제나 과열되었다. 이를 통해 사회 양극화라는 현대 우리 사회의 실상을 그대로 보여 주므로 정책은 이를 억제하려고 했다. 그러나 후술하다시피 지금까지의 결과는 오히려 사회문제를 악화시키는 쪽으로 작용했다. 이 때문에 정책무력성 명제(政策無力性命題)가 힘을 얻고 있다. 만약에 정책편차를 예측하고 정책 시나리오를 작성해 그에 대비하면 정책의 유용성은 더 높아지리라는 것이 이 장의 목적이다. 이를 논의하기에 앞서 먼저 정책에 관해 잠시 살펴보자.

정책은 아주 광범위하게 사용되므로 정밀하게 뜻 매기기가 어렵지만(Colebatch, 2002), "정부가 사회적 상태나 조건들을 유지하거나 변경시키고자 할 때 사용하는 간여(intervention)의 수단"(노화준, 2004: 4)으로 정의되거나 "바람직한 사회 상태를 이룩하려는 정책 목표와 이를 달성하기 위해 필요한 정책 수단에 대해 권위 있는 정부기관이 공식적으로 결정하는 기본 방침"(정정길 외, 2010: 35)으로 정의된다. 전자의 정의에 따르면, 정책은 세 가지 요소를 요구하는데 주체로서의 정부(또는 개념을 좀 더 넓혀 공적 영역), 대상으로서의 사회적 상태나 조건 (또는 관련 개념을 사용하면 사적 영역이나 시장), 그리고 간여의 수단이 그것이다. 여기서 정책환경(안해균, 1984)을 덧붙이기도 한다. 간여 수단은 정책 그 자체를 말하는 것으로(노화준, 2004: 4), 목표와 수단으로 이루어져 있고, 그 성격에 따라 규제(regulation)·배분(distribution)·재분배(redistribution)·물질적 간여(capitalization)·윤리도덕적 수단(ethical ruling) 등을 동원한다(Frohock, 1979: 17). 하지만 이런 정부정책은 의도한 그대로 실현되어 부작용을 생성하기도 하고, 의도한 그대로 실현되지 않아서 부작용이 생성되기도 한다. 즉, 이 장에서 사례로 든 부동산정책의 경우 개별적 정책으로 의도하지 않았던 결과라고 정의(定義)하기보다는, 의도하면서도 하나의 정책으로 관련된 모든 문제를 시정하려고 하는 것이 아니라(또 할 수도 없으므로) 문제에 대응해서 정책을 산출하는 것이라는 주장을 편다.

제 2 절 정책부작용 연구 개관

라스웰(Harold D. Lasswell)에서 시작된 정책학이 다른 어떤 학문보다 빠른 발전을 보인 이면에는 실용적 공헌도가 크다는 이유가 자리 잡고 있다고 하겠다. 그럼에도 상대적으로 덜 연구된 분야가 정책의 부작용에 관한 연구가 아닌가 한다. 정책부작용을 연구할 때는 진정한 정책 의도와 현실에서의 그 실현 모습과의 차이(variation) 판단이 필요하다. 또한 정책 연구에서는 흔히 일상언어에서 많이 사용되는 개념을 재정의할 필요성이 있다. 이는 개념에 따른 혼선을 방지하고 사회과학적 엄밀성을 추구하기 위한 것이다.

이들 개념을 적용하기 전에 먼저 선행 연구를 살펴본다. 선행 연구들은 개별적으로 사례를 통해서 정책편차나 정책오차와 같은 부작용을 연구했으나 종합적으로 연구했다고 할 만한 정책 연구는 김영평(1998), 심준섭(2004) 및 심준섭 · 김민종(2006) 등이 있고, 예기하지 못한 결과에 대해서는 이혁우(2009)가 있다. 시차에 관해서는 그 중요성을 일찍부터 인식해 왔기에(Lee, 1968) 정정길(2005), 염재호(2005) 등의 몇몇 선구적 연구가 있다. 또한 정책 프레임의 관점에서 갈등의 연구에 대한 연구는 심준섭(2012)이 있는데, 이는 정책 수단에 관한 논의들로 연결되기도 한다(김병섭 외, 2013; 김권식, 2013). 그러나 이들의 개념은 부작용 그 자체와 관련된 문제라고 보기는 어렵다. 따라서 부작용과 관련해서 논의하기 위한 이론적 토대를 구축할 필요가 있다. 먼저 정책오차에 대해서는 인간의 의사결정에는 필연적으로 오차가 있다고 보고 그 이유를 정책이 '잠정적으로 오차를 내포할 수 있음(error prone)'을 인정한다(김영평, 1982). 구체적으로는 ① 제한된 합리성, ② 외생 변수만을 고려하는 경향, ③ 정보와 지식의 집착 및 마찰, ④ 가정을 전제로 하는 의사결정모형으로 정리하고 있다(심준섭, 2004). 그러나 이는 정책 결정과 정책 집행을 구분하지 않고 일방적 흐름의 방향만 강조하는 관점이다. 일반적으로 정책학의 관점은 정책 결정과 정책 집행 사이에서의 순응 및 불응의 문제에 많은 관심을 보이지만(Young, 1979; 하상근, 2003), 여기에서 초점을 두는 것은 [그림 8-1]과 [그림 8-2]에 보듯이 정책오차(政策誤差, policy error)와 정책편차(政策偏差 policy deviation)의 구분이다.

정책오차를 정의하는 방식도 다양하지만 대체로 정책 의도와 그 정책의 실행에서 오는 결과와의 차이로 주로 의도하지 않았던 결과라고 정의한다. 그 크기는 잘못된 긍정(false positives)과 잘못된 부정(false negatives)의 합으로, 전자는 정책을 통해 부당하게 혜택을 보는 대상이 발생하는 것이고, 후자는 정책에서 부당하게 배제됨으로써 예측하지 못한 정책비용을 부당하게 지불하게 되는 대상이 발생하는 경우를 말한다. 즉, 정책 대상인 시장이 정책에 따라 반응한다는 전제와 의도되지 않는 결과를 도출할 수 있음을 전제한다. 이를 알기 쉽게 나타낸 것이 [그림 8-1]이다.

여기서는 정책과 정책 대상(또는 시장)과의 관계에서 오는 정책부작용 중에서 정책편차의 문제가 초점이므로 정책오차와 정책편차를 구분하고 그 구분 기준을 정립해야 한다. 그것은 바로 정책 의도와 그 정책의 실행에서 오는 결과와

그림 8-1 정책오차

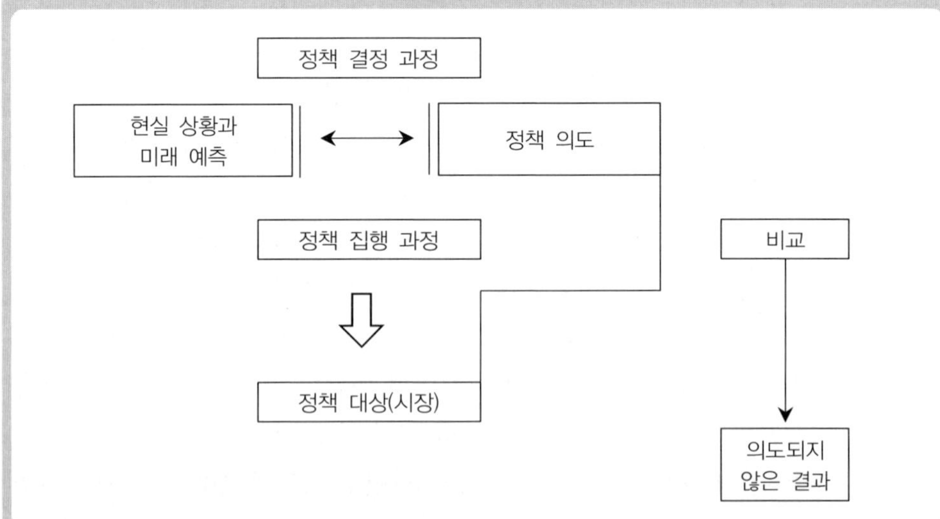

의 차이로, 의도했던 결과이지만 그 원래 예상치와 결과치의 양적인 격차가 커서 이를 계속 수정하는 현상을 볼 수 있다. 즉, 어떤 경우에는 시장의 반응을 보면서 정책을 시행할 수도 있다. 그 이유는 하나의 정책으로 모든 것을 바로잡기는 어렵기 때문이다. 합리모형대로 정책이 이루어지는 것이 아니라 점증주의모형으로 정책이 이루어지는 것을 염두에 둘 필요가 있으며, 합리모형에 따라 이루어진다 하더라도 여러 요인으로 예상치와 결과치의 격차가 제로(zero)가 되기는 쉽지 않다. 의도된 것만큼 반응을 못하거나 더 격렬한 반응을 보이는 경우도 있기 때문이다. 즉, 시장이 정책에 따라 반응하는 정도를 예상하고 그 예측 범위를 정하자는 것이 이 글이 정책편차를 제시하는 의미의 핵심이다. 물론 대부분의 정책은 정책오차(의도되지 않은 결과)와 정책편차(의도된 결과)는 다 함께 혼재하는 특성이 있으므로, 정책사례 연구에서는 정책오차와 정책편차를 이원론적으로 구분해서 설명하기는 어려운 것도 사실이다. 그러나 정책오차와 정책편차의 이원론적 구분은 이론상 가능하고, 그로 인해 실제 정책의 시행에서는 정책 의도의 중요성이 무대로 나온다고 할 수 있다.

앞서 강조했듯이, 부동산정책의 경우, 부동산 냉각기에 부동산 열기를 부추기기 위한 정책을 수행하는 것은 무엇을 의미하는가? 그 사례를 살펴보면 의도하지 않았던 결과라고 정의하기보다는 의도하면서도 하나의 정책으로 풀어야 할 문제를 시정할 수 없기 때문에 문제에 대응해서 정책을 산출하는 것이다. 즉, 정책 의도가 그 정책의 한계를 인지하고 있음을 전제한다. 어떤 정책과 그 정책의 실행에서 오는 결과와의 차이이지만 의도했던 결과일 수가 있다는 점이다. 이를 정책오차와 구별해서 정책편차라고 한다. 여기서 중요한 요소가 정책의도라는 개념이다. 그 이유는 정책 대상인 시장이 정책에 따라 반응하는 일방적 흐름을 상정(想定)하지만 시장이 정책에 따라 반응하는 것이 아니라 시장이 정책의 의도에 따라 반응하는 경우가 더 많기 때문이다. 이 경우 후술하는 바처럼 정책무력성 명제가 도출된다(주한광, 1994). 또 다른 경우는 정책편차는 정책오차와는 달리 정책 대상이 정책에 반응을 잘하는 경우에도 나타난다. 따라서 그 정도의 차이이지만 요즘과 같은 부동산 냉각기에 부동산 과열기의 정책을 수행하는 것이다. 이 정책편차의 개념을 알기 쉽게 나타낸 것이 [그림 8-2]이다.

그림 8-2 정책편차

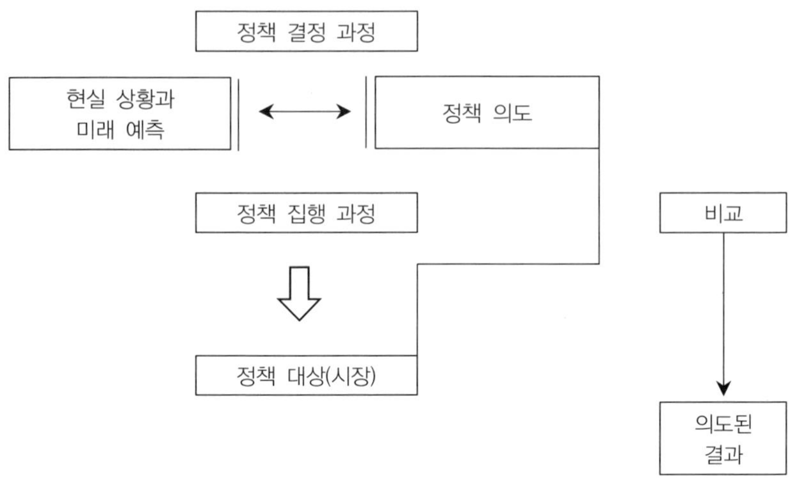

이에 따라 <표 8-1>에서는 이 장에서 논의하는 몇몇 개념을 재정의했는데, 편차나 오차, 시차 등이 그것이다. 또한 이 글에서 논의하는 대상을 아울러 표시했다.

정책편차는 정책 과정에서 문제시되는 현실 상황을 적절히 반영하는 정책으로 정책이 그 대상 분야에 영향을 미치기 때문에에 풍선 효과와 차이가 있다. 또 정책을 산출해 집행한 결과에 대해 시간 요소에 치중하는 관점인 시차와 구별되고, 정책 결과가 정책 의도와 상관 관계가 있느냐의 관점에서 정책오차와 정책편차는 서로 다른 개념으로 구체화된다. 후자가 기대한 결과를 설명할 수 있다는 점에 의미가 있으며, 특히 예기치 못한 결과를 설명하는 전자와 구별된다(이혁우, 2009).

구체적으로는 정부는 어느 시점(t)까지 목표값(goal)을 정하고 이를 달성하기 위해 수단을 동원하는데 그 실제 이룬 값(reality)의 차이가 정책편차로 정의된다. 이와 같은 개념 재정립에 따라 시장이 정책에 따라 반응하는 정도를 예상하고 그 예측 범위를 정하자는 것이다. 구체적인 사례를 들어 논의를 계속해 보는 바, 그 구체적 사례는 부동산정책이다.

표 8-1 정책편차 연구를 위한 개념 정의

<table>
<tr><td rowspan="3">상위 개념</td><td>유형</td><td>풍선 효과
(spill-over effect)</td><td colspan="3">부작용(side-effect)</td></tr>
<tr><td>기준</td><td rowspan="4">정책이 그 대상이 아닌 다른 분야에 영향</td><td colspan="3">정책이 그 대상 분야에 영향</td></tr>
<tr><td>관점</td><td colspan="2">정책 결과가 정책 의도와 상관 관계가 있느냐의 관점</td><td>시간 요소에 치중하는 관점</td></tr>
<tr><td colspan="2">하위 개념</td><td>편차(deviation)</td><td>오차(error)</td><td>시차(time-lag)</td></tr>
<tr><td colspan="2">개념 설명</td><td>어떤 정책과 그 정책의 실행에서 오는 결과와의 차이로 의도했던 결과(expected conse-quences)</td><td>정책과 그 정책의 실행에서 오는 결과와의 차이로 의도하지 않았던 결과(unexpected con-sequences)</td><td>시간 지체에 따른 정책의 현실 규범력 상실이나 정책 시행에 상당한 비용</td></tr>
<tr><td colspan="2">전제</td><td>정책 효과가 그 정책 대상에게서 빗나감.</td><td>① 의도했던 결과
② 정책의 한계를 명시적으로 인정하고 그 차이를 인지
③ 예상치와 결과치와의 양적인 격차
④ 시장이 정책에 따라 반응하는 정도를 예상하고 그 예측 범위를 측정할 필요성</td><td>① 의도하지 않았던 결과
② 정책의 한계를 묵시적으로 인정하지만 거의 논의하지 않음.
③ 예상치와 결과치의 격차라기보다는 질적인 상위(相違)</td><td>① 의도하지 않았던 결과
② 정책의 한계를 인정하지만 시간의 차이만 인정하고 논의함.
③ 정책환경의 변화에 중점을 두므로 비교적 긴 시간이나 급격한 상황 변화</td></tr>
<tr><td colspan="2">이 장에서의 사례</td><td>다루지 않음.</td><td>부동산정책</td><td>범주화만 제시함.</td><td>다루지 않음.</td></tr>
</table>

제 3 절 사회정책에서 정책부작용의 사례

지금까지 정책을 펴기에 가장 난해한 분야 중에 하나가 부동산정책이었다. 한편으로 한 번의 선택으로 엄청난 부(富)가 보장되는 반면에 그 다른 한편에서는 정당한 수입으로 만족할 만한(affordable) 주거를 갖기 힘든 현상을 연출했다. 그 현상과 원인 및 해결책을 두고 많은 논쟁이 있어 왔는데, 이를 요약하면 <표 8-2>와 같다.

표 8-2 부동산정책에서의 논쟁점

<table>
<tr><th></th><th colspan="2">정부정책</th><th>시장 반응</th><th>논쟁점</th></tr>
<tr><td>현상</td><td colspan="2">그동안 집중적인 정부의 부동산 가격 안정 대책</td><td>가격 상승세가 진정되지 않음.</td><td>현행 부동산 정책의 실효성에 대한 논란</td></tr>
<tr><td>원인</td><td colspan="2">지속적으로 투기 세력에 의한 가격 상승으로 판단</td><td>소득 증가에 따른 중대형 평형의 선호, 우수한 주거환경에 대한 선호 집중 등의 영향이 반영된 상황</td><td>가격 상승의 근본적인 원인을 규명하는 것이 필요한 상황</td></tr>
<tr><td>차별화 · 양극화의 문제</td><td colspan="2">정부의 적극적인 개입이 필요</td><td>시장 기능에 맡김.</td><td>시장 기능과 정부 기능을 어떻게 조화시킬 것인가</td></tr>
<tr><td rowspan="2">토지주택공사</td><td>현행</td><td>25.7평 이하의 주택에 한정</td><td rowspan="2">환영(?)</td><td rowspan="2">중대형의 시장에 참여해서 생긴 이익을 환류하느냐</td></tr>
<tr><td>주공의 주장</td><td>중대형으로 확대</td></tr>
</table>

앞서 정의된 어느 시점(t)까지 목표값(goal)을 정하고 그 실제 이룬 값(reality)의 차이가 편차(deviation)인 정책편차를 줄이거나 없애기 위해 또 정책이 동원되고, 편차 D가 목표 연도에 0의 값을 가지거나 0의 값에 가까워질 때 (그리고 풍선 효과도 없을 때) 가장 이상적인 정책이 된다고 할 수 있다. 그러나 이 과정에서 정책에 대해 정책 당국과 흔히들 시장이라고 일컫는 대상 사이에 작용과 반작용이 계속적이고 복잡한 과정을 거쳐야 할 때가 있다. 이런 이론상의 논의보다 우리나라에서 현실적으로 일어났던 과거의 모습을 비추어 봄으로써 좀 더 실체에 가까이 갈 수 있다. 여기서 논의될 부동산정책의 편차를 논의하기 위해 그동안 주택 매매가격의 전월 대비 증감률을 1999년 이래로 살펴본 것이 다음 <표 8-3>이다.

이 표는 2002년에는 주택값이 16.43%가 올랐음을 보여 주는데, 이때는 4차 부동산 가격 폭등기로서 2003년부터 5년 동안 서울지역 아파트(APT) 값은 평균 77.7% 상승했다(손낙구, 2008: 27-29). 이를 좀 더 자세히 살펴본 것이 <표 8-4>이다.

표 8-3 주택매매가격 종합 전월 대비 증감률: 전국

연도	전월 대비 증감률(%) Overthepreviousmonth												전년말 대비
	1月	2月	3月	4月	5月	6月	7月	8월	9月	10月	11月	12月	
1999	1.21	0.22	0.33	0.11	0.22	0.00	0.32	0.65	0.75	0.11	−0.32	−0.21	3.42
2000	0.32	0.43	0.42	0.11	−0.11	−0.32	0.00	0.21	0.21	0.11	−0.32	−0.63	0.43
2001	−0.11	0.32	0.64	0.63	0.73	0.83	1.24	1.93	1.60	0.49	0.39	0.78	9.87
2002	2.61	2.54	2.30	0.99	0.62	0.44	0.97	1.74	2.40	0.50	0.08	0.17	16.43
2003	−0.08	0.50	0.74	0.90	1.63	0.72	0.22	0.33	0.84	1.00	−0.36	−0.83	5.74
2004	−0.41	0.20	0.20	0.17	−0.02	−0.26	−0.27	−0.40	−0.21	−0.24	−0.44	−0.42	−2.07
2005	−0.28	0.32	0.38	0.58	0.54	0.82	0.83	0.36	0.24	−0.03	−0.01	0.19	4.01
2006	0.33	0.45	0.64	0.88	1.02	0.48	0.21	0.24	0.48	1.35	3.10	1.86	11.60
2007	0.87	0.36	0.18	0.13	0.03	0.14	0.26	0.19	0.26	0.26	0.27	0.14	3.14
2008	0.28	0.31	0.76	0.87	0.61	0.60	0.39	0.20	0.23	−0.05	−0.40	−0.72	3.11
2009	−0.55	−0.25	−0.17	0.06	0.11	0.19	0.27	0.32	0.72	0.38	0.25	0.14	1.46
2010	0.13	0.29	0.25	0.19	0.05	0.01	−0.09	−0.05	0.10	0.21	0.38	0.41	1.89
2011	0.47	0.80	0.97	0.82	0.70	0.49	0.41	0.49	0.55	0.40	0.40	0.17	6.86
2012	0.16	0.17	0.15	0.11	0.05	−0.04	−0.11	−0.10	−0.15	−0.11	−0.08	−0.07	−0.03
2013	−0.05	−0.06	−0.05	0.00	−0.01	−0.04	0.00	−0.04	0.05	0.20	0.17	0.19	0.37
2014	0.11	0.16	0.28	0.21	0.07								0.83
평균	0.30	0.64	0.52	0.48	0.14	0.04	0.11	0.34	0.54	0.22	0.05	−0.02	3.76

표 8-4 4차 부동산 가격 폭등기의 집값 · 땅값 · 물가변동률

				1999	2000	2001	2002	2003	2004	2005	2006	2007
집값	매매가	전체 주택	전국	3.4	0.4	9.9	16.4	5.7	−2.1	4.1	11.6	3.1
			서울	5.6	3.1	12.9	22.5	6.9	−1.4	6.3	18.9	5.4
			강남	9.1	4.4	17.5	27.4	10.5	−2.0	15.1	24.5	0.1
		APT	전국	8.5	1.4	14.5	22.8	9.6	−0.6	5.9	13.7	2.1
			서울	12.5	4.2	19.3	30.8	10.2	−1.0	9.1	24.2	3.5
			강남	15.3	5.0	22.0	35.2	14.3	−1.3	18.8	27.7	−1.4
	전세가	전체 주택	전국	16.8	11.1	16.4	10.1	−1.4	−5.0	3.0	6.4	2.6
			서울	22.2	13.8	18.7	10.8	−3.9	−7.2	2.2	9.9	3.7
		APT	전국	26.7	12.2	20.2	12.2	−0.4	−2.7	5.9	7.7	1.8
			서울	32.5	12.1	23.4	11.4	−3.2	−4.4	6.2	11.5	2.1
땅값			전국	2.9	0.7	1.3	9.0	3.4	3.9	5.0	5.6	3.9
			서울	2.7	0.1	1.9	15.8	5.2	4.1	6.6	9.2	5.9
소비자 물가			전국	0.8	2.3	4.1	2.7	3.6	3.6	2.8	2.2	2.5

주: 강남은 2003년까지는 서울지역 중 한강 이남 전체를, 2004년부터는 서울시 강남구를 가리킴.
자료: 손낙구(2008: 30).

또한 위 표는 가격이 상승하는 시기와 그렇지 않은 시기로 나눌 수가 있는데 2004년의 경우에는 후술하는 바처럼 강력한 정책의 영향으로 보인다. 반면 2011년에 정점을 찍고 난 후에는 가격이 하락세로 돌아섰다. 이를 보기 쉽도록 나타낸 것이 [그림 8-3]이다.

그림 8-3 주택경기 냉각기와 그 이전

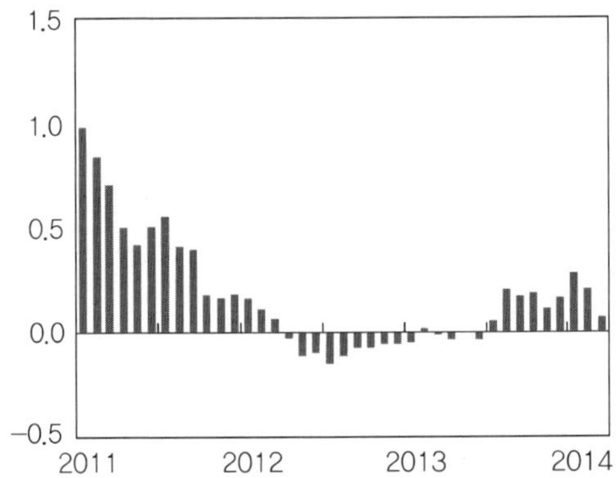

위 <표 8-4>에 따라 2011년의 변동을 중심으로 부동산경기 과열기와 부동산경기 냉각기로 나누어 살펴보자. 전자는 2000년대에 이르기까지 기간으로 이 기간의 대표적인 정부정책은 이른바 근본적이고 종합적 대책이라고 불렀던 10 · 29대책과 8 · 31대책을 중심으로 살펴보며, 후자는 절을 달리해서 살펴본다.

1 부동산 경기 과열기의 실제 현상

1) 10 · 29대책

2003년도 부동산시장의 불안에 기초해 종합적인 대책으로서 정부에서 발표한 것이 10 · 29대책이다. 그 내용은 아래와 같다.

표 8-5 10 · 29대책의 내용

핵심 내용		상세 내용	도입 시기와 대상
주택거래신고제		투기지역이나 투기과열지구 내[1] 주택을 구입할 경우 계약 즉시 실제 거래 내역을 관할 시 · 군 · 구에 신고하는 신고제 도입	2003년에 도입
다가구 주택 소유자	투기지역 내 1가구 3주택 이상 보유자	60%의 양도세율(현행 9~36%)이 적용되고, 여기에다 최고 15%포인트의 탄력세까지 매겨질 수 있어 양도세율이 최고 75%까지 올라가게 된다. 양도세에 따라붙는 지방세(주민세)까지 합하면 주택 매매 차익의 82.5%가 세금으로 부과됨.	2005년 1월부터
	투기지역 내 1가구 2주택 보유자	필요한 경우 양도세에 탄력세율을 적용	
	전국의 1가구 3주택 이상 보유자	양도세율을 60%로 인상[2]	
땅 부자		① 개인별로 토지와 건물을 합산해 누진 과세하는 '종합부동산세'(국세)를 당초 계획보다 앞당겨 도입 ② 서울 · 경기도 등 수도권의 경우 내년에 적용할 종토세 과표(課標 · 세금을 부과하는 가격 기준) 인상폭을 당초 목표했던 3%포인트보다 높은 수준(5%포인트 안팎)으로 올리기로 함.	전국 5만~10만 명 대상 2005년부터 도입

자료: 조선일보(2003.10.30) 재구성.

10 · 29대책이 발표된 이후 2003년 11월부터는 효과가 있어서 2004년 12월까지 가격의 하향 안정세가 지속되었다.[3] 이에 기초해서 기존의 투기억제 대책을 일부 완화했다. 그 구체적인 예로는 투기과열지구 및 투기지역의 일부 해제 등이다. 여기서 보듯이 정책 효과가 정책 의도와 일치하는데, 다만 완전한 정책 의도의 실현은 아니기에 투기과열지구 및 투기지역의 일부 해제에 한정된다. 즉, 정

1) 서울 강남 등 전국 53곳이 투기지역으로, 서울 등 전국 8개 시 · 도가 투기과열지구로 지정돼 있다.

2) 다만 주택 5호 이상을 10년 이상 임대하는 장기 임대사업용 주택과 농촌주택 등은 중과세 대상 다주택에서 제외하기로 했다.

3) 그 당시 관련 연구기관들은 10 · 29대책 등의 영향으로 2004년 주택가격이 3~5% 정도 하락할 것으로 전망했으나 실제 가격 하락폭은 2.1%에 그쳤고, 2005년에도 아파트 가격이 3~5% 정도 하락할 것으로 전망했다고 한다(김현아, 2005).

책오차의 문제가 아니라 정책편차의 문제이다. 그러나 2005년 2월부터 상승세로 반전되어 2005년 5월 말 현재 전국의 주택가격은 1.6%가 상승했고, 그중에서 아파트는 4.2% 상승했다(김현아, 2005). 따라서 그 정책 효과가 사라졌다. 이를 나타낸 것이 [그림 8-4]이다.

그림 8-4 전국 아파트 매매 및 전세가격 변동 추이

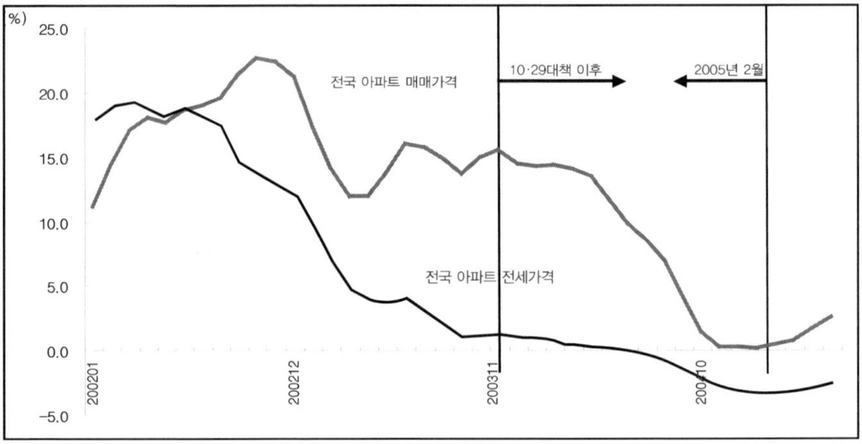

주: 전년 동기 대비 증감률임.
자료: 김현아(2005).

이에 따라 새로운 (실제로는 이미 발표된 내용을 구체화하거나 강도를 높이는 정책) 대책을 필요로 했다. 이를 간단한 수식으로 표현하면 (t) 시점에서의 V(variation)=G(goal)−R(reality)이고, 2004년의 경우 −2.1(2.1percent point 하락)이며, 2005년의 경우 +1.6이다(김현아, 2004). 이를 통시적 정책으로 보인 것이 다음 <표 8-6>이다.

표 8-6 10·29 대책 이후 부동산 관련 정부 주요 대책 및 제도 변화

일자	주요 대책	세부 내용
2003.10.31	보유세 중과 대상 확대	소유자 비거주 주택, 미성년자 명의 주택 포함
2003.11.4	임대사업자 등록 요건 강화	- 임대사업자 등록 시 임대주택 5가구 이상으로 강화 - 5가구 이상 10년 이상 임대일 경우에만 과세 특례 허용
2003.11.12	서울, 과천, 5대 신도시 양도세 비과세 거주 요건 강화	종전의 3년 이상 보유, 1년 이상 거주에서 거주 기간이 2년 이상으로 강화(2004년 1월 시행)
2003.11.18	투기과열지구 지정	부산, 대구, 광주, 울산 전역, 경남 창원시, 양산시
2003.11.21	토지거래허가구역 지정	- 판교 신도시 및 수도권 개발제한구역 재지정 - 인천, 부산, 진해경제자유구역, 수원 이의동 일대 지정
2003.11.25	'주택법' 시행령 확정	리모델링 기준 완화(단지별 또는 동별 소유자의 5분의 4동)
2003.12.31	재건축 조합원 명의 변경 제한	투기과열지구 내 재건축조합 설립 인가 후 조합원 명의 변경 금지
2004.1.14	주택재건축 정비구역 지정 및 정비계획 수립 지침 발표	500가구 이상 재건축 시 공원 설치 의무화 (세대당 2㎡ 이상 공원부지 확보 의무화)
2004.1.14	무주택 우선공급 비율 확대	종전 50%에서 75% 확대(서울2차 동시 포함)
2004.2.4	부동산시장 안정대책 발표	- 주상복합아파트 분양권 전매 제한(20가구 이상 주상복합아파트 분양보증 의무화, 청약통장 가입자를 대상으로 공급) - 주택거래신고제, 주택거래허가제, 재건축개발이익 환수 등 부동산 공개념제도 도입 검토 - 토지거래 허가 요건 대폭 강화/투기지역 추가 지정
2004.3.30	주택거래신고제 시행	신고지역으로 지정된 지역 내에서 주택을 거래할 때 계약 체결 후 15일 안에 거래 내용을 관할 구청에 신고해야 함.
	주택거래 신고지역 지정 (4곳)(4.21)	서울 강남구, 강동구, 송파구, 용산구, 경기 성남시 분당구, 과천시(4/28일 적용)
2004.4.28	아파트 기준시가 인상	전국 아파트, 연립주택의 기준시가 6.7% 인상
2004.5.17	경기도 도시 및 주거환경 정비조례 시행	준공 연도에 따라 재건축 연한 강화
2004.5.19	서울시 재개발 절차 간소화	용도지역 변경과 정비구역 지정으로 이원화된 재개발사업 절차 통합
2004.6.1	단독주택지 재건축 사업 요건 완화	- 구역 내 상가나 연립주택도 포함 허용 - 노후 건축물 판단 기준 완화(상점이나 조적식 주택은 안전 진단 없이 판정 가능)
2004.6.3	소형주택 양도세 중과 대상에서 제외	소형주택(18평 이하)은 1가구 3주택 양도세 중과세 대상에서 제외('소득세법' 시행규칙 개정안 시행)
2004.6.7	서민 주거복지 확대 방안	다가구 매입 임대주택 공급
2004.6.18	주택투기지역 선정	대전 중구
2004.7.19	토지거래 허가구역 지정	충북 제천시 봉양읍 일대

2004.8.8	토지거래허가구역 지정	인천 송도
2004.8.20	주택투기지역 해제	부산 북구, 해운대구/대구 서구, 중구, 수성구/강원도 춘천시/경남 양산시
2004.11.10	주택거래신고지역 해제	송파구 풍납・거여・마천동, 강동구 하일・암사・길동, 강남구 세곡동
2004.11.19	수도권 토지거래허가구역 추가 지정	도시지역 내 용도 미지정 지역 222.37㎢에 대해서도 1년간 한시적으로 토지거래허가구역으로 추가 지정
2004.12.8	'주택법' 개정안 통과	채권입찰제, 원가연동제 시행 확정
2004.12.13	양도세 중과세 내년 1월 시행 확정	1가구 3주택 보유자에 대한 양도세 중과세 1월 1일부터 시행(양도세율 60%로 인상 / 장기보유 특별공제 혜택 제외
2004.12.23	주택투기지역 11곳 해제	부산, 대구, 광주, 울산, 창원 양산 등
2004.12.28	투기과열지구 규제 완화	대상: 부산과 대구, 광주, 울산, 창원, 양산 등 지방 6곳 투기과열지구 변경 1. 분양권 전매 제한 기간을 '소유권 이전 등기시까지'에서 '분양 계약 후 1년 경과 시까지'로 완화 2. 재건축 후분양(80% 공정 후 일반분양)제: 지방도시를 제외한 수도권과밀억제권역에 한해 적용 3. 청약 1순위 자격 제한, 무주택 우선 공급, 주상복합아파트 공개 분양, 지역조합, 재건축조합 조합원 지위 양도 금지 등 다른 투기과열지구 관련 규제는 그대로 유지
2004.12.30	'주택법' 시행령, 시행규칙 개정안 입법 예고	– 무주택 우선순위 자격 변경/재당첨 제한 부활 – 1순위 자격 제한 요건 강화/전매 제한 강화
2005.1.1	양도세 중과제 시행/종부세 시행 국회 의결/등록세율 인하 적용 결정	
2005.1.1	상가, 오피스텔 기준시가 고시	
2005.1.14	표준 단독주택 가격 공시	표준 단독주택 13만 5천여 가구의 가격 공시
2005.1.15	토지거래허가구역 내 농지 취득 요건 강화 시행('국토의 계획 및 이용에 관한 법률(국이법)' 시행령 규칙 개정 내용)	
2005.1.26	8개 주택투기지역 해제	서울 광진구, 경기 광명, 부천, 성남시 중원구, 인천 서구, 충북 청주시, 대전 동구, 중구
2005.1.26	서울시 재건축 안전진단 간소화	– 서울시 예비 평가제도 폐지 방침 발표(2월부터) – 안전진단 사전 평가제도 잠정 중단(2월부터)
2005.2.4	판교 1순위 자격 제한 완화 조치	– 과거 5~10년 사이 아파트 당첨 경력이 있는 사람들도 청약 1순위 자격을 그대로 유지 – 건설교통부에 따르면 규제개혁위원회는 분양가 상한제(원가 연동제) 아파트의 청약 1순위 자격 강화 조치를 '과도한 규제'로 판단, 이 조항을 삭제해 '주택법' 시행령 및 시행규칙 개정안을 통과('주택법' 시행령 및 시행규칙 개정안)
2005.2.4	서울 2종 일반주거지역 층수 제한 폐지 예정	올 하반기부터 서울 고덕, 개포 지구 등 제2종 일반주거지역 내 아파트의 층고 제한이 폐지될 예정

<table>
<tr><td>2005.2.17</td><td>2.17 주택시장 안정대책 발표</td><td>
<table>
<tr><th>구분</th><th>세부 내용</th><th>세부 추진계획</th></tr>
<tr><td rowspan="6">판교 대책</td><td>분양 시기 조정</td><td>11월 2만 1천 가구 일괄분양, 택지는 6~7월</td></tr>
<tr><td rowspan="2">택지 채권입찰제 보완(25.7평 초과)</td><td>채권, 분양가 병행 심사, 6월 세부안 마련</td></tr>
<tr><td>응찰자격 강화(300가구 이상 시행 실적+시공 능력)</td></tr>
<tr><td rowspan="3">청약과열 대책 (25.7평 이하)</td><td>인터넷 청약 접수, 모델하우스 분산 배치, 청약 기간 연장, 예약접수제 검토, 3월 시행</td></tr>
<tr><td>청약통장 불법거래 단속포상금제, 즉시 시행</td></tr>
<tr><td>홍보 강화(국정 홍보처와 공동 시행)</td></tr>
<tr><td rowspan="4">재건축 대책</td><td>도정법 개정</td><td>도정법 개정 추진(4월 시행 목표)</td></tr>
<tr><td>층고 제한 완화</td><td>신규 임대주택 한정, 국토계획법 시행령 개정 시 검토</td></tr>
<tr><td>안전진단절차 구청 위임</td><td>시기 조정위 재가동 및 구청위임 환원, 3월까지 서울시와 협의 조정</td></tr>
<tr><td>중고층 재건축</td><td>층고, 구역 합리적 조정, 3월까지 협의 조정</td></tr>
<tr><td rowspan="2">근본적 안정 대책</td><td>주택거래신고제</td><td>허위신고 집중 점검(관계 기관 합동)</td></tr>
<tr><td>운영 내실화</td><td>2월 및 3월 중 시행</td></tr>
</table>
판교급 3개 택지지구 개발: 양주 옥정, 고양 삼송, 남양주 별내</td></tr>
<tr><td>2005.2.22</td><td>'재건축 개발이익환수법' 법안소위 통과</td><td>'도시 및 주거환경 정비법' 시행령 개정, 공포(5.18 시행)</td></tr>
<tr><td>2005.3.17</td><td>토지거래허가구역 추가 지정</td><td>전남 해남, 영암, 무안군 일대(26일부터 2009.8.20까지)
충남 천안, 아산 일대 연장(2008.2.16까지)</td></tr>
<tr><td>2005.3.23</td><td>연기, 공주 투기대책 발표</td><td>행정중심복합도시 예정지역 및 주변지역 개발, 건축행위 금지 등 투기 방지 대책 발표</td></tr>
<tr><td>2005.3.24</td><td>주택거래신고지역 추가 지정</td><td>서울 서초구(3.28 시행)
내곡, 염곡, 원지, 신원동 등은 제외</td></tr>
<tr><td>2005.3.24</td><td>토지투기지역 추가 지정</td><td>강원도 원주시 추가 지정(총 41개)</td></tr>
<tr><td>2005.3.31</td><td>상가/오피스텔 후분양제 시행</td><td>'건축물 분양에 관한 법률' 4.23부터 시행(분양 연면적 3천㎡ 이상 상가 등 건축물)</td></tr>
<tr><td>2005.3.31</td><td>동시 분양제 폐지 결정</td><td>세부 행정지침 미결</td></tr>
<tr><td>2005.4.11</td><td>강남 재건축 규제 강화</td><td>구조안전 이상 없는 중고층 재건축 억제, 저층 재건축 35층 이하 제한 / 재건축추진상황점검반 구성, 부실안전진단 직권 조사</td></tr>
<tr><td>2005.4.18</td><td>주택거래신고지역 추가 지정</td><td>용인 신봉, 죽전, 성복, 풍덕천, 동천동 등 추가 지정. 4월 21일부터 시행, 적용</td></tr>
<tr><td>2005.4.22</td><td>강남권 재건축 일반분양가 규제 강화</td><td>잠실주공2단지 분양가 조정 권고, 세무조사 등 사후 조치 예고</td></tr>
<tr><td>2005.4.23</td><td colspan="2">상가, 오피스텔 후분양 적용</td></tr>
<tr><td>2005.4.26</td><td>주택투기지역 추가 지정</td><td>경기 광명(4.29 시행)</td></tr>
</table>

2005.4.30	주택가격 공시제도	전국 단독, 다가구, 연립 가격 공시
2005.5.1	임대사업자 종부세 과세 확대	2005년 6월1일 기준 전용면적 25.7평, 공시가격 3억 원 초과 시 종부세 과세
2005.5.6	토지시장 안정대책	토지거래허가구역 내 임야 취득 규제 강화(6개월 이상 거주민만 가능)
2005.5.9	토지거래 허가구역 지정 예정	전주 법조타운, 송천동 향토사단 등 향후 5년간 토지거래 허가구역 지정 예고(~2010.5)
2005.5.12	양도세 실거래가 과세 확대(한 부총리)	양도세 실거래가 기준 과세 2007년부터 전면 확대, '소득세법' 개정안 국회 제출 계획 시사
2005.5.13	건교부, 전국 토지 투기 단속	행정중심복합도시, 기업도시 후보지 등 주요 지역 중심 투기 행위 집중단속 예정
2005.5.16	국세청 투기 조사	작년 투기지역 부동산 공익 목적 양도, 실거래가 예정신고자 기준시가 적용/양도세 불성실 신고 혐의 대상 중점관리
2005.5.19	판교신도시 실시계획 변경	주택 수 29,700 → 26,804(2,896 감소)
2005.5.25	투기지역 5곳 추가 지정	경기도 의왕시, 대전 중구·서구·유성구·대덕구
2005.5.25	정비사업의 임대주택 및 주택 규모별 건설 비율 확대	서울에 적용하고 있는 재개발 사업 시 임대주택 17% 의무건설을 전국으로 확대 예정
2005.5.30	광역시 군지역 농지 취득 요건 대폭 강화	'국이법' 시행규칙(개정안 마련, 6월말 시행 예정)
2005.6.1	취·등록세법 개정 검토	등록세 올해 3%에서 2%로 인하, 0.5% 추가 인하 예정 - 인하 시기 내년 1월 예정
2005.6.3	주택거래신고지역 지정	창원시 6.7부터 적용

자료: 김현아(2005).

위 표에서 보다시피 이틀이 멀다하고 쏟아진 정책이 제시되어 있다. 이 모두를 의도되지 않은 결과 때문이라고 주장할 수는 없다. 이 중에는 예상했고 의도했던 효과가 나타났으나 (질적인 차이가 아니라) 양적인 차이가 있는 것이 있을 수 있다. 여기에서의 초점은 바로 이 점이다. 먼저 주택거래신고제에 관해 살펴보자.[4] 2004년 3월 30일에 신고제를 시행한 후 지역 지정은 같은 해 4월 21일에, 지역 지정 후에 적용하는 것은 같은 해 4월 28일에 이루어진다. 이 사이의 과정은 정책 결정에서 집행으로의 과정으로 볼 수 있고, 정책오차가 있다고 볼 수는 없다. 그런데 2005년 3월 24일에 신고지역 추가 지정이 있고, 같은 해 4월 18일

4) 소득세법 지정지역의 운영에 관한 규정(제104조의2 제1항의 규정)에 의한 지역 중 주택에 대한 투기가 성행하거나 성행할 우려가 있다고 판단되는 지역으로서 주택정책심의위원회의 심의를 거쳐 국토해양부 장관이 지정하는 지역을 말한다.

에, 같은 해 4월 26일에도 주택투기지역 추가 지정이 있다.[5] 제도 도입 당시 강남 3구(서울 강남구, 서초구, 송파구)가 주택투기지역으로 지정된 이후, 2008년 10월까지 주택투기지역 72개 지역, 토지투기지역 88개 지역으로 늘어났으나, 2008년 11월 강남 3구를 제외한 모든 지역의 투기지역 지정이 해제되었고, 2012년 5월에는 강남 3구까지 모두 지정 해제되었다.

더 큰 문제는 재건축정책에 있다. 즉, 재건축 대상 아파트 가격 급등으로 인해 개발 자체를 어떻게 볼 것인가 하는 점이다.[6] 현재 시장에서는 과도한 정부의 정책에 대한 내성과 향후 변경 가능성을 믿고 가격이 하락하지 않고 있다고 주장한다(김현아, 2005).

현재 논의하고 있는 재건축 대책으로는 재건축 개발이익을 환수하려는 개발이익부담금제[7]가 있으나 확실한 하나의 사실은 재건축의 이익이 지나치게 크다는 점이다. 예컨대, 서울 잠실의 13평 아파트(APT)의 경우 재건축 공사가 들어가기 전인 1999년에 매매가가 1억 5천만 원이었는데 공사 돌입 후인 현행 가격이 7억 2천만 원으로 형성되고 있다.[8] 약 만 5년 사이에 5배의 시세 차익을 실현할 수 있었다. 앞서 기술한 대로 목표 연도의 시점(2007년도)까지 목표값(goal)을

---

5) 부동산 투기를 막기 위한 목적으로 기준치 이상의 주택가격 상승률을 나타내는 지역에 대해 기획재정부 장관이 부동산가격안정심의위원회의 심의를 거쳐 지정하는 지역으로 2003년에 도입되었다.

6) 소형 의무 비율 적용, 일반분양분 후분양, 임대주택 의무 건설 등이 그것이다. 이 때문에 일부 연구원들의 주장은 현재의 재건축정책은 바람직한 재건축사업의 유도가 아닌 일방적인 재건축 억제에 초점이 맞추어져 있고, 따라서 이런 정책은 재건축 대상 아파트 가격 하락에도 기여하지 못하고 재건축사업만 위축시키고 있다고 주장한다(김현아, 2005).

7) 개발부담금제도는 토지 형질 변경 등으로 발생하는 개발이익을 환수하는 투기 방지책이다. 1980년대 말 택지소유상한제, 토지초과이득세 등과 함께 토지공개념 3법의 하나로 도입되었으며, 위헌 논란으로 1998년 폐지된 다른 제도와 달리 2003년까지 수도권에 한해 시행되었다. 개발부담금제도는 외환 위기로 1998~99년에는 징수가 면제되기도 했으나 2000년부터 재부과되었다. 이후 수도권 이외의 지역에 대해서는 2002년 1월부터 부과를 중지했으며, 수도권에 대한 부담금 부과는 2004년 1월부터 2005년까지 중지되었다가 2005년 8·31대책을 통해 2006년부터 부활했다. 개발이익은 용적률 변화분에 땅값을 곱한 금액에서 여러 가지 비용을 제해서 얻는다. 2011년에 연간 징수액은 최대 3,000억 원 수준에 이른다.

8) 실평수 25.7평을 기준으로 함. 32평형의 경우 평당 2,500만 원이라는 계산이 나온다. 이 집을 사기 위해서는 경제활동을 시작하는 사람의 가처분소득을 200만 원으로 계산한다 하더라도 30여년의 기간을 필요로 한다. 다만 소유자의 부담금이 9,000만 원 정도인데 이를 빼면 좀 더 이익이 적다.

표 8-7 재건축 관련 규제의 주요 내용(2001~2005)

재건축 관련 대책	주요 내용
소형 주택 건설 의무 비율 부활 (2001.7)	과밀억제권역 내 재건축 및 민영주택건설사업 중 300세대 이상 건립하는 경우 전용면적 18평 이하의 소형주택을 의무적으로 20% 건설(1:1 재건축 사업에는 적용 배제)
재건축 일반분양분 후분양 (2003.5.23)	투기과열지구에서 추진되는 재건축 사업의 일반분양분은 80% 공정이 진행된 후 분양하도록 함.
재건축 조합원 명의 변경 제한 (2003.5.23)	조합 설립 인가를 받은 조합원은 지위 양도 금지 (법 시행 전 인가를 받은 경우 1회 양도 허용)
'도시 및 주거환경정비법' 시행 (2003. 7. 1)	– 재건축사업 조합-시공사 공동 추진 불허(사업 승인 취득 후 시공사 공개경쟁입찰) – 예비 안전진단, 본 안전진단의 절차 및 기준 강화 – 주거환경정비 기본계획에 의해 재건축 사업에 대한 기본계획 수립(일부 지구단위계획으로 대체 가능)
일반주거지 세분화 시행(2003.7.1) 및 재건축 허용 연한 강화	1~3종 일반주거지별로 허용 용적률 차등화(150%~250%) 재건축 허용 연한 20~40년으로 강화
소형주택 건설 의무 비율 확대 (2003.9.5)	과밀억제권역 내 20세대 이상 건립하는 재건축사업의 경우 총 건립 세대의 60%를 국민주택 규모(전용면적 25.7평) 이하로 건설
주택 재건축 정비구역 지정 및 정비계획 수립 지침(2004.1.14)	500가구 이상 재건축 시 공원 설치 의무화 세대상 2㎡ 이상 공원부지 확보 의무화
재건축 개발이익환수제도 도입 (2004.7)	늘어나는 용적률의 25%를 의무적으로 임대주택으로 건설
2종 일반주거지 층수 제한 유지 (2005.2.17)	재건축 개발이익 환수에 의한 임대주택 건설에만 층수 제한 폐지, 기타 건설분에는 층수 제한 유지
소형 의무 비율이 연면적 기준 추가 적용(2005.5.18)	가구수 기준 소형 의무 비율에 연면적 50% 국민주택 규모 의무화 추가('도시 및 주거환경정비법' 시행령 개정 공포)

'1억 5천만 원×물가상승률'로 정할 수도 없으며, 그 실제 이론 값(reality)의 차이를 줄이기 위해 정책을 펼 수밖에 없다. 즉, 위 <표 8-7>에서 열거된 것은 정책이 그 결과를 예상하지만 정책이 시장의 모든 것을 해결할 수 없다는 정책의 한계를 명시적으로 인정하고 그 차이를 몇 차례의 정책으로 인지된 예상치와 결과치의 격차를 줄이려고 하는 노력이다. 즉, 정책편차의 전형적인 사례라 할 수 있다.

2) 8 · 31대책

강남을 중심으로 아파트 가격이 폭등하자 2005년 8월 31일 정부가 내놓은 고강도 부동산 가격 안정대책을 말한다. 8 · 31 부동산 대책의 핵심 내용은 부동산 투기 억제를 위한 세제 강화와 주택 공급 확대,[9] 무주택 서민 주거 안정을 위한 지원 확대 등으로 나누어 정리하면 <표 8-8>, <표 8-9>과 같다.

표 8-8 주택 투기 수요 억제를 위한 세제 강화

	현행	개정	시행 시기
보유세	종부세 과표적용률 50%	2006년 70%, 2009년 100%	
	종부세 인별 합산	세대별 합산	2006년
	종부세 부과기준 금액 9억 원 초과	6억 원 초과	
	종부세 공시가격 9~20억 원 세율 1%	6~9억 원 1%, 9~20억 원 1.5%	
	종부세 부담 상한 전년비 1.5배	전년비 3배	
	주택분 재산세 과표적용률 50%	과표적용률 5%포인트씩 상향 조정	2008년
양도소득세	모든 주택 공시가격 과세	2006년 1가구 2주택 실가과세, 2007년 모든 주택 실가 과세	
	1가구 2주택 양도세율 9~36%	50%	2007년
	1가구 2주택 장기보유 특별공제 적용	1가구 2주택 장기보유 특별공제 배제	
	1가구 1주택 중 15년 이상 장기 보유자 양도 차익 30% 공제	1가구 1주택 중 15년 이상 장기 보유자 양도 차익 45% 공제	
거래세	취득세 2% / 등록세 1.5%	취득세 1.5% / 등록세 1.0%	2006년
	거래세 4.0%	거래세 2.85%	

자료: 이상호(2005).

무주택 서민주거 안정을 위한 지원 확대는 <표 8-9>로 요약할 수 있다.

9) 수도권의 주택과 택지의 공급 확대는 연 300만 평(5년: 1,500만 평)으로 계획되어 있다. 8 · 31 부동산 대책의 부작용으로 한 경제연구원은 8 · 31 부동산 종합대책으로 인한 민간 건설 경기 위축을 강조하고 있다. 여기서는 이런 문제는 논의하지 않는다.

표 8-9 무주택 서민 주거 안정을 위한 지원 확대

	현행	개정	시행 시기
국민주택기금	주택 구입자금 1조 5,000억 원	2조억 원 확대	2006년
	주택 구입자금 금리 5.2%	소득 계층 내지 주택 구입가에 따라 차등화해 지원	2006년
	생애 최초 주택 구입자금 지원 중단	지원 재개	2005년 10월
	저소득층 전세자금 대출금리 영세민 3.0%, 근로자 5.0%	영세민 2.0%, 근로자 4.5%	
전세자금 지원 확대	전체 가구 지원 금리 3%	2%	
모기지보험 도입	일반모기지론 금리 신청 시 우선 지원 없음	2천만 원 이내 가구주 금리 우대 (0.5~1.0% 인하) 우선 지원 조치	2005년 9월
	모기지론 대출 시 일반 LTV(주택 담보 비율) 적용	무주택자 등이 비투기지역 내 25.7평 이하 주택 구입 시 모기지보험에 가입토록 해 통상보다 높은 LTV 적용	2006년

자료: 이상호(2005).

8·31대책 이후의 부동산시장 동향을 서울 강남권 재건축 아파트를 중심으로 살펴본다. 처음 2개월간(9월~10월 말)은 아파트 매매가격이 0.2% 하락하고 아파트 전세가격은 2.0% 상승하다 추석 이후 둔화한 것으로 나타났다. 그러나 이는 단기 효과였다(이상호, 2005). 즉, 당분간은 기대대로 흘러가는 것 같았으나 그 기간은 짧았다. 이는 다음 <표 8-10>이 말해 준다.

표 8-10 8·31 부동산 대책 후 강남의 APT 가격 변화

시세 갱신일	매매(만 원)		전세(만 원)	
	평당가	변동액	평당가	변동액
2005. 12. 12	2,554	▲3	762	▲3
2005. 12. 19	2,554		766	▲4
2005. 12. 26	2,556	▲2	766	
2006. 01. 02	2,581	▲25	742	▼24
2006. 01. 09	2,607	▲26	784	▲42
2006. 01. 16	2,634	▲27	784	
2006. 01. 23	2,635	▲1	800	▲16
2006. 01. 30	2,656	▲21	801	▲1

자료: http://est.kbstar.com/quics?page=A005877&cc=a013811:a013875&ad_comm_area4=

이상에서 서술한 바가 의미 없는 이유는 수없이 많은 정책을 연쇄적으로 시행한 후에도 이른바 그 약발은 정책이 기대한 만큼 적시에 적정량만큼 발생하지 않는다는 것이다. 이제는 냉각기를 살펴보기로 한다.

2 부동산 경기 냉각기의 실제적 보기

이제는 부동산 경기가 냉각되는 2010년대를 자료를 통해 살펴보자. 주택 매매가격의 전월 대비 증감률을 나타낸 것을 보면 2011년에서부터 하락세로 돌아서서 2012년에는 마이너스로 전환한다. 이에 대한 정책들을 나타낸 것이 <표 8-11>이다.

표 8-11 부동산 경기 냉각기의 정부정책

연도	대책	목적
2010.4.16	도심 소형 주택 공급 활성화 대책	① 민간주택 건설 규제를 완화 ② 도시형 생활주택 사업자 지원 강화 ③ 오피스텔과 같은 준주택 공급 활성화 대책을 통해 1~2인 주거공간에 대한 소형 주택 공급 활성화를 추진
2010.4.23	주택 미분양 해소 및 거래 활성화 방안	① 건설업체의 자금난 완화: 미분양 해소 ② 기존 주택이 팔리지 않아 입주를 못하는 사람들에 대한 지원정책
2010.8.29	실수요 주택거래 정상화와 서민·중산층 주거 안정 지원 방안	① 주택 가격 안정 기조를 유지하고 실수요자의 주택 거래 정상화를 위한 보완책 ② 서민 주거 안정화를 위한 전세자금 지원책 ③ DTI 규제를 일시적으로 해제
2010.8.부터	전세가격 상승세가 나타남	주택거래 정상화(소유 및 거래 제한 해제) 방안 및 이를 통한 전월세 시장 안정 방안
2011.1.13	전·월세 대책 발표	① 소형 임대주택을 늘림 ② 전세자금 지원 확대
2011.2.11	1·13대책 효과가 조기에 가시화되도록 후속 조치 추진	① 민간 임대주택 공급 활성화를 위해 임대사업자를 위한 세제 지원 ② 도시형 생활주택에 대한 기금 지원 대상을 확대

2011.3.22	주택 거래 활성화 방안	① 11월 말까지 취·등록세의 한시적 감면을 연장 ② 추가적인 거래 활성화를 도모
2011.5.1	건설 경기 연착륙 및 주택 공급 활성화 방안	① 건설사에 대한 구조조정 및 유동성 지원 ② 미분양 주택 해소 및 주택 거래 활성화를 위한 추가 세제 완화(서울 및 5대 신도시의 양도세 비과세 요건 중 거주 요건 폐지) ③ 주택 공급 여건 개선을 위해 각종 규제를 추가 완화 ④ 택지개발 지구 내 단독주택의 층수 제한 및 가구 수 규제 폐지 ⑤ 개발제한 규역 해제 취락에 대한 층수 제한 폐지 및 기존 진행되고 있던 중소형 임대주택 관련 기준 완화 등
2011.8.18	전·월세 시장 안정 방안	주택거래 정상화(소유 및 거래 제한 해제) 방안 및 이를 통한 전·월세 시장 안정 방안
2011.12.7	주택시장 정상화 및 서민 주거 안정 지원 방안	분양가 상한제 폐지, 다주택자 양도세 중과제도 폐지 및 재건축 초과이익 부담금 부가 중지, 투기과열지구 해제 등
2012.5.10	주택 거래 정상화 및 서민 중산층 주거 안정 지원 방안	① 1세대 1주택자의 양도세 보유 조건 완화(3년 → 2년) ② 일시적 2주택자 처분 기간 연장(2년 → 3년) 등
2013.4.1	주택 거래 정상화와 주거 복지 증진을 통한 서민 주거 안정 대책	① 생애최초 구입주택 취득세 면제 ② 2013년 구입 주택 양도세 5년간 면제
2013.7.24	4·1 부동산 대책 세부 실행 방안	① 수도권 주택 공급 4년간 묶어 부동산 거래 풀기 ② 민간주택 공급 조절

자료: ① http://cafe.daum.net/happy-tech/F24P/1918?q=%BA%CE%B5%BF%BB%EA%C1%A4%C3%A5%BA%AF%C8%AD
② http://blog.naver.com/jintony3?Redirect=Log&logNo=30172589846

이상의 자료를 기초로 연도별로 강남 3구 아파트 평당(3.3㎡) 가격을 매매와 전세를 중심으로 그 격차와 추이를 알 수 있도록 작성한 것이 다음 [그림 8-5]이다.

[그림 8-5]가 의미하는 바는 경기 과열기에는 매매와 전세 사이의 간격이 넓지만 경기 냉각기에는 그 폭이 줄어듦을 의미하고, 부동산 경기 냉각기에 전·월세 대책이 발표된 이유를 짐작하게 한다.

그림 8-5 연도별 강남 3구 아파트 평당(3.3㎡) 가격

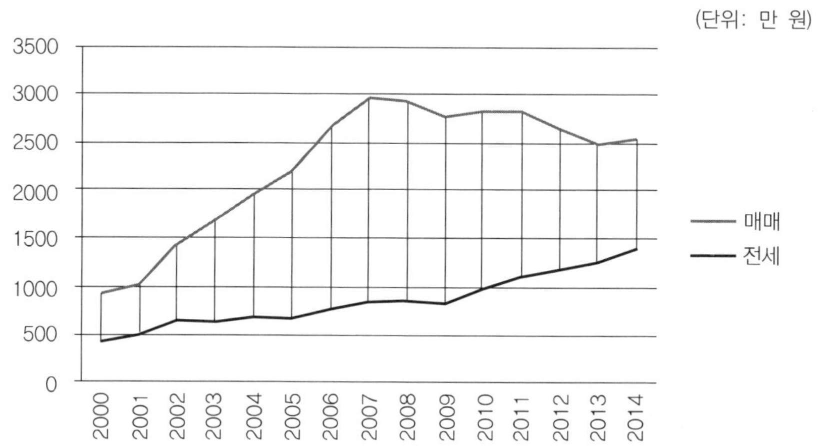

자료: 국민은행(2015).

3) 시장과 정부의 숨바꼭질 게임과 그 의미

이처럼 정책의 포괄 범위와 강도 조절에서 확대와 축소가 되풀이되면서 시장에서는 정부정책에 대한 강한 내성(耐性)을 보이고 있다(김현아, 2005). 이는 정책의 일관성을 확신하지 못하고 또 변화할 것이라고 기대를 시장에 심어 줌으로써 정책의 효과를 심각히 훼손시켜 가격이 정부 의도대로 따라가지 않고 있다.

즉, 과열기에는 가격 상승의 원인을 여러 관점에서 볼 수 있으나[10) 정책적 측면에서 바라보면 다가오는 선거(지방선거를 비롯해)와 경기 활성화를 위해 현행대로의 정부 규제는 지속할 수 없으리라는 막연한 기대감이 시장에 팽배하도록(김현아, 2005) 하는 정책이었고, 시장 냉각기에도 다가오는 선거(지방선거를 비롯해)와 경기 활성화를 위해 부동산 가격의 하락을 정부가 내버려 둘 수 없을 것이라는 막연한 기대감이 시장에 팽배하도록 했다고 평가할 수 있다. 따라서 바람

10) 정책적 요인 외에 경기적 요인이나 금융정책적인 측면이 있다. 경기적 요인은 2005년 2월 이후 소비자 기대심리가 회복되면서 부동산 수요 역시 회복 기미를 보이고 있음을 그 이유로 지적한다. 금융정책적인 측면은 주택담보대출 금리는 계속 하락세를 보이는 반면 주택의 자산가치가 계속 상승하고 있어 대출자의 금융 부담이 크지 않은 상황에 기초한다고 한다(김현아, 2005).

직한 부동산 정책의 방향은 내성을 잠재우고 시장에 잘못된 메시지의 전달을 막는 데 있다. 이를 위해 필요한 것은 정책의 일관성, 예측 가능성,[11] 시장 기능과 정부 기능의 역할 분담 등을 필요로 하는바 이러한 정책을 성공적으로 이끌기 위해서는 부작용의 문제, 특히 정책편차에 관심을 기울여야 한다.

제 4 절 정책편차 이론의 정립

1 정책무력성 명제

경제학에서 신고전학파(new classical school)는 경제학 주류의 하나로 부상했는데,[12] 그들은 정책무력성 명제(policy ineffectiveness proposition)를 주장한다. 이 이론에 따르면 "사람들이 합리적으로 기대하기 때문에 어떤 정책을 사용할 때에 인간의 행태는 이미 변화하게 되어 있다"라고 주장한다. 예를 들면 정부가 불황 시기라고 해서 통화 공급을 늘리면 인플레이션이 증가할 것이라는 예상을 하므로 소득이나 생산이 늘지 않는다는 것이다. 그 의미는 정부정책이 변경되어도 효과가 없다고 보기 때문에, 따라서 일정한 규칙에 따라 지속적으로 추진하는 정책을 선호하게 된다. 이를 정책무력성(政策無力性) 명제라고 한다. 즉, 지금은 최선의 정책이 아닐지라도 정부가 지속적으로 투명하게 정책을 진행하면 오히려 좋은 정책이라고 보는 것이다. 이 정책무력성 명제는 정책의 시행이 부작용을 낳으므로 시장의 기제에 맡겨야 한다는 시장주의자의 정책관(政策觀)으로 받아들여지고 있다. 이에 따르면 부동산정책에서도 일정한 가이드라인만 제시하고 시장에 맡기는 방향으로의 제도 개편을 주장한다. 그런데 이 주장의 철학적 버전은

11) 이 개념은 시장 불안 심리를 안정시키고 수요자 중심의 공급이 이루어질 것이라는 장기 주택공급계획의 제시와 같은 것을 의미한다고 한다(김현아, 2005).

12) 이 학파는 신고전학파(neo-classical school)가 현대 미시경제학의 기초가 된 흐름과 대비된다. 이 학파는 합리적 기대학파라고도 불리는데, 최근의 거시경제학의 한 부류이다(주한광, 1999).

포퍼(Karl Popper)의 오류 가능성이다. 즉, 인간의 문제 해결 시도가 결국에는 오류를 범할 수 있기 때문에 의미있는 다른 견해(여기서는 정책)란 보충으로 간주되어야 한다고 본다(Reese-Schäfer, 1992: 99).

그러나 행정학이나 정책의 관점에서는 정책은 장기든 단기든 유효해 왔고, 정책은 유효할 수 있다고 주장해 왔다. 따라서 정책무력성 명제에 대해 동의하지 않고 있다. 그러나 위의 사례인 부동산정책의 흐름에서 본 바처럼 정책무력성 명제에 대해 동의하고 싶고, 그 이유는 정책이 잘 맞지 않는 경우가 많기 때문이다. 따라서 이를 극복하기 위해서는 우선 정책부작용의 원인을 살펴보고, 그 시정 방안이나 아니면 부작용의 상대적 크기를 줄이는 방법을 연구해 보아야 한다.

2 정책편차의 원인

정책부작용의 원인은 구체적인 정책에 좌우될 것이다. 어떤 분야든 주제 중립적인(subject-free) 평가전략이 작동하기는 여간 힘들지 않기 때문이다(Putnam, 1992). 정책부작용의 원인이 생겨나는 영역을 정책환경의 문제, 정책 형성의 문제, 정책 집행의 문제, 그리고 정책에 따라 손익을 받는 집단으로 나누어 살펴볼 수도 있다. 위에서 언급된 부동산 정책 사례를 중심으로 볼 때는 역사적 요인, 구조적 요인, 심리적 요인, 문화적 요인으로 나누어 보는 것이 낫다.[13)]

13) 첫째로 역사적 요인이란 과거의 경험을 들 수 있는데, 일반 국민들이 부동산정책에서 오랫동안 체득한 경험이 있는바 주택은 살면서 돈 버는 재테크 수단일 뿐만 아니라 부동산 재산 격차→소득과 수입의 격차→사교육비 격차→자식의 학력 격차로 이어져 우골탑이 아파트탑이 된 것이 현실이며, 부동산 재산 격차는 사교육이 부(富)의 축적을 위해 유효하다는 가설을 입증하는 역할을 한다(손낙구, 2008: 16). 더 나아가 부동산이 고가(高價)인 지역에 사는 사람들은 그렇지 않는 지역의 사람보다 오래 산다고 한다. 따라서 부동산 필패의 신화가 생기고 이데올로기로 체득된다(손낙구, 2008).
둘째로 구조적 요인이란 부동산 문화로 구체화된다. 재건축 사례에서 보면, 관련 당사자는 손해 보지 않고 일반 대중이 손해 보는 구조가 정착되어 있다. 즉, 사회비용을 수익자가 부담하지 않는 구조가 정착되어 있다. 소유자는 아파트의 면적을 넓혀가서 좋고, 건축업자는 재건축을 통해 수익을 가져가고 지방정부는 예컨대 도시미관 등에서 자신의 업적으로 삼을 수 있어서 좋다. 이러한 '누이 좋고 매부 좋고'의 구조는 '대략 철저히' 방식을 통해 부동산에서의 철의 삼각 관계를 형성한다(정정길 외, 2010: 143; 김문성, 2014: 35). 이런 환경 속에서는 모니터링

여기서는 정책편차를 중심으로 위에 언급된 사례의 원인을 살펴보면, 지역적 제약 · 시간적 제약 · 관료제적 제약 등을 들 수 있다. 지역적 제약이란 성격이 서로 다르거나 더 넓은 지역을 정책 대상으로 할 경우보다 성격이 비슷하거나 더 좁은 지역을 정책 대상으로 하면 정책 효과를 보기 쉽다. 따라서 수도권의 일부 지역으로 할 경우가 전국을 정책 대상으로 하는 것보다 지역적 범위가 좁혀지기 때문에 정책 효과 측면에서 더 낫다. 그 이후 지역을 넓혀가는 것으로 정책이 대응하고 있다. 해제도 마찬가지이다.

시간적 제약의 경우도 정책 효과를 빨리 보거나 급한 곳을 택해 정책 수단을 이용하고 또 정책 효과를 빨리 볼 수 있는 지역을 택한다. 관료제적 제약이란 부처 내에서 또는 부처 간의 여러 관계를 고려할 필요성이 있다. 위 자료에서 국토교통부와 기획재정부 사이의 관계나 같은 국토교통부라 하더라도 수직 조직의 내무 연결고리(linkages) 등에서 순기능을 할 수 있고(Nakamura & Smallwood, 1980), 갈등비용을 줄일 수 있는 정책을 택한다. 따라서 이런 이유로 정책편차를 각오하더라도 추후 연속해서 대응하는 정책이 나올 수 있도록 시행한다. 덧붙여 관료와 구별되는 진정한 전문가의 양성이 필요하다.[14] 전문가로부터 새로운 아이디어가 나오고 이슈에 대한 대안을 가지고 조언하므로 정책 당국의 주문에 따라 생성되는 정책이 아닌, 전문가의 정책 제안이 필요하고, 이런 정책 제안이 정책으로 채택될 가능성이 높아야 한다.

제도가 기능할 여지가 줄어든다.

셋째로 심리적 요인으로는 이기주의의 팽배해 함께 사는 사회에 대한 이해가 부족하다. 따라서 양자택일(all or nothing)의 문화를 들 수 있다. 이는 소통이나 협상에 의해 합의를 이루어 가기가 어려운 정책환경을 만들었다.

넷째로 문화적 요인으로는 당사자 책임의 원칙이 실종되고 과도한 정부 의존적 인식이 자리잡고 있다. 뭐든지 '정부는 뭣하느냐' 하며 정부 대책을 요구한다. 이러한 요인들이 불확실한 환경을 만들 수 있다.

14) 이 점과 관련해 저자는 한국에서 전문가의 수준이 문제된다는 의견을 가지고 있다. 예컨대, 성수대교 붕괴사건의 경우 당시 서울시장은 항공사고, 해양사고 등 발생한 사고 다음에는 육지에서 사고가 일어날 차례라는 소문에 '대한토목학회'에 의뢰해 공공경비를 들여 안전진단을 실시했다고 한다. 그런데 사고 후 당시 용역을 담당했던 전문가(토목학회장)를 인터뷰해서 물었다. 어떤 안전진단이었는지? 그 전문가는 답했다: 육안(naked eye) 진단이라고. 즉, 한국의 문제는 전문가다운 전문가가 없다는 것이 저자의 생각이다.

3 정책편차의 추정과 정책무력성 명제의 극복

앞서 보았듯이 정부정책에 대한 불신은 경제정책의 영역이라고는 하지만 정책무력성 명제로 이어지고, 이는 행정학이나 정책학의 존립 근거를 상당히 훼손하고 있다. 이를 극복하려면 정책 입안 단계에서 정책부작용의 추정이 필요하다.

가장 단순한 추정은 앞서 언급했던 식 '(t) 시점에서의 V(variation)=G(goal)−R(reality)'과 같은 형태가 될 것이다. 즉 (t) 시점에서의 정책 목표인 G와 실현된 값인 R 사이의 값으로 계산할 수 있다. 이를 다른 관점에서 보면 정책편차의 추정은 지표가 있는 자료에서의 추정(예: 가격 · 여론 · 전문가집단의 평가)과 지표가 없는 자료에서의 추정(예: 충격적 사건 · 강도[强度])으로 나누어 고찰할 수 있다. 전자는 많이 객관적 방법으로 바꿀 수 있는 방법이 개발되었으나 문제는 후자를 어떻게 객관적 방법으로 전환하느냐이다.

어쨌든 정책무용론의 극복을 위한 방법을 탐구할 필요성이 있고, 시장이 정책에 따라 반응하는 정도를 예상하고 그 예측 범위를 정해야 한다. 이를 위해 정밀한 방법의 고안이 요구되며 이는 차후의 연구 과제이다. 다만 글래드스턴(Gladstone, 1995: viii)은 하나의 시안으로 정책철학의 존재를 들고 있다. 이에 기초할 때 땜질 처방이 아닌 일관성있는 정책을 기대할 수 있다는 것이다. 그것이 사회적 합의에 기초한 정책이든 예상 시나리오와 정책대안의 작성이든 가이드라인 제도의 도입이든 간에, 관리 가능한 정책이 되도록 하는 정책철학이 필요하다. 예컨대, 영국에서 대마초의 사용을 완전히 뿌리 뽑으려는 정책을 취해 왔으나 쉽지 않은 상황에서, 이를 관리 불가능한 영역으로 내버려 두지 않고 관리 가능한 영역으로 끌어올려 국가 수입의 증대와 같은 혜택을 보려고 하는 것이다.

제 5 절 결 론

정책의 시행은 크든 작든 부작용을 낳게 된다. 그런데 그 정책이 그 정책 대상 영역의 외부에 영향을 미치는 경우가 있는데, 이를 풍선 효과라 한다. 이 장에서 초점을 맞춘 것은 풍선 효과가 아닌 그 정책 대상의 영역에 작용하는 경우를 정책의 부작용이라고 이름했다. 정책부작용의 하위 분류로, 정책 결과가 정책 의도와 상관 관계가 있느냐의 관점과 시간 요소에 치중하는 관점으로 나뉘는데, 후자를 시차라 하고, 전자 속에는 다시 정책편차와 정책오차를 포괄한다. 어떤 정책과 그 정책의 실행에서 오는 결과와의 차이로 의도했던 결과(expected consequences)가 정책편차인데 비해 의도하지 않았던 결과(unexpected consequences)는 정책오차로 정의해 그 개념을 확립하려 했다. 즉, 정책오차는 의도하지 않았던 결과로 정책의 한계를 묵시적으로 인정한다. 또 예상치와 결과치와의 격차라는 관점으로 볼 때, 정책오차는 예상치와 결과치와의 격차에서 질적인 상위(相違)를 말하는데, 이는 그 정책 효과의 예측이 잘못되어 원래의 정책 의도를 포기하거나 포기에 가까운 변신을 함축할 수도 있다. 여기에 비해, 정책편차는 예상치와 결과치와의 격차에서 양적인 차이를 말하므로, 이는 그 정책 효과의 계속된 수정을 의미한다.

지금까지의 연구 경향은 정책오차에 대해서는 그나마 소수의 연구가 있어 왔지만 정책편차는 드물었다. 정책편차는 의도했던 결과로서 정책의 한계를 명시적으로 인정하고 그 차이를 인지하며, 예상치와 결과치와의 격차를 의미한다. 즉, 정책의 질적인 상위(相違)를 말하는 것이 아니라 정책의 양적 측면으로 포괄 범위나 강도 조절 등의 관점에서 논의되는 것이다. 이 정책편차를 줄이는 것이기 위해 현실적으로는 땜질식 처방이 이루어지고 있는데 그 사례를 부동산정책에서 찾았다. 그 의미는 이러한 땜질식 처방을 막고 정부정책의 신뢰를 회복해서 정부의 존재 의의를 국민에게 각인시키는 지름길을 찾아야 하는데, 그것이 정책편차의 연구로 어느 정도의 격차를 미리 예상하는 제도, 즉 시장이 정책에 따라 반응하는 정도를 예상하고 그 예측 범위를 정하는 방법이 연구되어야 한다. 이런 노력이 계속될 때 행정학이나 정책학에 대한 요구가 더 커질 것이라고 주장했다.

제 9 장

성장경제 하의 사회정책 형성 체계 및 형성 과정

제 1 절 서 론

많은 연구가 1970년대의 한국의 고도 경제 성장의 원인을 시장에 대한 정부 개입을 특징으로 하는 발전국가(developmental state)에서 찾고 있다. 즉, 박정희 정부는 1960년대부터 산업화와 경제 발전을 국가 목표로 설정하고, 다양한 정책 수단을 동원해 경제활동 전반에 개입했다. 그 결과, 1960년대에 이미 초보적 수준의 산업 기반을 구축했다. 1970년대 들어서는 발전국가가 심화되었는데, 경제 발전전략을 중화학공업정책으로 전환하면서, 주요 기업의 생산 품목을 지정하는 것에서부터 차관의 도입과 배분에 이르기까지 정부의 시장 개입이 강화되었다. 관치금융이라는 용어에서 보듯이, 금융시장에 대한 정부 지배와 이를 통한 시장 개입도 강화되었다.

그러나 발전국가라는 용어를 고안한 존슨(Johnson, 1982)이 모델로 꼽은 일본과는 달리, 박정희 정부에서는, 특히 1970년대 한국의 발전국가는 경제적 발전주의와 정치적 권위주의가 결합된 '권위주의적 발전국가(authoritarian developmental state)이다. 이 점에서는 이른바 동아시아의 네 마리 용(龍) 중에서, 영국 지배 하의 홍콩을 제외한 대만, 싱가포르의 경우도 유사하다. 박정희 정부는 1971년 12월 국가비상사태 선언을 시작으로, 1972년 10월 유신을 단행했다. 유신체제는 한국 근대사에서 전례가 없는 억압적 권위주의 체제였다. 박정희 정부는 절차적 정당성이 결여된 유신 체제의 명분을 경제 발전과 총력 안보에서 구했다. 유신 체제 하의 권위주의적 발전국가는 경제적으로는 고도 성장을 가져왔지만, 정치·경제·사회의 여러 분야에서 심각한 문제점도 파생시켰다.

1970년대의 권위주의적 발전국가는 사회정책과의 관계에서도 큰 영향을 미쳤다. 우선 경제적 발전주의의 측면에서, 경제 발전을 최우선으로 하는 발전국가에서 사회정책은 저(低)발전되는 경향이 강하다는 주장이 많다(Holliday, 2005). 산업화 초기에 한정된 자원을 경제 발전에 우선적으로 투자해야 하는 발전국가에서 사회정책은 우선순위가 낮을 수밖에 없다는 것이다. 더구나 경제 발전을 통해서 지속적으로 일자리를 창출한다면, 사회정책의 수요도 그만큼 줄어든다고 본다. 그리고 일부 시행되는 사회정책의 경우도 경제 발전을 위한 수단으로서의 의미가 크다(Holliday & Wilding, 2003). 이러한 방식으로 경제적 발전주의는 사회정책의 제도화에 영향을 미치게 된다. 반면에 정치적 권위주의는 사회정책의 형성 체계와 형성 과정에 영향을 미치며, 이것은 다시 정책 산출에도 영향을 미치게 된다. 정치적 권위주의는 정책 형성 체계와 정책 형성 과정을 폐쇄적이고 배제적으로 만들 소지가 크다. 따라서 경제적 발전주의와 정치적 권위주의가 결합된, 1970년대 고도 경제성장기의 권위주의적 발전국가는 사회정책의 형성에 중요한 영향을 미쳤다.

이러한 배경에 따라, 이 장에서는 1970년대 고도 경제성장기의 권위주의적 발전국가가 사회정책 형성에 어떠한 영향을 미쳤는지를, 1970년대의 대표적 사회정책 형성 사례라고 볼 수 있는 연금보험과 의료보험의 제도화 과정을 중심으로 비교론적으로 분석해 보려고 한다. 여기서 정책 형성은 사회정책의 형성 체계 자체는 물론, 사회정책의 의제화·결정 과정·산출을 포함하는 통합적 개념으로 이해한다. 연구의 의도는 고도 경제성장기의 권위주의적 발전국가와 사회정책 간의 관계를, 정치경제학적인 관점에서 분석하려는 것으로서, 발전국가와 사회정책 간의 관계를 주로 복지 지출 측면에 초점을 두고 접근했던 기존의 연구들과는 상이하다. 이러한 연구 목적을 달성하기 위해서 이 장에서 먼저 권위주의적 발전국가와 사회정책 간의 관계에 관한 논의를 소개하며, 이어서 권위주의적 발전국가가 사회정책의 형성 체계와 형성 과정에 어떠한 영향을 미치는지를 이론적으로 검토한다. 이를 토대로 권위주의적 발전국가와 사회정책 형성 체계·의제화·결정 과정·산출을 결합하는 통합적 분석 틀을 설정한다. 이어서 1970년대 고도 경제성장기의 권위주의적 발전국가가 사회정책 형성에 미친 영향을 연금보험과 의료보험의 제도화 과정을 중심으로 실증적으로 분석한다. 마지막으로는 이러한 실증분석에 입각해 도출된 내용을 토대로, 연금보험과 의료보험의 제도화 과정을 비교하면서 토의한다.

제 2 절 이론적 논의 및 분석 틀

1 1970년대의 권위주의적 발전국가

출발 당시부터 박정희 정부는 산업화와 경제 발전을 제일의 국가 목표로 설정했다. 이를 위해 5개년 경제개발계획을 수립하고 선도기구(pilot agency)로서 경제기획원을 설치하는 등 정부 주도의 계획경제 체제를 구축했다. 애당초 존슨(Johnson, 1982)은 일본의 급속한 경제 발전을 설명하기 위한 틀로서 발전국가 개념을 창안했으나, 이후 많은 학자가 이를 일본보다는 한국·대만·싱가포르 등 동아시아의 후발 공업국가를 분석하기 위한 이론 틀로 사용했다(Vogel, 1991). 계획－합리적 개입주의국가인 발전국가의 특징으로 정부의 적극적인 시장 개입과 계획경제, 유능하면서 시장으로부터 자율적인 정부관료제, 경제 및 산업정책 과정에서의 노동 배제 등이 언급되고 있다(Stubbs, 2009). 앞서 언급한 후발 발전국가들은 모두 협소한 내수시장을 가진 소형 국가들인 관계로, 남미와 같은 수입대체화 발전전략이 아니라, 수출 주도형 발전전략을 채택했다(Pirie, 2008). 그러나 후발 공업국가들의 발전전략은 다양한 이유로 인해 정치적 권위주의와 결합할 소지가 컸으며, 그 결과 동아시아의 후발 공업국가들은 고도 경제성장기에 권위주의적 발전국가의 속성을 보이게 되었다.

한국의 경우, 박정희 정부는 이미 1960년대 후반부터 3선 개헌 등 권위주의 체제의 기미를 보이다가, 1970년대 들어서는 이것이 본격화되었다. 즉, 박정희 정부는 1971년 12월, 급변하는 국제 정세에 대처하고 북한의 남침 우려에 대비한다는 이유로 느닷없이 국가비상사태를 선포하고, 이어서 대통령에게 광범위한 비상대권을 부여하는 '국가보위에 관한 특별조치법'을 제정했다(최한수, 2004). 이후 1972년 들어서는 남북 대화가 진행되는 와중에 10월 17일 대통령특별선언을 통해 국회 해산과 정당활동 중지 등 헌법의 주요 기능을 정지시키는 비상계엄을 선포하는 10월 유신을 단행했다. 이로써 대통령을 의장으로 하는 비상국무회의가 국회의 기능을 대행했으며, 같은 해 11월 21일 임기 6년의 대통령을 통일주체국민회의에서 선출하고 대통령의 권한을 크게 강화하는 것을 골자로 한 유신헌법을 국민투표를 통해 확정했다.

유신 체제는 전례가 없는 일인(一人) 지배의 권위주의 체제였다. 유신헌법은 통일주체국민회의에 의한 대통령 간접선거, 대통령의 긴급조치권과 국회해산권, 대통령의 국회의원 1/3 추천, 대통령 연임 제한 폐지, 대통령 후보의 정당추천제 삭제 등의 내용을 담고 있었다. 이후 1973년 8월부터 반(反)유신운동이 확산되자 박정희 정부는 1974년 1월 헌법 비방과 개헌 논의를 금지하는 대통령 긴급조치 1호·2호·3호를 연속 발동했다. 그럼에도 1974년 하반기 이후 야당은 가두 투쟁, 무기한 농성 등 개헌 투쟁의 강도를 높여갔으며, 재야 세력도 개헌서명 국민운동을 전개했다. 이에 정부는 다시 1975년 2월 유신헌법 찬반 및 대통령 신임 여부를 묻는 국민투표를 실시해 개헌 논의를 봉쇄하고, 5월 유신헌법에 대한 일체의 논의를 금지하는 긴급조치 9호를 발동했다. 이후에도 반(反)유신 투쟁이 계속되었으나, 박정희 정부는 긴급조치·정치사찰·노동 탄압 등의 억압 조치에 기대어 1979년까지 일인 지배 체제를 유지했다(Kim, 2007).

이러한 정치적 권위주의 체제 하에서, 1970년대 들어 한국의 발전국가는 더욱 심화되면서 본격적으로 경제 발전을 추동했다. 경제 발전은 시장에 대한 정부 개입과 규제를 통해서 추진되었다(Chang, 2006). 물론 이는 정부가 다양한 통제 수단을 보유했기 때문에 가능했다. 정부는 차관 배분 · 선별적 금융 지원 · 세무 사찰 · 관치금융 · 공정거래 조사 등 실로 다양한 기제를 재량적으로 동원함으로써 시장을 통제했다. 1970년대에도 계속해서 계획경제와 수출주도형 산업화전략을 가동했으며, 특히 기존의 경공업 중심이던 산업구조를 개조하기 위한 중화학공업전략을 채택했다. 이 과정에서 정부는 중복 투자를 방지한다는 구실로, 주요 대기업에 생산 품목까지 배정했다. 그리고 국가 주도의 경제 발전 과정에 유능한 경제 관료들이 지속적으로 투입되었다. 고시(考試) 출신의 우수 인력들이 경제부처에 배치되었으며, 소위 '유신사무관' 제도 역시 관료 권력을 강화하는 데 일조했다(한승연, 2007).

1970년대 고도 성장기의 이러한 권위주의적 발전국가는 민주주의의 후퇴, 부(富)의 집중, 재벌 중심 경제, 노동 탄압, 관치금융, 정경유착, 관료 부패 등 많은 부작용도 산출했지만, 발전국가가 지향했던 경제 성과 면에서는 기대 이상의 산출을 가져온 것도 사실이다. 우선 1인당 국민소득이 1971년 278달러에 불과했으나, 1979년에는 1,597달러로 5.7배 증가했으며, 수출액은 1971년 1,068백만 달러에서 1979년에는 14,705백만 달러로 14배나 증가했다. 연간 경제성장률도 1970년대에는 평균 7~8%를 상회했으며, 특히 1976년에는 15.1%, 1977년 10.3%, 1978년 11.6% 등 높은 성장세를 보였다. 실업률은 1970년대 중에 3~4%로 안정되었다(통계청, 1998).

2 1970년대 권위주의적 발전국가 하의 사회정책

1970년대 고도 경제성장기의 발전국가는 사회정책과는 어떠한 관계에 있는가. 우선 일반적으로는 발전국가 하에서는 사회정책이 저(低)발전된다고 주장된다(Holliday, 2005). 이는 한정된 자원을 경제 발전에 우선 투입해야 하는 후발 발전국가들이 사회정책에 투입할 여력이 없기 때문이다. 한국의 경우도 1970년대에 전체 정부 지출 중에서 경제사업비는 1971년 20.1%, 1975년 31.1%, 1979년 33.5%로 큰 비중을 차지하며, 그것도 빠르게 증가하고 있다. 반면에 같은 연도에 사회복지 지출은 2.4%, 5.8%, 6.0%로 영세했다(통계청, 1998). 더구나 우리는 정부 지출의 상당 부분을 국방비에 할당해야 하는 입장에서 사회정책에 지출할 여력은 더욱 적었다. 그리고 발전국가 하에서는 일부 사회정책이 시행되더라도 그 자체로서 의미를 갖기보다는, 경제 발전을 위한 수단적 역할을 수행하는 것으로 주장된다(Lee, 2010). 더구나 발전국가론자들은 "경제 발전 자체가 사회정책의 효과를 갖는다"는 경제 발전의 낙수 효과(spillover effect)를 주장한다(Chang, 2004). 즉, 경제 발전은 일자리 창출과 고용 증대를 가져오며, 이는 실업 예방 · 빈곤 감소 · 직업훈련 등의 사회정책적 효과로 연결된다는 것이다.

발전국가와 사회정책 간의 관계에 관한 이러한 일반적 주장 외에도, 권위주의적 발전국가는 다음과 같은 점들에서 사회정책의 발달에 부정적으로 작용할 수 있다.

첫째, 권위주의적 발전국가는 노동조합과 시민사회를 각기 산업생산성 향상과 사회 질서 유지에 장애가 되는 것으로 판단하고 이를 억압한다. 권력자원이론에서도 주장하듯이, 노동운동과 시민사회의 활성화는 사회복지에 대한 요구를 증대시킴으로써 사회정책 발달에 긍정적 영향을 미친다. 그러나 1970년대의 박정희 정부는 긴급조치 등을 발동해 노동운동과 시민사회를 철저하게 억압했다.

둘째, 사회 안정과 국민 통합을 중시하는 권위주의적 발전국가는 사회정책과 같은 논쟁적이고 갈등 유발적인 정책을 도입하는 것에 거부감을 갖는다. 정책유형론에 따르면, 사회정책은 대부분 분배정책이나 재분배정책에 해당하는데, 이러한 정책은 사회 성원들 간에 갈등을 유발하기 쉽다(정정길 외, 2014). 1970년대 박정희 정부는 선(先)성장 후(後)분배 이념을 주창했는데, 사회정책으로 실현되는 분배는 논쟁과 갈등의 소지가 크고, 따라서 국론을 분열시키며, 이는 경제 발전에 저해 요인이 된다고 판단했다.

셋째, 반공 이데올로기에 기반한 1970년대의 권위주의적 발전국가는 진보정당의 등장을 억압했으며, 이는 사회정책의 발달에 부정적으로 작용할 수 있다. 유럽을 보면, 보수정당보다는 사회민주당 계열의 진보정당이 집권할 때 사회정책이 크게 발달하는 경향이 강하다. 대표적인 예가 1932년 이래 장기간 사회민주당이 집권하면서 '복지낙원'을 실현한 스웨덴이다(안재홍, 1998).

넷째, 권위주의적 발전국가의 낮은 선거 경쟁성 역시 사회정책을 지체시키는 데 영향을 미친다. 사회정책은 선거에서 유용한 득표 수단인데, 선거의 경쟁성이 없다면 사회정책을 공약할 필요성도 줄어든다. 유신 체제 하에서 대통령은 이른바 '체육관 선거'를 통해서 추대되었으며, 국회의원도 1/3을 대통령이 지명하는 상황에서 여당의 과반 의석은 물론 2/3 이상 의석 확보도 정해져 있었다. 더욱이 지방자치는 없었다. 이처럼 선거의 경쟁성이 낮은 권위주의 체제에서는 선거라는 변수가 사회정책의 발달에 영향을 미치기 어렵다.

이러한 이유들로 인해 권위주의적 발전국가 하에서 사회정책은 전반적으로 지체 내지는 저발전되며, 일부 사회정책이 시행된다고 하더라도 경제 발전이라는 발전주의 가치와 사회 안정과 정권 유지라는 권위주의 체제의 목표에 부합하는 선에서 제한적이고 선별적으로 도입되는 경향이 있다(Kim, 2008). 그리고 사회정책은 경제 발전에 필요한 근면과 자조라는 가치를 훼손하지 않는 방향으로 설계되어야 한다. 따라서 공공부조라고 하더라도 무상의 생계 지원은 최소화하며, 근로를 통해서 최소한의 구제를 실시하는 방안이 강구된다.

또한 가능한 한 사회정책은 경제 발전의 수단적 기능을 수행하도록 설계되는데, 1963년 산재보험이 다른 사회보험에 앞서 도입된 것이나, 1973년 국민복지연금법이 중화학공업화를 위한 내자 동원의 수단으로 고안된 것이 그 예이다. 그리고 사회정책의 도입은 정부의 부담을 최소화하는 방향으로 설계되는데, 이는 한정된 자원을 경제 발전, 국방, 치안 유지에 우선적으로 투입해야 하기 때문이다(Mkandawire, 2004).

따라서 사회정책은 전반적으로 저조하지만, 그중에서도 주로 세금으로 충당되는 사회 서비스보다는 보험료를 주요 재원으로 하는 사회보험이 우선 도입된다. 사회보험의 적용 순서도 보험료 징수가 용이하고 부실 위험이 적으며, 따라서 정부의 재정 부담 우려가 적은 특수 직종(공무원·군인·사립학교 교직원)이나 대기업부터 적용된다. 1960~1970년대에 도입된 산재보험이나 의료보험 적용 대상의 점진적인 확대 과정을 보면 이해가 될 것이다.

3 분석 틀의 설정

고도 경제성장기의 권위주의적 발전국가는 발전국가의 본질적 속성인 경제적 발전주의와 정치적 동기에 기반한 정치적 권위주의가 결합된, 특이한 형태이다. 물론 양자는 목표－수단의 연쇄 관계 속에서 결합되어 있다. 그러면 이러한 권위주의적 발전국가가 사회정책 과정에 미친 영향을 사회정책의 형성 체계와 형성 과정으로 구분해 살펴보자.

우선 경제적 발전주의는 사회정책 형성 체계보다는 형성 과정, 특히 의제화에 큰 영향을 미친다. 경제 발전을 우선하기 때문에 사회정책의 의제화는 억제되거나, 의제화가 되더라도 그 동기 면에서 경제정책을 위한 수단적 용도에 기인할 가능성이 높다(Kwon et al., 2009). 이러한 의제화의 주도 세력은 경제 발전을 선도하는 경제부처나 대통령의 경제 참모가 될 소지가 크다. 사회복지 부처가 앞장서더라도 경제 부처와의 사전 협의나 동의가 필요할 것이다. 물론 이러한 의제화의 동기는 사회정책의 산출에도 영향을 미친다. 산출된 정책 내용이 경제 발전에 기여하거나 최소한 장애가 되지는 않아야 할 것이며, 경제 발전에 투입할 재원을 크게 침식하지 않아야 할 것이다(김순양, 2012). 이처럼 경제적 발전주의는 주로 의제화의 동기나 이를 통해서 정책 산출에 영향을 미칠 것으로 생각되지만, 그렇다고 사회정책 결정 과정에서도 영향이 전혀 없지는 않다. 정책 결정 과정, 특히 행정부 내의 정책 결정 과정을 경제 부처가 주도하거나, 이들의 경제 논리가 영향을 미칠 수 있다. 국회의 입법 과정에서도 경제 논리가 지배할 소지가 있다. 즉, 사회정책을 결정할 때 사회정책의 본질적 동기보다는, 경제 발전을 위한 수단화, 정부 부담의 최소화, 기업 부담의 최소화 등의 경제 논리가 작용할 수 있다(박병현 외, 2007).

정치적 권위주의는 사회정책 형성 체제와 형성 과정 모두에 영향을 미칠 수 있다. 구체적으로, 권위주의 체제에서는 정부와 시민사회, 행정부와 입법부, 여당과 야당, 조직의 상하 간에 권력의 불균형이 발생하며, 이는 사회정책 형성에 큰 영향을 미치게 된다.

첫째, 정부와 시민사회 간의 관계에서 노동조합이나 시민사회단체 등이 침체된 상황에서 정부 중심의 폐쇄적 정책 형성 체계가 구축될 소지가 높다. 이 경우에 시민사회가 정책 형성 체계에 포함된다면 정부로부터 인가받은 소수의 이익집단 정도일 것이다.

둘째, 행정부와 입법부 간의 관계에서 행정부가 주도하는 정책 형성 체계가 이루어질 소지가 크다. 이 경우 입법이 필요한 정책의 경우도 의원 발의 법안보다는 행정부 제출 법안이 수적으로도 많고, 최종 법안으로 성사될 확률도 높다(대한민국국회, 2008). 의회 심사 과정에서의 법률안 수정 내용도 크지 않을 것이다. 이렇게 되면, 설사 의회가 정책 과정에서 배제되지는 않는다고 하더라도, 큰 영향은 미치지 못하게 된다.

셋째, 여당과 야당 간에는 여당이 정책 형성을 주도하게 될 것인데, 이 경우 여당은 야당과의 협상보다는, 당정 협의 등을 통해 행정부와 의견을 조율하는 데 치중한다. 일단 행정부와 합의가 되면 이를 어떠한 방식으로든 의회에서 관철하고자 할 것이다. 반면에 권위주의 체제 하의 야당은 정부와 여당을 신뢰할 만한 협상 대상으로 보지 않기 때문에, 투쟁과 비타협의 자세를 보이게 된다(심지연, 2004). 그리고 야당은 정책 투쟁보다는 민주화 등 정치 투쟁에 주력하기 때문에 사회정책에 대해서는 큰 관심을 보이지 않을 가능성이 크다.

넷째, 권위주의 체제에서는 조직 내 민주주의가 실현되기 어렵다. 따라서 행정부 내에서도 대통령이나 조직 상층부에 권한이 집중되며, 그 결과 정책 형성에서도 이들이 주도적 역할을 수행하고, 하층부는 주로 실무 작업을 행한다(오석홍, 2010).

이처럼 정치적 권위주의는 사회정책 형성 체계를 행정부 주도의 폐쇄적·배제적·위계적 형태로 만들 소지가 크며, 이는 다시 사회정책 형성 과정은 물론, 정책 산출의 내용에도 영향을 미칠 것이다. 즉, 이러한 정책 형성 체계 하에서는 정책의 의제화가 콥과 엘더(Cobb & Elder, 1983)의 분류에 따르면, 외부의 이익집단이나 시민사회단체 등이 주도하는 외부 주도형보다는, 대통령이나 정부 부처가 주도하는 동원형 혹은 내부 접근형이 될 가능성이 크다(주재현, 2008). 정책 형성 과정도 정부부처 중심으로 폐쇄적으로 행해질 가능성이 크며, 정책 산출도 정부부처가 처음 의도한 내용이 크게 바뀌지 않거나, 약간의 수정이 있더라도 핵심적 내용은 크게 바뀌지 않을 것이다. 여기에서는 권위주의적 발전국가가 사회정책의 형성 체계 및 형성 과정에 상기(上記)와 같은 영향을 미칠 것으로 보고, 이를 1970년대 고도 경제성장기에 입법된 핵심 사회정책인 국민복지연금법 제정과 의료보험법 제2차 개정을 중심으로 실증해 보고자 한다. 이를 위한 분석 틀은 [그림 9−1]과 같다.

그림 9−1 연구를 위한 분석 틀

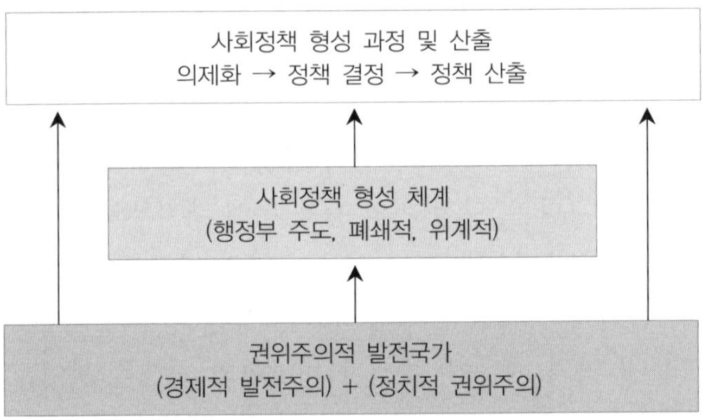

이 장은 이러한 분석 틀에 입각해서, 1970년대 고도 경제성장기 권위주의적 발전국가 하의 사회정책의 형성 체계 및 형성 과정을 분석하고자 한다. 우선 정책 형성 체계와 관련해서는 이를 행정부 내부와 국회에서의 정책 형성 체계로 구분하며, 행정부 내부의 경우는 다시 주무부서인 보건사회부(이하 보사부)의 입안, 관계 장 · 차관회의에서의 조정, 당정협의, 청와대의 지시와 조정, 국무회의 의결로 이어지는 공식적 정책 형성 체계와 주요 행위자들 간의 사전 보고 · 사전 조정 · 내락(內諾) 등으로 이어지는 비공식적 정책 형성 체계로 구분해서 논의한다. 국회의 정책 형성 체계는 해당 상임위원회에서의 제안 설명, 질의 · 응답, 토의, 합의 도출 혹은 표결의 과정, 법제사법위원회의 체계 및 자구 심사, 본회의에서의 토의와 표결의 순서에 입각해서 분석할 수 있다.

정책 형성 과정은 이를 의제화, 정책 결정, 그리고 정책 결정의 결과물로서의 정책 산출로 구분하며, 의제화와 관련해서는 의제화의 동기가 무엇이며, 의제화의 주도자는 누구인지를 분석한다. 정책 결정과 관련해서는 정책 결정에 참여하는 주요 행위자는 누구이며, 핵심적 행위자들(key actors) 간의 관계의 속성은 어떠하며, 핵심적 행위자들의 이해관계 및 주요 주장은 무엇이고, 정책 결정의 방식은 어떠하며, 그리고 정책 결정 과정에서 국회의 역할은 어떠한지를 분석한다. 마지막으로 정책 산출과 관련해서는 최종 정책에 누구의 이해가 주로 반영되었으며, 정책 결정 과정에서 처음 의도한 정책 내용이 어느 정도 변화 내지는 수정되었는지, 그리고 정책 결정 이후의 후속 조치는 어떠한지를 분석하고자 한다.

제 3 절 1970년대 고도 경제성장기의 사회정책 형성 체계

1 전반적 특성

1970년대의 박정희 정부는 유례없는 권위주의 체제였다. 이러한 권위주의 체제 하에서, 여권(與圈)이 장악한 국회는 대통령과 행정부에 대한 견제 기능을 전혀 수행하지 못했다. <표 9-1>에서 보듯이, 유신 체제 하의 제9대 국회는 총 219명의 의원들 중에서 유신정우회(이하 유정회) 소속 의원이 1/3인 73명, 여당이 73명을 차지해, 전체 의석의 2/3를 여당이 점유하고 있다.

더구나 야당인 신민당은 내부적으로 분열되어 있었다(심지연, 2004). 재야, 저항적 노동운동, 학생운동 세력 등이 권위주의 체제에 저항했지만, 긴급조치 · 국가보안법 · 반공법 등의 억압적 제도와 중앙정보부 · 보안사 · 경찰 등이 중심이 되는 억압적 국가기구는 시민사회를 효율적으로 통제했다(Kim, 2011). 그 보기로서, <표 9-2>에서 보듯이, 유신 체제 하에서 정치규제법에 의한 구속자 수는 매년 수백 명에 달했으며, 특히, 1976년 이후에는 긴급조치 위반자가 다수를 차지했다. 노동 관련 통계는 유신 체제 하에서 노조조직률은 15~16% 전후였고, 노사분규 건수는 1972년부터 1974년까지는 한 건도 없었으며, 1975~1979년 기간 동안은 연평균 100여건 정도에 불과했다(통계청, 1998). 행정부 내에서의 주요 의사 결정 권한은 청와대 및 정보기관 등의 소수에 집중되어 있었으며, 정부 부처 내에서는 장관을 비롯한 상층부에 집중되어 있었다(오석홍, 2010).

표 9-1 유신 체제 하 제9대 국회의 정당별 의석 분포

정당	의석 수(석)	득표율(%)
민주공화당(여당)	73	38.7
신민당	52	32.6
민주통일당	2	10.1
무소속	19	18.6
유신정우회(유정회)	73	통일주체국민회의 선출
합계	219	100.0

자료: 대한민국 국회 역대 국회 소개에서 발췌함(대한민국국회 www.asembly.go.kr).

표 9-2 유신 체제 하 정치규제법에 의한 구속자 수

(단위: 명)

연도	국가보안법	반공법	집회 및 시위에 관한 법률	국가보위에 관한 특별조치법	긴급조치 (1,4,9호)	계
1972	278	437	52	–	–	767
1973	76	445	37	–	–	558
1974	86	269	19	–	–	374
1975	74	328	82	–	–	489
1976	121	386	32	–	193	741
1977	35	322	–	–	157	515
1978	30	208	12	11	215	479
1979	57	194	26	–	160	438

자료: 이목훈(1992: 105)에서 발췌함.

1970년대는 경제 발전을 가속화하던 시기로서, 정부정책을 결정할 때는 경제 부처가 강력한 권한을 행사했다. 따라서 1970년대 박정희 정부 하의 사회정책 형성 체계는 시민사회에 대한 정부 우위, 국회에 대한 행정부 우위, 국회 내에서의 여당의 우위, 행정부 내에서의 권력의 집중화, 사회집단의 비활성화 등으로 특징되는 폐쇄적이고 배제적인 정책 형성 체계라고 볼 수 있다.

2 행정부 내의 사회정책 형성 체계

1970년대의 권위주의 체제 하에서는 행정부가 주요 정책을 입안하고 결정하는 경우가 대부분이었다. 따라서 법안의 제·개정을 요하는 사항에 대한 발의도 행정부가 행하는 경우가 많았다. <표 9-3>에서 보듯이, 유신 체제 하의 제9대 국회의 경우, 전체 633건의 법률안 제안 건수 중에서 정부 제출 법안이 479건으로 전체의 75.7%를 차지하며, 의원 발의 법안은 154건 24.3%에 불과했다. 무엇보다도 제안된 법안의 가결된 비율, 즉 가결률 면에서 의원 발의 법안의 경우는 54.6%인데 비해서, 정부 제출 법안은 96.0%에 이르렀다.

국민복지연금법이나 의료보험법과 같은 주요 사회복지정책의 형성 과정도 마찬가지이다. 행정부 내에서의 사회복지정책 형성 체계를 해당 정부부처의 입안으로부터 정부안으로 확정되기까지의 경로별로 살펴보면 다음과 같다. 우선 당

표 9-3 박정희 집권기 법률안 제안 및 가결 현황

(단위: 건, %)

국회 차수	의원 발의 법안			정부 제출 법안		
	제안 건수	가결 건수	가결률	제안 건수	가결 건수	가결률
국가재건최고회의	554	514	92.8	608	501	82.4
제6대	416	178	42.8	242	154	63.6
제7대	244	123	50.4	291	234	80.4
제8대	43	6	14.0	95	33	34.7
제9대	154	84	54.6	479	460	96.0
제10대	5	3	60.0	124	97	78.2
계	1,416	908	64.1	1,839	1,479	80.4

* 각 국회의 임기는 국가재건최고회의 1961.5~63.12, 제6대 1963.12~67.6, 제7대 1967.7~71.6, 제8대 1971.7~72.10, 제9대 1973.3~79.3, 제10대 1979.3 1981.4이다.

자료: 대한민국국회(2008)에서 발췌해 재정리함.

시의 행정부처 내의 사회복지정책 주부부처인 보건사회부를 중심으로 보면, 제4공화국 기간 중의 보건사회부 장관은 이경호(李埛鎬), 고재필(高在珌), 신현확(申鉉碻), 홍성철(洪性澈) 4인이었다. 이들의 출신 배경은 이경호는 법무관료(법무차관, 변호사), 고재필은 정치인(국회의원, 변호사), 신현확은 경제관료 및 정치인(국회의원), 홍성철은 군인 및 내무관료(내무부 장관) 출신으로서, 사회복지정책에 전문성을 가질 만한 인사는 없었다(김순양, 1996). 이 기간 중에 보건사회부 차관은 홍종관(洪鍾寬)과 박승함(朴承咸) 두 사람이었는데, 홍종관은 군인(군의무감) 및 의료관료의 경력을 가진 의사 출신이었으며, 박승함도 서울의대 교수 출신이었다(동아일보사, 1995). 따라서 이들은 기본적으로 의료전문가라고 볼 수 있다. 보건사회부 내에서의 연금보험과 의료보험 업무 담당부서는 사회보험국이었다. 따라서 1970년대의 보건사회부는 기본적으로 비전문가 출신의 장관, 의료전문가 출신의 차관, 일반관료의 순으로 위계가 형성되어 있었다.

이러한 행정구조를 통해서 보면, 보건사회부 내의 정책 형성 구조는 차관 이하의 보건사회부 관료들이 실무안을 제출하면, 정치적 배경이 강한 장관이 이를 채택해서 청와대 · 국무총리실 · 예산부처(경제기획원)와 사전에 협의를 한 이후에 대통령에게 보고하고, 국무회의에 회부하는 절차였다고 볼 수 있다. 그러나 당시의 권위주의적 행정풍토 하에서, 아무리 장관이 해당 분야의 전문성이 부족하다고 하더라도, 중요한 정책을 장관의 사전 지시나 재가가 없이 실무관료들이 자율적으로 입안해 상향식으로 결정하는 것은 흔치 않았을 것이다(조석준, 2004). 대부분의 부서 내 정책 입안 과정은 결재제도를 따르지만, 중요한 사안은 장 · 차관 등 상층부의 내락을 먼저 얻거나 지시에 따라서 실무자들이 기안을 하고, 그 다음에 단계적으로 승낙을 얻는 것이다. 이는 현재의 행정조직에서도 크게 바뀌지 않은 현상이다. 따라서 국민복지연금법 제정이나 의료보험의 강제 적용을 위한 의료보험법 개정과 같은 중요 사안의 경우는, 장관 이상의 정치적 선에서 결정하고, 보건사회부 관료들은 실무적인 작업을 담당하는 형태의 정책 형성 체계였다고 보는 것이 타당할 것이다.

주무부처 내의 의견 정리 후의 단계는 형식 논리로 보면, 관계 장관회의나 차관회의를 통해서 범정부 차원의 조정을 거치는 것이다. 그러나 이송호(2008)에 의하면, 박정희 정부 하에서는 경제장관회의나 수출진흥위원회 등의 경제관계

장관회의, 국가안전보장회의와 같은 안보 관련 장관회의, 중화학 및 방위산업 관련 장관회의, 외화 획득 관련 장관회의는 있었지만, 사회정책을 조정하기 위한 별도의 장관회의나 차관회의는 설치되지 않았다. 경제 발전에 전력하는 발전국가 하에서 사회정책은 아직 비중이 작았기 때문일 것이다. 국무총리실의 경우도 국무회의에 회부하기 이전에 정부정책을 사전 조정하는 기능을 가지고 있다(박동서, 2004). 그러나 당시는 흔히 '대독총리', '의전총리', '방탄총리' 등으로 불리던 시기로서 국무총리실의 국정 조정 기능은 미약했다. 오히려 경제기획원이 예산권을 무기로 정부부처의 정책 수립에 상당한 영향력을 행사했다. 사회정책의 경우도 예산이 수반되는 사업이나 정책은 예산사정 과정에서 경제부처의 영향이 컸다(박종철, 2008).

주요 정책은 정부부처와 여당 간의 당정 협의도 해야 한다. 이는 특히 입법의 형태로 사회정책을 만들어야 하는 경우에는 중요하다. 그러나 1970년대 당시는 행정부의 권한이 국회를 압도하는 상황이었으며, 당시의 보건사회부 장관들이 대부분 고급 군인이나 정치인 출신의 거물급이었기 때문에 당정 관계에서 행정부의 권한이 컸을 것으로 추정된다. 특히, 당시 여권은 유정회는 물론, 여당도 공천권 행사나 정보기관 감시 등을 통하여 대통령이 쉽게 통제할 수 있었기 때문에, 주요 정부정책에 반대하기는 쉽지 않았다(심지연, 2004).

반면에 대통령이 권력을 독점하고 있던 상황에서 행정부 내의 주요 정책 형성 과정에서는 청와대의 역할이 막강했다. 특히, 1970년대에는 경제정책에서도 청와대의 권한이 정부부처를 압도했는데, 이는 1960년대에 장기영 · 김학렬 등의 경제기획원 장관이 경제정책 수립에서 상당한 영향력을 행사하던 것과 대비된다. 대표적으로, 중화학공업화정책을 경제부처가 아닌 김원철 청와대 경제수석 등이 주도한 데서도 입증된다(김흥기, 1999). 이처럼 청와대의 권한이 막강했지만, 당시에는 사회정책 전담 수석비서는 없었으며, 정무2수석 산하의 비서관급에서 담당했다(김석준, 2002). 그럼에도 당시 청와대의 권한으로 보아서는 정부부처에 대한 관계에서는 담당자의 직급이 중요한 것은 아니었으며, 이들이 청와대 내에서는 비서실장이나 수석의 지시 하에 있었지만, 보건사회부에 대해서는 큰 영향을 행사할 수 있었다. 따라서 주요 정책을 입안하는 데서는 청와대 수석 내지는 비서관-보건사회부 장 · 차관 간의 고위 채널과 청와대 실무진-보건사회부 관료들 간의 실무급 채널이 동시에 가동되면서 수시로 지시와 조정이 행해졌다고 볼 수 있다.

마지막으로, 형식적인 면에서는 정부가 발의하는 주요 정책안은 국무회의를 거쳐야 정부안으로 확정된다. 이 점에서 대통령을 의장으로 하는 국무회의는 행정부의 최고 의사결정 기구이다(이종수, 2009). 국무회의를 통과한 안은 대통령의 재가를 통해서 최종안으로 확정되지만, 대통령이 국무회의의 의장이기 때문에 대통령의 재가행위는 요식행위이다. 그러나 국무회의는 이러한 형식상의 위상에도 불구하고, 당시 사회정책 형성 과정에서 큰 역할을 하지 못했다. 이는 당시 국무회의를 국무총리가 대신 주재하는 경우가 많았으며, 국무회의에 소요되는 시간이 매우 짧았던 데서도 입증된다(하태권 외, 1998). 국무회의가 이처럼 중요한 역할을 수행하지 못한 데는 다음과 같은 요인들이 작용했다.

첫째, 당시의 대통령 일인 지배 체제 하에서 내각의 권한이 크지 못했으며, 더구나 국무회의와 같은 회의체 기구에서 토론을 행하는 문화가 발전하지 못했다. 둘째, 행정부 내의 의사 결정은 다른 부처 업무에 대해서는 간섭을 하지 않는 것이 관례였다. 따라서 국무회의는 토론을 통해 결론을 도출하기보다는, 해당 부처가 정책안을 보고하고, 이를 국무위원들은 만장일치로 동의하는 것이 통상적인 의사결정 방식인 것이다. 셋째, 국무회의에 상정되는 안건은 관련 부처들 간에 그리고 청와대 · 국무총리실 등을 거치면서 사전 조율을 마친 것이다. 따라서 국무회의에서 새삼스럽게 안건을 토의할 필요성이 적다. 마지막으로, 주요 의사결정을 하는 데서는 공식적인 조정이나 지시보다는, 무대의 뒤에서 사전에 행해지는 내락(內諾)이 중요하다(조석준, 1994). 국무회의를 거쳐서 국회에 상정할 정도의 안건은 청와대와의 사전 조율을 거쳐서 대통령의 내락을 받아야 한다. 사전에 내락이 있었음을 국무위원들도 인지하고 있다. 따라서 이러한 안건을 공식적으로 비판하고 토론하는 것은 어렵다. 이러한 이유들로 인해, <표 9-4>에서 보듯이, 1970년대 유신 체제 하의 국무회의에서 무수정 통과 비율이 90%를 상회하고 있는 것이다.

이렇게 보면, 국민복지연금법의 제정이나 강제 의료보험의 도입과 같은 주요 사안은 공식적인 정책 형성 절차는 차치하고, 실제로는 대통령의 내락, 청와대 비서실의 지시와 조정, 경제부처와의 협의와 조정, 보건사회부 장관의 지시, 실

표 9-4 유신 체제 하의 국무회의 무수정 통과 비율

연도	심의 안건 수(건)	무수정 통과 비율(%)
1972	1,454	90.9
1973	1,743	87.1
1974	1,442	91.4
1975	1,457	91.8
1976	1,353	92.2
1977	1,281	97.0
1978	1,242	93.8
1979	1,263	94.2

자료: 송재복(1988: 87)에서 발췌함.

무자의 기안 및 대안 작성이라는 하향적 과정을 거치고, 차후에 상향식으로 공식적인 문서를 만드는 역순으로 진행된다고 보는 것이 타당할 것이다.

3 국회의 사회정책 형성 체계

국회에서의 입법 발의는 크게 의원 발의와 정부 제출로 구분할 수 있는데, 의원 발의 중에서 여당이 발의하는 경우는 법안 내용을 입안하는 과정에서 정부와 여당 간에 법안 내용의 실현 가능성 등을 두고 사전에 의견 교환을 하겠지만, 공식적인 절차는 국회 내에서 모두 이루어진다. 그러나 행정부가 법안을 제출하는 경우에는 앞서 언급한 행정부 내의 복잡한 의사 결정 과정을 거쳐서 정부안으로 확정되어 국회에 회부된다.

국회 내의 사회정책 형성 체계를 구체적으로 보면, 단원제로 구성된 우리 국회에서는 상임위원회의 역할이 중요하다(이갑윤, 2009). 정부안의 경우는 상임위원회에서 해당 부처 장관의 제안 설명을 듣고, 법안 심의를 한다. 사회정책을 담당했던 보건사회위원회(이하, 보사위)의 경우는 의사·약사 출신 등 보건의료 전문 직종 출신들이 일부 배치되어 있어 직능 이해를 대변한다. 그러나 유신 체제에서는 국회의 절대 다수를 여당과 유정회가 장악한 상태에서 당정회의 등을 거

쳐서 만들어진 정부안은 쉽게 통과될 수 있었다. 제9대 전반기 국회의 경우, 15명의 보사위 위원의 분포는 유정회 5명, 여당인 민주공화당 5명, 야당인 신민당 3명, 무소속 2명으로, 여권이 2/3를 차지했다(대한민국국회사무처, 1985). 때로는 야당과 몸싸움을 해서라도 정부·여당의 의견을 관철하지만, 당시 사회정책의 경우는 이러한 극한 대치를 할 사안도 많지 않았다. 그리고 국회에서의 주요 의사 결정은 공식적인 토론보다는 원내총무들 간에, 큰 사안의 경우는 영수회담을 통해서 타결되는 경우가 많았다(심지연, 2004). 위계성이 강하고 하향식으로 공천권이 행사되던 당시의 정당 체제 하에서, 여야 정당의 지도부 차원에서 타협이 된 것은 상임위원회는 물론 본회의도 쉽게 통과하게 된다. 따라서 당시의 국회의원을 '거수기(擧手機)'로 폄하하는 것이다.

보사위를 통과한 법안은 법제사법위원회(이하, 법사위)를 거치는데, 법사위는 상임위원회에서 여당 단독으로 처리한 법안의 의결을 늦출 수는 있지만, 실제로는 사회정책과 관련해서는 이러한 사례가 거의 발견되지 않는다. 따라서 법사위는 해당 법률안의 체계 및 자구 심사에 주력했다(대한민국국회, 2008). 설사 논란이 있을 수 있다고 하더라도, 당시 법사위(위원장 민주공화당 장영순)의 구성을 보면 13명의 위원 중에서 유정회 4명, 여당 4명, 야당 4명, 무소속 1명으로 구성되어 있어 여권이 얼마든지 단독 처리할 수 있었다(대한민국국회사무처, 1985). 법사위를 통과한 법률안은 국회 본회의를 거침으로써 확정되지만, 상임위원회에서 정상적으로 통과한 법안은 본회의도 쉽게 통과하게 된다. 본회의에서 구체적인 토의 등도 행하지 않는 경우가 많으며, 몸싸움이 있더라도 당시의 의석 분포 하에서 정부안은 통과하게 되어 있었다(<표 9-2> 참조). 본회의를 통과한 법률은 공포를 위해서 정부에 회부되는데, 이 경우 대통령은 거부권을 행사할 수 있지만, 당시는 여당이 국회를 장악하고 있었으며, 여당은 공천권을 행사하는 총재인 대통령의 지시에 순응했기 때문에 대통령이 거부권을 행사해야 할 개연성은 없었다. 따라서 국회에서 통과된 법률안은 그대로 공포되며, 이로써 정책 형성이 종료하게 된다.

따라서 유신 체제 하의 사회정책 형성 체계는 국회보다는 행정부가 중심이 되었으며, 행정부 내에서는 대통령과 경제부처, 정부부처 내에서는 상층부에 권한이 집중되었다. 공식적인 통로보다는 비공식적인 통로, 사전 내락 등이 중요했다. 그리고 행정부 내에서의 사회정책 형성 과정에서 외부집단의 공개적 압력 행사는 발생하기가 어려웠으며, 전문가집단이나 경제단체 등이 이익 투입을 하더라도 내밀한 방식으로 행하는 후원자－고객주의(clientelism)라고 볼 수 있다(Piattoni, 2001). 일반 시민사회단체나 노동단체의 사회정책 형성 과정 참여는 미미했다. 당시로서는 사회정책은 이들의 중요한 관심 대상도 되지 못했다. 국회 내의 정책 결정은 의석 분포를 보았을 때 여당이 주도할 수 있었으며, 상임위원회에서 일부 이해집단들의 로비행위가 있을 수 있지만, 이에 접근할 수 있는 집단은 전문가단체나 경제단체 등 극히 제한적이었다. 그리고 상임위원들 중에서 전문 직능 출신들이 있어 이들이 출신 직능의 이해를 일정 부분 대변할 수 있었다. 그리고 본회의는 그때나 지금이나 심층적인 토의나 심의를 행하기가 어려웠다(이갑윤, 2009).

제 4 절 1970년대 고도 경제성장기의 사회정책 형성 과정 및 정책 산출: 국민복지연금법 제정 및 의료보험법 제2차 개정 과정을 중심으로

1 1973년의 국민복지연금법 제정

1) 사례의 개요

연금제도의 도입은 1970년대 초반부터 보사부 내에서 논의되고 있었으나, 본격적으로 의제화된 것은 1972년 11월 경제기획원 산하의 한국개발연구원(이하, KDI)이 중화학공업화를 위한 내자 동원 수단으로서 연금보험 도입을 주장하면서부터이다(김상균, 2010). 이후 이러한 아이디어를 수용해 1973년 들어서 대통령이 연금보험의 시행 의지를 천명하면서 주무부처인 보사부도 입법 작업을 시작했다. 정부안을 만들어 내는 과정에서는 주부부처인 보건사회부(이하, 보사부)와 의제화를 촉발한 경제부처 간의 경쟁과 알력이 적지 않았다. 특히, 관장기구를 어디에 두느냐를 두고 주도권 다툼이 치열했다. 정부안을 만드는 실무작업은 범부처 차원에서 결성된 실무위원회가 담당했다. 실무위원회에서는 보사부안과 KDI안을 두고 절충을 했다. 정부안을 작성하는 과정에서 공청회를 개하기도 했으나, 경제단체나 노동단체 등 외부집단의 영향력 행사는 미미했다.

실무위원회의 안은 1973년 중에 차관회의·장관회의 등을 거치면서 계속 절충이 되었으며, 이 과정에서 청와대의 개입과 대통령의 지시가 있었다. 이러한 정부 내의 협상과 타협의 과정을 거쳐서 1973년 11월 정부안이 최종적으로 확정되었는데, 대체로 보사부안이 많이 반영되었다(Choi, 2003) 여당과 유정회가 장악하고 있던 국회에서의 논의는 야당 의원들의 일부 이의 제기가 있었지만, 대체로 정부안대로 통과되어 1973년 12월 공포되었다. 그러나 국민복지연금법은 시행이 되기 전에 세 차례의 수정을 거치면서 1975년 12월 최종적으로 시행 시기가 무기한 연기되었다.

2) 의제화 과정

정부는 1971년 6월부터 보사부 내 사회보장심의회(이하, 사보심)를 중심으로 양로보험 도입을 위한 기초조사를 실시하고, 1972년 10월 보사부는 '국민연금제도 도입을 위한 장기계획(1973－83)'을 마련했다(국민연금관리공단, 1998). 문화공보부가 1972년에 발간한 홍보책자인 『내일의 조국』에서도 1970년대 말부터 본격적으로 실시할 3대 사회복지사업으로서 전(全)국민의료보험, 중학교의무교육과 함께 양로보험제도 실시를 언급하고 있다. 따라서 연금보험에 대한 구상은 이미 1970년대 초반부터 정부 내에서 어느 정도 공론화되어 있었다.

그러나 연금보험이 본격적으로 대통령의 관심을 유발하고, 이로 인해 국민복지연금법의 추진 동력이 생기게 된 것은 1972년 11월 경제기획원 산하의 KDI가 중화학공업화를 위한 내자 동원의 수단으로서 연금보험의 도입을 적극적으로 역설하면서부터이다. 당시 정부는 경제발전전략을 중화학공업화정책으로 전환했는데, 이를 위해서는 대규모의 자본이 필요했다. 그러나 이러한 자본을 해외로부터의 차관 도입만으로 충당하기에는 한계가 있었다. 빚이 많은 나라에 계속 돈을 빌려 주지는 않기 때문이다. 이러한 상황에서, 연금보험은 내자 동원을 위한 아이디어로 제안되었으며, 이를 대통령이 수용한 것이다(국민연금공단, 2008). 이 점에서 많은 연구가 발전국가 하에서의 사회정책이 경제정책의 수단으로서 기능했음을 언급할 때, 국민복지연금법을 사례로 들고 있으며, 이를 부인하기도 어렵다(양재진, 2008). 이후 1973년 1월 12일 박정희 대통령은 연두 기자회견에서 연금보험의 시행 의지를 천명했다. 따라서 1973년부터는 연금보험의 도입이 공식화되었다. 그러나 명칭 면에서는 아직 양로연금이거나 사회보장연금 등으로 불리면서 통일이 되지 못했다.

이렇게 보면, 국민복지연금법의 의제화는 경제부처, 특히 산하의 싱크탱크인 KDI가 중화학공업화라는 경제정책을 위한 수단으로서 아이디어를 제시하고, 이를 대통령과 경제부처가 적극적으로 채택하면서 본격적으로 의제화되었다고 볼 수 있다. 물론 그 이전에 주무부처인 보사부 내에서도 연금보험의 도입을 위한 내부 논의를 행하고 있었지만, 이를 정책의제로서 추진할 만한 동력을 만들지는 못했다. 따라서 국민복지연금법의 의제화의 주도 집단은 경제부처와 산하의 연구기관 및 이들의 의견을 수용한 대통령(청와대 해당 참모 포함)이었다고 볼 수 있다. 이 점에서 의제화의 유형은 콥과 엘더(Cobb & Elder, 1983)의 유형화에 따르면, 정부부처가 시발하고 최고결정권자가 이를 수용하는 형태의, 광의의 내부접근형에 해당한다고 볼 수 있다.

3) 정책 결정 과정

의제화 이후 연금보험의 세부 내용을 작성하는 과정에서는 주무부처인 보사부도 적극 개입하기 시작하며, 경제부처(경제기획원과 산하의 KDI)와는 경쟁적 관계를 형성했다. 많은 연구가 경제부처가 사회복지의 동기가 아닌 경제적 동기에서 연금보험을 고안했다고 주장하며(양재진, 2007), 실제로 경제부처가 의제화를 주도한 것은 사실이다. 그러나 대통령의 지시를 토대로 구체적인 정책 내용을 결정하는 과정에서는 주무부처와 경제부처 간의 경쟁 및 타협의 과정을 거치게 되었다. 구체적으로, 1973년 1월 대통령의 연두기자회견 이후 보사부는 1월 23일 대통령의 연두순시에서 '국민복지연금(안)'을 보고했는데, 이때 국민복지연금이라는 명칭이 처음 사용되었다. 보사부안을 보면, 가입 대상은 공무원과 군인을 제외한 20~60세까지의 국민으로서, 일정 규모의 사업장부터 점진적으로 확대하고, 소요재원은 가입자로부터 월소득의 2~3%를 보험료로 갹출하며, 사업주는 동일한 액수를 부담하고, 정부는 사무비를 보조한다는 것이었다(국민연금공단, 2008). 그러나 보사부는 국민복지연금의 기능을 내자 동원보다는 소득재분배를 통한 국민들의 복지 균점에 두었으며, 시행 첫해의 내자 동원 효과를 70억 원 정도로 예상했다. 이에 대해서 대통령은 내년부터 당장 시행하도록 경제기획원과 공동으로 정책을 수립하라고 지시했다(Choi, 2003).

이에 따라서 1973년 1월 31일 연금제도 준비를 위한 실무위원회가 구성되었는데, 여기에는 경제기획원 및 KDI와 보사부(사보심 포함)가 중심이 되어, 총무처(연금국장), 노동청(노동보험국장), 재무부(세제국장)도 유관 부처로서 참가했다. 실무위원회 위원들은 대부분 정부부처의 실국장급, 연구기관은 연구위원(KDI)이나 전문위원(사보심)급이었다. 이후, 보사부는 1973년 2월에, KDI는 1973년 3월에 각기 연금보험 시안을 실무위원회에 제출했는데, 이후부터는 두 안을 놓고 절충하는 방식으로 기본 요강을 작성했다. 보사부안은 내자 동원보다는 사회보장 체계를 확립하는 데 주안점을 두는 것으로서, 일본의 연금제도를 모델로 했으며, 보사부가 관리 운영을 주도하려 했다(전남진, 1982). 반면에 KDI안은 내자 동원의 용이성을 제고하고 보험재정을 사용하는 데서의 보사부의 관여를 줄이는 데 초점을 두었다. <표 9-5>은 보사부안과 KDI안을 비교한 것이다.

실무위원회는 이러한 2개의 시안을 토대로 12차례의 회의를 개최하고 1973년 5월 18일 제1차 개요를 작성했는데, 합의 사안은 단일화하고, 그렇지 못한 것은 관계 장관회의에서 결정하도록 두 안을 모두 포함했다. 제1차 개요는 다음과 같다(국민연금공단, 2008; 전남진, 1982). 첫째, 적용 대상 범위는 30인 이상 사업장에 종사하는 20~60세 미만의 근로자는 강제가입 대상이며, 자영업자는 임의가입으로 한다. 계절근로자·공무원·군인은 제외한다. 둘째, 보험료는 보사부의 2~3%안과 KDI의 3~5%안을 모두 보고한다. 셋째, 관리기구 역시 두 안을 모두 보고한다.

이처럼 적용 대상 범위 외에는 합의가 제대로 되지 못한 안을 관계 장관회의에 보고했으나, 여기서도 합의가 되지 못하자, 청와대 경제수석의 중재로 외국의 제도를 좀 더 연구하고 공청회를 거친 후에 확정하기로 했다. 따라서 흔히 경제

표 9-5 부사부와 KDI의 연금보험 시안 비교

<table>
<tr><th>구분</th><th>보사부안</th><th colspan="4">KDI안</th></tr>
<tr><td>도입 목적</td><td>• 소득재분배를 통한 국민들의 복지 균점
• 사회보장 체계 구축을 통한 복지국가 건설
• 적립기금을 내자로 활용해 국가 부흥에 이바지함.</td><td colspan="4">• 근로자로 하여금 좀 더 안정적으로 생산활동에 참여할 수 있게 함.
• 기금을 생산적 투자에 투입함으로써 경제 성장과 고용 확대에 이바지함.</td></tr>
<tr><td>적용 대상 및 적용 범위</td><td>• 만 18~60세 미만 근로자 (특수근로자 및 여성, 55세)
• 30인 이상 사업장 강제적용(1977년부터 10인 이상으로 확대), 자영업자 임의적용</td><td colspan="4">• 만 18~60세 미만 근로자(여성, 55세)
• 10인 이상 사업장 강제 적용
(단, 1974~1976년은 30인 이상)
• 사업소득 면세점 이상의 자영업자 강제적용</td></tr>
<tr><td rowspan="4">보험료</td><td rowspan="4">• 피용자 2% 사용자 3%
• 자영업자는 정액제</td><td></td><td>1안</td><td>2안</td><td>3안</td></tr>
<tr><td>피용자</td><td>3%</td><td>4%</td><td>5%</td></tr>
<tr><td>사용자</td><td>3%</td><td>4%</td><td>5%</td></tr>
<tr><td>자영업자</td><td>5%</td><td>6%</td><td>7%</td></tr>
<tr><td>급여의 종류</td><td>• 노령연금, 장애연금, 유족연금</td><td colspan="4">왼쪽과 같음.</td></tr>
<tr><td>노령연금 자격 요건</td><td>• 가입 기간 20년 이상으로 60세에 달한 자</td><td colspan="4">• 가입 기간 10년 이상으로 60세에 달한 자</td></tr>
<tr><td>관리기구</td><td>• 제도관리 및 운영은 보건사회부
• 징수 및 급여 업무는 노동청 지방사무소 활용(당시 노동청은 보사부 산하기관)</td><td colspan="4">• 보험료의 징수 및 급여 업무는 국세청
• 제도 운영 및 기금관리는 사회보장청 신설</td></tr>
</table>

자료: 국민연금관리공단(1998: 69-72)에서 발췌해 작성함.

부처가 경제적 동기를 가지고 연금보험의 도입을 주도한 것으로 알려져 있지만(Hwang, 2006), 실제의 정책 결정 과정을 들여다보면, 보사부 역시 주도권을 잃지 않기 위해서 노심초사했으며, 경제부처의 의도대로 쉽게 정책 결정이 된 것은 아님을 알 수 있다. 이후 실무위원회는 공청회를 개최하게 되는데, 학계 · 사용자 · 근로자 대표 등을 각기 다른 날짜에 4~5명씩 초청해 설명을 하는 방식이었다. 따라서 사실상 간담회 내지는 설명회의 성격을 갖는 것이었다. 그리고 경제과학심의위원회와 사회보장심의위원회를 위한 공청회도 별도로 개최했다. 공청회에서는 내자 동원의 성격이 너무 강하다든가, 보사부가 관장하는 것이 타당하다는 등 주로 보사부에 유리한 주장들이 많았다(양재진, 2007). 한국경영자총협회는 보험료를 노 · 사 모두 2%로 할 것과 대상 범위를 상향 조정할 것을 주장했다.

공청회를 거친 제1차 개요는 일부를 수정한 이후에 차관회의에서 단일안인 제2차 개요로 확정되었으며, 이는 1973년 7월 30일의 관계장관회의에 다시 보고되었다. 제2차 개요는 보험료와 관련해 KDI가 제시한 것 중에서 2안인 피용자 4%, 고용주 4%를 채택했으며, 따라서 적립금도 첫해 465억 원에서 269억 원으로, 3년째인 1976년에는 1,861억 원에서 1,071억 원으로 줄어들 것으로 예상되었다. 관리기구는 타협안으로서 보사부 내에 국민연금국을 만들어 제도 관리와 운영을 총괄하고, 보험료 징수는 경제부처의 영향 하에 있는 국세청에서 하도록 했다(전남진, 1989).

이후 이러한 제2차 개요를 토대로 경제기획원 장관과 보사부 장관이 공동으로 '국민복지연금제도의 실시에 대한 기본 요강과 제도에 대한 설명'을 발표했으나, 내용 중에 내자 동원의 성격이 있음을 명문화함으로써 야당으로부터 비판을 받게 되었다. 이에 정부는 9월 28일 문화공보부 장관을 위원장으로 하는 '국민연금제도 홍보위원회'를 구성해 홍보활동을 강화하고, 경제계 · 노동계 · 언론계 · 학계 등을 대상으로 간담회를 개최했다(국민연금공단, 2008). 그리고 재조정을 위한 실무작업반을 조직해 보완작업을 했는데, 기본 골격은 그대로 유지하되, 보험료율을 8%에서 7%로 인하했으며(피용자 3%, 사용자 4%), 대통령의 특별지시로 저소득층에게는 국가보조 1%가 부가됨으로써 본인 부담은 2%로 추가 경감되었다. 그리고 월 소득 8,000원 이하의 저(低)소득자는 보험료가 면제되었다. 따라서 보험료율을 차등화해서 월 소득 15,000원 이상 근로자는 3%, 8,000~15,000원 근로자는 2%, 8,000원 이하는 면제했다. 이후 1973년 11월 11일 국무회의는 정부안을 의결했으며, 이를 같은 해 11월 17일 국회에 제출했다(국민연금관리공단, 1998).

국회에서는 11월 20일 보사위에 회부되었고, 야당은 내자 동원 수단으로 계획되었다는 이유로 반대 의사를 표명했으나, 여당과 유정회가 장악하고 있던 보사위는 4차례의 심의 끝에 위원회 수정안을 9 : 2로 통과시켰다. 즉, 보사위는 보사부 장관으로부터 제안 설명을 듣고 질의 · 답변이 있은 다음 수정 동의가 있었다. 수정 동의는 재석 의원 10인 중 찬성 7, 반대 2, 기권 1인으로 가결했다(대한민국국회, 2008). 보사위를 통과한 국민복지연금법안은 1973년 12월 1일 본회의에 상정되어 145명의 참석 의원들 중에서 찬성 102표, 반대 34표로 보사위의 수정안대로 통과되었으며, 같은 해 12월 24일 공포되었다(대한민국국회, 2008). 법률은 1974년 1월부터 바로 시행하도록 되어 있었는데, 이처럼 조급하게 시행 일자를 정한 것을 보면, 당시 이미 정부 내에서는 시행 방안을 마련하고 있었다고 볼 수도 있지만, 그만큼 당시의 행정이 권위적이고 졸속적이었음을 알 수 있다.

4) 정책 산출

국민복지연금법은 정책 결정 과정의 경쟁자였던 보사부와 경제기획원(KDI 포함)의 주장을 절충한 내용이었으나, 기본적으로는 연금보험의 관장자, 적용 대상, 노령연금의 수급 요건 등 주요 사안에서는 보사부의 의견이 더 많이 반영되었다. 그리고 중화학공업 육성을 위한 내자 동원이라는 경제기획원과 KDI가 의도했던 연금보험의 도입 목적이 정부안을 작성하는 과정에서 일반 국민이나 노동계로부터 비판을 받았음은 물론, 국회 심의 과정에서도 야당의 비판 대상이 됨에 따라서 적어도 외형적으로는 연금의 사회보장 측면이 강화되었다. 그리고 국회 심의 과정에서 정부안이 약간 수정되었으나, 주요 내용은 변동이 없었다. <표 9-6>은 국민복지연금법의 주요 내용이다.

이후 정부는 1974년 1월 4일 시행령을 제정하고, 연금 업무 담당기관으로 보사부 내에 복지연금국을, 국세청에 연금징수국을 신설하는 등 시행 준비를 완료했다. 그러나 국민복지연금법은 시행하기도 전에, 1973년 말의 중동전쟁으로 인한 세계적 경제 불안과 당시 연 15%를 상회하던 물가상승률 등으로 인해 1974년 1월 14일 '국민생활 안정을 위한 긴급조치 제3호'가 발동됨으로써 시행이 1년간 연기되었다(이목훈, 1992). 그런데 이러한 연기 과정에서는 경제기획원과 보사부는 정보조차 없는 상태였으며, 청와대 경제팀이 주도했다. 이 과정에서는 경제계의 보험료 부담에 대한 우려와 보험료를 세금으로 인식하는 국민 일각의 부정적 정서도 적지 않게 반영되었다(양재진, 2007). 이후 정부는 1974년 12월 21일의 국민복지연금법 일부 개정으로 시행 일자를 1976년 1월 1일로 다시 늦추었으며, 1975년 12월 31일의 국민복지연금법 개정에서는 "시행을 따로 대통령령으로 정한다"는 부칙 조항을 통해 사실상 무기한 연기했다. 이후 국민복지연금은 10년

표 9-6 국민복지연금법의 주요 내용

구분	내용
가입 대상	18세 이상 60세 미만의 국민 (다른 법률에 의해 연금에 가입한 자 제외)
가입자의 구분	제1종 가입자와 제2종 가입자로 구분한다. 제1종 가입자는 사업장 근로자 중에서 보수월액이 15,000원 초과하는 자와 해당 사업장의 사용자. 제2종 가입자는 자영자 기타 제1종 가입자 외의 자
당연적용사업장	상시 30인 이상의 근로자를 사용하는 사업장. 당연적용사업장이 아닌 사업장의 사용자는 임의적용사업장으로 할 수 있다. 그러나 사용자는 당해 사업장의 근로자 중 보수월액이 15,000원을 초과하는 자의 2/3 이상의 요청이 있는 때에는 당연적용사업장으로 신청해야 한다.
급여의 종류	노령연금, 장애연금, 유족연금, 반환일시금
노령연금 수급권자	가입 기간이 20년 이상 된 자가 60세에 도달한 때
보험료	제1종 가입자는 표준보수월액의 7%(사용자가 4%, 가입자가 3% 부담). 제2종 가입자는 월 900원(본인 전액 부담).
관장기관	보건사회부 장관
보험료 징수 업무	국세청장에게 위탁
국민복지연금심의위원회	위원은 근로자, 사용자, 공익을 대표하는 각각 동수로 구성

자료: 국민복지연금법 및 시행령을 토대로 발췌해 작성함.

이상 유보되다가, 1986년 12월 31일 국민연금법으로 전문 개정되고 1988년 1월 1일부터 시행되었다.

2 1976년의 의료보험법 제2차 개정

1) 사례의 개요

의료보험법은 1963년 12월에 제정되었으나, 임의가입 방식을 취했기 때문에 제대로 정착되지 못했다. 이후 1970년 전 국민을 대상으로 한 강제가입 제도를 도입하는 것을 골자로 하는 의료보험법 제1차 개정이 단행되었으나, 현실성 부족 및 시행령 미비로 사문화되었다. 이후 강제의료보험 도입을 위한 의료보험법 제2

차 개정 논의가 본격화되기 시작하는 것은 1975년 12월 신현확 장관이 보사부 장관으로 임명되면서부터이다. 1976년 1월 대통령도 적극적으로 의료보험의 도입 필요성을 역설했다. 이후 강제 의료보험의 도입은 장관의 지시 하에 보사부 주도로 속전속결로 추진되어 1976년 5월 보사부안이 완성되었다. 이에 대해서 경제기획원과 KDI를 중심으로 이의 제기가 있었지만, 국민복지연금법과는 달리, 계속 보사부의 주도로 정부안을 입안했다.

이렇게 해서 1976년 9월 정부안을 확정했다. 이 과정에서 전국경제인연합회(이하 전경련)·대한의학협회·대한약사회 등의 이익 투입 활동이 있었지만, 대체로 온건한 방식이었으며, 이들의 의견이 크게 반영되지는 못했다. 정부안은 주요 사항이 대부분 보사부안을 반영한 것이었다. 이후 정부안은 1976년 10월 국회에 제출되었으며, 보사위에서는 요양취급기관 지정, 보험료율, 당연적용 대상 범위, 사무비 국고 부담 정도, 예방사업 포함 여부 등과 관련해 질의가 있었지만, 1973년 11월 거의 대부분 정부안대로 통과되었다. 1976년 12월 법률로써 공포되었으며, 이후 1977년 3월 의료보험법 시행령이 제정되고, 1977년 7월부터 상시근로자 500인 이상의 사업장부터 단계적으로 실시되었다.

2) 의제화 과정

의료보험은 이미 1963년 12월 국가재건최고회의의 의결로 의료보험법이 제정되었다. 그러나 당시의 의료보험법은 사회보험의 성패를 좌우하는 핵심 요인인 강제가입 방식을 택하지 않고, 임의가입 방식을 택했다. 그 결과, 실제로는 1970년대 중반까지도 몇 개의 시범사업만 실시되었을 뿐, 사실상 법 자체가 거의 사문화되었다(문옥륜 외, 1991). 그러나 1970년대 들어서는 상황이 바뀌었다. 여기에는 1970년의 의료보험법 제1차 개정에도 불구하고 시행령이 제정되지 못한 비정상적인 상태, 제4차 경제개발 5개년계획(1977~1981)에 사회보장의 핵심인 사회보험을 포함해야 했던 사정, 고도 경제 성장의 이면에서 소외되고 있던 저소득층에 대한 의료보장의 필요성, 의료 부조리에 대한 국가 통제의 필요성 등 복합적인 요인들이 작용했다(이혜경, 1993). 그리고 의료보험은 이미 1963년에 제정된 법률이 있었기 때문에 새롭게 법을 제정하는 것이 아니라, 수정의 형태를 취하면 되었다. 보사부의 실무 차원에서도 1970년대 중반부터 강제 의료보험 실시에 대비한 내부 준비를 하고 있었다(의료보험연합회, 1997).

그러나 이러한 환경적 요인이 잠재해 있었다고 하더라도, 입법이 수반되는 일을 처리하기 위해서는 적극적으로 의제화를 주도할 사람이 있어야 한다. 이러한 역할을 맡은 사람이 행정책임자인 보사부 장관과 최고통치권자인 대통령이었다. 구체적으로, 강제 의료보험 도입 논의가 본격화되는 것은 1975년 12월 신현확이 보사부 장관으로 취임하면서부터이다. 신현확은 이미 자유당 정부에서 부흥부 장관을 역임했으며, 보사부 장관 임용 당시에는 여당 의원으로서 역대 어느 보사부 장관보다 거물급이었고, 대통령의 신임 역시 돈독했다. 신현확은 장관으로 부임하자마자 그동안 보사부 내에서 실무적으로 검토해 온 의료보험 실시계획을 적극적으로 검토하라고 지시했다(의료보험연합회, 1997). 박정희 대통령 역시 1970년대 중반부터 의료보험을 포함한 의료보장에 큰 관심을 보이기 시작했는데, 1976년 1월의 연두 기자회견 및 2월의 보사부 연두순시에서 의료보장의 필요성을 역설했다(손명세, 1989). 이처럼 대통령과 주무부처 장관이 의료보험의 도입을 주창하자, 이후의 세부 결정은 주무부처인 보사부를 중심으로 신속하게 진행되었다.

이처럼 대통령이 의료보험을 포함한 의료보장에 대해서 관심을 가지고 이를 추진할 적임자로 신현확을 보사부 장관으로 임명한 것은, 전술한 환경적 요인들도 작용했겠지만, 정치 논리도 크게 작용했다. 즉, 유신 체제 하에서 총력안보 체제를 구축하기 위해서는 남북한 간의 의료 격차를 줄여야 하며, 이를 위해서는 의료보험의 도입이 필요했다(최정원, 1998). 당시 사회주의 국가인 북한은 의료의 질은 높지 못하더라도, 의료의 균점은 어느 정도 실현되어 있었는데 비해서, 남한의 경우는 의료의 질도 높지 못할 뿐만 아니라, 저소득층에게는 의료 접근성도 매우 낮았다. 따라서 남북한 간의 체제 대결에서 우위를 점하기 위해서는 의료 불평등을 해소하는 것이 긴요했으며, 이를 위해서는 의료보험을 포함한 의료보장의 강화가 필요했던 것이다(박관용 · 이충길 외, 2001). 이 점에서 보면, 비록 연금보험처럼 직접적이지는 않지만, 의료보험의 의제화 역시 권위주의적 발전국가의 정치 · 경제와 관련이 있다.

3) 정책 결정 과정

1975년 12월에 임명된 신현확 보사부 장관은 부임 직후부터 의료보험의 실시계획 수립을 지시했다. 그리고 박정희 대통령은 1976년 1월 15일의 연두 기자회견에서 "…… 제4차 경제개발계획은 사회개발 부문에 중점을 두겠으며, 모든 국민이 저렴한 비용으로 의료 혜택을 받을 수 있는 국민의료제도를 확립하여 내년부터 시행해 나가겠다"고 했다(한국일보, 1976.1.16). 2월 10일의 보사부 연두순시에서는 "…… 저소득층의 의료복지 문제를 우선적으로 다루어 해결하도록 하고 새마을 무료 진료를 더욱 확대해 나가도록 하라"고 지시했다(의협신보, 1976.2.10). 이 자리에서 신혁확 장관은 "지금이 의료보험을 실시할 적기입니다"라고 보고했다(의료보험연합회, 1977).

이후 보사부는 신속하게 의료보험법안을 입안했는데, 1976년 4월에 제4차 5개년계획의 사회 발전 부문에 의료보험도 포함했으며, 5월 6일에는 보사부안을 확정했다. 당시의 보사부안은 사업장(1종) 및 지역(2종) 단위 의료보험조합의 설립, 행위별 수가제, 보험료는 1종 의료보험은 표준소득월액의 3~8% 범위 내에서 노사가 균등 부담하기로 했다. 2종은 부양가족 수를 기준으로 부담하며, 적용 대상은 500인 이상 사업장은 강제 적용하고 나머지는 임의 적용으로 하며, 관리운영비의 일부를 국고에서 부담하는 것 등이 포함되었다(의료보험연합회, 1997).

그러나 보사부안에 대해 경제기획원과 평가교수단은 관리 운영 방식과 적용 대상 범위에 대해 반대했다. 이들은 관리 운영 방식을 조합별 관리가 아닌, 공단이나 공사 형태로 일원화해 국가가 관리할 것을 주장했으며, 적용 대상에 공무원과 사립학교 교직원도 포함할 것을 주장했다. 즉, 보사부의 조합주의에 대해 통합주의를, 보사부의 직역별 분리주의에 대해 단일 의료보험 방식을 주장한 것이다. 그리고 경제기획원은 보험료율을 5%선으로 낮추고, 전담기구를 신설하기보다는 기존의 산재보험기구나 국세청을 활용할 것을 주장했다(서울대 행정대학원, 1980). 물론 이러한 주장의 근저에는 보사부가 의료보험의 운영을 독점하는 것을 견제하려는 의도가 있었다. 이에 따라서 보사부와 경제기획원 간에는 정책 결정 과정에서 상당한 갈등을 하게 되었으며, 그 결과 경제차관회의나 경제장관회의에서도 정부안을 확정하는 데서 난항을 겪게 되었다.

그러나 신현확 장관은 조합주의가 제도 도입이 용이할 뿐만 아니라 국가재정에 부담을 주지 않으며, 공무원 · 군인 · 교직원은 직종의 특수성을 감안해서 별도 의료보험을 실시해야 한다고 지속적으로 주장했다. 반면에 경제기획원은 1960년대는 장기영 · 김학렬 장관 하에서 강력한 권한을 행사했으나, 1970년대 들어서는 중화학공업화 추진 등과 관련해 청와대와 상공부 등에 주도권을 내주면서 정부 내 위상이 이미 크게 약화된 상태였다(김흥기, 1999). 그 결과, 신현확 장관의 적극적인 추진과 설득으로 정부 내 다른 부처의 분위기도 보사부안 쪽으로 기울고 있었다.

이후 박정희 대통령은 1976년 6월 15일의 제4차 5개년계획 보고회에서 "저소득층에 의료 혜택을 주는 방안을 우선적으로 강구하라"고 지시했다. 이러한 지시를 받은 보사부는 저소득층에 대한 의료보호를 1977년부터 우선적으로 실시하고, 강제 의료보험의 실시 시기는 당초보다 6개월 늦은 1977년 7월부터 시행하기로 방침을 바꾸었다. 여기서 보면, 박정희 대통령은 의료보장의 필요성은 역설했지만, 아직 의료보험에 대한 인식은 확고하지 못했던 듯하다(이신용, 2007).

의료보험의 입법 과정에서는 전경련 · 한국노총 · 대한의학협회(이하, 의협) · 대한약사회(이하, 약사회) 등 제도권 이익집단들도 이해를 표명했다. 이 점에서 정부부처 중심으로 폐쇄적으로 결정된 국민복지연금과는 차이가 있다. 그러나 의료보험 역시 외부 행위자들이 적극적 주체는 아니며, 청와대 · 보사부 · 경제부처 등의 정부부처들이 절대적 역할을 수행하는 가운데, 자신들의 의견을 일정 수준 표명한 정도였다. 이익 투입 방식은 전경련과 한국노총은 실무자 간담회 · 건의서 제출 등에 그쳤으며, 의협과 약사회는 자체 안 제시, 보사위원 간담회, 청원서 제출 등 비교적 적극적이었다(대한의학협회, 1979; 대한약사회, 1981). 그러나 이러한 이익 투입에도 불구하고, 최종 입법 내용에서 주요 사항은 거의 정부안이 반영되었다. 다만 국회 심의 과정에서 의료보험심의위원회(이하, 의보심) 구성에서 다소간 조정이 있었지만, 이 역시 본래 정부안에도 의료계 · 근로자 · 사용자 대표가 포함되도록 되어 있었기 때문에 인원수 조정 정도에 그치는 것이었다(의료보험연합회, 1997). 따라서 정부 특히, 보사부가 관련 이해집단의 의견을 수렴했으며, 이 과정에서 이익집단의 주장이 어느 정도 반영되었지만, 여전히 중요한 내용은 정부가 결정했다. 특기할 점은 당시의 권위주의 체제 하에서 제도권 이익집단들이 급진적인 이익 투입 방식을 동원하기는 어려웠지만, 다양한 방식으로 자신들의 견해를 공공연히 표명했다는 점이다.

당시 이익집단의 활동 및 요구 사항을 구체적으로 보면, 사업주의 보험료 부담 및 의료보험 재정 관리에 관심이 있었던 전경련은 조합 운영의 자율성 보장, 보험재정의 세제특례 인정, 단계적 적용, 관리비의 국고 보조 확대, 보험료 산정 시의 단순표준보수제 채택 등을 건의안 제출·간담회 개최 등의 방식으로 주장했다(『전경련』, 1976년 10월호). 한국노총은 정책 결정 과정에서 한 차례 건의문을 발표하는 정도로 소극적으로 활동했다. 주장 내용은 500인 이상 사업장의 강제 적용, 피부양자의 범위에 형제자매도 포함할 것, 보험급여 기준의 현실화, 보험료 부담의 차등화, 임의계속보험제도 신설, 보험기금의 실질 가치 유지 등이었다(한국노총, 1977). 의협은 의료보험 수가 문제와 의보심의 구성에서 자신의 이해를 반영하는 데 주력했다. 그리고 의협은 7월 22일 자체 안을 마련해 제출했는데, 여기에는 의료보험은 국가가 관리하며, 적용 대상을 1종은 16인 이상 사업장으로 하고 2종은 전체 주민을 대상으로 한다. 보험재정은 노사가 분담하되, 정부가 20~30%를 부담하며, 사무비는 전액 정부가 부담한다. 의보심에 의사 대표가 참여한다. 피보험자의 자유선택권을 보장한다는 내용이 포함되었다(의협신보, 1976.8.2). 이익 투입 방식은 보사부 장관 및 실무자 간담회·여당 방문·건의문 제출 등이었다. 약사회는 야당 보사위 위원 초청·보사부 장관 방문·청원서 제출 등 비교적 적극적인 방식을 동원했는데, 주장하는 바는 약국의 의료보험 참여와 약사 대표의 의보심 참여, 요양취급기관을 지정제가 아닌 등록제로 할 것 등이었다.

이러한 과정을 거친 정부안은 보사부안을 주로 반영해 1976년 9월 30일 확정되었으며, 같은 해 10월 12일 정기국회에 제출되었다. 당시 정기국회는 세법·국회법·선거관련법 등의 중요 법안들을 동시에 다루고 있었기 때문에 의료보험법은 큰 관심을 끌지 못했다. 보사위와 본회의 모두 여당이 장악하고 있던 상황에서 정부안이 큰 수정 없이 통과되었다. 다만, 보사위 심의 과정에서 의료보험에 건강 증진을 위한 예방사업을 포함하고, 의료보험조합연합회에 대해서도 국고를 보조할 수 있도록 하며, 의보심 구성을 다소 조정하는 등이 포함되었으나, 주요 사항은 정부안이 그대로 반영되었다. 이때 보사위 심의에서는 주로 요양취급기관 지정, 보험료율, 당연적용 대상 범위, 사무비 국고 부담 정도, 예방사업 포함 여부 등과 관련해서 위원들의 질의가 있었으나, 신현확 장관은 이들의 의견을 수용하기보다는 정부안을 설명하는 수준에 그쳤다. 그리고 보사위 위원들도 단순한 질문이나 건의 수준의 질의를 했을 뿐, 적극적인 주장이나 의사 일정 방해 등은 없었다.

이러한 심의 과정을 거친 의료보험법 개정안은 같은 해 11월 12일 보사위를 통과했으며, 11월 30일 본회의에서 만장일치로 통과됨으로써 강제 의료보험 도입을 위한 의료보험법 제2차 개정이 일단락되어 1976년 12월 22일 법률 제2942호로 공포되었다.

4) 정책 산출

개정 의료보험법은 강제 가입의 의료보험을 처음 도입하게 되었다는 데 큰 의의가 있다. 의료보험법은 이미 1963년에 제정되었지만, 의료보험의 출발을 흔히 1976년 12월의 의료보험법 제2차 개정으로부터 간주하는 것도, 이때부터 강제 의료보험이 도입되었기 때문이다. 개정 의료보험법은 특수직역 의료보험의 별도 설치, 대기업 근로자 우선의 단계적 적용, 보험료의 노사 균등 분담, 조합별 관리 운영 체계 등 주요 내용 면에서 보사부안을 최종 입법에 대부분 반영했다. 물론 정부안 작성 과정에서 경제단체 및 의약단체의 의견도 일부 반영되었다. 그리고 국회 입법 과정에서 일부 내용이 추가되었으며, 특히 추가 사항들 중에 의료보험조합연합회에 대한 국고 지원, 의보심에 의약계 대표를 참여시키고, 공익대표의 수를 조정한 것 등은 경제단체와 의약단체의 주장이 반영된 것으로 볼 수 있다.

요약하자면, 의료보험법 제2차 개정 과정에서는 보사부가 주도한 정부안이 최종 입법에 주로 반영되었다. 국회의 입법 과정에서 약간의 수정이 있었지만, 정부안의 골자는 유지되었으며, 당시 다른 주요 사안들(세법 · 국회법 등)에 묻혀서 큰 논란 없이 통과되었다. 최종 입법에 경제단체와 의약단체의 의견이 일부 반영되었는데, 경제단체의 주장 중에는 정부 주도의 의보수가 결정, 전경련의 사용자 대표 참여, 단계적 적용, 조합 운영의 자율성 보장 등이 반영되었다. 의약단

표 9-7 개정 의료보험법의 주요 내용

구분	내용
관장자	보건사회부 장관
피보험자의 종류	제1종(사업장 근로자)과 제2종(지역 주민 등)으로 구분
당연적용 피보험자	상시 500인 이상의 근로자를 사용하는 사업장
보험자	조합으로 하되, 제1종 조합과 제2종 조합으로 구분
보험급여	요양급여, 분만급여, 요양비, 분만비, 자격 상실 후 계속요양급여, 자격 상실 후 계속분만급여, 부가급여 등
보험료율	제1종 조합의 보험요율은 3~8% 범위 내에서 조합 정관으로 정함.
보험료부담	제1종은 피보험자와 사용자가 반반씩 부담한다. 제2종 피보험자는 보험료 전액을 본인이 부담
의료보험심의위원회 구성	근로자 대표, 사용자 대표, 의약계 대표 각 3인의 위원과 공익대표 4인으로 구성하며(시행령 54조), 위원장은 보사부 차관

자료: 개정 의료보험법 및 시행령을 토대로 발췌해 작성함.

체 의견 중에서는 의료계 대표의 의보심 참여, 행위별 점수제 채택 등이 반영되었으며, 약국을 요양취급기관에 포함시키는 것과 약사 대표를 의보심에 참여시키는 것은 약사회의 주장을 반영한 것이다. <표 9-7>은 개정 의료보험법의 주요 내용이다.

이후 정부는 1977년 3월 14일 시행령을 공포하고, 1977년 7월부터 상시고용근로자 500인 이상의 사업장을 대상으로 강제가입의 의료보험을 시작했으며, 이를 위한 조직으로서 국민복지연금을 시행하기 위해 1974년 1월에 보사부에 설치했던 복지연금국을 1977년부터 사회보험국으로 개칭하고 의료보험 업무를 담당하게 했다(의료보험연합회, 1997). 그리고 각 의료보험조합을 총괄 관리하는 기구로서 의료보험연합회를 설치했다. 이후 의료보험의 강제가입 범위는 지속적으로 확대되었으며, 1988년 1월부터는 농어촌지역 의료보험, 1989년 7월부터는 도시지역의료보험이 실시됨으로써 전(全)국민의료보험 시대를 개막하게 되었다. 그리고 특수직역의 경우는 1977년 12월 공무원 및 사립학교교직원 의료보험법을 제정하고 1978년 7월부터 시행했다.

제 5 절 종합적 비교 논의

1970년대는 발전국가에 근간을 둔 고도 경제성장기이면서 정치적 권위주의 시기였다. 이러한 권위주의적 발전국가는 사회정책의 형성에도 깊고 큰 영향을 미쳤다. 구체적으로 당시의 권위주의적 발전국가가 사회정책의 형성 체계 및 형성 과정에 미친 영향을, 1970년대의 대표적인 사회정책 형성 사례인 국민복지연금법 제정과 의료보험 제2차 개정에 대한 실증분석을 토대로 비교론적으로 고찰해 보면 다음과 같다.

1 사회정책 형성 체계

1970년대의 고도 경제성장기는 제반 행위자들의 권력 관계 측면에서 대통령 일인 지배 체제, 시민사회에 대한 정부 우위, 국회에 대한 행정부 우위, 국회 내에서의 여당 지배, 행정부 내에서의 권력의 집중화, 사회집단의 비활성화 등으로 특징되는, 폐쇄적이고 배제적인 정책 형성 체계였다. 비민주적인 유신헌법과 긴급조치, 그리고 이를 토대로 한 각종의 통제입법들은 대통령 · 행정부 · 여당(유정회 포함)에 권력을 집중시켰다. 그리고 권위주의적이고 위계적인 행정문화는 정부부처 내의 집권화를 강화했다. 이러한 일반적인 권력 관계 내에서 정책이 형성된 두 사례도 다음과 같은 공통적인 정책 형성 체계의 특성을 보였다.

첫째, 정책 형성의 주도자가 대통령 · 주무부처 · 경제부처, 특히 예산권을 가진 경제기획원 등 소수의 공식 행위자들이었다. 이익집단 · 시민단체 · 정당 등 민간 부문의 참여는 제한적이었다. 따라서 정책 형성 체계가 폐쇄적이고 배제적이었다.

둘째, 대통령의 영향력이 압도적으로 컸다. 따라서 청와대 비시설의 권한도 컸다.

셋째, 정부부처 내에서 대체로 경제 논리가 우세했지만, 세부 정책 내용을 결정하는 데서는 경제부처와 사회복지부처 간에 주도권 다툼이 있었다. 이 경우에는 장관의 역할이 중요한데, 장관의 권한은 무엇보다도 대통령과의 관계가 중요했다.

넷째, 관계 부처 장·차관회의, 국무회의, 당정회의 등 공식적 합의·조정 기구의 역할은 제한적이었다. 이러한 기구에서의 공식 토론이나 합의보다는, 이면(裏面)에서 발생하는 사전 조율·내락 등의 절차가 중요했다.

다섯째, 행정부 내에서의 의사 결정은 하향적이었다. 따라서 대통령의 지시→장관의 지시→실무자의 기안 및 결재 등의 과정을 통해 정책이 결정되었다.

여섯째, 입법절차를 필요로 하는 경우에도 국회보다 행정부의 역할이 크고 적극적이었다. 따라서 의원 발의보다는 행정부 제출 법안이 많으며, 통과율도 훨씬 높았다.

일곱째, 국회는 여당과 유정회가 상임위원회 정수의 약 2/3을 장악하고 있었다. 따라서 법안 심의 과정에서 큰 논란이 없었으며, 논란이 있더라도 정부원안이 대체로 통과되었다.

마지막으로, 외부집단의 영향력은 미미했지만, 일부 전문가집단과 경제단체 등이 건의문을 제출하거나 간담회를 개최하는 등의 온건한 방식으로 이익을 투입했다. 그러나 이들은 정부가 수용하는 소수의 제도권 이익집단이었으며, 시민사회단체나 노동단체의 역할은 미미했다. 당시로서는 사회정책은 이들의 중요한 관심 대상도 되지 못했다.

2 사회정책 형성 과정 및 정책 산출

1) 의제화 과정

국민복지연금법의 경우는 의제화의 주도자가 주무부처인 보사부가 아니라, 경제기획원, 특히 산하의 연구기관인 KDI가 경제적 발전주의의 동기에서 의제화를 주도했다. 따라서 의제화의 동기도 고령화사회를 대비한 국민의 노후 소득 보장이라는 연금제도 본연의 목적보다는, 경제 발전을 추진하는 데서 소요되는 대규모 자본을 충당하기 위한 수단으로서 구상되었다. 이러한 방식으로 국민복지연금법은 경제부처 및 산하 연구기관이 정책 아이디어를 제시하고, 이를 대통령이 적극적으로 채택하면서 의제화되었다.

반면에 의료보험법의 의제화에는 정치적 동기가 중요했다. 즉, 1972년부터의 남북 대화를 계기로 북한의 의료 실태에 대한 정보접근성이 높아졌다. 당시 남북한 모두 의료 수준이 낮았지만, 그래도 북한은 사회주의 체제 하에서 의료 불평등 정도가 낮았던 데 비해서, 남한의 경우는 의료 불평등이 높았다. 따라서 총력안보 체제를 구축해야 했던 권위주의적 발전국가는 체제 경쟁에서 우위를 점하기 위해서는 의료 불평등을 완화하는 것이 필요했으며, 의료보험의 실시는 여기에 부합했다. 이에 따라서 박정희 대통령은 1950년대 말에 이미 경제기획원과 건설부의 전신에 해당하는 부흥부 장관을 역임한 신현확을 의료보험 도입을 추진할 적임자로 보고 보사부 장관에 임명했다. 그리고 1976년 1월의 연두 기자회견 및 보사부 연두 순시에서 의료보장제도의 확립을 구체적으로 지시했다. 신현확 장관의 경우도 1975년 12월 부임하자마자 의료보험의 검토를 강력하게 지시했으며, 이것이 보사부 관료들이 단시간 내에 대안을 만들어 내는 추동력이 되었다. 이렇게 보면, 의제화의 주도자가 국민복지연금법은 대통령과 경제부처(산하 연구기관 포함)였던 데 비해서, 의료보험법은 대통령과 주무부처 장관이었다고 볼 수 있다. 공통점은 두 사례 모두 대통령이 관심을 가지고 의제화를 주도하거나 적극적으로 채택했다는 것이다.

2) 정책 결정 과정

주무부처인 보사부는 국민복지연금법의 의제화 과정에서는 다소 소외되었지만, 정책 결정 과정에서는 적극적으로 개입했으며, 관장기구 · 적용 대상 등을 둘러싸고 경제부처와 경쟁했다. 대통령은 저소득층에 대한 보험료율 인하를 지시하는 등 정책 결정 과정에서도 지속적인 관심을 보였다. 그러나 국회는 야당이 연금보험을 중화학공업화 수단으로 이용하는 것에 대한 이의 제기가 있었지만, 세부 내용에 대해서는 큰 논란 없이 정부안을 통과시켰다. 그리고 정책 결정 과정에서 외부집단의 참여나 영향력은 미미했다. 서구의 경우, 연금보험의 도입에는 노동조합이나 사회주의 정당이 주요 행위자였는데(Powell & Hewitt, 2002), 당시 우리는 노동조합은 정부 통제 하에 있었으며, 사회주의 정당은 반공국가에서 활동이 불가능했다.

의료보험법은 의제화와 정책 결정 과정 모두에서 보사부가 주도적이었다. 보사부 장관의 지시와 이전부터 의료보험제도의 도입을 구상해 오던 보사부 내 사보심 및 보사부 관료들의 실행으로 속전속결로 보사부안(案)을 만들었다. 그러나 정책 결정 과정에서 경제기획원과 KDI 역시 적극적으로 개입하면서, 국가 관리의 통합 운영 방식 채택, 공무원과 사립학교 교직원의 적용 대상 포함, 보험료율 인하, 산재보험기구나 국세청을 전담기구로 활용하는 등 주요 사안에 대해서 보사부와는 다른 견해를 제시했다. 이처럼 정책 결정 과정에서 정부부처 간 경쟁과 주도권 다툼이 발생한 점은 국민복지연금법의 경우와 동일하다. 그러나 정책 결정 과정에서 상당한 타협과 절충이 있었던 국민복지연금법과는 달리, 의료보험법의 경우는 신현확 장관의 뚝심으로 정부안 작성 과정에서 주요 사항들이 대부분 보사부안대로 관철되었다.

그리고 국민복지연금법과 마찬가지로, 의료보험법의 정책 결정 과정에서도 대통령이 연두 기자회견 · 연두 순시 · 제4차 5개년계획 보고회 등에서 지속적으로 의료보험의 도입을 독려했다. 국회에서는 입법 과정에서 요양취급기관 지정, 보험료율, 당연적용 대상 범위, 사무비 국고 부담 수준, 예방사업 포함 여부 등과 관련해 질의가 있었지만, 주요 내용이 정부안대로 통과되었다. 당시 의료보험법은 보사위의 주요 안건이 되지 못했다. 반면에 국민복지연금법과는 달리, 의료보험법의 경우는 외부집단이 공공연하게 참여했다. 그러나 여전히 외부집단은 정부로부터 대화 상대로 승인받은 제도권 이익집단인 전경련 · 의협 · 약사회 정도였다. 이들은 건의서 제출 · 간담회 개최 등 온건한 이익 투입 방식에 주로 의존했다. 따라서 의보심 구성 등에서 이들 집단의 건의가 일부 반영되었지만, 이는 크게 중요한 사안이라고 보기는 어려우며, 정부안 작성 과정에서는 이들의 주장이 큰 영향을 미치지 못했다. 반면에 노동조합은 의료보험의 주요 당사자임에도 불구하고, 정책 결정 과정에서 유의미한 활동이 없었다. 이는 당시 노동조합이 활성화되지 못한 데다, 노조활동도 주로 임금 인상이나 근로 조건 개선 등에 치중되어 있었기 때문이다(한국노총, 1979).

3) 정책 산출

정책 산출 면에서, 국민복지연금법은 관장기구나 사회보장 측면의 강조 등에서 보사부의 의견이 많이 반영되었지만, 국세청에 의한 보험료 징수 등 경제부처의 주장도 어느 정도 반영되었다. 이 점에서 보사부와 경제기획원 주장이 일정 부분 절충되었다. 의료보험법은 보사부가 관장기구가 되고, 개별 의료보험조합이 보험자가 되는 조합주의 방식을 채택하고, 공무원과 사립학교 교직원은 별도의 제도로 분리하는 등 주요 항목에서 보사부의 의사가 대부분 반영되었다. 이 점에서 의료보험법은 의제화 · 정책 결정 · 정책 산출에 이르기까지의 전반에서 보사부가 주도적인 역할을 수행했다고 볼 수 있다. 여기에는 경제적 동기가 강했던 국민연금법과는 달리, 의료보험법은 오히려 정치적 동기가 강했으며, 신현확이라는 거물급 인사가 정책 형성 과정 전반을 진두지휘했으며, 성격 면에서도 단기보험인 의료보험의 경우는 국가경제에 미치는 영향이 장기보험인 국민복지연금에 비해서 제한된다는 점 등이 작용한 것으로 볼 수 있다.

그러나 정책 산출 면에서의 차이에도 불구하고, 두 사례는 모두 당시 경제 발전을 최우선으로 하던 경제적 발전주의를 벗어나지 못했다. 즉, 보험에 소요되는 정부 부담을 최소화함으로써 복지 지출 확대를 방지하고, 이를 통해 한정된 자원을 경제 발전에 우선 투입하고자 했다. 구체적으로 우선 두 사례 모두 자영업자는 배제하고, 직장 근로자를 우선적으로 실시하고자 했는데, 직장 근로자의 경우가 보험료 징수가 용이하며, 따라서 보험재정의 안정을 기할 수 있기 때문이다. 특히, 의료보험은 500인 이상의 대기업부터 단계적으로 적용했는데, 대기업이 보험재정 안정화에 유리하며, 따라서 정부의 재정 부담 우려도 적다. 그리고 보험 운영에 대한 국고 부담은 최소화하고자 했다. 의료보험의 경우, 1970년의 의료보험법 제1차 개정에서는 사무비 전액을 국고에서 부담하게 되어 있었으나, 제2차 개정에서는 사무비의 일부만 보조하도록 했다. 또한 보험요율은 높게 책정했는데, 이 역시 보험재정을 주로 보험료 수입에 의존하게 함으로써 정부 부담을 줄이는 것이다. 국민복지연금은 표준보수월액의 7%, 의료보험은 3~8%에서 정하도록 했다. <표 9-8>은 지금까지 논의한 내용을 토대로, 두 법안의 정책 형성 과정 및 정책 산출을 비교한 것이다.

표 9-8 국민복지연금법과 개정 의료보험법의 정책 형성 과정 및 정책 산출 비교

구분		국민복지연금법	개정 의료보험법
의제화 과정	의제화 동기	중화학공업화를 위한 내자 동원 수단으로 고안	복합적 요인(사회복지, 보건의료정책, 정치적 동기 등)
	의제화 주도자	KDI	보사부 실무자, 보사부 장관
	의제 채택자	대통령, 경제기획원	대통령, 보건사회부
정책 결정 과정	주요 행위자	대통령, 경제기획원, KDI, 보건사회부(사보심 포함), 국회, 기타 관련 부처(총무처, 노동청, 재무부, 문화공보부 등)	대통령, 보건사회부, 경제기획원, 국회, 제도권 이익집단(전경련, 한국노총, 대한의학협회, 대한약사회 등)
	핵심 행위자들 간 관계	경쟁과 협력 (보사부와 경제부처 간)	경쟁 및 설득 (보사부 주도)
	핵심 행위자들의 이해 및 주장	보사부는 사회보장 체계 확립 및 소득재분배 강조, 관리 운영 권한 독점. KDI와 경제기획원은 내자 동원의 용이성, 관리 운영에서 보사부 독점 저지	보사부는 조합주의, 보사부 주도의 관리 운영, 직역별 분리주의. 경제기획원은 통합주의, 관리 운영에서 보사부 독점 저지, 단일 의료보험 방식 주장
	결정 방식	절충과 타협 (실무위원회 구성, 각기 試案 작성, 장관 및 차관회의를 통한 조정, 청와대 중재, 공청회 개최, 합의안 도출, 홍보 활동)	보사부안의 고수 및 설득 (장관 및 차관회의 개최, 보사부 장관의 추진력, 보사부의 관련 부처 및 국회 설득, 이익집단 설득, 보사부안 거의 반영)
	국회의 역할	야당의 반대, 보사위 수정안 작성 및 표결, 본회의 표결 통과	보사위에서의 여·야 의원 질의, 보사부 장관 응답 및 정부안 고수, 표결 없이 본회의 약식 통과
정책 산출	주로 반영된 이해	절충했으나 보사부안이 많이 반영(사회보장 측면 강조, 관장기관, 적용 대상 등)	보사부안이 대부분 반영(조합주의, 보사부 관장, 직역별 분리주의 등)
	정책 내용의 변화	입법 과정에서 정부안이 대체로 반영됨, 약간의 보완	입법 과정에서 거의 정부안대로 결정됨.
	후속 조치	공포, 시행령 제정, 담당부서 설치, 2차례 연기 및 무기한 연기	공포, 시행령 제정, 담당부서 설치, 예정대로 시행

제6절 결 론

이 장에서는 1970년대 고도 경제성장기의 사회정책 형성 체계 및 형성 과정을 국민복지연금법 제정과 의료보험법 제2차 개정 사례를 중심으로 비교론적으로 고찰해 보았다. 두 사례는 공통적으로 권위주의적 발전국가의 영향 하에서, 정책 형성 체계 면에서는 기본적으로 행정부 주도의 폐쇄적이고 위계적인 속성을 보였다. 그러나 두 사례는 정책 형성 과정, 즉 의제화 및 정책 결정 과정에서는 의제화의 동기, 주도적인 행위자, 주무부처의 리더십, 관련 이해집단의 이익 투입 방식 등에서 상당한 차이를 보였다. 정책 산출 면에서는 입법 과정에서 주로 반영된 이해나 정책 내용의 수정 등의 측면에서 차이가 있었다. 그러나 두 사례 모두 사회정책이면서도, 정책 산출의 내용 면에서 경제 발전을 최우선시하던 발전국가의 한계를 벗어나지는 못했다.

이렇게 결정된 국민복지연금법과 의료보험법은 시행 과정에서는 상이한 길을 걷게 된다. 정부는 국민복지연금법 제정 직후인 1974년 1월부터 이를 바로 시행하기로 호기를 부렸으나, 세계 경제 침체를 이유로 두 차례 1년씩 연기하더니, 1975년 12월에는 시행을 무기한 연기했다. 이 점에서 국민복지연금법은 실패한 정책 사례에 해당한다. 반면에 의료보험법은 1976년 12월에 개정이 완료되고 시행령이 제정되어 1977년 7월부터 시행되었다. 이후 적용 대상을 계속 확대해 1989년 7월에는 전(全)국민 의료보험 시대를 개막할 수 있었다. 따라서 의료보험법은 비교적 성공적인 정책 사례에 해당한다. 그러면 두 사례가 이러한 상이한 결과를 가져온 이유는 무엇인가. 이하에서는 그 이유를 지금까지 분석한 내용에 입각해 해석해 보는 것으로 결론에 갈음하고자 한다.

우선 국민복지연금법의 시행이 무기한 연기된 데는 다음과 같은 요인들이 작용했다.

첫째, 경제적 관점의 해석이다. 즉, 근로자 대상의 국민복지연금은 기업이 보험료의 절반을 부담해야 하는데, 경제 침체기에 기업의 복지비용이 증가하면 산업경쟁력이 떨어지며, 이는 경제 발전에 부정적으로 작용한다. 따라서 경제 침체를 이유로 국민복지연금법이 쉽게 사문화되었다(Hwang, 2006). 이러한 해석은 발전주의 하에서 사회정책은 경제 발전을 위한 수단적인 역할에 그친다고 보는 발전국가론자들의 주장을 뒷받침하는 것이다.

둘째, 국민연금법의 형성 과정에서 즉흥적 · 교조적 · 졸속적 성격이 강했다. 의제화는 아이디어 차원에 의존한 측면이 강했다. 당시의 상황에서 연금제도가 어느 정도 필요한지, 실현 가능성은 있는지, 예상되는 문제는 무엇인지에 대한 합리적 분석이 결여되었다. 그리고 1973년 12월에 제정된 법을 1974년 1월부터 시행하겠다고 한데서도 알 수 있듯이, 졸속적이고 조급하게 서둘렀다.

셋째, 연금제도의 절박함에 대한 인식이 낮았다. 1970년 기준으로 평균수명이 63.2세, 노인 인구 비율이 3.1%에 불과한 상황에서(통계청, 1998), 퇴직 이후의 노후 보장이라는 것이 아직 실감나지 않았다. 그리고 당시는 고도 경제성장기로서 조기퇴직이나 실업 등이 주요 관심사가 되지 못했다. 따라서 연금제도가 국민적 관심을 끌기가 어려웠다.

넷째, 국민복지연금법은 축적된 입법 경험이 없는 상태에서 불쑥 의제화가 되었다. 따라서 정치적 추동력을 얻는 데 한계가 있었다. 경로의 의존이나 수정은 용이하지만, 경로 창출(path creation)은 어려운 것이다(Peters, 2001).

다섯째, 고객집단의 반대이다. 국민복지연금법은 경제부처가 깊숙이 개입한 것인데, 경제부처의 강력한 고객집단은 전경련이다. 전경련은 처음에는 반대하기가 어려웠지만, 경제 침체라는 기회가 도래하자 즉각 연기를 주장했다. 당시 노동단체나 시민사회단체가 미약한 상태에서, 정부는 경제단체의 요구에 쉽게 반응했다. 발전국가는 통상적으로 사민사회로부터 자율성이 크지만(Stubbs, 2009), 체제 유지를 위해서 민감한 사안이 아닌 경우에는 발전연합의 주요 파트너인 전경련의 요구에 반응하게 되는 것이다.

여섯째, 국민복지연금법 제정은 경제적 발전주의 논리에 의해서 추동되었지만, 그 내용 면에서는 이를 지지하는 데서 모순이 발생하는 것이다. 즉, 경제 발전을 위한 내자 동원이라는 수단 면에서는 발전주의 논리에 부합하지만, 연금보험의 시행이 기업의 복지비용을 크게 증가시킴으로써 제품 경쟁력을 저하시킨다는 면에서는 발전주의 논리에 역행하는 것이다. 실제로 연금보험은 기업이 감당해야 할 보험료 부담이 의료보험에 비해서 훨씬 컸다.

일곱째, 제도화 과정과 시행 과정에서의 주도적 행위자가 상이했다. 의제화 과정에서는 경제부처와 청와대 경제부서가 적극 개입했다. 그러나 이들은 아이디어를 내고 계획을 세우는 유능했지만, 집행조직을 가지지 못한 상황에서 정책 시행에는 한계가 있었다. 따라서 방안은 집행부처인 보사부와 협력하는 것인데, 부처할거주의가 강하기 때문에 부처 간 협력이 잘 되지 않는다(조석준, 2004). 특히, 경제부처와 사회복지부처 간에는 지향하는 목표가 상이하다. 따라서 대통령의 관심이 줄어들자, 집행부서의 시행 의지가 뒷받침되지 못한 국민복지연금제도가 경제 침체라는 외부 충격 속에서 쉽게 좌절된 것이다.

마지막으로, 정책분석, 즉 연금제도를 시행하는 데서 기본적 재정 추계가 부실했다. 연금보험을 통해서 동원할 재원의 규모, 장기적인 연금보험료 및 연금급여 수준, 심지어는 인구 동향 등에 대한 추계가 부실했다. 이는 제도의 신뢰성과 공감대 형성을 저하시켰다.

반면에 의료보험법의 경우는 성공적으로 시행되었는데, 여기에는 다양한 요인들이 영향을 미쳤다.

첫째, 의료보험은 이미 1963년에 제정되고, 1970년에 제1차 개정된 선행의 제도가 있었다. 따라서 제도의 예측 가능성이 높았으며, 그 결과 정책 형성 과정에서도 오랜 기간의 시행착오를 토대로 실현 가능성이 높은 대안을 만들어 낼 수 있었다. 그리고 연금보험법은 법을 새로 만드는 것인데 비해서, 의료보험법은 기존의 법을 개정하는 것이었다. 이해 당사자의 반발이나 정치적 지지 등의 면에서 신규 제정보다는 기존 법률의 개정이 용이하다.

둘째, 의료보험법은 이미 제1차 개정에서 강제가입 방식의 도입이 정해져 있던 것을, 이의 비현실성을 감안해 대기업부터 단계적으로 시행하고자 했다. 즉, 실패 경험으로부터의 학습 효과를 토대로, 일시 시행 전략을 단계적 시행 전략으로 현실화한 것이다. 의료보험에 대한 국고보조도 사무비 전액을 지원하도록 되어 있던 것을, 사무비 일부 지원으로 현실화했다. 따라서 의료보험법은 기존의 제도를 현실화하고 보수적으로 접근하는 것이었기 때문에 이해관계자들의 반발도 줄일 수 있었다.

셋째, 의제화 · 정책 결정 · 정책 집행의 주도자가 동일했다. 따라서 제도의 추진 주체가 명확했으며, 집행기관의 시행 의지가 뒷받침될 수 있었다.

넷째, 제도의 도입 과정에서 남북한 대치 상황에서의 체제 우위 확보라는 정치적 동기가 추동력이 되었으며, 이에 따라서 대통령과 정치권으로부터의 후원을 얻기가 용이했다.

다섯째, 사안의 긴급성이 상대적으로 높고, 정책의 효과도 단기적으로 나타날 수 있었다. 당시 저소득층의 의료 불평등이 문제가 되고 있는 상황에서 의료보험 도입이 긴급했다. 반면에 연금보험은 경로효친 사상이 남아 있고, 평균수명이 길지 못하며, 여전히 농촌 인구가 많은 상황에서 퇴직을 대비한 노후연금에 대한 절박함이 높지 못했다(박병현 외, 2007). 의료보험은 단기보험으로서 제도 시행의 효과가 바로 나타날 수 있어 정치적으로 선호될 수 있었다. 단기보험은 보험 가입자의 입장에서도 가입과 동시에 혜택을 받을 수 있어 지지를 받기가 쉬웠다. 반면에 연금보험은 장기보험으로서, 정책 효과가 나타나는 데 오랜 시일이 소요되는 것이었다. 당시의 높은 인플레이션 상황에서 장기보험에 대한 신뢰성도 높지 못했을 것이다.

마지막으로, 시기적으로도 의료보험이 시행되던 1977년에는 연금보험의 시행을 좌절시켰던, 세계 경제의 침체 현상이 어느 정도 회복되었다. 따라서 기업들에게 다소의 부담은 있었지만, 큰 무리는 없었다.

지금까지 이 연구는 다양한 문헌자료에 대한 분석을 통해서, 1970년대 고도 경제성장기의 사회정책 형성 체계 및 형성 과정을 실증적으로 분석했으며, 그 결과 권위주의적 발전국가 하의 사회정책 형성의 동태성을 이해하는 데 유익한 정보를 얻을 수 있었다. 특히, 유사한 시기에 정책이 형성된 두 개의 입법 사례를 비교·분석함으로써, 단일 사례 분석이 가지는 단점도 어느 정도 극복할 수 있었다. 그러나 이 연구는 여전히 사례분석이 가지는 일반화의 한계점이 있었으며, 문헌 연구에 치중하다 보니 역사적 사실을 좀 더 생동감 있게 기술하는 데도 한계가 있었다. 분석 틀을 논의하기 위한 좀 더 세밀한 측정지표를 개발하지 못한 것도 아쉬운 점이다.

제 3 편

지방정부의 사회정책과 사회적 경제

제 10 장

지방복지의 개념과 관점: 기초연금을 중심으로

제1절 서 론

한때는 쓰레기통에서 장미꽃을 기대하는 것과 같다는 비아냥도 들었던 한국이 이제는 세계 여러 나라에 원조를 제공하는 국가로 바뀔 정도로 한국의 발전은 세계에서 유례가 없다. 이러한 발전에 따라 한국에서 사회복지정책은 복지국가로 향해 점점 나아가고 있다. 따라서 복지 예산도 급속히 증대하고 있고 복지 프로그램도 다양해지고 있다. 서양에서도 복지국가가 출현한 이후에 정책의 중심 이슈는 복지에 있다. 예컨대 영국의 경우 전체 공공 서비스에 관련된 예산이 거의 2/3를 차지할 정도로 비중이 증대되었다(Dean, 2006: 4).

복지란 계급 간의 대립을 완화하고 사회적 모순을 잠재화시키기 위한 제도적 장치로 환영을 받았다. 최근 한국 사회의 무상급식이나 무상보육에 대한 논쟁, 저출산・고령화 문제와 이 대안으로 제시되는 다문화사회 담론이나, 노후생활을 위한 국민연금제도나 공무원연금제도 등에서 볼 수 있듯이 복지는 수혜자에게는 늘 좋은 제도로 이미지화된다. 그러나 복지의 확대는 수혜자들에게는 사회활동으로의 디딤돌이 되지만, 이로 인해 재정을 부담하는 계층이 있게 마련이라는 동전의 양면과도 같은 현상을 일깨워 준다. 최근 실시된 기초연금에서 보듯이 보편적 복지 대 선별적 복지의 프레임은 이를 뒷받침한다고 할 수 있다. 즉, 복지 쪽에 방점을 두는 시각은 복지의 확대에 도움이 되는 보편적 복지제도 설계를 선호한다. 반대로 재정 쪽에 방점을 두는 시각은 제한된 복지 혜택의 제공, 즉 선별적 복지에 중점을 둔다(Jones & Lowe, 2002). 따라서 복지제도는 이 둘의 조화가 필요하다. 가장 널리 알려진 대책으로는 합의에 따른 복지제도 건설로, 회자(膾炙)되는 대표적인 보기는 버츠켈리즘(Butskellism)이다.[1] 정당들이 재정을 동반하는 정책을 선거 이슈로 제기하고 이런 연유로 복지 지출이 늘어 감당할 수 있는 범위를 넘을 우려 때문에 이에 대한 제약에 서로 합의하는 것을 말한다.

아울러 복지를 어떻게 바라보느냐 하는 관점이 중요한 기능을 하고 있음은 익히 알려진 사실이다(George & Wilding, 1994; Golding & Middleton, 1983). 그럼에도 한국의 사회복지 전개 과정에서 복지의 관점에 관한 연구는 상당히 부족하다.[2] 더 나아가 어떤 정책이 채택되었는가를 바라보는 관점은 그 정책의 그 이

1) 제2차 세계대전 이후 복지국가 건설을 둘러싸고 영국의 노동당 정부(1945~1951)의 재무 장관이던 휴 게이츠겔(Hugh Gaitskell)의 복지국가 확대정책을 이후 등장한 보수당 정부(1951~1964)의 재무 장관이던 버틀러(R. A. Butler)가 계승해서 추진한 데서 나온 말로 버틀러와 게이츠겔의 합성어이다. 그 의미는 본문에 기술한 대로 재정 부담의 능력 범위 안에서의 복지제도를 확립한다는 것이다(Midwinter, 1994).

2) 보편적 복지와 선별적 복지에 대해서와 사회복지 발달의 동인(動因)에 대해서는 관점의 연구가 있다. 사회복지 발달의 동인에 관해서 위기와 복지는 밀접한 관계가 있다는 가설(이른바 위기가설: crisis-welfare hypothesis)은 상당한 타당성을 갖고 있다(박종삼 외, 2004: 46; Lee, 2005). 그 핵심은 경제적 상황이 악화되면 복지 혜택을 받는 가난한 사람들이나 노약자들에게 악의적인 적대감이 표출되는 현상으로 전 세계적으로 보편적이라고 한다(Golding & Middleton, 1981: 3). 영국의 사회복지정책의 역사를 보면 이는 "일하지 않으면 먹지도 말라"라는 바울의 권위에 기초한 금언(金言)에서 나타나고 로크(John Locke)의 가난의 개인 책임의 원칙(poverty was relaxation of discipline and corruption of manners)으로 이어졌다(Golding & Middleton, 1981: 11-12). 역사의 발전은 이런 태도는 편견임이 입증되고 이후 이런 위기가 오히려 복지의 발전을 가져왔다. 한국에서도 1960년대 한국 복지 체계의 발달은 1961년의 위기의 영향으로 이루어졌고, 1970년대의 위기는 유신이었으며, 1980년대 위기는 독재정치 대 민주정치에 집중되어 있었다. 1990년대 중반의 발전에서 위기는 세계화로 인한 IMF 위기였다. IMF 위기 하에서 한국의 복지 체계는 확대되었다.

후 경로까지 결정한다(Rimlinger, 1971).

이를 기초연금에 적용하면 국민연금제도 기초 부문의 강화라는 관점에서 논의할 수도 있고, 국민연금제도의 기초 부문이 그 기능을 제대로 못했기 때문이라는 시각을 지닐 수도 있다. 이 시각은 국민연금제도의 개혁이라는 방향을 제시했다. 이에 관해서는 세 가지의 프레임이 있는데, 재정안정화를 위한 부분적 개혁안, 국민연금 이원화 방안, 기초연금 도입안 등이 그것이다(김수완, 2007). 결국 기초연금의 도입이라는 방향으로 귀결되었으나 이제는 기초연금의 성격을 어떻게 볼 것인가가 중요하다. 영국에서는 지방복지라는 개념이 적용되는데, 이 개념을 통해 기초연금을 살펴볼 수도 있다. 지방복지란 그 지방 주민을 위한 복지를 총괄적으로 파악한다는 관점에서 지방정부의 역할 증대를 요구한다. 하지만 한국에서 지방복지라는 개념은 지역사회복지(community care)에 압도되어 사회복지학자들이 주도하게 되었고, 행정학자들은 지방정부나 지방자치의 측면에서 접근했다. 지방복지라는 개념 도입을 통해, 행정학자가 이 분야에 적극적 역할을 수행해야 함을 촉구하고 또 기초연금을 대상으로 행정전문가인 행정학자들과 복지전문가인 사회복지학자들의 관점을 차이를 살펴보고자 함도 이 장의 또 다른 목적이다.

제 2 절 지방복지의 의의와 논쟁점

1 지방복지의 개념

지난 세기 복지국가의 발달 중 주목할 만한 현상은 '복지는 지방, 재정은 중앙 지원(local welfare, central finance)'이라는 원칙이다. 이에 따라 복지 공급은 주로 지방정부에 의해 이루어지는데, 여기서 도출된 개념이 지방복지(Local Welfare Provision: LWP)이다(Gladstone, 1999: 104−106). 이 개념은 영국의 지방정부에서 실무적 차원에서 논의되었는데,[3] 어떤 지방정부가 관할하는 지방에 거주하는 취약계층을 도와 위기에 대응하고자 하는 제도이다. 학문적으로는 에스핑-앤더슨(Gøsta Esping-Andersen)이 범주화한 자유주의 복지국가(liberal welfare state)에서의 지방화(localism)와 결부되는데, 사적 자치(私的 自治)의 원리가 확대되어 지방정부 차원의 자기결정성의 원칙(argument for self-determination)이 존중되는 것을 말한다(Spicker, 2013: 198). 이 개념은 다양성(local diversity)에 기초하는 것으로 국가적 통일성(uniform system)을 속성으로 하는 영국의 의료 서비스(NHS: National Health Service)와는 다르다. 그 의미는 복지의 단위가 지방정부라는 점에서, 지금까지 복지에 관한 논의가 국가를 단위로 하거나 초국가적 기구나 전 세계적 범주를 연구 단위로 한 것과 확연한 차이가 난다.[4] 그 범위에 드는 것들은 다음과 같다. ① 화재나 홍수와 같은 재난이나 위기(a disaster/crisis such as fire or flood)로 고통받거나, ② 예외적인 재정으로 위기(exceptional financial pressure)에 빠진 가족이거나, ③ 집이 없거나 잠자리가 정상적이지 않거나(homeless or rough sleepers), ④ 수입이 넉넉하지 않은 노령층(vulnerable older people)이거나, ⑤ 가정폭력에 시달리거나(fleeing domestic violence), ⑥ 퇴소(退所) 서비스(leaving care)가 필요한 경우,[5] ⑦ 만성 질환(chronically or terminally ill)을 가진 경우, ⑧ 알코올이나 마약(alcohol or drug issues)의 문제를 가진 경우, ⑨ 지식 습득에 문제가 있거나(people with learning difficulties), ⑩ 단기간의 수혜 이후 일터에 복귀하는 경우(returning to work after a short term on benefit)를 포괄한다. 이상에서 설명한 바는 영국에서 시행되고 있는 제도들이므로 영국의 지방정부에 의해 제공되는 공공 서비스의 전달체계는 <표 10-1>에서 보여 주고

---

3) 영어로는 Local Welfare Provision(LWP)이라고 일컫는 것으로 그 연원은 Community Care Grants and Crisis Loans for living expenses이다. 이 제도는 2013. 3. 31로 끝나고 이를 대체하는 개념이 지방복지이다. 자세한 것은 다음을 참조하라 http://www.oldham.gov.uk/info/200737/welfare_ reform/1172/about_local_welfare_provision(2016.11.28.).

4) 초국가적 기구를 연구 단위로 한 것은 유럽연합(European Union: EU)을 중심으로 복지를 연구한 것이 많다(Falkner, 2010; Walker, 2005; Clasen, 1997; Ploug & Kvist, 1997; Bonoli et al., 2000 등). 전 세계를 대상으로 한 연구는 Global Social Policy라는 이름으로 새로운 영역으로 발돋움하고 있다(Deacon, 2007; Yeates, 2008 등). 이에 비해 지방복지의 연구는 복지국가에서도 덜 활발하다.

5) 여기에는 복지시설로부터 나가는 경우(① moving out of institutional residential care; ② moving to supported accommodation/independent living; ③ leaving prison or detention centers)도 포함한다.

있다.

표 10-1 영국의 공공 서비스 전달체계와 공공 서비스의 범주

City councils (광역자치단체)	Unitary authorities (광역과 기초자치단체의 혼합형)[6]	District councils (기초자치단체)
교육	기초자치단체의 업무	주택
사회서비스[7]	+	환경
도서관	교육	주차
광역단위 계획	도서관	지역 단위 계획
고속도로와 교통	사회 서비스	쓰레기 처리
경찰		
소방		

자료: Moore(1998).

그림 10-1 영국의 지방공공 서비스의 범주

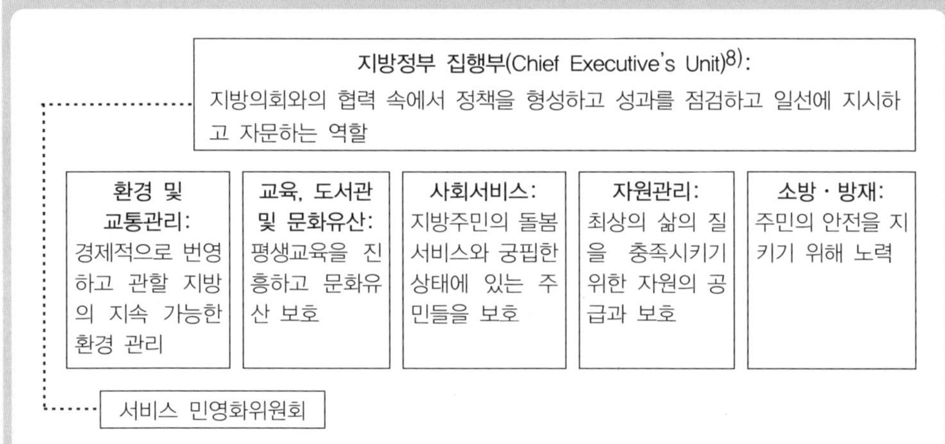

자료: Moore(1998: 8).

6) 광역과 기초자치단체의 통합형은 주로 도시지역에 존재하는 형태이다. 현재 잉글랜드에 39곳, 스코틀랜드에 14곳, 웨일스에 10곳이 통합형을 시행하고 있다(이광석 외, 2015).

7) 한국에서 사회 서비스라고 일컫는 것은 영어로는 personal social services라고 하며, 사회에서 어떤 취약성을 가지고 있어서 돌봄이 필요한 이에게 도움을 제공하는 것을 말한다. 사회적 돌봄(social care)과 사회사업(social work)을 포함하는 것으로(Moore, 1998) 여기서는 사회 서비스라고 부른다.

8) 영국의 정치제도는 익히 알려진 바대로 의원 내각제를 채택하는데, 지방정부도 다양한 형태가

영국의 지방정부 일선에서 제공되는 공공 서비스를 범주별로 살펴보면 앞의 [그림 10−1]에 제시되어 있다.

[그림 10−1]에서 보듯이 지방정부가 제공하는 공공 서비스의 범주 중에서 지방복지라고 함은 지방정부가 관여하는 사회 서비스를 일반적으로 지방복지라고 한다. 지방복지를 수혜하기 위한 자격은 다음과 같다. 첫째로, 16세 이상이라야 한다. 둘째로, 지방정부가 관할하는 지역에 살아야 한다(resident of the borough or be able to demonstrate that you are about to become a resident of the borough). 셋째, 다음 중 어느 하나를 수혜하고 있는 경우: ① 소득보조(Income Support), ② 구직수당(Income−based Jobseeker's Allowance), ③ 고용지원수당(Employment and Support Allowance, ④ 연금크레딧(Pension Credit)이나 이와 유사한 것(예컨대 Universal Credit), ⑤ 주택수당(Housing Benefit), ⑥ 주민세 경감 대상자(Council Tax Reduction), ⑦ 아동 및 근로세제 크레딧(Child/Working Tax Credit), ⑧ 장애수당(Disability Living Allowance), ⑨ 자립수당(Personal Independence Payment) 등이다.

그렇지만 다음에 해당하면 그 혜택은 주어지지 않는다. ① 다른 형태의 지원이 이루어지는 경우(Help is likely to be available from other funds or schemes), ② 다른 형태의 자원을 소유하고 있는 경우(other ways to cover the costs such as savings, credit cards, an overdraft, loans), ③ 다주택을 소유하는 경우(You own a property other than the one in which you live), ④ 지방복지 혜택을 받는데 귀책사유가 있는 경우(예를 들면 benefit sanction enforced, loss of employment due to misconduct), 제공되는 혜택은 식료 구입을 위한 바우처(food vouchers), 적절한 제품이나 서비스를 구매할 수 있는 카드 지급, 공급자에게 제공하도록 명령하거나 현금 지급 등의 방법이 있다.

여기에서는 복지 공급과 관련해서 지방정부가 사회 서비스처럼 운영 주체이거나 지방정부의 관할 아래에 있어서 지방정부가 재원의 일부나 전부를 부담하는 것을 말한다. 이에 대한 선행 연구는 많지 않은데, 그 이유로는 사회복지학자들은 지역사회복지(community care)에 연구 역량을 집중했기에 지방복지와 혼동

있지만 의원내각제를 준용한다. 따라서 지방의회 다수파가 집행부를 구성하는데 이를 지방정부라고 할 수 있다.

하기 때문으로 보이고(McDonald, 2006), 지방행정을 연구하는 행정학자들은 지방복지의 개념이 지방정부의 역할 속에 포함되었기에 중앙－지방정부 간 관계의 연구나 이와 가까운 전달 체계에 많은 관심을 가져 왔다. 따라서 행정학에서는 지방복지라는 개념을 이용한 선행 연구는 생소해 보이기 때문에 선행 연구는 많지 않다. 유사한 국내 연구로서 김선화 외(2010), 김준현(2014), 이상일(2004), 장동호(2007), 유길상(2006), 이광석・김동룡(2009), 박혜자(2008) 등이 있고, 국외 연구로는 챈들러(Chandler, 1996), 오스만(Osman, 2015) 등이 있다.

2 지역복지 및 사회복지 전달체계와의 관계

사회 서비스는 지방정부에 의해서 공급되기도 하지만 자발적 영역(voluntary sector)이나 다양한 사적 조직(private organizations)에 의해서 제공된다(Moore, 1998: 166). 이 사회 서비스의 제공을 지역성(locality relevance)과 관련시켜서 지역 주민의 공동 이익을 추구하는 경우를 지역복지(local welfare; 영국에서는 뉘앙스에 차이가 있지만 이를 community care라고 부른다) 또는 지역사회복지라고 한다(표갑수, 2009: 37－38; 住谷・右田, 1983; Means et al., 2008). 또 지역사회복지가 기초자치단체에 의해서 지원되는 복지를 중심으로 민간이 제공하는 복지까지 포함해서 논의되지만(표갑수, 2009: 38), 지방복지는 기초자치단체는 물론이고 광역자치단체에 의해서 지원되는 공적 복지를 논의하므로 서로 간에 구별된다. 다른 관점에서는 지방복지가 복지재정에서의 지방분권이 초점인데 비해, 지역복지는 지역사회복지협의회를 통한 지역사회 내에서 복지 부문의 새로운 협치(協治)에 관심을 둔다(이태수, 2010: 13).

사회복지 전달체계는 지역복지 실천 주체들 간의 역할 분담을 연구하는 영역이다. 즉, 공공과 민간・중앙정부와 지방정부・광역자치단체와 기초자치단체 사이의 자원의 효율적인 배분을 통한 지역 주민들의 복지 욕구의 충족을 연구한다(이태수, 2010: 25). 이 점에서 지방정부가 제공하는 복지를 중심 과제로 하는 지방복지와 차이가 난다.

3 지방복지와 기초연금

기초연금법에 따라서 2015년 7월부터 기초연금제도가 시행되었다. 소득인정액이 일정 기준 이하인 65세 이상 노인에게 매달 10만~20만 원을 지급한다. 전체 노인(639만 명)의 70%인 447만 명이 대상이었다. 지급 대상 중 90%가량인 406만 명이 20만 원을 받는다. 나머지 41만 명은 국민연금 가입 기간에 따라 10만~20만 원을 차등 지급받는다.

지방자치단체들은 국고보조사업으로 추진되고 있는 기초연금을 전액 국비사업으로 추진할 것을 요구하고 있지만 지난 기초노령연금과 동일하게 기초자치단체의 재정력과 복지 수요를 적절히 반영하고 있다. 즉, 각 기초자치단체의 재정자주도와 노인 인구 비율에 따라 국고를 지원할 때 차등국고보조율제도를 적용함으로써 지방자치단체의 재정적 기여를 의무적으로 요구하고 있다(장현주, 2015).

보건복지부의 기초연금에 대한 인식은 첫째로, 노인들의 안정된 노후생활을 돕기 위해 도입된 국민연금제도를 보완하는 제도이며, 둘째로, 노후 빈곤의 완화를 목적으로 하고, 셋째로, 연금 혜택을 공평하게 나누기 위한 제도로 본다. 기초연금의 대상은 ① 만 65세 이상이고, ② 한국 국적을 가진 국내 거주('주민등록법' 제6조 1, 2호에 따른 주민등록자)자로서, ③ 노인 중 가구의 소득인정액이 선정기준액 이하인 이들이다.[9] 따라서 공무원연금 · 사립학교교직원연금 · 군인연금 · 별정우체국연금 수급권자 및 그 배우자는 원칙적으로 기초연금 수급 대상에서 제외된다.

9) '소득인정액'이란 소득 평가액과 재산의 소득 환산액을 합산한 금액을 말한다. 소득인정액 산정 방식은 다음과 같은 방법으로 산정된다. 소득인정액=소득평가액(①)+재산의 소득 환산액(②). 여기서 월 소득 평가액=ⓐ {0.7×(근로소득−56만 원)}+ⓑ 기타 소득으로 정의되고 계산 결과가 음(−)의 값인 경우는 '0'으로 처리한다. 근로소득에서 기본공제액인 56만 원을 공제한 금액에서 30%를 추가로 공제해 준다. 일용근로소득, 공공일자리소득, 자활근로소득은 근로소득에서 제외된다. 기타 소득은 사업소득, 재산소득, 공적이전소득, 무료임차소득 등으로 구성된다. 따라서 단독가구/월 150만 원 근로소득/국민연금 30만 원 수급하는 경우에 소득평가액 계산은 다음과 같다. 소득평가액={0.7×(150만 원−56만 원)}+30만 원=95.8만 원이며, 부부가구/본인 100만 원, 배우자 120만 원 근로소득이 있는 경우의 소득평가액=0.7×(100만 원−56만 원)이 된다(본인 소득 분+0.7×(120만 원−56만 원): 배우자 소득분=75.6만 원.

기초연금의 시행한 후 지금까지의 평가는 기초연금이 노인의 삶의 질을 높이고, 빈곤을 개선하는 데 원동력이 되고 있다는 점에서 긍정적이다. 통계청의 가계 동향 자료를 재분석한 결과 기초연금 도입 이후 노인 빈곤율 등 주요 빈곤지표에서 점차 긍정적인 개선 효과가 나타나고 있으며, 또한 2015년 말 시점을 기준으로 기초연금 수급액을 소득에 포함하는 경우, 이를 제외한 경우에 비해 노인 절대빈곤율은 약 10%포인트 하락하는 것으로 분석되었다. 소득불평등도를 나타내는 처분가능소득 5분위 배율도 5.8배 하락해 노인계층의 소득불평등 수준이 개선되는 것으로 조사되었다. 그럼에도 관련법 사이에 서로 어긋나는 점 등이 있어서 정비해야 할 필요성이 있다.10)

기초연금이 지방복지의 대상이 되는가? 이는 기초연금의 성격을 어떻게 볼 것인가로 집약된다. 즉, 국민연금제도의 기초 부문(평균소득 기준인 균등급여)이 원래 기초연금의 취지로 설계되었지만 사회보험제도인 관계로 노인 빈곤을 완화하는 데 그 역할이 충분하지 못했다는 반성이 제기되었다. 이런 연유로 여기서 논의하고자 하는 현행 제도, 즉 수급 대상이 65세 이상 중 소득인정액 기준 하위 70%에 한정되고, 전액 조세로 재원을 충당하는 기초연금이 출현했다. 따라서 현행 기초연금은 항구성과 급여의 권리성이 취약하다는 점에서 사회수당으로 보기는 어려우며, 보편적 기초연금으로 보기 어렵다는 주장이 있기도 하고(장현주, 2015), 현행 기초연금을 노인수당으로 간주하는 견해도 있다(오건호, 2016: 72). 중요한 것은 국민연금제도가 사회보험(기초 부문까지 포함해서)이라는 한계에서 또 전국적 통일성을 기하려는 점에서 기초연금과 차이가 있다. 이로 인해 기초연금이 조세 방식을 채택하고 지방자치단체가 재원을 부담하는 점을 고려하면 지

10) 기초연금은 국민기초생활보장법 시행령 제3조(소득의 범위)에 따라 기초생활보장제도에서 규정한 이른바 '보충성 원리'의 적용을 받는 공적 이전소득으로 잡힌다. 보충성의 원리는 정부가 정한 기준 소득보다 모자라는 금액만 보충해서 지원해 주는 원리이다. 이런 보충성의 원리 때문에 기초연금을 받으면 생계급여를 받는 기준이 되는 '소득인정액'이 올라가 기초연금을 받은 액수만큼 생계급여 지원액이 깎인다. 이처럼 기초연금과 기초생활보장 급여를 연계해서 생계급여액을 삭감하는 방식이 적용되므로 저소득층 노인들이 사실상 기초연금 혜택을 받지 못하는 상황이 벌어진다. 기초연금을 신청해서 받았다가 토해내는 노인은 2016년 6월 현재 기준 전체 기초생활보장 수급자(166만 2,450명) 중 기초연금을 동시에 받는 65세 이상 수급자가 42만 1,223명(25.3%)이었다. 기초연금과는 달리 보육료, 양육수당, 장애인연금, 국가유공자 생활조정수당 등의 공적 이전소득은 보충성 원리의 적용을 받지 않아 형평성 논란도 있다.

방복지의 대상으로 본다. 아울러 국민연금제도가 ① 민영화 vs. 공공성, ② 노후 빈곤 방지 vs. 재정안정화, ③ 연금보험료 부담 vs. 세금 부담의 프레임이 일반적이었지만(김수완, 2007),[11] 기초연금의 프레임은 수혜 범위가 어디까지를 포괄하는가의 프레임이 형성된다는 점에서 차이가 난다. 위에서 언급한 지방복지의 개념, 즉 그 지방의 주민을 위하여 지방정부가 재원을 분담하고, 더욱이 제공되는 혜택이 현금 지급의 방법을 이용한다는 점에 비추어 보면 기초연금은 지방복지의 대상이 된다. 어느 정도 지방정부가 재원을 부담하는가? 기초연금 시행에 따른 국고부담률은 최소 40%~최대 90%이고, 지방자치단체의 부담률은 최소 10%~최대 60%이다(장현주, 2015). 이를 나타낸 것이 <표 10-2>이다.

표 10-2 기초연금의 국고부담률

구분		노인 인구 비율		
		14% 미만	14% 이상~20% 미만	20% 이상
재정 자주도	90% 이상	40%	50%	60%
	80% 이상~90% 미만	50%	60%	70%
	80% 미만	70%	80%	90%

자료: 보건복지부(2016); 장현주(2015).

지방자치단체의 부담률은 다시 17개 광역자치단체의 조례에 의해 광역자치단체와 기초자치단체 간 부담률을 별도로 정하고 있다. 이러한 연유로 영·유아보육사업처럼 같은 논의의 범주로 묶을 수 있고(장현주, 2015), 따라서 여기에서는 지방복지의 대상으로 보는 견해를 취한다.

지방복지라는 학문 분야에 관련이 있는 이들은 행정학자들과 사회복지학자들이다. 그렇지만 행정학자들과 사회복지학자들 사이에 학문의 관점에 따른 시각의 차이가 있을 것이다. 문제는 경험적 자료로 이 시각의 차이를 어떻게 입증하는가이다. 이에 관한 논의는 제4절에서 하고, 제4절에 들어가기 전에 다음 절에서는 기초연금을 보는 관점을 논의해 본다.

11) 이에 관해서는 원석조(2001)가 있다. 영국의 사례에 관해서 경제학적 관점에서의 연구는 권은지(2003)를 참조하고 사회복지학적 관점은 김수완(2004)을 참조하라.

제 3 절 기초연금을 보는 관점: 행정학자들과 복지학자들 사이의 시각 차이

1 기초연금 개요

행정학자들과 사회복지학자들 사이에서 비교 가능한 연구를 제공할 수 있는 대상으로 알맞은 주제 중의 하나가 기초연금이다. 기초연금은 만 65세 이상이고 한국 국적인 국내 거주 노인 중 가구의 소득인정액이 선정 기준액 이하인 자들이다. 선정 기준액(2015년도 기준)은 단독가구는 930,000원이고, 부부가구는 1,488,000원으로 되어 있다.

표 10-3 기초연금 대상자

20만 원 대상자	10만~19만 원 대상자
① 국민연금 미가입자	① 국민연금 월 30만 원 초과
② 국민연금 월 30만 원 이하	② 국민연금 장기 가입자(10년 이상)
③ 장애연금 · 유족연금 수급자	
④ 중증장애(1 · 2급) · 기초수급자	

한편 세계 여러 나라에서의 기초연금제도는 어떠한가를 살펴본 자료가 다음 <표 10-4>이다.

물론 <표 10-4>는 앞서 언급한 국민연금제도의 기초 부문과 현행의 기초연금과 구별하지 않고 포괄해 제시하고 있음을 유의해야 하지만 이 자료가 의미하는 바는 사회보험 형태로 재정안정화를 추구하는가, 전 국민을 대상으로 한 연금으로 복지에 치중하는가의 관점의 차이이다.[12] 이 관점의 차이는 [그림 10-2]에서 보듯이 행정학자들과 사회복지학자들 사이의 대립에도 그대로 투영된다.

12) 사회보험 형태의 설계는 기여를 조건으로 하고, 전 국민 연금을 지향하면 조세 방식으로, 거주를 조건으로 하게 된다.

표 10-4 기초연금의 국제 비교

국가명	체계	재원	수급 자격
호주	전 국민 연금(소득・자산에 따라 지급 제한)	일반조세	① 남・여 모두 65세 ② 10년 이상 거주
캐나다	전 국민 연금 (수급자에게 특별과세)	일반조세	① 남・여 모두 65세(향후 67세 예정) ② 10년 이상 거주 ③ 40년 거주하면 완전연금 ④ 기간에 미달하면 연수 비례 감액
덴마크	전 국민 연금	일반조세	① 남・여 모두 67세 ② 40년 거주하면 완전연금 ③ 70세까지는 근로소득에 의한 제한 있음.
핀란드	전 국민 연금	① 사용자가 임금 총액의 2.4~4.9%(감가상각 기준) ② 나머지는 국고 부담	① 남・여 모두 65세 ② 10년 이상 거주・40년 거주하면 완전연금 ③ 60~64세는 조기 수급, 65세 이후 지연 수급
아이슬란드	전 국민 연금	① 사용자가 임금의 2.5~6% ② 나머지 비용은 국고 부담	① 남・여 모두 67세 ② 3년 이상 거주 ③ 40년 거주하면 완전연금
네덜란드	사회보험	① 본인이 소득의 23.4%: 사용자 부담은 없음. ② 국고에서 저소득자・장애자 몫 등 부족분을 부담	① 남・여 모두 65세 ② 50년 가입으로 완전연금 ③ 기간이 부족한 경우에는 연금을 비례적으로 감액
노르웨이	전 국민 연금	① 본인: 7.8%, 사용자: 14.1% ② 국가는 부족분 부담 ③ 소득에 상한 없음. ④ 의료 등의 부담분도 포함	① 남・여 모두 67세 ② 3년 이상 거주 ③ 40년 거주하면 완전연금 ④ 기간이 부족한 경우에는 연금을 비례적으로 감액
뉴질랜드	전 국민 연금 (수급자에게 특별과세함으로써 간접적인 소득 제한)	일반조세	① 남・여 모두 65세 ② 10년 이상 거주 ③ 동시에 50세 이후 5년 거주
스웨덴	전 국민 연금	① 본인은 소득의 1% ② 기업은 임금 총액의 5.83%를 부담 ③ 나머지는 국고 부담	① 남・여 모두 65세 ② 3년 이상 거주 ③ 40년 거주하면 완전연금
영국	사회보험	① 본인 소득에 따라 2~10%(상한 있음)	① 남: 65세, 여: 63세

		② 사용자: 3~10% ③ 대상 소득에 상한 없음	② 취업 가능 기간의 90% 가입하면 완전연금, 그 이하는 기간 비례 ③ 육아 · 간병기간은 제외
일본	사회보험	① 1호: 정액보험료, 2호: 비례보험료 ② 급여의 1/3은 국고 부담	① 25년 이상 가입 ② 4년 가입하면 완전연금 ③ 65세 지급 ④ 조기 · 지연 수급 가능

자료: 윤석명 · 주은선(2001: 86) 수정.

2 기초연금을 보는 사회복지학자들과 행정학자들의 시각 차이

서론에서 언급한 대로 기초연금에서의 논쟁점은 그 시기가 길지 않아 논의하기가 쉽지 않다. 이에 상응할 만한 것은 누가 부담하는가와 누가 혜택을 보는가에 대한 논쟁이다(Jones & Lowe, 2002; Alcock, 2003). 앨콕(Alcock, 2003: 27)은 이를 간단하게 <표 10-5>로 나타내고 있다.

표 10-5 누가 부담하는가와 누가 혜택을 보는가

	누가 부담하는가	누가 혜택을 보는가
보편적 복지	모두(all)	모두(all)
사회보험	고용주와 피고용자 (employers and employees)	기여자 (contributors)
사회부조	납세자(taxpayers)	빈곤자(the poor)

자료: Alcock(2003: 27).

지난 시절의 국민연금제도의 프레임은 민영화 대 복지를 위한 공공성 프레임이 일반적이었다. 전자는 효율성에 중점을 둔 경제학적 · 재정학적 접근이 될 것이고, 후자는 복지적 성격에 치중하는 사회복지학적 관점이다. 행정학의 관점은 공공성을 중심으로 논의하므로 그 중간선상에 있다고 하겠다. 이들 학문적 관점을 나타낸 것이 [그림 10-2]이다.

그림 10-2 복지를 보는 관점

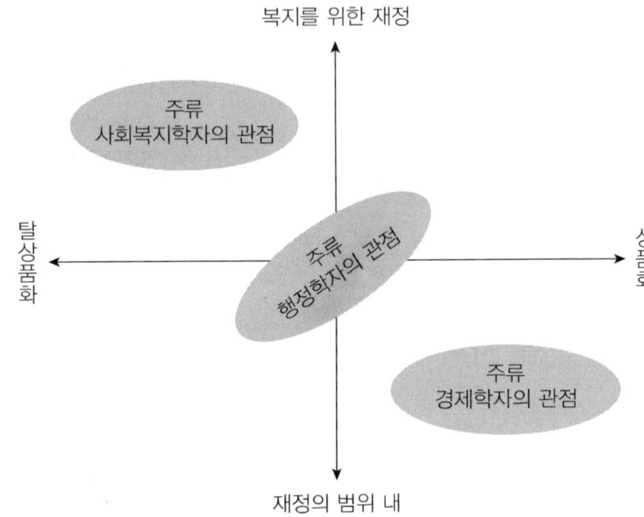

경제학이나 재정학에서는 재정의 범위 내에서의 복지를 주장하고 상품화(시장화)를 지향한다. 이에 비해 행정학에서는 재정의 범위 내에서의 복지는 탈상품화(비시장화)에 기초하거나 복지를 위한 재정의 방향은 시장화를 전제한다고 주장한다.

한편 사회복지학에서는 복지를 위한 재정과 탈상품화의 방향으로 움직일 가능성이 높다.[13] 여기서는 행정학자들과 사회복지학자들의 견해 차이를 차근히

13) 국민연금을 사례로 하여 이들 차이를 살펴보면 다음과 같다.
(1) 재정학자: "…소득대체율을 50%로 인상할 경우 세금 폭탄은 무려 1,702조 원이나 된다. 최근 정치권에서 논의된 것처럼 국민연금 소득대체율을 50%로 높인다면 향후 65년 간 미래 세대가 추가로 져야 할 세금 부담만 무려 1,702조 원, 연간 평균 26조 원에 달한다. 국민들께 세금 부담을 지우지 않고 보험료율을 상향 조정해서 소득대체율 50%를 달성하려면 내년 2016년 한 해에만 34조 5천억 원, 국민연금 가입자 1인당 209만 원의 보험료를 더 내야 한다."
(2) 이에 대한 사회복지학자: "소득대체율을 50%로 올릴 때 세금 폭탄이 1,702조 원, 연평균 26조 원이라는 수치는 현재 46.5%(2028년까지 매년 0.5% 포인트씩 낮아져 40%가 된다)인 소득대체율을 50%로 올리되 보험료율을 9%인 현행대로 유지하면 2056년에 연금기금이 고갈된다. 소득대체율을 그대로 뒀을 때에 비해 고갈 시점이 4년 앞당겨진다. 1,702조 원이란 알고 보니, 이렇게 연금기금이 고갈된 뒤인 2056년~2080년에 추가로 들어가는 돈을 뜻하

살펴볼 가치가 있는데, 이를 논의해 본다.

제 4 절 연구설계와 조사 결과의 분석

1 자료 수집과 분석 방법

이 장의 주제와 유사한 기초연금에 관한 행정학의 관점에서 선행 연구는 최창현·곽미정(2015)이 유일하다. 이를 행정전문가인 행정학자들의 견해로 보았고, 이에 맞추어 박사과정 이상의 사회복지학자 50인의 연구자들을 중심으로 동일한 설문지를 이용해 의견을 구했다. 전문가들을 대상으로 했기 때문에 성별·연령별 등 기타 조건들은 문제삼지 않았다. 설문 사항은 행정학의 관점에서 연구한 앞서의 선행 연구를 그대로 따랐는데 그것이 다음 <표 10-6>에 제시되어 있다.

는 것이었다. 2056년~2080년에 연금 지급에 추가로 들어갈 돈이 1,702조 원 정도인데, 이를 '세금 폭탄'이라고 표현한 것이다. …… 연금제도를 왜 만들었을까? 노후를 보장하기 위해서이다. 지금보다 두 배 오른 18%의 보험료를 내서 국민연금기금을 GDP의 140%나 될 정도로 쌓자는 것은 주객전도이다. 이건 '기금을 위한 연금'이지, '국민의 노후를 보장하기 위한 연금'이 아니다. 지금도 국민연금기금이 너무 커 '연못 속에 고래'라고 하는데 이게 앞으로는 '연못 속의 공룡'이 된다. 비유하자면 노인들은 쫄쫄 굶고 있는데, 정부는 옆에 현금을 쌓아 놓고 있다. 노인 부부가 겨울에 연탄도 못 때고 냉방에서 찬밥을 먹고 있는데 바로 옆방에는 금은보화를 쌓아 놓고 심지어 그 금은보화는 더 형편이 좋은 이웃에게 필요할 때 쌈짓돈처럼 투자자금으로 빌려 주고 있다. 물론 위험 분산 차원에서 해외 투자도 해야 하지만 정부가 해외 투자를 유치하려고 그렇게 애를 쓰면서, 정작 국민연금은 100조 원 가까운 돈을 해외에 쏟아붓고 있으니……. 그 돈의 일부만 써서 신혼부부 전용 임대주택을 짓는다고 해보자. 출산율 올라가는 데 크게 도움이 될 것이다"(출처: http://www.pressian.com/news/article.html?no=126854 등 Pressian 자료).

표 10-6 설문 문항

구분	변수	설문 내용
제도의 필요성	국가 책임	국민의 노후는 국가가 책임져야 한다.
	빈곤 완화	기초연금제도는 노인 빈곤 완화에 이바지하는 의미있는 제도이다.
제도의 운영 차원 점검	일반조세	기초연금의 소요재원을 일반조세로 하는 것이 타당하다.
	연금 통합	국민연금제도의 기초 부문과 통합해야 한다.
	정책 찬성	국민연금제도의 수령액을 고려해 기초연금액을 조정하는 현행 정책에 찬성한다. ※ 가입 기간 20년: 10만 원, 12년: 19만 1천 원, 그 이하: 20만 원
	역차별	위와 같은 현행 정책이 연금 가입자와 성실 납부자를 역으로 차별하지 않는다.
	연금 약화	위와 같은 현행 정책이 국민연금제도를 약화시켜 국민연금제도를 흔들지 않는다.
	정책 타당	기초연금을 보충해 최소 50만 원을 보장하는 정부의 기초연금정책은 적합하다. ※ 2012년 기준 국민연금 수령자 월평균 급여액: 30만 원(68% 이상이 30만 원 미만 수령)
	손해 수긍	최소 50만 원을 보장하는 정부의 기초연금에 가입해 노후를 보장하라는 정부의 말은 연금 가입자에게 손해가 없다.
	청년 손해	기초연금법이 노인 세대에 비해 청·장년층 세대가 상대적으로 손해가 없다. ※ 현재 평균 가입 기간: 11년, 2028년에는 18년이 길어져 가입기간이 15년 이하인 경우에만 20만 원 수령 가능
	부작용	제도 시행에 따라 당초 예상치 못했던 부작용은 나타나지 않는다.
	물가 연동	기초연금이 소득이 아닌 물가에 연동되어 있는 것이 타당하다.
	법제도	제도 시행에 필요한 제반 의사결정 기준과 원칙들이 해당 제도 관련 법령 등에 명확하게 정의되어 있다.
제도의 적정성 및 효율성 점검	제도 운영	제도의 도입 취지와 실제로 부합되게 제도가 운영되고 있다.
	전문지식	제도 시행 담당자가 제도 시행에 필요한 전문 지식과 경험을 잘 갖추고 있다.
	재정 적절	제도 시행에 투입되는 재정 규모는 적절하다.
	상시 점검	제도가 실효성있게 시행되고 있는지가 상시적으로 점검되고 있다.

자료: 최창현·곽미정(2015).

2 행정학자들과 사회복지학자들의 응답 비교 분석

행정학자들과 사회복지학자들 간의 인식 차이를 밝히고자 17개 문항으로 측정한 서베이 결과 데이터를 분석했다. 두 집단 각 유효 표본은 행정학자 142명, 사회복지학자 50명 등 총 192명이다. 분석은 SPSS를 이용했으며, 과정은 우선 요인분석을 통해서 측정 도구의 타당성을 살펴보고, 크론바흐 알파값을 이용한 신뢰도분석을 통해서 도구의 신뢰성을 분석했다. 그 결과에 따라 과연 두 집단 간에 유의한 차이가 있는지를 T－test를 통한 평균 비교를 실시했다.

1) 요인분석

요인분석은 탐색적인 의미를 갖기 때문에 SPSS에서 제공하는 주성분분석(principal components analysis)을 활용했다. 또한 요인 추출의 방법으로는 고유값 1을 기준으로 1보다 큰 요인을 추출하는 것으로 설정했고, 배리맥스(varimax) 방식으로 회전했다.

먼저, KMO와 Bartlett 검정 결과를 보면, KMO 표본 적합도는 0.750, 바틀렛(Bartlett)의 단위 행렬 검정 결과는 유의 수준 P값이 0.000으로 0.05보다 작아 유의한 것으로 나타났다. 이 결과를 통해 요인분석은 적절한 것을 알 수 있다.

표 10-7 KMO 및 Bartlett의 검정

Kaiser-Meyer-Olkin 표본 적합도		.750
Bartlett의 단위 행렬 검정	근사 카이제곱	829.347
	df	136
	유의 수준	.000

또한 요인분석 결과, 설명된 총분산은 59.219로서 추출된 요인들이 입력변수의 59% 정도를 설명하고 있음을 알 수 있다. 요인분석 결과 나타난 성분 행렬은 다음과 같다.

표 10-8 회전 성분 행렬[a]

	구성 요소				
	1	2	3	4	5
v13 법제도 4	.854	.102	−.010	−.086	.000
v15 전문 지식 4	.816	.121	−.093	.145	.008
v14 제도 운영 4	.769	.160	−.174	.151	.124
v17 상시 점검 4	.711	.011	−.062	.135	.035
v5 정책 찬성 2	.458	.004	−.288	.255	.269
v1 국가 책임 1	−.005	.799	.057	−.092	−.007
v3 일반 조세 2	.110	.770	−.153	.201	.039
v2 빈곤 완화 1	.370	.682	−.055	.039	−.116
v4 연금 통합 2	−.032	.454	−.184	.444	.240
v6 역차별 2	−.096	−.054	.796	−.028	.032
v7 연금 약화 2	−.144	−.042	.757	.027	.053
v16 재정 적절 4	.325	−.161	.046	.742	−.179
v8 정책 타당 3	.062	.271	.199	.656	.042
v10 청년 손해 3	.113	.007	−.258	.489	.356
v11 부작용 3	.018	−.108	.230	.008	.710
v12 물가 연동 3	.211	.215	−.152	−.006	.601
v9 손해 수긍 3	−.105	−.151	.465	.128	.511

추출 방법: 프린시펄 구성 요소 분석
회전 방법: 카이저 정규화를 사용한 배리멕스
a. 6 반복에서 회전이 수렴되었다.

위와 같은 요인분석에 의해 추출된 요인은 모두 5개이고, 요인적재량이 모두 0.4를 넘어서 요인분석만으로는 삭제할 수 있는 문항은 없는 것으로 볼 수 있다. 각 요인이 포괄하는 문항은 <표 10-9>와 같이 정리할 수 있다.

2) 신뢰도분석

요인분석 결과를 통해 추출된 다섯 가지 요인 각각에 대해 신뢰도분석을 통해서 신뢰할 수 있는 측정 도구로 재구성을 시도했다.

표 10-9 요인을 포괄하는 문항과 요인별 문항 설문

요인	문항	문항 설문
요인 1	문13	제도 시행에 필요한 제반 의사 결정 기준과 원칙들이 해당 제도 관련 법령 등에 명확하게 정의되어 있다.
	문15	제도 시행 담당자가 제도 시행에 필요한 전문 지식과 경험을 잘 갖추고 있다.
	문14	제도의 도입 취지와 실제로 부합되게 제도가 운영되고 있다.
	문17	제도가 실효성있게 시행되고 있는지가 상시적으로 점검되고 있다.
	문5	국민연금제도의 수령액을 고려해 기초연금액을 조정하는 현행 정책에 찬성한다.
요인 2	문1	국민의 노후는 국가가 책임져야 한다.
	문3	기초연금의 소요 재원을 일반조세로 하는 것이 타당하다.
	문2	기초연금제도는 노인 빈곤 완화에 이바지하는 의미있는 제도이다.
	문4	국민연금제도의 기초 부문과 통합해야 한다.
요인 3	문6	위와 같은 현행 정책이 연금 가입자와 성실 납부자를 역으로 차별하지 않는다.
	문7	위와 같은 현행 정책이 국민연금제도를 약화시켜 국민연금제도를 흔들지 않는다.
요인 4	문16	제도 시행에 투입되는 재정 규모는 적절하다.
	문8	기초연금을 보충해 최소 50만 원을 보장하는 정부의 기초연금정책은 적합하다.
	문10	기초연금법이 노인 세대에 비해 청장년층 세대가 상대적으로 손해가 없다.
요인 5	문11	제도 시행에 따라 당초 예상치 못했던 부작용은 나타나지 않았다.
	문12	기초연금이 소득이 아닌 물가에 연동되어 있는 것이 타당하다.
	문9	최소 50만 원을 보장하는 정부의 기초연금에 가입해 노후를 보장하라는 정부의 말은 연금 가입자에게 손해가 없다.

먼저, 요인 1에 포함된 5개 문항의 신뢰도를 분석한 결과는 <표 10-10>과 같다.

표 10-10 요인 1 신뢰도분석

	항목 삭제 시 척도 평균	항목 삭제 시 척도 분산	수정된 항목 총계 상관	항목 삭제 시 크론바흐의 알파값
v5 정책 찬성 2	9.7813	8.685	.416	.835
v13 법제도 4	10.0313	8.795	.641	.746
v14 제도 운영 4	10.0885	8.490	.712	.724
v15 전문 지식 4	10.0000	8.869	.694	.734
v17 상시 점검 4	10.1406	9.305	.546	.775

요인 1을 구성하고 있는 5개 문항에 대한 크론바흐 알파값은 0.801로서 신뢰도가 매우 높게 나타났기 때문에, 문항 5를 제거한 후의 크론바흐 알파값인 0.835까지 높일 필요가 없는 것으로 보여 5개의 문항 중 특정 문항을 삭제하지 않고 모두 유지한다.

다음은 요인 2의 신뢰도분석 결과이다.

표 10-11 요인 2 신뢰도분석

	항목 삭제 시 척도 평균	항목 삭제 시 척도 분산	수정된 항목 총계 상관	항목 삭제 시 크론바흐의 알파값
v1 국가 책임 1	10.1250	5.921	.456	.622
v2 빈곤 완화 1	10.1458	5.863	.496	.597
v3 일반 조세 2	10.1667	5.428	.613	.521
v4 연금 통합 2	10.4219	6.099	.324	.715

요인 2에 대한 신뢰도분석 결과도 전체 크론바흐 알파값이 0.682로서 척도로서 신뢰도가 높기 때문에 모든 문항을 유지해 분석을 진행하도록 하겠다.

다음은 요인 3에 대한 신뢰도분석 결과이다.

표 10-12 요인 3 신뢰도분석

	항목 삭제 시 척도 평균	항목 삭제 시 척도 분산	수정된 항목 총계 상관	항목 삭제 시 크론바흐의 알파값
v6 역차별 2	3.2760	1.258	.470	.
v7 연금 약화 2	3.4219	1.250	.470	.

두 문항으로 구성된 요인 3의 경우에도 크론바흐 알파값은 0.640으로 문항으로서 의미가 있다고 볼 수 있다.

그런데, 요인 4와 5의 신뢰도분석 결과, 요인 4는 0.474 요인 5는 0.372로 모두 크론바흐 알파값이 0.6보다 낮고, 구성된 특정 항목을 제거한다고 하더라도 요인의 크론바흐 알파값이 개선되지 않아 요인 4와 5를 지우고 분석을 진행했다.

표 10-13 요인 4 신뢰도분석

	항목 삭제 시 척도 평균	항목 삭제 시 척도 분산	수정된 항목 총계 상관	항목 삭제 시 크론바흐의 알파값
v8 정책 타당 3	4.9375	3.609	.268	.419
v10 청년 손해 3	5.5000	3.445	.260	.432
v16 재정 적절 4	5.5833	2.663	.362	.243

표 10-14 요인 5 신뢰도분석

	항목 삭제 시 척도 평균	항목 삭제 시 척도 분산	수정된 항목 총계 상관	항목 삭제 시 크론바흐의 알파값
v9 손해 수급 3	5.6771	3.068	.266	.193
v11 부작용 3	6.0885	2.678	.290	.124
v12 물가 연동 3	6.1615	3.414	.108	.490

따라서 신뢰도분석을 통해서 요인 1, 2, 3은 변수의 조정 없이 그대로 분석을 진행할 수가 있고, 요인 4, 5는 전체적으로 변수와 요인 모두를 제거했다.

추출된 요인별 신뢰도 분석의 결과를 종합하면 <표 10-15>와 같다.

표 10-15 크론바흐 알파

	구성 요소					요인별 신뢰도
	1	2	3	4	5	
v13 법제도 4	.854	.102	-.010	-.086	.000	0.835
v15 전문 지식 4	.816	.121	-.093	.145	.008	
v14 제도 운영 4	.769	.160	-.174	.151	.124	
v17 상시 점검 4	.711	.011	-.062	.135	.035	
v5 정책 찬성 2	.458	.004	-.288	.255	.269	
v1 국가 책임 1	-.005	.799	.057	-.092	-.007	0.682
v3 일반 조세 2	.110	.770	-.153	.201	.039	
v2 빈곤 완화 1	.370	.682	-.055	.039	-.116	
v4 연금 통합 2	-.032	.454	-.184	.444	.240	
v6 역차별 2	-.096	-.054	.796	-.028	.032	0.640
v7 연금 약화 2	-.144	-.042	.757	.027	.053	

v16 재정 적절 4	.325	-.161	.046	.742	-.179	
v8 정책 타당 3	.062	.271	.199	.656	.042	0.474
v10 청년 손해 3	.113	.007	-.258	.489	.356	
v11 부작용 3	.018	-.108	.230	.008	.710	
v12 물가 연동 3	.211	.215	-.152	-.006	.601	0.372
v9 손해 수긍 3	-.105	-.151	.465	.128	.511	

이와 같은 결과에 따라 위에서 나열한 요인별 구성 문항의 질문 내용을 참고해서 각 요인에 대해 다음과 같이 네이밍할 수 있다. 즉, 요인 1을 제도적 완결성으로, 요인 2를 국가 책임성으로, 요인 3을 부작용 회피성으로 명명해서 통계적 방법을 통한 의미를 추구하려 한다.

3) T-test

위의 같이 구성한 세 가지 요인에 대해 행정학자들과 사회복지학자 두 집단은 차이를 보일 것이라는 연구문제를 던지고 이를 통계적으로 검정했다. 다음은 이에 대한 가설이다.

가설1〉

H0: 기초연금의 제도적 완결성에 대해 행정학자들과 사회복지학자들의 평가에 차이가 없을 것이다.

H1: 기초연금의 제도적 완결성에 대해 행정학자들과 사회복지학자들의 평가에 차이가 있을 것이다.

가설2〉

H0: 기초연금의 국가 책임성에 대해 행정학자들과 사회복지학자들의 평가에 차이가 없을 것이다.

H1: 기초연금의 국가 책임성에 대해 행정학자들과 사회복지학자들의 평가에 차이가 있을 것이다.

가설3〉

H0: 기초연금의 부작용 회피성에 대해 행정학자들과 사회복지학자들의 평가에 차이가 없을 것이다.

H1: 기초연금의 부작용 회피성에 대해 행정학자들과 사회복지학자들의 평가에 차이가 있을 것이다.

각 요인을 구성하는 문항의 응답 결과를 산술 평균해 해당 요인의 변수값을 생성한 후에 두 이질적인 집단의 평균에 유의한 차이가 있는지를 통계적으로 검정하기 위해 T-test를 실시했다.

가설1에 대한 T-test 검정 결과는 다음과 같다. 먼저, 두 집단에 대한 등분산 가정을 검정하는 Levene의 등분산 검정 결과 P값이 0.906으로 0.05보다 커서 등분산을 가정할 수 있다. 등분산을 가정한 상황에서의 두 집단의 평균 차이를 검정하는 T-test 결과 P값이 0.001로 0.05 수준에서 유의하게 작아 귀무가설을 기각하고 연구가설을 채택했다. 즉, 행정학자들과 사회복지학자들은 기초연금의 제도적 완결성에 대해 인식의 차이를 보였다. 구체적으로는 사회복지학자들이 1에서 5점 사이의 5점 척도 문항에서 2.7880의 응답을 보여 2.4014를 보인 행정학자 대비 통계적으로 유의하게 높게 평가했다.

가설 1: 제도적 완결성에 대한 평균 차이 검정(T-test)

구분	평균		표준 편차		t	p
	행정 전문가 (n=142)	복지 전문가 (n=50)	행정 전문가	복지 전문가		
가설1	2.4014	2.7880	.70157	.72101	−3.327	.001

가설2에 대한 평균차이 검정의 결과도 아래와 같이 나타났다. 역시 Levene의 등분산 검정 결과 P값이 0.355로서 등분산을 가정할 수 있고, 그에 맞는 T-test 결과를 볼 때에, P값이 0.000으로 매우 유의한 차이를 보였다. 즉, 기초연금에 대한 국가 책임성에 대해 행정학자들과 사회복지학자 두 집단의 인식은 통계적으로 유의한 차이를 보였고, 이에 따라 귀무가설을 기각하고 연구가설을 채택했다.

구체적으로 행정학자들의 평균은 3.2606이었던 반면, 사회복지학자들의 평균은 3.8150으로 상대적으로 높게 응답한 것을 알 수 있었다.

가설 2: 국가 책임성에 대한 평균 차이 검정(T-test)

구분	평균		표준 편차		t	p
	행정 전문가 (n=142)	복지 전문가 (n=50)	행정 전문가	복지 전문가		
가설2	3.2606	3.8150	.75786	.63046	−4.637	.000

가설3에 대한 평균차이 검정의 결과도 비슷한 패턴을 보였다. 마찬가지로 Levene의 등분산 검정 결과 P값이 0.076으로서 등분산을 가정할 수 있었다. 따라서 등분산을 가정한 상황에서의 T−test 결과를 볼 때, P값이 0.008로 유의한 차이를 보였다. 즉, 기초연금에 대한 부작용 회피성에 대해 행정학자들과 사회복지학자 두 집단의 인식은 통계적으로 유의한 차이를 보였고, 이에 따라 귀무가설을 기각하고 연구가설을 채택했다. 두 집단의 변수값 평균을 본다면, 이번에는 행정학자들의 평균값이 더 높았는데, 사회복지학자들의 평균이 3.0400이었던 반면, 행정학자들의 평균은 3.4577로 상대적으로 높았다.

가설 3: 부작용 회피성에 대한 평균 차이 검정(T-test)

구분	평균		표준 편차		t	p
	행정 전문가 (n=142)	복지 전문가 (n=50)	행정 전문가	복지 전문가		
가설3	3.4577	3.0400	.97576	.85021	2.688	.008

3 소 결

이와 같이 행정학자들과 사회복지학자들의 인식을 서베이 조사를 통해 살펴본 바에 따르면, 국가 책임성과 관련해 복지 전문가들의 응답은 행정학자들에 대비하면 높은 편이다. 즉, 기초연금에 대한 가치의 인정과 안정적인 필요성 관련해서는 사회복지학자들이 더 긍정적으로 인식하고 있음을 알 수 있다. 제도적 완결성에 대해서는 두 전문가 집단이 다른 요인에 비해 낮은 공감을 보여 중간 점수인 3점보다 낮게 응답하지만 역시 사회복지학자들이 행정학자들보다는 상대적으로 높은 점수를 준 것으로 나타났다. 이와는 달리 부작용 회피성에 대해서는 행정학자들이 사회복지학자들과 대비해 높은 긍정 점수를 선택했다. 그 의미는 현행 제도에 대해 사회복지학자들이 행정학자들보다 부작용을 더 우려하는 것으로 보인다.

제5절 결 론

이 장에서는 영국의 실무와 학계에서 적용되는 지방복지라는 개념을 도입하고, 이를 기초연금에 적용해 사회복지학자들과 행정학자들 사이의 시각 차이를 살펴보았다. 먼저 사회복지학자들과 행정학자들 사이의 시각의 차이가 있음을 정리했다. 사회복지학자들은 중앙정부 책임 하에서 제공되는 복지에 더 많은 관심을 두고 있으며, 지방과 관련해서는 지역사회복지나 사회복지 전달체계라는 시각에서 접근하고 있다는 것 등이다. 그것은 복지의 책임을 중앙정부에 두고 있다는 의미이다.

이 연구는 지방복지라는 개념을 통해 이 시각을 수정해 복지의 역할 수행에서 지방정부의 중요성을 강조하려 했다. 이를 위해 우선 행정학자들과 사회복지학자들의 시각차를 실증적으로 보여 주고 구체화하기 위해 기초연금을 대상으로 국가 책임성, 제도적 완결성, 부작용 회피성이라는 세 범주를 설정해 점검했다. 그 결과 기초연금의 가치 인정이나 제도적 완결성에 대해서 사회복지학자들이 더 긍정적으로 인식하고 있지만 현행 제도에 대해서는 사회복지학자들이 부작용을 더 우려하고 있었다.

지방복지란 지방정부가 그 지방 주민을 위한 복지를 총괄적으로 파악하고 있어야 한다는 관점에서 지방정부의 역할 증대를 요구하는 개념이다. 즉, '복지는 지방, 재정은 중앙 지원(local welfare, central finance)'이라는 원칙에 따라 복지의 중심은 지방정부라는 관점이다. 따라서 복지가 점차 지방정부의 주요한 역할로 부각됨을 의미하며, 유사한 개념인 지역사회복지나 사회복지 전달체계의 개념들에 중점을 두는 시각과는 확연히 다르다. 그럼에도 사회복지학자들이 지역사회복지라는 개념을 중심으로 지방의 복지와 관련된 논의를 주도하게 되었고, 행정학자들은 지방정부나 지방자치의 측면에서 접근했기 때문에 지방복지라는 개념이 활성화되지 못했다.

지방복지의 개념 도입은 지방정부 차원의 자기결정성의 원리가 존중됨을 의미한다. 복지 연구가 행정학에서 점차 중요한 영역을 차지하는 경향에 비추어 여러 면에서 도움을 줄 것으로 보인다. 행정학에서도 이에 대한 관심을 촉구한다.

제 11 장

사회적 기업에 대한 효율적인 정부 지원 시스템 구축 방안

제 1 절 서 론

사회적 기업(social enterprise)은 "사회적 목적을 위해 재화나 서비스를 생산 판매하는 사회적 임무 지향적 조직"으로서, 구미 선진국에서는 1980년대 후반부터 사회적 취약계층에 대한 일자리 창출 방안의 하나로서 본격적으로 논의되었다. 이는 기본적으로 기존의 사회적 경제(social economy)나 사회적 책임 등의 개념으로는 새롭게 등장하는 기업 형태의 비영리조직을 이해하기가 어려웠기 때문이다. 우리의 경우는 2000년대 들어서 기초생활보장제도의 시행을 계기로 사회적 취약계층의 고용과 복지를 달성하기 위한 다양한 정부사업들이 시행되었다. 특히, 2003년부터 시행된 사회적 일자리사업은 당시 사회적 양극화 해소를 위한 대표적 노동복지 프로그램으로 관심을 끌었으나, 의도한 성과를 거두지는 못했다. 이에 따라서 2007년부터는 이를 사회적 기업으로 전환하기로 하고 '사회적기업육성법'을 제정했으며, 이에 의거해 사회적 기업을 인증하고, 인증을 받은 사회적 기업에 대해서 다양한 정부 지원을 하고 있다.

그러나 사회적 기업에 대한 관심의 증대에도 불구하고, 현재 사회적 기업에 대한 정부 지원 시스템은 많은 문제점이 있으며, 이로 인한 비효율성이 심각하다. 인증 기준이 모호하거나 비현실적일 뿐만 아니라, 사회적 기업에 대한 성과 평가, 성과와 정부 지원 간의 연계 등이 모두 미진하다. 사회적 기업을 지원하기 위한 행정 체계도 파편적이다. 그 결과, 막대한 예산 지원에도 불구하고 사회적 기업에 대한 정부 지원은 제대로 효과를 거두지 못하고 있는 실정이다. 이렇게 된 데는 다양한 원인이 있지만, 기본적으로는 외국의 제도와 아이디어를 이의 특성 및 성공 요건 등에 대한 고려 없이 기존의 사회적 일자리사업을 대체하려는 의욕이 앞서 서둘러 도입한 때문이다. 이는 새로운 것을 시작은 잘하지만, 이를 어떻게 지속시킬 것인지에 대한 종합적 청사진이 부실한 우리의 행정 풍토와도 무관하지 않다. 물론, 이러한 비체계적이고 무계획적인 정책 시행은 정부 예산의 낭비를 초래함은 물론, 자칫 또 하나의 정책 실패 사례로 기록되지 않을까 우려된다.

이러한 배경에서, 이 장에서는 사회적 기업에 대한 현행 정부 지원 시스템의 문제점을, 인증 · 정부 지원 · 성과평가에 이르는 각 단계별로 기준 설정 및 적용의 문제, 각 단계들 간의 연계 문제, 사회적 기업을 지원하기 위한 행정 체계의 문제라는 측면에서 분석하고, 이를 토대로 좀 더 효율적인 정부 지원 시스템 구축 방안을 제시하려고 한다. 이 과정에서 선진국의 경험을 참고함으로써 적절한 시사점을 얻고자 한다.

제 2 절 이론적 논의 및 연구 틀

서구에서의 사회적 기업에 대한 논의는 1980년대 이후 사회적 취약계층에 대한 고용 창출 및 근로 연계 복지에 대한 관심의 일환으로 본격화되었으며, 다양한 학자들이 사회적 기업의 의미를 정립하고자 노력했다. 정부 차원에서는 사회적 기업을 활성화하기 위한 행동계획을 수립하고 있으며, 민간 부문에서도 다양한 기관들이 사회적 기업의 활동을 지원하기 위한 협력적 노력을 행하고 있다. 비영리재단들은 다양한 재정 지원을 하고 있다(장정순, 2007).

사회적 기업은 형태나 개념 정의 측면에서 매우 다양하다. 형태 면에서 서구의 사회적 기업은 지역사회기업(community enterprises) · 사회적 회사(social firms) · 협동조합(co－operatives) · 자선단체 등 다양하며, 국가에 따라서도 사회적 기업을 규정하는 데서 중시하는 측면이 상이하다. 그러나 사회적 기업은 기본적으로는 “사회적 목적을 달성하기 위해서 시장에서 영리활동을 하는 조직”이다(Social Enterprise Coalition, 2003). 사회적 기업은 취약계층에 대한 고용 창출 및 사회서비스의 제공과 같은 사회적 목적을 추구하되, 기업의 형태로 운영되는 것이다.

우리나라에서 사회적 기업의 출발은 1990년대 초 도시빈민운동 차원에서 시작된 노동자협동조합으로 거슬러 올라가며, 이후 1996년에는 자활후견기관이 설립되었다. 이후 자활후견기관은 2000년대 들어서 전국적으로 확대되었는데, 자활후견기관들 중에서 자활공동체는 사회적 기업에 가장 근접하는 것이었다(한상진, 2005). 2003년부터는 사회적 일자리사업이 범정부 차원에서 시행되었는데, 이는 비영리기구들이 취약계층을 고용해 사회 서비스를 제공하며, 정부는 인건비 일부를 보조하는 방식이었다(노동부, 2006). 그러나 이 사업은 많은 정부 지원에도 불구하고, 취약계층의 실업문제를 구조적으로 해결하지는 못했다. 따라서 정부는 이를 점진적으로 사회적 기업으로 전환하기로 했으며, 2007년 7월부터 사회적기업육성법을 시행했다.

연구의 틀과 관련해서 이 장에서는 [그림 11－1]에서처럼, 사회적 기업에 대한 정부 지원 시스템을 i) 인증 · 정부 지원 · 성과평가의 기준 설정 및 적용, ii) 각 단계들 간의 연계, iii) 행정 체계의 구축이라는 세 가지 측면에서 문제점과 개선 방안이 무엇인지를 논의한다.

구체적으로, 사회적 기업에 대한 정부 지원 과정은 크게 사회적 기업 인증 단계, 인증된 사회적 기업을 대상으로 한 사회적 기업 지원 단계, 그리고 성과평가 및 환류 단계로 구분할 수 있다. 물론 이외에도 예비 사회적 기업을 발굴하고 육성하는 단계도 있으며, 정부 지원을 받는 사회적 기업에 대한 지도 감독을 행할

그림 11-1 정부 지원 시스템의 구성 요소

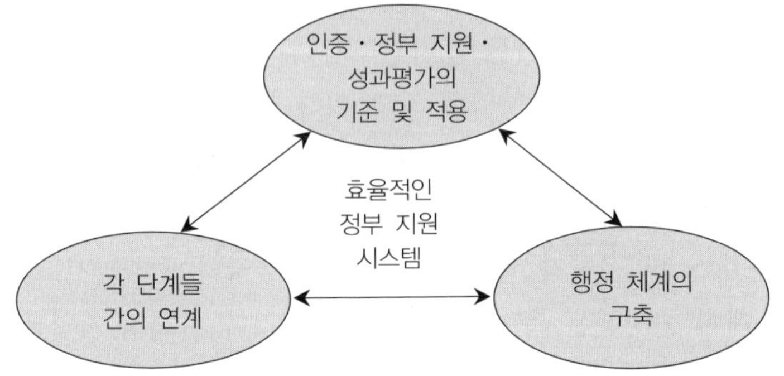

수도 있다. 그러나 예비 사회적 기업의 발굴 및 육성의 경우는 현실적으로 많은 기관들이 인증을 받고자 대기하고 있는 상태에서 실효성이 적다. 그리고 지도 · 감독은 통상적인 업무 감독으로서 반드시 어떤 기준에 입각해서 행해져야 한다고 보기는 어렵다(Fesler & Kettl, 1991). 따라서 여기에서는 사회적 기업을 위한 정부 지원의 기준 설정 및 적용의 부분은 인증 · 정부 지원 · 성과평가의 세 부분을 중심으로 논의하고자 한다.

다음에 각 단계들 간의 연계는 일종의 환류에 해당한다. 현재 각 단계들은 별개로 이루어지고 있다. 성과평가의 경우는 거의 이루어지지 않는다. 그러나 이처럼 각 단계들이 파편화되어 있으면, 정부지원사업의 경제적 효율성이 저하된다. 따라서 인증 · 정부 지원 · 성과평가의 각 단계별로 연계성을 제고하는 것은 사회적 기업을 지원하는 본질적 목적을 달성하는 데 결정적이다.

행정 체계와 관련해서는 흔히 사회 서비스에서는 전달 체계의 개념이 많이 사용되지만, 이는 공적 · 사적 전달체계로 구분될 수 있다(Patti, 2000). 여기에서는 이들 중에서 사회적 기업에 대한 정부 지원에 관심을 두기 때문에 공적 전달체계에 초점을 둔다. 그런데 사회적 기업 지원은 정부의 힘만으로는 한계가 있기 때문에(Matthew, 2004), 공공 부문에 주안점을 두되, 부분적으로는 민간 자원을 포함하는 거버넌스(governance) 관점을 추가하고자 한다. [그림 11-2]는 이 장에서의 연구 틀이다.

그림 11-2 연구를 위한 분석 틀

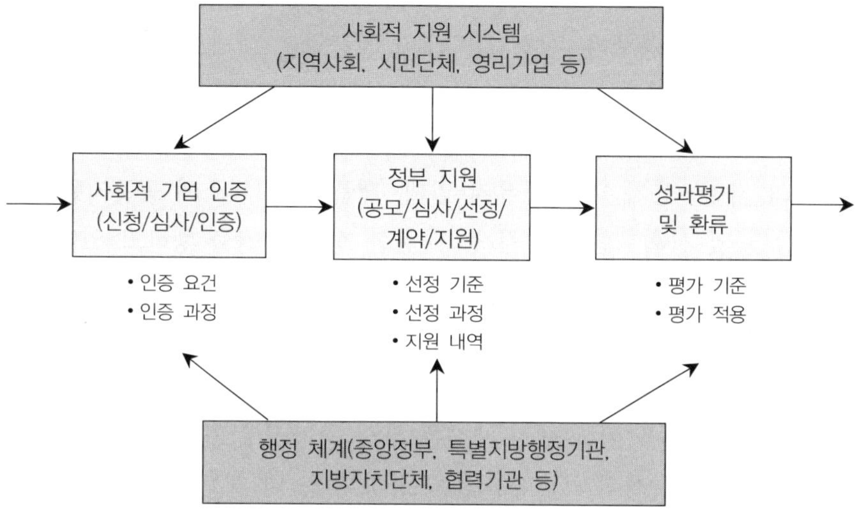

제 3 절 사회적 기업에 대한 정부 지원 시스템 현황 및 문제점 분석

1 정부 지원 시스템 현황

정부는 2007년 1월 '사회적기업육성법'을 제정하고 사회적 기업에 대한 체계적인 지원을 시작했다. 우선 예비 사회적 기업의 발굴 및 육성은 정부 지원을 통해서 사회적 기업으로 성장할 가능성이 있는 기관을 발굴하기 위한 것이다. 그러나 이는 현재 세부 입법도 결여되었으며, 이미 사회적 기업으로 인증받고자 하는 기관들이 많은 상황에서 실효성도 크지 않다.

사회적 기업에 대한 인증은 일정 기준을 충족하는 기관을 대상으로 신청에 의한 심사 과정을 거친다(노동부, 2008). 인증은 인증 신청 공고→신청 접수→사회적기업육성위원회(현황 보고)→인증심사소위 검토→인증 심의→인증의 절차를 거친다. 이에 입각해서 정부는 2007년에 54개 기관을 인증했으며, 2008년부터는 분기별로 사회적 기업을 인증하고 있는데, 2008년 말 기준으로 총 218개의 사회적 기업을 인증했다. 신청기관 대비 인증률은 대체로 2007년에는 30%대에 머물렀으나, 2008년에는 40~50% 대로 향상되었다(김순양, 2009). 다음에 인증된 사회적 기업에 대해서는 공모 절차를 거쳐서 자문과 정보 제공, 부지구입비나 시설비 등의 지원·융자 및 국공유지 임대, 제품 및 서비스의 공공기관 우선 구매, 세금 감면 및 사회보험료 지원 등 다양한 정부 지원을 행하고 있다. 반면에 사회적 기업 및 정부지원사업에 대한 성과평가는 입법이 미비하다. 사회적기업육성법에는 5년 단위의 실태조사, 사업보고서 제출, 지도 감독 및 시정명령 등의 조항이 있으나, 이들을 성과평가 조항이라고 보기는 어렵다.

사회적 기업 지원을 위한 행정 체계는 우선 중앙정부 차원에서는 고용노동부 고용정책실 산하에 사회적기업과가 있어 정책 수립 및 제도 관장 업무를 총괄하고 있다. 지방 단위에서는 지방고용노동청 및 산하의 고용센터에서 업무를 담당하고 있으나, 전담 직원이 없는 경우가 많다. 지방자치단체의 경우는 아직 사회적 기업에 대한 관심이 낮고 전담 인력도 거의 없다. 민간 부문은 사회적 기업 지원 업무를 수탁받아 수행하는 '사회적 기업 지원기관'이 선정되어 있으며, 연계기업, 관련 전문가 등도 중요한 역할을 할 것으로 기대된다. 아래는 공사 부문의 관련 행위자들이다.

- 고용노동부 고용정책실 사회적기업과: 정책 수립 및 법 제·개정, 사회적기업 인증 및 지원, 사회적 일자리사업, 건설고용정책 등의 업무 수행
- 지방고용노동청 및 고용센터: 사회적 기업 인증 및 지원, 실태조사 등 실무 업무
- 지방자치단체: 지역별 사회적 기업 지원책 수립, 관련 조례 제정, 위임사무 처리
- 지원기관: 실업극복국민재단, 사회적기업연구원, 사회연대은행 등
- 사회적 기업: 취약계층의 고용 및 사회 서비스의 제공
- 연계기업, 일반기업, 금융기관 등
- 지역사회단체, 대학 연구기관, 관련 전문가(세무사, 회계사, 컨설턴트 등)

2 정부 지원 시스템의 문제점 분석

1) 사회적 기업의 인증

① 인증 요건의 내용 측면

사회적기업육성법(제8조)에는 일곱 가지의 인증 요건이 제시되어 있는데, 이들 중에는 지극히 형식적이거나 비현실적인 경우도 있다. 구체적으로 보면, 첫째, 법규에 정하는 일정한 조직 형태를 갖추어야 한다. 이는 포괄적인 것으로서, 대부분의 신청기관들에는 큰 문제가 되지 않는다.

둘째, 유급근로자를 고용해서 영업활동을 수행해야 한다. 그러나 그 요건은 유급근로자의 수, 고용 형태 등에 대한 명확한 규정이 없어 문제가 될 수 있다.

셋째, 주된 목적이 취약계층에게 일자리나 사회 서비스를 제공하는 것이어야 한다. 그러나 실제로는 규정된 취약계층 외에도 다양한 취약계층이 있기 때문에, 이의 범위를 탄력적으로 적용할 필요가 있다. 그 비율은 취약계층 고용 비율 50% 이상(일자리 제공형), 사회 서비스를 수혜하는 취약계층 비율 50% 이상(사회 서비스 제공형)으로 규정하고 있어 인증 과정에서 중요한 탈락 요인이 되고 있다.

넷째, 이해관계자가 참여하는 의사결정 구조를 갖추어야 한다. 그러나 이는 이해관계자의 범위가 사회적 기업의 유형별로 편차가 크기 때문에 탄력적 적용이 필요하다.

다섯째, 인증 신청 직전 6개월 동안의 영업활동을 통한 총수입이 총노무비의 30% 이상이 되어야 한다. 그러나 사회 서비스 제공형의 경우는 이를 충족하기가 쉽지 않으며, 전반적으로도 기준이 너무 높다.

여섯째, 정관이나 규약을 갖추어야 한다. 이 조항은 일반적 사항들로서 큰 문제가 없다.

일곱째, 이윤의 상당 부분(이익잉여금의 2/3 이상)을 사회적 목적에 재투자해야 한다. 이는 상법상 회사인 경우에만 적용되는 규정이다. 그러나 이 요건은 우선 사회적 목적의 개념이 불분명하며, 이를 상법상 회사에만 적용하는 데 따른 형평성 문제가 있다. 이윤의 2/3 이상을 사회적 목적에 재투자하게 하는 것도 다소 높다고 보여진다.

상기한 각 인증 요건들은 자체로서 비현실적인 것들도 있지만, 문제는 이를 모두 충족해야 한다는 점이다. 소규모 사회적 기업은 이것이 쉽지 않다. 따라서 현재 까다로운 인증 기준이 진입 장벽으로 작용하고 있다.

② 인증 요건의 판단 측면

인증기관은 증빙서류를 토대로 인증 여부를 판단하며, 필요한 경우에는 현장 실사를 행한다. 그러나 문제는 인증 요건별로 판단 기준이 불명확하거나 비현실적인 부분이 있으며, 상당 부분은 서류를 통해 판단하기가 곤란하다는 점이다. 그리고 적은 인력으로 많은 신청기관을 제대로 심사하기가 어려우며, 그 결과 과도한 재량이 개입할 수 있다. 그 보기로서, 인증 요건 중에서 '사회적 목적 실현' 항목과 관련한 서비스 수혜자 증빙서류의 경우는 부풀려지기 쉽다. '이윤의 사회적 환원'과 관련해서도 사회적 목적을 구체적으로 판별하기는 쉽지 않다. 그리고 현재 사회적 기업 유형에 관계없이 인증 요건을 거의 획일적으로 적용하고 있는데, 이 경우에는 특정 유형에 속하는 사회적 기업은 불리할 수 있다. 인증 심사 과정에서의 현장 실사는 현재 이를 사회적 기업 지원기관에 위탁해서 시행하고 있다. 그러나 현재처럼 소수의 지원기관이 단기간에 현장 실사를 행하게 되면 심사가 부실해질 우려가 있다.

③ 인증심사기구의 측면

인증심사는 고용노동부 차관을 위원장으로 하고 15명 이내의 공무원 및 전문가들로 구성되는 사회적기업육성위원회에서 행하는데(사회적기업육성법 제4조), 그 위원회는 운영이 자칫 정부 중심으로 되는 경향이 있다. 민간위원의 경우 사회복지 및 노동 전문가 중심으로 위촉되고 있다. 그러나 사회적 기업은 기업으로서의 지속 가능성도 중요한데, 이를 평가할 수 있는 재무 및 회계 전문가가 배제되면 적실한 인증심사가 어렵게 된다. 그리고 현재 관련 중앙행정기관 공무원의 범위에 행정안전부는 빠져 있는데(시행령 제5조 참조), 이는 비현실적이다. 사회적 기업을 지원하는 데서는 지방자치단체의 역할이 크며, 이 경우 감독관청인 행정안전부의 역할이 필요하다.

2) 사회적 기업에 대한 정부 지원

① 선정 기준 및 선정 과정의 측면

대부분의 정부지원사업은 사업별로 신청을 받아서 심사를 행한 이후에 지원하고 있는데, 현재 선정 기준의 적실성, 선정 과정의 공정성과 투명성, 선정 결과의 공개성 등 여러 면에서 문제점이 적지 않다. 우선 선정 기준의 문제점을 인건비 지원사업과 시설운영비 대부사업을 중심으로 보면 <표 11-1>에서 보듯이, 인건비 지원사업의 심사 기준은 수익 창출 가능성, 사회적 목적의 추구, 지속적 고용 창출 가능성, 훈련계획의 충실성 등 네 가지를 설정하고, 각 기준별로 세부 심사 항목을 구성하고 있다. 그리고 시설운영비 대부사업의 선정 기준은 기관 현황, 사회적 목적 부합 및 공익성, 의사결정 구조, 재무 현황, 자금 계획 및 조달, 근로 조건, 사업계획, 기대 성과 및 향후 활용계획의 여덟 가지 기준을 설정하고 각 기준별로 세부 항목들을 제시하고 있다.

표 11-1 인건비 지원사업 심사 기준

심사 기준(100점)	세부 심사 항목
수익 창출 가능성 (35)	• 사업의 성장성 • 경쟁 강도(경쟁 현황 및 해당 사회적 기업의 경쟁력) • 실현 가능성 • 재정안정성 • 판로 확보 계획
사회적 목적의 추구 (20)	• 서비스 수혜자 혹은 사업 참여자 중 취약계층 비율 • 매출의 사회적 목적에의 활용 계획
지속적 고용 창출 가능성 (35)	• 실현 가능성 • 구체성 • 자립 가능성 • 분배의 적정성(유·무료 서비스 비율의 적정성) • 우수성(프로그램 및 사업의 우수성) • 근로조건(임금, 근속기간, 복리후생 등)
훈련계획의 충실성 (10)	• 실현 가능성 • 구체성

* 가점 항목: 민간기업 및 지방자치단체와의 연계 여부(3점).

전반적으로 두 사업의 선정 기준은 기본적으로 규모별로는 대규모 사회적 기업이고 형태별로는 일자리 제공형 사회적 기업에 유리하다. 그리고 심사 항목 중에는 재량이 개입될 소지가 많은 것도 있다. 그 보기로서, 인건비 지원사업 선정 기준 중에서 사업의 성장성, 사업의 우수성, 해당 사회적 기업의 경쟁력 등의 항목, 시설운영비 대부사업의 선정 기준 중에서 사업의 전망, 기대성과, 향후 활용계획 등이 그것이다. 그뿐만 아니라, 많은 심사 항목이 미래 청사진에 불과한 것이어서 객관적으로 심사하기가 어렵다. 심사 기구의 측면에서도 심사를 중립적이고 전문적으로 행하기가 어려우며, 관련 부처의 영향이 절대적이다. 그리고 심사 과정의 투명하고 공정한 관리나 이의신청 절차 등에 대한 장치도 결여되어 있다.

② 지원 내역의 측면

사회적 기업에 대한 정부 지원은 내용 면에서 실질적이어야 하나, 현실은 그렇지 못하다. 우선, 경영 지원 등의 전문적인 자문은 관련 전문가단체의 지원이 필수적이지만, 아직 이를 대비하지 못하고 있다. 특히, 기술·세무·회계 등의 전문가단체는 노동부와는 관련이 없는 단체로서 이들과의 협조 체계 구축은 거의 전무하다. 사회적 기업에 대한 시설비 지원이나 국공유지 임대, 우선 구매 등도 실효성을 가지려면 구체적 신청 절차·지원 기준·지원 내역 등이 구비되어야 하나, 현재 이는 미비하다. 국세나 지방세 감면, 사회보험료 지원 등도 구체적인 내역이 부실하다. 그리고 법규상의 지원 사항들은 대부분 임의 조항으로 되어 있어 행정재량이 과도하다. 따라서 전반적으로 지원 내역의 구체화, 의무 지원 명기, 지원 기준 설정, 선정 절차, 벌칙 부과 등에 대한 심도 있는 논의가 필요하다. 그리고 사회적 기업에 대한 정부 지원이 유효하려면 지방자치단체의 역할이 중요하다. 그러나 실제로는 중앙정부와 지방자치단체 간에 역할 분담이 모호해서 지방자치단체 입장에서는 사회적 기업을 지원하는 데 소홀하다. 특히, 지방고용노동청 및 고용센터와 지방자치단체 간의 업무 협조가 부실하다.

③ 지도·감독의 측면

사회적 기업 중에서 상당수는 자생 능력이 부족하며, 저임금, 열악한 근로환경, 작업장 인권 침해 등을 유발할 소지가 있다. 특히, 사회적 기업의 고용 대상이 자신의 권리를 적극적으로 보호하기가 어려운 사회적 취약계층이기 때문에 더욱 그러하다(Doherty et al., 2009). 따라서 기업의 관점에서 보면 사회적 기업에 대해 자율성을 보장해 주는 것이 필요하지만, 한편으로는 어느 정도의 지도·감독이 불가피하다. 그러나 현재 지도·감독과 관련해서는 사회적기업육성법 제17조(보고)·제18조(인증 취소)·제21조(과태료) 등의 조항이 있으나, 그 법은 물론 시행령이나 시행규칙상에도 구체적 내용은 결여되어 있다. 따라서 지도·감독의 범위, 주기와 방법, 적발 사항 처리, 지도 감독의 합목적성 제고 방안 등에 대한 논의가 필요하다.

3) 사회적 기업에 대한 성과평가

사회적 기업에 대한 정부 지원은 주로 사회적기업육성법에 기초하며, 지방자치단체에서는 별도의 조례를 제정하고 있다. 그러나 실제로 그 법은 인증과 정부지원에 관한 내용들로 주로 구성되어 있으며, 성과평가와 관련한 조항은 미비하다. 물론, 정부도 정부지원사업의 효율성을 제고하기 위해서는 성과평가가 중요함을 인식하고 있다. 따라서 사회적기업육성법을 개정해서 연차사업보고서를 인터넷 등에 공개할 수 있게 하며, 사업보고서를 토대로 성과평가를 실시할 수 있도록 하고 있었다. 그러나 법 개정 노력은 이후 무산되었다. 이처럼 입법이 미비하다 보니 주무부처인 고용노동부에서도 성과평가의 기준·시기·방법 등에 대한 체계를 구비하지 못하고 있으며, 그 결과 정부지원사업의 성과가 환류되지 못하고 있다. 그리고 지방자치단체 단위의 사회적 기업 육성조례는 대부분 사회적기업육성법의 내용을 답습한 것이며, 성과평가에 관한 내용은 없다. 또한 현재 사회적 기업 지원 업무는 중앙정부 업무로 인식되고 있기 때문에, 지방자치단체 차원에서는 이를 시행할 의지가 부족하다. 인력의 전문성 면에서도 성과평가 업무를 담당하기에는 역부족이다.

4) 사회적 기업 지원을 위한 행정 체계

사회적 기업 지원의 주무부처인 고용노동부에는 고용정책실 산하에 사회적기업과가 설치되어 있다. 그러나 그 과는 사회적 기업 업무뿐만 아니라, 사회적 일자리 사업, 일자리지원 사업도 동시에 관리하며, 사회적 기업과 관련해서는 법제를 만들거나 인증 업무를 주관하는 정도이다. 담당 인력도 영세하다. 또한 사회적 일자리 사업은 보건복지부, 교육과학기술부 등 여러 정부부처가 참여하는 데 비해서, 사회적 기업 사업은 고용노동부 단독사업이다. 따라서 사회적 기업 지원사업은 교육 및 기업 관장 부처와의 업무 협조가 절실하지만, 이들 부처에는 담당조직이나 인력이 없다.

지방 단위에서는 지방고용노동청 산하의 고용센터에서 업무를 담당하고 있는데, 이 역시 조직과 인력이 미비하다. 그리고 사회적 기업과 관련해서 지방자치단체와 고용센터 간의 업무 연계나 조정은 극히 부실하다. 민간 부문에서는 현재 실업극복국민재단, 사회적기업연구원 등을 사회적 기업 설립지원기관으로 선정하고 있으며, '사회적 기업 지원 네트워크'가 사회적 기업과 관련 전문가들을 연결해 주고 있다. 그러나 이들은 대부분이 인력 · 조직 · 재정 등이 영세하다. 따라서 전반적으로 사회적 기업 지원을 위한 행정 체계가 미흡하며, 정부기관들 간의 조정도 저조하다. 그리고 담당 부처인 고용노동부 및 산하의 고용센터의 경우도 아직 사회적 기업 업무를 전담할 만한 조직이나 인력이 취약하며, 지방자치단체 역시 제도 · 인력 · 기구 등이 부실하다.

5) 각 단계별 연계

사회적 기업에 대한 효율적 지원을 위해서는 인증 · 정부 지원 · 성과평가의 각 단계별로 내실 있는 내용들을 구비하는 것도 중요하지만, 이러한 각 단계들 간의 유기적 연계를 강화해야 한다. 그러나 실제로 각 단계들은 파편적으로 작동하면서 제대로 연계되지 못하는 경우가 많다.

우선 인증의 전 단계인 예비 사회적 기업의 발굴 및 육성 규정은 거의 유명무실하다. 많은 기관이 인증을 받기 위해서 경쟁하는 상황에서 별도로 예비 사회적 기업을 발굴 · 육성하는 것은 현실적으로 어렵다. 따라서 사회적 기업에 대한 정부 지원은 실제로는 인증 단계부터 시작하는데, 인증은 정해진 인증 기준에 입각해서 진행된다. 이후 인증된 사회적 기업에 대한 지원은 별도의 선정 과정을 거친다. 따라서 인증과 대부분의 정부지원사업은 별개의 과정이다. 이 경우 사회적 기업으로서는 인증과는 별도로 정부지원사업을 수혜하기 위한 서류작업을 해야 한다. 인증을 받을 경우에 좋은 평가를 받았다고 해서 정부지원사업 신청에서 반영되는 것은 아니다(김순양, 2009). 그리고 정부지원사업은 사업별로 별도 심사 기준이 있다. 따라서 신청하는 사업마다 별도 서류를 작성해야 한다. 지도・감독은 현재 보고 사항을 토대로 서류 중심으로 이루어지고 있지만, 결과가 차후의 재인증이나 정부지원사업 선정에 반영되는 것은 아니다. 성과평가는 현재 제대로 이루어지지 않기 때문에 이것이 차후의 재인증이나 정부지원사업 선정에 반영될 수 없다. 따라서 성과평가의 환류 기능은 없다. 그리고 재인증에 대해서는 아직 정해진 바가 없다.

3 선진국의 사회적 기업 지원 체계 사례분석: 미국의 경우

1) 사회적 기업 지원을 위한 행정 체계

미국은 전통적으로 사회적 기업에 대한 정부의 직접적인 지원은 미미했으나, 근래 들어서는 지원이 강화되고 있다. 대표적인 것이 2009년 제정된 Service America Act이며, 주정부 단위의 입법은 L3C(lowprofit limited liability company) 관련 입법인데, L3C는 영리단체의 좋은 면과 비영리기구의 유용성을 결합하는 사회적 기업이다. L3C는 영리단체와 비영리기구의 중간에 있다(www.rootcause.org). 그러나 L3C는 프로그램 연관 투자(Program Related Investments: PRIs)와 관련해서 정부 규제를 받는다. L3C의 입법은 2008년 버몬트(Vermont) 주를 시작으로 2009년에는 일리노이(Illinois), 미시간(Michigan), 유타(Utah), 와이오밍(Wyoming) 등지에서 제정되었다.

사회적 기업을 지원하기 위한 미국의 행정 체계는 아직 미흡하지만, 근래 들어서 이에 대한 관심이 커지고 있다. 우선 연방정부 차원에서는 백악관의 Domestic Policy Council 내에 White House Office of Social Innovation이 오바마(B. Obama)

정부 들어 설치되었는데, 이는 성공적 사회적 기업과 혁신적 비영리기구들을 도우려는 것이다.

그러나 아직 연방정부의 사회적 기업 지원 체계는 미흡하며, 각 주정부나 지방정부들이 사정에 따라서 관련 행정조직을 설치하고 있다. 주정부에서는 대표적으로 2006년 설치된 Louisiana Office of Social Entrepreneurship (LOSE)을 들 수 있다. 이는 사회문제에 대한 지속 가능한 해결책을 모색하려는 것으로서, 공공·민간·비영리 부문의 파트너십 구조를 지향한다. 그리고 LOSE는 2007년 Changing Louisiana Initiative를 출범시켰는데, 이는 시민들의 사회적 기업가정신을 함양하고 자원봉사 참여를 조장하기 위한 위원회를 구성하려는 것이다.

2) 사회적 기업에 대한 지원 내역

연방정부의 대표적인 사회적 기업 지원 프로그램은 Service America Act에 의해서 설치된 사회혁신기금(Social Innovation Fund, 이하 SIF)이다. 이는 사회문제에 대한 해결 방안을 강구하기 위해서 비영리기구의 성공적 혁신 프로그램을 확산시키며, 새로운 아이디어에 투자함으로써 사회적 기업과 비영리기구의 영향력을 증대시키려는 것이다. 이를 위해 성과를 입증한 비영리기구에게 자금을 지원한다. SIF는 경쟁적이고 투명한 심사 과정을 거쳐서 중간관리기구에게 우선 자금을 제공하며, 이러한 기구들은 다시 이를 지역사회의 비영리기구들에게 제공한다. 그리고 SIF는 매칭 펀드를 필요로 한다.

교육부(Education Department)시스템은 i3(Investing in Innovation) Fund를 설립했는데, 이는 온라인 학교 교육(K−12)의 성과를 향상시키고 학교 간 학력 격차를 줄이며, 교사들의 효율적 학습을 증진시키기 위한 것이다. 이를 위해 지역 교육청은 경쟁 기반의 보조금을 제공한다. 그리고 교육부는 사회적 기업이 개발한 성공적 교육 프로그램을 구매하는데, 그 보기로서 제2교실(Outside the Classroom)이 개발한 인터넷 기반 교과목 프로그램 구매를 지원하고 있다(Wolk, 2008). 이 밖에도 연방정부 차원에서는 사회적 기업에 우호적인 환경을 조성하기 위해 제도적 장애물을 제거하고 신용 공여를 지원하고 있다. 또한 의무 구입 프로그램을 통해서 장애인을 고용하는 비영리기구가 생산한 제품이나 서비스를 일정 부분 구매하고 있으며(Kerlin, 2006), 성공적인 사례들을 확산하기 위해 펀드를 조성하고 있다. 그러나 전반적으로 연방정부 차원의 정부 지원은 전략적 접근이 부족하고 현장과 괴리되는 경우가 많으며, 주 및 지방정부와의 연계가 부족하다는 지적을 받는다(Wolk, 2008).

주정부 단위에서는 각기 지원 프로그램들을 시행하고 있는데, 몇몇 주의 사례를 보면 다음과 같다. 루이지애나(Louisiana)의 LOSE는 사회적 기업가정신의 함양, 새로운 자원의 연계, 사회적 변화의 촉진을 지원하기 위해서 공공 부문 종사자를 위한 사회혁신 세미나, 기부자들을 위한 워크숍 개최, 사회적 기업 운영 교육 등을 행하고 있다(www.crt.state.la.us). 메인(Maine) 주는 ITN America의 건의에 따라서 노인용 교통 수단 확충을 위해서 2005년 사회적 목적을 위한 중고차 거래에 대한 규제를 완화했다. 일부 주에서도 이를 모델로 법제를 제정하고 있다. 그리고 현재 27개 주에서 장애인을 고용하는 재활 프로그램에서 생산하는 서비스나 제품을 구매하고 있다(Kerlin, 2006).

지방정부 단위에서도 다양한 사회적 기업 지원 프로그램을 시행하고 있는데, 그 보기로서, 덴버(Denver) 시의 경우 2004년부터 DOSP를 설치해 비영리기구와 함께 자금을 모금하고 자원봉사 활동을 진작시키고 있다. 이 기구는 1,700만 달러 이상의 연방 지원을 확보하고, 워크숍 개최, 리더십 훈련, 비영리기구 지원 등을 행한다. 캘리포니아(California) 주 샌프란시스코(San Francisco) 시는 사회적 기업의 성과와 시정부의 재정 지원 및 정부 구매를 연계함으로써 성과 기반 보상을 강화하고 있다. 그리고 우수한 프로그램을 안정적으로 지원하기 위해 별도 예산 항목을 신설하기도 한다(Wolk, 2008).

3) 사회적 기업에 대한 사회적 지원

미국도 사회적 기업에 대한 다양한 정부 지원이 있지만, 전반적으로 사회적 기업에 대한 지원은 민간 부문을 중심으로 활성화되었다(Paton, 2003). 특히, 1980년대부터 비영리재단들의 사회적 기업 지원이 시작되어 다양한 재단들이 사회적 기업에 상담·창업·관리기술 등의 도움을 제공하고 있다. 그리고 대학도 사회적 기업을 적극 지원하고 있는데, 특히 경영대학원들은 사회적 기업가들에게 실질적인 관리기술과 정보를 제공하는 데 초점을 두고 있다. 컨설팅 회사들은 사회적 기업에 대해서 운영 기술 등을 자문하고 있으며, 사회적 기업 협의회(Social Enterprise Alliance)와 같은 연합체들은 사회적 기업에게 전략을 개발해 주고 정보를 제공하며, 네트워크를 형성해 준다(Kerlin, 2006).

비영리기구나 재단의 사회적 기업 지원 사례를 살펴보면, American for Community Development는 사회적 기업에게 자금을 조달해 주고자 하는 조직들의 연합으로서, 민간재단의 기부금과 상업적 투자를 사회적 기업에 대한 투자에 유도한다. Echoing Green and Ashoka는 출발 단계의 사회적 기업에 자금을 지원해 주고, Root Cause가 운영하는 사회혁신포럼은 사회적 기업의 입증된 프로그램들을 재원과 연결시켜 줌으로써 성공적 프로그램들을 후원하며, 사회적 혁신가를 선정해서 포상한다. 버지니아(Virginia) 주의 비영리기구(NGO)들은 사회적 기업을 확산하기 위해 피닉스 프로젝트(Phoenix Project)를 설립했는데, 이의 전략은 사회적 기업에 관심이 있는 사람들이 함께 모일 수 있게 하며, 정부 관계자들을 강사로 참여시키고, 대학과 경제적 취약지역 간의 파트너십을 창출하며, 각 부문 지도자들이 사회적 기업주의를 확산하는 데서 적극적인 역할을 수행하게 하는 것이다.

4) 정책적 시사점

전반적으로 미국은 사회적 기업을 지원하는 데 민간 부문이 중심이었으나, 근래 들어서 정부 지원이 강화되고 있다. 그리고 주정부 및 지방정부는 개별적으로 지원책들을 시행하고 있다. 이하는 미국의 사회적 기업에 대한 정부 지원 시스템이 우리에게 제공해 주는 시사점들이다.

첫째, 사회적 기업을 지원하는 데 범정부적 차원의 조정기구가 필요하다. 미국은 근자에 White House Office of Social Innovation을 설치해 사회적 기업 지원 관련 업무를 총괄하고 있다.

둘째, 사회적 기업을 안정적으로 지원할 수 있는 재정적 뒷받침이 필요하다. 이와 관련해 미국은 SIF를 설치해 사회적 기업을 포함한 비영리기구에 대한 안정적인 재정지원책을 강구하고 있다. 주정부와 지방정부도 민간재단들이 사회적 기업을 지원하는 데 참여할 수 있도록 세미나 개최, 신용 공여 등 다양한 방식을 동원한다.

셋째, 사회적 기업 연합체를 활성화시키고자 한다. 이들 연합체가 사회적 기업에게 유용한 정보를 제공해 주고 네트워크를 조성하는 데 크게 기여한다고 보기 때문이다. 미국은 주정부나 지방정부 차원에서 세미나 개최, 사회적 기업 엑스포 개최 등을 통해서 사회적 기업 협의회(Social Enterprise Alliance) 등의 연합체와 협력하고 있다.

넷째, 장기적 관점의 종합계획을 수립하고 있다. 미국은 근래 들어 정부 차원에서 사회적 기업을 체계적으로 지원하기 위한 다양한 전략들을 개발하고 있으며, 이러한 종합계획의 작성은 범정부적 차원에서 행함으로써 집행 과정에서 책임 의식을 공유하고 있다.

다섯째, 사회적 기업과 교육의 접목을 강화하고 있다. 이는 유능한 사회적 기업가를 양성하는 것이 사회적 기업을 성공적으로 정착시키는 방안이라고 보기 때문이다. 따라서 미국은 지역교육청과 사회적 기업이 협력해 혁신적 교육 프로그램을 지원하며, 대학에서도 관련 교과목을 설치하고 있다.

여섯째, 정부가 일방적으로 재정을 지원하는 것이 아니라, 지원을 받는 비영리기구나 사회적 기업들이 매칭 펀드를 조성하게 한다. 이를 통해서 민간 부문의 재원을 동원하고, 사회적 기업으로 하여금 재정을 좀 더 효율적으로 관리하고자 하는 동기를 갖게 한다. 미국의 SIF는 재정 지원을 받는 기관들이 매칭 펀드를 조성하도록 하고 있다.

일곱째, 지방정부 차원에서도 사회적 기업 지원기구를 설립하거나 독자적 프로그램을 운영하고 있다.

마지막으로, 민간 부문의 참여를 조장하고 있다. 미국은 비영리재단들이 사회적 기업을 지원하는 데 다양한 조세 감면 혜택을 제공하며, 민간기업의 참여를 촉진하기 위한 다양한 행사를 기획하고 있다.

제 4 절 사회적 기업에 대한 효율적인 정부 지원 시스템 구축 방안

1 사회적 기업 인증의 개선 방안

1) 인증 요건의 적실성 제고

사회적기업육성법에서 언급하는 각 인증 요건별 개선 방안을 적시해 보면 첫째, 조직 형태와 관련해서 현재 다양한 조직 형태를 거의 망라하고 있어 큰 문제는 없다고 보인다. 다만, 조직 형태에 따른 인증 요건의 차별화는 검토할 수 있다.

둘째, 유급 근로자의 고용 요건은 사회적 기업의 조직 형태별 · 유형별로 달리 적용할 필요가 있다. 이 경우 조직 형태별로는 회사형이나 법인형, 유형별로는 일자리 제공형의 경우는 유급 근로자 숫자를 다소 높일 수 있다.

셋째, 사회적 목적의 실현 요건의 경우는 우선 다양한 취약계층을 차등적으로 적용하는 방안이 필요하다. 그리고 같은 종류의 취약계층이라고 하더라도 연령 · 성별 · 장애 정도 · 학력 등으로 가중치를 둘 수 있다. 사회 서비스 제공형의 경우는 사회 서비스들 간에 비중을 따질 필요가 있다.

넷째, 이해관계자가 참여하는 의사결정 구조의 경우는 위원회 개최 횟수 · 결정 사항 등 실질적 사항을 점검해야 한다. 그리고 사회적 기업의 유형별로 의사결정 구조와 이해관계자의 범위도 적시할 필요가 있다.

다섯째, 영업활동을 통한 수입 요건에서 영업수입이 총노무비의 30%를 달성하기는 어렵다. 따라서 이 부분은 기준을 낮출 필요가 있다. 그리고 이 조항을 사회적 기업의 유형별로 기준을 차등 적용할 필요가 있다.

여섯째, 정관이나 규약 구비 조항은 주요 탈락 사유가 되고 있다(조영복 · 강승화, 2008). 따라서 사회적 기업의 유형별로 표준정관이나 규약을 만들어서 예시하며, 정관 구비 여부를 현장에서 바로 점검해야 한다.

일곱째, 사회적 목적을 위한 이윤의 재투자 조항은 이를 상법상 회사에만 적용할 것이 아니라, 사회적 기업 일반에 확대 적용하는 것을 고려할 필요가 있다.

그리고 사회적 기업의 유형별로도 재투자 비율에 차등을 두어, 일자리 창출형의 경우는 좀 더 높게 적용할 수 있다.

2) 인증 과정의 합리성 제고

현재 사회적 기업 인증 절차와 관련해서 개선할 점은 다음과 같다.

첫째, 상시 신청제도를 도입한다. 즉, 상시적으로 신청하게 함으로써 심사 과정을 좀 더 내실화하며, 사회적 기업의 서류작업 부담을 경감시킨다.

둘째, 증빙서류 제출을 간소화하고 행정편의주의를 지양한다. 즉, 제출 서류를 사회적 기업을 입증하는 기본적인 서류를 중심으로 간소화해야 하며, 행정기관 내부적으로 파악할 수 있는 정보는 서류 제출을 면제한다.

셋째, 접수 창구의 역할을 강화해 재량적 판단을 요하는 부분을 제외하고, 형식 요건 및 기술적 항목들은 창구에서 바로 점검해 보완하게 한다.

넷째, 현장 실사를 내실화한다. 이를 위해서는 우선 실사기관의 수를 늘리며, 실사기관을 광역단체 단위로 선정하는 것이 필요하다. 그리고 현장 실사는 허위 및 과장된 서류 작성이 가능한 것들을 중심으로 점검해야 한다.

다섯째, 인증을 등급화하는 방안을 강구한다. 즉, 인증 여부만을 판단할 것이 아니라, 이를 등급화함으로써 정부지원사업 선정 시에 활용할 수 있다.

여섯째, 인증을 받은 경우에만 사회적 기업이라는 용어를 사용하게 하는 것이 타당한지를 재고할 필요가 있다. 특정 용어의 사용을 정부가 독점하는 것은 사회적 기업의 자생적인 발전을 저해함은 물론, 과도한 정부 개입의 소지가 있다. 특히, 정부의 재정 지원을 필요로 하지 않는 대기업이 사회공헌 활동의 일환으로 사회적 기업을 운영할 수도 있는데, 이 경우에도 이미 통용되는 사회적 기업이라는 용어를 사용하지 못하게 하는 것은 문제가 있다.

일곱째, 탈락 사유를 공개하고 이의신청 절차를 구비한다. 이를 통해 행정행위의 신뢰성을 제고함은 물론, 차후의 인증 신청을 준비하는 데 참고가 되게 한다.

마지막으로 재(再)인증을 내실화한다. 5년 정도의 인증 유효 기간을 정해 두고 인증 요건 충족 여부를 주기적으로 점검하며, 기간 경과 후에는 재인증 절차를 밟게 한다.

2 사회적 기업에 대한 정부 지원의 개선 방안

1) 선정 기준의 적실성 제고

현행 사회적 기업 인건비 지원사업과 시설운영비 대부사업의 선정 기준은 사회적 기업의 유형이나 규모에 관계없이 획일적으로 적용됨으로써 적실성이 낮다. 따라서 우선은 사회적 기업의 유형별로 선정 기준을 설정하되, 일자리 창출형의 경우는 재무적 지속 가능성 측면을, 사회 서비스 제공형은 사회적 목적 실현의 측면을 강조한다. 사회적 기업의 규모와 관련해서는 이들에게 별도 정원을 주어서 선정 기준을 달리 적용할 수 있다. 다음에는 선정 기준과 심사 항목들 중에서 모호하거나 추상적인 것들은 좀 더 구체화할 필요가 있으며, 그것이 불가능하면 이를 제외하는 방안을 강구해야 한다. 그리고 심사 기준 및 심사 항목을 변별력이 있는 것들로 교체하거나, 각 기준이나 심사 항목을 구체적으로 정의하고, 어떠한 지표를 사용할지를 매뉴얼 형태로 작성해서 사전에 배포한다. 그리고 선정 기준이나 심사 항목들 중에서 미래의 청사진과 관련한 것들(그 보기로서, 기대 성과 및 향후 활용계획 등)은 제외하는 것이 좋다. 현재처럼 성과평가를 제대로 하지 않는 실정에서, 이러한 것들은 미사여구의 서류 작성용이 되는 경우가 많기 때문이다. 이보다는 사회적 기업들이 그동안 실천해 왔던 경험과 현황을 제대로 평가하는 것이 필요하다.

2) 선정 과정의 공정성과 투명성 확보

공모 과정에서는 선정 결과를 둘러싸고 불만이 제기되기 쉽기 때문에 선정 과정을 공정하고 투명하게 관리하는 것이 중요하다(Hodge, 2001).

이를 위해서는 첫째, 선정 기준과 심사 항목을 구체화하고 세부 심사 사항 · 배점 · 선정 절차 · 선정 방법 · 심사기구 등을 사전 공개한다.

둘째, 심사기구를 잘 구성해야 한다. 우선 심사기구를 명문화하고, 다음에는 심사위원의 구성에서 재무 상태를 평가할 수 있는 전문가들을 참여시켜야 한다.

셋째, 역산제(逆算制)의 가능성을 차단해야 한다. 역산제는 여러 가지 이유가 있지만, 심사 기준이나 항목이 너무 많거나 구체적이지 못한 경우에 발생하는 경우가 많다. 이를 방지하기 위해서는 심사 과정의 상호 점검을 강화하며, 지나치게 편차가 큰 심사 결과는 제외하며, 이해관계인의 참여를 배제한다.

넷째, 선정 결과를 공개하고, 적절한 이의 제기의 통로를 구비한다. 선정 결과 공개는 항목별 점수와 함께 신청기관별로 결과를 통보해 주는 것이 좋다. 이를 통해서 차후에 신청할 때에 부족한 점을 개선할 수 있다. 그리고 이의 제기 통로를 잘 갖추어야 하는데, 이 경우에도 특별한 절차상 하자가 없으면 선정 과정을 원점으로 돌리기는 어려우며, 이를 일종의 환류 과정으로 인식하는 것이 필요하다.

3) 정부 지원의 선택과 집중

현재 정부 지원사업의 기본 운영 방식은 인증을 받은 사회적 기업들에 가급적 골고루 지원하며, 특정 사회적 기업을 반복 지원하기보다는 지원 기간을 한정해 독자적으로 자립하도록 하는 것이다. 그러나 이러한 방안은 일종의 '나누어먹기'로서, 실제로 사회적 기업들이 정해진 기간 내에 자립 기반을 갖추기가 어려운 현실에서 실효성이 적다. 이보다는 일부 중요한 지원사업의 경우 소수의 유망한 사회적 기업을 선정해 장기적 관점에서 집중 지원하고, 이들의 성공 사례를 보급하는 것이 나을 것이다. 그러나 특정 지원사업을 소수에게 집중할 경우에는 사회보험료 지원 등 일부 사업들은 인증받은 사회적 기업들이 적절하게 수혜를 받게 하는 것이 필요하다. 즉, 정부 지원사업을 선택적으로 집중 지원할 것과 보편적으로 지원할 것으로 이원화해서 관리하는 방안을 강구할 필요가 있다.

4) 사후 지도 · 감독의 내실화

현재 일단 지원이 되고 나면 집행 상황에 대한 사후 조치는 매우 부실하다. 물론, 과도한 지도 · 감독은 문제가 되지만, 그렇다고 정부 지원사업의 집행 과정을 방치하는 것은 지원사업의 목적 달성을 저해한다(Fesler & Kettl, 1991). 따라서 적절한 지도 · 감독을 위해서 우선은 지도 · 감독 기구와 인력을 보완해야 한다. 현재의 고용센터나 지방자치단체의 경우 전담 인력이 미비한 상태에서 효율적인 지도 · 감독이 어렵다. 따라서 기구나 인력을 보완하는 것이 급선무이지만, 이것이 용이하지 않으면 유사 업무 분야를 함께 관장하는 공동 지도 · 감독 기구를 설치할 수 있다. 지도 감독 시기는 분기별 또는 연 2회 정도가 현실적이며, 지도 · 감독의 내용은 재정 집행보다는 계획 대비 분기별 목표 달성 여부를 확인하는 데 초점을 두어야 한다. 현재 대부분의 지도 · 감독이 관련 서류를 확인하는 통제 지향적인 경우가 많은데, 이보다는 목표 지향적 지도 · 감독이 필요하다. 지도 감독 결과는 사회적 기업과 공유하며, 문제가 많은 경우에는 경고 조치 · 지원 예산 삭감 등의 방식으로 주의를 환기해야 한다.

3 사회적 기업에 대한 성과평가의 개선 방안

1) 성과평가 기준의 개발

현재 사회적 기업에 대한 성과평가는 제대로 이루어지 않으며, 따라서 성과평가 기준도 제대로 개발되어 있지 못하다. 이 장에서는 아직 사회적 기업의 성과평가와 관련한 기준이나 지표의 개발이 미흡한 실정에서, 사회적 기업을 포함한 공공조직의 성과평가에 관한 국내외의 다양한 선행 연구 및 사회적 기업 인증요건 등을 참조해, 사회적 기업의 특성을 반영할 수 있도록 평가 기준을 개발하고자 한다.

구체적으로 이 장에서는 다음의 평가 항목 측면에서 평가 기준을 개발한다. 우선, 사회적 가치 측면에서의 평가 항목은 사회적 기업의 사회적 목적 달성 정도, 소유 구조, 이익의 배분 등을 중심으로 평가 항목을 구성한다. 반면에 경제적 가치를 평가하는 항목으로는 재무건전성 · 수익성 · 영업활동 · 고객 및 종업원 관리 등의 항목을 포함한다. 그뿐만 아니라, 사회적 가치와 경제적 가치의 어느 한편에 포함되기 어려운 평가 항목들 역시 포함되어야 한다. 이는 주로 사회적 기업의 내부 운영과 관련되는데, 운영 과정의 자율성, 참여 지향적 의사결정 과정 등이 여기에 해당한다.

이하에서는 성과평가 기준을 사회적 기업의 유형별로 개발하되, 우선은 공통 평가 항목 및 기준을 개발하고, 다음에는 각 유형별로 개발한다. 구체적으로, 공통 평가 항목으로는 사회적 목적 부합 정도, 영업수익의 배분, 공동체 이익 추구, 참여 지향적 의사결정 구조의 네 가지를 선정할 수 있다. 이는 사회적 기업이 일반 영리기업과는 상이한 특징적 요소를 나타내는 기준들이다. 여기서 사회적 목적 부합 정도는 사회적 기업의 본질적 목적을 어느 정도 달성하느냐와 관련이 있으며, 평가 기준으로는 취약계층 고용 비율, 고용의 질과 안정성, 사회 서비스 제공 비율을 설정할 수 있다. 영업수익의 배분은 수익의 사용 용도와 관련되는데, 수익의 사회적 목적 투자 비율, 사업재투자 비율, 종업원 분배 비율을 평가할 수 있다. 공동체 이익 추구는 사회적 기업이 취약계층뿐만 아니라 지역사회에도 기여한다는 것이다. 평가 기준으로는 지역경제 기여도, 지역사회 발전 기여도, 환경 개선 기여도를 적용할 수 있다. 참여 지향적 의사결정 구조는 의사결정 과정의 개방 정도, 권한위임과 분권화 정도, 이해관계인의 참여 정도 등과 관련된다.

다음에는 사회적 기업의 유형별로 달리 적용할 것들을 보면, 우선 일자리 제공형은 기업적 성격이 강하기 때문에 상기한 공통 평가 항목 외에 소유 구조, 재무적 지속성, 종업원의 동기 부여, 영업활동 및 고객관리 등의 경제적 가치를 반영하는 항목들이 평가되어야 한다. 여기서 소유 구조는 주주 구성의 적절성, 전문경영인 여부, 이사회 구성의 적절성을 평가 기준으로 사용할 수 있다. 재무적 지속성은 수익성 · 유동성 · 안정성 · 성장성 등의 경영성과 지표들을 사용할 수 있다. 그리고 종업원 관점이 반영되어야 하는데, 이는 종업원의 동기 부여 정도가 성과에 큰 영향을 미치기 때문이다(Doherty et al., 2009). 이와 관련해서는 급여 수준, 승진 체계의 적절성, 능력 개발 및 교육훈련, 복리후생, 종업원 만족도 등의 인사관리 요소들을 평가 기준으로 사용할 수 있다. 그리고 일자리 제공형은 품질 및 고객관리의 관점이 중요한데, 이를 위해서는 품질관리 수준과 고객만족도를 평가 기준으로 사용할 수 있다.

사회 서비스 제공형은 대부분이 정부 지원을 통해서 사회 서비스를 제공하고 있어 영업구조가 영세하고 취약하다. 따라서 이를 평가할 때는 공통 평가 항목

외에, 주로 서비스 질에 대한 이용자 만족도, 운영 과정의 자율성, 프로그램 내용 등을 중심으로 고찰하며, 재무적 지속성 측면은 제한된 범위에서 활용할 수 있다. 구체적으로 운영 과정의 자율성은 외부 지원기관의 개입 정도·충원 과정의 자율성을 중심으로, 이용자 만족도는 서비스 품질 및 서비스요금에 대한 만족도를, 재무적 지속성은 재무건정성·수익성·모(母)법인 전입금·후원금 등을 중심으로 평가할 수 있을 것이다.

위에서 언급한 사회적 기업 유형별로 설정된 평가 기준들과는 별도로 감점 항목을 설정할 수 있는데, 여기에는 과태료 부과 건수, 세금 체납, 시정명령, 자료 및 보고서 미제출 현황 등이 해당된다. 또한 성과평가는 비교가 필요하므로 각 평가 기준별로 가중치를 부여하고 이를 100점 만점으로 점수화하는 것이 필요하다. 이때 평가 기준 간 가중치는 사회적 기업의 유형별 및 규모별로 범주를 나누어서 상이하게 배점을 하는 것이 바람직하다.

2) 성과평가의 적용

성과평가의 적용 면에서, 첫째, 성과평가는 사회적 기업의 유형이나 성과평가의 용도를 반영할 수 있도록 융통성이 있어야 한다. 그 보기로서, 성과평가의 용도가 정부지원사업을 평가하기 위한 것이냐, 고객·금융기관·연계 기업 등 이해관계자들에게 정보를 제공하기 위한 것이냐에 따라서 성과평가 기준의 강조점이 달라질 수 있다.

둘째, 성과평가의 대상 면에서는 인증을 받은 사회적 기업 전체에 대해서 정기적으로 성과평가를 실시하거나 정부지원사업별로 사업 성과를 평가할 수 있다. 사업별 성과평가는 사업 선정 기준을 준용해 평가하면 될 것이며, 정기적인 성과평가는 이 연구에서 제시한 바대로 사회적 기업 유형별로 기준들을 적용하면 될 것이다.

셋째, 종합 성과평가의 주기는 3년 단위가 현실적이며, 정부지원사업별 성과평가는 사업 종료 시점에서 행한다. 그리고 정부지원사업의 주기를 현행 2년에서 3년 정도로 연장하게 되면, 종합 성과평가와 겹치는 평가 기준들은 생략할 수 있다.

넷째, 성과평가 방법은 사업보고서를 토대로 하되, 사회적 기업의 유형별로 사업보고서의 기재 항목과 제출 서류를 달리한다. 현장을 실사할 때에는 고객만족도나 작업 현장의 인권 침해 사례 등을 주로 평가한다.

다섯째, 성과평가의 공정성을 제고하기 위해서 평가 기준은 양적인 것과 질적인 것, 사회적인 가치와 경제적인 가치를 적절하게 혼용해야 한다. 평가자의 측면에서 중립성과 전문성을 담보하기 위해 전문평가기관에 평가 업무를 위탁하는 것을 생각하며, 평가위원 구성도 다양한 전문가들이 포함되게 한다.

마지막으로, 성과평가 결과를 적절하게 공개하되, 공개 방식은 이를 개별적으로 통보해 주며, 이때는 전체 평균·최고·최저 점수 등을 각 항목별로 분석해 주는 것이 좋다.

4 각 단계들 간의 연계성 제고

1) 인증과 정부 지원

현재 인증과 정부지원사업은 별개로 운영된다. 즉, 인증을 받은 사회적 기업을 대상으로 사업별로 별도의 공모를 통해서 지원 여부를 결정한다. 이 점에서 인증은 정부지원사업에 신청할 수 있는 자격을 부여하는 것이다. 그러나 이처럼 양자를 별개로 운영하다 보니, 해당 사회적 기업으로서는 유사한 서류를 중복해서 작성하는 데서 많은 시간이 소모된다. 정부로서도 제한된 인력으로 업무 부담이 크다. 따라서 양자를 적절하게 연계하는 방안이 필요한데, 우선은 인증등급제를 도입해서 높은 점수를 받은 사회적 기업에 대해서는 정부지원사업 선정 기준을 달리 적용하거나, 일부 사업은 자동으로 지원해 줄 수 있다. 그리고 인증 신청과 정부 지원사업 신청을 동시에 하게 함으로써, 사회적 기업의 신청 업무 부담을 줄여 줄 수 있다.

2) 성과평가와 정부 지원

현재 정부 지원사업의 성과를 제대로 평가하고 있지도 않지만, 양자를 서로 연계하기 위한 조치는 전혀 없다. 그러나 정부지원사업은 성과평가를 실시하고 이를 정부 지원과 연계하는 것은 사회적 기업의 책임성 제고, 정부 예산의 효율성 제고, 프로그램의 남설 방지, 서류작업 부담 경감 등 여러 이유로 필수적이다(Cooper, 2007). 구체적으로 양자 간의 연계성 제고를 위해서는 우선은 정부지원사업 심사 기준과 성과평가 기준을 연계해서 개발하며, 동일 서류를 반복해서 제출하는 것은 금해야 한다. 다음에는 성과평가를 해당 정부지원사업과 연계해야 하는데, 이를 위해서는 중간평가를 도입해서 지원 목적을 달성하기 어려운 경우에는 지원을 중단하거나 지원 액수를 삭감하는 등의 벌칙이 필요하다. 성과평가를 차후의 정부지원사업 선정에서 활용하기 위해서는 평가 결과를 등급화해서 정부의 차등적인 지원책과 연계해야 한다. 이 경우 차등 지원은 사회적 기업의 유형별로 일자리 창출형은 정부 구매 확대, 기술 지원, 고용수당 지급 등의 인센티브가 적절하며, 사회 서비스 제공형은 프로그램 예산 증액, 신규 프로그램 보조, 이용료 대납 등이 적절할 것이다.

3) 성과평가와 재인증

사회적기업육성법에는 인증 요건 및 절차와 관련한 조항은 있지만(제8조), 인증 기간이나 인증의 유지와 관련한 조항은 없다. 따라서 한번 인증을 받으면 특별한 하자가 없으면 계속 인증이 된다. 이렇게 해서는 인증제도의 취지를 살리기가 어렵다. 따라서 주기적으로 인증 요건 유지 여부를 점검할 필요가 있는데, 이를 위해서는 사회적 기업에 대한 성과평가 결과를 재인증 여부와 연계한다. 구체적으로 5년 정도로 유효 기간을 설정하고, 평가 결과가 좋은 경우에는 자동으로 재인증을 해 주고, 하위 10~20% 정도는 탈락시키는 것이 필요하다. 그리고 인증제도를 내실 있게 운영하려면 인증 요건 충족 여부를 주기적으로 점검해야 하는데, 이 경우는 처음 인증 신청을 했을 때 시와 동일한 요건을 적용하기보다는 영업활동, 고용 창출, 사회적 목적 실현 등 사회적 기업의 본질적 목적 달성과 직결되는 부분을 중심으로 점검하는 것이 바람직하다.

5 행정 체계의 효율성 제고

1) 법제적 보완

현재의 사회적기업육성법은 내용 면에서 미비점이 많다. 무엇보다도 법률 내용에 구체성이 부족하며, 정부의 책임, 재정 분담, 성과평가 등에 대한 내용이 결여되어 있다. 따라서 법령 개정을 추진하되, 대부분 임의 조항으로 되어 있는 것을 일부 강제 조항으로 전환해 정부 책임을 명문화하고, 재정 충당 및 분담계획도 명기한다.

또한 성과평가 및 정부 지원과의 연계 등도 보완해야 한다. 그리고 시행령에도 정부 지원의 내용·기준·절차 등에 대한 내용을 보완한다. 지방자치단체의 조례 내용은 대부분 형식적이며, 지방자치단체의 의무 사항 등에 대한 구체적 언급은 없다. 이는 지방자치단체의 경우 사회적 기업을 지원할 만한 인력과 재정이 부족한데다, 고용노동부 사업에 큰 관심을 두지 않고 있기 때문이다. 그러나 사회적 기업 지원은 고용노동부만으로는 어려우며, 지방자치단체의 책임 분담이 필수적이다. 따라서 사회적기업육성법은 물론, 관련 조례에도 지방자치단체의 의무 사항과 재정계획 등을 명확하게 규정하는 것이 필요하다.

2) 정부 부문의 통합 연계성 제고

① 정부부처들 간

사회적 기업을 효율적으로 지원하기 위해서는 관련 정부부처들 간의 협조가 긴요하지만, 우리의 경우는 정부부처들 간의 횡적인 조정과 연계가 부실하다. 따라서 사회적 기업을 효율적으로 지원하기 위해서는 통합 조정기구가 필요한데, 이는 새로운 조직을 설치하기보다는 유관 조정기구 산하에 사회적 기업 전담팀을 가동하는 것이 현실적이다. 그리고 조정기구에는 상근 인력은 최소화하고 수시로 유관 부처의 담당자들이 모여서 협의할 수 있는 유연한 조직 형태가 필요하다. 지방 단위에서의 사회적 기업 지원은 지방고용노동청과 고용센터가 주무기관이며, 지방자치단체는 이들과는 별도로 사업을 시행하는 경우가 많다. 그 결과, 집행상의 혼선과 행정 낭비가 발생한다. 따라서 지방 단위에서도 특별행정기관과 지방자치단체 간에 역할을 명확하게 하고, 이를 토대로 조정 체계를 갖추는 것이 시급하다. 그러나 이 역시 별도 조정기구를 설치하기보다는, 우선은 고용센터와 시·군·구 단위에 각기 담당자를 지정해 놓고, 수시로 의견을 조정하는 것을 강구한다. 장기적으로는 시·군·구 단위에서 특별행정기관과 지방자치단체 간에 업무협조회의를 활성화해야 한다.

② 정부 프로그램들 간

현재 많은 정부부처가 유사 프로그램을 시행하고 있는데, 이는 정부재정과 행정력의 낭비를 초래하며, 행정 혼선을 초래한다. 따라서 이들을 통폐합하거나 연계성을 제고하는 것이 시급하다. 우선, 고용노동부만 하더라도 사회적 일자리 사업, 고령자고용촉진 사업, 장애인고용촉진 사업 등 취약계층의 고용 증진을 위한 많은 사업을 시행하고 있다. 그러나 이들 간에는 수혜자나 프로그램 내용이 중복되는 경우가 많다. 따라서 사회적 일자리 사업은 단계적으로 사회적 기업 사업에 흡수한다. 그리고 프로그램의 중복 여부를 점검하는 기능을 강화하는 것이 필요하다.

정부부처들 간에는 현재 보건복지부나 지방자치단체 차원에서 노인일자리 사업, 근로연계복지 사업 등 취약계층을 위한 다양한 일자리 제공 사업들이 시행되고 있다. 사회복지관에서도 유사한 사업이 많다. 그러나 이는 프로그램의 효율성이나 형평성 면에서 문제를 유발하고 있어 유사 프로그램들의 통·폐합이 필요하다. 근본적으로는 사회적 기업 사업을 고용노동부가 주관하는 것이 바람직한지부터 점검할 필요가 있으나, 이는 쉽지 않다. 따라서 차선책으로는 일자리 관련 유사 사업인 고용노동부의 사회적 일자리 사업과 보건복지부의 노인일자리 사업 등은 정리를 하되, 장기고용 및 기술훈련이 강조되는 것은 사회적 기업 사업으로 통합하고, 취약계층 보호가 강조되는 것은 보건복지부의 사회적 안전망 구축사업들과 통합하는 것이 현실적이다.

3) 공사 부문 간의 연계 체계 구축

사회적 기업은 사회복지 관점에서만 접근해서는 곤란하며, 세무 · 기술 지원, 재정 지원, 법률 지원 등의 지식이 필요하다. 따라서 사회적 기업을 지원하기 위해서는 정부기관은 물론, 지역사회단체 · 경제단체 · 전문가 · 민간기업 · 대학 등이 연계되는 '사회적 기업 지원 네트워크'의 구축이 필요하다.

구체적으로 첫째, 지역사회단체의 적극적인 참여를 조장한다. 현재 선진국에서는 비영리기구가 직접 사회적 기업을 운영하기보다는 영세한 사회적 기업에 재정 지원을 하는 경우가 많다(Jolin, 2007).

둘째, 기업의 사회공헌 활동을 활용한다. 기업의 입장에서도 사회적 책임에 대한 관심이 커지고 있으며, 방식도 지속적인 것을 선호한다(조선주 · 김영옥, 2007). 따라서 정부로서는 일반기업과 사회적 기업 간의 결연을 매개하거나, 일반기업이 사회적 기업 제품을 구매하는 경우에는 세제 혜택 등을 부여할 수 있다.

셋째, 사회적 기업 연합체를 지원한다. 이를 통해서 대화 및 정보 제공의 통로를 단순화하는 것이 사회적 기업을 효율적으로 지원하는 데 유용하다.

넷째, 경제단체와의 협력을 강화해 일반기업과 사회적 기업 간의 협력을 제고한다.

다섯째, 사회적 기업과 관련 전문가집단 간의 연계를 강화한다. 사회적 기업을 운영하는 데서는 마케팅 · 세제 · 회계 · 법제 등에 대한 지식과 정보가 필요하기 때문에 전문가집단과 협력 관계를 구축하는 것이 필요하다.

여섯째, 사회적 기업과 자원봉사자 · 인력양성기관 · 지역대학 등과의 연계를 강화한다. 현재 사회적 기업의 상당수가 정부 지원이 종료되면 운영상의 부실을 드러내고 있다. 이는 정책상의 문제도 있지만, 사회적 기업 입장에서도 문제가 있다. 취약계층이 대체로 업무숙련도나 전문성이 낮기 때문에 이들만으로는 생산성과 수익성을 유지하기가 어렵다(Jolin, 2007). 따라서 정부는 사회적 기업을 지원할 경우에 자원봉사 인력 활용도, 훈련기관이나 대학 등과의 관계 형성 능력 등을 선정 기준에 포함할 수 있도록 한다.

마지막으로, 지역 단위에서 로컬 거버넌스(local governance) 관점에서 다양한 행위자들 간의 연계 체계를 구축하는 것이 필요하다.

제5절 결 론

연구의 결과, 우리의 경우는 정부 지원 시스템이 체계화되어 있지 못하며, 정부 지원 단계들 간의 연계 체계가 미흡하다. 성과평가는 제대로 시행되지 못하고 있다. 그리고 인증이나 정부 지원도 사회적 기업의 자립 기반 조성에 기여하지 못하고 있다. 행정 체계 면에서도 지원기관들 간에 조정 및 연계 체계가 부실하며, 중복 수혜로 인한 문제도 심각하다. 따라서 사회적 기업에 대한 효율적 지원을 위해서는 좀 더 근본적 관점에서 다양한 방안이 강구되어야 하는데, 이하에서는 각 단계별로 전략적 측면을 중심으로 제언하고자 한다.

첫째, 사회적 기업을 지원하기 위한 토대를 구축한다. 이를 위해서는 우선 관련 법률의 보완이 필요한데, 사회적기업육성법에서 정부의 책임을 구체화하며, 인증·정부 지원·성과평가의 각 단계별로 구체적인 내용을 보충한다. 그리고 관련 규정을 매뉴얼로 만들어 사전에 공지함으로써 행정행위의 예측 가능성을 증진시킨다. 그리고 불필요한 규제를 제거한다. 또한 우호적 환경을 조성하기 위해서는 성공 사례의 발굴 및 보급, 관련 포럼 설치, 사회적 기업 엑스포 개최 등을 통해서 사회 전반의 관심을 제고한다. 그리고 사회적 기업과 교육과정을 적절하게 연계해야 한다.

둘째, 인증 기준을 현실화하고 인증 절차를 개선한다. 지금까지의 인증 탈락 요인들을 분석해 비현실적인 인증 요건들은 개선해야 하며, 인증 기준을 적용하는 데서 사회적 기업의 유형이나 규모 등이 반영될 수 있게 한다. 인증 절차 면에서도 불필요한 문서작업을 줄이는 방안을 고안해야 한다. 인증 결과는 공개하며, 이후의 정부 지원과 적절하게 연계되도록 해야 한다.

셋째, 정부지원사업의 선정 기준을 정비하고, 선정 과정을 공정하고 투명하게 관리한다. 현재의 정부지원사업 선정 기준은 획일적·비현실적·형식적인 부분들이 많다. 따라서 좀 더 구체적인 선정 기준과 지표를 개발하되, 사회적 기업의 유형별로 상이한 기준을 개발하며, 변별력이 없는 형식적인 기준들은 제거한다. 선정 과정 면에서는 선정 기구 및 방식의 명문화, 심사위원의 공정성 및 전문성 확보, 선정 결과의 공개, 이의 제기 통로의 구비 등을 도모한다.

넷째, 중복으로 인한 낭비를 줄여야 한다. 이를 위해서는 유사 프로그램의 중복성 여부를 상시 점검하기 위한 가칭 '프로그램조정위원회'를 설치해서 유사·중복 프로그램들은 통폐합하는 것이 필요하다. 좀 더 근본적으로는 신규 사업을 시행할 때에는 일몰(日沒) 기준을 적용해 사업의 존속 기간을 정해 두고, 이후에 성과를 평가하고 다른 프로그램들과의 중복 여부를 점검함으로써 상시적인 사업 조정이 가능하게 해야 한다.

다섯째, 장기적 관점에서 정부 지원을 행하되, 이를 단기적 행동계획과 연계한다. 현재 정부지원사업 기간은 대체로 2년으로 되어 있는데, 현실적으로 규모가 영세한 사회적 기업이 2년 정도 정부 지원을 받는다고 해서 자립 기반을 구축하기는 어렵다. 따라서 좀 더 장기적인 관점에서 재무적 지속 가능성을 확보할 수 있도록 하며, 이를 단기적 행동계획과 연계하기 위한 연차별 지원계획·재원충당계획·감독 체계·성과평가 방안 등을 고안해야 한다.

여섯째, 성과평가 법제를 보완하고 적절한 행정 체계를 구비한다. 우선 사회적기업육성법을 개정해서 성과평가를 명문화하고, 동법 시행령에 성과평가 시기·방법·활용계획 등에 대한 내용들을 보충한다. 행정 체계와 관련해서는 성과평가 기구를 전문적이고 중립적인 인사들로 구성할 수 있도록 한다.

일곱째, 적실한 성과평가 기준을 개발하고 이를 융통성 있게 적용하며, 성과평가의 환류 기능을 제고한다. 성과평가 기준은 양적인 측면과 질적인 측면을 조화시킨다. 또한 성과평가 기준은 측정과 비교가 가능하도록 구체적으로 표현하고 절적한 지표를 개발해야 한다. 무엇보다도 성과평가 기준은 사회적 기업의 유형을 적절하게 반영할 수 있도록 탄력적으로 운영해야 한다. 성과평가의 환류 기능을 제고하기 위해서는 성과평가 결과에 따른 차등적 보상 체계를 제도화하고, 성과평가의 결과를 차후의 인증이나 정부지원사업 선정 시에 적절히 반영해야 한다.

여덟째, 행정 체계의 효율성을 제고한다. 중앙정부 차원에서는 정부부처 간에 연계성을 강화하고 역할 분담을 명확히 함으로써 정책의 효율성을 제고한다. 이를 위해 범정부 차원의 조정 기능을 강화하고, 유사 중복 프로그램을 상시적으로 조정한다. 지방 단위에서는 사회적 기업 지원을 위한 로컬 거버넌스 체계를 구축한다. 이를 위해 공사 부문 간의 상호작용을 제도화하고 조정 기능을 강화한다.

제 12 장

사회적 일자리와 성인지*

제 1 절 서 론

정책은 진공관 속에서처럼 사회 · 경제적 환경으로부터 독립해서 존재하는 것이 아니라 사회 · 경제적 환경 속에서 작용하기 때문에 의도한 그대로 이루어지지 않거나 이루어진다 하더라도 부작용을 만들어 내는 것이 일반적이다. 이러한 환경 의존적 현상 때문에 정부의 정책은 의도했던 목적으로부터 벗어나 부작용을 낳고, 이 부작용을 없애기 위해 또 정책을 초래하는 경우가 생기게 되며, 어떤 경우에는 원래의 상태로 돌아가거나 심지어는 정책을 수행하지 않음만 못하는 경우도 보게 된다. 반대로 정책 가운데는 의도하지는 않았으나 사회적으로 바람직한 현상을 불러일으키는 경우도 존재한다. 정책이 의도하지 않은 결과 가운데

* 이 장은 이광석 · 원종학 · 김지영(2011년)의 공동 집필 논문으로 「사회적기업과 정책연구」(제1권 제1호)에 게재된 것을 옮긴 것이다.

부정적인 결과를 야기하는 현상을 제8장에서 설명한 대로 정책편차(deviation)라 하며, 긍정적인 결과를 초래하는 현상을 내부 파급 효과(Internal spillover)라 한다. 정책이 의도하지 않은 결과의 현상 및 원인, 개선 방안 등에 관한 선행 연구의 대부분은 정책편차에 집중되어 있다. 이는 의도하지 않은 결과가 속성상 부정적인 것일 가능성이 높기 때문일 것이다. 이 장은 정책이 명시적으로는 의도하지 않았으나 결과적으로 사회적 가치에 부합하는 바람직한 현상, 즉 내부 파급 효과를 야기한 사례로 사회적 일자리 창출사업을 들어 살펴보고자 한다.

사회적 일자리 창출사업은 사회적으로 필요하지만 수익성 등이 부족해서 충분히 공급되지 못하는 복지 · 환경 · 문화 · 지역 개발 등 사회 서비스 분야에서 비영리단체 등이 일자리를 창출할 수 있도록 지원하는 사업으로 정의할 수 있다. 사회적 일자리 창출사업의 운영 형태는 서비스 이용자에게 이용요금의 일부를 부담시켜 수익을 창출하거나 민간기업 또는 지역사회와 파트너십을 통해서 자립을 지향하는 모델을 기본으로 하고 있다.

사회적 일자리 사업은 공공근로사업에 시민사회단체들이 정부의 파트너로 참여해 취업 취약계층이 공급 주체가 되는 몇몇 사회 서비스를 도입한 데에서 출발했다. 따라서 사회적 일자리 사업은 정부 재정 지원사업으로서의 성격이 강하며, 이를 통해 일자리 창출과 우리나라 경제 규모에 비해 크게 부족한 사회 서비스의 확충을 꾀했다고 볼 수 있다. 그러나 지속적인 예산 투입에 대한 비난이 거세지면서 이후 고용 및 사회 서비스 확대라는 사회적 목적 추구에 덧붙여 영업활동 수행을 통한 재정적 자립을 법제화한 사회적 기업으로의 전환이 이루어졌다.

사회적 일자리 창출사업 및 사회적 기업을 통해 창출되는 일자리의 가장 두드러진 특징은 업종별 분포가 보건복지 분야에 집중되어 있다는 점과 이로 인해 여성의 참여 비율이 매우 높다는 것이다. 이는 전통적인 가족 구조의 붕괴와 함께 여성의 사회 진출이 크게 증가하면서 간병 · 가사 지원 · 보육 등과 같이 종전에는 여성이 가정 내에서 담당해 왔던 일을 대체할 수 있는 사회 서비스에 대한 수요가 증가했기 때문이라고 여겨진다. 사회적 일자리의 이러한 특성으로 인해 사회적 일자리 창출사업 및 사회적 기업을 통해 창출된 일자리의 경우 일반적인 일자리에 비해 양성 평등적인 요소를 포함하고 있다.

이 장에서는 사회적 일자리 창출사업을 통한 일자리의 특성을 남녀 간 노동조건의 비교에 초점을 맞추어 실증적으로 고찰하고, 정책이 명시적으로 의도하지는 않았으나 결과적으로 사회적 일자리 사업이 양성평등에 미친 영향에 대해 살펴보고자 한다. 논의의 전개는 다음과 같다. 이어지는 제2절에서는 정책편차에 관한 선행 연구를 검토한다. 제3절에서는 사회적 일자리 사업의 특성을 사회적 일자리 사업에 대한 데이터와 설문조사 결과를 중심으로 살펴보기로 한다. 제4절에서는 설문조사를 통해 얻은 데이터를 사용해서 사회적 일자리 사업의 성별 차이에 대해 실증분석을 했다. 제5절은 요약 및 시사점이다.

제 2 절 정책부작용에 관한 선행 연구와 개념 정의

제8장에서 언급한 바처럼 어느 정책이나 부작용이 있을 수밖에 없다면 이에 대한 종합적인 접근이 필요하다. 선행 연구들은 개별적으로 하나하나의 사례에서 이들을 연구해 왔다(심준섭, 2004; 장덕희 · 김태일, 20071). 그런데 뜻하지 않은 부정적 효과에는 많은 관심을 쏟았으나 종합적으로 고찰한 것은 드문 듯하다. 다만 정책 연구에서 시간의 중요성에 관해서는 일찍부터 인식되어 왔기에(Lee, 1968) 시차(時差, time lag)에 관해서는 몇몇 선구적 연구가 있다(정정길, 2005; 염재호, 2005).

먼저 정책에 관해 살펴보자. 정책은 "정부가 사회적 상태나 조건들을 유지하거나 변경시키고자 할 때 사용하는 간여(intervention)의 수단"(노화준, 2004: 4)으로 정의된다. 어떤 정부 정책은 의도한 그대로 실현되기는 어렵다. 선행 조건(precondition)의 문제가 제기될 수도 있고 예상하지 못한 사건(unforseen events)이 일어날 수도 있다. 설사 정부정책이 의도한 분야에는 의도한 대로 실현되었다 하더라도 그것이 다른 분야에 예상하지 못한 파급 효과를 가져올 수도 있다. 여기에서 정책의 부작용의 문제가 발생한다. 이를 다시 분류해 의도한 분야에 의도한 효과로부터 약간 벗어나는 경우를 편차(deviation)라고 부르고, 다른 분야에 예상하지 못한 효과를 가져오는 경우를 파급 효과라 부른다.

또 하나 간과하지 말아야 할 것은 시간이라는 요소이다. 정책이란 시간의 흐름에 좌우될 수 있기 때문이다. 즉, 시차는 시간 요소에 치중하는 관점을 여기서는 시차라는 개념으로 정의해 부작용의 한 부분으로 구성하는데 구한말(舊韓末)의 문호개방정책이나 천성산터널정책, 의약분업에 따른 항생제의 문제 등을 들 수 있겠다. 이상의 논의를 정책의 부작용과 관련된 여러 개념은 제8장에서 설명을 이어받아 그대로 사용한다.

위에서 정의한 바에 따르면 정책은 어떠한 사회적 상태나 조건의 존재를 전제로 하고, 그 상태의 인식을 통해서 정책의 수립과 실시로 진행한다(Frohock, 1979: 15-18). 이 과정을 좀 더 자세히 살펴보면, 편차는 정책 의도의 입력(policy input)과 그 결과(policy output 또는 policy impact)와의 차이와, 정책의도 입력(policy input)과 부작용(side-effect) 및 파급 효과(spillover)와의 비교로 나타낼 수 있다. 여기서 시간적 요소를 중시하면 어떠한 상태와 그 상태의 인식 사이에는 인식 시차가 있고, 그 상태의 인식과 정책의 수립과 실시 사이에는 실행 시차가 생기며, 정책의 수립과 실시와 정책의 효과 발생 사이에는 외부 시차가 발생한다(주한광, 1999: 673). 이를 시차라 해서 정책편차의 일부로 여긴다.

제 3 절 사회적 일자리 사업의 특징

1 사회적 일자리 사업의 현황과 추이

1) 성별 · 연령별 참가율

성별 · 연령별 참가율을 알기 위해서 다음 <표 12-1>을 참조한다. 이 표는 2004~2008년까지의 사회적 일자리 사업에 참여한 총 인원과 그 성비(性比)의 추이를 나타낸 것이다.

표 12-1 성별 · 연도별 참여자 추이

(단위: 인원 수, %)

연도	2004	2005	2006	2007	2008	계
여성	4,968	3,852	6,778	9,877	10,966	36,441
	80.41	76.81	80.06	80.86	72.78	77.63
남성	1,210	1,163	1,688	2,338	4,101	10,500
	19.59	23.19	19.94	19.14	27.22	22.37
계	6,178	5,015	8,466	12,215	15,067	46,941
	100	100	100	100	100	100

자료: 노동부, 사회적일자리 DB(2009).

먼저 전체 참여자 추이를 살펴보면, 2004년이 6,178명이었으며, 2005년은 5,015명으로 2004년에 비해 약 1,000명 정도 줄었으나, 2006년 이후 급격히 증가해서 2007년에는 12,215명으로 만 명을 넘었으며, 2008년에는 15,067명으로 빠른 성장을 하고 있다.

5년간 참여자의 성별 구성을 보면 전체적으로는 여성이 77.6%, 남성이 22.4%로 약 8 : 2로 여성이 많음을 알 수 있다. 남녀 간 성비의 연도별 추이를 살펴보면, 제도 도입 초기인 2004년에는 여성 80.4, 남성 19.6으로 5개년 평균보다 여성의 참가 비율이 높음을 알 수 있다. 여성과 남성의 성비 8 : 2는 2005년에 약간 남성의 참가율이 증가한 것을 제외하고는 2007년까지 안정적으로 유지되었다. 그러나 2008년은 전 4개년과 비교할 때 남성 참가자가 현저히 증가해서 남녀 구성비가 72.8 : 27.2로 거의 7 : 3으로 변했다. 이러한 남성 참가자의 증가가 2005년과 마찬가지로 일시적인 것인지, 세계 금융위기 이후 위축된 노동시장으로 인해 많은 남성이 취업 취약계층으로 전락한 때문인지, 혹은 사회적 기업으로의 전환에 따른 것인가에 대해서는 좀 더 연구가 필요하다.

2) 사회적 일자리 참여자와 일반 구직자의 특성 비교

여기에서는 사회적 일자리가 지니는 특성을 면밀히 파악하기 위해 설문조사를 통해 얻은 데이터를 사용해서 사회적 일자리 참여자와 구직자가 노동시장에서 어떠한 특성을 가지고 있는지 살펴보도록 한다.

먼저, 사회적 일자리가 원래의 취지대로 취약계층에 대한 일자리 제공이라는 목적에 부합되게 운용되고 있는지를 간접적으로 알아보기 위해 취업 경험 여부를 조사했다. 구직자의 경우 최종 학교를 졸업한 이후 취업 경험이 있는 자는 96.9%로 대부분 취업 경험이 있다고 대답했다. 그러나 사회적 일자리 참여자는 취업 경험이 있다고 응답한 자가 77%에 불과해, 사회적 일자리를 통해 노동시장에 처음 진입하는 사람의 비중이 상대적으로 높았다. 참여자 집단에서 취업 경험 비율이 낮다는 것은 참여자가 상대적으로 취업 취약계층에 속해 있음을 의미할 수 있다.

표 12-2 취업 경험 여부

(단위: 명, %)

구분	구직자				사회적 일자리 참여자			
	사례 수	있다	없다	계	사례 수	있다	없다	계
전체	(584)	96.9	3.1	100.0	(416)	77.2	22.8	100.0
남자	(358)	96.6	3.4	100.0	(142)	69.0	31.0	100.0
여자	(226)	97.3	2.7	100.0	(274)	81.4	18.6	100.0

사회적 일자리에 참여하기 전 총근속연수에 대해 살펴보면 다음과 같다. 근속 기간을 5년 미만부터 20년 이상까지 각 구간을 나누어 조사한 결과 구직자와 사회적 일자리 참여자 모두 5년 미만 근무하는 경우가 30.4%로 가장 높은 것으로 나타났다. 그러나 이를 성별로 나누어 보면 남성은 구직자와 사회적 일자리 참여자 사이에 확연한 차이를 보인다. 남성 구직자의 경우 5년 미만이 가장 높으나 사회적 일자리 참여자의 경우 20년 이상 근무한 사람이 가장 많은 것으로 나타나고 있는데, 이는 남성의 경우 그 동안 근무하던 기업에서 은퇴 후 사회적 기업에 참여하는 사람이 많다는 것을 보여 주는 것으로 보인다. 여성의 경우는 구직자와 사회적 일자리 참여자 모두 5년 미만, 5~10년 미만이 가장 많은 것으로 나타났다.

표 12-3 이전 직장 근속 기간

(단위: 명, %)

구분	구직자							사회적 일자리 참여자						
	사례 수	5년 미만	5~ 10년 미만	10~ 15년 미만	15~ 20년 미만	20년 이상	[단위: 개월] 평균	사례 수	5년 미만	5~ 10년 미만	10~ 15년 미만	15~ 20년 미만	20년 이상	[단위: 개월] 평균
전체	(566)	30.4	24.0	17.1	9.9	18.6	127.3	(321)	34.9	26.2	14.0	5.3	19.6	120.7
남자	(346)	26.3	20.5	15.3	11.8	26.0	150.7	(98)	26.5	10.2	12.2	9.2	41.8	187.1
여자	(220)	36.8	29.5	20.0	6.8	6.8	90.6	(223)	38.6	33.2	14.8	3.6	9.9	91.6

이직 전 최종 직장의 월평균 임금을 살펴보면 구직자의 경우에는 150~200만 원 미만의 비율이 33.4%로 가장 높으며, 다음으로 200만 원 이상이 32.0%, 100~150만 원 미만이 25.8%로 대부분 100만 원 이상의 임금을 보고하고 있다. 반면 사회적 일자리 참여자의 경우에는 70~100만 원 미만이 30.5%로 가장 높게 조사되는 등 구직자와 사회적 일자리 참여자의 임금 차이가 뚜렷하게 나타난다. 이러한 경향은 여성에서 더욱 뚜렷하게 나타나는데, 이는 상대적으로 낮은 수준의 유보임금(reservation wage: 고용을 통해 최소한도로 받고자 하는 임금)을 가지고 있는 여성이 사회적 일자리에 참여하고 있음을 뜻한다. 사회적 일자리의 임금 수준이 낮은 수준에서 설정되어 있으므로, 유보임금이 낮을 확률이 높은 여성, 즉 취업 취약계층에 속하거나 가정 내 제2소득원에 속하는 여성들이 사회적 일자리

표 12-4 최근 직장의 월평균 임금

(단위: 명, %)

	사례 수	5년 미만	5~10년 미만	5~10년 미만	5~10년 미만	5~10년 미만	20년 이상	계
구직자(전체)	(566)	0.7	0.2	8.0	25.8	33.4	32.0	100.0
남자	(346)	0.6	0.0	4.3	18.2	33.8	43.1	100.0
여자	(220)	0.9	0.5	13.6	37.7	32.7	14.5	100.0
사회적 일자리 참여자(전체)	(321)	3.7	10.0	30.5	25.9	17.1	12.8	100.0
남자	(98)	3.1	6.1	12.2	18.4	28.6	31.6	100.0
여자	(223)	4.0	11.7	38.6	29.1	12.1	4.5	100.0

에 참여할 확률이 높아지기 때문이다.

이상에서 살펴본 바와 같이 일반적인 구직자와 사회적 일자리 참여자 간에는 과거의 취업 형태에 차이가 있음을 알 수 있다. 특히, 여성 구직자와 여성 사회적 일자리 참여자 간에는 그 차이가 뚜렷해, 사회적 일자리에 참여하고 있는 여성의 경우 저임금의 비정규직 직종 또는 시간제 근무 형태를 지속하고 있는 것으로 보이며, 사회적 일자리 역시 그러한 특성을 가지는 직업 선택의 연장선상에 있다. 따라서 사회적 일자리에 참여하고 있지 않은 여성보다 낮은 수준의 유보임금을 가지고 있는 것으로 추측된다. 그러나 이러한 여성 참여자들의 선택이 장기 실업이나 저학력 등 일반적인 취업 취약계층에 속하기 때문에 이루어지는 것이 아니라, 오히려 노동시장 재진입이나 가족 내 제2소득원 등의 이유로 인한 자발적인 선택일 수 있음을 고려해야 할 것이다.

사회적 일자리에 여성의 참여가 높은 것이 남녀 간에 사회적 일자리에 대한 선호 차이에 의한 것인지를 확인하기 위해, 구직자 전체를 대상으로 사회적 일자리에 참여할 의향이 있는지를 조사했다. 그 결과 참여할 의향이 있다고 답한 응답자는 전체 584명 중 62.5%를 차지해, 구직자의 사회적 일자리에 대한 관심이 비교적 높음을 알 수 있었다. 이를 남녀별로 나누어 보면 여성의 경우 67.7%로 남성의 59.2%에 비해 8.5% 높게 나타났으나, 현재 사회적 일자리의 성비가 약 8 : 2임을 감안하면 남성의 사회적 일자리에 참여를 하고자 하는 의향이 여성에 비해 크게 낮지 않다는 사실은 주목할 만한 결과이다.

사회적 일자리에 '참여할 의향이 없다'고 응답한 219명의 구직자에 대해 어떤 점이 개선될 경우 사회적 일자리에 참여할 것인지 질문한 결과, 임금 수준의 향

표 12-5 구직자 중 사회적 일자리 참여 의향

(단위: 명, %)

	사례 수	매우 그렇다	그런 편이다	*의향 있음*	그렇지 않은 편이다	전혀 그렇지 않다	*의향 없음*
전체	(584)	7.9	54.6	62.5	23.5	14.0	37.5
남자	(358)	7.3	52.0	59.2	26.3	14.5	40.8
여자	(226)	8.8	58.8	67.7	19.0	13.3	32.3

상이라고 응답한 사람이 37.9%로 가장 많았으며, 다음으로 고용 안정의 보장이 36.1% 높은 응답률을 보였다. 그 밖에 모집 분야 및 참여 업체의 확대(17.8%), 근무환경의 개선(7.8%)이라는 응답이 있었다. 이 결과는 사회적 기업에 참여를 하고 싶으나 낮은 임금과 고용의 불안정성으로 인해 참여에 주저하고 있는 모습을 보여 주고 있는 것으로, 사회적 기업으로 진화하고 있는 사회적 일자리 사업이 원활히 뿌리를 내리기 위해서는 무엇을 우선적으로 해결해야 하는지를 보여 주는 것이라고도 여겨진다.

사회적 일자리 참여자의 만족도에 대해 조사한 결과 대체로 만족한다는 응답이 전체 81.3%로, 높은 만족도를 보였다. 전체적으로 보면, 사회적 일자리 사업에 만족하는 이유는 생계에 도움이 되기 때문이라는 응답이 31.4%로 가장 높게 나타났으며, 다음으로 사회 서비스 제공 업무에 보람을 느낀다는 응답이 23.4%, 직장과 가정의 양립이 가능하기 때문이라는 응답이 23.1%로 나타났다. 남녀를 구분해서 살펴보면, 남성은 여전히 생계에 도움이 되기 때문에 만족한다는 응답이 38.2%로 가장 높았으나, 여성은 직장과 가정의 양립이 가능하기 때문에 만족한다는 응답이 29.3%로 가장 높았다.

이는 앞서 서술했듯이, 사회적 일자리에 참여하고 있는 여성은 생계 유지의 목적보다는 가족 내 제2소득원으로서의 가구소득 증대의 목적으로 일하고 있음을 나타낸다. 참여자 기초 조사의 거주 형태 항목에서 사회적 일자리 참여자의 자가 주택 보유 비율이 구직자와 큰 차이가 없었음을 고려할 때, 사회적 일자리 참여자, 특히 여성 참여자의 경우 저소득층 또는 취업 취약계층에 속할 확률은 그리 크지 않은 것으로 보인다.

표 12-6 사회적 일자리에 대한 만족도

(단위: 명, %)

	사례 수	매우 만족한다	만족하는 편이다	*만족*	불만족하는 편이다	매우 불만족한다	*불만족*
전체	(416)	15.4	65.9	81.3	15.9	2.9	18.8
남자	(142)	21.8	64.8	86.6	11.3	2.1	13.4
여자	(274)	12.0	66.4	78.5	18.2	3.3	21.5

표 12-7 사회적 일자리 만족 사유

(단위: 명, %)

	사례 수	생계에 도움이 되기 때문에	사회 서비스 제공 업무에 보람을 느껴서	직장과 가정의 양립이 가능하기 때문에	경력을 쌓는 데 도움이 되기 때문에	업무가 비교적 어렵지 않기 때문에	기타	계
전체	(338)	31.4	23.4	23.1	13.9	4.7	3.6	100.0
남자	(123)	38.2	26.0	12.2	14.6	3.3	5.7	100.0
여자	(215)	27.4	21.9	29.3	13.5	5.6	2.3	100.0

2 사회적 일자리 사업의 성별 차이 검정

이 절에서는 앞 절에서 살펴본 사회적 일자리 참여자 집단에서 관찰되는 남녀의 차이가 다른 구직자 집단이나 전체 노동시장의 취업자 집단과 통계적으로 다른 것인지의 여부를 알아보기 위해 설문조사의 구직자와 한국노동패널(KLIPS) 10차(2007년) 조사를 바탕으로 취업자를 선별해 비교 분석한다.

1) 현 직장 주당 근로시간 및 월 평균 임금

현재 참여 중인 사회적 일자리의 일주일 평균 근로시간에 대해 남녀의 차이를 살펴보았다. 일주일 평균 근로시간을 10시간 미만, 10~20시간 미만, 20~30시간 미만, 30~40시간 미만, 40시간 이상으로 구간을 나누어 남녀의 평균 근로시간을 살펴본 결과 남성이 여성보다 약 1.7시간 정도 더 높게 나타났으며, 통계적으로도 유의 수준 5%에서 양자의 차이는 유의한 것으로 나타났다.

사회적 일자리의 시간당 임금은 사전에 정해져 있다. 따라서 평균 근로시간이 다를 경우 월 평균 임금에도 차이가 있을 것으로 예상된다. 사회적 일자리의 월 평균 임금을 50만 원 미만부터 150만 원 이상으로 9개 구간으로 나누어 남녀 차이가 발생하는지 살펴보았다. 조사 결과 남성의 월 평균 임금이 여성보다 높게 나타났으며, 이러한 남녀의 임금 차이는 유의하게 나타났다. 하지만 임금의 분포는 남성과 여성의 차이가 존재한다고 말할 수 없다.

표 12-8 현 직장 주당 평균 근로시간 및 월 평균 임금: 남녀 차

구분		관측치	평균	표준편차
근로시간	남성	142	39.9	4.96
	여성	274	38.2	9.76
	차		1.7*	0.87
평균 임금	남성	142	100.06	26.35
	여성	274	90.89	25.85
	차		9.17**	2.69

주: * 5% 유의, ** 1% 유의

사회적 일자리 참여자의 근로시간과 평균 임금의 남녀 간 격차가 통상적인 기준보다 큰 것인지 작은 것인지를 살펴보기 위해, 한국노동패널을 이용해서 성별 월 평균 임금 격차를 추정한 결과, 성별 월 평균 임금에 차이가 발생했으며, 사회적 일자리의 임금 격차가 노동패널의 임금 격차보다 적은 것으로 나타났다. 사회적 일자리의 시간당 임금은 사전에 정해져 있으며, 임금 수준은 오직 노동시간에만 의존한다는 것을 고려하면 당연한 결과라고도 할 수 있다.

2) 연령

사회적 일자리에 참여하는 사람을 대상으로 한 설문조사 결과 남성과 여성의 평균 연령은 46.25세와 46.42세로 차이가 없는 것으로 나타났다. 구직자의 평균 연령을 남녀 각각 살펴보면 남성의 평균 연령은 39.9세이고 여성의 평균 연령은 38.8세로 남성이 1.17세 높게 나타난다. 하지만 이러한 남녀 차이는 매우 근소해서 서로 차이가 발생한다고 볼 수 없다. 또한 연령 분포에서도 남녀 차이는 발견되지 않는다. 노동패널에서 남성의 평균 연령은 43.6세, 여성은 42.5세로 남성이 높게 나타났으며, 이는 1% 수준에서 유의하다. 분포를 살펴보면 여성이 남성보다 더 넓게 분포하고 있으며, 이러한 분포의 차이 또한 1% 수준에서 유의하다.

표 12-9 연령: 남녀 차

구분		관측치	평균	표준편차
참여자 설문조사	남성	142	46.25	16.65
	여성	274	46.42	11.00
	차		-0.17	1.36
구직자 설문조사	남성	168	39.95	11.09
	여성	116	38.78	10.46
	차		1.17	1.31
노동패널	남성	3,864	43.60	12.03
	여성	2,527	42.45	13.06
	차		1.15**	0.32

주: ** 1% 유의

사회적 일자리 참여자와 구직자의 남녀 차이가 서로 얼마나 다른지 살펴보면, 참여자의 경우에는 여성의 연령이 남성보다 다소 높았으나 구직자는 남성의 연령이 더 높게 나타난다. 하지만 이러한 남녀의 차이는 각 대상별로 서로 다르다고 할 수 없다. 설문조사에서 나타난 남녀의 차이와 노동패널의 차이를 비교해 보면, 설문조사에서는 여성의 평균 연령이 남성보다 높게 나타난 반면, 노동패널에서는 남성의 평균 연령이 여성보다 높게 나타나, 두 조사 결과가 서로 차이가 있음을 알 수 있다. 하지만 분포에서는 차이가 발생한다고 할 수 없다.

표 12-10 연령: 분석 대상 간 차

구분		관측치	평균	표준편차
참여자 – 구직자	참여자	416	-0.17	13.184
	구직자	284	1.17	10.835
	차		-1.34	12.294**
참여자 – 노동패널	참여자	416	-0.17	13.184
	노동패널	6,391	1.15	12.459
	차		-1.32*	12.507

주: * 5% 유의, ** 1% 유의

3) 최종 학력

사회적 일자리 참여자를 대상으로 한 설문조사에서 최종 학력은 남성보다 여성이 약간 높은 것으로 조사되었으나, 남녀 간 학력 차이는 통계적으로 유의하지 않다. 분포는 남성의 학력 분포가 좀 더 넓게 나타난다. 구직자의 최종 학력은 남성이 여성보다 평균이 약간 높게 나타나지만, 평균 및 분포가 남성과 여성 사이에 차이가 있다고 할 수 없었다. 노동패널에서는 남성의 학력이 여성보다 다소 높게 나타나고 있으며, 이러한 차이는 1% 유의 수준에서 유의하다. 분포의 차이는 발견되지 않는다.

표 12-11 최종 학력: 남녀 차

구분		관측치	평균	표준편차
참여자 설문조사	남성	142	2.07	0.82
	여성	274	2.10	0.675
	차		-0.04	0.72**
구직자 설문조사	남성	168	2.41	0.57
	여성	116	2.41	0.65
	차		0.01	0.60
노동패널	남성	3,863	2.25	0.81
	여성	2,525	2.01	0.83
	차		0.24**	0.82

주: * 5% 유의, ** 1% 유의

사회적 일자리에 참여하고 있는 자의 최종 학력의 남녀 차이와 구직자의 남녀 차이가 서로 다른지 살펴보자. 참여자의 경우에는 여성의 최종 학력이 남성보다 높게 나타나지만 구직자는 남성의 최종 학력이 높다. 하지만 이러한 남녀 차이는 근소해서 두 대상이 서로 다르다고 할 수 없다. 분포를 살펴보면, 구직자의 분포가 참여자에 비해 조밀하게 나타나고 있으며 이는 1% 수준에서 유의하다.

남녀의 최종 학력 차이가 설문조사와 노동패널이 서로 다른가를 살펴보면, 각각의 평균 학력 차이에서 나타났듯이 설문조사에서는 여성의 학력이 남성보다 높은 반면, 노동패널에서는 남성의 학력이 여성보다 높다. 설문조사와 노동패널에서 나타난 남녀 차이는 유의했다. 분포 또한 노동패널의 분포가 설문조사에 비해 넓게 퍼져 있으며, 두 조사의 분포 차이 또한 유의했다.

표 12-12 최종 학력: 분석 대상 간 차

구분		관측치	평균	표준편차
참여자-구직자	참여자	416	−0.04	0.72
	구직자	284	0.01	0.60
	차		−0.04	0.68**
참여자-노동패널	참여자	416	−0.04	0.72
	노동패널	6,388	0.24	0.82
	차		−0.28**	0.82**

주: * 5% 유의, ** 1% 유의

제 4 절 사회적 일자리 사업의 성별 차이에 관한 실증분석

앞에서 살펴보았듯이 사회적 일자리 사업은 기본적인 임금구조가 정해져 있고 사업 분야 역시 제한적인 경우가 많다. 따라서 사업의 구조적인 특성으로 인해 상대적으로 좁은 범위에 속한 특정 계층의 참여가 유도될 가능성이 높다. 이러한 구조적인 자기선택(self selection)의 문제는 정부의 사업 목표 중 하나인 일반적인 취업 취약계층을 위한 일자리 창출의 효과를 제한적으로 만들 수 있다.

특히 이 장에서 살펴보고자 하는 성인지(性認知)적 관점에서는, 사회적 일자리 사업의 선택에 있어 남성과 여성 간에 어떠한 차이가 발생하는지 살펴보는 것이 중요하다. 여기에서는 임금·근무 형태 등 사회적 일자리 사업에서 성별이 어떠한 영향을 미치는지 분석할 예정이다. 이를 통해 남성과 여성의 사회적 일자리 사업 참여 행태를 파악하고, 사회적 일자리 사업의 성인지적 개선을 위해 필요한 정책적 시사점을 도출할 수 있을 것으로 기대한다. 실증분석에 사용한 데이터는 설문조사 결과이다.

1 참여 여부

설문조사에서 모집한 전체 표본을 대상으로 사회적 일자리 사업 참여 여부를 결정하는 요인을 살펴보았다. 참여 여부는 다양한 요인에 의해서 결정될 수 있는데, 여기서는 성별, 연령, 교육 수준, 결혼 여부를 고려해서 다음과 같은 식을 추정하기로 한다.

$$P_i = \alpha + \beta_s sex + \gamma_a age + \gamma_{asq} age^2 + \delta_{e1} edu_1 + \delta_{e2} edu_2 + \delta_{e3} edu_3 + \tau_m marriage + \epsilon_i$$

sex는 여성일 때 1, 남성일 때 0의 값을 가지는 더미 변수이며, edu_1, edu_2, edu_3은 각각 고등학교 졸업, 대학교 졸업, 대학원 졸업 이상일 경우 1의 값을 가지는 더미 변수이다. $marriage$ 역시 결혼 여부를 나타내는 더미 변수이며, 미혼일 때 1의 값을 가진다. age는 조사 대상의 연령을 나타내는 변수이며, 연령의 증가에 따른 참여 확률 변화를 고려하기 위해서 제곱항을 추가했다.

개인 i가 사회적 일자리 사업에 참여할 경우 P_i는 1이며, 그렇지 않을 경우 0의 값을 가지게 된다. 따라서 위의 모형을 probit model을 이용해서 추정했다. 추정 결과를 보면 <표 12-13>의 첫째 난에 제시되어 있다.

사회적 일자리 사업 참여 확률은 성별 · 교육 수준 · 결혼 여부가 유의하게 영향을 미치는 것으로 나타났다. 동일한 연령 · 교육 수준 · 결혼 상태일 경우, 여성의 사회적 일자리 참여 확률이 남성의 확률보다 높았다. 이로부터 사회적 일자리 사업에 여성이 더 적극적으로 참가하고 있다는 것을 알 수 있으며, 이 사실은 사회적 일자리 사업의 근로 구조가 상대적으로 여성이 지원하는 구조로 이루어져 있음을 유추할 수 있다. 앞에서 서술한 바와 같이, 사회적 일자리의 근무 형태가 가정과 직장의 양립이 용이하다거나 근무시간이 상대적으로 적다는 등의 요인 등은 기혼 여성 노동력에게 유리한 방향으로 작용할 수 있다. 교육 수준은 참여 확률에 음의 영향을 끼치고 있는데, 교육 수준이므로, tobit model을 이용해 추정했다. 추정 결과는 <표 12-13>의 두 번째 열에 제시했다.

표 12-13 추정 결과

종속변수	참여 여부	월 평균 임금	시간당 임금	노동시간	참여 의향
추정 방법	probit	tobit	tobit	tobit	probit
sex	1.386*** [0.153]	-0.0780*** [0.0216]	-0.028	-2.636*** [0.995]	0.225
age	-0.0342	0.0166***	-0.00183	0.318	0.0202* [0.0112]
unemp					0.0117
ex wage					-0.00434** [0.00206]
age_sq	0.00105** [0.000482]	-0.000208*** [5.05e-05]	3.16E-05 [7.91e-05]	-0.000527** [0.00260]	
part time		-0.148*** [0.0261]	0.299*** [0.0409]		
exp		0.00204** [0.000892]	-0.00455*** [0.00140]	0.169*** [0.0411]	
edu1	-1.452*** [0.289]	0.0346	0.0236	0.613	
edu2	-1.613*** [0.304]	0.149*** [0.0296]	0.185*** [0.0463]	-.0415	
edu3	-0.832	0.281*** [0.0707]	0.287*** [0.111]	1.549	
marriage	0.467** [0.233]			-0.546	-0.248
other					-0.253 [0.209]
Constant	-0.445	4.157*** [0.106]	1.583*** [0.166]	36.89*** [6.790]	0.467
sigma		0.188*** [0.00653]	0.295*** [0.0102]	8.667*** [0.300]	
Obs	1000	416	416	416	566

주: *** 99% 신뢰 수준에서 유의, ** 95% 신뢰 수준에서 유의, * 90% 신뢰 수준에서 유의 표준편차는 [ ] 안에 표기

추정 결과를 보면, 동일한 조건의 여성 참여자가 남성 참여자보다 더 낮은 수준의 임금을 받고 있음을 알 수 있다. 월 평균 임금이 높은 이유는 두 가지 이유에 기인할 수 있다. 첫째, 근로시간이 상대적으로 많기 때문에 임금이 증가한 경우와, 둘째, 근로시간에는 차이가 없으나 시간당 임금 수준이 높기 때문에 임금이 증가한 경우의 두 가지이다. 남성의 월평균 임금이 높은 이유를 살펴보기 위해서는 시간당 임금 결정 요인 역시 분석이 필요하다.

월 평균 임금에 대한 tobit model 추정 시와 마찬가지로, 사회적 일자리 참여자 416명만을 대상으로 시간당 임금의 결정 요인을 분석했다. 월 평균 임금 결정 요인 추정모형에 사용한 변수를 그대로 사용하되, 임금 변수만을 시간당 임금 변수로 대체했다. 시간당 임금은 월 평균 임금을 월 평균 근로시간으로 나눈 값으로 정의했는데, 월 평균 근로시간은 주당 평균 근로시간에 4를 곱한 값으로 사용했다. 시간당 임금 역시 음수 값은 관측되지 않으므로, 이를 고려해 tobit model을 이용해 추정했다.

추정 결과는 <표 12－13>의 세 번째 열에 제시되어 있으며, 근로 형태·근속 기간·교육 수준 등 임금 수준을 결정하는 다양한 요인들을 포함할수록, 월 평균 임금에서와 마찬가지로 여성의 시간당 임금이 남성보다 낮은 것으로 나타나고 있으나 통계적으로 유의하지는 않은 것으로 비추어 볼 때, 사회적 일자리 사업에서 남성의 월 평균 임금이 높은 것은 우선적으로 남성이 여성보다 장시간 일하기 때문인 것으로 보인다. 그러나 통계적으로 유의하지는 않지만 여성의 시간당 임금 수준이 낮게 나타나고 있는 성별 영향 역시 간과해서는 안 될 것이다. 이는 여성 참여 비율이 높은 사회적 일자리 분야의 임금 수준이 상대적으로 낮게 책정되었거나 또는 추가 수당 등의 체계가 정비되어 있지 않기 때문일 수 있다.

2 노동시간

남성 사회적 일자리 참여자가 상대적으로 장시간 일하는지 확인하기 위해, 사회적 일자리 노동시간에 어떠한 요인들이 영향을 미치는지 살펴보았다.

$$hour_i = \alpha + \beta X_i + \gamma Z_i + \epsilon_i$$

$hour_i$는 i가 사회적 일자리에 투입하고 있는 노동시간이며 범주형 변수의 중간값을 이용했다. 기본 변수 X_i에는 성별 더미 · 연령 · 교육 수준 더미 · 결혼 여부 더미를 포함했으며, Z_i에는 근무 형태 더미를 고려했다.

추정 결과는 <표 12-13>의 넷째 열에 제시되어 있으며, 예상한 대로 남성의 근로시간이 길었으며, 그 차이 역시 통계적으로 유의했다. 이는 앞서 설문조사 결과의 기초 분석과 일치한다. 사회적 일자리에 참여하는 남성의 경우, 전일제 근무를 통해서 상대적으로 장시간 동안 일하고 있으며, 결과적으로 받게 되는 임금 역시 참여 여성보다는 높다. 이는 남성 참여자가 가정의 제1소득원일 확률이 높음을 의미한다. 그러나 사회적 일자리가 다른 일자리에 비해 임금 수준이 낮음을 고려한다면, 이러한 수준의 임금을 지불받고 있는 남성은 앞서 살펴보았듯이 장기 실업에서 탈출했거나 낮은 학력 수준 또는 높은 연령의 취업 취약계층일 가능성이 높다. 반대로 여성의 경우 상대적으로 적은 노동시간을 택하면서 가정의 부수적인 소득을 위해 일하고 있으므로, 이들을 취업 취약계층으로 보기에는 어렵다.

3 참여 의향

지금까지 사회적 일자리 참여자를 대상으로 분석한 것과 달리, 여기서는 사회적 일자리에 참여하고 있지 않은 구직자만을 대상으로 하기로 한다. 사회적 일자리 참여 의향이 있는 구직자의 특성을 파악하기 위해 다음의 식을 추정했다.

$$willingness_i = \alpha + \beta X_i + \gamma Z_i + \epsilon_i$$

$willingness_i$는 구직자가 사회적 일자리 참여 의향이 있을 경우 1, 그렇지 않을 경우 0의 값을 가지는 변수이다. 성별 · 연령 · 결혼 여부 · 자녀 수 등을 포함

하는 기본 변수 X_i와, 미취업 기간 · 최근 직장의 월평균 임금을 포함하는 직업 관련 변수 Z_i의 영향을 살펴보았다.

<표 12-13>의 다섯째 열에 제시되어 있는 추정 결과에 의하면 연령 · 결혼 여부 등 다른 모든 조건이 동일하다면 여성의 참여 의향이 남성보다 높았다. 이는 현재의 사회적 일자리 사업이 여성 노동력이 집중되는 분야를 중심으로 구성되어 있기 때문일 수 있다. 미취업 기간이 길수록 참여 의향을 보일 확률이 높았으며, 연령이 높을수록 참여 의향을 보일 확률이 높았다. 반면에 이전 직장의 임금 수준이 높을수록 참여 의향을 보이지 않았다. 이는 사회적 일자리 사업이 장기 실업, 고연령, 저임금의 취업 취약계층을 끌어들일 수 있는 유인이 있음을 의미한다.

제 5 절 결 론

1997년 아시아 전역을 강타한 경제 위기의 여파로 대규모 구조 조정이 단행된 결과 종전에 2%대에 머물러 있던 우리나라의 실업률이 7%대로 급상승했다. 이로 인해 많은 사회적 혼란이 가중되면서 급등한 실업률을 낮추는 것이 당시의 경제정책의 급선무로 떠올랐다. 이러한 상황에서 정부는 실업대책의 일환으로 공공근로사업을 추진했고, 여기에 시민사회단체들이 파트너로 참여해 취약계층이 공급 주체가 되는 사회 서비스를 도입한 데서부터 사회적 일자리 사업은 출발했다. 따라서 사회적 일자리 사업은 정부 재정 지원사업으로서의 성격이 강하며, 이를 통해 우리나라 경제 규모에 비해 크게 부족한 사회 서비스의 확충을 꾀했다고 볼 수 있다.

정책의 시행은 크든 작든 기대하지 않는 효과를 수반하고, 그 기대하지 않은 효과의 대부분이 부정적인 경우가 많다. 반면에 그 정책 대상 영역에서 긍정적인 영향을 미치는 경우도 있는데 이를 내부 파급 효과라 한다. 여기에서는 사회적 일자리 창출사업에 초점을 맞추어 정책 대상의 영역에서 남녀 성별에 작용하는 경우를 탐색했다. 사회적 일자리 사업에 대한 실증분석 결과 사회적 일자리 창출사업은 사회 서비스의 제공과 일자리 창출이라는 정책 목적 외에도 양성평등이라는 내부 파급 효과도 있음을 알 수 있었다.

사회적 일자리 창출사업의 내부 파급 효과에 관해 분석한 이 장의 주요 결론을 살펴보면 다음과 같다. 첫째, 사회적 일자리 사업 참가자의 80%는 여성으로 남성에 비해 여성이 압도적으로 많았다. 둘째, 여성의 참가 비율은 2007년 이후 감소하고 있으며, 이러한 경향은 사회적 기업의 확대와 연관이 있는 것으로 보인다. 셋째, 사회적 기업은 고령자나 저학력자와 같이 취업 취약계층에 대해 일자리를 제공한다는 목적을 달성하고 있는 것으로 나타났다.

사회적 일자리 창출사업에 참여하고 있는 자를 대상으로 실시한 설문조사 결과를 바탕으로 구직자 및 노동패널의 취업자와의 비교를 통해 남녀의 차이를 살펴본 결과, 대부분의 조사 항목에서 남녀의 차이가 발견되었으며, 조사 대상 집단에 따라 남녀 차이는 상이한 것으로 나타났다. 구체적으로 살펴보면, 경력의 경우 사회적 일자리 참여자, 구직자 그리고 노동패널의 취업자 세 집단 모두 남성이 여성보다 높은 경력을 갖고 있었으며, 남녀의 차이가 유의했다. 또한 이러한 남녀의 성별 차이는 사회적 일자리 참여자가 구직자나 노동패널의 취업자보다 크게 나타났다. 즉, 사회적 일자리에 참여하고 있는 여성은 다른 집단의 여성에 비해 직업 경력이 낮은 여성으로 구성되어 있다고 할 수 있다.

이상의 분석에 더해 개인의 행동에 영향을 미치는 여러 요인을 통제한 후에 성별의 차이가 참여 확률 · 행태 · 의향 등에 차이를 가져오는지에 초점을 맞추어 분석한 결과, 사회적 일자리 사업 참여 확률은 성별 · 교육 수준 · 결혼 여부에 의해 영향을 받는 것으로 나타났다. 동일한 연령 · 교육 수준 · 결혼 상태일 경우 여성의 사회적 일자리 참여 확률이 남성보다 12~39% 정도 높게 나타났다. 아울러 참여 의향을 분석한 결과, 여성의 참여 의향이 남성보다 23~46% 정도 높은 것으로 나타났다. 참여 의향, 참여 확률 모두 여성이 남성보다 높다는 이상의 결과로부터 사회적 일자리 사업의 근로 구조가 상대적으로 남성보다 여성이 선호하는 구조로 이루어져 있음을 유추할 수 있다.

높은 여성 참여율과는 반대로, 동일한 학력이나 근속기간 등의 조건을 가진 여성 참여자가 남성 참여자보다 더 낮은 수준의 임금을 받고 있었는데, 이는 남성이 여성보다 장시간 일하기 때문인 것으로 나타났다. 위의 결과는 사회적 일자리 근무시간 결정 요인 분석에서도 재확인할 수 있었다.

결론적으로, 사회적 일자리 사업이 남성과 여성의 노동 공급에 미치는 성별 영향은 상이한 것으로 나타났다. 남성의 경우 미취업 기간이 긴 장기 실업 계층의 참여가 상대적으로 높았고, 전일제 근로나 장시간 근로를 선호했다. 그러나 여성의 경우 노동시장을 일시적으로 탈출했다가 재진입하는 기혼 여성의 참여가 활발했고, 상대적으로 적은 근로시간으로 낮은 임금을 받는 형태의 참여를 선호했다. 이는 사회적 일자리의 형태가 취업 취약계층의 여성에게 유리하기보다는 제2소득원으로서의 일자리를 찾는 여성에게 유리하기 때문으로 여겨진다.

사회적 일자리 사업을 성인지적 입장에서 평가하면, 임금이나 자격 요건에 남녀 간의 차이가 없어 상당히 양성 평등적인 사업이라고 할 수 있다. 그러나 실제로 사회적 일자리 사업에 참여하고 있는 참가자의 성별 분포를 보면 여성이 80%에 달해 성비가 심각하게 편중되어 있는 것으로 나타난다. 이렇듯 여성의 비율이 압도적으로 높은 이유로는 사회적 일자리 사업이 전통적으로 여성이 진출하기 쉬운 업종이 주를 이루고 있다는 것을 들 수 있다.

그러나 사회적 일자리 사업에 참가하겠는가에 대한 설문조사 결과, 사회적 일자리에 참여할 의사가 있다고 밝힌 비율은 남성과 여성이 큰 차이를 보이지 않았다. 이는 남성도 사회적 일자리에 대해 관심이 없지는 않음을 반증해 주는 것이나 실제로 참여하지 않는다는 것은 사회적 일자리가 갖고 있는 여러 가지 특징 가운데서도 특히 단기적인 일자리를 제공한다는 데 있다고 여겨진다. 즉, 남성의 경우 대부분이 가정의 주 수입원으로서 생계를 책임지고 있다는 점을 감안할 때 설령 이용 가능하다고 하더라도 단기적인 일자리는 선뜻 받아들이기 어려우리라 생각된다.

이러한 의미에서 사회적 일자리가 제한적이긴 하나 이윤 동기에 입각해서 다양한 직종과 형태의 근로 조건을 제공하는 사회적 기업을 중심으로 전환되고 있는 것은 매우 적합한 방향이라고 여겨진다.

제 13 장

의료 분야에서 사회적 기업의 응용: 물리치료사를 중심으로

제 1 절 서 론

오늘날 도시 인구의 증가와 고령화사회로의 진행이 이루어짐에 따라 의료비 증가에 따르는 비용 부담이 이슈인 상황이다. 이 상황에서 방문재활이라는 물리치료사의 자율적 영역을 창시해 주고 그들이 스스로 이 목적 달성을 위해 사회적 기업을 창설하도록 함으로써, 고용의 증대와 의료비용의 감소, 수직적 계열화에서 수평적 계열화로의 추구 등을 연구해 실용하도록 함이 이 장의 내용이다.

고령화사회의 의미는 이미 잘 알려진 바와 같이 노인 연령이 65세 이상의 인구 비율이 전체 국민의 7% 이상이 되면 고령화사회(aging society), 14% 이상이면 고령사회(aged society), 21% 이상일 때는 초고령사회(super-aged society)라고 불린다는 의미이다.

외국의 경우 고령화사회로 변화되는 기간을 살펴보면 프랑스(115년), 스웨덴

(82년), 미국(69년), 영국(46년), 일본(24년)인데 비해 우리나라는 22년 정도로 예상되고 있다. 고령화사회의 도래는 노인들의 사회문제를 동반하게 된다. 전통적인 고령화사회는 노인들의 부양문제가 나타나게 되며, 최근에는 국가의 정책문제로 다루어지게 된다. 따라서 이 장에서는 고령화사회의 준비를 위한 물리치료사의 역할 증대는 물론이고, 국가적으로 노인 의료비의 감소, 더 나아가 좀 더 실질적인 면에서 노인들의 건강관리에 대한 구체적인 제도의 도입 필요성이 요구된다. 이 장의 목적은 물리치료사를 대상으로 사회적 기업을 응용하려 함이다. 물리치료사가 병원과의 수직적 계열화되어 있음으로써 국민 전체의 견지에서는 의료비용의 증가를 가져오고, 병원의 입장에서는 유연화의 어려움으로 총제적 위기에 직면하고 있다. 따라서 물리치료사에게 수평계열화하는 방법을 찾아내며, 이를 통해 이용권과 선택권을 수혜자에게 돌려 주고, 병원에는 유연성을 제공하고, 국가적 차원에서는 의료비용의 증가율을 낮추는 데 있다.

다시 말해서 이 장은 물리치료사 고유의 도입 목적에 부응해 물리치료사 개인들이 사회적 기업을 설립하는 방안을 제시함으로써 환경에 맞는 물리치료사의 기능을 향상시켜 노인들의 건강관리와 국민 의료에 기여하는 것을 목적으로 한다.

제 2 절 사회적 기업의 배경과 현황

1 사회적 기업의 정의

'사회적 기업'이라 함은 취약계층에게 사회 서비스 또는 일자리를 제공하거나 지역사회에 공헌함으로써 지역 주민의 삶의 질을 높이는 등의 사회적 목적을 추구하면서 재화 및 서비스의 생산·판매 등 영업활동을 하는 기업으로서 사회적 기업육성법 제7조의 규정에 따라 고용노동부 장관의 인증을 받은 기관을 말한다.

여기서 '사회 서비스'라 함은 개인 또는 공동체의 복지 증진 및 삶의 질 제고를 위해 사회적으로 제공되는 서비스로서 교육, 보건, 사회복지, 문화예술·관광 및 운동, 산림 보전 및 관리, 간병 및 가사 지원, 문화재 보존 및 활용 관련 서비스, 청소 등 사업시설관리, 취업 알선 등 고용 서비스 등과 이에 준하는 서비스를 말한다.[1] 즉, 사회적 기업이란 비즈니스 마인드를 가진 기업이 사회 서비스를 제공하는 것으로 그 개념이 서로 배치되는 용어들의 결합이라 하겠다. 사회적 기업은 "빵을 팔기 위해 고용하는 것이 아니라 고용하기 위해 빵을 파는 기업, 또는 좋은 일 하면서 수익을 내는 기업"을 의미한다(원종학, 2011). 사회적 기업은 사회적 가치 실현과 기업적 전문성의 활용이 그 목표이며, 한국의 사회적기업육성법은 사회적 기업을 지원함으로써 우리 사회에서 충분하게 공급되지 못하고 있는 사회 서비스를 확충하고, 새로운 일자리를 창출함으로써 사회 통합과 국민의 삶의 질 향상에 기여하는 것을 목적으로 한다.

사회적 기업은 비영리단체나 공공기관이 재정적인 지원이나 후원을 통해 운영되는 점과는 달리 상업활동이나 리스크(risk)가 따르는 경영을 통해 사회적 목적을 달성하고자 한다. 이러한 사회적 기업은 ① 하이브리드 조직, ② 실업에 대한 대응, ③ 혁신조직, ④ 사회 통합을 위한 지역사회 발전, ⑤ 시장 지향성, ⑥ 경영자율성, ⑦ 혼합자원 등의 특성을 가지고 있다고 한다[2](정무성 외, 2011). 사회적 기업의 위치를 나타낸 것이 다음 <표 13-1>이다(정무성 외, 2011).

---

1) '예비사회적 기업'이라 함은 사회적 목적 실현, 영업활동을 통한 수익 창출 등 사회적 기업의 대체적인 요건을 갖추고 있으나, 수익구조 등 법상 인증 요건의 일부를 충족하지 못하고 있는 조직(기업)을 광역자치단체장이 지정(또는 고용노동부 장관이 선정)해 장차 요건을 보완하는 등으로 향후 사회적 기업으로 전환이 가능한 기관이며 '(예비)사회적 기업 일자리 창출사업'(이하 '재정지원사업'으로 한다)이라 함은 사회적으로는 필요하지만 수익성 등이 부족해 시장에서 충분히 공급되지 못하는 복지·환경·문화·지역 개발 등 사회 서비스를 취약계층에게 일정 부분 무료(또는 시장가격보다 낮은 수준)로 제공하거나, 취약계층에게 일자리를 제공하기 위해 (예비)사회적 기업이 신규 일자리를 창출할 수 있도록 지원하는 사업을 말한다. 또 '취약계층'이라 함은 자신에게 필요한 사회 서비스를 시장가격으로 구매하는 데에 어려움이 있거나 노동시장에 통상적인 조건에서 취업이 특히 곤란한 계층으로 '사회적기업육성법' 시행령 제2조에 해당하는 자를 말한다.

2) 사회적 기업은 미션 지향적이며 사회적 가치를 창출하는 전통적인 비영리조직과 시장 지향적이며 경제적 가치를 창출하는 비즈니스 조직 사이의 교차점에 있는 하이브리드 조직으로서의 성격을 가지고 있다. 하이브리드 조직은 사회적 가치와 경제적 가치를 생산하며 조직의 목적과 책임성, 수익의 사용과 관련되는 활동 정도에 의해서 조직된다.

표 13-1 실천가들의 스펙트럼

구분	순수한 자선	하이브리드	순수한 기업
동기	온정, 선의에 호소	혼합된 동기	자신의 이익에 호소
방법	사명 지향적	사명과 시장과의 조화	시장 지향적
목표	사회적 가치 창출	사회적·경제적 가치 창출	경제적 가치 창출
수입/이윤의 용도	비영리조직의 사명 활동들을 지향(법과 조직의 방침에 요구됨)	미션 활동들과 운영비에 재투자되거나 기업의 성장과 발전을 위해 유보됨	주주와 소유주에게 분배

전통적인 비영리	수익을 창출하는 비영리조직	사회적 기업	사회적 책임기업	사회적 책임을 실천하는 기업	전통적인 영리

사명과 동기↔이윤 추구
이해관계자 책임성↔소유주 책임성
수입의 프로그램이나 운영비에 재투자↔소유주에 대한 이윤 재분배

자료: 정무성 외(2011).

위 표에서 범주의 오른쪽은 사회적 가치를 창출하기는 하지만, 이익을 창출하고 주주들에게 이익을 분배하는 것을 주요 목적으로 하는 영리기업들의 실체이다. 범주의 왼쪽은 사회 프로그램에 자금을 지원하기 위한 경제적 가치의 생산을 위해서 기업활동을 하는 비영리조직들의 실체이며, 하지만 이들 조직의 주요 목적은 이해관계자들에 의해서 위임된 사명의 성취이다(정무성 외, 2011).

2 사회적 기업의 배경

한국의 사회적 기업은 사회 서비스를 제공하거나[3] 일자리를 창출하면서 비

3) 사회 서비스라 함은 가능한 많은 사람이 소비하는 것이 가치 있다고 판단되는 일종의 가치재로서 교육·보건·사회복지·환경 및 문화 분야의 서비스와 그 밖에 이에 준하는 서비스로서 대통령령이 정하는 분야의 서비스를 말한다(정무성 외, 2011).

즈니스 마인드로 수익을 창출해야 하는 두 가지 또는 세 가지 목표를 동시에 달성해야 하는 기업이다. '사회적기업육성법'의 제정 배경은 다음과 같이 실업문제, 사회 서비스 욕구의 증대, 사회적 취약계층에 우호적인 정부의 출현 등이라 할 수 있다(정무성 외, 2011).

좀 더 거시적 관점에서 공적 복지제도의 규모 축소는 제3섹터의 사회적 기업으로의 자연스러운 이전 혹은 새로운 조직의 탄생을 예고하고 있으며, 급속히 사회적 기업의 발전을 가능하게 한 토대가 되고 있다. 특히 복지국가의 위기로 인한 사회적 배제의 대상이 된 취약계층 실업의 장기화는 대표적인 사회문제로 등장했다. 이를 해결하기 위한 사회 통합적 측면에서도 사회적 기업을 통한 일자리 제공이 중요한 방안으로 등장했다.

다른 관점에서는 국가–시장–제3섹터 중 어느 한 영역이 사회 서비스를 전담하는 것은 현실적으로 불가능해짐에 따라 준시장(quasi–market)이 출현했다.[4] 주로 서비스 제공 방식으로 계약 방식과 바우처와 같은 구입증서 방식이 있는데, 계약 방식은 다수의 생산자가 존재하고 계약에 대한 정부의 감독 체계가 확립되어야 하며, 구입증서는 소비자에게 충분한 정보와 서비스에 대한 판단이 가능해야 한다는 전제가 필요하다(정무성 외, 2011). 사회적 기업을 분류하면 아래 <표 13–2>로 정리된다.

표 13-2 사회적 기업의 분류

	유형	특성
①	일자리 제공형	취약계층 일자리 제공이 주된 목적, 부수적으로 취약계층에게 사회 서비스 제공 (항구적 일자리 형과 경과적 일자리형으로 구분)
②	사회 서비스 제공형	취약계층 사회 서비스 제공이 주된 목적, 부수적으로 취약계층 일자리 제공
③	혼합형	취약계층에게 일자리와 사회 서비스를 함께 제공하나 ①, ② 유형에 비해서 시장성이 높은 유형
④	지역사회 공헌형	취약계층에게 일자리와 사회 서비스를 제공하는 것이 주된 목적은 아니나, 환경, 문화, 지역 개발 등 지역사회 내에 일반 주민을 수혜자로 하는 공익사업 수행

자료: 최종헌 · 이종한(2009).

4) 준시장이란 공적 영역이 적극적으로 시장경쟁 개념을 도입해, 서비스 생산의 효율을 높이고 소비자의 선택권을 보장하기 위해 언급되는 방식이다.

3 사회적 기업의 현황

먼저 사회적 기업을 위한 정부 지원 관련 법 조항은 <표 13-3>과 같이 정리된다.

표 13-3 사회적 기업을 위한 정부 지원 관련 법 조항

지원 항목	육성법 조항	지원 내용
재정 지원	13조 2항 및 14조	– 사업주가 부담해야 할 4대 사업보험료(고용보험, 산재보험, 건강보험, 국민연금) 지원 – 예산의 범위 내에서 인건비, 운영경비, 자운비용 등 재정 지원을 제공함.
경영 지원	10조	– 정부출연기관이나 민간단체에 위탁해서 경영컨설팅 및 정보 제공을 받을 수 있음.
시설비 지원	11조	– 기업 설립 및 운영에 필요한 부지구입비, 시설비 등을 지원・융자하거나 국・공유지의 임대 등을 지원함.
우선 구매	12조	– 공공기관은 사회적 기업이 생산한 재화나 서비스를 우선 구매를 촉진해야 함.
세제 지원	13조 1항	– 법인세법, 조세특례제한법, 지방세법이 정하는 바에 따라 국세 및 지방세를 감면할 수 있음.

자료: 법제처(2010.6.10).

현황을 정리하면 2010년 5월 26일 기준 319개 기업이 사회적 기업으로 인증받아 영업 중이다. 인증 비율은 '사회적기업육성법'이 발효된 2007년 제1차 심사에서 28.3%로 매우 낮았으나, 그 비율은 점차 증가하는 추세를 보이다 2009년 이후 다시 조금 줄어들고 있다. 2009년 8월 기준으로 515개 기업이 신청해서 이 중 48.7%인 251개 기업이 인증을 받았고, 사회적 기업 251개를 유형별로 보면 일자리 제공을 목적으로 하는 사회적 기업이 압도적인 비중을 차지하고 있다. 이를 나타낸 것이 <표 13-4>이다.

사회적 기업 설립 목적별 현황을 보면 앞서 언급한 대로 일자리 제공형이 43.8%로 가장 높은 비중을 차지한다. 혼합형도 일자리 제공 목적이 두드러지며, 지역사회 공헌형 역시 일자리 창출을 통한 지역경제 기여가 포함되기 때문에, 이들을 합치면 일자리 제공을 목적으로 하는 사회적 기업이 전체의 87%이다(채종

표 13-4 사회적 기업의 인증 비율 추이

		인증 신청 기업 수	인증 허가 기업 수	인증 비율(%)
2007	1차	113	32	28.3
	2차	53	19	35.8
2008	1차	54	30	55.6
	2차	46	24	52.2
	3차	81	48	59.3
	4차	104	64	61.5
2009	1차	45	26	57.8
	2차	19	8	42.1
계		515	251	48.7

자료: http://www.socialenterprise.go.kr

표 13-5 사회적 기업 설립 목적별 현황

		일자리 제공형	사회 서비스 제공형	혼합형	지역사회 공헌형	계
2007	1차	11	4(12.5)[5]	10	7	32
	2차	4	3(15.8)	4	8	19
2008	1차	18	3(10.0)	5	4	30
	2차	7	6(25.0)	9	2	24
	3차	26	7(14.6)	14	1	48
	4차	24	7(10.9)	21	12	64
2009	1차	14	3(11.5)	6	3	26
	2차	6	0(0.0)	2	0	8
계		110	33	71	37	251
비중(%)		43.8	13.1	28.3	14.7	100

자료: http://www.socialenterprise.go.kr

헌 · 이종한, 2009). 이를 나타낸 것이 <표 13-5>이다.

이와는 대조적으로 사회 서비스 제공형의 비중은 13.1%에 불과하며, 그 비중의 추이도 대체로 줄어드는 경향을 보여 주고 있어 한국의 사회적 기업은 주로

5) ( )는 해당 연도 해당 차 전체 사회적 기업에서 차지하는 비중(%)임.

일자리 창출 목적으로 설립되었다고 판단된다(최종헌 · 이종한, 2009). 사회적 기업 관련 정책의 제도적 변화와 특성은 아래 <표 13-6>으로 요약할 수 있다.

표 13-6 사회적 기업 관련 정책의 제도적 변화와 특성

	공공근로 사업	자활근로사업			자활공동체사업	사회적 일자리 사업	사회적 기업 사업
		시장 진입형	사회적 일자리형	근로 유지형			
도입 시기	1998	2003		2000		2005	2007
근거법(안)		국민기초생활보장법, 상법, 부가가치세법 등				고용관계법	사회적 기업 육성법
주무 부처	정부부처	보건복지부		노동부			
사업 주체	공공 부문/비영리단체	민간단체(개인사업자, 주식회사, 조합 방식, 회원조직 등)				민간 부문	민간 부문
정책 대상	국민기초생활법의 수급자					저소득 실직자	사회취약 계층
운영 초점	노동						자본
이윤 배분		이윤 배분의 제약 없음(자율적 결정).					이윤 배분 제약
정책 특성	정부 확보 일자리 전달 체계	근로 연계사업의 특성 자활공동체보다 직접적 영향			• 판매수익금 • 참여자 임금 지급 • 기업적 틀 형성	• 적극적 노동 정책 • 고용지원정책 • 민간위탁	
정책 변화	비영리단체 위탁					사회적 기업정책 전환 모색	
정책 한계				공공 근로형 국가 주도		• NGO 자율성 저해 • 단기적 일자리	

자료: 최종헌 · 이종한(2009).

제 3 절 노인장기요양보험에서의 물리치료 도입 방안

1 물리치료의 일반적인 현황

물리치료(physical therapy)란 열 · 전기 · 광선 · 물 · 운동의 법칙과 같은 물리적 에너지 현상뿐만 아니라 조작적 방법과 운동치료 등으로 동통의 완화, 근육의 수축과 이완, 혈액의 순환, 비정상적 및 운동 형태를 교정시킬 목적으로 전문가인 물리치료사에 의해 이루어지는 체계적이고 과학적인 재활치료이다.

물리치료사(physical therapist)는 물리치료 요소를 이용해 최적의 신체 기능을 회복 · 유지 · 증진시키기 위해 확립된 이론적 그리고 과학적 기초를 바탕으로 환자를 평가 · 진단 · 중재해 환자의 신체 기능을 개선시키는 운동전문가(movement specialist)이다. 해부학 · 인체생리학 · 인체운동학 · 기능해부학 · 신경해부학 · 생체역학 · 근골격계 운동치료 · 신경계 운동치료 등 인체의 기능과 운동 그리고 건강에 관련된 과목을 이수하며, 800~1,000시간 이상의 병원 실습을 통해 실전 능력을 증진해야만 물리치료사로서 자격을 얻을 수 있다.

물리치료사는 물리치료 시술에 필요한 검사 · 평가 · 치료계획의 수립 및 재평가, 열 · 냉 · 물 · 광선 · 전기 · 초음파 · 진동 · 공기 · 복사 에너지 등 물리적인 요소를 이용한 치료와 신체활동 증진 및 기능 유지를 위한 운동치료 · 도수치료 · 심부근전기자극치료 · 신체교정운동치료 · 견인치료 · 기계 및 기구치료 · 마사지 · 기능훈련 및 재활훈련과 이에 필요한 기기 · 약품의 사용 · 관리, 기타 물리요법적 치료를 환자에게 적용하고 건강보험 요양급여수가를 적용할 수 있다.

노인건강치료 서비스, 의료 서비스, 인지 서비스, 일상생활 서비스(옷 갈아입기 · 세수 · 양치 · 목욕 · 식사 · 화장실 사용 · 일하기 · 앉기), 수단적 서비스(몸단장하기 · 집안일 · 식사 준비 · 빨래 · 교통 수단 · 전화 사용하기 · 기타) 등을 포함한 다양한 노인건강 치료를 건강보험의 건강 항목으로 추가할 필요가 있고, 특히 장기요양보험제도와 관련이 많다고 할 것이다.

2 외국의 요양보호제도

외국의 경우에 노인들의 건강과 관련된 제도를 보면 수발보험·개호보험 등의 다양한 용어로 노인들의 건강을 관리하고 있다. 일본의 경우는 만 40세부터 보험료 부담을 하는 것이 특이하다. 독일의 경우는 전 국민이 보험료 부담자이고, 법정 질병보험 가입자(6개월 이상 요양이 필요한 가입자 전부)를 대상으로 한다. 아래 <표 13-7>은 외국의 요양보호 체계를 보여 주고 있다.

표 13-7 외국의 요양보호 체계

구분	한국	독일	일본
명칭	노인장기요양보험	수발보험	개호보험
시행 시기	2008.7	1995.4(재가) 1996.7(시설)	2000.4
관리 운영 주체	건강보험공단 (지방자치단체 일부 참여)	수발금고 (질병금고에 설치)	시, 정, 촌 (우리의 시, 군, 구)
보험료 부담자	전 국민	전 국민	40세 이상
피보험자	65세 이상의 노인과 치매, 뇌혈관성 질환(중풍) 등 대통령이 정하는 노인성 질병을 가진 65세 이하의 국민	전 국민, 법정 질병보험 가입자(6개월 이상 요양이 필요한 가입자 전부)	1호: 65세 이상 2호: 40~64세 중 15개 특정 노인성 질환자 * 장애인은 선택권을 보장하는 지원비 제도 전환 (2003년)

자료: http://www.longtermcare.or.kr/portal/site/nydev/

기타 외국의 경우에 노인들의 요양급여를 보면 절차상의 다소 차이가 있는 것을 볼 수 있다. 이러한 차이들은 요양급여의 부담이 국가마다 의료비의 차이가 존재할 수 있는 이유가 될 것이다.

우리나라의 노인들의 건강과 관련된 물리치료는 특정 부분에 한정되어 있다. 따라서 고령화사회의 준비를 위한 노인 건강관리와 물리의 교육제도 개선의 대한 다양한 교육과정 개발로, 노인 건강관리 대한 전문성을 높이고 실질적인 건강관리에 필요한 교육과정의 개선이 필요할 것이다. 그러므로 이 장에서는 선진국의 사례들을 참고해서 우리나라의 노인 건강에 필요한 물리치료와, 의료시설과 관련된 문제들을 연구하고자 한다. 아래 <표 13-8>은 국내 노인물리치료사 현상을 보여 주고 있다.

표 13-8 국내 노인 물리치료사 현황

서비스 제공 기관 유형		기관 수 (개소)	물리치료사 수(명)	주요 서비스 대상자 연령층 (해당 난에 체크)				서비스 대상자 수 (명)	1회기 당 서비스 단가		치료비용에 대한 공적 지원 여부 (해당 난에 체크)			
				영유아	학령기	성인기	전 연령층		1회기 기준 시간 (분)	서비스 단가 (원)	지원함: 건강보험	지원함: 바우처	지원함: 기타	지원 안함
병원	(상급)종합병원	315	2178				v		30		v			
병원	병원	1300	4400				v		30		v			
병원	의원	27427	12943				v		30		v			
병원	요양병원	848	2785			v			30		v			
보건의료원		17	19			v					v			
보건소		240	302			v					v			
보건지소		1295	138			v					v			
학교			파악불가											
복지관			파악불가											
한방병원		163	83				v							
한방의원		12066	1				v							
치과병원		190	3											
총계		43,861	22,852											

자료: 건강보험심사평가원 2010년 3/4분기 자료 현황 (http://stat.kosis.kr/nsieu/index.jsp?hOrg=354)

3 노인장기요양보험의 출현

우리나라의 노령화 지수는 1970년의 7.2%에서 1995년의 24.5%, 2000년 34.3%로 급격한 증가를 보였으며, 2020년까지는 124.2%에 이를 것으로 보인다. 특히

65세 이상 노령인구는 2000년을 기점으로 총인구의 7%를 상회해 본격적인 고령화 사회(aging society)에 돌입했고, 2018년에는 14%를 넘어 고령사회(aged society)에 진입될 것으로 전망되고 있어 고령화에 따른 사회적인 문제가 심각해질 것으로 보는 견해가 많으며, 특히 이들의 돌봄문제는 과거의 개인적 문제에서 사회적 문제로 인식하게 되었다.

노인 인구의 연령 구간별 구성비 변화도 80세 이상의 후기 노령 인구가 2000년 1.0%에서 2010년 2.0%, 2016년 3.0%, 2021년 4.0%를 넘어서 2050년에는 13.8%를 상회할 것으로 예측되었다.

이러한 예측은 더 이상 노인의 문제를 외면할 수 없다는 사회적 공감대에 이르렀고, 2008년 7월 1일부터 본격적으로 사회보험 방식을 채용한 노인장기요양보험제도가 실시되었다.

4 노인장기요양보험에서의 재활 서비스 필요성

재활은 질환이나 외상으로 인해 발생한 장애를 역전시키는 중요한 기능을 수행할 뿐만 아니라 신체적 적정성을 유지 또는 증진시킴으로써 기능 저하 및 노인성 질환을 예방하는 기능을 가지고 있다. 재활치료의 목적은 환자의 건강 및 생명을 최적의 상태로 회복 · 유지하는 것이다(양영애 외, 2009: 31).

먼저 노인장기요양보험 서비스의 우선 개선 과제를 살펴보자. 노인장기요양보험제도에 대한 국민 인식도 · 만족도 및 의견 수렴 조사의 결과로는 '장기요양 인정 등급 확대로 수혜자 증대'라는 의견이 46.7%로 가장 많았고, 이어서 '경증 치매 환자 등의 요양 등급 판정 기준 완화'(13.8%), '노인성 질환 인정 범위를 퇴행성 질환까지 확대'(8.9%), '요양 등급 판정 시 전문의 진단 의견 비중 확대'(7.7%), '장기요양 시설 내 의료 진료 허용'(6.0%), '방문 서비스에 재활치료 추가'(5.4%) 등의 순으로 높게 나타났다.[6)]

6) 국민건강보험공단 주관으로 2011년 5월 24부터 2011년 6월 27까지 개별 전화면접 · 온라인 설문조사 등을 통해 노인장기요양보험 시행 3주년을 맞이해 국민인식도, 만족도 및 의견 수렴 조

방문물리치료가 필요한 질환은 중풍·관절염·요통·골절 등의 질환과 그 후유증으로 노인성 질환에서 반드시 필요한 것이 재활 서비스라고 할 수 있다. 이러한 재활 서비스를 통해 질병 관리뿐만 아니라 신체 기능 강화를 기할 수 있을 것이다. 재활 서비스의 노인장기요양 급여화는 운동요법·체위 변경 기술·마비 환자의 수동 및 정체성(停滯性) 운동기술의 실시를 일반화해서 수급자의 자유 선택에 의해 서비스를 제공받을 수 있다. 재활 서비스의 도입으로 수급자의 질병 관리 및 신체 기능의 향상을 기대할 수 있어 궁극적으로 장기요양보험 재정을 점감하는 데 기여한다. 재활 서비스가 활성화되면 노인들의 독립적이고 육체적이나 정신적으로 건강하고 지역사회 생활에 활발하게 참여하게 되어 궁극적으로 노인들의 삶의 질을 높일 수 있는 계기가 된다.

재활 서비스의 노인장기요양 급여화의 구체적 방안은 다음과 같다. 장기요양 종합상담센터(가칭) 도입으로 예방사업 및 급여의 일환으로 재활 서비스를 제공하는 방안이다.[7] 또 일본 개호보험의 지역밀착형 서비스 기능처럼 노인요양 공동생활가정의 기능을 강화해 그룹홈 형태로 개편하고, 일정 요건을 갖춘 기관에 대해 재활 서비스 기능을 부여한다. 이에 대해서는 다음 절에서 자세히 고찰한다.

제4절 도입 모델 검토

1 현행 물리치료사 제도의 문제점

현행 물리치료사 제도의 문제점 중 첫째는 면허만 있고 활용되지 않는 이른바 장롱 면허이다. 우선 면허를 받은 총원이 얼마인지 파악되지 않고 있다. 현재 파악된 자료를 기초로 해서 종별 인력 현황을 보면 24,091인이 취업해 있다(물리

사를 실시해 향후 제도 개선 등에 활용할 목적으로 실시한 조사로서, 신뢰도 95% 신뢰 수준에서 최대 ±3.1의 표본오차이다.

7) 일본 개호보험의 지역포괄센터 기능과 유사한 개념의 종합상담센터를 도입해 예방사업의 일환으로 재활 서비스를 제공한다.

치료사협회 내부자료, 2011). 이 중 514인은 상급종합병원, 1,755인은 종합병원, 4,854인은 병원, 3,190인은 요양병원, 13,207인은 의원, 3인은 치과병원, 107인은 한방병원, 1인은 한방의원, 460인은 보건기관에 근무하고 있다.

또 다른 문제점은 법적인 규제로 의사의 처방에 의존함으로써 사회적 기업으로의 진행 방향에 어려움이 있으며, 간호사와의 업무 중복도 문제점으로 지적된다. 현행 제도 아래서 가능한 방법은 맞춤형 방문건강관리사업이다. 따라서 맞춤형 방문건강관리사업을 자세히 알아볼 필요가 있다.

2 맞춤형 방문건강관리사업

맞춤형 방문건강관리사업의 목적은 첫째로 빈곤·질병·장애·고령 등 건강위험 요인이 큰 취약계층의 건강 격차 해소 및 건강 형평성을 확보하고, 둘째로 취약계층의 정기적 방문건강관리 서비스로 자가건강 관리 능력 향상을 통한 건강수명 연장 및 삶의 질을 향상시키며, 셋째로 대상자의 다양한 욕구 파악을 통한 맞춤형 서비스로 건강 친화적 환경을 제공하는 데 있다.

그 사례로 2011년도 목표와 중장기 목표는 <표 13-9>와 같이 정리된다.

맞춤형 방문건강관리사업의 사업 내용은 보건소 내 간호사·물리치료사·운동사·치과위생사·영양사·사회복지사 등 2,750여명의 전문인력이 건강관리 서비스를 제공하며, 생애주기별 질환관리, 만성질환 관리, 합병증 예방, 건강 증진 등 맞춤형 선상관리 서비스를 제공한다. 구체적으로 1차 신규 방문 후 8회의 집중관리를 하며, 2~7차 방문에 한해서 보건소의 상황에 따라 방문간호사 외 의사·물리치료사·운동사·치과위생사·영양사·사회복지사 등이 방문해서 서비스를 제공할 수 있다. 그러나 방문 물리치료사는 법 시행 규정에서 보듯이 의존적이라는 데 문제가 있다.[8)]

8) 그 규정은 ① 방문간호사 및 보건소 내 타 부서, 지역사회 기관에서 방문물리치료가 필요하다고 의뢰한 대상자에게 요구에 맞는 중재 실시, ② 질병 및 손상으로부터 신체적 고통을 당하는 대상자에게 기능 회복, 통증 감소, 균형 및 적응 촉진, 영구적 신체장애 제한 및 예방 등이다. 체력 및 건강 촉진·유지·회복, 손상 예방, 가동성 개선, 사회 복귀를 위한 재활 서비스 제공

표 13-9 2011년도 목표와 중장기 목표

〈2011년 목표〉	
취약계층 등록관리율 유지	• 462만 취약가구 중 120만 가구 관리(26%)
취약가족 관리	• 다문화 가구 등록률 향상
자가건강 관리 능력 향상	• 건강 생활 습관 실천율 증가: 금연, 절주, 운동 • 고혈압, 당뇨 관리율 향상
노인 기능 수준 유지	• 허약 정도 유지 및 향상
영유아 건강관리율 향상	• 영유아 등록관리율 향상
〈중장기 목표〉	
만성질환 합병증 예방	• 고혈압 치료순응률 향상 • 당뇨 치료순응률 향상 • 혈압조절률 향상 • 혈당조절률 향상 • 허약유병률 감소 • 낙상경험률 감소
건강 불평등 완화	소득 상·하위 20%의 주관적 건강감(健康感) 양호율, 삶의 질, 흡연율 격차 감소

자료: 물리치료사협회(2011).

3 장기요양 종합상담센터(가칭) 도입

일본 개호보험이 2006년 예방 기능을 강조한 개혁 프로그램에서 선보인 지역포괄센터 기능과 유사한 가칭 장기요양 종합상담센터를 도입하고, 지역사회의 예방 기능 업무를 총괄함은 물론 재활 서비스의 제공으로 실질적인 예방 기능을 강화해야 한다. 늘어나는 장기요양 수요는 향후 노인장기요양보험제도의 재정 전망을 어둡게 하고 있으나, 이러한 선제적인 개혁 프로그램의 도입이 노인장기요양보험 재정에 긍정적인 역할을 할 수 있을 것으로 보인다.

이렇게 함으로써 지역 밀착 서비스를 가능케 함은 물론, 예방사업이 활성화될 수 있는 기틀을 마련하고, 지역 자원과 정보에 덜 민감한 수급자와의 연계가 한층 더 용이해진다는 장점을 살릴 수 있다. 우리나라에서의 가칭 장기요양 종합

등이다.

상담센터 설치에 관해 상론하면 아래와 같다.

① 설치 주체: 일본의 경우와 달리 우리나라에서는 장기요양보험의 관리 운영 주체가 국민건강보험공단이지만, 장기요양 종합상담센터(가칭)는 노인장기요양보험법 제4조(국가 및 지방자치단체의 책무 등)에 따라 지방자치단체가 수행하는 것이 효율적이다.

또한, 지역 밀착도를 고려해서 현재의 보건소보다는 더 밀착도가 있어야 실효성을 담보할 수 있다. 따라서 초기의 설치를 용이하게 할 수 있도록 일본의 경우처럼 현재의 장기요양시설에 부가해서 설치할 수 있을 것이다. 이 경우에는 일본의 사례에서 볼 수 있듯이 지방자치단체에 '장기요양 종합상담센터 운영협의회'를 설치해 구체적인 기준을 마련할 수 있을 것이다.

② 기능: 노인장기요양보험법 제4조 제1항의 규정에 따라 "노인이 일상생활을 혼자서 수행할 수 있는 온전한 심신 상태를 유지하는 데 필요한 사업"을 수행함을 원칙으로 하며, 구체적 사업으로 근력 향상 사업·구강케어 강화 사업·영양 개선사업·인지증 예방사업·노인 우울증 예방사업·치매 예방사업 등을 들 수 있다.

또한, 노인장기요양 1~3등급 판정자에 대한 지역사회 장기요양시설 정보 제공 기능을 담당케 하여 수급자의 권리 보호에 충실할 수 있을 것이다. 그리고 등급 외 판정자 혹은 미신청자에 대한 노인건강 관련 정보 제공과 지역사회 자원 연계사업을 수행케 함으로써 종합상담 기능을 강화하고, 그들의 이력관리를 통한 통합적이고도 개인별 맞춤형 정보의 제공을 가능케 할 수 있다. 이를 통해 고령화 사회의 사회안전망 기능을 담당케 하여 우리나라 사회복지를 한 단계 끌어올려 명실상부한 종합적 노인장기요양제도를 마련할 수 있게 된다.

③ 재활 서비스의 도입: 장기요양 종합상담센터(가칭)에서는 예방 기능을 강화하고 서비스 수요자의 만족도를 강화하기 위해 재활 서비스를 도입하며, 이에 따른 인력 기준을 마련해야 할 것이다.

④ 인력 기준: 장기요양 종합상담센터(가칭)에는 상근 인력으로 사회복지사·간호사·물리치료사가 배치되어야 한다.

다만 구강 케어와 재활 서비스를 위해 비상근 의사가 주 1회 정도 근무할 수 있도록 제도적인 장치를 마련하면 효율적인 업무 수행이 가능할 것이며, 이들에 대한 처우 기준 등은 별도의 기준이 필요할 것이다. 이러한 인력 배치에 따르는 비용의 부담을 최소화하기 위해 후술할 사회적 기업의 도입으로 제도의 완성도를 높일 수 있을 것이다.

⑤ 현행 등급 기준에 근거한 재활 서비스의 활용: 현행 노인장기요양제도에서 1~3등급 판정자 외의 등외 판정자는 아무런 서비스를 받을 수 없으나, 4등급 판정자에 대하여 재활 서비스를 제공해, 이들의 상태가 개선되어 1~3등급으로 진행되는 것을 최대한 억제함으로써 궁극적으로는 장기 요양재정에 기여할 것이다.

⑥ 이러한 가칭 장기요양 종합상담센터가 도입되면 앞서 기술한 <표 13-7>에서 볼 수 있듯이 현재의 노인장기요양보험 제도는 65세 이상 노인 인구 5,501,125명 중에서 노인장기요양 서비스 대상자는 597,506명으로 전체 노인 인구 대비 5.8%의 노인만 대상이 되고 있다. 가칭 장기요양 종합상담센터가 도입되면 전체 노인이 대상자로 확대되어 제도의 획기적인 발전을 기대할 수 있으며, 등급 신청자 650,034명 중에서 3등급까지의 인정을 받지 못한 52,528명은 직접적 수혜의 대상이 될 것이다. 따라서 이들의 제도에 대한 상대적 소외감은 치유가 가능할 것이다. 등급 판정에 기대감을 가지고 인정 신청을 했지만 등급 판정을 받지 못한 당사자와 보호자들의 상대적 박탈감은 제도에 대한 잠재적 거부자로 이어지는 악순환의 고리를 끊을 수 있는 기반이 조성되는 것이라고 할 수 있다.

4 소규모 다기능 그룹홈에서의 재활 서비스

최근 일본에서 급속히 늘어나고 있는 지역 밀착형 소규모 다기능 그룹홈의 도입은 수급 대상자들을 대상으로 서비스를 제공하면서, 집 가까운 곳에 위치해 수급자와 보호자의 심리적 안정감을 도모할 수 있다. 즉, 지역사회와의 연계활동을 통해 수급 대상자가 단순히 고립되어 서비스를 수동적으로 받고 있다는 상실감을 상쇄할 수 있는 대안으로 참고할 만하다 하겠다.

또한 이러한 그룹홈에서 물리치료 기능을 적극적으로 도입한다면 수급자와 보호자의 만족도는 획기적으로 향상될 것이며, 지역사회와의 연계를 통해 다양한 활동을 하게 되어 치료의 효과도 기대할 수 있다. 우리나라에서의 소규모 다기능 그룹홈에 관해 상론하면 아래와 같다.

먼저 기능을 살펴보자.

① 최근 들어 노인성 질환이 급증하고 있는 추세이며, 노인에게 의료 및 요양의 필요성은 일상생활 기능의 단순한 상실 충족에서 높은 수준의 요양 및 의료에 이르기까지 다양화되고 있다. 그러나 현재의 제도로는 이러한 다양한 욕구를 충족할 수 없다.

② 따라서 이러한 다양한 욕구를 집 가까이서 노인들이 자유롭게 표현할 수 있는 기능을 가진 거점이 필요하다.

③ 방문요양 기능과 단기보호, 주·야간보호의 기능을 복합적으로 수행한다.

④ 규모의 제한은 일률적으로 규제하지 않으나, 다만 인력 기준·시설 기준 등은 서비스 제공에 적합하도록 별도로 정한다.

⑤ 추후 시설 입소 기능까지 복합적으로 수행할 수 있도록 검토한다. 특히 장기요양 수요가 많지만 공급시설이 많지 않은 농어촌지역의 경우에도 효율적인 기능 수행이 가능하도록 설계해야 한다.

⑥ 지역사회와의 연계가 가능하도록 연계 프로그램은 의무화해야 한다(복지관 등의 프로그램과 연계).

⑦ 재활 프로그램을 의무화해서 방문 재활 및 시설에서의 재활 프로그램이 활성화할 수 있도록 장기요양 급여에 재활 서비스를 포함한다.

⑧ 가칭 장기요양 종합상담센터의 비상근 의사 등을 활용해서 재활급여를 제공한다.

⑨ 지역 밀착형 서비스의 소규모 다기능 그룹홈이 정착할 수 있도록 하기 위해서 사회적 기업의 도입으로 비용 부담을 최소화한다.

다음으로 기대 효과를 살펴보자.

① 소규모 다기능 그룹홈은 집 가까이에 위치하기 때문에 요양이 필요한 노

인에게 심리적 안정감을 제공함으로써 요양의 효과를 극대화할 수 있다.

② 높은 비용을 요구하는 시설 입소의 비율을 줄일 수 있으며, 가정에 거주하면서 필요할 경우에만 집 가까이에 소재한 소규모 다기능 그룹홈의 이용을 유도할 수 있어 노인장기요양 재정을 절감할 수 있다.

③ 전술한 가칭 장기요양 종합상담센터와의 기능 연계를 통해서 종합적인 의료와 요양의 연계가 가능해져서 수급자와 보호자의 만족도를 최대한 높일 수 있다. 하지만 가칭 장기요양 종합상담센터가 도입되지 않으면서 그룹홈만 도입된다면 의사의 처방이 문제가 될 수 있으나, 지역에 소재하는 보건소에 상주 의사가 이러한 그룹홈을 방문해서 처방을 담당하게 할 수 있으며, 동네의원이 그 역할을 담당하게 할 수도 있을 것이다.

④ 소규모 다기능 그룹홈에 근무하는 직원과의 유대가 강조되어, 수급자와 보호자가 모두 만족할 수 있다.

⑤ 지역사회 자원을 최대한 활용함으로써 소규모이지만 작은 비용으로 종합적인 서비스 제공이 가능하다. 특히 농어촌의 경우 소규모 다기능 그룹홈 중심의 사회 구축이 가능하므로 생활과 요양, 의료가 복합적으로 제공될 수 있는 기반이 가능하다.

⑥ 입소 시설에 대한 수급자와 보호자의 반감을 최소화할 수 있으며 궁극적으로 노인의 삶의 질 향상에 기여할 수 있다.

⑦ 그룹홈의 기능에 재활 서비스를 도입해 신체 기능 개선에 대한 기대치를 충족시킬 수 있으며, 장기적으로 장기요양급여비의 증가를 억제하는 기능을 기대할 수 있다.

⑧ 물리치료에 대한 접근도를 획기적으로 개선할 수 있다. 현재는 의사와의 수직적 계열화로 인해 수요자의 창출이 용이하지 않으나, 물리치료사와 의사의 수평적 계열화를 앞당길 수 있는 기전을 마련함으로써, 수요자의 입장에서는 좀 더 저렴한 비용으로 물리치료를 접할 수 있는 여건이 조성된다.

⑨ 소규모 다기능 그룹홈에 사회적 기업을 도입함으로써 비용을 최소화할 수 있어 제도 도입에 대한 거부감을 최소화할 수 있다.

⑩ 소규모 다기능 그룹홈에 종사하는 인력의 다양화로 다방면에 걸친 일자리

창출을 기대할 수 있다.

5 영국형 도입

영국의 사회적 기업들이 주로 취하고 있는 기업 형태를 보면 민간단체(Unincorporated associations), 트러스트(trust), 유한회사(Limited companies), 커뮤니티 지원 단체(Community Benefit Society: CBS), 커뮤니티 지원회사(Community Interest Companies: CIC), 자선봉사기관 법인(Charitable incorporated organisations: CIO) 등이다(김태연, 2011).

영국의 물리치료를 살펴보자. 영국에서 물리치료(physiotherapy)는 치료와 복지(healing and wellbeing)를 증대시키기 위해 물리적 치료법(physical methods)을 사용한다.[9] 물리치료사(physiotherapist)는 건강전문가(healthcare professionals)로서 활동 장소는 병원 · 보건소(GP surgeries) · 개인 의원(private practices) · 직장(workplaces) · 지역(the community) 등이다. 영국의 물리치료사는 일정한 자격 요건과 시설을 갖추면 자유롭게 개업한다. 마찬가지로 NHS 소속의 물리치료사도 근무를 한다. 현재 영국에는 지역을 기반(community base)으로 개원하며, 따라서 현재의 영국 제도에는 환자(또는 고객)의 발굴이라는 과도할 정도로 적극적이지는 않다. 이는 한국의 관점으로는 영세함으로 비친다.

물리치료사는 정신건강이나 신경에 문제 있는 환자(people with mental health conditions, neurological conditions[those affecting the brain and nervous system])와 만성질환자(chronic[long-term] health conditions)를 치료하기도 한다(help). 물리치료사의 광범한 기술과 접근 방법(a wide range of techniques and approaches)을 통해 상처(injury)나 단기의 건강문제(short-term health problems)를 극복하도록 환자를 도와 주고, 장기의 장애를 관리해 준다(manage long-term disability). 특히 환자의 만성 질환 상태를 관리하도록 지원해(support) 준다. 물리치료사는 또한 노인들이 활동적이고 독립적인(active and independent) 상태에

9) http://www.nhs.uk/Conditions/Physiotherapy/Pages/Introduction.aspx

머물 수 있도록 전반적인 건강과 운동 및 몸매(overall health and fitness)를 향상시킴으로써 노인들의 돌봄과 행복(general care and wellbeing of elderly people)에 중요한 역할을 한다.

특히 일부 영어권 국가에는 전문 서비스 직종(특히 물리치료사)이 사회적 기업으로 돌파구를 찾으려 하며, 따라서 그에 따라 노스이스턴(Northeastern) 대학에서는 학생들을 위한 프로그램을 운영하고 있다. 물리치료사 사회적 기업 프로그램(Physical Therapy program: PT businesses)은 물리치료를 전공하려는 학생에게 특화된 비즈니스 매니지먼트 과정(Business Management course)을 수강하도록 요구하고 있으며, 그 과정에는 재정(financing) · 배상(reimbursement) · 마케팅(marketing) 그리고 운용관리(operations management) 등이 포함된다(http://www.northeastern.edu/eweek/2010/ptentr.html를 참고).

6 한국에서 물리치료사 사회적 기업의 설립

영국의 물리치료사 영역과 견주어 볼 때 한국의 물리치료사에게는 개인 의원(private practices), 직장(workplaces), 지역(the community), 정신건강이나 신경에 문제 있는 환자, 만성질환자의 지원과 도움 기능 영역은 존재하지 아니한다. 따라서 물리치료사 사회적 기업은 중기적 관점에서는 위에 언급된 영역으로의 확대가 필요할 것으로 보인다. 먼저 직장과 지역에 물리치료사 사회적 기업을 설립할 필요가 있다. 차후 물리치료사의 개념 속에 정신건강과 만성 질환의 관리를 포함하는 방향으로의 재정립이 필요하다. 물리치료사가 의사와 간호사와의 관계를 설정하기 위해 재활 서비스를 포함하는 생애 서비스 관리 개념을 도입하고 물리치료사가 관리해야 한다. 생애 서비스 관리 개념은 치료 및 재활 서비스를 중심으로 정립해야 한다.

물리치료사가 제공하는 생애 서비스 관리 개념은 현재의 물리치료 · 재활치료 · 정신건강이나 신경에 문제 있는 환자 등에게 행하는 지원과 도움 기능을 총칭한다. 물리치료사 사회적 기업은 환자의 욕구에 따른 실비(實費) 개념으로 출

그림 13-1 물리치료사 업무 간의 관계에서 생애 서비스 관리 개념

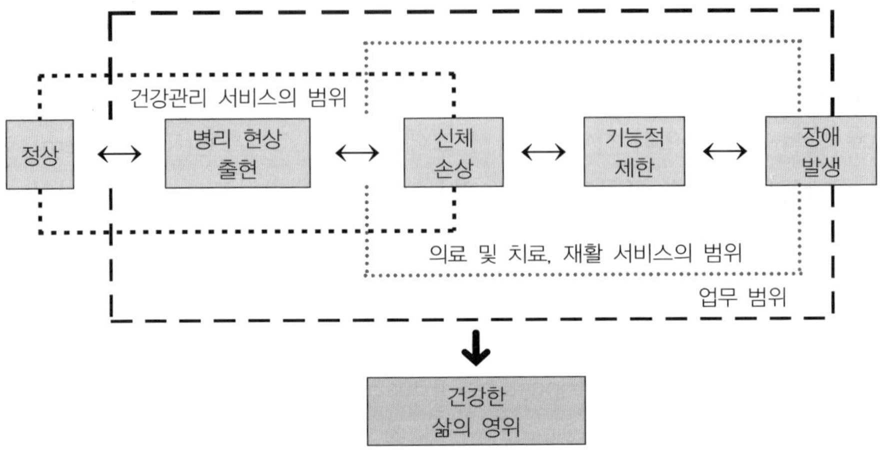

발해야 하는데, 이는 다른 서비스와의 불필요한 갈등을 줄이기 위함이다. 그렇게 되면 현재 맞춤형 건강관리사업에서 행하고 있는 환자의 규모, 소재지 파악 등은 해결될 것이다. 물리치료사 사회적 기업에서는 서비스나 고용에서 노노(老老)케어 모델에서 보듯이 초기 단계에서는 노인이나 사회적 약자 등을 고용해 우호적인 분위기를 형성해야 한다. 물리치료사 사회적 기업에서의 서비스 대상에는 사회적 약자 등을 위해 다문화가족, 군 입대 장병 등도 포함해야 하는데, 이는 물리치료사 사회적 기업에서 사회적 약자를 우선 배려함은 물리치료사 사회적 기업의 인식을 제고하고 유효 수요의 창출과 고객 중심의 치료라는 명분을 쌓을 수 있다.

물리치료사 사회적 기업에서 가능한 한 의사·간호사와 함께 하는 것이 초기 단계에는 좋은데, 그 이유는 의사와의 처방전 문제와 간호사와의 최일선(frontline) 관리가 해결될 것이기 때문이다. 이것이 불가능하다면 물리치료사 사회적 기업에서 의사와의 관계는 처방전의 유효 기간을 늘리는 방식이 효율적이다. 이를 위해서 현재 맞춤형 건강관리 사업에서 행하고 있는 포괄적 유효기간 처방전 제도를 활용해하고 그 기간을 점진적으로 늘려야 하는데, 이는 특정 환자에게는 최일선 관리를 해야 함을 의미한다. 따라서 영국처럼 지역을 기반으로 개별적인 사회

적 기업을 설립하고 이를 관리하는 집중제 형태의 사회적 기업을 권장한다. 이는 지나친 영세함으로 인한 부작용을 극복하기 위함으로, 물리치료사가 책임을 나누어 맡으며 관리 직무를 적절히 조절해야 한다(예컨대, 고객 서비스 담당, 지역사회를 잘 아는 사회적 약자를 고용해 지역 봉사 담당, 치료 담당, 사후 관리 담당 등). 이는 보험회사와의 관계, 행정 당국과의 관계, 지역사회와의 관계, 법률 자문 등 물리치료사협회의 기능이 크게 확대되리라 예상된다. 나아가 물리치료사의 취업 정보 제공, 사회적 기업 안내와 가이드, 전달체계의 정비, 새로운 방법론의 탐색 등도 협회의 역할이다. 적극적 관리정책을 펼쳐서 유효 고객을 확보하고, 최일선 관리를 해야 한다. 이 모형이 도입되면 현재 맞춤형 건강관리사업에 120인 정도가 고용된 물리치료사의 고용 규모를 넘어 이와 유사한 물리치료사의 사회적 기업에서 역할을 할 것이다. 이른바 장롱 면허에서 관리 가능한 면허제도로 정착하며 물리치료사의 사회적 역할이 증대되리라 본다.

이를 단계별로 정리하면 <표 13-10>과 같이 요약된다.

표 13-10 단계별 사회적 기업화

<table>
<tr><th colspan="2"></th><th>초기</th><th>중기</th><th>후기</th></tr>
<tr><td colspan="2">형태</td><td>현 제도 아래에서 수익 모델</td><td>물리치료사의 서비스 영역 확대</td><td>법적·제도적 개혁</td></tr>
<tr><td colspan="2">구체적 수익 모델</td><td>1. 방문재활 전문물리치료사 제도 도입
2. 치매 전문인력 양성 사업이나 방문 재활치료와 복지용구 판매를 통한 수익 모델[10]</td><td>1. 영국 모델 준용(①정신건강과 만성질환 ②현장교육 및 지도, ③팀제)
2. 복지용구와 물리의료기기의 인증제를 통한 수익 모델</td><td>1. 병원에서의 근무
2. 현장 개업
3. 회원 재교육
4. 자격증제 도입
'건강 관련 상담사' 개념을 도입해 관련 자격증 제도 도입</td></tr>
<tr><td colspan="2">공급자</td><td>현재 보건소 내에서 행하는 방법(간호사, 물리치료사, 운동사, 치과위생사 등)의 적용</td><td>의사, 간호사와 함께</td><td>독립해 물리치료사만으로 공급</td></tr>
<tr><td rowspan="2">서비스 대상</td><td>지역</td><td colspan="2">장기요양 종합상담센터</td><td rowspan="2">다양한 형태</td></tr>
<tr><td>직장</td><td colspan="2">소규모 다기능 그룹 홈</td></tr>
</table>

10) 이에 대해서는 다른 곳에서 자세히 논의되어야 하기에 상론은 피한다.

7 물리치료사협회의 역할

이제는 협회의 역할은 살펴보자. 물리치료사가 설립하는 사회적 기업과 의사(예컨대, 처방전의 유효 기간 등) 및 간호사와의 관계 설정은 가장 중요한 이슈이다. 이를 위한 노력을 협회가 담당해야 한다. 또 보험회사와의 관계, 행정 당국과의 관계, 법률 자문 등을 담당해야 한다. 또 일선 물리치료사 사회적 기업이 고려할 일들(환자의 규모, 소재지 파악, 전달체계, 사례관리 등)의 지원 체제를 위한 노력을 해야 한다. 예컨대, 회계장부 정리를 위한 프로그램 개발, 회원 재교육을 통한 취업 프로그램 개발들이 여기에 해당한다.

영세 직장과 상대적 불리한 지역(이른바 변두리나 농촌)이나 사회적 약자에게 물리치료의 서비스를 제공하므로 이런 사업체를 찾아내고 일선 사회적 기업과의 연결을 도모하는 일, 각종 정보의 제공, 실행 과정에서의 어려움 극복 방안 제시, 교육훈련 제공으로 능력 향상, 새로운 네트워크나 파트너십의 형성 등의 활동도 협회의 몫이다. 그 사례를 보면 영국 뉴캐슬 동부 커뮤니티 개발연합회처

그림 13-2 3자 협력 모델

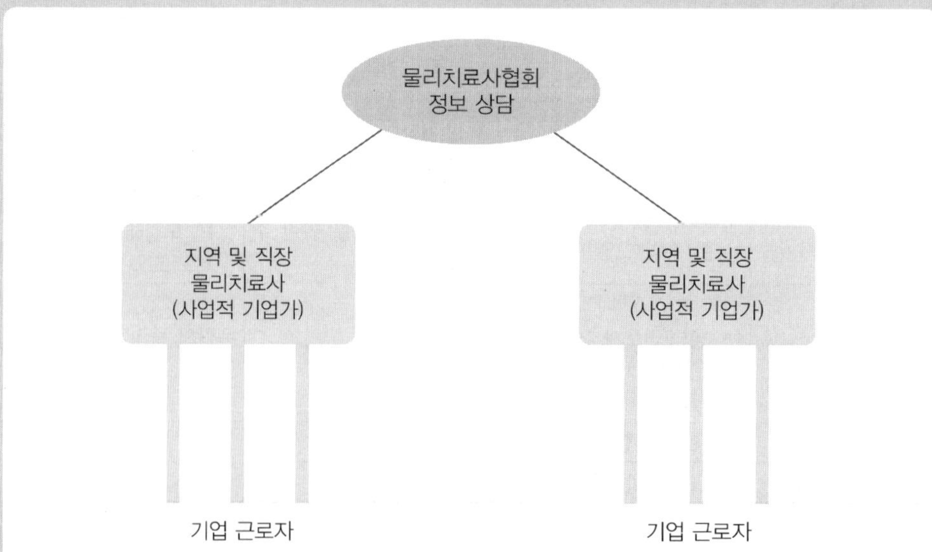

럼 지역을 기반으로 개별적인 사회적 기업을 설립하고 이를 관리하는 집중제 형태의 사회적 기업도 설립 가능하다. 설립할 경우, 3자 협력 모델을 적용해 물리치료사 사업을 실행할 것이 요구된다(김태연, 2011). 즉, 개별지역 기업 근로자(workers: 예컨대 지역봉사 담당, 치료 담당, 사후관리 담당 등), 물리치료사협회(control steering group), 그리고 개별 지역 사회적 기업가 등의 3자 협력 모델을 적용할 수 있고, 이를 나타낸 것이 앞의 [그림 13-2]이다.

8 중기 단계에서 수익 모델

나아가, 직장 중심의 사회적 기업도 고려할 수 있다. 즉, 물리치료사의 사회적 기업이 출장을 통해 서비스를 제공하는데, 이를 위해 5인 이하 사업장을 조사해(고용노동부, 지식경제부, 통계청, 장애인기업재단 등의 협조를 얻어), 또 일반 직장의 경우 휴식 시간이나 여유 시간을 확보해 영국에서처럼 물리치료사가 직장에서 예방교육을 실시할 수 있다.

정신건강과 만성 질환으로의 영역 확대[11]도 고려할 수 있다. 정신건강에 문제를 가진 환자에게 전통적 방법은 약물치료인데, 현재는 이와 함께 운동(physical activity)이 정신건강에 효과가 있음을 인정한다(physical activity has a certain level of protection from the more common mental disorders of depression and anxiety). 따라서 한국에서도 물리치료사의 업무를 정신건강에까지 넓히는 것을 고려해야 한다(Physiotherapists working in mental health are uniquely placed to provide an extensive range of physical approaches to treatment aimed at relieving symptoms and improving quality of life). 만성 질환도 마찬가지로 특히 치매 등에서 효과적이므로 이에 대한 대비를 해야 한다.

또 현장교육 및 지도에도 영역을 확대할 수 있다. 즉, 기업체와의 협약을 통해 직원에게 예방교육을 실시하는 방법 등이다(영국 닛산[Nissan] 자동차 회사에서는 협약을 통해 물리치료사의 현장교육 및 지도를 실시하고 있다).

11) National Service Framework: Mental Health, Evidence-based briefing paper(2000.4).

제5절 결 론

현재 한국이 직면하고 있는 문제인 고령화사회의 도래는 노인들의 문제가 사회문제화하고 국가의 개입을 요청하고 있다. 국가의 정책문제로서 다루어지는 고령화사회에서 노인 의료비의 감소와 노인들의 건강관리에 대한 새로운 접근이 요구된다. 이를 위한 방안으로 물리치료사가 병원과의 수직적 계열화되어 있음으로써 국민 전체의 견지에서는 의료비용의 증가를 가져오고 병원의 입장에서는 유연화의 어려움으로 총제적 위기에 직면하고 있다. 이 장은 이에 대한 반성으로 서구에서처럼 물리치료사에게 수평계열화하는 방법을 찾아내고 이를 통해 이용권과 선택권을 수혜자에게 돌려 주고, 병원에게는 유연성을 제공하며, 국가적 차원에서는 의료비용의 증가율을 낮추는 데 있다. 그 방안의 하나로 물리치료의 영역에 사회적 기업의 도입을 추구하는 것이다. 구체적 방법으로는 장기요양종합상담센터의 도입, 소규모 다기능 그룹홈 등에서 재활 서비스를 제공하는 방안, 영국처럼 의료 직종에서 협업하는 체제 등을 제시했다. 아무쪼록 이런 다양한 영역에서 사회적 기업이 응용되기를 바란다.

제 14 장

치매특별등급제도 운영에서 지방정부의 역할*

제1절 서 론

정부는 빠른 속도로 증가하는 치매 노인에 대한 국가적 대책의 일환으로 2014년 7월 1일부터 치매특별등급 제도를 도입했다.1) 이 제도 도입의 의의는 돌봄의 공공성에 있고,2) 돌봄의 공공성의 이론적 기초는 사회적 행복(social happiness)

---

* 이 장은 이광석 교수와 이희주와의 공저로 『노인복지연구』(2016년 제71권 제2호)에 게재된 글을 옮긴 것이다.

1) 치매가 노인에게만 한정된 질병은 아니나 여기에서 치매란 노인성 치매를 중심으로 논의한다(Victor, 2010: 106; 보건복지부, 2015).

2) 지난 시절의 공공성 논의는 사회복지의 실현이라는 구체적 사실에서 논의를 진행했고 국내 단위에 초점을 두다 보니 국가 기능의 확대를 가져왔으나 정책의 조율은 상대적으로 쉬웠다. 이제는 지구촌이나 세계화의 시대에 접어들면서 새로운 모습의 공공성 논의가 필요함을 점점 더 인식해 가고 있다고 하겠다. 그동안 EU나 일본에서는 이러한 문제 해결을 위한 일련의 노력을 해 왔다. 그 방향은 ① 정부 역할을 강조하는 흐름에서 공공기관과 시민사회단체 역할을 강조하는 쪽으로, ② 경제정책과 사회정책의 선순환을 강조하는 쪽으로, ③ 사회구성원들의 사회

개념에 있다. 행복이 개인적일 수도 있지만(wellbeing) 근본적으로 사회적이라는 주장이 힘을 얻고 있다.[3] 행복이 사회적이라는 의의에 알맞은 현상들이 평생교육이나 치매관리 등급, 관리된 돌봄(managed care)이라고 지적하고 있는데(Winfield & Elliott, 1999: 137-163), 이것의 의미는 지금까지는 복지 영역에서 추구하도록 했으나 국가가 사회적 행복을 관리해 준다는 차원에서 행정 영역으로 상승했음을 의미한다.

치매특별등급제도에 관해 정부가 계획한 원래 목표는 거동 가능한(경증) 치매 노인 2만 1천 명을 장기요양보험제도가 제공하는 혜택 속에 포함시키자는 취지였다. 그 반응은 제도 시행 이후 실질적으로 5등급자의 이용 확대로 전체 수급자가 증가했고, 경증 치매 노인도 등급과 급여를 받을 수 있다는 인식의 확산 및 등급 탈락이 줄어 제도에 대한 신뢰도가 상승하고 있다. 또 이전에는 장기요양등급의 미신청 또는 신청 후 탈락으로 사실상 사각지대에 방치되어 있던 노인들이 수급자가 되어 제도권 안으로 들어와 보호를 받게 되었다. 아울러 경증 노인에 대한 국가적 보호가 가능하게 됨에 따라 가족들은 안심하게 되고, 실질적인 이용이 가능하게 됨에 따라 수발 부담이 감소되었다. 그중에서도 가장 중요한 공헌은 중증으로의 진행 이전에 경증 상태에서부터 적극적인 보호가 가능하게 됨에 따라 치매 발생 또는 치매 악화의 예방 효과가 있게 되었다는 점이다. 경증 노인에 대한 집중적인 보호는 중증으로의 진행을 지연시켜 요양시설 입소를 늦춤으로써, 전체적으로 제도의 운영비용을 절감할 수 있을 것으로 기대된다.

적 책임감을 공유하는(새로운 사회책임 윤리) 쪽으로, ④ 가족적 연대, 우애의 윤리를 강조해 적용 대상 확대, 욕구를 반영한 보호 체계, 공공고용 지원 서비스 개선, 주거 보장 쪽으로의 흐름이었다. 즉, 기존의 이론으로는 오히려 잠재화된 모순이 현재화되고 있다고 하겠기에(김동룡, 2014) 해결이 안 되는 문제를 새로운 관점에서 함께 논의하려고 하는 것이다. 그중의 하나가 복지의 공공성의 주체를 지방정부로 하려는 노력이다(Wilson et al., 2013).

3) 이 이론에 따르면 진정한 개인적 행복은 심층적 의미로서의 행복인데(eudaimonia), 이 심층적 의미로서의 행복을 현대적 의미로 해석하면 '건강한 상태와 건전한 일(being and doing well)'을 의미한다(Fitzpatrick, 2011). 복지정책에서 사회적 행복의 문제는 두 가지 측면에서 의미가 있다. 그 첫째는 경제와의 관계이고, 그 둘째는 사회와의 관계이다. 절대적 빈곤의 시기에는 행복이 경제와의 관계에서 결정될 가능성이 크지만, 절대적 빈곤이 극복되면 그 이후에는 경제적 요소가 행복에 영향을 주는 것은 생각만큼 크지 않다고 한다. 사회와의 관계에서의 행복은 자신의 비교집단(comparison group)에 영향을 받는다는 점이다. 즉, 다른 사람들의 행복 수준에 대한 자신의 인식에 의존한다는 것을 의미한다(Fitzpatrick, 2011; Thin, 2012).

그러나 경증 치매 환자를 위해 치매특별등급을 신설해 현재의 제도처럼 단순히 인지 개선 프로그램과 지원 서비스를 제공하는 것으로는 그 효과성도 미약할 뿐 아니라 수용성이 너무 부족하다. 인지 능력이 저하된 어르신들에 대한 판단이 모호해서 문제가 발생했음에도 현행과 같은 경증 치매 환자에 대한 대상자 선정은 신뢰성과 전문성을 확보하기 더 어려워 별도의 도구를 개발해야 할 필요성이 있다. 또한 치매특별등급의 도입은 앞으로 국가와 지방정부가 어르신들에게 제공되는 각종 노인복지 서비스 전달체계와 치매관리에 혼선을 야기하고, 치매 대상자 이외에 다른 대상들도 장기요양보험으로 전가시킬 것이며, 치매에 대한 국가와 지방정부의 재정·관리 책임을 상당 부분 장기요양보험으로 전가하게 될 것으로 우려한다. 이 장에서는 최근에 도입한 치매특별등급의 내용을 살펴보고, 그 바람직한 모습을 지방정부의 역할 증대에서 찾아 이를 논의하고자 한다.

제 2 절 치매특별등급의 이론적 배경

1 국가 내에서의 복지와 공공 서비스의 문제

국내에서나 국외에서나 사회복지(social welfare)라는 용어는 복지를 사회에서 해결한다는 그 원래의 뜻보다 이제 국가가 복지를 떠안는 국가복지(state welfare)를 의미하는 것으로 그 뜻이 변화했다. 이는 바람직하지 않은 측면도 있으므로 이에 대한 비판이 제기되고 있다. 그 대안으로 복지사회나 복지다원주의를 비롯한 참고할 만한 개념이 논의되기도 했다.

복지는 근본적으로는 모순적 성격을 지니는데, 예를 들면 담세자로서의 입장과 수혜자로서의 입장이 확연히 다르다. 개인의 복지가 사회 전체의 복지와 일치하지 않을 때가 있다는 뜻이다. 즉, 개별적 차원에서 이루어진 최선의 선택이 전체의 차원에서는 사태를 악화시킬 수 있는데, 앞서 4장에서 제시되었던 도표를

표 14-1 개인의 복지와 사회 전체의 복지문제

<table>
<tr><th colspan="2" rowspan="2"></th><th colspan="3">A 개인의 복지</th></tr>
<tr><th colspan="2">긍정적 효과 (+)</th><th>부정적 효과 (−)</th></tr>
<tr><td rowspan="3">B 개인의 복지</td><td rowspan="2">+</td><td rowspan="2">+ +</td><td>사회적 결과</td><td rowspan="2">+ −</td></tr>
<tr><td>− −</td></tr>
<tr><td>−</td><td colspan="2">− +</td><td>− −</td></tr>
</table>

<표 14−1>과 같이 나타낼 수 있다.

예컨대 개인 A와 개인 B로 구성된 사회를 가정해 본다. 개인 A와 개인 B의 장수(長壽, longevity)는 사회에 긍정적이어야 한다(+ +). 그러나 개인 A와 개인 B의 장수가 국민연금제도에 심대한 타격을 줄 수 있음을 상기해 보면 개인들의 복지의 합(Σ개인의 복지)이 사회 전체의 복지 증대로 이어지지 않는 경우도 있다. 즉, 'Σ개인의 복지 ≠ 사회 전체의 복지'이고, 때로는 사회 전체의 복지가 부정(negative)으로 나타난다. 따라서 공공의 관점에서 이를 극복하려는 노력이 필요하게 된다. 통시적 관점(diachronic viewpoint)에서는 복지국가로의 발전 방향은 불가역적(irreversible)이므로 단계적으로 국가의 역할이 증대되어 왔다. 그러나 1970년대 말부터 서구 선진국에서 진행된 현상은 복지국가로의 발전에 대한 반명제(anti−these)로서 신자유주의의 등장이었고, 이는 계층 간 격차를 더욱 넓혀서 약자를 더욱 약하게 하는 부작용을 낳았다. 이에 대한 합명제(synthese)로 공공성이 중요한 개념으로 다가왔다(유민봉, 2012).

이런 관점에서 복지에서의 모순적 성격을 개선하고 더 나은 방향으로의 변화를 '환경 변화'로 설명하고 있다(Stewart, 1986; Sellers, 2003; Clarke & Newman, 1997). 즉, 중앙정부를 중심으로 한 안정된 환경(established polity) 속의 모델로부터 격변적 환경(turbulent environment) 속의 모델로의 변화를 받아들이는 것에서 실마리를 찾아야 한다는 주장이다. 안정된 환경 속의 모델은 확립된 정책 결정 절차(a well established pattern of service), 관료제 방식의 업무 수행(bureaucratic mode), 전문직업적 문화(professional culture)에 기초하므로 일반 대중에 대한 서비스인데 비해, 격변적 환경 속의 모델은 안정성의 훼손으로 인한 불안정한 사회(uncertain society caused by the erosion of stability), 지방정부의 새

로운 정치(new politics of local government), 일하는 데 따르는 새로운 방식이나 새로운 역할(new roles and new ways of working)로 특징짓는다. 따라서 일반 대중을 위한 서비스라고 할 수 있고, 복지 서비스의 공급에서 그 역할 중심을 지방정부에 두고 있다.

표 14-2 안정된 환경 속의 모델과 격변적 환경 속의 모델

안정된 환경 속의 모델	격변적 환경 속의 모델
확립된 정책 결정 절차	안정성의 훼손으로 인한 불안정한 사회
관료제 방식의 업무 수행	지방정부의 새로운 정치
전문직업적 문화	일하는 데 따르는 새로운 방식이나 새로운 역할
일반 대중에 대한 서비스	일반 대중을 위한 서비스

자료: Stewart(1986).

격변적 환경 속의 모델이 추구하는 공공 서비스(public service)는 서비스의 질적 변화(transforming services), 접근 가능성의 향상(improving accessibility), 수요자 만족도 증가(increasing customer satisfaction), 투입비용에 상응하는 가치 보장(ensuring value for money)을 내용으로 한다(Sellers, 2003).

그 방법으로는 조직가치의 재정립과 가치관이 주입된 조직구성원, 지방정부의 개혁, 정책 결정 과정의 재검토, 기업가적 접근·지역사회의 책임성 제고 등이 있다(Stewart, 1986).

2 치매특별등급 도입의 의의

격변적 환경 속에서 모델 적용이 가능한 것이 치매특별등급이다. 치매란 인지 기능(cognitive function)이 장애를 입은 것으로 신체적인 측면을 넘어 정신적인 질병이다. 나아가 치매는 환자 당사자의 개인적인 관점에서 인간의 존엄성마저 송두리째 앗아가는 질환이며, 가족에게는 정상적인 생활을 영위하기가 힘들

게 만드는 질환이기에 그 시초부터 관리되어야 한다. 그러나 가족에게 돌봄을 맡겨 놓기에 그 책임이 너무 크다는 것은 모두가 아는 사실이다. 인간 행동의 의미적 차원이 사회과학이라는 명제(Wright, 1971; Gupta, 1996: 181)에 비추어 보면 치매특별등급의 취지를 이해할 수 있다. 이를 좀 더 살펴보기로 한다.

치매의 심각성은 여러 나라에서, 또 여러 방면에서 강조되어 왔다. 치매로 인한 연간 총비용은 8조 7천억 원(2010년 기준)으로 10년마다 두 배씩 증가해 2020년에는 18조 9천억 원, 2030년에는 38조 9천억 원으로 추정하고 있다(보건복지부, 2012). 이러한 문제를 해결하기 위해 치매의 조기 발견과 앞으로 지속적으로 예방관리가 중요해지고 있다.

치매를 극복하는 최상의 방법은 예방이다. 치매의 경우 아직까지 예방접종과 같은 확실한 예방법이 있는 것은 아니지만, 치매의 발병 위험성을 높일 수 있는 인자들을 미리 조절함으로써 치매에 걸릴 확률을 줄일 수 있다. 치매 고위험군의 조기 발견을 통해 치매 발병을 2년 정도 지연시킬 경우 20년 후에는 치매 유병률이 80% 수준으로 낮아지고, 또한 중증도도 감소하며, 초기 단계부터 약물로 치료할 때 5년 후 요양시설 입소율도 55%로 감소해 요양비용은 연간 5,147억 원 절감하는 것으로 추정하고 있다(Jorm et al., 2005). 이를 나타낸 것이 아래 <표 14-3>이다.

표 14-3 치매 고위험군 조기 발견에 따른 유병률 감소

(단위: %)

지연 연수	0년	0.5년	1년	2년	5년
20년 후	100%	94.6	89.5	80.1	57.6
40년 후	100%	94.4	89.4	79.5	56.3

자료: Jorm, Keith, & Burgess(2005).

한국의 경우로 범위를 좁혀도 치매의 심각성은 지속적으로 관심의 대상이 되었고, 앞으로도 진단과 처방 및 돌봄의 측면에서 계속 강조될 것이다. 그 이유는 다음 [그림 14-1]에서 보듯이 축적된 자료를 통해 그 추이를 볼 때, 심각성이 예상되기 때문이다.

그림 14-1 65세 이상 한국 노인의 치매 유병률 및 치매 환자 수 추이

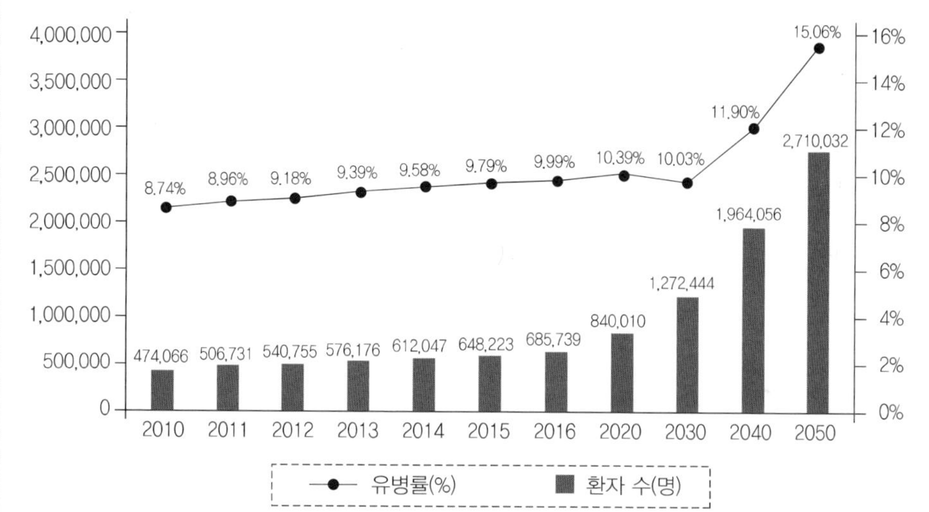

자료: 보건복지부(2015).

치매특별등급의 대상은 현재 요양보험 등급 인정 점수 체계에서 아래 [그림 14-2]에 표시되어 있듯이 '등급 외 A'와 '등급 외 B' 구간에 속한 치매 노인이다. 등급 외 A에 속한 노인 중 의료기관에서 치매 진단을 받은 환자는 약 2만 5천~3만 명으로 추산되었다(전술한 바처럼 실제 수치는 훨씬 줄어들었다). 국민건강보험공단에서는 장기적으로는 등급 외 A와 B 모두를 대상으로 하겠지만 우선 등급 외 A에 속하는 치매 환자부터 시행하는 방안을 검토했다. 치매특별등급의 도입은 장기요양 등급 탈락자의 불만을 완화하는 의미가 있는데, 이를 알기 쉽게 나타내면 아래 [그림 14-2]가 된다.

그림 14-2 치매 등급의 지위

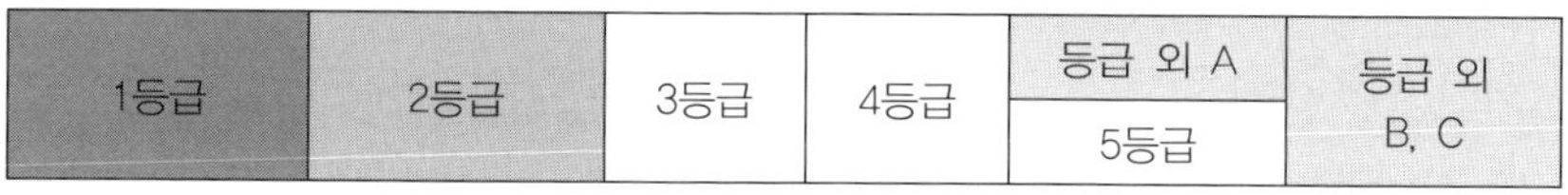

자료: 신혜리(2015).

급속한 고령화로 치매 노인이 급증해 사회경제적 부담을 가중시키고 있다. 2012년 경찰청 통계에 따르면 7,700명이 치매로 인해 실종된 것으로 나타났다. 또 지난 4년 동안 노인 인구가 17.4% 증가하는 동안 치매 노인은 26.8%로 증가했고, 2025년에는 100만 명을 초과할 것으로 보인다. 이를 나타낸 것이 아래 <표 14-4>이다.

표 14-4 치매 노인의 증가 추이 및 전망

(단위: 천 명, %)

구분 \ 연도	2010	2015	2020	2025	2030	2040	2050
65세 이상 인구 수	5,357	6,624	8,084	10,331	12,691	16,501	17,991
65세 이상 치매 노인 수	474	648	840	1,033	1,272	1,964	2,710
치매 유병률	8.8	9.7	10.3	10.0	10.03	11.90	15.06

자료: 2012년 치매노인실태조사, 분당 서울대병원.

현재 장기요양 등급과 관련된 치매 환자의 수치를 보인 것이 아래 [그림 14-3]이다.

그림 14-3 치매 등급과 치매 수치 추정

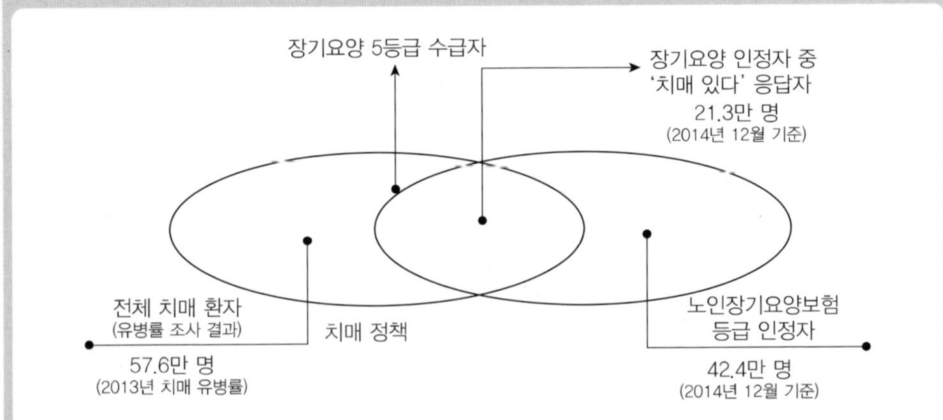

자료: 보건복지부(2015).

치매특별등급이 인정된 노인은 인지훈련 방문요양, 주·야간보호, 재가급여(단기보호, 방문목욕, 방문간호, 복지용구) 서비스를 받게 된다. 특히 기존 1~3등급 노인과 달리 치매특별등급 노인에게는 인지훈련 프로그램이 의무화되고, 가사와 일상활동을 지원하는 방문요양급여는 제외됐다. 인지훈련 프로그램은 인지기능 악화 방지, 경증 치매 노인의 우울감 감소, 가족의 수발 부담 경감 효과가 있음은 익히 알려져 있다. 치매특별등급이 도입되었지만 거동이 불편해 1~3등급을 받은 치매 노인은 현행 요양보험제도와 같은 서비스를 계속 받게 된다.

제3절 현 제도 아래에서의 문제점

1 연구 방법

이 장은 치매특별등급의 시행상의 문제는 지방정부의 역할이 국민건강보험공단과 단절되어 있기 때문이며, 따라서 지방정부의 역할을 증대시켜야 한다는 관점에서 연구되었다.

이러한 관점에서, 이 연구를 위해 문헌조사→비교연구→1차 인터뷰→2차 인터뷰→비교·대조의 순서로 이루어졌다. 먼저 제도설계에서 현재에 이르는 과정에 관련된 문헌을 조사했다. 또한 비교·대조를 할 때 외국의 사례를 참고했는데, 그중에서 한국이 참고하려 했던 일본 모델을 현지 방문을 통해 연구했다. 또 현재 가장 많은 변화를 보이는 영국을 방문해 집중적으로 살펴보았다. 이어서 포커스 그룹 인터뷰를 실시했는데, 1차 인터뷰는 이 분야를 연구하고 있는 학자들과의 인터뷰 및 실제 시설을 운영하고 있는 분들과의 인터뷰였다. 2차 인터뷰는 주간보호센터 관계자와의 그룹 인터뷰였다. 이후 다시 이 자료를 지방정부 공무원, 국민건강보험공단의 담당자, 관련 학자들과의 토론으로 비교·대조했다. 여기에서 추출한 결과를 시설 운영의 문제와 프로그램의 문제로 나누고 차례로

기술해 본다.

2 시설 운영에서의 문제점

치매 대응을 위한 공적 수발에는 인력의 전문성과 인력의 배치를 높여 개별 대응에 최대한 가깝도록 하며, 시설 내 보호 중의 사고에 대해 가족도 책임을 함께 지는 등의 제도의 개선이 필요하다. 24시간 수발이 필요한 경우는 치매 노인이다. 하지만 현재 인력은 주간보호의 경우 어르신 7명당 요양보호사가 1명 배치되도록 되어 있어 사실상 대응이 어려운 상황이다. 또한 신체 구속을 하지 않고 사람다움(인격 존중)과 자기다움(개성 존중)을 도모하는 복지 서비스를 제공하는데, 폭언이나 배회 등 치매로 인한 증상에 적절하게 대응하기가 매우 어려운 것이 현실이다. 이를 정리하면 <표 14-5>와 같다.

표 14-5 시설과 수급자 가족 측의 갈등 정리

구분	사항	시설 측 주장	가족 측 바람
1	비율	치매 노인의 수발 인력 비율은 현재의 1:7	1:1 대응이 소망
2	외부 산책	개별 대응이 어렵다.	개별 대응 요구
3	치매 수발	안전에 치중	안전은 물론이고 서비스의 질에 치중
4	시설 내 사고 (특히 중증)	① 언제든지 위험 상황이 발생할 가능성이 크고 치매 어르신은 무시기가 매우 어려운 실정임. ② 어르신의 자의적 행동에 의해 발생한 사고에 대해서는 시설이 100% 책임지기 어려움을 서비스 계약의 당사자인 가족은 인지해야 함. ③ 이용 어르신의 자의적 행위에 의해 사고가 발생한 경우에는 시설과 가족이 책임을 함께 지는 것이 필요함. ④ 관련 보험의 보장성도 높여서 시설 부담을 줄여야 할 것	① 어르신을 격리하지 않고 수발 요구 ② 가정 내에서도 사고 위험이 높은 상태로 시설보호를 의뢰하는 것이 현실

5	전문인력 양성	① 치매 노인의 수발 인력은 더 높은 전문성을 요구 ② 질 높은 치매 대응이 가능하려면 현재의 요양보호사 양성교육으로는 한계 ③ 전문 수발이 가능하도록 인력의 전문성을 높이는 양성 과정의 강화가 필요	① 요양보호사는 돌봄 위주로 훈련받은 종사자이기에 프로그램 개발 역량에 한계가 있음. ② 사회복지사는 행정과 사례관리 업무에 집중하고 있어 역시 프로그램 개발과 진행에 집중하기는 어려운 현실임. ③ 프로그램 전담으로 작업치료사 등이 상근으로 고정 배치를 고려해야 함.

이와 관련해서 가족이 여행을 가는 경우를 생각해 보자. 이때에는 가족이 치매 어르신을 주간보호센터를 이용하도록 하는데, 현재 주간보호센터 운영에 문제점을 알아볼 필요가 있다. 주간보호센터 운영의 문제점을 방문과 관찰·면담으로 짚어보면 다음과 같다.

첫째, 현재 정원 29명이나 25명 정도 입소하고 있다. 아울러 노인 장기요양 수급자가 아닌 경증 치매 환자도 1~2명 입소해 있다.

둘째, 주·야간보호시설을 인지 프로그램 운영의 장으로 활용하는 것은 공간 활용의 제한과 중증 치매 환자(기존 등급 수급자)와 경증 치매 환자와 함께 인지 프로그램을 운영할 수 없음에 문제가 있다.

셋째, 현재 주간보호센터에서 운영하고 있는 인지 프로그램은 미술·독서·음악 프로그램 중심으로 외부 강사를 초빙해서 운영하고 있다. 인지 프로그램의 일종이지만 주간보호센터 자체적으로 운영하는 프로그램으로는 개인 상담이 있다.

넷째, 외부 강사의 프로그램 운영은 40분 단위로 운영되며, 1타임당 3만 원 정도 지출되고 있다. 외부 강사는 민간 자격증 소지자이며, 인력의 수급은 종합복지관에 의뢰해서 개별 계약에 의해 운영된다.

다섯째, 일본의 경우처럼 시장에 경증 치매 환자와 동반 외출, 초등학교 운동회 견학 등의 프로그램도 운영 중이다. 자체 프로그램을 운영하는 곳도 있고 그렇지 않은 곳도 있다. 주간보호센터에서 자체 프로그램을 운영을 할 수 없는 주된 이유는 인력의 양적 문제를 넘어 질적 문제이다. 즉, 현행 제도 하에서는 실현하기 어려운 문제이다.

3 인지 프로그램의 문제점

치매관리를 위한 치매특별등급 제도에서 아쉬운 것은 인지 프로그램을 작업치료사와 같은 전문자격증 소지자가 아닌, 단기간 교육으로 치매 대응을 하는 치매전문 요양보호사에게 맡긴 것이다. 시설 쪽도 인지 프로그램의 내용이 부실함을 인정하고 있다. 즉, 치매전문 요양보호사가 교육받은 내용들(예를 들면 치매의 개념 등)이 흥미 유발이 안 될 뿐만 아니라 효과성도 의심스럽다고 한다. 시설에서 인지 프로그램을 개발할 수 없을 뿐만 아니라 설사 어느 정도 노력을 기울여 인지 프로그램을 개발한다 하더라도 국민건강보험공단을 비롯한 상급기관이 가져가 버리기 때문에 개발할 의욕도 없다고 한다. 따라서 인지 프로그램을 비롯한 여러 서비스의 개발을 전담할 조직이 필요할 뿐만 아니라 저작권의 인정도 필요하다. 또 그 시행에서는 이미 그 자격을 인정받은 사회복지사·작업치료사·물리치료사들을 투입하는 방안이 필요하다고 생각된다.

주·야간보호시설에서 이들 자격을 지닌 자를 통해 수급자 개인의 삶의 질에 영향을 미치는 일상의 활동을 강화하도록 함으로써 건강과 행복·독립성을 극대화하도록 해야 한다. 아울러 장애의 위험이 있는 사람들에게 예방 목적으로 이들의 전문기술을 적용해 삶의 의미를 되찾을 수 있도록 해 주어야 한다.

이상 서술한 문제점의 핵심은 지방정부의 역할에 있다고 진단한다. 자기 지역의 주민복지를 위한 일임에도 소극적으로 대응한다는 것은 이해되지 않을 뿐만 아니라 후술하듯이 일부 지방자치단체는 이 일에 간여하고 있다. 이 사례는 전국적으로 지방정부가 치매특별등급에서 역할을 할 수 있음을 입증한다고 하겠다.

제4절 지방정부와 치매관리

1 국민건강보험공단과 지방정부의 이원 체제

앞서 복지에서의 변화를 환경 변화로 설명하고 있다고 언급했는데, 이를 중앙정부와 지방정부와의 관계에서 보면 협력과 기능 분화의 관점에서 설명할 수 있다. 중앙정부는 국가 장·단기 계획 수립, 전달 체계 확립, 예산 및 재원 조달, 기본 권리의 법제화 및 국제협약 등이며, 지방정부는 이런 프로그램들의 실행이라는 것이다(김찬우, 2015). 이를 정리한 것이 아래 <표 14-6>이다.

표 14-6 중앙정부와 지방정부의 역할 분화

주체	중앙정부	지방정부: 중앙-지방정부 파트너십	지방정부: 지방정부 중점
	중앙집중적 ◀	———	▶ 지역특화적
기본 역할	*노인복지 국가 장·단기계획 *전달 체계, 예산 및 재원 조달 방식 확립 *세대별 노후 준비 체계 확립 *국가 단위 노인 건강보장 체계 구축 *관련 제반 기본 권리 법제화 및 국제협약 등	*중앙정부의 전달, 구현 및 사각지대 보완	*지역 친화적 서비스 개발 및 보급 – 지역 밀착형 인프라 – 고령 친화 지역사회 조성 *지역사회 네트워크 조직 장려 *지역 특성 고려 성과평가 체계 구축
중점 추진 영역	*소득보장 (노인기초생활보장 및 기초·국민연금) *건강보장 *장기요양 보장	*노인장기요양보험 등급외 자에 대한 돌봄	*문화여가 *생활환경(주거·교통 등) *사회복지 서비스 *기타 복지 지원 서비스(복지관 및 재가복지 서비스 등)

자료: 김찬우(2015).

위 <표 14-6>에서는 치매 대응을 지방정부의 역할 등 중앙-지방정부 파트너십의 하나로 규정하고 있고(노인장기요양보험 등급 외 자에 대한 돌봄) 대체로 이 견해가 받아들여지고 있다. 그럼에도 현재 치매 대응을 중앙정부 중심으로(그 집행기관인 국민건강보험공단) 이루어지도록 설계하고 있기에, 이를 보완할 필요가 있다. 즉, 제도의 설계에서부터 다시 검토해서 지방정부의 역할이 증대되어야 한다.

현행 제도는 국민건강보험공단과 지방정부가 연계되지 않도록 설계되어 있다. 국민건강관리공단에서 치매 등급 판정자에게 치료약제비를 지급해 주는 제도이다. 이와는 달리 지방정부는 치매 진행 지연을 위한 치료비를 지원받을 수 있도록 등록만 해 주고, 치매 조기 검진 거점화 정책을 통한 치매 예방정책을 실시하고 있다. 이원화되어 있는 현행 제도로 인해 치매 환자나 보호자들에게 많은 불편을 초래하고 있다. 치매 치료비 지원은 치매 보호자나 환자들이 인식하기를, 보건소 치매센터에서 등록해 주었기 때문에 치료비가 보건소에서 지급되는 것으로 인식하고 있다. 치매 치료비의 경우 예산은 국민건강보험공단에서 지급하고 있으며, 또한 치매 치료비 지급 절차는 보건소 치매센터, 국민건강보험공단과 병·의원으로 이원화되어 있어 이 과정에서 공단과 환자와의 민원 마찰이 많이 발생하고 있다.

이상에서 기술한 내용이 어떻게 실현되고 있는지 그 현실의 모습을 경상북도 ○○군에서의 경우를 중심으로, 그리고 일본 교토(京都)에서의 실제 사례와 영국 맨체스터(Manchester)의 최근 변화를 살펴본다.

2 한국에서 지방정부의 치매 예방

이에 맞추어 지방정부 차원의 대응을 경상북도 ○○군을 중심으로 살펴본다. ○○군을 사례로 하는 이유는 경상북도 ○○군이 지방자치단체로는 도비(道費) 지원 속에서 치매 대응에 적극적이기 때문이다. 이를 조금만 발전시키면 앞서 설명한 이원 체제를 일원화된 통합 체계로 가는 징검다리 역할을 할 수 있기 때문이다. ○○군의 지역건강 현황을 먼저 살펴보자. 2015년 12월 31일 기준으로 전체 인구는 24,229명, 노인 인구 8,382명으로 비율로는 34%로, 경상북도에서 두 번째로 높게 나타나 초고령사회에 진입해 있다. 이를 국비(國費) 사업과 도비(道費) 사업으로 나누고 설명한 후에 문제점을 살펴보기로 한다.

1) 국비 사업

치매조기검진사업을 통해 2011년까지 발견해 낸 치매 환자 수는 6만 4,119명, 2012년은 9만 4,985명이다. 검진센터에서 발견된 치매 환자들은 치매상담센터에 등록하도록 해서, 지역사회 자원과 필요한 서비스를 연계해 지원하고 있다. 2010년 4월부터는 치매 진단을 받고 치료제를 복용 중인 환자들에게 월 3만 원 상한의 치료관리비를 지원하기 시작하면서 등록 환자도 급증해 2012년 현재 약 21만 9천 명의 환자가 보건소 치매상담센터에 등록되어 있다. ㅇㅇ군 보건소 치매 환자 현황은 <표 14-7>이 잘 나타내고 있다.

표 14-7 경상북도와 OO군의 치매 환자 비교 현황

(단위: 명, %)

구분	65세 이상 노인 인구	치매 추정 인구	등록관리	치매 추정 인구 대비 등록률
경상북도	467,352	44,772	29,990	63.8
OO군	8,382	727	650	89

자료: 2015년도, 경상북도, OO군 내부 자료.

ㅇㅇ군 보건소 치매센터에서는 치매 조기검진을 실시하고 있다. 먼저 보건소 치매센터에서 간이인지(簡易認知) 기능검사를 실시한 후 점수에 따라 경상북도와 협약을 한 치매거점병원으로 의뢰한다. 1명당 치매 정밀검진비는 160,000원~180,000으로 책정되어 있으며, 치매거점병원에서 치매 진단으로 판명된 후 보건소 치매센터로 방문하면 조기 발견으로 치매 환자 등록과 치료비 지원 대상자로 등록만 해 주고 그 외 나머지 행정적인 지원과 절차를 안내만 해 준다. 그 이후는 국민건강보험공단에서, 요양시설, 방문요양사 등의 행정절차에 대해 도움을 제공해 주고 있다.

또한 ㅇㅇ군 보건소에서는 치매 예방사업의 일환으로 고혈압·당뇨(만성병)

관리를 중점사업으로 병행해 실시하고 있다. 이는 전체 인구 중 30세 이상 인구의 만성병 의사 진단 경험률 23.6%를 고려하면 8,453명이 만성병으로 인한 관리 대상자로 추정하고 있다. 이 수치는 경북보다는 6.7%로 높고, 전국보다는 2%p 낮아 노인 인구 비율이 높은 ○○군에서는 잠재 만성병 환자가 많은 것으로 나타난다. 따라서 만성병 환자 증가를 억제할 수 있는 고위험군 예방관리 프로그램을 실시하고 있다.

치매는 조기에 발견해 치료할 경우 발병 원인 규명에 의해 10%는 완치 가능하고 30%는 증상을 완화시키거나 치매의 진행을 완화할 수 있는 것으로 알려져 있다. 이에 대응해 정부에서는 치매 노인에게 맞춤형 서비스를 제공할 수 있는 '치매 대응형 노인장기요양기간' 시범사업을[4] 2014년 5월부터 12월까지 추진했다. 이 사업은 효과적으로 치매를 관리하기 위한 인프라 확충과 가족 지원 강화와 사회적 소통을 확대해 치매 환자와 가족의 삶의 질 향상으로 노년의 불안감 해소를 제공해 주려는 의도에서 실시되었다.

2) 도비 사업

보건소 사업인 치매사업은 치매 예방과 조기 발견 사업에 초점이 맞추어져 있다.[5] 따라서 인근 거점병원에 의뢰한 후 치매 증상으로 등록만 할 뿐 사후관리

---

4) 시설 기준으로 치매노인 전용 8인~12인으로 구성된 소규모의 치매 돌봄 단위 공간을 확보하고 1인~2인실을 위주로 구성되는 안정적인 개인 공간 확보와 침실 인근에 가정적 분위기의 거실 공간을 확보하고, 인력 기준으로 치매교육 이수자 배치와 요양보호사 배치 확대를 하며, 아울러 서비스 내용은 치메 노인의 안전, 인권 보호 등 행동심리 증상 완화 프로그램, 인지 기능 향상 프로그램을 실시한다. 또한 지역사회 자원을 파악해 치매 노인의 욕구에 맞추어 지역사회자원과 연계해서 추진할 계획이라고 밝혔다.

5) 구체적으로는 영양관리로 치매관리, 운동으로 치매관리, 예쁜 치매쉼터와 치매 가족 지지 프로그램 운영, 치매 진행 지연을 위한 치료비 지원과 치매 조기 검진 거점화 등이다. 예쁜 치매쉼터는 경상북도에서 2014년부터 시·군 보건소 치매상담센터를 통해 중 보건기관 37개소, 경로당 201개소 마을 회관 30개소, 기타 3개소로 총 271개소를 운영했다. 2016년도는 340개소로 확대 운영 실시하고 있다. 운영 방법으로는 연간 48회기로 주2회 2시간 이상 인지 강화활동 프로그램으로 운영하고 있다. 매년 인지 강화활동 프로그램 개발과 교육은 경상북도 광역치매센터에서 작업치료학과 교수와 작업치료사가 개발해 시·군 보건소 치매상담센터 담당자들을 교육시켜 보급하고 있다. 광역치매센터에서 개발한 인지 강화활동 프로그램의 내용은 미술치료, 음악치료, 신체활동, 회상요법, 향기요법, 감각자극 등으로 구성되어 있다.

는 각 가정에서 가족들이 돌보고 있다. 특히 치매 환자에 대해 공공 부문 간의 전달체계가 제대로 구축되어 있지 아니한 상태이므로 보건의료 서비스와 복지 서비스가 이원화되어 있어 치매 환자들은 효율적으로 돌봄 서비스를 제때에 공급받지 못하고 있다.

따라서 비록 지금 치매 치료의 관리 기본 틀은 마련되었으나 가족의 부양 부담을 완화시킬 수 있는 사회적 지원 시스템을 지속적으로 확충할 필요가 있다. 이에 따라 치매 환자의 보호의 질 제고를 위해 치매 유형별·중증도별 특성에 적합한 치료와 보호 서비스 지원을 강화해야 한다.[6] 예컨대 치매 등급별 경증 치매 환자를 전문적으로 돌보는 소규모 그룹홈을 손쉽게 접근할 수 있는 곳에 설치해서 운영하는 것이나 중증 치매 환자를 돌보는 치매전문 주간보호센터를 개편해 중증도별로 범주화가 가능하도록 주간보호기관을 확충해서 운영하는 것 등이다(후술하는 일본의 경우 참조).

3) 치매 대응에서의 문제점

앞서 언급한 1명당 치매 정밀검진비 지급 절차를 사례로 살펴본다. 치매치료 관리비 지원 수준은 건강보험 대상자 및 의료급여 수급권자 모두 월 3만 원(연 36만 원) 한도로 실제 본인 부담금(치매 약제비+약 처방 당일의 진료비 본인 부담금)을 지원하도록 규정했다(보건복지부, 2014).

보건복지부에서는 치매치료 관리비 지급에 필요한 예탁금을 매 분기마다 공단의 수입 계좌에 입금해 준 후 공단에 통보를 해 주고, 시·도에서는 보조금 예산 확보와 예산 조정을 해 준다. 시·군·구 보건소에서는 매 분기 자금을 교부받는 즉시 보건소별로 부여된 가상계좌로 예탁해 주면, 공단에서는 치매 치료비를 지급 결정해 준다. 치매 치료비의 지급 절차를 나타낸 것이 [그림 14-4]이다.

치매 치료비 지원은 환자들이나 치매 환자의 보호자가 인식하기를 보건소 치매상담센터에서 등록해 주었기 때문에 치료비가 보건소 치매상담센터에서 지급되는 것으로 인식하고 있다. 그러나 실제로는 치매 치료비 지원행정 업무만 보건

6) 현 시점의 요양원은 치매 입소자와 일반 입소자를 분리하지 않고, 함께 시설을 사용하도록 하는데, 일반 보호자들이 불만을 표출한다는 사례가 늘어가고 있다(정화철, 2015).

그림 14-4 치매 치료비 절차 흐름 현황

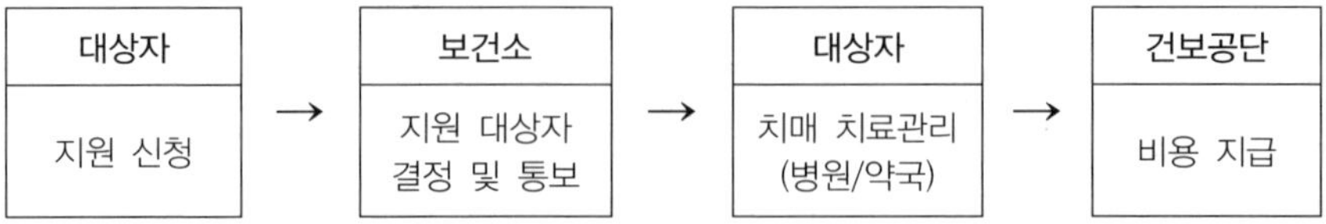

자료: 보건복지부(2015b).

소 치매상담센터에서 처리해 주고 치매치료 관리비용 지급은 국민건강보험공단 및 병·의원·약국으로 이원화되어 있어 차후 정부3.0에 맞추어 원스톱(one-stop) 행정 서비스인 통합정보 시스템으로 운영되어야 할 것이다. 또한 복지부·공단·보건소 등 공공 부문 간 연계·협력이 부족해서 새로운 거버넌스(governance)가 필요하다.

3 다른 나라의 경우

1) 영국의 최근 변화

한국에서의 분립(分立)과는 달리 영국의 치매 대응은 통합을 지향하고 있다. 영국의 치매 현황을 살펴보면, 현재 치매 환자는 85만 명으로 추산되고, 2045년에는 200만 명에 이를 것이며, 그 비용은 £ 50 billion(50조 파운드)로 추정된다. 이 문제의 심각성을 인식한 영국 총리의 지시로 치매에 관한 연구소가 신설되었고, 환자들과의 자매결연을 통해(이른바 dementia friends) 이들의 고통을 완화하고 사회생활의 감각을 유지하려고 한다. 영국에서도 치매 환자의 행복(wellbeing)에 정책의 중심을 두어 조기 진단의 중요성을 강조하고 있다(Cook, 2008: 23). 영국의 치매 진단과 치료 매뉴얼은 [그림 14-5]과 같다.

가장 이슈가 되는 것은 치매 환자의 인지 기능의 손상이다. 인지 기능의 손상은 건강 상태의 유지를 더욱 어렵게 함으로써 요리·청소·투약·커뮤니케이션

등에 문제를 나타낼 뿐만 아니라 정신병으로 발전할 가능성이 높다. 더욱 심화되면 온도 조절 기능 및 삼키는 기능(swallow)과 같은 신체 기능에 문제가 생기고 종국적으로는 사망에 이를 수 있다(Cook, 2008: 19). 따라서 돌봄을 시행할 때 가장 중요한 요소는 적절한 서비스를 제공하는 인력이다(Cook, 2008: 24−25). 우리나라에서도 이에 대한 인식을 촉구할 필요성이 있다.

그림 14-5 영국의 치매 진단과 치료 매뉴얼

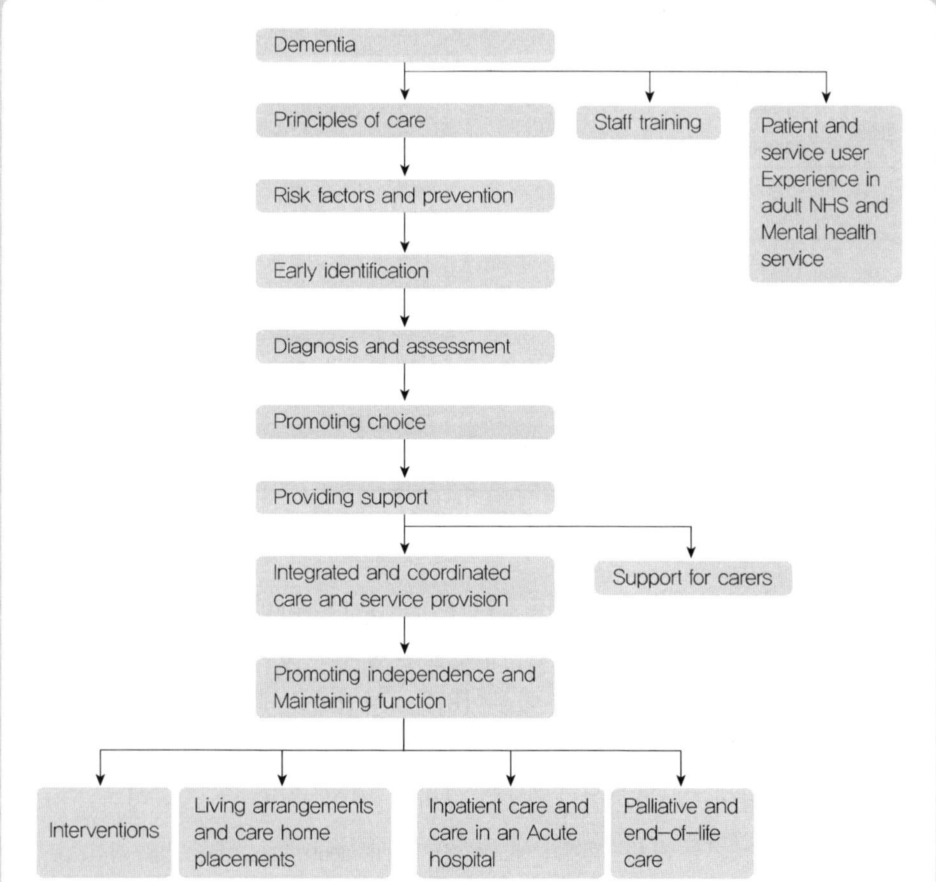

자료: http://pathways.nice.org.uk/pathways/dementia

앞에서 기술했듯이 치매특별등급의 출발점이 돌봄의 공공성이고, 이 개념은 신자유주의의 공격으로 수정된 측면은 있겠지만, 복지국가를 지향하는 국가에서는 핵심적 개념이다.[7] 이러한 배경에서 특히 노년의 삶과 관련해서 성공적 노령화(successful ageing)라는 개념이 제시되었다(Bernard & Scharf, 2007: 15). 이 중에서 가장 중요한 분야는 의료(health care)와 사회적 돌봄(social care)인데, 이를 비교한 것이 <표 14-8>이다.

표 14-8 의료와 사회적 돌봄

구분	의료(health care)	사회적 돌봄(social care)
책임성	중앙정부	지방정부
정책	보건부 (Department of Health)	지역 자치부(Department for Community)의 감독에 따른 지방정부
부담	이용 시점에서는 무료 (Free at the point of delivery)	자산조사에 따라 사용료 징수 (Means-tested and subject to charging)
영역	주치의 등록에 따라 (Based on GP registration)	지역과 지방정부에 따라 (Based on geography and council boundaries)
초점	개인 단위 치료 (individual [medical] cure)	사회적 맥락 속에서 개인 단위 (individual in his/her wider context)
근거 (training)	의료과학적 치료 (strongly influenced by medicine and science)	사회과학적 치유 (strongly influenced by social science)

자료: Glasby(2007: 69).

최근 영국에서는 의료와 사회적 돌봄을 통합하고(Integrated Health & Social Care) 지방정부의 역할을 더 높이는 개혁을 단행하고 있다.[8] 그 목적은 그 돌봄이 병원에서 이루어지든, 집에서 이루어지든, 지역사회에서 이루어시든 인생의 과정에서 그들의 욕구를 좀 더 잘 충족시킬 수 있고 좀 더 양질의 서비스에 접근이 가능하도록 함이 그 목적이다. 이를 나타낸 것이 <표 14-9>이다.

7) 여기에서의 복지국가는 정치·경제적 제도적 장치(settlement)로는 자유시장을 핵심으로 하는 자본주의와 국가를 통한 공공 서비스의 제공을 핵심으로 하는 사회주의의 타협의 결과이며, 사회적 장치로는 가정과 국가, 그리고 일자리의 선순환 관계에 기초하며, 조직적 장치로는 관료제 행정(bureaucratic administration)과 전문가 중심주의(professionalism) 등이 어울려 이루어진 것이라는 이론을 받아들인다(Clarke & Newman, 1997: xi; 1-5).

8) http://www.agma.gov.uk/gmca/greater-manchester-public-service-reform/integrated-health-social-care/index.html

표 14-9 사회적 돌봄과 의료의 통합 이전과 이후 비교

현재의 모습	개혁 목표	장래의 임무
의료와 사회적 돌봄의 비용이 현재 10억 파운드에 달함.	통합 서비스를 통해 의료와 사회적 돌봄의 역할 관계 확립	① 의료의 개혁, 의료 서비스의 특화(specialized)를 통한 품질 향상, 서비스에 대한 접근을 현 상태로 유지하면서 경험의 집적(集積) ② 의료와 사회적 돌봄의 경계를 허묾으로써 돌봄 비용의 효율적 관리를 통한 전달 체계의 지원에 초점 ③ 이 개혁을 통해 지역사회에 좀 더 지원을 강화하고 예정에 없던 입원을 억제한다.
지난 10년간 예정에 없던 입원이 35% 증가함.	예방사업의 효과적인 수행과 장기 요양을 관리함으로써 서비스에 대한 수요를 감축시킴.	

자료: http://www.theguardian.com/social-care-network/integration

그 의미는 다음의 다섯 가지로 요약할 수 있다.

첫째, 중앙과 지방 간의 관계 정립이다. 여기에는 전국적인 서비스의 균질성과 지방에 알맞은 서비스라는 간극을 어떻게 메울지가 관심사이다.

둘째, 의료나 사회적 돌봄에서의 거버넌스의 중요성이다. 의료나 사회적 돌봄에서의 중요한 원칙은 보충성(subsidiarity)으로, 새로운 개혁에 따라 의료나 사회적 돌봄에 예산 집행권을 가지게 되는 지방정부의 역할이 분명해져야 한다.

셋째, 서비스 공급자의 중요성으로 일반의(General practitioner: GP)를 포함한 전문가단체에 자율성을 주어야 한다.

넷째, 이해당사자(여기서는 시민들·환자·서비스 이용자 및 제공자)를 포함한 의사 결정이 신속하고 최선이 되도록 이루어져야 한다.

마지막으로 의료나 사회적 돌봄에서의 정치가 올바로 이루어지도록 해야 한다. NHS(National Health Service: 영국의 국민건강서비스)는 본질적으로 정치적인 것이며, 정책 결정에 따른 변화는 기술적(technocratic)으로 이루어지지 않는다.

어쨌든 의료와 사회적 돌봄의 통합은 지난 시기에 이루어진 점증주의 모형(incrementalism)보다도 시범사업 접근법(scale and pace approach)에 기초해서 이루어지고 있으나,[9] 이에 대한 비판도 만만찮다. 이 주장들은 세 가지로 요약되는데, 그 첫째는 현재의 욕구와 자산조사(needs-and-means-tested) 방법보다

9) http://www.theguardian.com/healthcare-network/2015/mar/24/devo-manc-five-early-lessons-for-the-nhs

도 이용 시점에서는 무료(free-at-the-point-of-delivery)인 조세 방식(taxation-funded)이 사회적 돌봄에도 적용되어야 한다. 둘째로, 통합된 체제 아래에서는 개인 중심적 문화(person-centred culture)의 정립이 필요하다. 셋째로, 비용 절감이 아니라 공공(public)과 환자들, 서비스 이용자들을 위한 정책이 필요하다.10)

특히 치매의 경우는 현재의 의료기술로는 완치가 불가능하기 때문에 의료(health care)보다는 돌봄(social care)이 더 의미가 있다. 이러한 흐름에 더더욱 가까이 다가가는 것이 치매특별등급이다. 따라서 그 파장을 우리나라도 주시할 필요가 있다.

2) 일본 개호보험제도에서의 치매 대응

(1) 지역포괄센터의 운영

주・야간 보호시설을 지역 밀착형으로 설계하기 위해서는 현재의 시스템 상에서 단절되어 있는 지방정부의 참여와 역할이 필요하다. 그런 측면에서 일본을 참고로 할 수 있다. 여기서 일본 개호보험의 지역포괄센터의 역할을 우선 살펴보기로 한다.

일본은 개호보험급여의 한 종류로 인지증 대응형 통소개호를 두고 있는데, 우리나라 말로는 치매 대응형 주간보호센터라고 할 수 있다. 또 소규모 다기능형 재택개호라는 제도도 있는데, 복합 재가요양서비스센터(방문요양・단기보호・그룹홈 등을 함께 운영)라고 이해되며, 인지증 대응형 공동생활개호(그룹홈)는 치매 대응형 공동생활가정(그룹홈)으로 이해된다. 일본 개호보험의 운영 개요는 [그림 14-6]과 같다.

일본에서 지역포괄센터의 설치 목적은 예방 기능의 강화이다. 개호보험법 제115조의 39 제1항에서 "지역 주민의 심신의 건강 유지 및 생활의 안정을 위해 필요한 원조를 함으로써 보건 의료의 향상 및 복지 증진을 포괄적으로 지원하는 것"으로 명시하고 있다.

10) http://www.theguardian.com/social-care-network/2015/mar/06/manchester-health-social-care-integration

그림 14-6 일본의 요양보험 체계

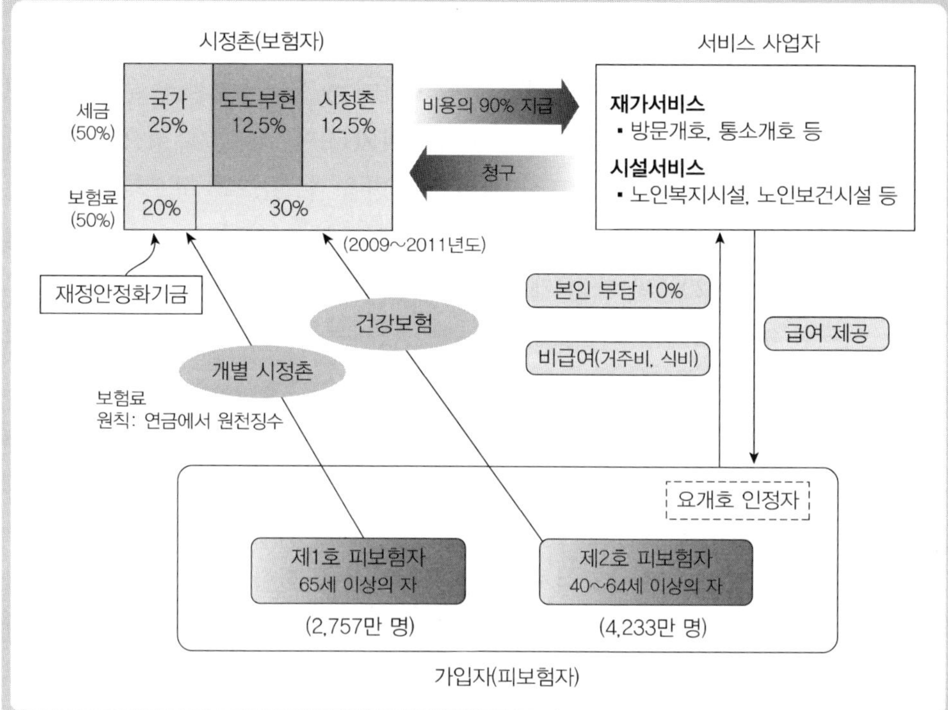

그 기능은 다음과 같다. 첫째로 요지원 1 · 2 대상자의 돌봄 플랜과 자립 대상자에 대한 예방사업을 실시하고, 둘째로 신예방급여 및 지역지원 사업 대상자에 대한 개호 예방 케어매니지먼트 실시, 셋째로 개호보험 외의 서비스를 포함한 고령자 및 가족에 대한 종합적 상담 및 지원, 넷째로 피보험자에 대한 학대의 방지 및 조기 발견 등의 권리 옹호사업, 다섯째로 지원 곤란 케이스에의 대응 등 케어매니저의 지원이 그것이다.

설치에 관해서 살펴보면, 설치의 주체는 지방자치단체이며, 대략 인구 2만~3만 명당 1개소가 목표이다. 시 · 정 · 촌이 직접 설치할 수도 있으며, 사회복지법인 등에 운영을 위탁하는 것도 가능하다.

재원은 신예방급여의 케어매니지먼트는 개호보수가 적용되며, 개호예방사업에는 제1호 보험료 19%, 제2호 보험료 31%, 공적 자금(국가 25%, 도 · 도 · 부 · 현, 시 · 정 · 촌 각 12.5%)이고, 포괄적 지원 사업 및 임의사업에는 제1호 보험료

19%, 공적 자금(국가 40.5%, 도·도·부·현, 20.25%, 시·정·촌, 20.25%)이다.

(2) 소규모·다기능 그룹 홈에서의 재활 서비스

일본 개호보험에서는 지역밀착형 소규모·다기능 서비스기관을 운영하고 있다. 소규모·다기능 그룹홈이란 경증인 요개호자와 요지원자를 대상으로 가능한 한 자택과 가까운 환경에서 개호보험 서비스를 받을 수 있도록 함으로써 수급자의 심리적인 안정과 지역사회의 연계활동 강화를 통한 노인의 삶의 질을 중시하려는 제도이다. 이는 2006년 개정 개호보험 개혁 프로그램에서 강조되었다. 일본에서는 이러한 지역 밀착형 서비스의 소규모·다기능 그룹홈이 급격히 증가하고 있다.

그 기능은 다음과 같다.

첫째, 이용자의 필요에 따라 주간보호(day care) 서비스를 중심으로 방문이나 단기 머묾(short stay) 기능을 합쳐 이용자의 편의를 최대한 도모한다.

둘째, 동일 사업소가 소규모이지만 다각적 기능을 결합시킴으로써 이용자와 직원과의 친숙한 관계를 유지하게 하고, 이로 인한 이용자의 심리적 불안감을 감소할 수 있다.

셋째, 가정과 같은 환경의 조성이 가능하므로 이용자의 만족도를 높일 수 있다.

넷째, 지역사회와의 생활 연계사업을 통해 노인들의 단절된 생활을 방지하며, 지역사회와의 교류를 유지한다. 즉, 지역 밀착형 서비스가 추가된 것이다. 설치의 주체는 일정 요건을 갖춘 개인 혹은 법인이 가능하며, 지방자치단체(시·정·촌)가 지도 및 감독 기능을 수행한다.

이상에서 보았듯이 그 기본적 사고방식은 수급자가 사회와 단절된 생활을 피하고, 요개호자의 상태나 희망에 따라 수시로 방문하고 숙박함으로써 재택생활 기능을 지원한다. 이를 위해 가장 필요한 것은 지방자치단체의 간여이다. 우리나라 제도에서의 문제점은 이 지점이라 할 수 있으며, 실제로도 가능함을 보여 준 지역이 앞서 소개한 경상북도 ○○군의 사례이다.

제 5 절 좀 더 발전된 치매특별등급의 활용 방안

1 시설과 인력의 문제

어떤 제도이든 하나의 제도가 시행되면 그 이후 잘못이 발견되었더라도 교정을 하려면 큰 비용의 출혈이나 과정의 어려움을 각오해야 한다. 따라서 완벽한 밑그림에 기초한 시행이 필수불가결하다. 이런 관점에서 치매관리를 위한 치매특별등급 제도에서 아쉬운 것은 인지 프로그램을 요양보호사에게 맡긴 것이다. 앞서 지적했듯이 인지 프로그램을 비롯한 여러 서비스에 이미 그 자격을 인정받은 사회복지사・작업치료사・물리치료사들을 투입하는 방안이 필요하다고 생각된다. 주・야간보호시설에서 이들의 전문기술을 적용해 삶의 의미를 되찾을 수 있도록 해 주어야 한다. 지역사회 중심 사업은 경증 치매 환자들의 삶의 질 향상과 생활환경을 긍정적 분위기로 조성하자는 취지이므로 ○○군 보건소에서는 전문 인력이 인지 기능 프로그램을 주 1회 2시간 운영하고 있는데, 이는 상당히 긍정적으로 평가할 수 있다.

여기서 주・야간보호센터와 같은 시설의 공급이 문제가 되는데, 이는 민간투자법(BTL)[11] 사업 방식이나 지역사회에서 복지관 건립 등 복지 분야에 직접 참여하고 있는 종교단체와도 요양 인프라 참여 방안을 연구해야 한다. 또한 전국적인 조직망을 갖춘 농협・YWCA・NGO・교육기관이 체인 형식의 실비・유료 재가시설 설치 방안을 강구할 필요가 있다. 민간이 참여하게 되면 단기간에 인프라 확충이 가능하리라 추정한다.

재정 안정에 관해서는 장기적인 재정 누수 방지가 가장 중요하다. 그 대책으로는 예를 들면 장기요양기관에서의 삼진아웃제도의 도입도 검토할 필요가 있다. 물론 불법・부당행위를 철저히 조사하고 불합리한 제도를 개선해 허위 등록

11) 민간이 자금을 투자해 공공시설을 건설(build)하고 민간은 시설 완공 시점에서 소유권을 정부에 이전(transfer)하는 대신 일정 기간 동안 시설의 사용・수익 권한을 획득해, 정부에 임대하고 그 임대료를 받아 시설투자비를 회수하는 방식을 말한다.

이나 부당 청구를 방지함으로써 건전한 재정을 안정적으로 이끌어 가도록 해야 한다.

문제는 시골 지역이다. ○○군은 2012년부터 재가노인지원센터를 주·야간으로 군에서 직영으로 운영하고 있다. 현재 입소 인원 주·야간 30명, 단기보호 10명으로, 40명 정원이 다 입소한 상태이므로 지금은 입소할 대상자가 몇 개월씩 기다려야 하는 상황이 되었다. 군에서 직영으로 맞춤형 프로그램과 인지 재활 프로그램 등 입소자에게 다양한 서비스를 제공해 주는 것의 부작용은 이로 인해 외부 요양시설의 주·야간 시설은 운영을 포기한다는 점이다. 이에 대한 대책이 필요하다고 하겠다.

그럼에도 불구하고 앞서 기술했듯이 전달체계의 분립(分立)으로 인해 또 행정기관의 역할 한정으로 인해 농촌 지역에서 문제가 되고 있다. 대표적으로 주·야간보호센터의 시설 공급과 인지 프로그램 수행이 문제가 된다. 이를 어떻게 할 것인가?

2 지방정부의 참여와 역할

주·야간보호시설을 지역 밀착형으로 설계하기 위해서는 현재의 시스템 상에서 단절되어 있는 지방정부의 참여와 역할이 필요하다. 그런 측면에서 일본을 참고로 할 수 있다. 일본 개호보험의 지역포괄센터 기능과 유사한 가칭 장기요양종합상담센터를 도입하고, 지역사회의 예방 기능 업무와 지역 밀착 서비스를 가능하게 함으로써 건강 관련 서비스의 제공을 통한 주민만족도를 높일 수 있다. 또 지역의 건강 관련 자원과 정보에 덜 민감한 수급자와의 연계가 한층 더 용이해진다는 장점을 살릴 수 있다. 여기에서는 일본 개호보험의 지역포괄센터의 역할을 우선 살펴보고, 우리나라에서 도입할 장기요양 종합상담센터(가칭)의 기능을 살펴보기로 한다.

먼저 설치 주체를 살펴보자. 일본의 경우와 달리 우리나라에서는 장기요양보험의 관리 운영 주체가 국민건강보험공단으로 되어 있어서 지방자치단체는 여기에 관해 크게 간여하지 않고 있다. 그러나 장기요양 종합상담센터(가칭)는 노인

장기요양보험법 제4조(국가 및 지방자치단체의 책무 등)에 따라 지방자치단체가 수행하는 것이 효율적이다. 또한 지역 밀착도를 고려해서 현재의 보건소보다는 더 밀착도가 있어야 실효성을 담보할 수 있으며, 초기의 설치를 용이하게 할 수 있도록 일본의 경우처럼 현재의 장기요양시설에 부가해서 설치할 수 있다. 이 경우에는 일본의 사례에서 볼 수 있듯이 지방자치단체에 '장기요양 종합상담센터 운영협의회'를 설치해 경증 치매를 포함한 구체적인 사업을 실시할 수 있다. 그 기능은 노인 장기요양보험법 제4조 제1항의 규정에 따라 "노인이 일상생활을 혼자서 수행할 수 있는 온전한 심신 상태를 유지하는 데 필요한 사업"을 수행함을 원칙으로 하며, 온전한 심신 상태의 유지를 위해 치매 예방사업을 할 수 있을 것이다.[12)]

아울러 그들의 이력관리를 통한 통합적이고도 개인별 맞춤형 정보의 제공을 가능하게 한다. 이는 고령화사회의 사회안전망 기능을 수행함으로써 우리나라 사회복지를 한 단계 끌어올려 명실상부한 종합적 노인 장기요양제도를 마련할 수 있도록 해 줄 것이다.

제 6 절 결론 및 제언

2014년 7월부터 시행된 치매특별등급 도입으로 인해 거동 가능한(경증) 치매노인에 대해 요양보험 혜택을 제공하고 있다. 치매특별등급의 시행 후에 나타나는 현상으로 노인돌봄 종합서비스 대상자가 치매특별등급을 받은 후 치매 등급에서 빠져나가려고 하는 충돌이 심하게 나타나고 있다. 이는 향후 과제로 연구되어야 한다. 기타 향후 과제를 요약하면 다음과 같다.

12) 물론 이 장의 주제가 치매특별등급이기에 여기에 초점을 두지만 구체적 사업으로 근력 향상사업 · 구강케어 강화사업 · 영양 개선사업 · 인지증 예방사업 · 노인우울증 예방사업 등을 들 수 있다. 또한 노인장기요양 1~3등급 판정자에 대해 지역사회의 장기요양시설에 관한 정보를 제공하도록 하여 수급자의 권리 보호에 충실하도록 할 수 있을 것이다. 그리고 등급 외 판정자 혹은 미신청자에 대한 노인건강 관련 정보의 제공과 지역사회 자원 연계사업을 담당해 종합상담 기능을 강화할 수 있다.

첫째, 실용 매뉴얼의 부재이다. 치매특별등급은 전문 프로그램 기획 및 진행을 요구하나, 실용적으로 참고할 만한 매뉴얼이 없어 개별 기관과 종사자의 역량에 의존하고 있다. 그러나 업무 과다와 역량 부족으로 현장에서는 매우 힘겨워하고 있다. 따라서 향후 현장에서 직접 활용할 수 있도록 전문 프로그램을 위한 실용 매뉴얼을 제작해서 보급해 주어야 한다.

둘째, 주간보호시설 환경의 한계이다. 기존 주간보호시설에서 5등급자를 위한 특별 프로그램을 마련해 진행하려면 프로그램실 등 공간 확보가 필수이나, 대개 시설이 열악한 수준이어서 5등급자만을 대상으로 구별해 접근하기가 어려운 상황이다. 더욱이 5등급 내에서도 수준 차이가 발생하므로 당사자들이 자신보다 증상이 악화된 어르신과 어울리지 않으려는 태도를 보인다. 따라서 향후 과제는 주간보호시설에서 5등급자를 위한 특별한 프로그램 접근이 가능하고 5등급 내에서도 차별화가 가능하도록, 시설 개·보수, 프로그램 개발 등을 위한 기능 보강 비용을 지원해 주는 것이 필요하다.

셋째, 치매 노인 실종 가능성에 대한 대책의 부실이다. 치매의 특성상 실종의 위험은 언제나 존재하며, 특히 '중증' 노인보다 '경증' 노인은 가족이나 이웃이 잘 파악하고 있지 못해 실종 위험성은 더 크다. 하지만 노인 장기요양보험 급여에는 실종에 대한 대책이 아주 부실해서, 실종 대책을 위한 복지 용구는 배터리가 오래 가지 않고 목걸이 형식이어서 언제든지 벗어버리기 쉬우므로 이용자가 거의 없는 현실이다. 그 대책으로 정부에서는 치매 노인, 특히 경증 치매 노인의 실종 위험성이 더 크다는 점을 인식하고, 좀 더 실용적이며 비용 부담 없는 인식표를 개발해 보급하고 있다.[13)]

이 장에서는 새로운 사회적 위험(new social risk)으로 다가온 저출산·고령화 환경 속에서 해결해야 할 문제인 치매에 대해 앞에서 살펴보았다. 이제 새로운 모습의 복지인 치매특별등급을 발전시켜 다 함께 더 나은 방향의 모색이 이제는 슬로건이 아니라 정책화되어 실현되고 있다. 이것이 바로 복지국가이기에 이를 더 발전시키기 위한 노력에 지방정부도 동참해야 한다.

---

13) 치매 실종 노인을 찾기 위해 개별 고유번호가 부여된 인식표를 부여해 주고 있으며, 일반 시민이 배회 어르신을 발견했을 경우 부여된 인식표 상의 제보 기관으로 즉시 연락을 해 주면 신상정보가 데이터베이스(DB)로 구축되어 있어 가족에게 인계할 수 있도록 되어 있다.

제 4 편

영국의 사회정책과 시사점

제 15 장

영국 노동시장정책의 사회투자적 성과

제1절 서 론

1997년 영국에서 신노동당(New Labour)이 집권에 성공한 이후 전개한 복지개혁의 방향을 압축적으로 설명하는 핵심 개념 중 하나는 바로 '제3의 길(the Third Way)'일 것이다. '적극적 복지'를 통한 '사회투자국가', '복지다원주의', '의식의 전환' 등으로 성격이 규정되는 이 담론은 복지정책의 초점이 과거 베버리지(William Beveridge)의 다섯 가지 부정적인 사회악에서 탈피해 시민의 자율성(autonomy)·건강(health)·교육(education)·안녕(wellbeing)·진취성(initiative) 등을 신장하는 적극적인 5대 목표를 추구하는 방향으로 전환되어야 함을 강조한다(Giddens, 1998). 이러한 목표 수정은 오늘날 서구 자본주의 국가들이 공통으로 대처하고 있는 새로운 사회문제에 대한 영국식 혹은 자유주의 복지국가의 대처 방식이라고 할 수 있다(Lister, 2004).

이러한 문제 의식의 방향 전환에는 영국을 포함해서 오늘날 서구 복지국가가 경험하는 새로운 사회문제에 대한 인식이 반영되어 있다. 제2차 세계대전 후 베버리지 세대가 해결하고자 했던 사회문제 중 빈곤과 같이 인류 역사와 함께해 온 문제는 여전히 우리를 위협하고 있지만 질병・무지・불결(비위생)・나태 등의 문제는 지난 60여 년 동안의 복지제도를 통해 어느 정도 해결되었다고 볼 수 있다. 이에 반해 현대 사회는 저출산, 고령화, 계층 간 불평등의 심화, 가족 기능의 변화, 복지에 대한 시민들의 기대 수준의 변화, 신빈곤층의 출현과 사회적 배제 등 과거에 경험하지 못한 새로운 문제들에 직면하고 있다(Esping－Andersen, 1999: ch. 8; Glennerster, 1999).

이러한 새로운 사회문제에 대한 영국 정부의 대응은 '사회투자'라는 개념을 통해 표현되고 있다. 사회투자국가란, 리스터(Lister, 2004: 160)가 요약하는 바와 같이, 세입과 세출을 강조하는 전통적 사회민주주의 정책에서 탈피해 인적 자본(이 장에서는 아동)과 사회적 자본(이 장에서는 지역사회)에 집중적인 투자를 강조하는 미래 지향적 관점을 중시한다. 이러한 관점에서, 소득재분배를 통한 평등 달성이라는 전통적 접근보다는 기회의 재분배를 통한 사회적 포용(social inclusion)의 원칙이 강조된다. 또한 개인과 사회가 세계적 경쟁력을 높이고 지식 기반 사회에 적응할 수 있도록 하기 위해 시민으로서 노동의 의무를 강조함과 동시에 복지 프로그램은 선택적이고 때로는 자산조사를 통해 제공될 수 있도록 한다. 결국, 사회정책과 경제정책은 선순환적 관계 속에서 통합적으로 추구하지만, 전자는 여전히 후자의 보완적 위치를 차지하게 된다.

통합적 입장에서 사회정책과 경제정책을 바라볼 때 문제 발생의 1차적 원인은 위에서 언급한 여러 가지 중 신빈곤의 출현과 사회적 배제(social exclusion)에 있다. 세계화(globalization)를 특징으로 하는 현대 자본주의는 자본의 자유로운 이동에 따른 국가 간 경쟁 시스템의 강화를 수반하는데, 개별 국가는 국제 자본을 유치하고 지속시킬 수 있는 정치경제학적 메커니즘을 유지시켜야 하기 때문에 높은 조세 부담률을 조건으로 하는 복지국가는 후퇴할 수밖에 없다. 이와는 대조적으로 자본에 비해 국가 간 이동성이 상대적으로 제약받는 노동은 지식 기반 사회에서의 기술 발달과 노동시장 유연화 전략에 능동적으로 대처하지 못하게 된다. 결국 이들은 비정규직 노동자・파트타임 노동 등 불안전성에 노출되면서 노동시장에 참여함에도 불구하고 빈곤으로부터 자유롭지 못하거나, 장애나 편견 등으로 인해 사회의 주변에 위치하게 되는 사회적 배제의 문제를 발생시키고 있다(Mishra, 1999; Esping-Andersen, 2002; Rieger & Liebfried, 2003).

따라서 현재 근로연령층에 속하지만 실업·저소득·인종·장애 등 여러 가지 이유로 인해 사회적 배제를 받고 있는 집단에 대한 적극적 해결책을 모색하고자 하는 것이 현 영국 정부의 노동시장정책이라고 할 수 있다. 이들은 전통적으로 복지급여의 소극적 수급자로서 투입에 비해 산출이 없는(something for nothing) 집단으로 간주되면서(Lister, 2003: 432), 경제의 유연화 및 효율화를 저해하는 요인 중 하나로 인식되기 시작했다(Jessop, 2003). 사회투자국가의 개념에서 이들에 대한 정책은 교육 및 경제적 기회 확대를 통해 지식 기반 사회에서 경쟁력을 확보하고 자신 및 가족의 미래를 책임질 수 있는 책임있는 시민으로서 능력을 부여하는 데 초점을 둔다. 이렇게 함으로써 궁극적으로 경제적 생산성을 증진하고 사회적 비용을 절감하려는 것이다(Perkins et al., 2004).

이러한 취지와 목적에 따라 영국에서 실시된 정책은 '뉴딜(New Deal)'로서 통칭된다. 이 정책은 '채찍과 당근(stick and carrot)'의 두 가지 접근법을 취하는데, 채찍의 방법은 근로 능력이 있는 사람들을 의무적으로 노동시장에 참여시키는 것이다. 당근의 방법은 노동을 통해 얻게 되는 소득의 양을 증대시킴으로써 노동시장 참여에 대한 재정적 유인책을 강화하는 것다(Glennerster, 2000: 210-214; 신동면, 2001b). 전자의 방법이 대상으로 하는 대표적인 집단은 청년 실업자·장기 실업자·한부모 가정·장애인·50세 이상의 고령자 등이다. 이에 반해 후자의 방법은 특정 인구집단을 대상으로 하기보다는 저소득 근로자를 위한 세제 혜택을 통해 나타난다. 1999년에 도입된 최저임금제(Minimum Wage) 및 근로가정소득 지원(Working Family Tax Credit: WFTC)제도와 더불어 2001년에 도입된 아동양육 지원(Children's Tax Credit)제도 등이 대표적이다.[1]

이 장에서는 이러한 이해 하에서 최근 영국 정부가 추진하고 있는 노동시장정책을 사회정책적 관점, 특히 사회투자적 관점에서 조망해 보고자 한다. 이를

1) 근로가정소득 지원(WFTC)과 아동양육 지원(CTC)제도는 2003년 4월 합리화 과정을 거쳐 근로지원(Working Tax Credit: WTC)과 다른 하나의 아동양육 지원(Child Tax Credit: CTC)으로 변화되었다. 이에 관한 구체적인 내용은 뒤에서 설명한다.

위해 당근과 채찍정책의 구체적인 프로그램들을 살펴본다. 마지막으로 이 정책의 성과와 한계를 전반적으로 논한다.

제 2 절 노동시장정책과 사회투자

1997년 집권에 성공한 신노동당(New Labour)은 과거의 노동당과 차별적인 정책을 채택했다. 이 중 하나로서, 과거 노동당은 개혁의 구체적 프로그램으로서 연금과 사회보장제도만을 선택했던 것과 달리 신노동당은 경제정책까지도 대상에 포함시켰다. 특히 수상인 토니 블레어(Tony Blair)는 사회정책에 관한 한 노동당이 주도권을 잡고 있다고 판단했기 때문에 이보다는 경제정책에 더 많은 관심을 두었다. 하지만 집권 초기 사회보장부 장관이었던 프랭크 필드(Frank Field)는 당시 영국 복지제도의 문제점을 심각하게 인식하고 있었다. 즉, 지난 정부에서 발생한 복지 사기, 노동 동기 약화 등의 문제가 과도한 자산조사에 근거한다고 판단했다. 특히 당시 재무 장관인 고든 브라운(Gordon Brown)과 재무부는 좀 더 엄격한 자산조사를 통해 급여를 집중화시켜야 한다고 판단하는 입장이어서 사회보장부 장관의 개혁 방향은 처음부터 논쟁의 불씨를 낳고 있었다(Glennerster, 2000: 211; Lowe: 2005: 401).

논쟁이 처음 시작된 것은 한부모에 대한 문제였다. 1997년 선거 직전 보수당은 자산조사를 통해 한부모에게 지급되는 특별수당(premium)을 동결시켰다. 이는 1980년대 중반 한부모들이 생활비 문제로 좀 더 심각한 고통을 겪고 있다는 인식에 따라 도입된 것이었다. 집권 초기 신노동당의 이러한 동결 조치를 반대했지만, 신임 장관은 이것이 잘못된 메시지를 전달할 수 있다는 입장에서 신노동당의 입장을 거부했다. 즉, 한부모들이 결혼한 부부와 다르게 우선적으로 대우를 받아서는 안 되며, 원조는 하나의 집단으로서 한부모가 아닌 빈곤가족에게 제공되어야 한다는 것이다. 결국 이러한 논쟁은 사회보장부와 재무부 간의 긴장을 고조시키면서 사회보장부 장관이 사임하는 결과를 가져왔다. 그럼에도 불구하고 장기 실업문제와 한부모에 대한 새로운 정책들이 시기에 나타나기 시작했다(Glennerster, 2000: 211).

사회정책과 경제정책을 통합적으로 인식하면서 신노동당 정부가 추진하던 개혁정책은 뉴딜정책으로 나타났다. 현대화로 일컬어지는 이 정책은 “근로 능력이 있는 사람에게 일자리를, 근로 능력이 없는 사람에게 사회보장”(DSS, 2000)을 제공하는 것과 더불어, “노동을 통한 소득의 현실화(making work pay)”(HM Treasury, 2002)를 꾀하는 방향으로 대별된다. 전술한 바와 같이 ‘채찍’과 ‘당근’으로도 표현되는 이 정책은 수급자들로 하여금 복지에서 노동으로 전환을 유도함으로써 아동 빈곤 및 사회적 배제의 문제를 해결함과 동시에 다양한 세제 혜택을 통해 소득을 현실화시킴으로써 노동에 대한 유인책을 강화하는 것이다. 이는 과거 보수당 정부가 구직자수당(Jobseekers Allowance)을 강화했던 단순한 방법과 구분된다.

1 ‘채찍’으로서 뉴딜

전술한 바와 같이 여기에는 복지에 대한 의존성이 높은 5개 인구집단, 즉 청년 실업자 · 장기 실업자 · 한부모 가정 · 장애인 · 50세 이상의 고령자가 해당되며, 이들이 사회부조 급여에 의존하지 않고 노동을 통해 자립할 수 있도록 하는데 목적이 있다.

첫째, 청년 실업자에 대한 정책은 18~24세 사이의 청년 중 6개월 이상 구직자수당을 지급받았음에도 불구하고 아직까지 직장을 구하지 못한 사람들을 대상으로 했다. 이들은 먼저 인터뷰를 받고 게이트웨이(Gateway)라는 프로그램에 3개월(최장 4개월) 동안 참여하게 된다. 여기에는 개별 상담가가 있어서 구직에 필요한 이력서 작성, 면접 준비, 실습을 통한 직업기술 평가, 전일제 교육훈련 등 다양한 원조를 제공한다. 하지만 이러한 노력에도 불구하고 여전히 정규적인 일자리를 찾을 수 없는 사람들은 다음의 네 가지 대안 중 하나를 의무적으로 선택해야 한다(McKnight, 2005: 32; CPAG, 2006: ch.16).

- 직장 알선. 이를 통해 청년 실업자를 고용하는 고용주는 임금보조금과[2] 6개월 동안 훈련비용을 보조받는다. 만약 이렇게 고용된 피용자가 업무를 만족스럽게 수용한다면 고용주는 이 사람을 재고용해야 하며, 최저 임금을 지급해야 한다. 또한 피용자는 1주일에 최소한 1번의 직업훈련을 받아야 한다.
- 최장 1년 동안 전일제 교육 혹은 훈련 참여
- 6개월 동안 인증된 자원봉사단체에 참여
- 6개월 동안 환경보호사업단(Environment Task Force)에서 활동

대상이 되는 사람들은 이러한 네 가지 대안 중 하나를 의무적으로 선택해야 하며, 이를 거부할 경우 구직수당을 받을 수 없다.

맥나이트(McKnight, 2005)가 지적하는 바와 같이, 이는 단순히 근로 연계 복지(welfare to work) 프로그램으로서 이해되어서는 안 되며, 청년 실업자를 위한 장기간의 결과를 증진시키려는 투자 프로그램으로 인식해야 한다.

둘째, 장기 실업자에 대한 뉴딜로서 1998년 6월에 시작되었으며, 2001년 4월부터 'New Deal 25 plus'로 지칭된다. 이는 장기적 투자보다는 근로 연계 복지적 성격이 강한데, 25세 이상의 성인으로서 18개월 동안 실업 상태에 구직수당을 받고 있는 사람들을 대상으로 한다. 이는 기본적으로 청년 실업자에 대한 뉴딜과 비슷하지만 게이트웨이 기간이 끝나면 최장 6개월 동안의 집중 활동기간(Intensive Activity Period)에 의무적으로 참여해야 한다. 이를 통해 장기 실업자들은 보조금을 받으며 6개월 고용, 12개월 동안의 교육 및 훈련에 참여할 수 있다. 그리고 이러한 교육훈련에 참여하는 실업자는 자산조사 기준을 충족하는 한 구직수당을 계속 받을 수 있다(McKnight, 2005: 34-5; CPAG, 2006: ch.16).

하지만 이러한 노력에도 불구하고 장기 실업자들의 노동시장 참여율을 높이는 것이 어렵다고 판단된 영국 정부는 2000년 '고용특구(Employment Zones)'라는 새로운 제도를 도입하게 된다. 이는 장기 실업률이 현저히 높은 지역을 대상으로 해서 근로 연계 복지 프로그램을 실시하는 것이다. 이는 장기 실업자에 대한 뉴딜과 별도로 운영되는 것으로, 구직자수당을 신청하는 사람은 이 프로그램과 계약을 맺고 있는 고용주들이 제시하는 프로그램에 의무적으로 참여해야 한

2) 2000년 기준으로 이는 1주일에 60파운드였으며, 25세 이상을 고용하는 경우 75파운드였다.

다. 여기에 참여하는 고용주들은 클라이언트에 대한 수당과 더불어 다양한 기금을 지원받게 되며, 기금의 상당 부분을 자유롭게 운영할 수 있다(McKnight, 2005: 35).

셋째, 한부모 가정에 대한 뉴딜이다. 이는 2010년까지 한부모의 고용률을 70%까지 증가시킨다는 영국 정부의 의지를 반영한 것으로서, 한부모들이 사회부조 제도인 소득 지원(Income Support)에 의존해 사는 것이 아니라 일을 통해 자신의 소득에 기초해서 살 수 있도록 유도하기 위한 것이다. 이는 실업 상태에 있는 모든 한부모뿐만 아니라 주당 16시간 이하를 근무하는 사람들이 자발적으로 참여할 수 있는 제도이다. 여기에 참여하는 사람들은 구직 준비·직업 소개·훈련·아동 보호 등의 원조뿐만 아니라 주당 16시간 이상 일할 수 있는 직장을 찾을 수 있도록 각종 세제나 근로와 연계된 급여를 신청하는 방법에 대해 도움을 받는다. 청년이나 장기 실업자에 대한 대책과 달리 보조금 지급을 통한 고용 서비스는 제공되지 않는다. 자발적 프로그램이기는 하지만 소득 지원을 신청하는 한부모들은 2001년에는 급여를 신청할 때, 그리고 2002년 10월부터는 매 6개월마다 직업 상담을 받아야 한다(McKnight, 2005: 37).

넷째, 장애인에 대한 뉴딜이다. 장애인이 여기에 포함된 이유는 다소 복잡하다. 지난 20~30년 동안 근로연령층에 속하는 사람 중 건강상의 문제나 장애를 가진 사람들이 증가하면서 상병 혹은 장애 관련 수당을 신청하는 수가 늘어나는 현상이 나타났다. 이와 더불어 이들은 상대적으로 낮은 교육 수준 및 직업 경험 때문에 높은 빈곤율을 나타내는 대표적인 집단이다. 이러한 문제는 블레어 정부 집권 시 다수의 정책적 딜레마를 안겨 주었다. 한편으로 이는 장애 관련 급여에 대한 공공 지출의 증가와, 장애가 조기퇴직의 수단으로 이용된다는 염려 때문에 급여 자격의 평가 기준을 더욱 강화해야 된다는 인식이 대두되었다. 다른 한편으로 장애인들의 지속적인 욕구 불충족의 문제였다. 이를 해결하기 위해 빈곤 완화를 위한 급여소득의 인상, 고용 장벽, 노동시장에서의 차별 등의 문제 해결, 직업활동을 위한 재정적 유인책의 개선 등을 강구해야 했다(McKnight, 2005: 37). 장애인에 대한 뉴딜은 이러한 맥락에서 시작되었다.

핵심은 장애인이나 만성 질환자들 자신이 원하는 경우 일자리를 권장하는 고용촉진사업이다. 이는 상해급여·소득 지원·중증장애수당·주택수당·장애생계수당 · 산재급여를 받는 자를 대상으로 한다. 구체적인 프로그램으로는 일자리 개발사업, 직업상담, 장애인 고용 촉진을 위한 홍보사업, 연구 및 평가사업 등의 프로그램이 운영된다. 이러한 프로그램은 직업센터를 통해 선별된 직업소개소(Job Broker)가 담당하는데, 이들은 민간 · 공공 · 자발적 단체들로 이루어져 있으며, 전국적으로 약 65개의 기관이 존재한다. 주목할 점은 이 프로그램에 참여하더라도 정부로부터 받고 있는 복지급여는 변하지 않는다는 것이다(DSD, 2006a).

마지막으로 50세 이상 고령자에 대한 뉴딜로서 연금 수급 연령[3]까지의 인구층을 대상으로 한다. 이는 1970년대 중반 이후부터 약 20여 년 동안 50세 이상 고령자의 경제활동 참가율이 하락한 것에 기인한다. 이에 대한 원인은 복잡한 양상을 보였는데, 젊은 숙련 근로자를 원하는 수요 측면에서의 변화, 사적 연금의 증가로 인한 조기퇴직, 제도적 차별, 1980년대부터 90년대 초반까지의 경기 침체 등이 주된 이유로 나타났다(McKnight, 2005: 41). 이러한 맥락에서 블레어 정부는 고령자들의 고용률을 높이기 위해 'New Deal 50 plus'를 2002년 봄에 도입하게 된다. 여기에는 50세 이상의 고령자와 그들의 배우자로서 26주 이상 실업수당을 받고 있거나 주당 16시간 이하의 노동에 종사하는 사람이 대상이다. 참여는 자발적이지만 18개월 이상 동안 구직수당을 받고 있는 사람은 이 프로그램에 의무적으로 참여해야 한다. 구체적인 프로그램으로는 구직에 필요한 정보와 조언 서비스를 제공하는 것인데, 정해진 기간 동안 개별 상담사를 통해 이루어진다. 2003년 4월 이전까지 여기에 참여하는 사람들은 1년 동안 정액으로 지급되는 고용 지원 혜택(Employment Credit)[4]을 받을 수 있었다. 이후로 일반 고령 노동자들은 근로 지원(Working Tax Credit)을 받게 되었으며, 뉴딜에 참여해 1주일에 16시간 이상 일할 수 있는 직장을 구한 상태에서 일 시작 전 6개월 이상 구직수당 등 노동과 관련 없는 급여를 받은 사람은 최장 52주 동안 세제 지원을 받을 수 있게 되었다(McKnight, 2005: 42; DSD, 2006b).

이상에서 살펴본 바와 같이 복지 의존도가 높은 집단에 대한 뉴딜정책은 단기적 효과를 노리는 근로 연계 복지정책과 깊은 상관성을 갖는다. 그럼에도 불구하고 간과해서 안 될 사실은 이러한 정책들은 또한 장기간의 효과를 염두에 둔

3) 남성 65세, 여성 60세이다.
4) 종일제 근로자에게는 60파운드, 시간제 근로자에게는 40파운드가 지급되었다.

투자의 개념을 담고 있었다.

2 '당근'으로서 뉴딜

전술한 바와 같이 여기에 속하는 프로그램은 '노동을 통한 소득의 현실화'에 초점을 맞추고 있었다. 따라서 특정 인구집단을 대상으로 하기보다는 복지급여를 받는 사람들이 노동시장에 참여할 경우 재정적으로 더 많은 유인책을 제공하기 위한 것이었다. 주목해야 할 점은 이러한 정책이 주로 부양 아동이 있는 가정에 집중된다는 사실이다. 따라서 근로 동기의 고취 차원을 넘어 미래를 위한 사회투자의 인식이 자리 잡고 있다고 볼 수 있다.

이 정책에 대한 노동당 정부의 출발점은 사회보장세 납부의 출발점을 상향 조정해 소득세 수준과 동일하게 맞추는 것이었다[5]. 하지만 좀 더 구체적인 방법은 세제지원제도의 개혁을 통해 나타났다. 대표적인 예가 이전의 근로가정소득 지원(WFTC)제도와 아동양육 지원(Children's Tax Credit: CTC)제도의 개혁과 재편이다.

이 두 제도는 2003년 기존의 산만한 급여제도를 노동 관련 요소와 아동 관련 요소로 분리 통합하는 과정에서 근로 지원(WTC)과 다른 하나의 아동양육 지원(Child Tax Credit: CTC)으로 변모되어 오늘에 이르고 있다. 이러한 조세지원제도 외에 최저임금제도 역시 여기에 해당된다.

1) 근로 지원(WTC)

이 제도의 전신인 근로가정소득 지원(WFTC)은 1999년 10월 가족소득 지원(Family Credit: FC)제도를 대체하면서 실시되었다. WFTC와 FC는 부양 아동이 있는 전일제 저소득 근로자를 대상으로 한다는 점에서 동일한 기준을 적용하고 있

5) 1주일에 64파운드에서 66파운드로 상향 조정되었으며, 이를 통해 약 90만 명의 저임금 근로자들이 사회보험 납부 예외의 혜택을 받게 되었다(*The Observer*, 2001.3.11).

었다. 하지만 근로 동기를 강화하기 위한 몇 가지 조치들이 추가되었다. 먼저 신청 가능 소득기준액[6]을 주당 80.65에서 90파운드로 인상함으로써 적용 대상자를 확대했다. 둘째, 소득공제 항목 중 육아비용의 아동 연령 기준을 12세에서 15세로 상향 조정했으며, 소득공제액 또한 한 명의 아동인 경우 60파운드에서 100파운드로, 두 명인 경우 100파운드에서 150파운드로 상향했다. 셋째, 급여액을 산정할 때 주당 소득이 신청 가능 소득기준액을 초과하는 경우 적용하는 급여 감소율을 70%에서 55%로 감소시켰다(신동면, 2001b: 197－8).

2003년 WFTC를 대체한 WTC는 자산조사를 통해 제공되는 여러 가지 고용 관련(in－work) 급여를 하나의 단일 체계로 통합시킨 일종의 합리화 과정이었다. 즉, 기존의 WFTC에 포함되지 않았던 무자녀 독신 및 부부 · 장애인 · 고령자 등을 포함하면서 이 명칭으로 변경했다. 따라서 변화의 핵심은 지원 채널의 단일화와 대상 범위의 확대에 있다(Lowe: 2005: 405; CPAG, 2006: ch.48).

WTC를 통해서 2006년 기준으로 개인이 1년 동안 받을 수 있는 기초지원액의 최대 금액은 1,665파운드이다. 이와 더불어 가정의 개별적 특성도 고려함으로써 이에 따른 추가 지원도 받을 수 있도록 했다. 이를 구체적으로 살펴보면 <표 15－1>과 같다(CPAG, 2006: ch.50).

보육료에 대한 지원은 최대 80%에 해당하는 비율이 되도록 하되 최대 지원액은 자녀가 1명인 경우 주당 175파운드, 2명 이상인 경우 주당 300파운드이다.

표 15-1 WTC 가족 특성별 연간 최대 추가 지원액(2006/7)

구분	금액(파운드)
기초 지원	1,665
장애	2,225
한부모/부부	1,640
30시간 이상 근로(주당)	680
중증장애	945
50세 이상 고령자	16~29시간 근로 시 1,140; 30시간 이상 근로 시 1,705
보육	보육료의 80%*

자료: CPAG(2006: ch.50).

6) 이는 한국의 최저생계비와 같은 것으로서 영국의 공식적 빈곤선을 규정하는 개념이다.

이러한 기준에 근거해 한 가정이 받을 수 있는 지원액은 해당되는 각 요소를 모두 포함한다. 예를 들어 부부가 주당 30시간 이상 일을 하면서 1명의 아동을 양육하는 경우 1년 동안 받을 수 있는 최대 지원액은 기초지원액 1,665+부부 요소 1,640+주당 30시간 이상 근로 요소 680+보육 요소 주당 175파운드의 합계이다. 하지만 WTC는 보충성의 원리를 따르기 때문에 임금소득을 포함한 총액이 신청 가능 소득기준액을 초과하게 되면 55%의 급여 감소율을 적용받게 된다. 결국 자녀가 있는 저소득 가정에 대해 조세 부담을 더욱 경감시킴으로써 근로 동기를 자극함과 동시에, 세금을 납부하지 못하는 가정에 대해서는 동일한 양을 현금으로 되돌려 받을 수 있도록 함으로써 최소한의 소득을 보장하기 위한 것이다. 이러한 변화를 통해, 아동이 많고 1주일에 부부 합산 30시간 노동시장에 참여하는 저소득 가정은 좀 더 많은 지원을 받을 수 있게 되었다.

사회투자와 관련해서 특히 주목해야 할 점은 주당 30시간 이상 근로가정에 대한 인센티브와 보육비용에 관한 것이다. 먼저, 주당 30시간 이상 근로란 부부 모두가 주당 근로한 시간을 합산한 것이며, 둘 중 한 사람은 최소한 종일제 근무의 기준인 주당 16시간 이상을 일하는 것을 말한다. 이러한 가정에 추가 지원을 하는 것은 장기간의 노동시장 참여를 유도하려는 정책 의지와 함께 가족에 대한 책임을 부부 모두에게 균등하게 부담시키려는 의지의 표현이라고 할 수 있다. 둘째, 아동에 관련된 요소는 아동양육 지원(CTC)을 통해 체계화되어 있음에도 불구하고 보육 요소를 여전히 WTC의 내용을 남겨놓았다. 이는 부모가 노동을 해야 한다는 조건을 전제하기 위한 것으로 판단된다.

2) 아동양육 지원(CTC)

블레어 정부 하에서 실시된 아동에 대한 대표적 조세정책은 2001년 4월부터 2003년 4월까지 실시된 아동세액공제(Children's Tax Credit)였다. 이는 기본적으로 16세 이하 자녀가 있는 가정에 대한 소득세 감면제도로서, 자녀 수에 관계없이 1가정당 1아동에게만 적용되었다. 여기에 해당되는 사람은 2001/2 회계 연도에 연간 520파운드, 2002/3년 회계 연도에 529파운드의 세제 감면 혜택을 받았다. 초기 계획은 점차 확대되어 마지막 시행된 2002/3년도에는 당해 출생한 아동에

계 추가로 520파운드를 지급해 총 1,049파운드의 세제 혜택을 받을 수 있었다(HM Revenue and Customs, 2003).

하지만, 이 제도와 더불어 아동에 대한 세제 지원은 근로가정소득 지원(WFTC)·장애인소득 지원(Disabled Person's Tax Credit)·아동양육 지원(CTC)·소득 지원(IS)·구직자수당(JS) 등 다양한 채널을 통해 비체계적으로 제공되고 있었다. 새로운 CTC의 도입은 이러한 비체계성을 수정해 아동에 대한 단일한 세제 지원 체계를 구축하기 위한 노력의 산물이었다. 이러한 변화는 제도 정비의 차원을 넘어 급여 수준을 상향 조정했을 뿐만 아니라 노동시장의 참여 여부와 관계없이 아동의 1차 보호자도 포함시킴으로써 대상자를 확대하는 방향으로도 나타났다. 결국, 이러한 변화의 목적은 가족의 소득 기반을 안정화시켜 복지에서 노동으로의 전환을 원활히 하기 위한 것이었다. 이 제도 초기 영국 정부는 약 130억 파운드를 이 프로그램에 투자해서 580만 정도의 가정에 이 혜택이 돌아갈 것으로 기대했다(HM Treasury, 2002: 31).

새로운 CTC는 WTC와 마찬가지로 개별 가족의 특수한 여건을 고려해서 지원 총액을 산정하고 있다. 이러한 요소에는 가족 요소·아동 요소·장애아동 요소가 해당된다. 이를 구체적으로 살펴보면 다음과 같다.

표 15-2 CTC 가족 특성별 연간 최대 추가 지원액(2006/7)

구분	금액(파운드)
기본 가족 요소	545
추가 아동 가족 요소	545
아동 요소	1,765
장애아동 요소	2,350
중증장애아동 요소	945

자료: CPAG(2006: ch.47).

각 요소를 결정하는 방식은 위에서 통합된 각종 아동 관련 지원 규정을 일반적으로 따른다. 여기에서 주목할 만한 것은 기본 가족 요소와 더불어 새로운 아동이 태어날 경우 추가로 545파운드를 지급하는 것이며, 장애아동 요소도 중증장애와 구별함으로써 가족의 개별적 특성의 최대한 반영하고자 노력하고 있다는 점이다.

3) 최저임금제

최저임금제(National Minimum Wage) 또한 '노동을 통한 소득의 현실화'라는 목적 달성을 위해 고안된 대표적 '당근'정책 중 하나이다. 1999년 4월 이 제도가 도입되기 전까지 영국은 최저임금제가 없었다. 그 전에 저임금 산업 분야의 임금 수준을 설정하는 임금위원회가 존재했지만 대처 정부 하에서 모두 폐지되었다. 따라서 이 제도의 도입은 두 가지 목적을 가지고 있었다.

첫째, 최저급여 수준을 설정함으로써 특히 저임금 근로자를 보호할 뿐만 아니라 복지 수급자의 노동시장으로의 전환을 자극하기 위한 것이다(DTI, 2006: 1).

둘째, 최저임금이 설정되지 않은 상태에서 고용주들은 피용자들의 저임금을 보충하기 위해 정부에 의존하려는 경향이 있었기 때문에 이를 예방하기 위한 것이다. 이를 위해 도입된 최저임금제는 다른 국가들의 사례를 검토한 다음 중간 정도의 수준에서 최저임금을 결정했다. 최저임금을 너무 높게 책정할 경우 저숙련 혹은 청년 근로자들이 일자리를 잃을 수도 있다는 우려 때문이었다(Glennerster, 2000: 214).

이러한 취지에 따라 실시된 최저임금제는 근로자의 연령에 따라 22세 이상(main rate), 18~21세(youth development rate), 16~17세(16~17 year old rate) 등 세 종류로 구분되어 적용된다.

각각에 대한 최저임금은 제도 도입 이후 지속적으로 상승해 왔다. 22세 이상의 근로자를 위한 최저임금은 도입 당시 3.60파운드였던 것이 2005년에는 5.05파운드, 2006년에는 5.35파운드, 2007년에는 5.52파운드로 인상되었다. 16~17, 18~21세를 위한 최저임금도 마찬가지로 증가되고 있다. 16~17세를 위한 최저임금은 2005년 3.00파운드에서 2006년 3.30파운드, 2007년 3.40파운드로 증가했으며, 18~121세에 대한 최저임금은 같은 기간 동안 4.25파운드에서 4.45파운드, 4.60파운드로 인상되었다(DTI, 2007).

제3절 평 가

1 채찍정책에 대한 평가

뉴딜정책에 대한 평가는 전체적으로 복지 사기(詐欺, fraud)의 문제를 해결하고 고용률을 높이는 데 기여한 것으로 나타나고 있다. 예를 들어, 2001년 32,000명 이상의 수급자들이 노동시장 참여를 거부한 이유로 급여 자격을 상실했으며(Lowe, 2005: 403), 2006년에는 실업급여를 신청한 사람의 수가 221,000명 정도 감소했다(DWP, 2007). 하지만 이러한 성과를 각 프로그램에 따라 더 구체적으로 살펴볼 경우, 조금 더 지켜봐야 한다는 관망세가 보이기도 한다.

첫째, 청년 실업자에 대한 뉴딜은 청년 실업률을 감소시키는 효과를 보여 주고 있다(예를 들어, Wilkinson, 2003). 좀 더 구체적으로, 이 정책을 통해 매년 약 17,000명의 청년 실업자가 실업 상태를 벗어나고 있으며(McKnight, 2005: 32), 이 결과 250,000명의 청년 실업자들을 노동시장에 참여시키겠다는 노동당의 선거공약은 2001년에 이미 목표치를 달성한 것으로 나타나고 있다(Lowe, 2005: 403). 하지만 이러한 청년 실업률 감소의 원인은 단지 뉴딜로 인한 것이 아니라는 설명도 있다. 예를 들어, 영국의 청년 실업률은 1993년 이후 지속적으로 하락해 왔으며, 이는 뉴딜보다는 전반적인 경기 상승에 기인한다고 보는 견해가 있다. 이와 더불어 이 프로그램에 참여한 상당수의 청년은 실제 노동시장 참여보다는 교육 및 훈련 프로그램을 선택하고 있기 때문에 단기적 효과를 쉽게 판단하기 어렵다는 견해도 있다(McKnight, 2005: 32－33).

둘째, 장기 실업자에 대한 뉴딜 역시 이들의 실업률을 완화시키는 데 기여한 것으로 나타나고 있다. 이들의 실업률은 1992년 약 39%에서 1995년 약 49% 정도로 증가한 이후 지속적인 감소세를 보여 왔다. 하지만 가장 높은 하락률을 보인 것은 1997년과 1998년 사이로 약 10% 감소했다. 이와 더불어 1998년 여름과 2002년 사이에 다시 한번 10%가 하락했다(McKnight, 2005: 36). 이러한 변화는 특히 52주 이상의 장기 실업자에게 깊은 영향을 주었는데, 이들의 실업률은 1997년 약

30%에서 2002년 약 18%로 급감했다(Pissarides, 2003: Appendix Figure 4). 이렇게 현저한 실업률 감소가 뉴딜정책의 영향을 받은 것이라는 점은 부인할 수 없다. 하지만 처음 10%가 하락했던 것은 이 정책이 실시되기 이전이라는 점에 주목해야 한다. 더욱이 2002년 이후 이들의 실업률은 25%선에서 커다란 변화 없이 지속되고 있다. 결국, 염두에 두어야 할 점은 장기 실업의 문제가 어느 정도 해소된 것은 뉴딜의 영향이 크지만 이것이 모든 이유는 아니라는 사실이다.

셋째, 한부모 가정에 대한 뉴딜은 이들의 소득 지원 수급률을 낮추고 취업률을 증가시키는 데 실제적으로 기여해 온 것으로 평가된다. 수급률의 경우, 한부모들이 이 프로그램 참여한 9개월 후 약 26%가 소득 지원 신청을 중단했으며, 24%가 직업을 찾은 것으로 나타나고 있다. 1992년부터 완만한 증가세를 보이면서 블레어 정부 집권 초기까지 40%대에 머물렀던 취업률은 2000년 이후 50%를 넘어 2003년에는 약 53%에 이르렀다(McKnight, 2005: 38). 하지만 이 프로그램의 가장 심각한 문제는 한부모 중 이 프로그램에 참여하는 수가 전체의 10%로 극히 낮다는 점이다. 물론 2001년부터 소득 지원을 신청할 때 직업 상담을 의무적으로 받도록 했기 때문에 이들의 참여율이 향상될 것이지만 그 효과가 어느 정도인지는 아직 알 수 없다. 실제로 한부모로서 직업을 갖게 된 사람들 중 약 25%는 이 프로그램의 도움 없이도 구직이 가능했을 것이라는 주장도 있다(Millar & Ridge, 2002: 95). 그뿐만 아니라 이 프로그램을 통해 직업을 갖게 된 한부모 중 상당수가 저임금 직종에 종사하기 때문에 여전히 소득 지원의 수급자로 남아 있는 경우가 많다. 결국, 이 프로그램 역시 어느 정도 성공을 거두고 있지만 2010년까지 한부모의 고용률을 70%까지 높이겠다는 정부의 계획을 실현시킬 수 있는 기제로 역할할지는 의문으로 남는다.

넷째, 장애인에 대한 뉴딜은 괄목할 만한 성과를 거두지 못한 것으로 평가되고 있다. 2001년부터 2003년 사이에 여기에 참여한 장애인 중 직업을 갖게 된 것으로 나타나고 있다. 이와 더불어 이 프로그램은 장애인들의 건강 및 자존감 향상에 기여한 것으로 판단되고 있다(DWP, 2004). 하지만 전체 장애인 중 이 프로그램에 참여하는 비율은 3%에 불과하기 때문에 이러한 평가가 의미있다고 할 수 없다. 이와 더불어 노동시장에 참여를 원하는 장애인의 비율은 남성의 경우 44%, 여성의 경우 70%로 여전히 높아 노동 참여 욕구가 충족되지 못할 뿐만 아니라 빈곤율도 여전히 높게 나타났다(McKnight, 2005: 41).

마지막으로, 50세 이상의 고령자에 대한 뉴딜정책은 이들의 취업률과 평균 취업률 간의 차이를 비교함으로써 평가할 수 있었다. 2003년 50세 이상부터 연금 수급 연령 범위에 해당하는 고령자 중 노동시장에 참여하고 있는 사람의 비율은 70%였다. 이는 1997년 약 64%에서 점증적으로 증가한 수치이며, 2005년에 이르러 70.7%까지 증가했다. 이러한 결과 평균 취업률과의 차이는 점차 축소되었다. 2003년 이들의 취업률과 평균 취업률의 차이는 4.6%였지만, 하지만 2005년에는 4.0%로 약간 감소했다. 마찬가지로, 50세 이상 69세 이하의 고령자 취업률 역시 2004년 54.3%에서 1년 후 54.8%로 증가하면서, 평균 취업률과의 차이를 20.8%에서 19.9%로 약 1%정도 축소시켰다(DWP, 2006: 50－51). 이러한 고령자들의 취업률 증가는 이들에 대한 뉴딜이 비교적 짧은 시간에도 불구하고 일정 정도 긍정적인 성과를 보였음을 의미한다.

2 당근정책에 대한 평가

WTC와 CTC에 대한 평가는 실시 초기 회의적인 면을 보여 주었다. 주된 원인은 이 제도의 수혜율이 낮았기 때문이다. 예를 들어, 2000/2001년 동안 WFTC를 받을 수 있는 사람들 중에 50만 명 이상이 지원 신청을 하지 않았다. 이의 주된 이유는 홍보 미비로 인해 유자격자들이 이 제도에 대해 정확한 지식을 갖지 못했기 때문이다. 이와 더불어, 담당 부서인 재무부의 행정 능력이 이 제도들을 관장할 수 있을 만큼 갖추어지지 못했다. 하지만 이러한 문제는 새로운 전산 체계의 도입 등을 통해 해소된 것으로 나타났다(Lowe, 2005: 405).

하지만 이들의 근본적인 목적인 '자녀가 있는 저소득층 가정에 현금급여 확대를 통해 소득불평등을 완화시킨다'는 측면에서 보면 상당히 긍정적인 성과를 보였다. 예를 들어, 2004년 자녀가 있는 WTC 수급자 중 20%는 1주일에 평균 50파운드를 지급받아 현실적인 도움을 얻은 것으로 나타났다(HM Treasury, 2004).

그림 15-1 세제지원제도 변화에 따른 재분배 효과

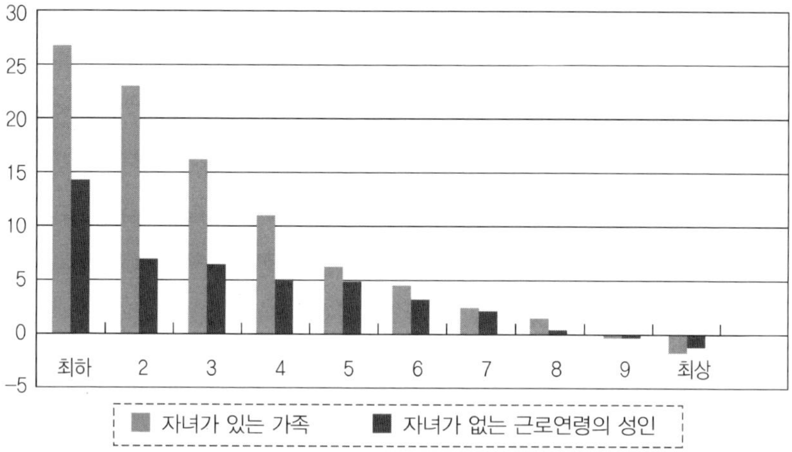

자료: Sefton & Sutherland(2005: 245, Figure11.4)에서 재구성.

위의 그림은 자녀가 있는 가족과 자녀가 없는 근로연령의 성인을 기준으로 WTC 및 CTC를 통한 소득재분배 효과를 보여 주고 있다. 전체적으로, 하위 소득계층으로 갈수록 이러한 효과는 크게 나타나고 있으며, 상위 20%는 부(否)의 방향을 보여 준다. 이를 가족 유형별로 구분하면 자녀가 있는 가족에게 좀 더 가시적인 재분배 효과가 발생했다. 이는 세제 지원이 저소득층에 집중되지만 그중에서도 자녀가 있는 가정이 핵심 대상임을 말해 준다.

최저임금제에 대한 평가는 비교적 긍정적이다. 1999년 말에 발표된 자료에 따르면, 이 제도를 통해 최하 소득인 9/10 및 10/10의 층에 속하는 사람들의 소득이 증가한 것으로 나타났다(Glennerster, 2000: 214). 비슷한 맥락에서 2000년대 초·중반기에 발표된 자료(예를 들어, Forth & O'Mahony, 2003; McKnight, 2005: 33)는 최저임금제가 미용사·청소·경비·도우미 같은 저숙련 청년 근로자들의 임금 증가와 직업 안정에 기여하며, 결국 노동생산성을 높이고 단위노동비용을 절감시키는 효과가 있는 것으로 평가되었다.

제4절 결 론

지금까지 우리는 영국 노동당이 1997년 집권 이후 추진한 노동시장정책을 사회투자라는 개념으로 조명해 보았다. 노동시장 정책은 두 가지로 분리해서 살펴보았다. 먼저 전통적인 복지 수급자 계층인 청년 실업자 · 장기 실업자 · 한부모 가정 · 장애인 · 50세 이상의 고령자 등을 대상으로 해서 근로 연계 복지의 개념을 강조하는 뉴딜정책들을 살펴보았다. 다음으로는 노동 동기 강화를 목적으로 하는 각종 세제 지원의 개혁과 최저임금제를 고찰했다.

이러한 정책은 기존의 소극적 복지 수급자를 노동시장에 참여시키는 데 목적이 있기 때문에 가족 성원의 노동시장 참여의 변화, 실업률 혹은 고용률의 변화 등을 통해 평가될 수 있다. 정책의 결과는 긍정적이었다. 아래 <표 15-3>은 1975년 이후 영국 노동시장의 변화를 간략히 설명해 준다.

표 15-3 노동시장의 변화(1975~2002)

(단위: %)

구분	고용률	모든 성인이 노동을 하는 가구
1975년	76.6	56.2
1981년	72.9	51.8
1985년	71.6	51.8
1990년	76.9	60.9
1996년	74.6	60.7
2002년	77.3	65.7

자료: Sefton & Sutherland(2005: 242, Table11.3)에서 재구성.

먼저, 영국의 고용률은 1975년 76.6%에서 대처 정부 초기 71.6%까지 현저한 하락을 보였다. 이는 1990년에 76.9%로 다시 상승했지만 집권 말기 74.6%로 다시 하락했다. 하지만 블레어 정부가 집권한 이후 이는 다시 상승세를 보이기 시작해 2002년 77.3%까지 상승함으로써 75년 이후 어느 시기보다 높은 성과를 보이고 있다. 모든 성인이 노동시장에 참여하는 가구의 비율 역시 이와 비슷한 경향을 보이고 있다. 1975년 56.2%였던 이 비율은 5% 이상 감소했다가 1990년에 60.9%로 이전의 수준 이상을 회복했다. 하지만 이는 노동당 집권 전까지 0.2% 정도 하락세를 보이다 2002년에 65.7%로 상승함으로써 과거 보수당 정부보다 훨씬 높은 성과를 보이고 있다.

물론 이러한 긍정적 변화가 전적으로 노동당이 실시하고 있는 정책의 결과라고 할 수 없다. 특히 1990년에 고용률 및 성인의 노동시장 참여율이 현저히 높아졌다는 점을 고려하면 노동당 정부의 성과는 1990년대 이후 영국 경제의 전반적인 호전에 힘입은 바가 많을 것이다. 그럼에도 불구하고 2002년의 지표가 과거 약 30년 동안에 가장 높은 비율을 보여 주고 있다는 것은 영국의 사회투자정책이 상당히 긍정적인 효과를 발휘하고 있음을 말해 준다. 즉, 앞에서 살펴본 바와 같이 전통적으로 소극적인 복지 수급자로만 인식되었던 뉴딜정책의 주요 대상들을 좀 더 적극적으로 노동시장에 참여시킨 결과가 이러한 긍정적 효과를 발생시키고 있음을 부인할 수 없을 것이다.

제 16 장

영국 공공주택정책의 방향과 시사점

제1절 서 론

복지국가의 복지 영역에 보통 빅 파이브(big five)라 불리는 구성 요소가 있는데 그중 하나가 공공주택정책이다. 이런 국가들의 예산 중 상당액이 빅 파이브를 위해 지출된다. 영국의 경우 국가 예산 중 1/2~2/3의 분량은 여기에 투입된다. 그중 주택에 관한 관심은 어떤 조사에서는 고용의 문제보다도 우선할 정도로 관심이 높은 경향을 보이고 있다(Lowe, 1993). 전형적인 복지국가와 접근 방법이 다른 우리나라에서도 가장 뜨거운 논쟁의 한복판에 서 있는 것이 주택문제이다. 물론 가장 대표적인 것이 경제적 측면에서 바라보는 관점일 것이지만 이 문제를 다양한 각도에서 바라볼 수 있는 여유가 필요하다. 여기서 다루는 영국의 경우는 주택을 공공재(a public good)로 보는 경향 때문에(Lowe, 1993: 236) 복지적 관점에서 바라보고 있으나 우리나라에서는 이런 관점조차 가지기 어렵다. 이런 점을 교정(矯正)해서 복지적 관점에서도 바라볼 수 있어야 한다는 것을 강조하려는 의도가 이 장을 쓴 목적이다.

한편 주거복지라는 철학의 실현 방법을 두고 오랜 기간 동안 고민해 왔던 영국 경험을 참고하는 것이, 현재에 우리나라에서 논의되는 주택문제에서 공공 부문의 역할 증대라는 정책 의도를 검토하는 데 많은 참고가 되고 필요성도 있으리라 느낀다. 주택의 심각성은 우리나라는 말할 것도 없고 영국도 겪어 본 경험이 있으므로 영국의 그 다른 접근 방식이 무엇인지를 보여 주려는 것이 또 다른 목적이다. 방법론으로는 문헌조사 외에 현지조사와 인터뷰를 실시했다. 먼저 공공주택의 성격부터 살펴보기로 하자.

제 2 절 공공주택정책의 성격

앨콕(Alcock, 1996)은 공공주택정책의 성격을 복지적 성격과 경제적 성격을 아울러 가지고 있음을 명쾌하게 정리하고 있다. 그에 따르면 "주택은 쉼터의 제공이라는 인간의 기본적 욕구를 채워 주는 도구일 뿐만 아니라 건축과 수선, 임대와 판매 등의 경제와 밀접히 관련 있는 행위를 수반한다. 그럼에도 불구하고, 주택정책이 사회정책의 일부분이냐 하는 점에서는 뜨거운 논쟁이 끊이지 않았는데, 아마도 그 이유는 국가가 복지 공급자로 다른 분야에 비해 비교적 한정적 역할을 맡고 있기 때문일 것이다."

여기서 인용한 앨콕(P. Alcock)의 글 중 전자에 치중한다면 복지정책을 구성하는 요소일 것이고, 후자에 초점을 맞춘다면 경제정책의 대상일 것이다. 이러한 물리적 정책뿐만 아니라 복지적 관점에서도 고찰해 볼 필요가 있다. 어떤 특징 때문에 복지적 관점이 필요한가? 발로와 던컨(Barlow & Duncan, 1994)에 따르면, 시장에만 맡겨 놓을 수 없는 이유를 다음과 같이 요약한다. 첫째, 주택의 공급과 그 재정적 지원은 소수자 중심이라는 점이다. 둘째, 공간적 제약이 극복되기 어렵다는 점이다(the impact of space). 셋째, 주변 환경과의 상호 관련성인데 주변

환경에 의존한다는 점이다(externalities). 본문에서 언급할 고층아파트(high rise flat)가 문제점으로 부각된 이면에는 이와 같은 요소도 있다. 넷째, 미래에 대한 전망이 많이 작용한다는 점이다(credit allocation). 따라서 불확실성이 내재한다. 기타 가수요의 문제(market volatility) 등이 존재한다. 그뿐만 아니라 사회적 현시성(social preference)이 주택에 반영되어 어떤 지역은 주민들이 기피하게 되고 그 결과 우범지대화(vandalism), 쓰레기 집합소, 빈집의 존재, 편의시설의 부족(lack of community facilities), 주택 수선의 기피 등의 문제가 나타나게 된다. 이에 따라 공권력을 통한 문제 해결의 필요성이 제기되는 것이다.

우리나라의 경우 앞서 언급했다시피 경제정책의 일환으로 보아 대부분 시장에 맡기고 그 정책과 관리를 국토교통부에서 하고 있다. 그러나 주택 공급률이 이미 2003년도에 100%를 상회하고 있는 현 시점에서 주택공급정책에서 주거복지정책으로 정책 기조를 바꾸어 주관 부서도 국토교통부로부터 보건복지부로 이관하자는 주장(경실련 성명서 참조)이 참신한 주장으로 들린다. 특히 공공주택정책은 국가정책에서 많은 영향을 받기 때문에 이에 관한 검토가 필요하고 이를 위해 먼저 영국의 공공주택정책을 살펴볼 가치가 있다. 왜냐하면 개인(private landlord)에 의한 임대차(rental basis) 비율이 90%까지 상승한 적도 있을 정도로 (Alcock, 1996) 영국처럼 주택문제가 심각했던 나라도 드물고, 영국처럼 공공주택정책에 국가가 깊이 관여한 국가도 적다. 영국과 프랑스를 비교해 보면 같은 유럽이라도 1970년대에 영국은 전체 가구 중 공공 부문이 31%인데 비해 프랑스는 0.5%에 불과하다(Lowe, 1993: 236). 영국처럼 공공 부문이 공공주택의 총량(housing stock)을 많이 가졌던 경험이 있는 나라도 서구에서는 없기 때문이다. 더욱 그 부문의 상당량을 민영화한 경험도 우리에게 타산지석(他山之石)이 되리라 생각한다.

공공주택 문제를 살펴보기 위해 소유와 임대차 관계를 분류해야 하는데, 대체로 세 가지로 나눌 수 있겠다.[1)] 공공임대주택(council housing) · 자가소유(自家所有: owner-occupancy) · 개인 소유 임대주택(private rented accommodation)

1) 주택 형태를 기준으로 하면, 영국의 주택은 최고급 주택인 castle 등을 별도로 할 때, 보통 detached house, semi-detached house, terraced house, flat으로 나뉜다. 전자(detached house, semi-detached house)가 중산층 이상의 가정에서 선호되고 있고, terraced house는 서민의 주택이라 할 수 있다.

이고, 앞의 두 곳은 공적 자금의 지원이 가능하지만 마지막의 관계에서는 지원되지 않는다(Lowe, 1993: 236). 1990년도 통계에 의존해 유형별로 살펴보면, 전체 총량은 2,280만 가구이고, 그중 510만 가구(전체의 22%)는 공공임대주택이며, 70만(전체의 3%)은 비영리 사설단체인 주택협회(housing association)로부터 임대이며, 170만 가구(전체의 8%)는 개인 임대차이다. 자가 소유는 1,530만 호이고, 그 비율은 67%를 차지한다(Hill, 1993: 182).

제 3 절 영국 공공주택정책의 성격과 변천

영국에서는 역사적 의미와 경험에 비추어 공공주택의 복지적 관점이 성립했다. 공공주택의 역사에는 산업온정주의(industrial paternalism)가 존재하며,[2] 사회공학(social engineering) 개념과 결합해 섞여 사는 사회계층의 이상(ideal)을 추구했다(Blakemore, 2003: 183). 이에 따라 그 현대적 변용으로 사회적 강자의 양보를 통한 약자의 보호정책인데, 이는 임대인의 횡포를 막고자 하는 정책이다.[3] 가장 대표적으로 '임차인의 선택' 조항이나 공공임대료를 산정할 때에 임차인 참여와 임차인 훈련제도, 사회적 약자를 위한 공공주택 배분정책, 지역 주민과 함께하는 지역 대학(community college) 제도(김근용 외, 2004), 주택단지나 재개발에 있어 지역소득평가 제도 등이 그것이다.

재미있는 것은 현재 우리나라에서 고민하는 문제도 그들도 고민했거나 고민하는 부문이라는 것이다. 이른바 사회계층 혼합(social mix)을 어떻게 이룩할 것

2) Industrial paternalism은 두 가지를 그 내용으로 하는데, 계몽된 고용주가 자기의 피고용인을 위해 좋은 집(good quality housing)을 지어 주는 것과 가난에 찌든 사람들을 위해 인간다운 생활이 가능한 집(decent accommodation)을 자선의 의미로 공급하는 것을 말한다(Blakemore, 2003: 183).

3) 이 반대의 견해를 '빈민가 주민에 대한 건물주의 임대료 착취행위(rachmanism)'라 한다. 그러나 임차인을 보호하려는 정책은 임대인에게 딜레마를 안겨주었다. 임대인도 부자가 아니며 빠듯한 수입으로 살아가는 사람들이며 임대료의 제한은 임대주택의 상태만 악화시킬 뿐이라는 점을 정부가 깨닫게 된다. 여기서 임대료 제한에 관한 규제를 폐지하는 임대료법(The Rent Act)이 도입되었다(Jones, 1994: 158).

인가에 대해 그들의 경험에 따르면 단지별 배치는 자연스런 흐름이면 몰라도 인위적인 설정은 선호하지 않는다고 한다.

다음은 방법적 고찰로, 공적 보조금의 문제를 통한 해결이다. 이 정책은 오래 사용되어 왔으나 자주 바뀐 특색이 있다(Hill, 1993). 이 보조금을 임대료를 떨어뜨리려고 지방정부에게 준 적도 있지만 대체적으로 점차 줄여나가서 간접적 보조 방법인 주택급여(Housing Benefit)로 바뀌어 지금은 공공임대주택에 사는 사람들이 이 혜택을 보고 있다. 즉, 영국의 경우 공적 보조금의 지급을 통한 지원과 모기지(mortgage)를 통한 자가 소유 정책이 추세이다.

이제는 그 변천 과정을 살펴보자. 영국 주택문제의 시발점은 산업화에서 기인하는 노동자 계층을 위한 공공주택정책이었다. 그 후 전쟁 참가자를 위한 공공주택정책(homes for heroes)이라든가 조립식 공법(pre-fabs)의 도입, 출생률 상승에 따른 공공주택정책, 지방정부에 의한 신도시 형성(new towns)정책, 고층화 정책 등이 눈에 두드러진다(Jones, 1994). 1970년대까지 약 50%의 비중은 자가 소유이며 사적 분야로부터의 임대차 비율은 15%로 감소하고, 1/3은 공공임대주택이었지만 1990년대에는 앞서 언급한 것처럼 2/3 이상은 자가 소유이며 사적 분야로부터의 임대차 비중은 10% 이하였고, 공공 임대주택은 1/4 이하로 떨어졌다(Alcock, 1996). 자가 소유의 분야에도 초기는 공적 보조금(subsidy)의 도움 없는 자가 소유 추진에서(Hill, 1993) 점점 공적 보조금(subsidy)의 도움에 의한 자가

표 16-1 영국의 주택 소유와 임대차 변화

(단위: %)

연도	자가 소유자 (home owner)	공공주택 임차 (public rented)	개인주택 임차 (private rented)	기타 (other)
1951	29.0	1.0	60.0	9.0
1961	43.0	27.0	25.0	6.0
1971	50.5	30.6	18.8	
1981	57.1	30.6	10.1	2.1
1991	66.0	21.3	9.6	3.2
2001	69.2	14.4	9.9	6.6

자료: Baldock et al(2003: 490).

소유정책으로 바뀌었다. 앞의 <표 16-1>은 주택의 소유와 임대차 관계의 변화를 나타낸 것이다.

위 표에서 보이는 중요한 점은 공공주택 임차 비율이 1981년을 기점으로 변하고 있다는 점이다. 그 전환점이 대처 정부의 신보수주의 정책철학에 기초한 공공임대주택의 민영화라는 정책의 변경에 기인해 공공주택의 비중 감소로 이어졌다.[4] 아울러 신노동당(New Labour) 정부의 출범을 기준으로 하여 어떻게 바뀌었는가가 또 다른 관심으로 다가온다. 여기서는 이런 현상을 고려해 대처 정부 이전과 이후, 그리고 블레어 정부로 나누어 고찰해 보기로 하자.

1 대처 정부 이전

앞서 언급했듯이 집권 이전 대처 정부의 공공주택정책의 근간은 질적인 측면보다 양적인 공급 확대였고 정치적 문제이기보다는 행정적 문제였다(Hill, 1993:

표 16-2 정당별 주택 공급 현황

(단위: 천)

연 평균		사적 분야의 공급 (Private completions)	지방정부의 공급 (Local Authority completions)	전체 공급 (Total completions)	건물 해체 (Demolition)
노동당(1947~1951)		29.9	156.0	185.9	
보수당	1952~1954	62.6	213.3	275.9	
	1955~1964	155.6	132.9	288.5	50.9
노동당 (1965~1970)		198.9	164.1	362.0	81.0
보수당 (1971~1974)		178.9	107.5	286.4	74.5

자료: Pedan(1985: 192).

4) 어떤 의미에서는 영국 공공임대주택정책의 경우, 정당별 차이보다 시대별 차이가 크다고 할 수 있다. 예컨대, 1970년대에는 정치적 스펙트럼의 좌우(Left-Right)를 떠나서 공공임대주택에 기대되었던 역할에 환상을 품었던 시기였다(Kemp, 2000: 125). 따라서 정당에 따라 정책적 차이가 크게 변하기는 하지만(이중근, 2004), 기본적인 정책 기조는 동일하다고 할 수 있다.

표 16-3 고층아파트의 공급

(단위: 천)

연도	1953~55	1956~58	1959~61	1962~64	1965~67	1968~70	1971~73
총량	24	29	48	82	118	55	17

자료: Hill(1993: 52).

51). 즉, 양을 통한 주거복지였으며, 그중에도 자가 소유 외에 공적 분야에 의한 공급정책이었다(Hill, 1994).

특히 공공주택의 지속적 공급을 위하여 세워진 고층아파트(high rise flat)의 공급 현황은 <표 16-3>과 같다.

<표 16-2>와 <표 16-3>에서 보듯이 공공주택의 공급은 하향 추세를 보이고 있다. 그 이유는 아마도 "지속적 공급은 수요를 따라갈 수 없다"(Pedan, 1985: 193)는 인식과 질적 측면의 고려 때문(Alcock, 1996: 35)이었던 것으로 보인다. 여기에서 공공임대주택의 공급이라는 정책에서 점점 자가 소유를 권장하는 정책과 사적(私的) 투자에 기대는 정책으로 옮겨갔다.

문제는 이런 정책은 정부정책 이상의 무엇, 즉 유효 수요에 의해 뒷받침되어야 한다는 점이다(Hill, 1993). 이를 해결하기 위해 공급 측면에서는 좀 더 값싼 집의 제공을 위한 건축업계의 노력과 수요 측면에서는 주택 대출을 위한 금융업의 발전으로[5] 귀결되었다.

2 대처 정부의 개혁

대처 정부 개혁의 가장 큰 장점 중의 하나가 노동자계층(working class)에게 자가 소유의 기회를 제공했다는 것이다. 그것도 일방적 시혜로서의 복지가 아닌 자조적 복지에 기초한 방식이다. 즉, 자가 소유에 의한 주거복지였다. 이를 홈스(Holms, 1989: 146)의 주장, 즉 "만약 대처가 선거에 승리하지 못해서 공공임대주

5) 이를 주택금융조합(Building Society)이라고 한다.

택을 분양하지 못했다면, 집 없는 노동자계층은 아마도 영원히 집 가질 기회를 갖지 못했을 것이다"라는 평가는 정당한 것으로 보인다. 나중에 아이러니하게도 대처 정권은 자가 소유한 이들의 정치적 지지를 받게 된다(Holms, 1989, 107). 이 의미는 공공의 역할 증대를 통한 계급 대립의 완화라는 복지국가의 이상(理想)에 대해 공공의 역할 축소를 통한 복지국가의 해체를 꾀하는 접근 방식의 결정판이라 할 수 있다. 즉, 복지국가의 반대편의 입장에 서서 치우친 소득 이전은 반대한다. 이른바 울타리치기(two-nation)를 지향하지만, 근로자 또는 한계 계층이 재산을 형성할 수 있게 함으로써 소득 이전의 경직성과 그에 따른 비용을 제거하려는 방식이다. 이 시사점은 자본주의 철학의 밑바탕에 있는 항심(恒心)을 위한 항산(恒產)이라는 중산층의 육성의 중요성이다. 즉, 이 정책은 선전 효과나 파급 효과가 컸던 거대기업의 민영화보다[6] 더 일반 국민의 생활에 다가오는 실질적 효과를 주었다. 이 점은 노동당이 1983년 선거에서는 이에 반대하다가 정권 획득에 실패했고, 1987년 선거에는 마지못해 보수당의 공공임대주택정책에 따랐으나 이니셔티브(initiative)를 빼앗김으로써 또한 정권 획득에 실패한 경험이 이를 증명해준다. 그리하여 노동당 정부가 후술하듯이 신노동당(New Labour) 집행부에 와서 주도권을 쥐고 이 정책을 추진했던 1992년 선거에서 정권을 획득했다는 것은 시사점이 크다. 이를 이른바 재산 소유에 기초한 민주주의(property-owning democracy)라 한다(Riddell, 1991).[7] 그 유형은 우선 지방정부의 주택에 대한 주택구매권제도(right to buy)인데 이는 공공임대주택 임차인이 헐값(substantial discount)에 살고 있는 집을 살 수 있는 제도를 말한다. 다음 <표 16-4>는 공적 분야 주택 공급과 주택구매권제도에 의한 변화를 나타낸 것이다.

이 표에서 보다시피 오너십(ownership)제도의 진행은 주택구매권(right to buy)제도에 의한 판매에 의존하고 있음을 알 수 있다. 이와 함께 기타 저소득 가구를 위한 토지 판매, 모기지를 이용한 자가 소유의 증가[8](Riddell, 1993: 114) 등이 그

---

6) 이 중 대표적인 것은 British Petroleum(BP), British Telecom(BT), British Airways(BA), British Gas 등이다.

7) 이를 대중자본주의(popular capitalism)라고 하는데 "재산은 부의 원천일 뿐만 아니라 인격적 독립(personal independence)의 원천이기도 하다"라는 주장으로 존 무어(John Moore)가 이론적으로 정당화했다고 한다(Riddell, 1991).

8) 이를 공동 소유권 방식의 주택 구매(shared ownership)제도라 한다.

것이다. 그 결과 주택 부문에서는 의도했던 현저한 복지 지출을 줄일 수 있었다. 다음 <표 16-5>는 이를 나타낸 것이다.

표 16-4 주택 공급과 주택구매권제도에 의한 판매 추이

(단위: 천)

연도	주택 공급(Housing completions)	주택구매권제도에 의한 판매
1980	86	1
1981	66	82
1982	37	200
1983	35	142
1984	34	103
1985	27	94
1986	23	91
1987	20	106
1988	20	164
1989	18	186
1990	17	129
1991	10	75
1992	5	65
1993	3	61
1994	2	67
1995	2	51

자료: Kemp(2000: 128).

표 16-5 1973년부터 1991까지의 공공 지출 증가표

(단위: %)

	사회보장	건강과 사회 서비스	교육	주택	총지출
1973~1974년부터 1978~1979년까지	5.4	2.0	0	3.0	1.8
1978~1979년부터 1990~1991년까지	3.0	3.4	1.3	-4.8	1.1

자료: Hill(1993: 125).

그 과정을 거쳐 현재도 주택구매권제도(right to buy)의 기능이 계속 작용하고 있어서 공공임대주택의 매각이 계속되고 있다. 문제는 비대칭적 매각이라는 점이다. 이는 지역적으로 차별이 생기는 현상을 말하는 것으로 지방정부가 팔려고 하는 지역은 주민이 선호하지 않아 팔리지 않고, 좋은 지역은 오히려 값이 상승하는 것을 말한다. 그리하여 공공임대주택의 비중이 하강하고 있음은 사실이나, 또 공급의 비대칭성도 보여 주는데, 재개발의 어려움으로 인해 선호지역과 비선호지역이 확연한 구별이 생기는 현상이다. 따라서 요즘은 무주택자(homelessness)를 어떻게 할 것인가 하는 주제 외에 빈민가 없애기(slum clearance)라는 주제로 바뀌었다.

3 블레어 정부의 정책

신노동당 정부의 공공주택정책의 기본은 시장이 작동하도록(making the market work) 하는 데 있다. 따라서 정부의 개입은 작동하지 않을 때 개입하는 정책이다. 이 정책은 공공주택의 매각이 계속됨을 의미하지만 그보다 선택과 자조, 개인 책임(choice, self-help, and personal responsibility to the social housing tenants)의 측면에서 바라보아야 한다. 그러므로 지방정부의 역할은 공공주택 관리의 역할에서 면제되고 주택에 대한 욕구조사와 평가(need assessment), 투자 결정을 위한 정보 제공으로 변경되었다. 하지만 임대료에 대한 제한(rent control)은 개인 임차인에 대한 보조금의 형태로, 또 시장 기제로부터 보호하기 위해 여전히 시행되고 있다(Alcock et al., 2003). 특히 주목할 것은 개인의 능력을 향상시키려는 정책(empowering individuals)과의 결부이며 커뮤니티(community)의 역할 강화라는 정책이다. '함께 하는 영국(Bringing Britain together)'이라는 구호로 커뮤니티의 역할을 강화함으로써 살려고 하지 않는 지역(worst estates)과 선호되는 지역의 격차를 줄이는 정책으로 나왔다. 이를 지역 대학(community college)에서 제공하는 직업교육과 지역의 리노베이션(renovation)을 통해 이를 이룩하려고 했다. 또 신노동당 정부는 사회적 배제(social exclusion)를 공공주택과 관련시켜 해결하고자 했다.

제 4 절 영국에서 공공주택 역할의 재구성

이상에서 살펴본 것처럼 영국의 공공주택정책을 그 역할에서부터 유추해 재구성해 볼 때 다음과 같은 특색을 보인다. 첫째는 우월적 지위, 둘째로 병립적 성격, 셋째는 보충적 성격, 넷째는 엄격한 규제 등이 그것이다.

첫째의 우월적 지위라 함은 주택 배정, 여러 기준의 설정, 산하단체의 설립과 통제, 또는 압도적 수적 우세를 바탕으로, 민간 부문을 이끌어 나가는 경우가 여기에 해당한다. 둘째로, 민간시장과 병립이라는, 그러면서 민간시장과의 충분한 교감이라는 자본주의 경제 원칙을 충분히 살린다. 셋째로, 민간시장에서 집 마련이 불가능한 사람들에게 제공이라는 보충적 성격을 견지한다. 마지막으로, 공공주택에 관해서는 대체적으로 우리보다 더 엄격한 주택관리 기준을 설정하고 있다. 특히 신설 단지의 경우는 그러하다.[9)]

이를 영국 중동부의 한 도시(Newcastle upon Tyne)의 경우를 대비시켜 살펴보기로 하자. 뉴캐슬(Newcastle)은 환경 친화적 도시로 인구는 200만 명이 안 된다. 이 도시의 외곽에 대규모 주택단지를 건설한 것이 킹스턴(Kingston)이다. 이곳의 건설계획의 전략은 시 정부 주도였지만 구체적 전술은 민간 회사가 맡았다. 그 결과 중산층의 유입으로 비교적 수준 높은 거주지역으로 자리 잡았다. 한편 펜햄(Fenham) 지역은 비교적 소득 수준이 낮은 주민들이 사는 곳이다. 시 정부는 공공 임대주택의 건설을 위해 고층 아파트를 비교적 균등하게 지었다. 앞서 언급한 바처럼 이 지역은 낮은 주택들이 연속해 있는 곳이라는 성향을 보인다. 여기에 서 있는 고층 아파트는 주변 환경과의 부조화로 인해 이제는 정책실패의

9) 예컨대, 내부시설의 변경은 원칙적으로 금지된다. 다만 전체 10%의 범위 내에서 허용되고 이 경우도 주변의 동의를 얻어야 한다. 특별한 경우에는 시 정부(市政府)의 승인이 필요하다. 자기 땅이라도 타인에게 도움이 되지 않는 경우는 시설 설치를 금한다. 덧문의 설치 등이 좋은 보기이다. 이 점에 비춰볼 때 우리나라에서 한때 유행했던 내력벽(耐力壁)의 제거는 그들에게 이해가 안 될 듯하다.

대표로 꼽힌다. 그 결과 이 지역의 공공주택이 아닌 집의 집값이 다른 지역에 비해 비교적 낮게 형성되어 있다는 점이다. 물론 이 현상이 공공임대주택과 직접적 관련성이 있다는 증거는 없지만 상황 증거는 될 수 있다. 주택구매권제도 정책과 관련해 볼 때 주민의 선호지역에 있는 아파트에는 민영화 비율이 높아 정부 의도대로 진행되었으나 펜햄 지역은 그렇지 못하다. 이제 점점 그 지역의 선호도가 처지고 공공시설의 훼손과 파괴(vandalism)가 문제가 되고 있다.

제 5 절 평 가

마지막으로 영국의 공공(임대)주택을 앞에서 언급한 영국이 겪어 온 여러 경로를 몇 가지 기준을 도입함으로써 간단히 평가해 보기로 하자. 우선 그 기준이 무엇인가가 중요한데 여기서는 햄블턴(Hambleton, 1978)의 기준을 가져오기로 한다. 그에 따르면 세 가지 기준을 도출할 수 있는데 효과성(effectiveness), 분배의 적절성(distribution) 그리고 책임성(accountability)이다. 효과성은 무엇이 이루어져야 되는가(what gets done)로 규정되며, 분배의 적절성은 누가 수혜를 보는가(who benefits)로, 책임성은 누가 결정하는가(who decides)로 각각 규정된다. 이를 자료가 없는 분배의 적절성을 제외하고 이미 기술한 대처 정부와 신노동당 정부를 전후해서 비교해 보면 <표 16-6>과 같이 나타낼 수 있다.

이상의 진행과 정책 변경을 고려하면 공익화(公益化)로의 방향이 올바른 방향이라고 할 수 있다. 이를 좀 더 살펴보기로 한다.

표 16-6 평가의 기준

	효과성	책임성
대처 정부 이전	양적 확충을 통한 효과성 추구	정부의 책임
대처 정부 이후	민영화를 통한 효과성 추구	개인의 책임
블레어 정부	민영화를 통한 효과성 추구	책임의 분화

제 6 절 결론: 우리나라에 주는 의미

공공의 역할 증대는 복지적 측면에서는 환영할 만한 일이지만 영국의 경험으로 볼 때 공공 영역이 직접 개입했던 방식은 상당한 검토가 필요하다. 따라서 공공의 역할 증대를 꾀하면서 공공 영역이 직접 개입을 막을 수 있는 방식이 필요한데, 이는 주택업자나 주택의 실제 수요자에게 간접 지원하는 방식으로 운영되어야 할 것이다. 무엇보다도 약자 보호의 원칙이 필요한데, 그중 금융 지원이나 임대기간 규정 등은 우리나라에도 시행 중이므로 다른 제도의 도입을 살펴본다.

첫째, 임차인을 위한 조직을 지원할 필요성이 있다. 다만 약자 보호의 원칙이 필요하지만 이 제도의 지나침이 영국의 공공임대주택 문제를 불러온 사례가 있음을 볼 때 지나치지 않아야 한다.

둘째, 공공임대주택의 임차인에 대한 매각정책 등을 고려해야 한다.

셋째, 영국의 제도에서 특기할 만한 것으로 지역 대학(community college)의 존재이다. 이를 통해 직업교육이나 도시재생의 중심이 되도록 하는 산학 연계 전략과 유사한 제도의 설립이 우선 필요하리라 생각된다.

기타 비영리 주택관리업자단체 조직이나 지역 개발에 따른 이익의 환수, 한계소득 이하에 있는 이들에게는 직접적인 보조금 대신 주택급여 제공, 임대료 결정에 국가의 중재제도의 도입 등이 검토할 만한 사안이라 생각된다.

제 17 장

갈등의 역동성과 NGO:
영국 구제역(FMD)의 전개를 중심으로

제 1 절 서 론

이 장은 영국의 구제역(Foot & Mouth Disease: 이하 FMD) 사태의 전개 과정을 설명하고 그 사이에 나타났던 갈등에 기초해서, 어떤 기제로 그 갈등이 해결되었는가에 대한 논의를 갈등의 역동성(力動性: dynamic)이라 이름해 논리적으로 설명하는 데 있으며, 더 나아가 일반화할 수 있는 이론의 개발을 목적으로 한다. 이를 위해 영국의 사례[1])를 중심으로 고찰했다.

이 장은 몇 가지 전제 위에 서 있는데, 그 첫째는 갈등을 구조적으로 본다는 것이다. 구조라는 용어는 '서로가 서로에 의존하고 서로의 상호 관계에 의하지

1) 2001년에 발생했던 구제역(foot & mouth disease: 이하 FMD) 해결 과정에서 보여 준 갈등(conflict)과 풍력발전을 위한 터빈 설치의 사례가 그것이다. 터빈 설치의 사례는 전체적으로는 하나이지만 그 속에는 킬더힐(Kielder Hill) 지역의 두 개와 블라이스(Blyth)의 연안(offshore: 이하 Offshore)의 하나로 세 사례를 포괄한다.

않고는 존재할 수 없는 그런 연대적(連帶的) 현상으로 이루어진 총체 또는 전체' 라고 규정된다(소두영, 1988: 84; 송복, 1997). 갈등의 구조란 묵시적이든 명시적이든 두 주체의 존재를 인정하고 있는데, 여기서는 사업 추진자와 그 반대자로 나눈다.

그 둘째는 역동성을 논하기 위해 갈등구조를 두 층으로 나눈다. 여기서는 그들을 각각 심층과 표층이라 부르고, 두 층의 관계를 탐색해 보려고 한다.

그 셋째는 갈등의 진행을 결정하는 요인이 무엇인가를 찾으려 시도한다. 더 나아가 이에 기초해서 공시적으로(synchronically) 갈등의 역동성을 상호 비교 설명하고자 하는 틀의 개발에 있다. 이 틀은 사례에 기초하므로 좀 더 현실적이며, 이런 현실적 적합성을 고려하는 장치로 갈등이 심화되어 가는 과정과 아울러 갈등이 협력으로 바뀌는 기제(mechanism)를 살펴보려 한다. 이를 위해서 우리의 연구에 적합한 이론 모형이 무엇인가를 탐색하기 위해 먼저 영국 사례에 기초해서 이론화를 고찰해 보는 데 있다.

제 2 절 선행 연구의 검토

갈등에 관한 전반적인 설명은 사회학 쪽에서 많이 언급되었다(Coser, 1964; 송복, 1990). 환경 갈등과 관련된 선행 연구로는 행정학 쪽에서는 갈등에 중점을 둔 많은 연구가 있으며(박호숙, 2005; 유해운, 1997), 한국의 선행 연구 검토 결과, 갈등의 기준으로는 갈등의 양상, 시간, 갈등의 주체 등으로 나눌 수 있다(강성철 외, 2005). 선행 연구의 특징을 살펴보면, 많은 환경 갈등에 관한 연구가 갈등 사례의 전개 과정, 즉 갈등이 어떻게 발생하고 어떻게 진행되는지에 관해 초점을 두고 있다. 이러한 종류의 연구는 갈등의 단계 설정에 주력하고 있는데(강성철 외, 2005), 이를 정리하면 다음 <표 17-1>이 된다.

또 다른 선행 연구의 특징은 국내와 외국 사례와의 비교는 인색하며, 환경 갈등이 어떤 기제로 보이지 않던 갈등이 보이는 갈등으로 전개되는가에 대한 설명

표 17-1 갈등의 단계에 대한 선행 연구의 정리

선행 연구자	갈등의 단계
Pondy(1967)	잠재적 갈등, 인지적 갈등, 지각된 갈등, 현재화된 갈등, 갈등 여파
Trolldalen(1992)	초기적 갈등, 잠재적 갈등, 인지적 갈등, 명백한 갈등
박호숙(1994)	잠재된 갈등, 외현적 갈등,
유해운 외(1997)	잠재된 갈등 단계, 명시적 갈등 단계, 갈등 해결의 탐색 단계, 갈등의 여파 단계
이인순(1999)	갈등 이슈의 특성, 갈등 유형, 갈등 강도, 갈등 해결 방법
전주상(2000)	갈등의 인지 및 탐색, 갈등의 현재화, 갈등의 영향
이종열(1995)	운동의 초기 단계, 운동의 중간 단계, 운동의 후기 단계, 운동의 종결 단계
이종열과 권해수 (1998)	갈등 태동기, 갈등 증폭기, 갈등 성숙기
주재복(2000)	분쟁의 초기 단계, 지속 단계, 심화 단계, 완화 단계
박상필(2000)	제1단계, 제2단계, 제3단계
주상현 (2001a, 2001b)	갈등잠재기, 갈등심화기, 갈등해결기
이선우(2001)	갈등 초기, 갈등 중기, 갈등 말기
백종섭(2002)	정책의 내용, 정책 형성 과정, 정책 집행 과정
전주상(2002)	제1기, 제2기, 제3기
서휘석(1995)	자치단체 간의 갈등, 자치단체주민 간의 갈등, 중앙정부의 조정을 통한 갈등 해결 단계
박정용(2002)	보건복지부 주도(제1기), 새정치국민회의 주도(제2기), 시민단체 주도(제3기), 보건복지부 주도(제4기)
고경훈(2003)	갈등의 인지 단계, 갈등의 확산 단계, 갈등의 증폭 단계, 갈등의 비등 단계

이론이 부족하다는 점이다. 그래서 입체적 전개의 필요성이 제기된다. 따라서 지난 이론을 참고해 참신한 특색을 보이고 비교 연구의 설명력을 높이는 데 도움이 되는 틀이 필요하리라 생각된다.

제 3 절 갈등의 유형과 전개

갈등 연구는 갈등의 잠재성으로부터 시작하거나(Pondy, 1967) 또는 갈등의

전개 과정을 연속선상에 위치시키고 있다. 그러나 현실적인 모습은 갈등이 존재하지 않음에도 어떠한 정책을 이유로(예컨대, 밀양의 송전선 설치로 인한 갈등사태) 갈등을 야기할 수도 있고, 반대로 존재하는 갈등을 어떤 정책을 이유로 완화·해소시킬 수도 있다.

여기서는 갈등의 출발점과 갈등의 현상이라는 두 개념을 구별하기 위해 뚜렷이 구별되는 두 층의 존재를 상정하는데, 이는 평면적 전개를 극복하기 위한 하나의 틀이 된다.[2] 이들을 심층(potential level 또는 deep structure)과 표층(surface level 또는 surface structure)이라고 부르고 그 개념을 설명하면, 전자는 이면에서 일어나는 모습을 말하고, 후자는 표면에서 나타나는 현상을 일컫는다. 즉, 심층은 표층을 도출할 수 있는 층으로 정의할 수 있기 때문에 ① 정책화 가능성(feasibility of a policy: 언론 보도, 소문), ② 정책대안의 제시(suggestion of an alternative: 구체화·대안 제시), ③ 정책 결정과 집행(policy－making and implementation: 확정 발표와 변경·실행·보상 등) 등을 통해 표층으로 진입한다고 할 수 있겠다. 그 함축은 표층에서는 비슷하지만 심층에서의 관계가 다르거나 반대로 표층에서는 다르지만 심층에서의 관계가 비슷한 의미를 가진다는 말이다.

여기서의 주제는 뚜렷이 구별되는 두 층(심층과 표층)의 기준은 무엇인가 하는 것이다. 그 기준으로 두 가지를 들 수 있다. 정책 결정과 집행의 가능성(feasibility)인데, 그 이유는 관련 당사자들이 점점 체감(體感)하고 있기 때문이다. 또 하나는 관련 당사자들과 관련 정도이다. 이해관계가 있다 하더라도 상당히 떨어진 경우는 표면화되지 않는 경우가 관찰된다. 이상에서의 논의를 알기 쉽게 표시하면 [그림 17－1]이 된다.

2) 제일 먼저 고찰할 수 있는 것은 갈등이 존재하지 않는 경우이거나 갈등의 존재가 미약한 경우(즉 심층)를 상정할 수 있다. 예컨대 위의 사례를 비추어 볼 때 밀양사태는 정책이 제시되지 않은 상태에는 전형적인 향촌의 모습이라 할 수 있고, 경부고속철 건설사업에서 천성산 터널의 경우 몇몇 우여곡절이 있었지만 공사는 진행되었었다. 이는 갈등이 존재하지 않는 경우이거나 갈등의 존재가 미약한 경우이다. 이에 비해 어떤 이유로 해결할 필요를 느낄 정도로 발전한 갈등(즉 표층)이 있는데, 여기서 연구하는 대상은 바로 이들이다.

그림 17-1 갈등의 두 구조와 두 층

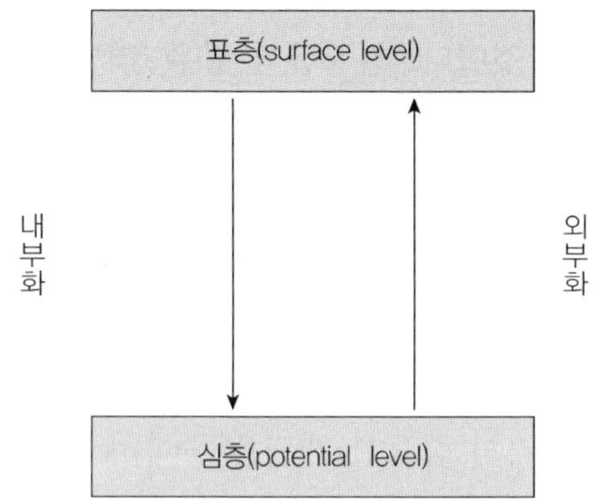

1 심층의 분석

이미 서술했듯이 갈등은 둘 이상의 주체를 전제로 하고, 그 진행의 모습은 심층에서의 진행과 표층에서의 진행 둘로 나뉜다. 전자는 표면화되지 않기에 표면화되고 난 후 역으로 추적해서 짐작할 수 있다. 여기서 주목하는 역동성의 요인은 인적 요소, 이해관계의 확장 · 축소 · 회피 · 요구 등을 포괄하는 물적 요소, 조직의 성격과 조정기관의 존재 유무를 아우르는 제도적 요소로 본다. 차례로 서술해 보자.

1) 물적 요소

물적 요소 중 가장 영향을 많이 받는 요인이 이해관계이다. 이는 유리한 당사자의 경우 이해관계의 확장을 지향할 것이고 반대의 경우는 축소를 꾀할 것이다. 여기서는 이해관계의 전략의 하나로서 정보 파악 능력과 문제 해결 능력이 중요한 요인으로 부각된다. 부안사태의 경우 '방사선폐기물처리장(이하 방폐장)을 설치해도 아무 문제가 없다'는 정보에 기인한다면 수용 가능성이 높아질 것이기에

부안사태가 예방될 수 있었을 것이다. 반면 그것이 '자손 대대로 위험하며 안전하다는 주장은 속임수이다, 만약 아니라면 도심에 설치하라' 등의 주장에 몰입되어 있다면 한사코 반대할 것이다. 천성산의 경우 '터널이 도룡뇽이나 다른 생물의 삶에 아무 문제가 없고 환경 훼손이 크지 않다'는 정보에 기초하는 경우와, '인간은 유한하나 자연은 무한하다' 등의 주장에 몰입하는 경우와는 다른 결론이 도출될 것이다. 즉, 여기서 문제되는 경우는 정보의 비대칭성이다. 정부의 독점된 정보의 사용이 제한되고 있고 신뢰성에 문제를 목도할 수 있다. 문제 해결 능력과 관련해서 주민의 기대치와 그 기대치를 두고 소통할 수 있는 사업 추진자의 물적 능력이 관건이다. 여기서 중요한 개념은 중화(neutralization)와 주고받기 이론이다(Robson, 1976).

2) 인적 요소

인적 요소에는 가치관 · 동기 · 지향(orientation) 등을 의미한다. 동기는 축적에서 기인하는 갈등이냐, 정당화에서 기인하는 갈등이냐로 나눌 수 있다. 축적 갈등이란 경제적 이유, 즉 이해 당사자의 일방 또는 타방과 연결되는 갈등인 반면, 정당화 갈등이란 경제외적(經濟外的) 이유나 이념이나 신념에 기초한(예컨대 전체 국민을 위한다거나 대의명분 기타 어떤 도덕적 이유로 인한) 갈등이다. 물론 그 외 인종적 원인에서 오는 갈등이나 감정적 원인에서 오는 갈등 등 여러 갈등이 존재할 수 있으나 이들은 모두 대상에서 제외하고 위 양자 구조만을 연구의 핵심으로 한다. 통상적으로 두 유형에 관계하는 당사자들이 함께 참가하게 되지만 여기서 주목하는 것은 영국의 경우 격렬하지 않다는 점이다.

다음 가치관을 살펴보기로 하자. 어디에 가치의 우선을 두느냐? 즉, 환경가치와 개발가치 중 어디에 강조점을 두느냐가 핵심이다. 전자에 둔다면 환경 보전 쪽으로 결론이 날 것이고, 후자에 중점을 둔다면 생활상의 편익에 따르는 방향으로 결론을 내릴 것이다. 어디에 기초해 동기화하느냐가 중요한 이슈이다. 부안사태의 경우 안전하다는 정보에 기인한다면 방폐장 유치를 통한 개발 쪽으로 선회할 것이고, 그 정보를 믿지 못한다면 방폐장 수용을 거부하는 쪽으로 전개될 것이다. 이 점에서 서울대 교수들의 관악산 터널에 방폐장을 유치하자는 주장이 의미하는 바가 크다. 덧붙여 논의할 것은 당사자의 지향도 한 요인이다. 특히 한국인의 경우 전통 지향과 발전국가 지향, 시장 지향에 다른 태도를 보인다(이극찬, 2004).

3) 제도적 요소

여기서는 세 가지를 다루려고 한다. 조직의 성격과 조정 메커니즘의 존재, 구성의 모순 그리고 사례와 이론의 괴리의 문제가 그것이다. 먼저 조직의 성격이다. 조직의 성격 자체가 갈등을 불러오는 경우가 있다. 예를 들면 환경부와 재경부, 민노총과 전경련 등이 그 대표라 할 수 있다. 마찬가지로 환경단체와 개발을 원하는 회사나 주민과의 대립은 필연적이다. 이들의 존재는 어떤 다른 제도적 요인을 요구하는데 그것이 조정 메커니즘의 필요성이다. 부안사태에서 보는 바처럼 극단화를 치달을 수밖에 없는 이유 중 하나는 조정 메커니즘의 부재라 할 수 있고, 반대로 영국의 구제역(FMD)에서 보여 주는 바처럼 원만하게 해결될 수 있었던 것은 조정 메커니즘의 존재이다. 따라서 부안사태의 경우 주민투표의 가능성이 왜 무산되었는가를 살펴볼 필요가 있다.

다음으로 구성의 모순인데, 우리의 경우 제도적으로 또 높은 차원의 행정조직의 경우는 이 조정 메커니즘이 제도적으로 존재한다. 그러나 제도적으로 이 조정 메커니즘이 존재한다 하더라도 현실적으로 작동하느냐 하는 문제와는 별개의 문제이다. 여기서 사례와 이론의 괴리에 기초한 설명력의 문제가 대두된다.

위에서 논의한 것을 종합하면 i) 어떠한 정책이 갈등을 야기할 수도 있고, 갈등을 완화·소멸시킬 수도 있다. ii) 갈등은 여러 과정을 거쳐 진행된다. iii) 갈등 해결은 시간과 관련이 있다. iv) 갈등의 힘은 참가자의 수와 강도의 함수이다. 물론 그 속에는 역함수의 관계도 존재한다. 이 유형화의 또 다른 의미는 갈등 구조에서 후유증의 정도를 살펴볼 때 파국형이 심한 후유증을 남기고 타협형의 경우는 비교적 적은 후유증을 남긴다는 데 있다.

2 표층의 분석

1) 진행의 과정

(1) 기(起)·승(乘)·전(轉)·결(結)의 기제

진행의 과정이란 표면화(또는 可視化)를 말하는데 기(起)·승(乘)·전(轉)·결(結)의 기제로 진행된다고 가정한다. 그러나 결(結)이란 실현된 결과이므로 양상의 측면에선 이는 전(轉)과 통합될 수 있다. 이에 따르면 3단계를 설정할 수 있는데, 기(起)·승(乘)·전(轉)이 그것이다.

기(起)란 심층에서 갈등의 존재가 나타나는 것이며, 승(乘)은 갈등의 전개 과정을 말한다. 이로 인해 갈등이 여러 모습으로 전개되는데 여기서는 확산·완화 또는 현상 유지를 지칭하며, 승(乘)의 단계로 진입할 때 어떤 경우가 확산이고 지속(지연)이고 완화인가를 살펴보자.

첫째 기준은 조직화에 관한 기준이다. 양적 측면에서 규모가 클수록 우선은 확산 쪽으로 진행한다. 질적 측면에서는 조직의 응집성이나 상설화 정도가 어느 정도인가 하는 기준이다. 응집성이나 상설화 정도가 클수록 확산의 가능성이 크다고 하겠다. 갈등의 전개는 당사자 모두에게 방향 전환과 이에 대한 탐색을 모색하게 한다. 이 과정이 좀 더 전개되면 제어장치(self-regulation)라고 할 수 있는 단계를 설정할 수도 있다.

후술하는 바처럼 이는 지금까지의 전략·전술에 대한 평가로 전(轉)으로 이어지기도 한다. 전(轉)은 문제 해결을 위한 노력 과정이며 여기서도 역동성의 요인이 작용한다. 이는 갈등의 지속과 갈등의 방향 전환으로 유형화할 수 있다. 이에 따라 갈등이 지속될 것인가 또는 협력으로 방향 전환할 것인가도 이 과정에서 조짐을 볼 수 있다. 즉, 전(轉)은 문제 해결을 위한 노력 과정으로, 이에 따라 갈등이 지속될 것인가 또는 협력으로 방향 전환할 것인가는 진행 과정에서 당사자의 전략에 의해 판단될 수 있다.

이상의 논의를 정리하면 <표 17-2>과 같다.

이어서 살펴볼 것은 어느 정도의 강도(과격성)냐 하는 것인데 어떤 반대 또는

표 17-2 표층에서의 갈등의 단계

<table>
<tr><td rowspan="2">진행 양상</td><td colspan="4">해결까지의 시간의 흐름에 따른 분류: 완만형/급속형</td></tr>
<tr><td colspan="4">해결에 이르는 형태에 따른 분류: 파국형/타협형</td></tr>
<tr><td>기(起)</td><td>승(乘)</td><td rowspan="4">제어장치</td><td>전(轉)</td><td>결(結)</td></tr>
<tr><td rowspan="3">층의 변환
(갈등의 발단 또는 계기)</td><td>확산</td><td rowspan="2">미전환(未轉換) (갈등의 계속과 미해결)</td><td rowspan="2">미해결</td></tr>
<tr><td>지속/지연</td></tr>
<tr><td>완화</td><td>전환(轉換) (갈등의 종결이나 협력)</td><td>해결</td></tr>
</table>

찬성 집회 때에, 또 그 정당성을 알리기 위해 어떻게 참여하고 노력하느냐 하는 것이다. 즉, 같은 규모와 조직의 동원이라 하더라도 참여자가 흔쾌히 참여하느냐 마지못해 참여하느냐(voluntarily or reluctantly) 하는 측면과 참여하더라도 마지못해 따라하느냐 또는 극단화(지율 스님에게서 보듯이 단식, 도로 점거 등)하느냐이다(normal action or vehement action). 어쩌면 극단화로 치닫는 것은 이슈화를 강화하기 위해 취하는 행동일 수도 있다.

앞서 표층(surface level)과 심층(potential level)의 관계가 중요한 의미를 가진다는 말을 했는데, 여기서 심층 쪽으로 이끌려는 노력을 내부화(internalize)라 부르며, 갈등 관계의 부존재 또는 흐릿함(obscurity of conflict)이나 중간층의 존재를 통한 갈등의 최소화를 목적으로 한다. 이에 비해 외부화(externalize)란 양면 대립의 관계를 확대하려는 의미한다. 여기서 관심은 두 요소, 즉 집단의 크기(조직화의 시각에서)의 정도와 강도(동작화의 시각에서)의 관점이다. 전자의 관점에서는 조직화하려는 세력과 이를 막으려는 세력의 결과가 조직의 크기로 나타나고, 강도(强度)의 관점에서는 자발적 참여를 유도하려는 세력과 이를 막으려는 세력의 대립되는 두 힘으로 나타난다. 이를 정리한 것이 <표 17-3>이다.

표 17-3 갈등의 격렬함의 정도

과정	조직화의 시각에서		동작화의 시각에서	
외부화 (externalize)	양적	질적	참여	노력
	규모	조직의 응집성	voluntarily or reluctantly	normal action or vehement action

(2) 제어장치

제어(regulation)장치란 주민 당사자 간에 자발적인 또는 종교단체나 시민단체 같은 제3자에 의해 타협과 조정 기제를 말한다. 그 의미는 설사 다수의 주민이 요구한 대로 원상태의 회복 또는 사업의 중단이 있어도 앙금은 남고 또한 그 갈등이 상당히 크고 깊다. 따라서 이를 사전에 조정하는 것이 의미가 있다. 즉, 제어장치의 필요성은 어떤 사업의 조정과 평가의 한 과정이라 할 수 있겠다. 또 다른 관점에서는 성숙한 시민단체 등의 역할 공간을 여기에서 발견할 수 있다고도 할 수 있다. 한편 제어장치의 수단 속에 어떤 상황의 발생을 예견해서 그에 상응하는 대책을 마련해 두는 경우가 있다.

(3) 진행 양상

심층에 있던 갈등이 표층으로 이행하거나 표층에서의 전개 과정(aspect of the development of conflict)에서 고려되어야 할 변수로 시간의 문제가 부각된다. 그 대표적인 대비가 천성산 터널사태의 합의와 후술하는 구제역(FMD)이다. 시간에 관해서는 둘로 나누어 고찰하자.

먼저 급속형인 경우를 살펴보자. 문제 해결을 위해 시간이 촉급할 때를 말하는데, 이때는 문제 해결에 우호적인 경우가 많은 것으로 관찰된다. 예컨대, FMD처럼 지연이 더 큰 문제라는[3] 인식에서 시급히 해결해야 할 필요성에 공감하는 숫자가 많아진다는 의미이다. 이 경우 기술적 필연성이나 저항의 정도가 약하다. 또 (지역)배분성이나 보상 가능성도 없거나 약하다.

다음으로 완만형일 때, 즉 시간이 촉급하지 아니할 때를 말하는데, 이 경우는 천성산사태에서 보듯 사회적 이슈의 크기에 따라 폭발적으로 변하기도 하고 수그러들기도 한다. 또 기술성(발파의 문제점이나 다른 노선의 불가능성, 위도의 경우 안정성)을 이유로 지연 가능성도 나타나고, 환경성(도롱뇽, 무제치늪), 전통성(조상 묘지, 대대로 살아온 고향 등의 주장) 등의 검토를 요구하는 목소리가 높아지는 경향을 보인다. 즉, 완만성의 경우는 작위(作爲)의 사업에 우호적이라고 할 수는 없다. 이제는 갈등 구조를 살펴보자.

---

3) 그 당시 영국민들은 질병의 전염과 같은 보건상의 문제 외에도 구제역(FMD)의 장기화에 따른 경제적 손실 등도 고려해서 시간의 촉급성에 동의했다.

2) 두 유형의 갈등구조 생성

표면에서 나타나는 현상은 이면에서 일어나는 모습에 그 근거를 두고 있는데, 이 둘이 정책 과정에서 어떻게 변화하느냐가 관심의 초점이다. 첫째로, 어떤 정책은 사업 추진자와 주민 사이의 갈등구조를 생성시킨다. 둘째로, 주민끼리의 갈등구조를 야기하는데, 이는 대체로 힘(강도와 수)에 일정한 관계가 있다. 차례로 보기로 하자.

(1) 사업 추진자와 주민 사이의 갈등구조

작위(作爲)의 사업인 경우 사업 추진자와 주민 사이의 갈등구조는 전자가 일을 추진하려는 데 비해, 후자가 반대함으로써 일어난다. 여기서 갈등을 일으키려는(여기서는 후자) 현실적 힘과 갈등을 잠재화시키려는(여기서는 전자) 현실적 능력과의 관계로 결정된다. 따라서 어떤 사업이 추진되느냐 마느냐는 이 둘의 경쟁에서 어느 쪽이 더 세냐로 결정된다. 또는 이 과정에서 협상과 타협이 있을 수 있는데 그 과정은 쉽게 들어 주면 더 요구할 것이고 적게 보상하면 폭발할 가능성도 있다. 따라서 적절한 수준이 어디인지 가늠하기가 문제이다. 여기서는 잠재화하는 경우와 표면화하는 경우로 나누어 보자.

① 잠재화하는 경우

이는 다시 둘로 나눌 수 있는데, 첫째로 어느 한쪽의 자원(정치적 또는 경제적 자원이든 간에)이 약할 때를 들 수 있다. 권위주의 정부 시절의 정부정책에 주민이 수용하는 것이 대표적이다. 권위주의 시절의 영화 제작자처럼 이른바 알아서 기는 경우나, 방폐장의 경우(대도시가 아닌 지방에서 보는 것처럼 권력구조상 힘없는 쪽으로 입지 선정이 이루어지는 경우 등이 이에 속하고, 거꾸로 서울대 뒤 관악산에 방폐장을 유치하자고 서울대 일부 교수들이 제의했지만 이루어지지 않은 이유도 여기에 기인한다고 할 수 있다. 천성산의 경우는 이 점에서 흥미롭다.[4]

4) 즉, 산정(山頂)에는 경제적 유인성(誘引性)이 존재한다는 것은 분명하지만 지난 권위주의 시절에 군부대(軍部隊)의 설치에는 아무런 이의 제기가 없었던 사실에 비추어, 공원화(양산시의 해돋이공원 조성) 또는 터널 건설에는 민감하게 반응을 보이고 있다(http://www.ohmynews.com/articleview/검색 일자, 2005.3.27).

둘째로 상대방이 없는 경우이거나 상대방의 강도를 약하게 하는 경우를 볼 수 있다. 여기서 다룰 영국의 FMD와 연안(offshore)의 풍력발전소 건설 등이 여기에 속한다.

셋째로 상대방이 따르는 경우로 어느 정도 만족한 보상(예컨대 재건축의 경우)이 이루어지는 경우 등이라 할 수 있다.

② 표면화하는 경우

이 경우를 달리 표현하면 갈등의 확산으로 전환되는 것을 말하는데, 이를 사업 추진자의 문제와 상대방의 문제로 나눌 수 있겠다. 먼저 사업 추진자의 문제를 살펴보면 사업 추진자의 재정 능력이나 정책 과정의 문제를 들 수 있는데, 특히 정책의 혼선 등이 눈에 띈다.[5] 상대방의 문제는 첫째로 정치적·경제적 자원 등을 포괄하는 자원이 강한 경우이거나, 둘째로 상대방이 따르지 않는 경우로 만족하지 아니한 경제적 보상(위도 주민의 요구에서 보듯 현금 보상의 불가능성이 주민으로 하여금 실망으로 반전), 셋째로 상대방의 결속도에 좌우된다. 강한 응집력일 때는 느슨한 다수보다 강한 힘을 갖는다.

표면화하는 경우의 결과는 첫째로 행동 있는 갈등이 나타나는데 폭력과 데모·단식·등교 거부·철시(撤市)·어린이 데모·도로 점거 등을 들 수 있다. 둘째로 행동 없는 갈등이 있는데 비난 성명·기자회견·해명·공청회 등이 여기에 속한다. 셋째로 시간적 지연이나 비협조 등을 들 수 있다.

이런 갈등에 따라 사업 추진자의 대응을 유발하는데, 갈등의 완화를 꾀한 보상, 주최 측과 추종자의 분리, 당근과 채찍(carrot & stick), (역)정보 흘리기, 힘겨루기(power-test), 행정구역 재조정, 바람잡이의 동원 등이 이에 속한다.

사업 추진자의 대응에 대한 주민의 대응이 또 계기적으로 일어나기도 한다. 예컨대 수용 여부를 놓고 갈등의 수습이나 갈등의 확산이나 심층으로 진행되는데, 여기서 주민끼리의 갈등구조를 생성시킬 수 있다.

5) http://www.hani.co.kr/section-005000000/2003/11/005000000200311241920000.html(기사 검색, 2005. 3.23). 지금 목격되는 좋은 보기는 재건축 아파트의 임대주택 비율에 관한 건설교통부의 태도이다. 개발이익환수제에 따라 임대 아파트를 짓느냐 마느냐에 따라 시장에서 반응하고 이를 억제하기 위해 5일 만에 정책을 바꾸고 있다(www.moneytoday. co.kr; www.joins.co.kr. 검색 일자, 2005.3.24).

(2) 주민끼리의 갈등구조

사업 추진자의 대응은 대체로 주민 사이에 갈등을 불러일으키는데, 그 대응을 수용할 것인가 또는 거부할 것인가 하는 데 있다. 후자의 경우도 만족모형적인 거부인가 아니면 최적모형적인 거부인가로 구별될 수 있다. 즉, 이 경우 주민 사이에 현실적 이해관계와 아울러 명분 쌓기의 측면에서 선점하는 것이 중요함을 나타내며, 더 많은 보상을 얻어내기 위한 전략과 밀접한 관련이 있다.

제 4 절 두 가지 양상의 비교

영국에서 2001~2002년에 창궐했던 구제역(FMD)을 처리하는 과정은 어떤 격렬한 갈등 양상, 예컨대, 단식 · 삭발 · 경찰 저지선(police line)을 넘어 경찰과의 물리적 충돌 등을 빚지 않았고 계획의 시행도 그대로 이루어졌다. 그 과정에서의 격렬함과 그 결과 계획의 중단 또는 계획의 변경이 이루어지는 한국에서의 경험과 대비되었다. 이를 단순한 문화 차이로 넘길 수 있을 것인가? 문제는 여기에 있다. 이 장은 '갈등 때문에 정책 추진이 의도한 대로 이루어지지 아니한 경우'(여기서는 conflict−aborted policy의 유형이라 일컬을 수 있음)와 '갈등을 극복하고 원래 의도대로 정책 추진한 경우'(여기서는 conflict−overcoming policy의 유형)로 나누어 전자의 보기를 한국의 일부 사례에서 찾고 있고, 후자를 영국의 FMD에서 찾는다. 먼저 한국의 사례를 일지를 중심으로 살펴보고, 이에 대비되는 모습을 보여 주는 영국의 FMD의 경우를 간단히 서술해 보자.

1 한국의 경우

1) 부안사태와 천성산 터널 사태의 정리

부안사태란 기피시설물인 방폐장 건설의 후보지를 전라북도 부안에 낙점하려는 정부정책에 대해 반대하면서 일어난 주민과 정부와의 대립이다. 천성산 터널 사태란 KTX 노선을 천성산에 터널을 뚫어 건설하려는 데 대해 지율 스님을 비롯한 환경친화주의와의 대립을 말한다.

표 17-4 부안사태 일지

일자	내용
2003. 7. 9.	부안군민 시위 시작; 토론회 무산
2003. 7. 14.	부안군 원전수거물 처리시설 유치 신청
2003. 7. 22.	시위대와 경찰 사이의 충돌; 100여명 부상(부안군청 앞)
2003. 7. 25.	부안 수협 앞 촛불시위 시작
2003. 7. 31.	격포 앞바다 해상 시위
2003. 8. 14.	군민 3,000여명 고속도로 점거 시위
2003. 8. 17.	고속도로 차량 서행 시위
2003. 8. 23.	경찰버스 2대 불, 군청 별관 일부 소실
2003. 8. 25.	초종고교 등교 거부운동 시작
2003. 9. 8.	군민들, 김종규 군수 집단 폭행
2003. 8. 23.	정부, 폭력사태 강경 대처 방침 발표

표 17-5 천성산 터널 사태 일지

일자	내용
1990. 6.	고속철도 노선 발표(서울~천안~대전~대구~경주~부산)
1991~1994	환경영향평가 실시
2002. 6. 1.	경부고속철 2단계 대구~부산 착공
2002. 7.	반대 측에서 천성산 대책위원회 구성
2002. 12. 4.	노무현 대통령후보 천성산 터널 백지화 공약
2003. 2. 5.	지율 스님, 부산시청 앞 1차 단식(38일 간)
2003. 5. 12.	노선재검토위원회 구성
2003. 10. 5.	지율 스님, 부산시청 앞 2차 단식(45일 간)
2003. 10. 20.	천성산 대책위원회, 도롱뇽을 원고로 터널공사 금지 가처분 신청
2003. 12. 2.	천성산 구간 공사 착공
2004. 4. 9.	울산지방법원, 공사중지 가처분신청 각하 및 기각
2004. 6. 30.	지율 스님 청와대 앞 3차 단식(58일 간)

2 영국의 구제역(FMD) 사례

1) 사건 개요

구제역(FMD)은 양·소·돼지 등의 바이러스성 질환으로 증상은 고열, 침의 과다 분비와 함께 입·발굽 등에서 물집이 나타난다. 구제역은 한번 발생하면 공기·물·사료 등 육·해·공(陸海空)을 통해 빠르게 전파된다는 점에서 축산 농가에는 막대한 피해를 준다. 병에 걸린 가축은 도살이 최선의 방법이다. 이 질병이 영국에서 2001년 2월 19일, 에섹스(Essex) 지방의 도살장(Cheale Meats Abattoir) 정례 검사(routine inspection) 과정에서 구제역의 조짐을 발견했다. 조사 결과 이미 발견한 날 그 이전에 전국적으로 확산되었다고 판단되었다. 2월 21일에 영국 정부는 가축과 육류, 낙농업제품의 수출을 금지시키고 유럽연합과 북아일랜드도 수입 금지 조처가 뒤를 이었다. 이런 금지 조처 때문에 영국 가축 매매시장에는 더 많은 가축이 판매 대상으로 나왔고, 이는 구제역의 확산을 가져왔다. 급기야 2월 23일에는 구제역 오염지역으로부터 가축의 이동을 금지시켰다. 2월 24일에는 돼지·소 등의 가축에 대한 대규모 도살이 이루어지고, 3월 2일에는 이를 위해 군이 투입되었다. 대규모 도살로 인한 사체의 처리가 문제되었는데 일부는 불태우고 일부는 묻었다. 전자의 경우 대기오염이 문제되었고, 후자의 경우 입지 선정이 문제되었다. 불태우는 사체더미(mass pyre)에서 나오는 매연(smoke)은 기침과 같은 호흡기 질환에, 재(ash)는 중금속이나 다이옥신을 통한 암의 우려를 낳았다.

2) 전개 과정

FMD의 전개 과정에 대해 살펴보면 먼저 심층 차원의 분석을 보자. 가장 영향을 많이 받는 요인으로 이해관계를 꼽을 수 있다. 이를 단적으로 보여 주는 것이 FMD의 전파 원인이다. 그 원인은 돼지를 키우는 한 농부(Bobby Waugh)가 FMD를 발견했으나 에섹스의 도살장으로 반출시킴으로써 전국적으로 확산되었다는

그림 17-2 FMD의 전개 과정

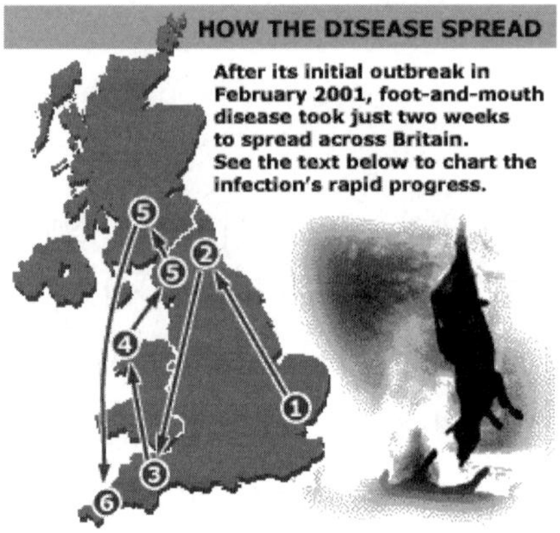

1. 2001. 2.19: 에섹스(Essex)의 리틀 월리(Little Warley)에서 처음 발생
2. 2001. 2. 23: 에섹스 지방에 창궐하고 타인 위어(Tyne and Wear)의 헤더 온 더 월(Heddon-on-the-Wall)에서도 발생
3. 2001. 2. 24: 하루 뒤에는 데번(Devon)의 하이앰프턴(Highampton)으로 전염
4. 2001. 2. 27: 잉글랜드(England)를 넘어 웨일스(Wales)로 전염(Gaerwen, Gwynedd)
5. 2001. 3. 1: 2주 동안 컴브리아(Cumbria)와 스코틀랜드(Scotland)로 전염
6. 2001. 3. 3: 콘월(Cornwall) 지방에 발생. 구제역이 영국 전 지역에서 발견

다는 것이다(http://news.bbc.co.uk/2/hi/uk_news/england/197 2204.stm).

표층 차원을 표로 만든 것이 <표 17-6>이다.

FMD에서 기(起)는 앞서 보았던 전 영국으로의 확산에 해당하고 사체를 태우거나 매립장(disposal sites)에서 매장하는 단계를 일컫는다. 이때 지역 주민과의 충돌이 관건으로 이 과정이 승(乘)인데, 영국 NGO는 큰 역할을 못 했다. 이 점에서 우리의 NGO와 차이를 보여 준다고 하겠다.

급속한 FMD의 확산에 대한 최우선 정책은 FMD 바이러스의 차단이 급선무였다. 2월 24일에는 돼지·소 등의 가축에 대한 대규모 도살이 이루어지고, 3월 2일에는 이를 위해 군이 투입되었다. 대규모 도살로 인한 사체의 처리가 가장 중요하고도 시급한 국가 현안으로 부상(浮上)했다. 초기에는 태우기로 방향을 정했으나 묻기정책으로 전환하고 그 후보지를 물색하게 되었다. 그런데 이 결정은 그러한 혐오시설의 장소 선정이 난제로 등장했다. 정부는 주민이 뜸한 공유지에 가

표 17-6 영국 FMD의 전개 과정

기(起)	승(承)	제어장치	전(轉)	결(結)
갈등의 표면화	확산	정보 교류	합법적 장치와 물리력 동원	정부 의지 관철
FMD의 영국 전역으로 확산	지역 주민과의 충돌	공식적 설명회나 지역주민 대표에 의한 정보 교류와 설명	합법적 장치(planning application과 crown act)	
사체를 태우거나 매립장에서 매장			물리력 동원(경찰력을 동원해 국가의 의지를 보여 주는 방식)	

까운(공유지가 아니면 대규모 회사 소유의) 땅을 물색했고, 위드링턴(Widdrington: in Northumberland) 지역과 인커먼(Inkerman: Tow Law in Durham) 지역이 선정되었다. 그러나 그 인근 지역의 주민들은 불태우는 경우 사체더미에서 나오는 매연은 기침과 같은 호흡기 질환에, 재는 중금속이나 다이옥신을 통한 암의 우려를 낳았고, 묻는 경우 침출수가 문제되었기에 강력한 반대운동을 전개했다. 이에 비해 전문가의 견해는 지역 주민이 감지하는 민감한 반응 자체가 스트레스를 불러오고 이것이 더 큰 문제라는 점을 지적했다. 이는 일반 지역 주민들이 도살 처리에 대한 후속 조치가 과학적으로 안전함에도 불구하고 우려하고 있음을 시사한 것이라 할 수 있다. 즉, 전문가들은 그런 조치들이 비교적 안전한 것으로 평가하고 있었다. 그들은 지역 주민의 과잉 반응을 비판하면서 선무당이 사람잡는다고 말한다. 여기에서 갈등의 원인이 잉태되었다고 할 수 있다. 즉, 지역 주민들과 전문가 그룹 사이에 불신과 의심이 가득 찼다는 것을 의미한다.

지역 주민들은 지역 사정에 무지하고 일방적 정보 흐름의 통로가 되는 공식적 설명회(public meeting)보다는 지역주민 대표에 의한 정보 교류와 설명을 더 선호했다. 이러한 정보 교류는 그들의 우려를 경감시키고 협조하는 방향으로 공헌했음은 인정된다.

시간이 지나 후기로 오면 입지 선정에서 문제의 심각성과 광범위한 구제역의 발생, 그로 인한 사회경제적 파급 효과로 볼 때 입지 선정은 주민의 의견 청취 없이 신속하게 결정되었다. 이 과정에서 또다시 지역 주민과 전문가 그룹의 갈등

그림 17-3 동물 사체를 대량으로 묻은 곳

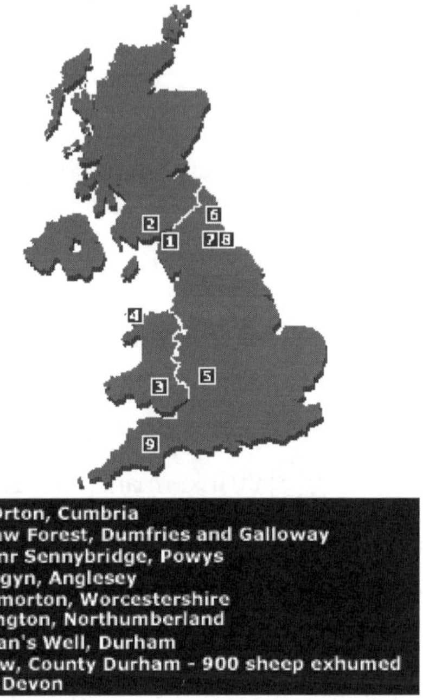

을 초래했다. 특히 일부 주민이 안전성을 수긍하지 아니하고, 님비(NIMBY) 현상에 기초해 이의를 제기하고 방해의 의사를 보였고 이에 대해 정부의 입장은 단호했다. 그것을 가능하게 한 이유는 먼저 법적·제도적 측면에서 사전 대비제도(planning application 37)(crown act)가 완비되어 있다는 점이다. 아울러 정치적·문화적 요소 고려해 세밀히 준비되어 있다는 점인데 경찰력을 동원해서 국가의 의지를 보여 주는 방식이 그것이다. 이는 우리와는 달리 경찰력의 동원에 대항하지 않는 앵글로색슨의 문화에 기초한다고 할 수 있다. <표 17-3>에 따른 갈등의 격렬함의 정도를 FMD에 대입한 것이 <표 17-7>이다.

FMD 소각장 선정에 대한 저항이 크게 발전하지 못한 이유는 양적인 조직화 측면에서 소규모였다는 점이다. 즉, 인근 주민들만이 참여했다는 것을 지적할 수 있다. 질적 조직화 측면에서도 응집성이 작았다. 물론 주민은 당근 없이 여러 가지 박탈감만을 느꼈고, 따라서 초등학교 학생들이 항의할 정도였으나 동작화의

표 17-7 FMD 표층에서의 갈등 과정

과정 (externalize)	조직화(집단적)		동작화(강도)	
	양적	질적	참여	노력
	분산된 소규모	느슨한 응집성	자발적 참여	일반적인 행동 참여

관점에서는 참여자의 수가 많지 아니하고 격렬하지 아니했다. 즉, 구호를 외치고 마스크에 항의 표시하는 것이 고작이었다. 동작화 측면에서는 자발적인(voluntarily) 참여는 인정하지만 일반적인 행동(normal action)에 그쳤다.

FMD의 전개 과정에서 힘은 참가자의 수와 강도의 함수라고 할 때, 주민의 경우는 수적 우위를 점유하지도 못했고 강도에서도 열세였다. 따라서 어느 한 당사자는 임계치를 넘을 수 있을 정도의 수와 강도를 확보하려 하고, 반대측 상대방은 그 임계치에 다다르지 못하게 하려는 노력을 하는 과정에서 어느 한쪽이 이를 넘으면 해결로 가닥이 잡히지만 그렇지 않을 경우 지연의 모습이 전개된다는 결론을 얻는다. FMD에서는 정부 측에서 명분과 시간적 우위를 확보했다.

영국 FMD 갈등에서 특히 지적해야 할 특징 중 하나는 사업 추진자(여기서는 정부)의 의지가 단호했음을 보여 준다. 그 이유는 FMD의 진행이 급속형이었기 때문이라고 생각된다.

제 5 절 결론과 시사점

우리에게 시사점을 살펴보면서 결론에 대신하고자 한다. 이 구제역(FMD)은 짧은 기간 내에 문제 해결을 요하는 사건이었고, 농촌 경제는 이 문제가 어떻게 해결되느냐에 달려 있었다. 따라서 매립 지역(burial sites) 외의 농촌 주민들은 정부에 협력했다. 이는 정부 측에서 수적 우위의 확보를 통한 갈등이 해소를 가져왔다. 또 정부의 정책은 시간적·내용적 급박성 때문에 심판자의 역할을 넘어 사업 추진자로서 역할을 수행하는 데 국민은 암묵적 동의를 받고 있었다. 또 눈에 띄는 특징은 일단 정부가 개입할 때에는 군과 경찰까지 동원하는 단호함을 보여 주었다. 이를 NGO 측에 초점을 맞추면 NGO의 소극적 역할이 눈에 보이는 중요한 점이다. NGO가 참여할 곳과 그렇지 않을 곳을 선별하는지는 몰라도 이 경우에는 전혀 적극적 역할을 하지 않음으로써 갈등을 쉽게 종결할 수 있도록 도와주었다. 즉, FMD라는 영국에서 전개된 중요한 갈등이 우리의 몇몇 경우와 달랐던 까닭은 NGO가 이런 중요한 사안에 대해 그 핵심을 잘 인식하고 정부정책에 협조하는 소극적 참여에 있었다는 점이다.

제 18 장

영국 사회투자국가의 성과와 과제: 아동정책을 중심으로

제 1 절 서 론

최근 아동이 복지국가 개혁을 둘러싼 담론인 사회투자국가론에서 집중적 관심을 받고 있다. 전통적으로 이들은 복지정책의 주요 대상으로 간주되어 왔지만 그 관심도는 현재와 같지는 않았을 것이다. 역사적으로 볼 때, 이들에 대한 복지정책의 인식은 크게 3단계의 과정을 거쳐 왔다고 할 수 있다. 첫 번째 단계는 빈민법(Poor Law)으로 상징되는 전근대 시대이다. 이 시기는 전체 아동보다는 무의탁 빈곤 아동이 주된 정책 대상이었는데, '도제(徒弟)로 보내진다'는 빈민법의 원칙에서 볼 수 있듯이 노동력 확보를 위한 착취와 관리의 대상으로 간주되었다. 차별의 개념에서 본다면 낙인(烙印)과 억압을 받는 대표적 복지 대상 중 하나였다. 두 번째 단계는 제2차 세계대전 이후 형성된 근대 복지국가 시기이다. 이 시기 아동은 의무교육과 같은 보편적 국가 서비스의 대상이라는 측면에서 볼 수 있듯이 보편성의 원칙이 적용되면서 완전한 시민권(full citizenship)의 지위를 획득하게 되었다. 하지만 이러한 원칙 전환에도 불구하고 이들에 대한 복지정책은 소득보장 위주의 사후 대책 위주였다. 이 시기 대표적 아동정책 프로그램인 아동수당(children's allowance) 혹은 가족수당(family allowance)은 부모의 양육비에 대한 보조금적 성격을 갖고 있다. 세 번째 단계는 1990년대 중반 이후 진행되고 있는 사회투자국가론과 함께한다. 복지 프로그램을 통한 인적 자본 및 사회적 자본 개발이 중심 가치를 이루는 이 담론 속에서 아동은 소득 보장뿐만 아니라 미래 사회를 위한 투자의 대상으로서 다른 어느 집단보다 부각된 위치를 점하고 있다.

이렇게 아동이 복지정책의 핵심 대상으로 간주된 데에는 여러 가지 이유가 있다. 특히 두 번째 단계에서 세 번째 단계로의 전환 과정은 복지국가가 경험한 환경 변화와 맥락을 같이한다. 즉, 새로운 사회 위험으로 간주되는 문제들이 지난 50여 년간 베버리지(W. Beveridge) 세대가 취했던 소득 보장 중심의 문제 해결 방식을 수정토록 요구한 것이다. 저출산 · 고령화는 연금, 의료보장제도, 장기요양보험제도 등에 심각한 재정적 위협을 가하고 있으며(World Bank, 1994; Glennerster, 1999), 절대적 빈곤은 어느 정도 해결되었지만 1970년대 이후 완전고용의 호조건이 붕괴되면서 계층 간 불평등 문제가 새롭게 등장했다(Esping-Andersen, 1999: ch.8). 여성의 교육 수준 향상과 노동시장 참여율의 증가는 자녀 양육이나 노인부양 등 전통적으로 여성이 수행해 온 사회적 역할과 갈등을 불러일으키면서 남성 소득자 모델(male-breadwinner model)에 근거한 전통적 복지 패러다임의 한계를 보여 주고 있다(Taylor-Gooby, 2004: 1-3). 또한 세계화와 더불어 진행된 지식 기반 사회로의 전환은 노동시장의 양극화를 가져오면서 신빈곤 및 사회적 배제의 문제를 야기하고 있다(Mishra, 1999; Esping-Andersen, 2002; Rieger & Liebfried, 2003).

하지만, 특히 문제가 되는 것은 복지 의식 변화이다. 과거 궁핍의 시대에 보여 주었던 박애정신과 달리 풍요의 시대인 오늘날의 시민들은 자신이 부담한 세금이 자신을 위해 이용되길 원하며, 복지 서비스의 개선을 원하면서도 조세 부담이 증가하는 것을 거부한다. 이는 정책 결정자들에게 조세 증가 없이 복지 서비스를 향상시켜야 한다는 딜레마를 제공한다. 실제로 신노동당 정부는 이를 공약으로 제시함으로써 1997년 집권에 성공했다(Glennerster, 2000: 205; Lowe, 2005:

334−338).

이러한 새로운 사회적 위험 속에서 지난 10여 년 동안 영국 신노동당 정부가 추진해 온 복지 개혁을 압축적으로 설명하는 담론이 바로 '제3의 길(the Third Way)'이다. '적극적 복지'를 통한 '사회투자국가', '복지다원주의', '의식의 전환' 등을 특징으로 하는 이 담론은 복지정책의 초점이 과거 베버리지의 다섯 가지 부정적인 사회악(제1장 참조)에서 탈피해 시민의 자율성(autonomy)·건강(health)·교육(education)·안녕(wellbeing)·진취성(initiative)의 신장 등 적극적인 5대 목표를 추구하는 방향으로 전환되어야 함을 강조한다(Giddens, 1998). 실제로 영국 신노동당 정부는 이러한 기조 하에서 집권 초기 국가복지 프로그램의 선택과 집중을 추구하는 '선택적 보편주의(selective universalism)'라는 소극적 재편을 시도했으며(Glennerster & Hills, 1998; Glennerster, 2000), 최근에는 사회투자국가의 개념을 중심으로 한 적극적 개혁 자세를 취하고 있다(이 개념에 대해서는 제15장 참조).

미래 사회를 위한 투자와 더불어 소극적 시민의 적극적 시민화를 위한 개인의 역량 강화(empowerment)라는 사회투자국가의 개념에서 볼 때 이러한 정책 변화는 크게 두 집단을 대상으로 진행된다.

첫째는 미래 사회의 책임감을 갖춘 시민근로자(citizen−worker)로서 아동에 대한 투자이다. 이는 아동기의 경험이 인생주기 전체에 깊은 영향을 미칠 뿐만 아니라 미래 사회의 동력이 된다는 인식에서 출발한다. 따라서 단순히 학령기의 아동에 대한 교육뿐만 아니라 인지 능력을 갖게 되는 과정인 학령전 아동에 대한 양질의 보육 서비스 등이 포함된다. 이를 통해 빈곤 등 사회적 부정적 유산 전승을 예방할 뿐만 아니라 책임 있는 후속 세대를 육성하는 데 목적이 있다(Esping−Andersen, 2002: ch.2). 이를 위해 현재 영국에서는 다양한 프로그램이 운영되고 있다. 전통적으로 사용되어 온 소득 지원(Income Support), 아동수당제도(Child Benefit) 등을 포함해서 3~4세 아동을 위한 보육시설의 확대, 저소득층 지역을 대상으로 하는 슈어 스타트(Sure Start) 프로그램의 실시, 아동신탁기금(Child Trust Fund: CTF)제도의 신설 등이 대표적인 예이다.

두 번째는 현재 근로연령층에 속하지만 실업·저소득·인종·장애 등 여러 가지 이유로 인해 사회적 배제를 받고 있는 집단에 대한 투자이다. 이들은 전통적으로 복지급여의 소극적 수급자로서 투입에 비해 산출이 없는(something for nothing) 집단으로 간주되면서(Lister, 2003: 432), 경제의 유연화 및 효율화를 저해하는 요인 중 하나로 인식되기 시작했다(Jessop, 2003). 사회투자국가의 개념에서 이들에 대한 정책은 교육 및 경제적 기회 확대를 통해 지식 기반 사회에서 경쟁력을 확보하고 자신 및 가족의 미래를 책임질 수 있는 책임 있는 시민으로서 능력을 부여하는 데 초점을 둔다. 이렇게 함으로써 궁극적으로 경제적 생산성을 증진하고 사회적 비용을 절감하는 것이다(Perkins, Nelms, & Smyth, 2004). 이러한 취지와 목적에 따라 영국에서 실시되고 있는 정책은 '뉴딜(New Deal)'로서 통칭된다.[1)]

여기에서 주의해야 할 점은 아동에 대한 대책과 현재의 근로연령층에 있는 대책이 반드시 분리될 수 없다는 것이다. 예를 들어, 근로가정소득 지원과 같은 세제 지원정책은 아동이 있는 근로가정을 염두에 두고 있기 때문에 아동과 성인 모두가 해당된다. 마찬가지로 보육시설의 확대는 한편으로 아동에 대한 투자이지만 가정 내 양육이라는 전통적 역할로부터 여성을 자유롭게 함으로써 일-가정 양립정책을 통해 노동시장 참여를 높이려는 의도가 깊게 스며 있다. 따라서, 이 장에서와 같이 인구학적 특성을 기준으로 한 정책 분류는 정책구조를 이해하는 데 편리할 수 있지만 지나친 이분화의 위험을 안고 있다. 여기에서는 아동정책을 중심으로 다루기 때문에 뉴딜정책 및 최저임금제, WTC에 대한 논의는 제외한다(제15장 참조). 대신 아동과 관련되는 정책은 현금급여의 인상, 보육시설의 확대 등 직접적 정책과 더불어 간접적 정책이라 할 수 있는 CTC를 포함한다. 이렇게 함으로써 사회투자국가 전략의 핵심 대상인 아동에 대한 정책을 포괄적으로 이해하고 평가할 수 있을 것이다.

제 2 절 아동 중심 사회투자전략의 배경: 아동 빈곤

신노동당 정부가 사회투자의 우선 대상으로서 아동을 택한 것은 전술한 바와

1) 이에 대해서는 제15장을 참조하라.

같이 미래 사회의 책임 있는 노동력을 확보하기 위한 것에 궁극적 목적이 있지만, 근저에는 종식되지 않는 빈곤 아동의 문제가 원인이었다. 한 연구에 따르면, 2000년대 초반 선진국에서는 종식된 것으로 인식되었던 절대 빈곤이 아직까지 남아 있으며, 영국 아동 중 6%가 아직도 절대 빈곤 상태에 있었다(Gordon & Townsend, 2000). 이와 더불어, 빈곤한 가정에서 성장한 아동은 성인이 되어서도 빈곤의 덫에서 탈출하지 못한다는 인식에 근거한다. 실제로 1998/9년의 기간 동안 빈곤 아동의 수는 1979년에 비해 3배 이상 증가해 전체 아동의 1/3에 달하는 약 4.5백만 명이 빈곤 상태에 있는 것으로 나타났다. 한 연구에 따르면(Piachaud & Sutherland, 2000: 8), 이는 자료 이용이 가능한 25개 국가 중에서 세 번째로 높은 수치였다.

이는 두 가지 반향을 일으켰는데, 한편으로 영국 정부는 2004년까지 아동 빈곤을 현재의 1/4로, 2010년까지는 2/1로 감소하고, 2020년까지는 완전히 해결한다는 야심찬 계획을 발표하게 된다(DSS, 1999). 다른 한편으로, 이는 빈곤의 개념에 대한 논의를 점화시켰다. 즉, 빈곤의 개념을 주거비용 지출이전의 가계소득을 기준으로 하던 기존의 방식과 달리 지출 이후를 고려한 방식을 사용해야 된다는 것이었다. 이는 2001년 선거기간 동안 재무장관 고든 브라운(Gordon Brown)이 빈곤 아동의 수를 1.2백만 명 감소시켰다는 발표에 대한 의구심에서 촉발되었다. 특히 런던과 같이 주거비용이 높은 지역에 거주하는 사람들에게 주거비용을 포

표 18-1 아동의 빈곤율(1996/7~2001/2)

연도	총빈곤율(%)		아동빈곤율(%)	
	주거비용 이전	주거비용 이후	주거비용 이전	주거비용 이후
1996~1997	18	25	25	34
1997~1998	18	24	25	33
1998~1999	18	24	24	33
1999~2000	18	23	23	32
2000~2001	17	23	21	31
2001~2002	17	22	21	30

주: 빈곤은 중위 소득 수준의 60% 이하임.
자료: Lowe(2005: 407, Table 15.1)에서 재구성.

함한 총액으로 빈곤율을 계산하게 되면 이들의 실제 빈곤율을 과소평가하게 된다는 것이다. 결국, 이러한 새로운 개념을 적용한 결과 2000년 영국의 아동 빈곤율은 32%로 유럽 국가 중 가장 높은 수치를 나타냈다(Lowe, 2005: 407−8).

이러한 경향의 이면에는 근로소득자가 없는 가구의 증가라는 하나의 중요한 사실이 숨어 있었다. 이러한 가구에 속해 있는 아동의 비율은 1979년 8%에 불과했다. 하지만 이는 지속적으로 상승해 1997년에는 20%에 이르렀다. 이는 한부모와 생활하는 아동이 1979년 10%에서 1995/6년에 22%로 증가한 것에 기인한다. 이와 더불어 1980년대와 1990년대 사이에 부부가 모두 있는 가족들 간에도 양극화가 나타났다. 이는 부부 모두가 노동시장에 참여하는 가족과 노동시장에 전혀 참여하는 사람이 없는 가족의 수가 모두 증가하면서 발생한 것이다(Gregg & Wadsworth, 2001). 하지만 가구 내 임금 소득자가 없다는 것이 모든 이유는 아니었다. 저임금 및 확대되어 가는 임금 불평등 역시 또 하나의 원인으로 나타났다. 1995/6년 동안 빈곤 아동 중 54%는 한부모 가구나 부모 모두 있더라도 노동시장에 참여하지 않는 가구에 살고 있었다. 나머지 46%는 자영업자나 저임금 혹은 시간제 노동에 종사하는 가구에 살고 있었다(Gregg, Harkness, & Machin, 1999). 부모가 모두 존재하고 노동시장에 참여하더라도 빈곤의 위험은 증가하고 있는 것이다.

이와 더불어 여러 연구들(예를 들어, Hobcraft, 1998)은 빈곤 가정에서 자란 아동은 자긍심이나 기대 수준이 낮다고 지적했다. 또한 이들은 교육 성취도 및 노동시장 수행성이 열악하고, 조기 임신, 저소득, 복지급여에 대한 의존, 부랑인으로 전락할 가능성이 높은 것으로 나타났다.

결국 아동 빈곤의 문제를 해결하는 것은 성인 빈곤의 문제를 해결하기 위한 장기계획의 핵심 쟁점으로 부각되었다. 실제로 재무부 장관은 아동 빈곤을 “영국의 영혼을 손상하는 상처(a scar on Britain's soul)”로 표현했으며(Lister, 2004: 167), 수상인 토니 블레어(Tony Blair)는 한 연설에서 “우리의 역사적 목표는 아동 빈곤을 영원히 종식시키는 첫 세대가 되는 것”이라고 선언했다(Blair, 1999). 또한 그는 종종 미국의 경험에 바탕을 둔 통계를 이용해, 국가가 학령전 아동에 1달러를 투자할 경우 사회는 범죄율 감소, 교육 성취도 제고, 10대 임신율의 저하 등을 통해 7달러의 비용을 절감할 수 있다고 주장했다(예를 들어, Blair, 2002).

이러한 배경에 맞추어 진행된 아동에 대한 투자정책은 세 가지 형태가 혼합되어 나타났다. 즉, 아동이 있는 가정에 대한 현금급여의 확대, 보육시설의 확충, 그리고 저소득 지역의 아동에 대한 투자이다.

제 3 절 사회투자적 아동정책

1 직접적 정책

1) 현금급여의 확대

현재 영국에서 자녀가 있는 가정이 받을 수 있는 가장 일반적인 급여는 아동수당(Child Benefit)이다. 이는 1945년 아동 및 이를 양육하는 여성의 경제적 문제를 해결하기 위해 가족수당(Family Allowance)이라는 명칭으로 처음 도입되었다. 이후 1975년 악화되는 아동 빈곤의 문제를 놓고 가족수당의 급여를 인상하는 방법과 부모에 대한 세제를 축소하는 방법 간에 논란을 종식하는 방법의 일환으로 현재의 아동수당제도로 변화되었다(Glennerster, 2000). 주지하다시피, 이는 보편적 급여로서 16세 이하의 아동(학생인 경우 20세)에 대한 양육을 책임지고 있는 부모에게 지급된다(CPAG, 2006: 80). 이와 더불어 아동이 있는 저소득층 가정이 접근할 수 있는 또 하나의 현금급여제도는 소득 지원(Income Support)제도이다. 이는 사회부조제도의 대표적 프로그램으로서 1946년 국민부조(National Assitance)로 출발해 1966년 보충급여(Supplementary Benefit), 1988년 현재의 명칭으로 바뀌었다. 공공부조 프로그램이기 때문에 자산조사를 전제로 하며 노령·질병·장애·부양 책임 등으로 인해 노동시장에 참여할 수 없는 16세 이상의 저소득층에게 지급된다(CPAG, 2006: 298-303).

블레어 정부는 이들의 급여액을 상향하기로 결정했다. 아동수당의 경우 특히 첫 번째 아동에 대한 급여액을 상향 조정했다. 이는 1998년과 1999년의 예산을 통해 반영됨으로써 2000년 4월부터 실시되었는데, 첫아이는 주당 15파운드, 둘째 이하는 10파운드를 지급하게 되었다. 소득 지원의 경우 무노동 가정의 경우 11세 이하의 아동에 대한 급여가 상향 조정되었다. 이의 이면에는 1997년 집권과 더불어, 과거 보수당 정부가 추진했던 한부모 가정에 대한 지원(One Parent Benefit) 및 한부모 가정 특별수당(lone parent premium)제도를 폐지하는 작업이 있었다. 즉, 이들을 폐지하면서 상실된 부분을 보완해 준다는 정책 의지가 담겨 있었다.

이러한 급여 인상 결과 평균소득 가구 및 평균의 1/2 소득가구의 주거비용을 제외한 순소득이 실질적으로 증가했다. <표 18-2>는 보수당 정부 집권 말기 6년과 신노동당 정부 집권 초기 6년 동안의 급여 변화를 비교함으로써 신노동당 정부가 어느 정도 아동에 집중적인 투자를 하고 있는지 설명한다.

표 18-2 현금급여 및 가구 소득의 변화(1991~2003)

(단위: 주당, 파운드(£))

구분	1991년 4월	1997년 4월	2003년 4월	변화율(%): 1991-97	변화율(%): 1997-03
아동수당					
첫째 자녀	11.23	12.81	16.05	14.1	25.3
둘째 이후	9.87	10.43	10.75	5.7	3.1
소득 지원					
11세 이하 아동 1명인 한부모	87.70	91.18	108.90	4.0	19.4
11세 이하 아동 1명인 부부	112.03	116.87	140.00	4.3	19.8
11세 이하 아동 2명인 부부	129.93	135.71	178.50	4.4	31.5
주거비용을 제외한 순소득					
평균소득, 자녀 2명인 부부	297.18	311.73	352.00	4.9	12.9
평균소득, 자녀 1명인 한부모	217.64	229.33	266.22	5.4	16.1
평균의1/2소득, 자녀 2명인 부부	165.13	177.61	239.90	7.6	35.1
평균의1/2소득, 자녀 1명인 한부모	146.01	156.95	193.55	7.5	23.3

자료: Stewart(2005a: 147, Table 7.2).

자녀를 양육하는 가정에 대한 급여는 과거 보수당 정부 시기에도 증가했다. 그러나 그 규모는 신노동당 정부의 시기에 비해 현저한 차이를 보인다. 전체적으로, 둘째 아동 이하에 대한 수당에서만 증가율이 하락했을 뿐 다른 모든 분야에서 2~7배 이상의 차이를 보이고 있다. 구체적으로 살펴보면, 아동수당의 경우 첫째 아동에 대한 급여가 괄목할 만한 증가를 보였으며, 소득 지원의 경우 11세 이하의 자녀를 2명 가진 부부 가정에 대한 급여가 무려 7배나 증가했다. 이 결과 평균소득의 1/2에 속한 가정으로서 부부가 함께 2자녀를 양육하는 가정의 순소득 증가율이 가장 높게 나타나고 있다. 이는 한편으로 자녀가 많은 저소득 가정에 대한 지원율을 상대적으로 높임과 동시에 한부모보다는 부부가 함께 생활하도록 하는 정책 지향을 반영한 것이라고 볼 수 있다. 이렇게 아동에 대한 급여를 인상한 결과 이에 대한 정부 지출은 1999년 약 150억 파운드에서 2003년 약 220억 파운드로 급격히 증가했다(Stewart, 2005a: 164).

아동에 대한 급여 인상은 아동 빈곤 완화의 효과를 뚜렷이 보여 주었다(<표 18-3> 참조). 신노동당 집권 초기와 최근의 결과를 비교해 보면, '주거비용 지출 이전(移轉)'의 빈곤 측정법을 사용하든, '주거비용 지출' 이후의 측정법을 사용하든, 전체적으로 빈곤율은 비슷한 수준에서 하락했다. '주거비용 지출 이전'의 방법을 따를 경우, 1996/7년 25%에서 2002/3년 21%로 16%가 하락했으며, '주거비용 지출 이후'의 방법을 따를 경우, 같은 기간 동안 34%에서 28%로 18% 하락

표 18-3 가족 형태 및 고용 상태에 따른 아동 빈곤의 변화(1996/7~2002/03)

(단위: %)

구분	주거비용 지출 이전		변화율	주거비용 지출 이후		변화율
	1996/7	2002/3		1996/7	2002/3	
전체 아동	25	21	−16	34	28	−18
한부모, 시간제	11	11	0	16	15	−6
한부모, 종일제	23	19	−17	37	33	−11
편모, 무직	50	48	−4	82	76	−7
부부, 1명 시간제, 1명 무직	21	15	−29	27	21	−22
부부, 1명 혹은 2명 모두 시간제	54	51	−6	61	58	−5
부부, 두 명 모두 무직	68	70	+3	77	80	+4
1~2명의 자녀가 있는 가구	17	16	−6	26	24	−8
3자녀 이상의 자녀가 있는 가구	41	31	−24	49	37	−24

자료: Stewart(2005a: 149, Table 7.3).

했다. 이는 4.3백만 명의 빈곤 아동 중 700,000명 정도가 축소된 것이다(Stewart, 2005a: 149).

특히 가장 괄목한 만한 하락률을 보인 것은 자녀가 3명 이상인 대가족, 부부 중 한 명만이 시간제 노동제 참여하는 가족, 그리고 한부모 가정으로서 종일제 노동에 종사하는 가족이다. 이에 반해 유일하게 증가세를 보인 경우는 부부가 모두 일을 하지 않는 가정인데, 이는 현 정부 하에서 진행된 현금급여의 증가가 성인보다는 아동에게 초점이 맞추어져 있음을 의미한다.

2) 보육시설의 확충

아동에 대한 또 하나의 투자 방향으로서 보육시설의 확충은 현금급여나 세제 감면 정책과 달리 지방정부의 사업에 해당한다. 이는 신노동당 정부 하에서 추진되고 있는 지방분권화(evolution) 정책과 맥을 같이하고 있다. 따라서 이 정책은 크게 잉글랜드(England)·웨일스(Wales)·스코틀랜드(Scotland) 지역으로 구분되어 진행되지만, 여기에서는 잉글랜드의 경우를 대표적으로 살펴본다.

보육시설의 확충은 1998년에 '국가아동보육전략(National Child Care Strategy)' 계획을 도입함으로써 실시되었다. 이는 그동안 영국 정부가 아동을 중요시함에도 불구하고 사회적 투자가 낮았다는 인식하에서 이루어졌는데(Lowe, 2005: 414), 보육시설의 확충을 통해 보육의 질을 높이고, 비용과 접근성을 용이하게 함으로써 부모의 선택권을 확대하며, 아동의 미래 전망을 증진시키는 데 목적이 있었다. 초기 이 사업의 중점 분야는 세 가지였다. 첫째는 '협력적인' 서비스 제공이었다. 이를 위해 정부의 각 부처 간 업무 조정뿐만 아니라 민간(영리) 및 비영리 시설과 협력 체계를 구축하는 것이었다. 둘째는 서비스 수혜자에게 노동과 자립을 아울러 권장함으로써 권리와 의무 사이에 균형을 유지하는 것이었다. 마지막으로 거시경제학적 변화에 주목하는 것이었다. 즉, 여성의 노동시장 참여 증가, 저숙련 노동자에 대한 수요 감소, 고급 인력에 대한 상여금 증가, 외국 인력의 유입 등의 문제에 대한 인식이 증가하고 있었다(Secretary of State for Education and Employment, Secretary of State for Social Security, and Minister for Women, 1998).

이러한 인식의 정책적 표현은 먼저 보육 담당의 책임을 보건부(Department of Health)에서 교육부(Department for Education)로 이전하는 데서 나타났다. 하지만 좀 더 직접적이고 가시적인 변화는 보육시설의 확충이었다. 특히 영국 정부는 박탈 정도가 강한 20% 지역을 중점 대상으로 삼았는데, 이를 위해 1999년 9월부터 3~4세 아동을 위해 약 5만 개의 보육시설을 늘리고, 2004년에는 90만 개, 2006년에는 25만 개의 시설을 추가 확대한다는 계획을 세웠다. 이에 대한 재정 역시 새로운 기회 펀드(New Opportunity Fund)와 같은 새로운 재정 조달 방식을 통해 이루어지도록 설계했다. 이와 더불어, 제한적이나마 보육시설의 질적 향상을 위한 노력도 나타났다. 즉, 보육시설 및 보육교사는 교육감사기관인 OFSTED(The Office for Standards in Education in the UK)의 감독을 받도록 했으며, 보육교사의 등록 요건도 더욱 엄격화했다. 이를 위해 아동 관련 예산을 1997/8년 15억 파운드에서 2002/3년 35억 파운드로 증가시켰으며(Stewart, 2005a: 148), 새로운 재정 조달 방식을 통해 2003/4년에 2억 파운드 이상의 기금을 확보했다(Daycare Trust, 2006: 3).

하지만 보육시설을 확충한다는 영국 정부의 계획이 예상한 바와 같이 실현되지는 않았다. 예를 들어 2004년까지 90만 개의 새로운 시설을 설립한다는 목표에 비해 2003년 불과 35만 개만 증가했다. 여기에는 두 가지 이유가 있다. 첫째는 정부가 보육시설의 총수를 산정하면서 1일 2시간 30분 만의 서비스를 제공함으로써 부모들에게 실질적으로 도움을 주지 못하는 시간제 보육시설을 포함시킨 것이다. 둘째, 2003년 626,000개의 보육시설을 신규로 설립했지만 보육시설에 대한 지나친 감독과 보육교사의 이직으로 인해 1998~2003년 기간 동안 약 30만 개가 사라진 것이다(Stewart, 2005a: 155).

그럼에도 불구하고 신노동당 정부 이후 보육시설의 수는 과거 정부에 비해 괄목할 만한 증가를 보이고 있다. 이러한 현상은 특히 2001년 이후 두드러지게 나타났는데, 2001년 전국적으로 약 70만 개에 이르던 것이 2002년에는 80만 개를 넘어섰으며, 2003년에는 100만 개에 육박하고 있다(Setwart, 2005a: 156). 다음의 <표 18-4>는 잉글랜드 지역에서의 최근 변화를 보여 주고 있다.

이 결과 보육시설은 신노동당 집권 이후 시간제를 제외한 전 유형에서 증가했다. 이 중에서도 특히 종일제 보육과 방과 후 클럽의 증가는 괄목할 만하다. 이

표 18-4 1997년 이후 아동보육시설의 증감(잉글랜드 지역)

(단위: 개소, 명)

연도	전체	전일제 보육	시간제 보육	방과 후 클럽	보육교사	놀이방
2006년 9월	107,600	13,600	9,400	10,700	71,200	2,700
2005년 9월	106,500	12,600	10,000	10,200	71,100	
2004년 12월	105,600	12,000	10,500	9,700	71,000	
1997년		6,100		2,600		

※ 위의 표는 신규 시설의 변화만을 의미함. 2006년 9월 현재 보육시설의 총수는 1,559,400여개이며, 이 중 전일제 588,300, 시간제 230,100, 방과 후 클럽 372,100여 개소가 운영되고 있으며, 보육교사는 321,700여명이 종사하고 있음.

자료: Daycare Trust(2006: 11, Table 2).

렇듯 시간제 보육시설의 감소와 더불어 종일제 보육 및 방과 후 클럽의 수가 증가하는 것은 여성들의 노동시장 참여를 유도한다는 정책적 반영이라고 볼 수 있다.

한 자료에 따르면 전일제 보육시설을 이용하고 있는 아동의 수는 2003년

표 18-5 초기 교육 참여율

(단위: %)

구분	1997	1998	1999	2000	2001	2002	2003
3세 아동				86	90	90	99
공립 보육시설/학급	34	35	37	38	38	38	38
독립시설	4	4	4	4	5	5	5
민간 혹은 자발적 시설				44	47	48	56
4세 아동			99	100	101	101	104
공립보육시설/초등학교	77	78	79	79	79	80	79
독립시설	4	4	5	5	5	5	5
민간 혹은 자발적 시설			15	16	17	16	19
3세아 중 보조금을 받는 시설 이용				44	59	71	88
공립보육시설/학급				38	38	38	38
민간 혹은 자발적 시설				6	20	33	50
4세아 중 보조금을 받는 시설 이용				93	94	95	98
공립보육시설/초등학교	77	78	79	79	79	80	79
민간 혹은 자발적 시설				14	15	15	19

자료: Stewart(2005a: 159, Table 7.6).

649,400명에서 2005년 704,200명으로 2년 동안 8% 증가했다. 2005년 잉글랜드 지역에는 4세 이하의 아동이 약 289만 명, 5~7세의 아동이 약 177만 명인 것으로 추정된다(Office for National Statistics, 2006). 이는 8세 이하의 아동 3명당 1명이 등록된 보육시설을 이용하고 있음을 의미한다. 이러한 노력의 결과 3~4세의 아동 중 초기교육에 참여하는 수가 지속적으로 증가하고 있다. <표 18-5>는 1997년 이후 아동들의 초기 교육 참여율 변화를 보여 주고 있다.

앞의 표에서 보는 바와 같이, 전반적으로 아동들의 초기 교육 참여율은 지속적인 증가를 거듭해 왔다. 3세 아동의 경우 2000년 86%에서 2003년에는 99%로 증가했으며, 4세 아동의 경우에는 이미 100%를 넘어섰다. 이러한 증가세는 정부의 보조금을 받지 않는 독립시설보다는 공립이나 민간시설에서 주도하고 있다. 2003년 1월을 기준으로 볼 때, 3세 아동 중 약 88%, 4세 아동 중 약 98%가 보조금을 지원받는 보육시설을 이용하고 있다. 특히 3세 아동의 경우 증가율은 2000년 44%에서 2년 사이 두 배에 달한다.

이러한 증가는 그동안 신노동당 정부의 보육시설 공급 확대가 성공적임을 나타낸다. 이와 더불어 더 많은 아동이 보육에 필요한 비용을 정부로부터 보조받게 되었다. 물론 이러한 시설 확대를 통해 저소득층 아동보다는 부유층 아동이 더 많은 혜택을 받는다는 지적이 있다(Stewart, 2005a: 159). 하지만, 과거 저소득층 아동이 학령전 교육을 받을 수 없었다는 점을 고려한다면 이들과 부유층 아동 간의 기회 격차를 줄이는 데 기여하고 있다. 이와 더불어 부모들은 보육시설을 선택하는 데 더 많은 선택과 유연성을 확보하게 되었을 뿐만 아니라 궁극적으로 노동시장에 참여할 수 있는 기회도 확대시켰다.

3) 슈어 스타트

1998년에 시작된 슈어 스타트(Sure Start) 프로그램은 블레어 정부의 사회투자국가 정책 방향을 가장 상징적으로 나타내는 제도이다. 주지하다시피, 이는 미국의 헤드 스타트(Head Start) 프로그램의 영향을 받은 것으로 저소득층 지역의 아동에 대한 대책이자 건강활동 특구(Health Action Zones: HAZs)나 교육활동 특구(Education Action Zones: EAZs)와 같은 다양한 지역사회 재건 프로그램 중 하나이다(Lister, 2004: 169; Lupton & Power, 2005). 이는 상대적으로 부유한 지역의 아동은 보육시설을 이용할 수 있는 기회가 많은 반면, 박탈이 심각한 지역의 아동은 초기 교육의 기회에 대한 접근성이 현저히 낮다는 데서 출발한다(Daycare Centre, 2006: 8). 따라서 이 프로그램의 목적은 박탈이 심각해 초기교육을 적절히 시작할 수 없는 지역에 거주하는 4세 이하의 아동을 가진 가족을 원조하는 것이다. 이렇게 함으로써 취학 전 아동에 대한 준비에서부터 재학 과정 중 성공적인 학업 성취, 사회적 적응 그리고 성인이 되었을 때 직업적 성공을 확보하기 위한 것이다(NESS, 2004: 4). 이와 더불어 이 프로그램의 또 하나의 목적은 임금 근로자가 없는 가정에서 성장하는 아이들의 수를 감소시키는 것이다. 이러한 맥락에서 이 프로그램은 교육부(Department of Education)와 더불어 고용연금부(Department of Work and Pensions)가 함께 담당하고 있다.

이는 지역사회 중심으로 진행되기 때문에 지역사회가 필요로 하는 욕구에 따라 지역별로 상이한 접근법이 취해진다. 이러한 의미에서 일반적으로는 '슈어 스타트 지역 프로그램(Sure Start Local Programmes: SSLPs)'으로 지칭된다. 하지만, 이러한 지역 중심적 접근에도 불구하고 슈어스타트센터(Sure Start Centre)가 공통적으로 운영해야 하는 프로그램이 있다. 언어발달센터(speech and language centres), 유아를 가진 어머니에 대한 지원, 장난감도서관, 방문센터, 조언 프로그램, 민간기관과 협력 체계를 구축하고 있는 방문보건의(health visitors)와 교육담당자(education workers) 등의 활동을 통해 하나의 원스톱(one-stop) 체계를 구축하는 것이다(Glennerster, 2000: 222). 이러한 맥락에서 볼 때, 이 프로그램은 중앙정부의 지휘·감독과 지방의 구체적 실천 속에서 아동 및 가족을 위한 통합적이고 체계적인 서비스 제공을 특징으로 한다.[2)]

이러한 준거 틀 안에서 지역사회에 기반을 둔 슈어스타트센터가 1998년 250개 지역에 설치되었다. 이는 학부모들의 적극적인 지지 하에 더욱 확대되어 2004년 522개 지역에서 실시되었으며, 빈곤지역에 거주하는 4세 이하 아동의 1/3에 해당하는 40만 명의 아동을 대상으로 하게 되었다(Stewart, 2005a: 147). 그리고 2004년 12월 발표된 '아동보육 10년전략(the Ten-year Childcare Strategy)'과 결부되면서 2008년 2,500개, 2010년에는 3,500개의 아동센터를 신설할 계획이다. 이렇게

2) 좀 더 구체적인 내용은 백선희(2006)를 참조하라.

되면 2010년까지 박탈 정도가 높은 지역을 포함해 모든 지역에 최소한 1개의 아동센터가 설치될 수 있을 것으로 기대하고 있다(DWP, 2004: 20).

이 프로그램에 대한 평가는 아직까지 양면적인 특성을 보이고 있다. 이 프로그램의 초기 평가에 따르면 해당 지역 아동 및 가족에 대한 긍정적 혹은 부정적 효과가 거의 없는 것으로 나타나고 있다(NESS, 2005). 하지만 이 프로그램이 실시되고 있는 지역과 앞으로 실시될 지역을 비교한 연구 결과는 다른 양상을 보여주고 있다. 즉, 이 프로그램을 실시하고 있는 지역에서 아동의 인지 능력·언어구사 능력·사고 발생률이 다른 지역에 비해 점차 개선되고 있다는 것이다. 이와 더불어 프로그램 실시 지역에서는 아버지의 참여율이 더 높으며, 가정 내 평온한 분위기 등을 통해 가정교육 환경이 더 건전하다고 평가되고 있다(NESS, 2004: 7－8; HM Treasury, 2005: 27). 이러한 양면적 평가에도 불구하고 장차 아동센터 등의 확충을 통해 정부가 아동의 생활환경 개선에 더욱 집중함으로써 좀 더 긍정적인 평가들이 나타날 것으로 기대된다.

4) 아동신탁기금

최근에 나타난 가장 주목할 만한 변화는 2005년 1월 '아동신탁기금(Child Trust Fund)'제도의 도입이다. 이는 2002년 8월 31일 이후 출생하는 모든 아동에게 250파운드를, 저소득층 자녀에게는 500파운드를 일회성으로 지급하는 것인데,[3] 아동은 이를 적립했다가 18세가 되었을 때 대학 등록금이나 교육훈련비·주택담보금 등으로 활용할 수 있도록 하는 데 목적이 있다. 이러한 생각은 현재 영국 대학생들이 졸업할 무렵 평균 1,200파운드의 빚을 지고 있다는 사실에서 출발했으며, 현재의 500 파운드는 경제성장률이 년 5%일 경우 18년 후 1,000파운드, 7%일 경우 1,410파운드, 9%일 경우 1,970파운드가 되어 실질적인 도움이 될 수 있을 것이라는 계산에 따라 이루어진 것이다(BBC, 2005.9.21). 이 정책은 시행 초기 단계에 있기 때문에 아직 평가를 내리기는 어렵다. 하지만 이는 미래 지향적 사회투자국가의 전형적 접근 방법인 '자산 중심적 접근(asset－based approach)'의 핵심이어서 장차 발생할 효과성에 대한 기대는 높다(Sherraden, 2002).

3) 이와 더불어 가족과 친구들은 연 1,200파운드까지 기여할 수 있다.

2 간접적 정책

1) 근로 지원(WTC)[4]

WTC에 관해서는 제15장에 자세히 서술되어 있다. 제15장의 서술에 따르면 개인이 1년 동안 받을 수 있는 기초지원액의 최대 금액은 1,665파운드이다. 이를 구체적으로 살펴보면 <표 18-6>과 같다(<표 15-1>을 다시 제시했다).

표 18-6 WTC 가족 특성별 연간 최대 추가 지원액(2006/7)

(단위: 파운드)

구분	금액
기초 지원	1,665
장애	2,225
한부모/부부	1,640
30시간 이상 근로(주당)	680
중증장애	945
50세 이상 고령자	16~29시간 근로 시 1,140; 30시간 이상 근로 시 1,705
보육	보육료의 80%*

* 보육료에 대한 지원은 최대 80%를 감안하되 최대지원액은 자녀가 1명인 경우 주당 175파운드, 2명 이상인 경우 주당 300파운드이다.

자료: CPAG(2006, ch.50).

제15장에서 설명했듯이 사회투자와 관련해서 특히 주목해야 할 점은 30시간 이상 근로가정에 대한 인센티브와 보육비용에 관한 것이다. 그 핵심은 30시간 이상 근로란 부부 모두가 주당 근로한 시간을 합산한 것이며, 둘 중 한 사람은 최소한 종일제 근무의 기준인 16시간 이상을 일하는 것을 말한다. 이러한 가정에 추가 지원을 하는 것은 장기간의 노동시장 참여를 유도하려는 정책 의지와 함께 가족에 대한 책임을 부부 모두에게 균등하게 부담시키려는 의지의 표현이라고

4) 이는 아동정책보다는 노동시장정책적 성격이 강하다. 그럼에도 불구하고 이 제도를 통해 보육료를 지급하고 있기 때문에 여기에서의 논의에 포함시킨다.

할 수 있다.

2) 아동양육 지원(CTC)

제15장에서 설명한 대로, 아동양육 지원(CTC)은 개별 가족의 특수한 여건을 고려해서 지원 총액을 산정하고 있다. 이러한 요소에는 가족 요소 · 아동 요소 · 장애아동 요소가 해당된다. <표 15－2>에서 제시한 바를 다시 살펴본 것이 <표 18－7>이다.

표 18-7 CTC 가족 특성별 연간 최대 추가 지원액(2006/7)

(단위: 파운드)

구분	금액
기본 가족 요소	545
추가 아동 가족 요소	545
아동 요소	1,765
장애아동 요소	2,350
중증장애아동 요소	945

자료: CPAG(2006: ch.47).

제15장에서 살펴본 대로 WTC와 CTC의 근본적인 목적은 '자녀가 있는 저소득층 가정에 현금급여의 확대를 통해 소득 불평등을 완화시킨다'는 것이다.

WTC 및 CTC를 통한 소득재분배 효과를 보면, 전체적으로 하위 소득계층으로 갈수록 이러한 효과는 크게 나타나고 있으며, 상위 20%는 부(否)의 방향을 보여 준다. 이를 가족 유형별로 구분하면 자녀가 있는 가족에게 좀 더 가시적인 재분배 효과가 발생하고 있다. 이는 세제 지원이 저소득층에 집중되지만 그중에서도 자녀가 있는 가정이 핵심 대상임을 말해 준다. 이러한 효과는 지니계수(Gini's coefficient)의 변화를 통해서도 확인된다. 즉, 1997년 아동에 대한 지니계수는 0.328이었지만 2004/5에는 0.288로 불평등이 12% 완화되었다. 이에 반해 아동이 없는 성인가족은 0.334에서 0.322로 4% 완화되는 데 머물렀다(Sefton & Sutherland, 2005: 246).

제 4 절 결론: 평가 및 논의

지금까지 우리는 1997년 영국에서 사회투자국가 전략에 따라 진행되고 있는 복지 개혁을 아동정책을 중심으로 살펴보았다. 이를 위해 편의상 아동 관련 정책을 직접적 정책과 간접적 정책으로 구분했다. 이러한 정책은 아동의 빈곤문제의 해결을 통한 미래 일꾼의 육성에 목적이 있기 때문에 이들의 가족환경과 빈곤율의 변화를 고찰함으로써 평가될 수 있을 것이다. 이에 따라 아동 관련 정책을 종합적으로 평가해 보면 다음과 같다.

먼저 가족환경적 요인을 볼 경우 부모가 일을 하지 않는 가정에서 생활하는 아동의 수는 지속적으로 감해해 왔다. 이를 구체적으로 살펴보면 <표 18-8>과 같다.

표 18-8 저소득층 아동의 가정환경 변화

연도	16세 이하 무직가정 아동		16세 이하 무직가정 아동: 가구 유형별	
	천 명	%	한부모(%)	양친(%)
1993	2,300	19.9	53.8	9.5
1996	2,300	19.6	53.9	8.8
1998	2,200	18.5	51.2	7.4
2001	1,900	16.2	46.9	6.2
2003	1,900	16.2	45.7	5.8

자료: Stewart(2005a: 153, Table 7.5).

위의 표에서 보는 바와 같이 1993년 이후 무직가정에 거주하는 아동의 비율은 정체와 감소를 보이고 있다. 주목할 만한 점은, 감소가 신노동당 정부 집권 이후인 1998년부터 발생하기 시작했다는 점이다. 하지만 이 시기 감소율은 정권 초기의 특징을 반영한듯 1.1%로 괄목할 만한 결과를 보이지 않았다. 즉, 3년 이후 결과는 16.2%로 2.3% 포인트의 감소율을 나타냈으며, 집권 이전의 시기와 비교해 3.4% 포인트 하락했다. 2001년과 2003년에는 감소율이 변화하지 않았지만 이는 다시 감소하기 시작해서 2005년에 15.7%에 이르렀다(DWP, 2006: 35). 특히

1993년과 1996년의 보수당 집권 동안 아동 빈곤율이 전혀 변하지 않았다는 점을 고려하면 신노동당의 이러한 성과는 괄목할 만한 성공적 정책 사례로 인정될 수 있다.

가구 유형에 따른 분석 결과 역시 마찬가지이다. 보수당 정부 시절 한부모와 함께 사는 빈곤 아동의 비율은 증가했지만 신노동당 집권 이후 감소하기 시작해서 2003년 45.7%까지 하락했다. 현 정부 집권 초기와 비교해도 5.5% 포인트가 하락한 것이다. 감소 정도는 약하지만 양친 모두 존재하는 저소득층 아동의 비율도 2003년 5.8%로 1993년에 비해 3.7% 포인트 하락했으며, 이 역시 보수당보다는 신노동당 정부 하에서 눈에 띄게 나타나고 있다. 특히 앞에서 밝히 바와 같이, 양친이 모두 존재하는 가정보다는 한부모 가정의 감소폭이 크다는 점은 신노동당 정부의 정책이 후자에 맞춰져 있음을 의미한다.

이러한 변화는 아동의 빈곤율에도 영향을 미쳤다. 아래 그림은 블레어 정부 하에서 아동 빈곤율의 변화를 주거비용 고려 이전과 이후의 양 개념을 이용해서 보여 주고 있다.

그림 18-1 상대적 빈곤 가정 아동의 변화

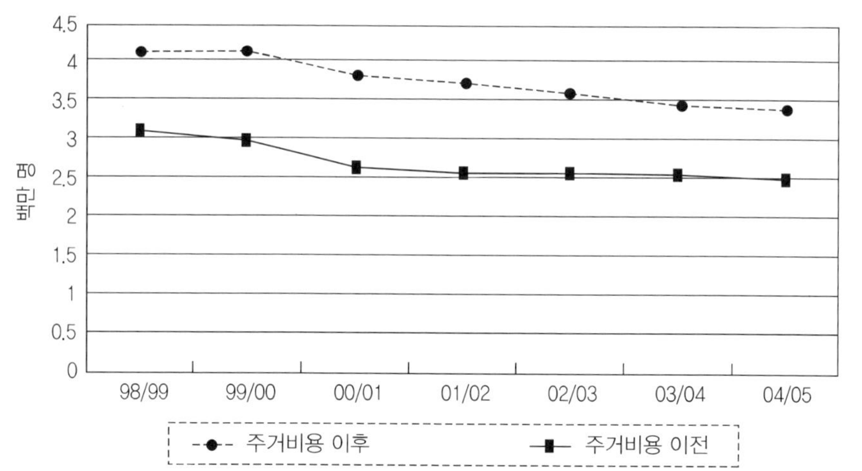

자료: DWP(2006).

앞의 그림에서 보는 바와 같이 아동의 빈곤율은 어느 개념을 사용하더라도 지속적인 하락을 보이고 있다. 주거비용 이후의 기준을 적용할 경우 1998/1999년 약 4백 50만 명의 아동이 상대적 빈곤 상태에 있었던 반면, 이들에 대한 지원정책이 효과를 보이기 시작하는 2000/2001년 이후에는 급격히 감소하기 시작해서 2003년 약 3백 60만 명, 2005년에는 3백 50만 명 이하로 감소했다. 주거비용 이전의 개념을 이용한 결과 역시 비슷한 양상을 보이고 있다. 즉, 1998/1999년 약 3백 10만 명이었던 아동의 숫자 역시 2000/2001년부터 현저히 하락했다. 이후 2003/4년까지 정체되어 있다가, 2004/2005년에 다시 감소해 약 2백 50만 명으로 축소되었다. 이러한 모든 결과는 신노동당 정부의 빈곤 아동 정책이 특히 2000/ 2001년 이후 실질적인 효과를 거두고 있음을 의미한다.

그럼에도 불구하고 전체적으로 볼 때 이러한 정책은 정부가 목표로 했던 바를 완전히 달성하지는 못했다(DWP, 2006). 이와 더불어, 국제 비교는 지금까지 영국의 빈곤 및 불평등 완화 노력이 아직까지 만족할 만한 수준에 이르지 못하고 있음을 지적하고 있다(Stewart, 2005b). 하지만, 지난 10여년의 사회투자정책의 결과 사회 전체의 평등 수준은 점차 향상되고 있다. 1997년 소비자물가지수를 기준으로 0.338이었던 지니계수는 2004/5년에 0.310으로 완화되었다(Sefton & Sutherland, 2005: 245). 만일 신노동당 정부가 설정한 목표들이 모두 달성됨과 동시에 아동신탁기금 등 새로운 제도가 효과를 나타내는 시기가 되면 이러한 불평등은 더욱 완화될 것이다.

최근 사회투자국가론의 수용을 둘러싸고 한국 사회에서 논란이 일고 있다. 대별하면 이를 적극적으로 수행해야 한다는 입장과 아직은 한국의 복지 현실이 수용할 수 없는 담론이라는 상반된 주장이 있다. 이러한 견해 차에도 불구하고 아동을 위한 사회투자전략의 채택은 양자의 입장 모두에서 긍정적으로 받아들이고 있다(예를 들어, 김연명, 2007; 윤홍식, 2007; 박병현, 2007). 이와 더불어, 최근 정부가 발표한 「사회비젼 2030」이나 현재 시범사업으로 진행되고 있는 '위 스타트(WE START)' 프로그램은 사회투자적 성격을 담고 있다. 투자의 개념에서 암시되듯이, 이러한 계획이나 정책들을 고려할 때 염두에 두어야 할 가장 중요한 요소는 '장기적 효과'를 바라본다는 점이다. 우리 사회는 소득 보장 중심의 고전적 복지국가가 해결해야 하는 문제를 아직도 안고 있기 때문에 사회투자국가 패러다임으로의 전환은 비현실적이라는 주장은 일견 타당성이 있다. 하지만 일각에서 제기되고 있듯이 효과성의 문제 때문에 이 패러다임을 거부해야 한다면 이는 국가정책을 놓고 지나치게 근시안적인 접근을 취하는 것이 아닌가라는 염려를 불러일으킨다. 영국의 사례에서 보듯이, 사회투자전략은 10년이 지난 지금에도 부분적인 성과만을 보이고 있지만 미래 전망은 상당히 긍정적이라는 사실을 상기할 필요가 있다.

제 5 편

복지정책의 미래

제19장

현상학적 복지를 향해서

제1절 서 론

국가 체제는 축적 기능을 담당하는 경제 체계, 그 체제에 대한 정당성을 심어주는 규범적·합리적 체계, 이 둘을 매개하는 정치행정 체계 등 세 유형의 하위 체계로 이루어져 있고, 이들 상호간에 의존 및 규제하는 원리들로 구성된다고 한다(Offe, 1984: 81). 이 세 유형의 하위 체계 사이에서 균형을 추구하는 국가 형태를 복지국가라고 하는데, 인간의 삶에 충실하려는 의도로 설계된 국가 형태로 보고 있다(김태성·성경륭, 2009). 그러나 복지국가마저도 복지를 통치작용의 일종으로 간주하므로 법칙 정립(nomothetic)으로 복지를 보는 것이 일반화되어 있다는 점이다. 그것은 나의 삶이나 나의 복지라고 체감하기에는 거리가 있는 평균인의 삶이나 평균인의 복지를 나열하는 성향이 있다는 의미이다. 이제는 패러다임을 바꾸어 다른 각도로 볼 수 있어야 하는데, 그것은 법칙 정립을 넘어서 개인마다 차이가 있고 그 차이를 인정하며, 개인으로서의 삶과 밀접히 관련되는 주관적인 측면에서 보는 복지를 지향해야 한다는 것이다(Sumner, 1996: ch.2). 그 이유는 앎의 방법이 현실을 정의하기(The ways of knowing define reality) 때문이다(Waugh & Waugh, 2006: 488). 이를 여기서는 현상학적 복지라고 하고, 21세기 복지는 (모든 영역은 아니라 하더라도) 이를 지향할 필요가 있다고 주장한다.

현상학의 기여는 그 핵심적 가치인 생생한 경험을 고찰하고 이해하는 방법을 통해 풍요로운 아이디어의 원천을 복지에게 제공해 준다는 점이다(Waugh & Waugh, 2006). 그 대표적인 사례로, 지금 영국에서는 '외로움 차관(minister to tackle loneliness issues)'이라는 제도를 도입해 외로움과의 전쟁에 나선다.[1] 그들의 주장에 따르면 "외로움은 하루에 담배 15개비를 피우는 것만큼이나 건강에 해롭다"는 인식에 따라 외로움을 "개인적 불행에서 사회적 전염병으로 확산됐다"라는 말하고, 그 대상을 900만 명으로 추산하고 있다. 즉, 외로움은 국민 개개인들을 위협하는 새로운 질병으로 규정하고, 관련 행정 시스템의 강화를 통해 이 질병에 맞서려고 한다.[2] 이 정책은 지극히 개인적인 모습을 지닌 외로움을 개별 기술의 복지, 즉 1인칭 시각의 접근법으로 해결하려는 시도로 보인다.

현상학은 경험과 그에 따른 의식을 함께 아우르는데, 경험하는 주체의 관점인 1인칭 시각의 접근법을 취한다(Gallagher & Zahavi, 2008: 7; 박이문, 1982: 104). 예컨대 불이 켜졌는가 켜지지 않았는가에 관한 3인칭 시각의 접근법은 불이 켜질 때의 반응 시간을 측정하고 인간의 뇌를 조사해 보고 설명하려는 뇌과학과 같은 과학자의 관점이다. 이에 비해 1인칭 시각의 접근법은 불이 켜진다는 경험은 어떤 느낌인가를 묻는다(Gallagher & Zahavi, 2008: 16). 이와 같은 1인칭 시각을 복지의 영역에 응용하려는 것이 현상학적 복지라고 할 수 있다.

---

1) 영국 『가디언(*Guardian*)』 2018년 1월 16일자 기사 Feeling lonely?를 참조하라(https://www.theguardian.com/society/2018/jan/16/may-appoints-minister-tackle-loneliness-issues-raised-jo-cox, 검색일, 2018.1.18).

2) http://v.media.daum.net/v/20180402103308715?rcmd=rn(연합뉴스 검색일, 2018.4.2). 한국도 임상심리학회 조사 결과에 따르면 '고독지수'가 100점 중 78점에 달한다는 평가가 나왔다. 한국 사회의 고독감이 증가한 원인으로 개인주의의 심화(62.1%), 사회 계층 간 대립 심화(54.6%), 장기화된 경제 불황(48.3%), 사회적 가치관의 혼란(45.4%), 온라인 중심의 커뮤니케이션 변화(36.3%) 등이고, 이로 인한 문제로는 우울증, 자살, 고독사(孤獨死), 일 중독, 악성 댓글, 혐오범죄 등을 지적했다. 이러한 현대의 인간 소외에 대한 학술적 논의는 고영복(1978)을 참조하라.

그 구체적 범위와 내용은 다음과 같다.

첫째는 인간에 대한 이해이다. 지금까지의 인간 이해는 후술하듯이 경제학적 인간에 가까운 평균인(average man)의 개념이거나, 조직론에서 논의하는 관리 가능한(manageable) 인간의 이해였다. 현상학적 복지에서는 이를 넘어서 일상의 인간(ordinary man)을 대상으로 이해하려 한다.

둘째는 인간 의식의 탐구이지만, 의식 그 자체의 탐구만으로는 부족하다. 복지가 정책을 통해 어떻게 인간다운 삶을 제공해 줄 것인가를 지향한다면, 그 초점은 의식의 탐구를 넘은 자기 의식에 있어야 한다(Gallagher & Zahavi, 2008).

셋째는 더 나아가서 행정 체계와 생활세계 및 그들과의 관계를 다루는데, 이를 위해 지금까지 탐구의 중심이었던 행정 체계 속의 복지 연구를 넘어서 생활세계에서 인간의 삶에도 관심을 두는 연구가 필요하다. 즉, 생활세계를 인간 삶의 원초적 형태로 보는데, 그 의미는 지각을 지닌 일상의 개인이 체험으로 알게 되면서(몸으로 부딪히면서),[3] 사회 내 존재로서 살아왔으며, 살고 있고, 앞으로도 살아간다는 것이다(차인석, 1985). 여기서 이미 제기되었던 사회 통합이라는 개념을 변형시켜, 가능한 한 '생활세계 속에서'의 충돌이나 갈등이 중화(neutralization)되도록 돕는 정책이라는 개념에 기초하고, 그렇게 되면 현재의 방식을 넘어설 수 있을 것이다. 예컨대 복지적 관점에서 개인을 클라이언트로 보고 물적 자원의 지원을 통해 여러 문제점을 해결하려는 방식을 넘어서, 생활세계 속에서 해결하도록 행정은 돕는 역할이다.[4] 따라서 외로움과 같은 개인의 문제를 생활세계 속에서 해결할 수 있는 단서를 제공해 줄 것으로 보인다.

이런 시각에서 현상학적 접근법(phenomenological approach)의 도입과 논의를 활성화할 필요성이 제기된다. 물론 이에 대한 비판도 다양하고 그 비판을 들을 만한 가치가 있는 흐름도 많다. 예컨대 구조주의 접근법이 중시하는 무의식에 대한 논의가 미흡하다든가, 실증주의나 행태론에서의 명확성 등은 현상학적 접

3) 현상학에서는 마음으로 지각하는 것을 중시한다. 예를 들면, 보는 것을 눈으로 보는 것만이 아닌 마음으로써도 본다(이를 직관이라고 부른다). 이는 후에 다른 말로 표현하면 체험(intimately knowable)으로(Waugh & Waugh, 2006: 493), 또 '몸'과 대체되기도 한다(Merleau-Ponty, 1945; 김홍우, 2000; 2007; 정화열, 1999).

4) 이는 어느 면에서 복지사회론(welfare society) 담론이나 최근의 큰 사회(big society) 담론과 유사한 면도 있다(Rodger, 2000; Robson, 1976; Ishkanian & Szreter, 2012).

근법에서는 상응하는 기대를 할 수 없게끔 했다.

문제는 현상론적인 관점이나 행태주의 접근법에 경도된 연구가 사회과학에서 지나쳐서 대안의 탐색이 필요하고, 그것이 현상학적 접근법을 응용해서 현상학적 복지로 나아가야 한다는 주장이다. 그 첫걸음은 사회과학에서 새로운 방법론을 추가하거나, 인식론적 기초를 전환해야 한다는 함축이다. 이에 대한 논의를 위해서 가장 눈에 띄는 복지 영역에서 현황을 살펴보기로 한다.

제 2 절 행정 체제에서 복지의 현황

1 각 지역의 복지 예산 현황

오늘날에 많은 국가에서 복지를 국가의 책무로 규정하고 복지정책을 수행하고 있다. 이에 따라 정부는 국민의 삶의 질 향상을 위해 다양한 계층을 대상으로 다양한 복지정책을 추진해 왔다. 예산을 보면 전체 예산의 약 31.7%를 복지(일자리 관련 포함)에 이용하고 있고(2016년 기준 총예산은 396.7조 원이며 그중 복지 예산 122.9조 원임), 여기에 각 지방자치단체에서 집행하는 복지 예산까지 포함하면 그 규모는 더욱 커진다. 그런데도 송파 세 모녀 사건이나 충북 증평 두 모녀의 죽음과 같은 비극적 사건이 발생한다는 점이다. 이러한 사건의 발생은 숨겨진 것을 드러낸다는 현상학의 본질과 잘 어울리기에(김홍우, 2007: 17) 현상학적 접근법이 의미가 더 있을 수도 있다.

먼저 몇몇 광역자치단체와 기초자치단체의 일반정보 및 사회복지 분야 예산을 살펴보기로 한다. 이들 광역자치단체의 일반 정보는 다음의 <표 19-1>로 정리된다.[5)]

5) 광역자치단체의 선정은 서울특별시와 대구광역시, 충청북도의 인구별 및 복지 예산을 비교하고, 기초자치단체의 선정은 대구광역시 내에서 비교하기 위해 수성구, 대구광역시 달성군, 경상북도 의성군 및 충청북도 증평군을 중심으로 복지예산 현황과 인구에 대해 알아보고자 한다.

표 19-1 광역자치단체 사회복지 분야 예산 총액 및 일반 정보

(단위: 원, 명)

	사회복지 분야 예산 총액	총 인구 수	유·소년 인구	노년 인구	노령화지수
서울시	8,518,395,157,000	9,470,339	1,112,804	1,229,365	110.47
대구시	1,833,055,135,000	2,430,510	317,483	323,513	101.90
충북	1,312,824,872,000	1,558,503	211,633	234,132	110.63

* 모두 2016년 기준.
** 노령화지수: 유소년 인구(0~14세) 100명당 노년 인구 수의 비율로서 인구의 노령화 정도를 나타내는 지표.

서울특별시의 사회복지 분야 예산을 상세히 보면, 취약계층 지원 부문이 34%, 보육·가족 및 여성과 관련된 예산이 26%, 뒤이어 노인·청소년 부문이 21%를 차지했다. 이어 주택, 노동, 사회복지 일반 등의 순이었다. 서울시는 경기도에 이어 두 번째로 인구 수가 많은 광역지방자치단체이다. 과밀화된 인구로 인해 부동산 부족 문제가 심각했기에 공공주택 등의 주거복지(주택) 관련 예산이 높은 비중을 차지하고 있다는 점, 유·소년과 청소년 인구가 노년 인구보다 많기에 관련 예산이 높다는 점이 다른 지역과 구별된다. 이를 알기 쉽게 나타내면 [그림 19-1]과 같다.

그림 19-1 서울특별시 사회복지 분야 부문별 비중

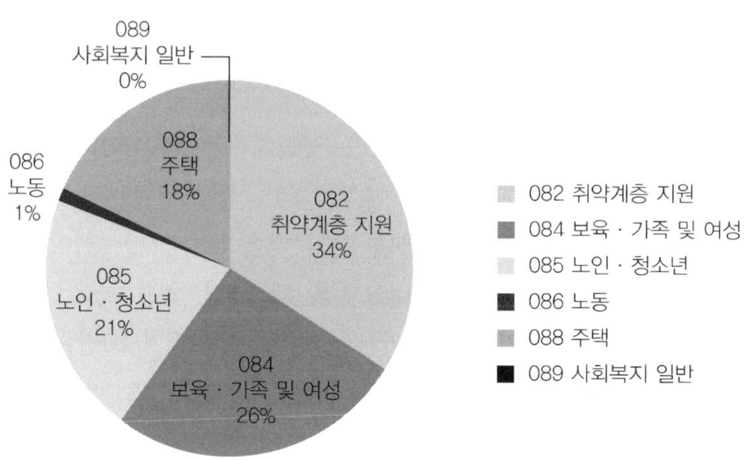

이어서 대구시 복지 현황을 2017년 5월 기준으로 나타내면 노령화지수는 106.3에 이른다. 좀 더 살펴보면 노인·청소년과 관련된 예산이 33%, 보육·가족 및 여성이 28%, 기초생활보장 22%, 취약계층 지원, 노동, 보훈 순이었다. 대구시 역시 유·소년 인구와 청소년 인구가 노년 인구보다 많기에 노인·청소년 부문에서 청소년 관련 예산이 좀 더 높은 비중을 차지했으며, 보육·가족 및 여성 부문에서는 보육 관련 예산이 많은 비중을 차지했다. 이를 알기 쉽게 나타내면 [그림 19-2]와 같다.

그림 19-2 대구시 사회복지 분야 부문별 비중

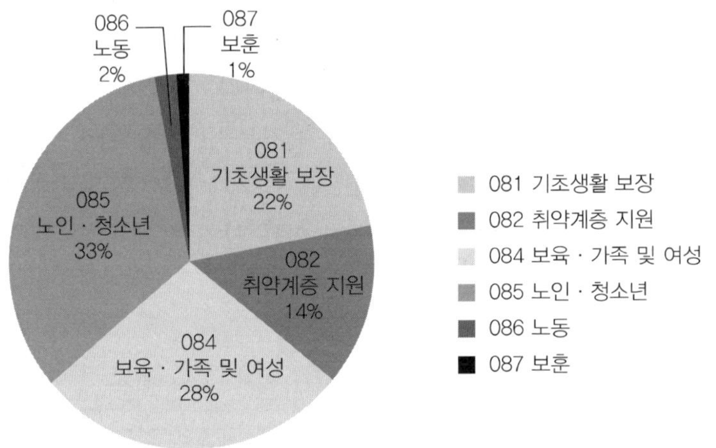

이어서 충청북도의 복지 현황을 보면, 노령화지수는 109.6이다. 노인·청소년과 관련된 예산이 37%, 보육·가족 및 여성이 25%, 기초생활보장 16%, 취약계층 지원, 주택, 보훈 순서이다. 이를 나타낸 것이 다음 [그림 19-3]이다.

복지 예산의 1인당 복지 예산을 비교했을 때 가장 높은 곳은 서울특별시로 약 87만 5천 원이고, 대구광역시가 80만 1천 원, 충청북도가 80만 4천 원으로 나타난다. 이제는 기초자치단체에서의 복지 수준을 살펴보기로 한다.

그림 19-3 충청북도 사회복지 분야 부문별 비중

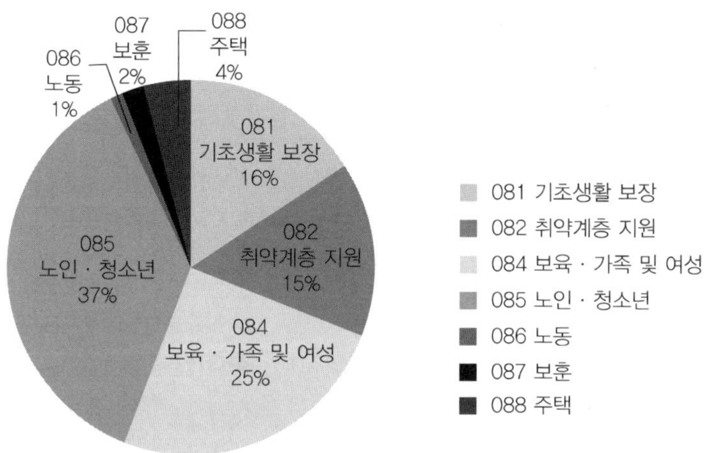

표 19-2 기초자치단체 사회복지 분야 예산 총액 및 일반 정보

(단위: 원, 명)

	사회복지 분야 예산 총액	총 인구 수	유 · 소년 인구	노년 인구	노령화지수
수성구	235,835,000,000	430,791	60,437	55,233	91.38
달성군	162,187,000,000	206,552	34,165	23,347	68.33
의성군	82,408,000,000	49,759	3,279	19,196	585.42
증평군	43,251,177,000	38,455	5,702	5,626	98.60

※ 이 표의 기준 연도: 증평군(2017 기준)을 제외한 나머지는 2016년 기준임.

동일한 광역시(여기서는 대구시) 내의 기초자치단체를 비교해 본다. 수성구의 복지 예산은 노인 · 청소년 부문이 32%, 보육 · 가족 및 여성이 30%, 기초생활 보장이 22%를 차지했다. 수성구의 노령화지수는 91.38로 나타났다. 유 · 소년과 청소년 인구가 많은 지역답게 노인 · 청소년 부문에서도 청소년 관련 예산이 높은 비중을 차지했으며, 보육에 관련해서도 비교적 많은 예산이 배정되었다.

그림 19-4 수성구 사회복지 분야 부문별 비중

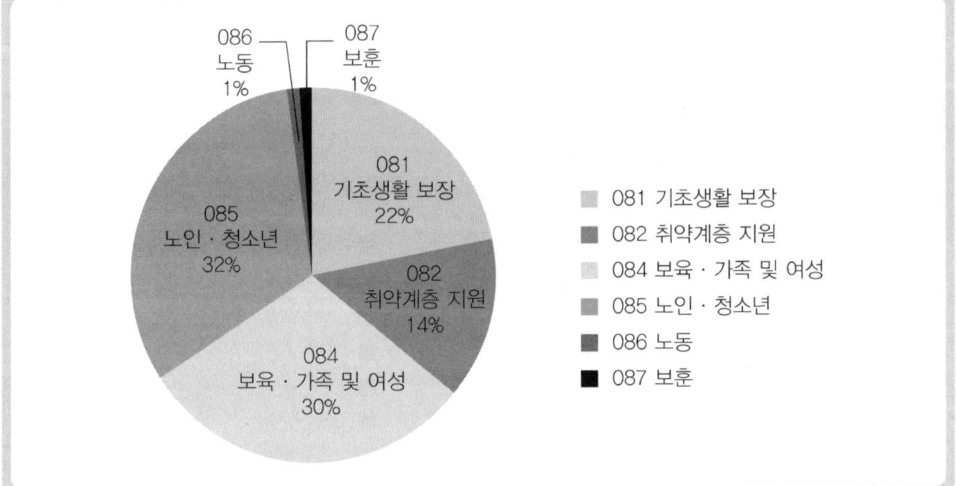

달성군의 복지 예산에서 가장 큰 비중은 보육 · 가족 및 여성 부문(34%)이고, 다음으로 노인 · 청소년 부문이 31%, 기초생활보장 18%, 취약계층 지원 15%, 노동, 보훈 순이었다. 특히 보육 · 가족 및 여성 부문에서는 보육 지원이 가장 큰 비중을 차지했다. 그리고 노인 · 청소년 부문에서는 노인 지원 관련 예산이 청소년

그림 19-5 달성군 사회복지 분야 부문별 비중

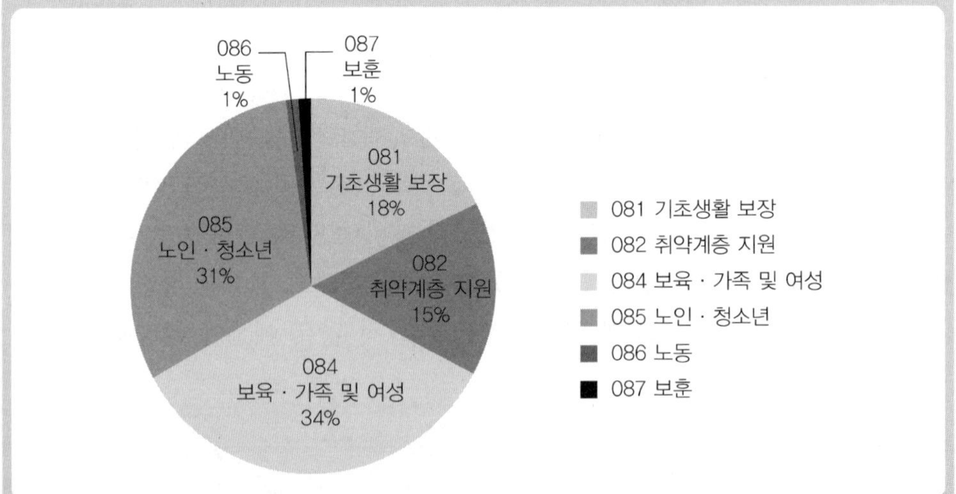

관련 예산보다 더 큰 비중을 차지했다.

의성군의 총인구 수는 49,759명, 유·소년 인구는 3,279명, 노년 인구는 19,196명, 노령화지수는 585.42로 나타난다. 의성군의 복지 예산에서는 노인·청소년 부문이 64%로 가장 큰 비중을 차지했다. 노인·청소년 부문이 다른 지역과 비교할 때 가장 압도적으로 높은데, 이는 의성군의 인구 중 약 35%가 노년층에 해당하기 때문이다. 현재 의성군은 전남 고흥군에 이어 전국에서 고령화율이 두 번째로 높은 곳이다. 이어서 기초생활 보장이 14%, 보육·가족 및 여성이 11%를 차지했는데, 주로 다문화가족 지원, 낮은 출산율로 인한 보육비용 지원이 주를 이루었다. 뒤이어 취약계층 지원, 보훈, 노동 순인데, 독립유공자와 참전유공자를 위한 보훈 예산이 다른 지역에 비해 높게 사용되었다는 점도 의성군의 높은 고령화율을 잘 보여 준다.

그림 19-6 의성군 사회복지 분야 부문별 비중

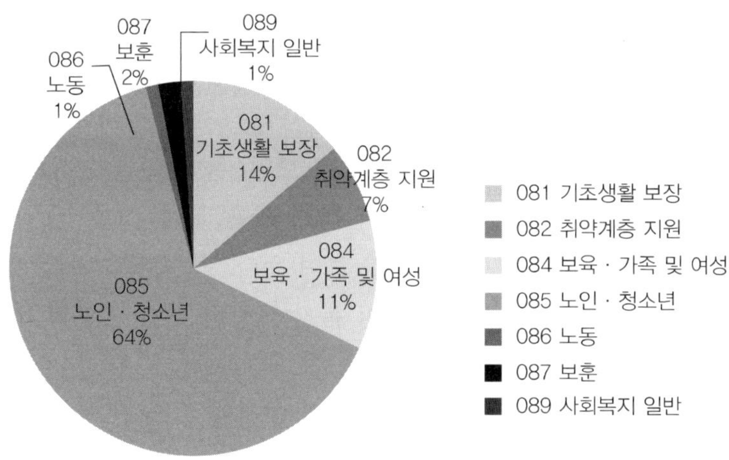

불행한 사건이 난 증평군의 복지 예산을 첨가해 본다. 복지예산 중에서 노인·청소년 부문이 38%로 가장 큰 비중을 차지했다. 노인·청소년 부문이 다른 지역과 비교할 때 상대적으로 낮은데 이는 인구 중 약 14%가 노년층에 해당하기 때문이다. 이어서 보육·가족 및 여성이 35%, 취약계층 지원이 11%를 차지했다.

그림 19-7 증평군 사회복지 분야 부문별 비중

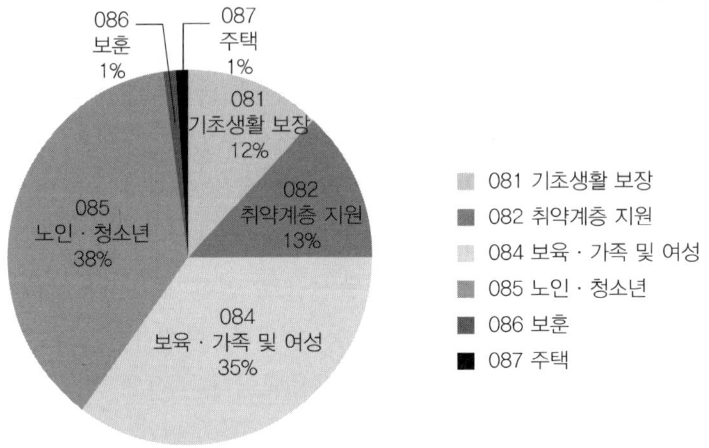

2 법칙 정립에서 바라보기

위에서 본 복지 현황을 3인칭의 시각으로 보면, 즉 개인별 합산의 결과에 기초해서, 설명 가능하고 예측할 수 있도록 하면 다음과 같다.

첫째, 복지의 대상 범위가 어디인지를 보여 준다. 각 지역들 모두 노인 · 청소년, 보육 · 가족 및 여성, 취약계층 지원이 복지 예산의 절반 이상의 비중을 차지한다.

둘째, 복지 면에서 보편적 경향이 존재함과 동시에 지역 간 특성에 따라 세부적 차이가 발생한다는 점을 알 수 있다. 노인 · 청소년 부문의 경우 지역의 인구구성에 따라 조금씩 차이가 있다. 또한 광역시 소속의 군(郡)이 아닌, 군부(郡部)의 농촌 지역일수록 보육 · 가족 및 여성 부문의 다문화가족 지원 관련 예산이 증가한다. 한편 서울의 경우에는 주택 관련 예산의 비중이 컸다.

셋째, 공공재에서는 무임승차 현상이 나타난다는 시사를 복지에 적용하면 (Olson, 1968: 35), 복지의 규모가 커질수록 최적의 복지가 제공되기가 어렵다는 점을 의미한다. 더욱이 조사한 지역들 모두 복지 부문 예산이 해마다 꾸준히 증가해 왔음은 이에 대한 대책이 있어야 할 것이다.

넷째, 전국적으로 노령화지수가 높다는 점에서 미래의 복지대란이 우려된다. 현재 출생아 수는 꾸준히 감소하고 있으며, 유·소년과 청소년들에 비해 청·장년 및 노년 인구가 훨씬 많다. 이는 결국 현재 세대의 부담이 커지기에 여기에 대한 대책이 필요하다는 함축이다. 이 의미는 사회투자국가에서처럼 미래 세대로 향한 투자에 어려움을 안겨줄 가능성이 높다(김연명, 2006; 임채원, 2007). 따라서 복지 서비스의 조정과 효율적 예산과의 연계에서 적절성에 대한 탐색을 요구한다.

덧붙여 복지 예산의 규모와 1인당 복지 혜택과의 관계도 의미가 있을 것이다. 이를 살펴본 것이 [그림 19-8]이다(편의를 위해 광역·기초를 모두 비교할 수 있도록 하나로 그렸다).

그림 19-8 지역별 1인당 복지 예산

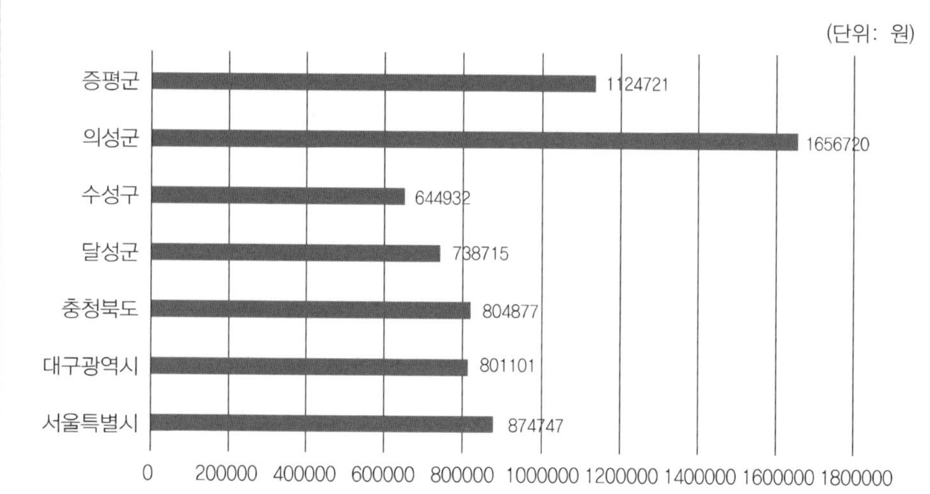

위의 그림에서 복지 예산을 비교했을 때, 의성군의 1인당 복지 예산이 약 165만 7천 원으로 가장 높게 나타났다. 달성군이 약 73만 9천 원, 수성구 약 64만 5천 원 순이었다. 그럼에도 주민들이 더 행복을 느끼는지에 대해서는 의문이 발생한다. 즉, 1인당 복지 수혜 금액이 많지 않더라도, 이주해서 살려고 하는 현상(여기서는 수성구 선호 현상)을 어떻게 설명할 것인가?[6] 또 송파 세 모녀 사건과 같이 복지사각지대에 놓인 사람들이 존재하기도 하고, 앞서 보았던 증평 사건에서와 같이 복지로는 해결하기 어려운 문제가 존재함은 복지를 넘는 어떤 것을 요구한다. 따라서 1인당 복지 예산도 의미심장하지만 삶을 전체적 성격으로 살펴보아야 할 필요성이 있다. 이들 사건 및 앞서 소개한 외로움과 같은 국민 개개인을 위협하는 새로운 질병을 다른 시각에서 보면 법칙 정립으로서의 복지에 한계를 느끼고 있다고 해석할 수도 있다. 이런 관점에서 이전의 법칙 정립 지향보다도 유익한 개념이 현상학적 복지라는 개념이다. 즉, 위에서 본 복지 현황은 당사자의 시각이나 당사자의 의식 및 체험 등은 배제되고 있지만, 1인칭 시각의 개성 기술에 입각하면 복지의 새로운 모습을 보일 수 있다는 시사이다(Hummel, 2008).

제 3 절 한국 사회과학의 공헌과 문제점: 행태주의 접근법과 법칙 정립 지향

한국 사회를 복지국가로의 방향을 제시하며 점진적으로 변화시켜 왔고, 또 이를 이론적·실증적으로 뒷받침해 온 데는 사회과학과 사회복지학의 공로가 지대하다. 그리고 이 공로의 상당 부분은 행태주의 접근법에 기초한다. 이 접근법은 사실에 기초해서, 외부에 나타난 행동(overt behavior)을 관찰하면 그 행동을 낳게 한 의식을 알 수 있다고 주장한다. 따라서 행동과 의식 사이의 굴절을 인정하지 않고 표층적 현상에만 중점을 두는, 따라서 현상론적인 관점(phenomenalism)에서 연구한다. 이러한 접근법은 <표 19-3>에서 보듯이 보일 수도 있고 따라서 쉽게 알 수도 있으므로 연구의 객관성이 높을 수밖에 없고, 이론 구성에서도 우수하다는 장점이 있다. 행태주의 접근법은 과학화를 지향하는데(Kaplan,

6) http://realestate.daum.net/news/detail/main/20180424135020297(검색일, 2018.4.25). 그 내용은 대구 수성구의 아파트값 상승률이 경기도 분당, 서울 동작구보다 높은 것으로 나타났다는 것이다. 한국감정원의 올해 4월 3주(16일 기준) 전국 주간 아파트 가격 동향을 조사한 결과, 대구 수성구 아파트 매매가격이 전주보다 0.32% 상승했다. 경기 성남시 분당구(0.28%)와 서울에서 가장 매매가격 상승률이 가장 높은 동작구(0.27%)를 제친 것이다.

1964), 과학적이라는 개념은 사실에 초점을 맞추어 이를 귀납적 방법에 의해 이론으로 재구성함을 의미한다(Kemeny, 1959). 이 이론은 예측 가능하게 해 주며, 이 예측은 검증을 통과함으로써 정당한 이론으로서의 지위를 획득한다. 이를 통해서 전체를 조망하고 일관성을 산출하는 데는 유익하다고 주장한다. 또 이 접근법은 사실들 간에 인과관계를 추적하고 이를 설명하고 또 확증하는 절차를 통해(causation–explanation–corroboration) 이론화하는 데에 그 목적을 둔다(Fetzer, 1981). 이는 학문 안에서도, 또 학문 간의 경계를 넘어서 적용될 수도 있고, 통계적 유의성을 갖추고 있기도 하고, 그 과정에서 계량적 연산이든 자연언어든 언어적 프레임을 사용해야 한다(Fetzer, 1981). 다만 행태주의 접근법을 중심으로 한 법칙 정립 지향에서 계량적 연산이 가능하려면 구성 요소의 동일성에 기초해야 하므로 개체의 특성을 망각한다는 점에 큰 문제점이 있고, 따라서 개체의 특성에 중점을 두려는 연구나 단일 사례(single case)를 포괄하는 대안을 탐색해야 한다. 그것이 개성 기술 지향인데, 이 둘의 차이를 요약한 것이 <표 19–3>이다.

표 19–3 법칙 정립과 개성 기술의 비교

구분	법칙 정립(nomothetic)	개성 기술(ideographic)
목적	인과관계를 조사하고, 입증하거나 반증하기 위해 가설을 테스트하려는 목적	사회(social world)의 경험과 의미를 묘사하거나 설명하려는 탐색적이고 귀납적 목적
현실 인식	단일한 객관적 인식	주관적으로 도출된 다양한 현실이 공존
연구자의 가치	가치와 관계없이 중립적	가치에 연관되어 가치편향성을 공개적으로 표명
추구 가치	보편성 추구	대표성 추구
사용 방법	① 자연과학에서 보듯이 주로 실험과 서베이 ② 객관성(objectivity)	① 인문과학(human science)에서 보듯이 인터뷰, 참여관찰, 그룹워크(group work) 등 ② 인간관계(rapport)
언어 스타일	① 비인격적이고 공식적이며 규칙에 바탕을 둔 문장을 사용 ② 양화(use numbers)	① 개인적이고 비공식적이며 상황 종속적인 언어를 사용 ② 일상언어와 창조적 기술(use words and creative arts)

* 원래 브리맨(Alan Bryman)과 핀레이(Linda Finlay)는 양적 연구와 질적 연구의 차이를 설명했으나 이를 여기에서는 수정해서 법칙 정립–개성 기술로 바꾸었다.
자료: Bryman(1988) 및 Finlay(2011: 8) 종합.

여러 대안 중에서 문화과학과 자연과학으로 구분하거나(Rickert, 1962), 이해와 설명으로 나누거나(Wright, 1971), 가설연역적인 포괄모형(covering law model)에 대항해서 정신과학에 초점을 두는 방법(Dilthey, 1962) 등으로 사회과학의 특수성을 확보하려 했다.

문제는 이와는 궤를 달리하는 접근법들도 사회과학에서 유용할 수가 있다는 점이다. 이들 중에서 보이는 것(標識)을 통해 드러나지 않은 것을 해석하여, 삶의 체험을 이해하는 정신과학(Geisteswissenschaften: human studies)의 방법론을 정립하려는 흐름이 해석학적 접근법이다. 따라서 자연과학의 방법론과는 달리 보편적인 일반화를 거부한다(이규호, 2005a; Faucault, 1966; Dosse, 1997; Ricoeur, 1976; 최정운, 1995). 또 현상학적 접근법은 행동과 의식 사이의 굴절을 인정하므로 의식이라는 독자 영역이 성립함을 주장한다. 즉, 보이지는 않으나 알 수는 있는 것인 의식(consciousness)을 지향성의 개념에 기초해서 탐구한다. 더 나아가 의식을 넘어서, 보이지도 않고 알 수도 없는 것, 즉 무의식까지를 연구 대상으로 하는 흐름이 구조주의 접근법이다. 이들의 차이를 알아보기 위해 사회과학의 인식론을 타자에게로 향한 바를 볼 수 있는가(visible)라는 것과 타자에게서의 인식이 쉽사리 가능하느냐라는 기준인 알 수 있는가(knowable)라는 두 기준(Morton, 2004: 104-115; Howell, 2013; Hughes & Sharrock, 1997)을 선택해서 그에 따른 범주를 도표로 만든 것이 <표 19-4>이다.

표 19-4 사회과학의 접근법

		알 수 있는가(knowable)	
		+	−
볼 수 있는가(visible)	+	행태주의 접근법	해석학적 접근법
	−	현상학적 접근법	구조주의 접근법

이들 각자의 접근법들은 독립적으로 발전했고, 또 영향을 주고받았다. 이 중에서 행태주의 접근법이나 구조주의 접근법은 법칙 정립을 지향하는데 비해(김형효, 2009; Kurzweil, 1980; Dosse, 1997; Glucksman, 1974; Kaplan, 1964), 현상학적 접근법이나 해석학적 접근법은 개성 기술을 지향한다. 앞서 기술한 대로 사

회과학에서는 지나치게 편중된 연구 경향을 가지고 있는데, 그것이 법칙 정립을 지향하는 행태주의 접근법이고, 따라서 그 대안을 지속적으로 탐색해야 한다. 그것이 현상학적 복지이고, 현상학적 복지는 개인 간의 차이를 중시하는 개성 기술에 기초한다.

제 4 절 현상학적 복지의 연구방법론과 대상

1 개성 기술로서의 현상학적 접근법

오늘날에는 법칙 정립 지향이 주류를 이루고 있지만 그 대안 탐색도 활발하다. 대체적으로 사회과학을 보는 시각은 네 유형으로 정리된다. 실증주의 사회과학, 비트겐슈타인(Ludwig J. J. Wittgenstein)의 언어철학에 근거를 두는 생활양식(Lebensform: form of life)으로서의 사회과학,[7] 레비－스트로스(Claude Levi－Strauss)로 대표되는 구조주의 사회과학, 그리고 실증주의와 정면으로 맞서는 현상학적 사회과학이 그것이다(박이문, 1982: 100). 실증주의 사회과학은 정규성(regularity)을 언제나 내포한다는 가정에 입각해서(Winch, 1995: preface; 박이문, 1982: 100) 양적인 일반화(법칙 정립)를 지향한다.

현상학적 사회과학은 실증주의 사회과학과 어떻게 다른가? 그 초점은 외부 관찰자인 과학자의 관점(3인칭 시점)에서 접근하는 것인가 당사자의 관점(1인칭 시점)에서 접근하는 것인가로 요약될 수 있다. 사람은 자연과학에서 보는 바대로 살지는 않는다는 시각이 현상학으로, 예컨대 물을 보거나 생각할 때 H_2O로 구성

7) 생활양식으로서의 사회과학은 규칙이 존재를 중시하는 관점이다(Wittgenstein, 1953; Kishik, 2008). 즉, 가족 내에서 남편과 아내의 개별적인 행태는 가족제도라는 그 작은 사회의 규범과 연관시켜 이해될 수 있다(Winch, 1995). 구조주의는 더 심층으로 들어가 문화 체계를 구성하는 개별적인 현상들의 밑바닥에 깔려 있는(즉 무의식) 의미를 일괄적으로 밝혀내고 이해하려는 흐름이다. 구조주의 사회과학에서는 개별적 의미가 어떤 인위적 체계로부터 추출되기 때문에 설명적이다(박이문, 1982: 104－106; Levi－Strauss, 1972).

되었느냐 아니냐의 관점이 아니라, 목마를 때 마시는 것이라는 관점에서 본다.

현상학은 후설(Edmund Husserl)에서 비롯되고,[8] 하이데거(Martin Heidegger), 사르트르(Jean P. Sartre), 메를로-퐁티(Maurice Merleau-Ponty)를 포함하는 실존주의와 해석학, 일부 포스트구조주의나 포스트모더니즘 사상 등을 포괄하는 흐름으로(Gallagher & Zahavi, 2008: 6), 경험의 의식에 대한 철학적 접근이다.

그 핵심에는 주관적인 것을 객관적 현실로 다루는 것에 반대한다(강신택, 2013: 97). 따라서 '나다움' 또는 '나의 삶'이라 경험과 의식이 어떠한가에 대한 생각은 우리의 세계에 대한 경험이 어떠한가와 어떻게 이해하게 되는가로 발전되어 간다. 나아가 순수한 3인칭 시점(視點)은 존재하지 않으므로(no pure third-person perspective), 순수한 3인칭 시점의 존재를 믿는 연구 방법은 객관주의의 환상(objectivist illusion)에 굴복하는 것이라고 주장한다(Gallagher & Zahavi, 2008: 40). 이 점에서 이른바 과학적 방법과 확연히 차이가 난다. 그 함축은 나의 삶과는 관련이 적은 평균인의 복지에서 발생하는 주체의 결여로부터, 사람의 향기가 나는 복지를 실현하는 방법을 찾을 수 있다는 것이다. 또 다른 핵심은 '세계의 존재→세계의 인식'이라는 전통적 인식론의 순서를 역으로 하여 '인식하는 나의 의식→세계의 존재'의 순서이다. 이를 위해 세계가 존재한다는 것을 괄호로 묶으면(에포케[판단 중지]), 인식하는 나의 의식만 남겨진다. 즉, 의식을 통해 구성된다는 것이다. 시간이 지나감에 따라 연속성도 있지만 의식도 흐른다(Bird, 1999: 77-83). 그 의미는 보는 지점이 없는 봄은 실현 불가능하다(no view from nowhere)는 명제로, 이를 지향성이라고 한다. 지향성이란 모든 의식은 뭔가에 대한 또는 뭔가의 의식으로(all consciousness is about or of something), 모든 경험은 의식과 의식이 지향하는 지향적 대상에 의해 결정되고, 경험이란 조각조각 떨

8) 근대 철학은 데카르트(René Descartes)의 견해에 따라 인식/대상, 사유/존재의 2분법에 기초한다. 그러나 현상학은 세계 구성을 토대로 이루어지며 의식을 통해 구성된다고 본다. 즉, 현상학의 세계는 의미로서의 세계인데, 여기서 구성은 초월을 말한다. 구성이란 대상의 의미를 구성하는 바, 앞면만 봐도 뒷면을 안다든가, 현재를 봐도 미래를 안다는 것 등을 함축한다(이남인, 2016). 현상학에서 중요한 개념이 현상학적 환원(=태도 변경)에서처럼 환원의 개념이다. 환원은 본질이 의식을 초월한 것이 아니라 의식 내재적임을 아는 것이다. 또 내적 의식은 상대적이라는 점이다. 비유하자면 관악산에서 남산 타워를 보면 그 높이의 차이만큼만 높이로 인식된다. 그 사회과학적 의미는 생활세계 개념이 도출되고 이 개념이 사회적 행복(social wellbeing)으로 연결될 수 있다는 점이다.

어져 있는 것이 아니라 그 속에 결합을 내포하는 동적인 전개이다.[9] 현상학에서 기원하는 이 현상학적 접근법과 인지과학이나 뇌과학에서 유래하는 과학적 의식 탐구와의 차이는 <표 19-5>와 같이 정리할 수 있다.

표 19-5 과학적 의식 탐구와 현상학적 접근법과의 비교

	과학적 의식 탐구	현상학적 접근법
탐구	자연과학적 탐구	초월론적 탐구
시점	3인칭 시점(視點) (외부 관찰자의 관점에서 접근)	1인칭 시점(視點) (경험하는 주체의 관점에서 접근)
연구 초점	대상으로서의 의식에 연구 초점	주관성으로서의 의식에 연구 초점[10]
관심	의식에 대한 자연주의적 설명(explanation)을 전개하려는 시도[11]	우리의 심적/신체화된 삶의 경험구조에 대한 이해와 적절한 기술(description)을 획득하는 데 관심
세계와 자신과의 관계	세계와 분리된 경험 속에 있는 자신	세계 속에 있는 그리고 동기들과 목적들을 지닌 지각자에 의해 체험되는 것으로서 연구
방법	내성적(內省的)으로 탐색하는 방법 (introspective sort of reflection)	현상학적 환원의 방법
현상의 개념	① 현상이란 실재와 구분되는 우리에게 나타나는 방식을 의미 ② 대상의 직접적인 소여성(givenness)으로서 외관상 존재하는 방식으로 이해	① 나타남과 실재 간의 구별이란 우리가 살고 있는 세계내적인(즉 현상 내적) 구별로 이해 ② 대상이 어떤 식으로든 나타나는 한에서만 우리에게 어떤 의미를 가질 수 있다고 봄.

자료: Gallagher & Zahavi(2008)를 필자가 재구성.

현재의 실제 복지에서 문제점은 3인칭 시점의 논의가 나의 삶(나의 복지) 또는 우리의 삶(우리의 복지)을 이야기하는 것이 아니라 객관적 연구(3인칭 시점)

9) 즉, 항들뿐만 아니라 항들 간의 관계도 주어지는 것을 함의한다. 비유하자면 새가 이 나무에서 저 나무로 날아가는 것을 볼 때 새와 나무만 경험하는 것이 아니라 이 나무로부터 저 나무로라는 관계(from−to)도 동시에 주어진다는 의미이다.

10) 주관성으로서의 의식에 연구 초점을 둔다고 함은 "의식은 그것의 주관적 구조와 그것이 작동하는 방식에서 과학의 실천에 어떤 한계들을 설정하는가?"라는 물음에 대한 연구이다(Gallagher & Zahavi, 2013: 63).

11) 이 말은 의식의 생물학적 발생, 신경학적 기반, 심리학적 동기 부여 등과 같은 것을 알아내려고 시도하지 않는다는 뜻이다(Gallagher & Zahavi, 2013: 26).

이기에 그들의 삶(그들의 복지)을 이야기한다. 나와는 상관도 없는 총량으로 처리될 뿐만 아니라 대체 가능한 '나와 그것'의 관계였다.[12] 여기에서 현상학적 복지에로 다가가기가 더 필요해진다.

현상학적 접근법의 과정은 다음의 절차를 밟는다(Gallagher & Zahavi, 2008: 28). 첫째, 자연적 태도의 에포케 또는 중지(epoché or suspension of the natural attitude), 둘째, 현상학적 환원(phenomenological reduction)으로 이는 경험의 대상과 경험 그 자체(experience itself) 간의 상관 관계에 주의를 기울이는 것이다. 셋째, 형상적 변경(eidetic variation)으로 그 상관 관계의 본질적인 측면에 초점을 맞추는 것이다. 넷째, 상호 주관적 확증(intersubjective corroboration)으로 발견된 것이 어느 정도 보편적인가 또는 어느 정도 공유 가능한가에 관심을 갖는 것이다. 이러한 기본 개념들과 절차를 토대로 현상학적 복지를 재구성할 수 있다. 이에 대해서는 다음 절에서 논의하기로 한다.

2 현상학적 복지의 내용

1) 평균인 모형을 넘어서 일상인 모형으로

평균인 모형은 경제학적 모형이나 형태주의 접근으로 대표된다. 이들의 인간 모형에서 표층의 의미만 진정한 것으로 간주하고, 심층에서 일어나는 모습은 버린다. 즉, '객관적인 존재'와 '인간의 의식'의 둘 중 전자만 인정하고, 양적의 관점에서(Okun, 1975) 보는 것이 평균인 모형이다(개인의 합을 그 수치로 나누는 ['Σ개인/n'] 관계). 이 함축은 효율성의 개념으로, 입력/출력(input/output)의 사고방식에 기초한다. 이 관점에서 보면 법칙 정립이라는 장점은 있지만 그 당사자

12) 나와 그것의 관계는 나를 인격체로 대하는 것이 아니라 수단으로 본다는 것이다. 사례를 들면 동장(洞長)과의 인터뷰에 따르면 관할 지역의 한 분이 동회에서 "실무자와는 얘기 안 한다. 동장 나오라"고 고함치면서 소동을 벌이고 있었다. 결국 동장과의 얘기의 결론은 쌀 1포 더 달라는 것이다. 그러나 규정상 더 줄 수가 없기 때문에 소동을 마무리하려면 편법을 동원할 수밖에 없었다고 말하고 있다. 여기서 규정과 당사자의 삶, 문제 해결을 위해 편법을 동원해야 하는 행정 등 복합적인 문제가 놓여 있다(2015.4.24; ○○동에서).

의 목소리는 사라진다. 따라서 이제는 이 부작용도 검토해야 할 시점이다. 그것이 당사자의 목소리를 담는 현상학적 복지를 나타낸다. 그림으로 이해를 돕도록 나타낸 것이 [그림 19-9]이다.

그림 19-9 평균인 모형과 일상인 모형

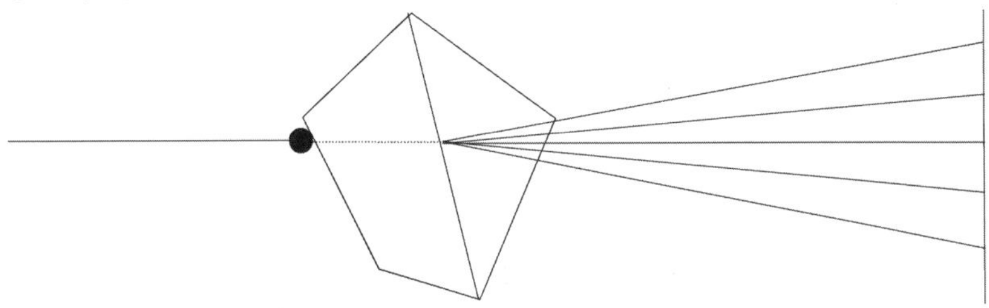

계량화는 개인차를 인정하지 않고 동등한 값을 주는 것으로, 이는 위의 그림에서 오른쪽에서 왼쪽으로 진행하는 방법이다. 이들 모형은 인간을 어떻게 목적에 알맞게 이용할 것인가라는 데에 초점을 두고, 따라서 양적인 계량화를 추구하게 된다.

이를 사회과학에 적용하면 일에 대해 갖는 태도를 양극화해서 X이론과 Y이론이라는 이념형으로 설정하거나 머슬로(Abraham H. Maslow)의 욕구 5단계설을 응용한다. 또는 이들로부터 파생하거나 보완한 인간 유형들인 합리적·경제적 인간(rational, economic man), 사회적 인간(social man), 자기완성 인간(self-actualizing man), 복잡한 인간(complex man) 등으로 유형화해 왔다(박동서, 2005; 유민봉, 2012: 401). 이들 모형은 조직에서 인간을 어떻게 관리할 것인가(유민봉, 2012)에 초점을 두고 있다.

이에 비해 일상인(ordinary man) 모형은 우리 삶을 만들어 나가는 작가(author of our own life)라는 주체적 관점에서(Hinchliff et al., 1998: 22-23) 스스로의 의미를 추구한다(Spurling, 1977: 84-87). 이는 위의 그림에서는 오른쪽에 위치하고,[13] 앞서 말한 대로 1인칭 시점이므로, 현상학적 접근법은 다양성의 인정으로

13) 일상인 모형은 프로이트(Sigmund Freud)의 문화 개념과 푸코(Michel Foucault)에게서 유래하는

환원된다. 그 핵심에는 과학적 지식을 포함해 세계에 대한 우리의 지식은 1인칭 시점에서 일어난다는 것을, 또 과학은 이 경험적 차원이 없으면 무의미하다는 것이다(Gallagher & Zahavi, 2008: 89). 그 전제는 현상학은 인간 경험에 대한 의식이 어떠한가에 대한 특별한 관심이다. 일상인 모형에서 특히 그 실현 형태를 체험이나 지각이므로 이를 중심으로 살펴본다.

2) 일상인 모형에서의 자기 의식과 체험

현상학적 복지에 알맞은 인간형을 정립하려면 20세기의 복지에서 보는 인간관과는 다른, 사람됨에 치중한 논의가 유용할 것이다. 그 현실적 실현 형태가 일상인 모형으로, 그 전제는 평균적(또는 集積的)이라기보다는 개별적이라는 관점을 말함인데, 이것이 개성 기술로 이어질 수 있다.[14] 그런데 개성 기술이란 다양성으로의 환원이고, 다양성으로의 환원에 기초하면, 서로 어긋나는 현상이 나타나게 된다(이석호, 2001: 69; Stevenson, 1974). 예를 들어 사회 관계에서 납세자의 위치에서 세금의 인식과 복지의 수혜자 입장에서 세금의 인식은 다를 수밖에 없다. 그렇지만 이 다양성 속에서 개개인이 자신의 삶의 의미를 추구한다. 이는 후술하는 자기 의식과 체험에 대한 관심을 포괄하는데, 자기 의식은 1인칭 시점으로, 미드(George H. Mead)의 이론에서는 이른바 '주격인 나(I)'와 '목적격인 나(Me)'로 나뉜다. 후자는 자기 자신을 향해서 타자들의 관점을 채택함으로써 형성된다. 즉, 타자들과 맺는 사회적 관계에 의해서 자기 자신에게 대상이 된다는 점이다(Gallagher & Zahavi, 2008: 47; Coser, 1977: 338). 그의 이론을 요약한 것이 다음 <표 19-6>이다.

나아가 '주격 나'와 '목적격 나' 사이의 내적 마찰을 통해 개인과 사회의 도덕

일상의 문화, 비트겐슈타인의 일상언어, 공간적 관행, 믿음의 양식(ways of believing)으로 특징짓기도 한다(Certeau, 1988).

14) 복지학에서는 상품화에 대한 탈상품화의 전제, 이기적이라는 전제 대신 이타적일 수도 있다는 전제도 논의되어 왔다(Esping-Andersen, 1990). 물론 경제학에서도 이타적 성격에 주목하는 연구도 있다(최정규, 2009). 그러나 그 근본적 가정은 이기적이라는 전제이다. 여기서 화폐적 가치(또는 시장적 가치)가 비화폐적 가치(또는 비시장적 가치)와 병존할 수 있는 영역을 찾아야 하는 노력이 필요하다. 예컨대, 납세에 지대한 공로가 있다면 그에 상응하는 비시장적 방법을 시행할 수 있고 인간 관계에서도 그러하다.

표 19-6 미드의 자기 의식의 형성과 타인에 대한 경험

	주격인 나	목적격인 나
정의	① 타자의 태도에 대한 유기체의 반응(Coser, 1977: 496) ② 사회적인 나를 인식하는 나(Mead, 1962: 173)	① 그 유기체가 가정하는 타자의 태도들의 조직화된 모습(Coser, 1977: 496) ② 인식하는 나의 사회적 측면(socialized aspect of the person)
	타자 태도들의 조직화가 me를 구성하고 다음에 유기체는 그 me에 대해서 I로서 반응한다(Coser, 1977: 496).	
설명	① 나의 모든 현재적 행위의 규정되지 않는 원천 ② 비록 인지될 수는 없지만 행위상의 문제에 대한 창조적인 반응을 책임지는 개성의 심급(審級) ③ '주격 나'는 항상 '목적격 나' 속에 의식된 행위 표현들을 사후에 새롭게 해석하는 관계	① 개인은 자기 자신을 대상화함으로써만 자신에 대한 의식을 가질 수 있다는 점 ② 타인이 가지고 있는 나에 대한 상(像) ③ 지금 진행되고 있는 행위조차도 항상 이미 지난 것으로 보존

자료: Mead(1962), Honett(2014: 151-165), Coser(1977)를 요약 및 정리한 것임.

적 발전을 설명할 수 있다. 즉, '목적격 나'는 자신의 공동체를 대신해서 규약적 규범을 구체화하며, 또한 주체는 항상 '주격 나'의 충동성과 창조성에 대한 사회적 표현을 제공하기 위해 이러한 규약적 규범을 스스로 확장하려고 한다. 내면화된 전체의 의지와 개성화 요구 사이의 이 긴장 관계는 주체와 자신의 사회적 환경 사이의 투쟁으로 나아간다. '목적격 나'의 존재는 주체로 하여금 '주격 나'를 위해 새로운 형태의 인정을 모색하게 한다(Mead, 1962; Honett, 2014: 151-165; Coser, 1977). 결국 미드의 이론에서 자아의 의미는 자아와 사회적 관계에서 자기 의식의 형성에서 타인에 대한 경험이 우선함을 의미한다(Honeth, 2014: 152). 이 개념은 일상인 모형이라 하더라도 사회구성체와 완전히 분리되지는 않는다는 함축을 안겨 준다. 여기에 일상인 모형에서의 삶을 탐구하는 의의를 찾아볼 수 있다.

일상인 모형에서는 행복(wellbeing)은 중요한 축(axis)이라고 할 수 있다. 이것은 주관적 요소도 강하기에(김준연, 2012), 그 개인을 전체적 시각으로 본다. 따라서 환원주의(reductionism)로 보는 관점에 반대한다(Hinchliff et al., 1998: 22-23). 즉, 자연과학의 시각과는 달리 우리는 세계를 구성하는 일부분도 아니고 탐구의 대상 속에 포함되지도 않는다. 오히려 세계를 바라본다고 할 수 있다

(Smith et al., 2009). 여기서 우리의 존재와 세계성(worldliness)의 관계가 관심사로 떠오른다. 메를로-퐁티는 경험을 강조하는데, 경험에서 몸의 지위는 중심적인 요소로 고려된다. 이를 지각의 세계 또는 체험의 세계라고 본다(김홍우, 2000: 102-137; Waugh & Waugh, 2006; 메를로-퐁티, 2002). 즉, 그 세계에 대해 우리가 가지는 관계(세계-내-존재[being-in-the-world])가 표현되는 것이 몸이며(세계-내-몸)(Smith et al., 2009; Spurling, 1977: 15; 양해림, 2000: 123; 한국현상학회, 2000; 정화열, 1999), 그 세계-내-몸이라는 존재가 겪는 생생한 경험을 가능하게 하는 실제적 행동과 관계는 추상적이거나 논리적인 의미보다 훨씬 더 중요한 의미가 있다. 그 이유는 우리 자신을 이 세계의 다른 어떤 것들과는 다르다고 생각하고 있으며, 자신에 대한 우리의 지각은 전체로 보기 때문이다(메를로-퐁티, 2002: 제1장 참조; Finlay, 2011: 36). 우리는 세계를 구성하는 일부분도 아니고 우리에게 의미있게 다가오는 것은 세계의 경험(즉 체험)에서 나온다(메를로-퐁티, 2002: 15). 세계-내-몸이라는 존재가 겪는 생생한 경험 속에서 서로 어긋나는 현상을 중화시켜서 개개인의 행복(wellbeing)이 사회적 행복 (social wellbeing)으로 나아가게끔 하는 곳이 바로 생활세계이다. 여기서 복지의 역할이란 이를 돕는 데 있다.

3 생활세계에서의 체험과 연계하는 복지

인간형에 대한 논의의 전제는 삶의 현상이란 내향적으로 그 핵심으로 향하면 사람에 이른다는 것이다(이규호, 2005: 7). 여기에서 주목할 만한 전개는 사람임(Menschsein)과 사람됨(Menschwerden)을 구분하는 방법이다. 전자가 널리 퍼져 있지만,[15] 후자 즉 사람됨에 치중한 논의도 있고, 이는 볼노프(Otto F. Bollnow)나

15) 그중에서 인간은 이기적 존재라는 가설이 경제학에서 수용해 이론을 전개한다. 인간이 이기적인 존재이기에 개인들 간의 상호작용에서 나타나는 충돌의 가능성은 완전한 시장이라는 상(像)을 정립함으로써 해결 가능하다. 완전한 시장이라는 상이 완성되면서 개인들 간의 상호작용을 가격을 매개로 이루어지게 된다. 개인이 자신의 행동에 대한 사회적 책임성을 어떻게 부여받는가의 문제는 얼마나 시장이 완전한지, 가격이 어느 정도나 행위의 효과를 반영할 수 있

야스퍼스(Karl T. Jaspers) 등에게서 이루어졌다. 이들은 인간을 '미완성 교향악'으로 정의하기 때문에 완성을 향해 자신을 형성해 가는 과정을 삶으로 본다. 따라서 지식이란 이를 위한 결단에 밑거름이 되는 자양분으로 간주된다(이규호, 2005).

인간이 완성을 향해 자신을 형성해 가는 첫 발걸음을 하버마스(Jürgen Habermas)는 생활세계로 정형화하고, 나아가 생활세계는 객관세계(행정 체제)와 대비되는 유형의 세계로 보았다. 이 두 세계를 정리한 것이 <표 19-7>이다.

표 19-7 생활세계와 객관세계의 비교

	생활세계	객관세계
인간	① 개별화된 인간 ② '나' 또는 '우리'라는 주체가 함께 연루되어야만 발생하고 구성 ③ 삶의 의지, 욕망, 감정 등을 가진 피와 땀이 흐르는 인간	① 표준화된 인간 ② 인간=Σ개인 ③ 삶의 의지, 욕망, 감정 등을 사상한 합리적 인간
공간	① 유동적/역동적이고 다양/다채로우며 수없이 많은 가능한 모습들을 잉태 ② '지역' 개념과 어울림	① 물리적이고 사실적 ② '구역' 개념과 어울림
시간	① 과거와 어울리는 시간 ② 전통, 권위 등이 개재되는 시간 개념	① 과거보다는 미래를 향한 단절된 시간 ② 전통, 권위 등이 개재되지 않는 시간 개념
기반	의사소통행위	화폐와 권력
인식	doxa	epistémé
접근 방법	① 사이 관계를 중시(이기상, 2016) ② 의미론 중시 ③ 비타산적인 접근	① 편익이나 비용 분석을 중시 ② 형식 문법 중시 ③ 합리적인 접근

자료: 이광석(2014) 수정.

생활세계는 기본적으로 개별적 주체만의 공간이지만, 사회적 관계를 형성하면서 새롭게 구성·재구성된다(Swingewood, 1994: 289-295; Heath, 2011: 74-

는지의 문제로 대체된다(최정규, 2011). 철학에서는 맹자의 성선설이나 순자의 성악설로 대표되는 유교의 인간형에서부터 루소(Jean J. Rousseau), 홉스(Thomas Hobbes)의 인간관 등 많이 논의되어 왔다. 최근에는 실존주의나 사회비판이론, 과학철학에서도 인간형을 많이 논의하고 있다(신오현, 1996).

90). 이 생활세계는 근본적으로 맥락 의존적이고 해석적이며 개성 기술이라는 성격을 지니고 있다(Habermas, 1992; 오용득, 2005). 따라서 생활세계는 나에게 의미하는 바가 무엇인가라는 시각에서 구성된 개념이다(박인철, 2002). 이와 같은 견해는 가령 내가 육신을 가지고 인간 공동체 안에서 살고 있는 이 평범하고 자명한 생활세계의 진리가 간과되거나 망각되어서는 안 된다는 것이다.

좀 더 의미있는 것은 생활세계는 사랑의 공동체(박인철, 2002)로서 이해타산적인 개념과는 대척점에 있는 개념으로, 개인적 행복의 토대가 된다. 대화론의 관점을 빌리면 개인 행복이란 사회적 연대와 사회적인 합의에 기초하는데, 이를 '나와 너(I and thou)'로 요약한다(Buber, 1974). 이는 연대가 이루어지지 않아서 나를 제외한 나머지 세계를 나의 목적 달성을 위한 수단으로 보는 관점인 '나와 그것(I and it)'이라는 세계관과 대립한다(Pierson & Thomas, 2002: 304). 따라서 연대가 이루어지지 않는 '나와 그것'이라는 세계관과, 연대가 이루어진 '나와 너'의 세계관으로 양립된다. '나와 너'의 세계관의 의미는 개인 행복을 이루는 것이고, 이를 통해 개인주의에 기초하면서도 그것을 넘어 사회적 행복(social well-being)을 지향한다(Powell, 2007: 47). 이것이 실현되는 구체적인 방법 중 하나는 욕구를 충족시켜 주고 위험을 사회화(risk-pooling)함으로써 위험으로부터 벗어나는(risk protection) 것이다(Castles et al., 2010). 따라서 나의 삶에서 벗어난 복지는 먼 발치에 있는 담론일 뿐이다.

제 5 절 현상학적 복지에 도입 가능한 새로운 제도들

현상학적 복지를 도입한다면 복지 영역에서도 내가 '체감하는 복지'(몸의 복지)로 다가오게 할 수 있다. 이를 제도권과 제도권 밖의 둘로 나눌 수 있고, 전자는 맞춤형 복지와 후자는 생활세계의 확충으로 정리하고자 한다. 먼저 현행 복지 영역에서 맞춤형 복지제도가 있다. 즉, 소득 기준에 따라 급여별로 선정 기준을 달리해서 가구 여건에 맞는 복지를 많은 사람들이 누릴 수 있게 하는 제도가 있다. 소득인정액과 중위 소득을 기준으로 생계급여 · 의료급여 · 주거급여 · 교육급여로 나누어 각 가정에 필요한 복지를 지원하고 있다. 이 제도는 이전 제도보다 진일보한 제도인 것은 사실이나, 이는 여전히 20세기의 복지의 테두리 안에 있다. 조금 더 다가선 제도로는 주민참여예산제도나 미국의 시민예산제안(1999~2005, Citizen Budgeting in D.C.)처럼 수혜자들(즉 복지 수요자들)이 필요한 복지를 지원받도록, 자신들이 필요한 복지 리스트를 구체적 사유와 함께 정부에 제출하도록 하는 것이다. 이 과정에서 상담제도 등을 보완하고 절차화할 수 있을 것이다. 이에 따라 범주화(즉 생계급여 · 의료급여 · 주거급여 · 교육급여 등)하고, 심사하는 복지를 말한다. 가능하다면 또 필요하다면 시민원탁회의와 같은 숙의민주주의 방식도 이 제도 속에서 도입할 수 있을 것이다. 이런 지향은 현상학적 복지의 토대로 작용할 수 있다. 또 다른 가능성 있는 제도로는 행정 체계의 조처가 이루어지기 전에 청문전치주의를 강화하는 것이다. 더욱이 밀양사태에서 보듯이 행정행위로 인한 지역사회 속에서의 갈등도 심각하다. 따라서 사태 이후의 힐링 시스템의 도입도 통합을 이룩할 수 있도록 하는 데 일조할 수 있는 제도이다. 이를 통해 지역사회와의 교감 속에서 사회적 행복을 추구할 수 있다. 다만 법률과 상식의 한계를 벗어나는 물리력 행사나 긴급구호제도의 악용을 막는 제재도 완비되어야 한다.

현재 시민운동은 시민 없는 시민운동으로 정의된다(김홍우, 2007: 45). 즉, 전문가나 직업적 시민운동가들이 일반 시민으로부터 분리되고 있다. 현상학적 복지는 일반 시민과 함께해야 한다는 명제이다. 따라서 이제는 생활세계를 활성화하는 것이라는 근본으로 돌아가서, 어떻게 이웃과 함께할 것인가를 고뇌해야 한다.

참고 문헌

국내 문헌

강성철 · 이광석 · 김상구(2006). 『지방정부간 갈등과 협력』, 서울: 한국행정DB센터.

강신욱 · 이현주 · 손병돈 · 금현섭 · 김성한 · 김용득 · 민소영 · 정희선 · 이경진(2011). 『복지정책의 효율적 관리방안 연구』, 서울: 한국보건사회연구원.

강신택(1982). 『사회과학 연구의 논리』, 서울: 박영사.

______(2005). 『행정학의 논리』, 서울: 박영사.

______(2013). 『행정사상과 연구의 논리』, 서울: 조명문화사.

강창현(2000). 복지 공급 유형으로 본 국가, 시장, 그리고 복지다원주의, 『정책논총』 12(2): 49−83.

강혜규 · 최성은(2010). 사회복지 재정 및 전달체계의 현황과 정책과제. 『보건복지포럼』 166: 94−104.

경상북도(2012). 사회복지 내부자료.

고경훈(2003). 선호시설 유치와 관련된 정부간 정책갈등에 관한 연구: 전북공립외국어고등학교 유치 사례를 중심으로, 『한국정책학회보』 12(3).

고영복(1978). 현대사회와 인간, 고영복(편). 『조직 속의 인간』, 서울: 태극출판사.

곽효문(2003). 사회복지정책에 있어서 다원주의이론의 적용, 『사회정책논총』 15(1): 157−177.

교육부(2002). 『교육통계』, 서울: 교육부.

구완희(1985). 조선 중엽 사족얼자녀(士族孼子女)의 속량과 혼인: 미암일기(眉岩日記)를 통한 사례 검토, 『복현사림』 8: 41−79.

국무총리실(2009). 『복지예산, 지원은 효율화하고 새는 돈은 막는다』, 2009.6.15 보도자료.

______(2011). 『수요자 중심의 맞춤형 복지 실현을 위한 복지전달체계 개선대책』, 2011. 7.13. 보도자료.
국민연금공단(2008). 『국민연금 20년사』.
국민연금관리공단(1998). 『국민연금 10년사』.
국민은행(2015). 주택가격 동향.
국민호(2007). 『동아시아 발전과 유교문화』, 광주: 전남대학교출판부.
군위군(2015). 『제5기 군위군 지역보건의료계획』 내부자료.
권오구(2000). 『사회복지발달사』, 서울: 홍익재.
권은지(2003). 영국의 공적 연금 민영화 과정과 결과, 『경제논집』 42(3): 241-282.
권정택(2007). 『노인요양시설의 공공인프라 확충방안 연구』, 연세대학교 행정대학원 학위 논문.
권해수(2003). 고시제도 개혁의 시차적 접근, 『행정논총』 41(2).
금홍섭(2004). 대전광역시 복지만두레 기대 반, 걱정 반, 『복지동향』 65: 33-34.
기획재정부(2009). 다수 부처 관련 사업 통합관리체제 구축, 2009.1.15 보도자료.
기획재정부 · KDI(2012). 『2012-2016 국가재정운영계획: 복지부문』, 서울: KDI.
김교성 · 유희원(2015). 복지국가의 변화: 신 · 구 사회정책에 기초한 이념형 분석, 『사회복지연구』 46(1): 433-467.
김구(1987). 『백범일지』, 서울: 동문출판사.
김권식(2013). 『정책수단 선택 영향 요인에 관한 연구: 보건의료정책 입법 과정을 중심으로』, 서울대학교 박사학위 논문.
김근용 외(2004). 『공공임대주택 배분체계 및 관리제도 개선방안 연구』, 서울: 국토연구원.
김근홍 · 이창석(2005). 『부동산 · 실버산업』, 서울: 형설출판사.
김기덕(2003). 사회복지 지식의 인식론적 기초, 『상황과 복지』 15.
김기원(2000). 『공공부조론』, 학지사.
김기현(2013). 유교의 사회복지정신, 『사회복지연구』 44(1): 217-237.
김대건(2012). 휴먼서비스 관점에서 본 고령화정책 프레임: 노인 프레임에서 긍정적 고령자 프레임으로, 『한국행정학보』 46(4): 1-26.
김동룡(2014). 『우리나라 사회복지에서의 복지모순에 관한 연구』, 경북대학교 박사학위 논문.
김동주 · 나운환(2007). 장애인직업재활시설의 경영성과평가에 관한 연구, 『직업재활연구』 17(2).
김문조(1990). 하버마스의 의사소통행위론, 『사회비평』(4호), 서울: 나남.
김미나(2004). 공무원특별채용제도의 경로의존적 변화: 박정희정권의 군인특별채용 사례를 중심으로, 『한국행정논집』 16(1): 81-106.

김병섭 외(2013). 『정책수단론』, 서울: 법문사.
김상균(2010). 『낙타와 국민연금』, 서울: 학지사.
김석준(2002). 『현대 대통령연구 1』, 서울: 대영문화사.
김선욱(2011). 『행복의 철학: 공적 행복을 찾아서』, 서울: 길.
김선화 · 방진희 · 이근희(2010). 사회서비스 전달체계 변화에 따른 사회적 일자리 창출 효과 비교, 『보건사회연구』 30(2): 312-357.
김성구 외(1998). 『자본의 세계화와 신자유주의』, 서울: 문화과학사.
김수완(2004). 영국의 공적연금 개혁: 복지국가의 전략적 선택과 평가, 『한국사회정책』 11(1).
______(2007). 고령화시대의 노후소득보장체계 재편전략과 한국의 선택, 『사회복지연구』 35: 441-467.
김순양(2002). 일선복지행정 전문 관료의 재량행위 분석: 기초생활보장 수급자 산정 과정을 중심으로, 『한국행정학보』 36(2): 291-312.
______(2002). 지방정부조직 내부 의사결정 과정의 신속성 제고 방안: 결재제도를 중심으로, 『한국행정학보』 36(1): 193-213.
______(2006). 『복지서비스의 민간위탁시스템 분석』, 서울: 집문당.
______(2009). 사회적 기업 인증제도의 개선방안 고찰, 『사회적기업연구』 2(1).
______(2012). 한국의 발전국가와 사회정책 간 관계의 재해석, 『한국정책학회보』 21(1).
______(2014). 한국의 노인빈곤에 대처한 사회안전망 구축 방안, 『사회과학연구』 34: 108-146.
______(2015). 동아시아의 발전국가와 사회정책: 한국의 사례를 통한 발전주의 복지체제론의 주장들에 대한 재검토, 『행정논총』 53(2): 27-68.
______(2015). 지속 가능한 복지를 위한 시장의 역할 제고 방안 고찰, 『한국거버넌스학회보』 22(2): 47-75.
김순양 · 고수정(2004). 지방공공서비스의 민간위탁과정 비교 분석, 『한국사회와 행정연구』 15(1): 95-124.
김신열(2009). 율곡의 향약을 통해 본 지역사회복지 실천의 의미, 『유학사상연구』 37: 67-88.
김양분 · 김미숙(2002). 『입시학원 교육실태분석』, 교육개발원 연구보고서, RR2002-1.
김연명(2002). 『한국 복지국가 성격 논쟁Ⅰ』, 서울: 인간과복지.
______(2007). 사회투자국가, 새로운 사회복지패러다임인가?, 『사회투자국가, 한국 사회복지의 대안인가?』, 비판과 대안을 위한 사회복지학회 춘계학술대회 자료집, pp. 1-37.
김연명(편)(2006). 『사회투자국가와 한국 사회정책의 미래』, 서울: 나눔의 집.

김연명 · 박순우 · 전창배(2006). 『영국 의료보장체계 (NHS)에 관한 연구: 의료의 질과 효율성, 형평성을 중심으로』, 서울: 국민건강보험공단.
김영건(2004). 소여, 현상학, 모순, 『논리연구』 7(1): 41－65.
김영란(2002). 사회권의 재정립에 관한 연구: 배제에서 포용으로, 『사회복지정책』 13: 40－71.
김영명(2003). 『한국 현대정치사』, 서울: 을유문화사.
김영수(2012). 생활세계와 모순적 주체: 주체적 욕망과 공공권력의 관계를 중심으로, 『人文科學硏究』 30: 443－472, 성신여자대학교 인문과학연구소.
김영순(2002). 지구화시대의 정책모방: 미국, 영국, 한국의 근로연계복지 비교연구, 『한국정치학회보』 26(4): 321－342.
김영주(1999). 『시장주의: 그 신화와 환상』, 서울: 인물과사상사.
김영평(1982). 정책오차의 수정에 대한 정당성, 『한국행정학보』 16: 209－225.
______(1998). 『불확실성과 정책의 정당성』, 서울: 고려대학교출판부.
김용익(2002). 의약분업의 이념적 성격, 『이념논쟁과 사회복지정책』, 한국사회복지정책학회 2002년 춘계학술대회 자료집.
김운태(1981). 『조선왕조행정사』, 서울: 박영사.
김은하 · 이희종(2012). 『기초생활보장제도 재정평가 및 재정추계 기본모형 개발연구』, 한국보건복지정보개발원.
김정렴(1990). 『한국경제정책 30년사』, 중앙일보사.
김정오(1985). 지각심리학에서의 현상학적 전통과 그 방법론, 한국현상학회(편). 『현상학과 개별과학』, 서울: 대학출판사.
김종수(1996). 『조선후기 훈련도감의 설립과 운영』, 서울대 박사학위 논문.
김준연(2012). 현상학적 복지철학의 가능성 연구, 『동서철학연구』 66.
김준현(2014). 사회서비스 전달체계 공공성 위기 고찰: 정당성 위기를 중심으로, 『한국사회와 행정연구』 24(4): 187－208.
김진욱(2005). 한국 복지혼합의 구조: 2000년도 지출 추계를 중심으로, 『사회보장연구』 21(3): 23－54.
______(2011). 『한국의 복지혼합』, 서울: 집문당.
______(2013). 한국 복지국가 10년(2000~2010), 복지혼합 지출구조의 변화와 그 함의, 『한국사회복지조사연구』 36: 387－419.
김찬우(2015). 노인복지서비스 증진을 위한 지방정부의 역할 정립에 관한 고찰, 『노인복지연구』 67: 33－59, 노인복지학회.
김태성 · 성경륭(1999). 『복지국가론』, 서울: 나남.
______(2009). 『복지국가론』(개정판), 서울: 나남.

김태연(2011). 『영국의 커뮤니티 비즈니스 최근 논의 동향: 커뮤니티 비즈니스에서 사회적 기업으로』, 미출판 원고.
김현아(2005). 최근 부동산 시장 불안의 원인과 대책, 『건설산업동향』, 서울: 건설산업연구원.
김현조(2009). 『지방자치론』, 서울: 대영문화사.
김형렬(1997). 『정책결정론』, 서울: 대영문화사.
김형식 편(1998). 『시민적 권리와 사회정책』, 서울: 중앙대학교출판부.
김형효(2008). 『구조주의: 사유체계와 사상』, 서울: 인간사랑.
김혜원(2009). 사회서비스 일자리사업의 평가와 개선방향, 세미나 자료.
김홍우(2000). 『현상학과 정치철학』, 서울: 문학과지성사.
______(2007). 『한국정치의 현상학적 이해』, 서울: 인간사랑.
김흥기(1999). 『영욕의 한국경제: 비사 경제기획원 33년』, 매일경제신문사.
나병균(1997). 1980년 이후 서유럽 복지국가들의 신보수주의와 사회보장제도의 개혁, 『사회보장연구』 13(1): 207-46.
______(2010). 서구적 동아시아 복지국가 담론의 한국에 대한 적용가능성 연구, 『사회복지연구』 41(3): 5-28.
남기민(2011). 『사회복지학개론』, 서울: 양서원.
노동부(2006). 『사회적 일자리 사업 소개』.
______(2008). 사회적 일자리 창출사업 및 사회적 기업 육성정책, 일자리창출 지원과 자료.
______(2008). 『사회적 기업 육성 기본계획(2008-2012)』.
노화준(2004). 『정책학원론』, 서울: 박영사.
달성군(2016). 2016년도 세입세출예산. 달성군청 정보공개 예산 현황.
http://www.dalseong.daegu.kr/new/dalseong/information/page.html?mc=2059
______(2016). http://tong.dalseong.daegu.kr/0101.html 2016년 통계연보.
대구광역시(2016). 2016년 세입세출예산서. 대구살림 통합공개.
http://jumin.daegu.go.kr/budget/information/informationBudgetBill.do#none
______(2016). http://stat.daegu.go.kr/themestats/todayDg.do 오늘의 대구.
대통령자문 정책기획위원회(2006). 『선진복지한국의 비전과 전략』, 서울: 동도원.
대한민국국회(2008). 『대한민국국회 60년사』.
대한민국국회사무처(1985). 『국회사: 제9대 국회 자료편』.
대한약사회(1981). 『대한약사회사』 제2집.
대한의학협회(1979). 『대한의학협회 70년사』.
대한치매학회(2011). 『치매임상적 접근』, 서울: 아카데미아.
동아일보사(1995). 『동아연감 별책』.

류만희(2012). 희망리본사업·취업성공패키지 연계·조정 및 자활역량평가 체계 개편 방안, 한국조세연구원 주최『희망리본사업의 본 사업화 방안』세미나 발표자료.
류진석(2015). 지역사회 중심 복지조직 참여자의 활동만족도에 미친 영향 요인,『사회과학연구』26(1): 297-318.
문수홍(1985).『조선시대 납속제에 관한 연구』, 성균관대 박사학위 논문.
문옥륜 외(1991).『한국의료보험론』, 서울: 신광출판사.
물리치료사협회(2011).『물리치료 내부자료』.
박광준(2010).『사회복지의 사상과 역사: 마녀재판에서 복지국가의 선택까지』, 서울: 양서원.
박동서(1984).『한국행정론』, 서울: 법문사.
______(2004).『한국행정론』, 서울: 법문사.
______(2005).『한국행정론』, 서울: 법문사.
박병철(2014). 비트겐슈타인 철학의 현상학적 측면: 박정일 박사와 김영건 박사의 비판에 대한 반론,『논리연구』7(2): 47-70.
______(2014).『비트겐슈타인 철학으로의 초대』, 서울: 필로소픽.
박병현(2007). 사회투자국가, 한국의 복지국가 발전에의 대안인가?,『한국사회복지연구회 하계 학술세미나 자료집』.
박병현 외(2007). 한국 사회복지정책의 변화과정 분석: 사회진보의 결과인가 사회통제의 결과인가?,『사회복지정책』29: 169-194.
박상필(2000). 이익집단 갈등과 사회자본: 경실련의 한약분쟁조정 사례연구,『한국행정학보』34(2).
박성수(1999).『조선의 부정부패 그 멸망에 이른 역사』, 서울: 규장각.
박순애(2009). 민간위탁 단계별 영향 요인에 관한 연구: 국내외 민간위탁 연구에 대한 내용분석을 중심으로,『행정논총』47(1): 101-131.
박순우(1995), T. H. Marshall의 시민권론에 대한 재조명,『사회복지정책』1: 71-82.
박승희(1999). 사서에 나타난 유교의 사회복지사상,『한국사회복지학』38: 126-152.
박승희·채구묵·김철주·홍세영 외(2008).『스웨덴 사회복지의 실제』, 서울: 양서원.
박윤희·박천오(2011). 사회복지서비스 민간위탁 실태에 관한 진단: 경기도 K시 종합사회복지관을 중심으로,『지방행정연구』25(2): 79-102.
박이문(1982).『인식과 실존』, 서울: 문학과지성사.
박인철(2002). 현상학적 사회이론: 개인과 사회와의 관계에 대한 후설의 논의를 중심으로,『철학연구』59.
박재간(2002).『노인전용 주거시설의 개발전략』, 서울: 아시아미디어리서치.
박재환(1992).『사회갈등과 이데올로기』, 서울: 나남.

박정용(2002). 『정책집행과정에서의 정책대응에 관한 연구: 의약분업 정책사례를 중심으로』, 원광대 박사학위 논문.
박정일(2003). 박병철 교수의 “비트겐슈타인 철학의 현상학적 측면”, 『논리연구』 6(2): 161−172.
박종삼 외(2004). 『사회복지학개론』, 서울: 학지사.
박종철(2008). 『한국의 발전전략』, 파주: 한국학술정보.
박종현(2008). 『케인즈 & 하이에크: 시장경제를 위한 진실게임』, 서울: 김영사.
박천오 · 주재현 · 진종순(2012). 우리나라 융합행정의 정책 방향과 추진 방안에 관한 연구, 『행정논총』 50(2): 35−65.
박혜자(2008). 보건복지행정의 기능과 재정 분담에 있어 중앙−지방정부 간 관계의 변화, 『한국지방자치학회보』 20(3): 135−157.
박호숙(1994). 『정책갈등과 지방의회의 조정역할: 인주공단 설립 결정 사례』, 고려대학교 박사학위 논문.
박홍립(1991). 『경제학원론』, 서울: 박영사.
______(2000). 『경제학원론』, 서울: 박영사.
백선희(2006). 영국의 국가아동보육전략 연구를 통한 우리나라 보육정책의 발전방안 모색: Sure Start를 중심으로, 『사회복지정책』 27: 79−113.
백종섭(2002). 서울시 추모공원 건립정책의 갈등 원인과 해결 방안, 『한국행정학회 2002년도 하계학술대회 발표논문집』.
법제처(2011). 보도자료.
보건복지부(2011a). 『복지정책의 효율적 관리방안 연구』(내부연구자료).
______(2012a). 『지자체 복지사업 효율적 관리방안 연구』(내부연구자료).
______(2012b). 『행복e음 효율성 및 신뢰성 제고를 위한 기반 연구』, 서울: 복지부.
______(2013). 치매 일찍 발견하면 치료 관리 가능(보도자료).
______(2013). 치매특별등급 신설 등 장기요양보험 등급체계 개편에 따른 수가 신설 · 조정 및 보험료율 결정(보도자료).
______(2015). 2012년 치매 유병률 9.18%, 치매환자 수 20년마다 2배씩 증가(보도자료).
______(2015). 국가치매관리 종합계획(보도자료).
______(2015a). 치매관리사업 지침서.
______(2015b). 노인복지사업 안내.
______(2016). 『기초연금 사업안내』, 서울: 보건복지부.
보험연구원(2015). 『보험회사의 개인염금보험 가입 자료』.
사회투자지원재단 · 노동부(2009). 해외 사회적기업 법제도 현황, 『사회적 경제와 사회적 기업 시리즈』 6.

서남규(2011). 의료자원 할당과 행정 정의, 『행정언어와 질적연구학회 춘계학술대회 논문집』.
서울대학교 행정대학원(1980). 77년 의료보험제도, 『행정사례집』.
서울특별시(2016). 2016년 예산서. 서울특별시 세금 · 재정 · 계약. http://finance.seoul.go.kr/archives/33438
______(2016). http://stat.seoul.go.kr/jsp3/seoul100.jsp?link=4 서울 100대 통계.
서한교(1990). 17·18세기 납속책의 실시와 그 성과, 『경북대역사교육논문집』 15.
성균관대학교 유학과 교재편찬위원회(2000). 『유학사상』, 서울: 성균관대학교출판부.
성태현 외(2004). 『남해안 지역 실버산업 벨트 구축과 운영』, 마산: 경남대학교 경남지역문제연구원.
소두영(1988). 『구조주의』, 서울: 민음사.
______(2008). 『부동산 계급사회』, 서울: 후마니타스.
______(2010). 『대한민국 정치·사회지도』, 서울: 후마니타스.
손능수 외(2013). 『저소득층 일자리사업의 고용 · 복지 · 교육훈련 연계 방안 연구』, 경북행복재단.
손명세(1989). 『한국 의료보험 정책결정과정의 연결망 분석』, 연세대 박사학위 논문.
손순옥 · 손경숙(2007). 지방정부 민간위탁과정의 개선 방안에 관한 연구: 춘천시 국공립 보육시설을 중심으로, 『사회과학연구』 46(2): 61－89.
손준규(1981). 『한국의 복지정책 결정과정에 대한 연구』, 서울대 박사학위 논문.
송복(1990). 『한국사회의 갈등구조』, 서울: 현대문학.
송재복(1988). 『한국 자본축적 과정에서의 국가 역할에 관한 연구』, 고려대 박사학위 논문.
송호근(1992). 『시장과 이데올로기』, 서울: 법문사.
수성구(2016). http://stat.suseong.kr/2016st/0304.html 2016년 통계연보.
______(2016). http://www.suseong.kr/index.do?menu_id=00030397 2016년 재정공시(예산서). 수성구청 정부3.0 정보공개.
신동면(2001a). 한국의 복지혼합에 관한 연구, 『한국사회복지학』 45: 220－249.
______(2001b). 영국 사회보장제도의 개혁: 사회부조(social assistance)를 중심으로, 『한국사회복지학』 46: 178－209.
신오현(편)(1996). 『인간의 본질』, 서울: 형설출판사.
신윤경(2015). 칸막이 행정에서 국민을 위한 '보건 · 복지 협업'으로: 방문간호사의 동 주민센터 배치 · 운영, 『행정포커스』 113, 한국행정연구원.
신혜리(2015). 노인장기요양보험, 한국복지연구원 발표 자료.
심규성 · 유병열(2013). 복지다원주의의 관점에서 본 청소년을 위한 학교스포츠클럽 공급체계의 효율화 방안, 『한국체육정책학회지』 11(2): 71－81.

심준섭(2004). 불확실성과 정책오차의 이중성: 신용카드사 규제정책을 중심으로,『한국행정학보』 38(6): 131－153.
______(2012). 제주해군기지 건설을 둘러싼 지역주민과 공무원의 갈등프레임 비교분석,『행정논총』 50(4): 221－249.
심준섭 · 김민종(2006). 정책실무자들의 판단과 의사결정: 휴리스틱스와 바이어스,『한국공공관리학보』 20(2): 33－68.
심준섭 · 김지수(2011). 갈등 연구에서 프레임 분석의 적용가능성 : 문헌연구를 중심으로,『국가정책연구』 25(3): 29－64.
심지연(2004).『한국정당정치사』, 서울: 백산서당.
아시아투데이 신문(2015.4.29). “전국 모든 지역 고령화 이상 진행”(김관태 기자). http://www.asiatoday.co.kr/view.php?key=20150429010018792
안대회(2011).『정조 치세어록』, 서울: 푸르메.
안병주(1986). 유교의 민본사상에 관한 연구: 군주·민본으로부터 민주에로의 전환가능성의 모색』, 성균관대학교 박사학위 논문.
안정근(2004).『현대부동산학』, 서울: 법문사.
안재홍(1998). 근대화, 개인화의 정치경제 그리고 노동운동의 대응: 스웨덴 사례의 이론적 해석,『한국정치학회보』 32(1).
안치민(2003). 복지권의 구성과 성격,『한국사회복지학』 55: 5－25.
안해균(1984).『정책학원론』, 서울: 박영사.
양영애 외(2009).『장기요양 재활서비스 도입 및 활성화 방안 연구』, 국민건강보험공단 용역보고서 2009－02.
양재진(2007). 유신체제하 복지연금제도의 형성과 시행유보에 관한 재고찰,『한국거버넌스학회보』 14(1).
양재진 외(2008).『한국의 복지정책 결정과정: 역사와 자료』, 서울: 나남.
양진석(1999).『17, 18세기 환곡제도의 운영과 기능변화』, 서울대학교 박사학위 논문.
양해림(2000). 메를로－퐁티의 몸의 문화현상학, 한국현상학회(편).『몸의 현상학』, 서울: 철학과현실사.
여유진 외(2014).『한국형 복지모형 구축: 한국의 특수성과 한국형 복지국가』, 한국보건사회연구원.
염재호(2005). 정책연구에서 시간 개념 도입의 유용성,『한국행정학보』 39(4).
오건호(2016).『내가 만드는 공적 연금』, 서울: 책세상.
오석홍(1998).『조직이론』, 서울: 박영사.
______(2010).『한국의 행정』, 서울: 법문사.
오영희 외 6명(2009).『저소득층 치매 치료관리 바우처 지원제도 도입 방안』, 보건환경연구원 정책보고서.
오용득(2005). 『자기쇄신의 학으로서의 철학적 해석학』, 부산: 책펴냄열린시.
오을임(1987). 『한국의 사회복지정책 형성과정에 관한 연구』, 건국대 박사학위 논문.
오일주(1984). 조선후기 재정구조의 변동과 환곡의 부세화, 『실학사상연구』 3: 59-118.
오창희(1993). 사회과학방법론, 차인석(외). 『사회철학대계(3): 사회원리에 관한 새로운 모색들』, 서울: 민음사.
원석조(2001). World Bank와 ILO/ISSA의 사회보장연금 민영화 논쟁에 관한 연구, 『한국사회복지학』 46.
______(2002). 이념 논쟁과 건강보험 통합, 『이념 논쟁과 사회복지정책』, 한국사회복지정책학회 2002년 춘계학술대회 자료집.
원소연(2012). 복지다원주의와 보충성 원칙: 독일의 노인요양서비스 사례를 중심으로, 『한국정책학회보』 21(3): 441-461.
원종학(2011). 사회적 기업과 복지재정, 경북대 강연 원고.
원종학 · 김지영(2009). 『사회적일자리 사업의 성인지적 평가』, 서울: 한국여성정책연구원.
원종학 · 손원익 · 박태규 · 이광석(2011). 『복지사업효율성 제고 방안: 지자체와 민간비영리기관의 효율성을 중심으로』, 서울: 한국조세연구원.
유길상(2006). 고용서비스 전달체계의 발전 추세와 시사점: 호주, 미국, 영국의 사례를 중심으로, 『사회보장연구』 22(4): 1-25.
유민봉(2012). 『한국행정학』, 서울: 박영사.
유병선(2006). 『고령사회의 노인주거복지 과제』, 서울: 한국학술정보.
유병용 외(2002). 『유교와 복지』, 서울: 백산서당.
유해운(1997). 『환경갈등과 님비이론』, 서울: 선학사.
유호선(2007). 독일과 일본의 장기요양보험제도 하의 재가서비스 공급체계에 대한 복지혼합 분석: 역사제도주의적 관점에서, 『사회보장연구』 23(3): 201-226.
윤견수 · 소영진 · 김동환 · 이종범 외(2000). 『딜레마와 행정』, 서울: 나남.
윤도현(2003). 신자유주의와 대안적 복지정책의 모색, 『한국사회학』 37(1): 51-66.
윤석명 · 주은선(2001). 『공적연금 유형의 국제비교 (I): 주요국 이원연금 체계를 중심으로』, 서울: 국민연금공단 국민연금연구센터.
윤영진 외(2007). 『복지재정과 시민참여』, 서울: 나남.
윤평중(1989). 이해와 실천: 가다머와 하버마스의 해석학 논쟁을 중심으로, 『한신논문집』 6.
윤홍식(2007). 사회투자국가와 한국 여성가족정책의 과제: 사회비전 2030을 중심으로, 『사회투자국가, 한국 사회복지의 대안인가?』, 비판과 대안을 위한 사회복지학회 춘계학술대회 자료집, pp.105-149.

의료보험연합회(1997). 『의료보험의 발자취』.
의성군(2016). 2016년 재정공시. 의성군청 정부3.0 행정정보 · 개방 http://www.usc.go.kr/information_open/finance_whitepaper/finance_announcement/2016
http://kosis.kr/statisticsList/statisticsList_01List.jsp?vwcd=MT_ZTITLE&parentId=A#SubCont
이갑윤(2009). 『한국 국회의 현실과 이상』, 서울: 오름.
이광석(2006). 조선조 행정 기능의 관리불가능성에 관한 연구: 조선조 말기의 제도 붕괴 과정을 중심으로, 『행정논총』 44(4): 285-317.
______(2006a). 정책편차와 그 수정. 『정부 및 지역혁신 정책추진에 관한 성과평가』, 한국정부학회 동계학술대회 발표 논문.
______(2006b). 언어정책의 민간화에 관한 연구, 『한국정책학회보』 15(1), 한국정책학회.
______(2010). 정책편차와 그 시정에 관한 연구, mimeo.
______(2014). 행정과 생활세계의 충돌과 조화에 관한 연구: 의식의 흐름 방법을 적용한 밀양 송전탑 사태의 분석, 『한국행정학보』 48(3): 147-174.
이광석 · 김동룡(2009). 우리나라 지역사회복지 전달체계에 관한 연구: 영국의 지역사회복지 전달체계에 비추어, 『한국지방자치학회보』 21(4): 109-134.
______(2012). 운용의 관점에서의 복지모순에 관한 연구: 경상북도 사례를 중심으로, 『한국행정논집』 24(1): 105-130.
이광석 외(2015). 『국제행정론』, 서울: 대영문화사.
이광석 · 원종학(2011). 복지모순에 관한 연구: 희망근로사업을 중심으로, 『한국사회복지정책』 38(4): 55-82.
이광석 · 원종학 · 김동룡(2015). 『복지모순론』, 서울: 퍼시픽출판사.
이광석 · 원종학 · 손원익 · 박태규(2011). 『복지사업효율성 제고 방안』, 한국조세연구원.
이규호(2005). 『철학적 인간학』, 서울: 연세대출판부.
______(2005a). 『언어철학』, 서울: 연세대출판부.
______(2005b). 『해석학』, 서울: 연세대출판부.
이근주 외(2002). 『정책사례집』, 서울: 한국행정연구원.
이기상(2011). 『하이데거의 생애와 사상 그리고 그 영향』, 서울: 누멘.
______(2016). 커뮤니케이션학을 넘어 글로벌 소통학으로: 동서 문화맥락 속의 소통에 대한 이해를 바탕으로 한 통합적 연구의 필요성, 이광석 외, 『소통학: 학문, 문화, 응용』, 서울: 대영문화사.
이나가키 히사가즈(2013). 『공공복지』(성현창 옮김), 서울: 예영커뮤니케이션.
이남인(2016). 『현상학과 해석학: 후썰의 초월론적 현상학과 하이데거의 해석학적 현상학』, 서울: 서울대출판원.

이명희(2001). 유교사회의 연(緣) 복지문화에 관한 미시적 고찰, 『한국사상과 문화』 14: 259－293.
이목훈(1992). 『한국의 노동통제정책의 변화에 관한 연구』, 서울대 박사학위 논문.
이민수(2000). 『조선전기 사회복지정책연구』, 서울: 혜안.
이병우(2000). 『한국 유학사상의 인간 이해와 윤리』, 서울: 오늘의 문학사.
이봉주(2004). 사회복지전달체계 개편방안, 『서울대학교 행정대학원 정책&지식포럼』, 7. 26
이삭(1985). 『철학사전』(임석진 감수), 서울: 이삭.
이상일(2004). 영국 공공복지서비스 전달체계의 재조직화: 배경 및 시사점, 『사회복지정책』 18: 157－177.
이상형(2013). 『철학자의 행복 여행』, 서울: 역락.
이상호(2005). 최고가치 낙찰제도: 외국 사례와 도입 방안, 『건설경제』 46: 46－56, 서울: 국토개발연구원.
이석규(1994). 『조선 초기 민본사상 연구』, 한양대학교 박사학위 논문.
이석호(2001). 『인간의 이해: 철학적 인간학 입문』, 서울: 철학과현실사.
이성무(2011). 『조선왕조사』, 서울: 수막새.
이송호(2008). 『관계장관회의』, 서울: 대영문화사.
이승규(2007). 사회적기업 평가도구 개발, (재)실업극복국민재단 정책연구원 1주년기념 심포지엄.
이승환(1998). 『유가사상의 사회철학적 재조명』, 서울: 고려대학교출판부.
이신용(2007). 권위주의국가와 사회복지정책: 한국의 관료적 권위주의를 중심으로, 『사회복지정책』 28.
이영길(1995). 『음운이론의 과정』, 광주: 전남대출판부.
이영호(1977). 생활세계 개념의 이해를 위한 서설: 후설의 사상 전개과정과 연관하여, 『인문과학』 7: 75－88, 성균관대 인문과학연구소.
이용탁(2008). 사회적 기업의 BSC모형 개발에 관한 연구, 『사회적기업연구』 1.
이인수(2002). 『21세기 실버산업과 노인촌락』, 서울: 양지.
______(2005). 『노인주거복지와 실버산업』, 서울: 일진사.
______(2006). 『실버산업의 전망과 과제』, 서울: 대왕사.
이인희(2005). 복지다원주의 패러다임에 관한 연구, 『한국정책과학학회보』 9(4): 215－237.
이장희(1978). 양반 · 농민층의 변화, 『한국사』 13.
이종범 · 안문석 · 염재호 · 박통희 외(1994). 『딜레마 이론』, 서울: 나남.
이종수(2009). 『행정학사전』, 서울: 대영문화사.

이중근(2004). 『임대주택정책론: 이론과 실제』, 서울: 나남.
이태수(편저)(2010). 『사회복지전달체계의 개편과 민관협력』, 서울: 학지사.
이해준(2005). 한국의 마을문화와 자치 · 자율의 전통, 『한국학논집』 32: 213-34.
이혁우(2009). 정책사례연구대상으로서의 예기치 못한 결과, 『행정논총』 47(1): 367-394, 서울대학교 행정연구소.
이현주 외(2005). 『외국 전달체계 비교분석』, 서울: 한국보건사회연구원.
이현주 · 정익중(2012), 아동복지서비스 전달체계의 복지혼합과 공공의 역할 재구축, 『한국사회정책』 19(1): 65-94.
이형순(1980). 『경제학원론』, 서울 박영사.
______(1988). 『경제학원론』, 서울: 박영사.
이혜경(1993). 권위주의적 자본주의사회에서의 복지국가의 발달: 한국의 경험, 『한국사회복지학』 21.
이혜훈(1997), 외국 복지국가위기론이 공동체의식 확립에 주는 시사점, 『사회복지』 135.
이호철(1996). 행위자와 구조, 그리고 제도: 제도주의의 분석수준, 『사회비평』 14: 63-113.
임도빈 · 이현국(2009). 일선관료의 시간사용 분석: 동사무소 사회복지 전담공무원을 중심으로, 『한국사회와 행정연구』 20(2): 1-27.
임석진(외)(2009). 『철학사전』, 서울: 중원문화.
임채원(2007). 『사회투자국가: 미래한국의 새로운 길』, 서울: 한울아카데미.
임혁백 외(2009). 『사회적 경제와 사회적 기업』, 서울: 송정문화사.
장덕희 · 김태일(2007). 기준재정수입액 추계오차가 지방정부의 보통교부세 배정 규모에 미치는 영향분석, 한국행정학회 동계학술대회 발표 논문.
장동호(2007). 후기산업사회 지역복지정책의 발달 원인에 관한 이론적 고찰, 『한국사회복지학』 59(3): 229-251.
장정순(2007). 미국의 사회적 기업의 재원조달 방안, 『한국비영리연구』 6(1).
장현주(2015). 기초연금의 재원 부담 방식에 관한 연구: 기초자치단체 유형별 국고부담률을 중심으로, 『지방정부연구』 18(4): 417-436.
전남진(1982). 한국복지연금제도의 정책수립과정에 관한 연구, 『한국사회복지학』 3.
______(1989). 『사회정책강론: 복지정책의 수립과 분석』, 서울: 서울대학교출판부.
전태국(1996). 인간 이성에 대한 굳건한 믿음과 새로운 사회, 김재용 · 윤형식 · 이삼성 · 한정숙(편)(1996). 『명저의 세계』, 서울: 한길사.
정광호(2008). 『바우처 연구』, 서울: 학림사.
정규진 · 서인석 · 장희선(2012). 사회적 기업의 지속가능성에 대한 탐색적 연구, 『한국행정학회 2012 하계학술대회 논문집』.

정기철(1995). 해석학과 해체주의: 가다머와 데리다의 논쟁, 『해석학연구』 1: 277－416.
정대현(1987). 『한국어와 철학적 분석』, 서울: 이화여자대학교출판부.
정무권(1993). 국가자율성, 국가능력, 사회보장정책, 『한국행정학보』 27(2).
정무성 외(2011). 『사회적 기업과 사회서비스』, 서울: 공동체.
정병석 · 권상우(2012). 유가의 복지: 유형, 이념, 실천, 『철학논총』 69(3): 459－482.
정부 · 민간 합동작업단(2006). 『비전2030』, 서울: 정부 · 민간 합동작업단.
정석종(1972). 조선 후기 사회신분제의 붕괴: 울산부 호적대장을 중심으로, 『대동문화연구』 9.
정성식(2013). 경국대전의 성립 배경과 체제, 『동양문화연구』 13: 35－61.
정약용 저, 다산연구회 편역(2013). 『정선 목민심서』, 서울: 창비.
정용덕(2001). 『현대국가의 행정학』, 서울: 법문사.
정정길(1994). 『대통령의 경제리더십』, 매일경제신문사.
______(1994). 『정책결정론』, 서울: 대명출판사.
______(2002). 정책과 제도의 변화 과정과 인과법칙의 동태적 성격: 시차적 접근방법을 위한 제언, 『한국정책학회보』 11(2).
정정길 외(1994). 『정책평가: 이론과 적용』, 서울: 법영사.
______(2003). 정책과 제도 변화의 시차적 요소, 『행정논총』 41(2).
______(2005). 『행정의 시차적 접근』, 서울: 박영사.
______(2014). 『정책학원론』, 서울: 대명출판사.
정호훈(2004). 『조선 건국과 경국대전 체제의 형성』, 서울: 혜안.
정화열(1999). 『몸의 정치』, 서울: 민음사.
정화철(2015). 장기요양시설과 그 차별화에 대한 문제점, 한국복지연구원 3월 월례회 발표자료.
제18대 대통령직인수위원회(2013). 『제18대 대통령직인수위원회 제안: 박근혜정부 국정과제』, 서울: 제18대 대통령직인수위원회.
조광제(2008). 『의식의 85가지 얼굴』, 서울: 글항아리.
조남욱 외(1999). 『현대인의 유교읽기』, 성남: 아세아문화사.
조맹제 외 24명(2008). 『치매노인유병률조사』, 서울대학교 병원.
조석준(1984). 품의제도와 한국 행정의 의사결정과정, 『행정논총』 22(1).
______(1994). 『한국행정조직론』, 서울: 법문사.
______(2004). 『한국행정과 조직문화』, 서울: 대영문화사.
조선사연구회(2010). 『조선사회 이렇게 본다』, 서울: 지식산업사.
조선일보사(1980). 『사료 해방 40년』.
조선주 · 김영옥(2007). 기업의 사회공헌활동과 여성, 『여성연구』 73.

조영복(2007). 『사회적 기업: 비즈니스 모델과 성과』, (사)안심생활.
조영복 · 강승화(2008). 사회적 기업 인증 결과와 과제, 『사회적기업연구』 1.
조영훈(2001). 유교주의, 보수주의, 또는 자유주의?: 한국의 복지 유형 검토, 『한국사회학』 35(6): 169－191.
조홍식(2007). 『민주주의와 시장주의』, 서울: 박영사.
住谷磬 · 右田紀久惠(편저)(1983). 『現代の地域福祉』, 박봉관(옮김)(1999). 서울: 대영문화사.
주은선(2006). 『연금개혁의 정치: 스웨덴 연금제도의 금융화와 복지정치의 변형』, 서울: 한울.
주재현(2006). 『정책과정론』, 서울: 대영문화사.
주한광(1994). 『현대경제학연습』, 서울: 율곡출판사.
중앙일보(2014). 활성산소 막아주는 비타민C 꽃 중년 필수품 자리 매김: 비타민 C 부족하면 기억력 저하 초래, 2014.5.20.
증평군 https://www.jp.go.kr/kor/prog/yesanInfo/sub01_05_04/list.do
차인석(1985). 사회인식의 선이해 구조, 한국현상학회(편). 『현상학과 개별과학』, 서울: 대학출판사.
채경석(2000). 『정책집행의 논리와 현실』, 서울: 대영문화사.
최명순(1999). 『한국 사회복지 이념』, 서울: 백산출판사.
최배근(1998). 『한국경제의 역사적 인식』, 서울: 박영사.
최병선(2002). 『정부규제론』, 서울: 박영사.
최병선 · 심준섭 편(2010). 『다산의 행정사상』, 서울: 대영문화사.
최연식 · 임유진(2011). 한국적 복지혼합의 유교적 기원, 『21세기정치학회보』 21(3): 277－305.
최우영(2006), 사회자본의 관점에서 본 전통사회의 농민조직, 『정신문화연구』 29(1): 239－74.
최정규(2009). 『이타적 인간의 출현』, 서울: 뿌리와이파리.
______(2011). Homo Economicus의 변천, 경북대 학술잔치 발표 논문.
최정운(1995). 푸코의 눈: 현상학 비판과 고고학의 출발, 『한국정치학회보』 29(4).
최종헌 · 이종한(2009). 『지속가능 발전을 위한 사회적 기업의 역할과 활성화 방안에 관한 연구』, 서울: 한국행정연구원.
최창현 · 곽미정(2015). 기초연금제도의 진단연구: 지표의 적용을 통한 전문가 의견의 분석, 『한국거버넌스학회보』 22(2): 1－24.
최치원(2012). 종교문화적으로 이해된 막스 베버의 유교윤리에 대한 정치이론적 해석: 동북아시아의 공공성 문제 고찰, 『정치사상연구』 18(1): 213－37.
최한수(2004). 『한국정치의 이해』, 서울: 건국대학교출판부.

추병주 · 정윤수(2009). 민간위탁의 운영과 성과분석: 지방자치단체 전수조사 결과를 중심으로, 한국지방자치학회 2009년 동계학술대회 발표 논문, pp.439-465.
추병주 · 함영진(2010). 사회복지정보화의 성과와 한계: 사회복지통합관리망을 중심으로, 『한국행정학회 2010 동계학술대회 논문집』.
크리스천아카데미(엮음)(1998). 『스웨덴 사회복지의 유형과 발전상』, 서울: 한울.
통계청(1998). 『대한민국 50년의 경제사회상 변화』.
하상근(2003). 정책불응의 현황 및 불응요인의 상대적 영향력 검증: 국민연금정책을 중심으로, 『지방정부연구』 7(3): 83-105.
______(2011). 『정책불응의 이해』, 서울: 대영문화사.
하태권 외(1998). 『현대한국정부론』, 서울: 법문사.
한국고용정보원(2009). 『사회적일자리 창출사업의 실태와 정책적 효과』, 서울: 한국고용정보원.
한국교육개발원(2000). 『과외교습에 관한 여론조사』, 서울: 한국교육개발원.
한국노총(1977). 『1976년 사업보고서』.
______(1979). 『한국노동조합운동사』.
한국보건복지정보개발원(2012). 국가복지사업 합리화 방안 연구, 서울: 한국보건복지정보개발원.
한국보건사회연구원(2012). 『노인장기요양보험 재정지출 분석을 통한 제도 개선 방향』.
______(2013). 『일본 장기요양보험 재정의 동향과 시사점』(2013.4.3).
______(2013). 『장기요양 치매특별등급 모형 개발 및 시범사업』(2013.8.28).
한국사연구회 토지대장연구반(2008). 『조선 후기 경자양전 연구』, 서울: 혜안.
한국사회학회(1985). 『한국사회와 갈등의 연구』, 서울: 현대사회연구소.
한국학중앙연구원(2011). 『관직명사전』.
한국현상학회(편)(2000). 『몸의 현상학』, 서울: 철학과현실사.
한동우(2012). 복지국가와 시민사회: 제도 의존을 넘어서, 『한국사회복지조사연구』 30: 57-77.
한상진(2003). 탈전통의 유교 검증과 한국사회의 문화변동, 『사회와 이론』 3: 13-38.
______(2005). 『시장과 국가를 넘어서: 사회적 기업을 통한 자활의 전망』, UUP.
한승연(2007). 국가주도 경제발전정책의 연속과 단절: 경제엘리트의 경험을 중심으로, 『행정논총』 45(1).
한영국(1976). 『한국사』 13, 국사편찬위원회.
함영진 외(2012a). 『사회보장 수급권자 선정의 문제점과 권리구제 체계화 방안 연구』, 서울: 국회입법조사처.
______(2012b). 『범정부 복지사업 유형 분류 및 정책조정에 관한 연구』, 서울: 한국보건

복지정보개발원.
현외성(2005). 최근 한국 노인문제와 노인복지정책의 동향과 전망, 『경남대 대학원 논총』, 마산: 경남대학교.
현외성 외(2007). 『실버타운의 설립과 운영』, 서울: 창지사.
홉스봄 외 지음(1999). 『제3의 길은 없다』(노대명 옮김), 서울: 당대.
홍경준(1999). 복지국가의 유형에 관한 질적 비교분석: 개입주의, 자유주의, 그리고 유교주의 복지국가, 『한국사회복지학』 38: 309-335.
_____(1999). 『한국의 사회복지체제 연구』, 서울: 나남.
홍성대 외(2011). 『통합적 사례관리 및 자원관리 방안 마련을 위한 연구』, 서울: 보건복지부.
_____(2012). 『국가복지사업 총괄조정 방안 마련 연구』, 서울: 한국보건복지정보개발원.
홍현미라(2008). 노동부 사회적일자리사업의 현황 및 특징, 정책제언: 2005~2007년 사업에 대한 추이분석, 『사회적기업연구』, 창간호, 서울: (사)사회적기업연구원.
황기식(2015). 영국 빅 소사이어티 정책에 대한 이론적 고찰과 실천적 평가, 『EU학연구』 20: 283-312.
황덕순(2008). 시장원리 확대와 개인사회서비스의 변화, 『노동정책연구』 8(3): 63-91.
황혜신(2005). 공공의료서비스 민간위탁의 성과에 관한 연구, 『한국행정학보』 39(1): 65-88.

국외 문헌

Abbott, S., D. Florin, N. Fulop, & S. Gillam(2000). *Primary Care Groups and Trusts: Improving Health*, Interim Report, London: King's Fund.
Abrahamson, P., T. P. Boje, & B. Creve(2005). *Welfare and Families in Europe*, Aldershot, England: Ashgate.
Acheson, D.(1998). *Independent Inquiry into Inequalities in Health: Report*, London: HMSO.
Adorno, T. W.(1966). *Negative Dialektik*, 홍승용(옮김)(2005). 『부정변증법』, 서울: 한길사.
Alcock, P.(1991). Towards Welfare Rights, in S. Becker(ed.), *Windows of Opportunity*. London: CPAG.
_____(1996). *Social Policy in Britain*, London: MacMillan Press.

______(2003). *Social Policy in Britain*, Houndsmill: Palgrave Macmillan.

Alcock, P. & M. May(2014). *Social Policy in Britain*, Basingstoke, England: Palgrave.

Alcock, P. et al.(2003). *The Student's Companion to Social Policy in Britain*, Oxford: Blackwell.

Alcock, P., A. Erskine, & M. May(eds.)(2003). *The Student's Companion to Social Policy*, Oxford: Blackwell.

Alford, R. R.(1975). *Health Care Politics*, Chicago: Chicago University Press.

Amstrong, P., A. Glan, & J, Harrison(1991). *Capitalism since 1945*, Oxford: Basil Blackwell.

Anderson, K. M.(2001). The politics of retrenchment in a social democratic welfare state reform of Swedish pensions and unemployment insurance, *Comparative Political Studies* 34(9): 1063–91.

Andrain, C. F.(1985). *Social Policies in Western Industrial Societies*, Berkerly, CA.: Institute of International Studies.

Arendt, H.(1958). *The Human Condition*, The University of Chicago, 이진우 · 태정호(옮김)(1996). 『인간의 조건』, 서울: 한길사.

Arkasey, H. & C. Glendinning(2007). Informal Sector, in M. Powell (ed.), *Understanding the Mixed Economy of Welfare*, Bristol, England: The Policy Press.

Armstrong, P., A. Glyn, & J. Harrison(1991). *Capitalism since 1945*, Oxford: Basil Blackwell.

Aspalter, C.(2006). The East Asian Welfare Model, *International Journal of Social Welfare* 15(4): 290–301.

Aspen Institute(2008). *Mobilizing Change: 10 Nonprofit Policy Proposals to Strengthen US Communities.*

Augsburger, D.(1992). *Conflict Mediation across Cultures: Pathways and Patterns*, London: Westminster John Knox Press.

Baker, L. R.(2000). *Persons and Bodies: A Constitution View*, Cambridge University Press.

Baldock, J. et al.(2003). Social Policy, Social Welfare, and the Welfare State, in J. Baldock et al.(ed.), *Social Policy*, Oxford: Oxford University Press.

Baldock, J., N. Manning, S. Miller, & S. Vickerstaff(1999). *Social Policy*, Oxoford: Oxford University Press.

______(2003). *Social Policy*, Oxford: Oxford University Press.

Baldwin, P.(1990). *The Politics cf Social Solidarity: Class Bases of the European Welfare State. 1875–1975*, Cambridge: Cambridge University Press.

Barlow, J. & S. Duncan(1994). *Success and Failure in Housing Provision*, Pergamom.

Barnes, M. & H. Sullivan(2002). Building Capacity for Collaboration in English Health Action Zones, in G. Glendinning, M. Powell, & K. Rummery (eds), *Partnership, New Labour and the Governance of Welfare*, Bristol: Policy Press.

Barry, B., T., T. Osborne, & N. Rose(2013). *Foucault and Political Reason: Liberalism, Neo-liberalism and the Rationalities of Government*, London: Routledge.

BBC(2005). Sep. 21, Q&A: Child Trust Fund,
http://news.bbc.co.uk/2/hi/business/2936101.stm. 접근일: 2007.3.15.

Beer, S. H.(1982). *Britain Against Itself: The Political Contradictions Collectivis*, London: Faber & Faber.

Béland, D.(2005). Ideas and Social Policy: An Institutionalist Perspective, *Social Policy and Administration* 39(1): 1-18.

Bell, D.(1960). *The End Ideology: on the Exhaustion Political Ideas in the Fifties*, Glencoe, IL: Free Press.

Bendix, R.(1964). *Nation-building and Citizenship*, London: John Wiley and Sons, Inc.

Bernard, M. & T. Scharf(eds.)(2007). *Critical Perspectives on Ageing Societies*, Bristol: Policy Press.

Bird, G.(1999). *William James: The Arguments of the Philosophers*, London: Routledge.

Blair, T.(1999). Beveridge Speech, London: Toynbee Hall, 18 March.

______(2002). Speech on tackling poverty and social exclusion, Anne Taylor Centre, Hackney, 18 September.

Blakermore, K.(2003). *Social Policy*, Buckingham: Open University Press.

Blom-Hansen, J.(1997). A New Institutional Perspective on Policy Networks, *Public Administration* 75: 669-93.

Bochel, C. & H. M. Bochel(2004). *The UK Social Policy Process*, Basingstoke: Palgrave.

Boggott, R.(1994). *Health and Health Care in Britain*, Houndmills: Macmillan.

Bojke, C., H. Gravelle, & D. Wilkin(2001). Is Bigger Better for Primary Care groups and Trusts?, *British Medical Journal* 322: 599-602.

Bomberg, E. & A. Stubb(2004). *The European Union: How Does It Work?*. Oxford: Oxford University Press.

Bonoli, G., V. George, & P. Taylor-Gooby(2000). *European Welfare Future: Towards a Theory of Retrenchment*, Bristol: The Polity Press.

Borzaga, C. & J. Defourny(ed.)(2001). *The Emergence of Social Enterprise*, London: Routledge.

Brittan, S.(1995). *Capitalism with a Human Face*, Hants: Aldershot, England.

Brown, M. & S. Payn(1990). *Introduction to Social Administration in Britain*, London: Routledge.

Browne, W. P.(2001). *The Failure of National Rural Policy: Institutions and Interests*, Washington, D.C.: Georgetown University Press.

Bryman, A.(1988). *Quantity and Quality in Social Research*. London: Unwin Hyman.

Buber, M.(1974). *I and Thou* (trans. by Walter Kaufmann), New York: Charles Scribner's Sons, 표재명(옮김)(1994). 『나와 너』, 서울: 문예출판사.

Buse, K., N. Mays, & G. Walt(2005). *Making Health Policy*, New York, Open University Press.

Campbell, S., D. Wilkin, & M. Roland(2001). Improving the Quality of Care Through Clinical Governance, *British Medical Journal* 322: 1580－1582.

Carr, P.(1993). *Phonology*. London: Macmillan.

Castles, F. G. & S. Leibfried, et al.(eds.)(2010). *The Oxford handbook of the Welfare State*, Oxford University Press.

Certeau, M. de(1988). *The Practice of Everyday Life* (trans. by Steven Rendall), Berkeley: University of California Press.

Chandler, J. A., M. Gregory, M. Hunt, & R. Turner(1996). *Decentralisation and Devolution in England and Wales*, The Local Government Management Board.

Chang, Ha－joon(2004). The Role of Social Policy in Economic Development, in T. Mkandawire (ed.), *Social Policy in a Development Context*, Basingstoke, England: Palgrave.

______(2006). *The East Asian Development Experience: The Miracle, the Crisis and the Future*, London: Zed Books.

Chell, E., K. Nicolopoulou, & M. Karatas－Özkan(2010). Social entrepreneurship and enterprise: International and innovation perspectives, *Entrepreneurship & Regional Development* 22(6): 485－493.

Choi, Jong－kyun(2003). *Democratization and Political Welfare Reform: The Development of Public Pensions and National Health Insurance in Korea: 1961－2002*, Unpublished PhD Thesis, Kent University, UK.

Clarke, J.(2004). Dissolving the public realm? The logics and limits of neo－liberalism. *Journal of Social Policy* 33(1): 27－48.

______(2010). After neo－liberalism? Markets, states and the reinvention of public welfare, *Cultural Studies* 24(3): 375－94.

Clark, J., A. Cochrane, & C. Smart(1987). *Ideologies of Welfare: From Dreams to Disillusion*, London: Hutchinson.

Clarke, J. & J. Newman(1997). *The Managerial State Power, Politics and Ideology in the Remaking of Social Welfare*, London: Sage.

Clasen, J.(ed.)(1997). *Social Insurance in Europe*, Bristol: The Polity Press.

Cobb, R. W. & C. D. Elder(1983). *Participation in American Politics, The Dynamics of Agenda Building*, Baltimore, MD: The Johns Hopkins University Press.

Cochran, C. E. et al.(2003). *American Public Policy*, Belmont, CA.: Wadsworthy/Thomson.

Coffey, A.(2004). *Reconceptualizing Social Policy: Sociological Perspectives on Contemporary Social Policy*, Maidenhead: Open University Press.

Colebatch, H. K.(2002). *Policy: Concepts in Social Sciences*, Buckingham: Open University Press.

Cook, A.(2008). *Dementia and Well-being: Possibilities and Challenges*, Edinbourgh: Dunedin.

Cook, K. S. et al.(eds.)(1990). *The Limits of Rationality*, Chicago: University of Chicago Press.

Cooper, M.(2007). *A Profile of Social Enterprises on Alston Moore and Their Economic, Social and Environmental Impacts*, Alston, Cumbria: High Low.

Coser, L. A.(1964). *The Functions of Social Conflict*, New York: The Free Press.

______(1977). *Masters of Sociological Thought: Idea in Historical and Social Context* (2nd ed.), New York: Harcourt Brace Jovanovich, Inc.

Council of Europe(2007). *Towards an Active, fair and Socially Cohesive Europe: executive Summary of the Report of high level task force on Social Cohesion in the 21st Century.*

CPAG(Child Poverty Action Group)(2006). *Welfare benefits and tax credits handbook: 2006/2007*, London: CPAG.

______(2008). *Welfare Benefits and Tax Credits Handbook*, London: CPAG.

Crepaz, M. M.(1992). Corporatism in decline? An empirical analysis of the impact of corporatism on macroeconomic performance and industrial disputes in 18 industrialized democracies, *Comparative Political Studies* 25(2): 139-68.

Crosland, A.(1964). *The Future Socialism*, London: Cape.

Crouch, C.(2007). Neoinstitutionalism: Still No Intellectual Hegemony, *Regulation and Governance* 1(3): 261-270.

______(2011). *The strange non-death of neo-liberalism.* Polity.

Davies, G. & M. Derthick(1997). Race and social welfare policy: The Social Security Act of 1935. *Political Science Quarterly* 112(2): 217–235.

Daycare Trust(2006). *Childcare Today: A progress report on the Government's Ten–year Childcare Strategy*,
http://www.daycaretrust.org.uk/mod/fileman/files/Childcare_Today_Nov_2006.pdf, 접근일: 2007.3.10.

Deacon, B.(2007). *Global Social Policy and Governance*, London: Sage.

Dean, H.(2006). *Social Policy: Short Introduction*, Cambridge: Polity.

Dean, H. & M. Melrose(1996). Unravelling Citizenship: The Significance of Social Security Benefit Fraud, *Critical Social Policy* 16(3).

Dillon, H., A. Smith, & E. Pirou(2006). *Life in the UK Test Study Guide*, London: Red Squirrel Publishing.

Dilthey, W.(1962). *Einleitung in die Geisteswissenschaften: Versuch einer Grundlegung fur das Studium der Gesellschaft und der Geschichte*, Stuttgart: B. G. Teubner Verlagsgellschaft, 송석랑(옮김)(2014). 『정신과학 입문』, 서울: 지식을 만드는 지식.

DoH(Department of Health)(1989). *Working for Patients* (Cm.555), London: HMSO.

______(1991). *The Patient's Charter*, London: HMSO.

______(1992). *The Health of the Nation: A Strategy for Health in England* (Cm.1986), London: HMSO.

______(1995). *Variations in Health*, London: Department of Health.

______(1996a). Department of Health Statistical Bulletin 1996/19, London: Department of Health.

______(1996b). *Choice and Opportunity, Primary Care: the Future* (Cm. 3390), London: HMSO.

______(1996c). *Primary Care: Delivering the Future* (Cm. 3512), London: HMSO

______(1996d). *Primary Care: the Future*, London: HMSO

______(2000). *The NHS Plan: A Plan for Investment, a Plan for Reform*, London: HMSO.

______(2001). *Shifting the Balance of Power within the NHS, Securing Delivery*, London: DoH.

Doherty, B. et al.(2009). *Management for Social Enterprise*, Thousand Oaks, CA: SAGE.

Donaldson, L & J. A. Muir Gray(1998). *Clinical Governance: a Quality Duty for Health Organizations, Quality in Helath Care*, 7: 37–44 (Supplement).

Dosse, F.(1997). *History of Structuralism* (trans. by Deborah Glassman), London:

University of Minnesota Press, 이봉지 · 송기정(외)(옮김)(1998). 『구조주의의 역사』, 서울: 동문선.

Drakeford, M.(2007). Private Welfare, in M. Powell(ed.), *Understanding the Mixed Economy of Welfare*, Bristol, England: The Policy Press.

DSD(Department for Social Development)(2006a). "New Deal for Disabled People", http://www.dsdni.gov.uk/ssa/benefit_information/new_deals/new_deal_for_disabled.htm. 접근일: 2007.3.12.

______(2006b). "New Deal 50 plus", http://www.dsdni.gov.uk/index/ssa/benefit_information/new_deals/new_deal_50_plus.htm. 접근일: 2007.3.12.

DSS(Department of Social Security)(1998). *A New Contract for Welfare*, cm3805, London: HMSO.

______(1999). *Households below average household income 1994/5–1997/9*, Leeds: Corporate Document Services.

DTI(Department for Trade and Industry)(2007). National Minimum Wage, http://www.dti.gov.uk/employment/pay/national–minimum–wage/index.html. 접근일: 2007.3.14.

Dunn, W. N.(1981). *Public Policy Analysis: an Introduction*, Englewood Cliffs: Prentice–Hall, Inc.

DWP(Department of Work and Pensions)(2004). *Opportunity for All: Sixth Annual Report*, London: TSO cm6329.

______(2006). *Departmental Report 2006*, London: DWP.

Dye, T. R.(1998). *Understanding Public Policy*, Upper Saddle River, N.J.: Prentice–Hall.

Easton, D.(1979). *A Framework for Political Analysis*, Chicago: University of Chicago Press.

Edgar, R.(1998). *The Anthropology of Welfare*, London: Routledge.

Elston, M. A.(1991). The Politics of Professional Power: Medicine in a Changing Health Service, in J. Gabe, M. Calnan, & M. Bury (eds.), *The Sociology of the Health Service*, London: Routledge.

Ennew, C., Feighan, T., & Whynes, D.(1998). Entrepreneurial Activity in the Public Sector: Evidence from UK Primary Care, in P. Taylor–Gooby (ed.), *Choice and Public Policy*, Basingstoke: Macmillan.

Enthoven, A.(1985). *Reflections on the Management of the National Health Service* (Occasional Paper No.5), London: National Provincial Hospitals Trust.

Esping-Andersen, G.(1990). *The Three Worlds of Welfare Capitalism*, Cambridge: Polity Press.

______(1996). *Welfare States in Transition*, London: SAGE Publications.

______(1999). *Social Foundations of Postindustrial Economies*, Oxford: Oxford University Press.

______(2002). *Why we need a New Welfare State*, Oxford: Oxford University Press.

Etzioni, A.(1968). *The Active Society: A Theory of Societal and Political Processes*, London: The Free Press.

Evans, E. J.(2013). *Thatcher and Thatcherism*, London: Routledge.

Evers, A.(1995). Part of the welfare mix: The third sector as an intermediate area, *Voluntas: International Journal of Voluntary and Nonprofit Organizations* 6(2): 159-82.

Exworthy, M.(2001). Primary Care in the UK: Understanding the Dynamics of Devolution, *Health and Social Care in the Community* 9(5): 266-278.

Falkner, Gerda(2010). European Union, Francis G. Castles (et al.)(eds.) *The Oxford Handbook of the Welfare State*, Oxford University Press.

Faucault, M.(1966). *Les Mots et les Choses: Une Archeologie des Sciences Humaines*, Editions Gallimard, 이규현(옮김)(2012). 『말과 사물』, 서울: 민음사.

Fesler, J. W. & D. F. Kettl(1991). *The Politics of the Administrative Process*, Chatham, NJ: Chatham House.

Fetzer, J. H.(1981). *Scientific Knowledge: Causation, Explanation, and Corroboration*, London: D. Reidel Publishing Company.

Finlay, L.(2011). *Phenology for Therapists: Researching the Lived World*, Oxford: Wiley-Blackwell.

Fitzpatrick, T.(2001). *Welfare Theory: an Itroduction*, Hampshire: Palgrave.

______(2011). *Welfare Theory: An Introduction to the Theoretical Debates in Social Policy*, Basingstoke: Palgrave Macmillan.

Flora, P. & J. Alber(1981). Modemization, Democratization. and the Development of Welfare States in Western Europe, in Peter Flora & Arnold J. Heidenheimer (eds.), *The Development of Welfare States in Europe and America*, New Brunswick: Transaction Books.

Florin, D., S. Gillam, A. Abbot, & N. Fulop(2002). The Object of the Exercise, *Health Service Journal*, 17 January.

Forth, J. & M. O'Mahony(2003). The Impact of the National Minimum Wage on Labour

Productivity and Unit Labour Costs, London: National Institute of Economic and Social Research, http://www.lowpay.gov.uk/lowpay/research/pdf/forth.pdf. 접근일: 2007.3.14.

Frankel, S. & R. West(1993). *Rationing and Rationality in the National Health Serivices: The Persistence of Waiting Lists*, Basingstoke: Macmillan.

Fraser, D.(2009). *The Evolution of the British Welfare State: A History of Social Policy since the Industrial Revolution*, London: Palgrave Macmillan.

Frohock, F.(1979). *Public Policy: Scope and Logic*, Englewood Cliffs: Prentice-Hall, Inc.

Fukuyama, F.(1992). *The End of History and the Last Man*, London: Hamish Harnilton.

Fultner, B.(2011). Communicative Action and Formal Pragmatics, *Jürgen Harbermas: Key Concepts*, Durham: Acumen.

Gallagher, S. & D. Zahavi(2008). *The Phenomenological Mind: An Introduction to Philosophy of Mind and Cognitive Science*, London: Routledge.

George, V. & P. Wilding(1985). *Ideology and social Welfare*, London: Routledge and Kegan Paul.

George, V. & R. Page(eds.)(1995). *Modern Thinkers on Welfare*, Hempel Hemstead: Prentice-Hall.

George, V. & P. Wilding(1976). *Ideology and Social Welfare*, London: Routledge and Kegan Paul.

______(1994). *Welfare and Ideology*, London: Harvester Wheatsheaf.

Giddens, A.(1998). *The Third Way: The Renewal of Social Democracy*, Cambridge: Polity Press.

Gilbert, N.(1983). *Capitalism and the Welfare State*, New Haven: Yale University Press.

Gillam, S., S. Abbortt, & J. Banks-Smith (2001). Can Primary Care Groups and Trusts Improve Health?, *British Medical Journal* 323: 89-92.

Gladstone, D.(1995). *British Social Welfare*, London: University College London Press.

______(1999). *The Twentieth-Century Welfare State*, Basingstoke: Macmillan.

______(2003). History and Social Policy, in P. Alcock, A. Erskine & M. May(eds.), *The Student's Companion to social Policy*(2nd ed.), Oxford: Blackwell Publishing, 25-30.

______(ed.)(1995). *British Social Welfare: Past, present and Future*, London: University College London Press.

Glasby, J.(2007). *Understanding Health and Social Care*, Bristol: The Polity Press.

Glendinning, C.(1998). From General Practice to Primary Care: Developments in Primary

Health Services 1990–1998, in E. Brunsdon, H. Dean, & R. Woods (eds.), *Social Policy Review 10*, London: Social Policy Association.

Glennerster, H.(1998). *Frorn Old Social Contract to a New Social Policy in the United Kingdom*, New York: Carnegie Council on Ethics and International Affairs.

______(1999). Which Welfare States are Most Likely to Survive?, *International Journal of Social Welfare* 8: 2–13.

______(2000). *British Social Policy since 1945*(2nd ed.). Oxford: Blackwell.

Glennerster, H. & J. Midgley(1991). Introduction, in Howard Glennerster & James Midgley (eds.), *The Radical Right and the Welfare State: An International Assessment*, Hemel Hempstead: Harvester Wheatsheaf.

Glennerster, H. & J. Hills(eds.)(1998). *The State of Welfare: the Economics of Social Spending* (2nd ed.), Oxford: Oxford University Press.

Glennerster, H. & J. Le Grand(1995). The Development of Quasi–markets in Welfae Provision in the United Kingdom, *International Journal of Health Services* 25: 203–18.

Glennerster, H., M. Matsanganis, P. Owens, & S. Hancock(1994). *Implementing GP Fund-holding*, Buckingham: Open University Press.

Glucksman, M.(1974). *Structuralist Analysis in Contemporary Social Thought: A Comparison of the Theories of Claude Levi–Strauss and Louis Althusser*, London: RPK, 정수복(옮김)(1983). 『구조주의와 현대 마르크시즘: 구조 개념의 사회인식론적 위치』, 서울: 한울.

Golding, P. & S. Middleton(1981). *Images of Welfare: Press and Public Attitudes to Poverty*, Oxford: Martin Robertson.

Gordon, D. & P. Townsend(2000). *Breadline Europe: the Measurement of Poverty*, Bristol: Policy Press.

Gough, I.(1979). *The Political Economy the Welfare State*, London: Macmillan.

______(1981). The Political Economy of the Welfare State, Basingstoke: Macmillan Press Ltd., 김연명 · 이승욱 (옮김)(1990) 『복지국가의 정치경제학』, 서울: 한울아카데미.

______(1999). Social Welfare and Competitiveness, in Ian Gough & Gunnar Olofsson, *Capitalism and Social Cohesion: Essays on Exclusion and Integration*, Basingstoke: Macmillan Press Ltd.

Granovetter, M. & R. Swedberg(eds.)(1992). *The Sociology of Economic Life*, Boulder: Westview Press.

Gregg, P., S. Harkness, & S. Machin(1999). Poor kids: trends in child poverty in Britain,

1968−96, *Fiscal Studies* 20(2): 98−115.

Gregg. P. & J. Wadsworth(2001). Everything you ever wanted to know about measuring worklessness and polarization at the household level but were afraid to ask, *Oxford Bulletin of Economics and Statistics* 63: 777−806, Special Issue.

Grossman, G. M. & E. Helpman(2005). Outsourcing in a Global Economy, *The Review of Economic Studies* 72(1): 135−159.

Gupta, A. D.(1996). *The Second Linguistic Turn*, New York: Peter Lang.

Habermas, J.(1994). Citizenship and National Identity: Some Reflections on the Future of Europe, in Bryan S. Turner & Peter Hamilton(eds.), *Citizenship: Critical Concepts*. London: Routledge.

Habermas, J.(1968). *Knowledge and Human Interests* (tr. by Jeremy Shapiro), Suhrkamp Verlag, 강영계(옮김)(1983). 『인식과 관심』, 서울: 고려원.

______(1992). Transcendence from Within, Transcendence in this World, Don S. Browning and Francis Schüssler Fiorenza (eds.), *Habermas, Modernity, and Public Theology*, New York: Crossroad.

Hadley, R. & S. Hatch(1981). *Social Welfare and The Failure of the State*, Sydney: George Allen & Unwin.

Hall, P. A.(1992). The Movement from Keynesianism to Monetarism: Institutional Analysis and British Economic Policy in the 1970s, in S. Steinmo et al. (eds.), *Structuring Politics: Historical Institutionalism in Comparative Analysis*, Cambridge: Cambridge University Press.

Halsey, A. H.(1975). Sociology and the Equality Debate, *Oxford Review Education* I (1): 9−23.

______(1984). T. H. Marshall: Past and Present, *Sociology* 18: 1−18.

Hambleton, R.(1978). *Policy Planning and Local Government*, London: Hutchinson and Co. Ltd.

Harris, D.(1987). *Justifying State Welfare: the New Right vs. the Old left*, Oxford: Basil Blackwell.

Harris, J.(1995). Contract and Citizenship in Social Welfare: 1934−1948, Paper read at *Comparing Social Welfare Systems in Europe*. at Oxford.

Hayek, F. A.(1967). *Studies in Philosophy, Politics and Economics*, London: Routledge & Kegan Paul.

Heath, J.(2011). System and Lifeworld, Barbara Fultner (ed.), *Jürgen Harbermas: Key Concepts*, Durham: Acumen.

Heclo, H.(1998). *Community, Contract, and the Death of Social Citizenship*, New York: Carnegie Council on Ethics and International Affairs.

Heffernan, R.(2000). *New Labour and Thatcherism: Political Change in Britain*, London: Palgrave Macmillan.

Heidegger, M.(1982). *The Basic Problems of Phenomenology (Die Grund Probleme der Phänomenologie)* (tr. by Albert Hofstadter), Bloomington: Indiana University Press, 이기상(옮김)(1994). 『현상학의 근본 문제들』, 서울: 문예출판사.

Heimovics. R., R. Kotlererman, & C. Coughlin(1993). Executive leadership and resource dependence in NPOs: a frame analysis, *Public Administration Review* 53(5): 419-427.

Henderson, G.(1978). *Korea: The Politics of the Vortex*, Cambridge, Mass.: Harvard University Press.

HFMA/NHSE(2001). *NHS Finance in the UK: Introductory Guide*, (5th ed.), Bristol: NHS and Healthcare Financial Management Association.

Hill, M.(1993a). *Understanding Social Policy*, Oxford: Blackwell.

______(1993b). *The Welfare State*, Aldershot: Edgar Elgar.

______(2005). *The Public Policy Process*, Harlow, Essex: Pearson Education.

Hill, M. & G. Bramley(1986). *Analysing Social Policy*, Oxford: Basil Blackwell.

Hinchliff, S., S. Norman, & J. Schober(eds.)(1998). *Nursing Practice & Health Care: A Foundation Text* (3rd ed.), London: Arnold.

HM Revenue and Customs(2003). "Children's Tax Credit", http://www.hmrc.gov.uk/taxcredits/childrens-tax-credit.htm#babies. 접근일: 2007. 3.14.

HM Treasury(2002). *The Child and Working Tax Credit: the Modernisation of Britain's Tax and Benefit System*, London: HM Treasury.

______(2004). *The Child and Working Tax Credit: Quarterly statistics April 2004*, London: HM Treasury.

______(2005). *Support for Parents: the Best Start for Children*, London: HM Treasury.

Hobcraft, J.(1998). *Intergeneration and life-course transmission of social exclusion: Influence of childhood poverty, family disruption, and contact with the police*, CASE Paper 13, London: CASE.

Hodge, G. A.(2001). *Privatization: An International Review of Performance*, Boulder, CO: Westview Press.

Holden, C.(2008). Commercial Welfare, in P. Alcock et al.(ed.), *The Student's Companion to Social Policy*, Oxford, England: Blackwell Publishing.

Holliday, I.(2005). East Asian Social Policy in the Wake of the Financial Crisis: Farewell to Productivism?, *Policy & Politics* 33(1): 145–162.

Holliday, I. & P. Wilding(2003). Welfare Capitalism in the Tiger Economics of East and Southeast Asia, in I. Holliday & P. Wilding (eds.), *Welfare Capitalism in East Asia: Social Policy in Tiger Economics*, Basingstoke, England: Palgrave.

Holms, M.(1989). *Thatcherism: Scope and Limits*, London: Macmillan Press.

Holzmann, R. & J. E. Stiglitz(eds)(2001). *New Ideas about Old Age Security: Toward Sustainable Pension Systems in the 21st Century*, Washington, D.C.: The World Bank.

Honneth, A.(2003). *Kampf um Anerkennung*, Frankfurt am Main: Suhrkamp Verlag, 문성훈 · 이현재(옮김)(2014). 『인정투쟁』, 서울: 사월의 책.

Howell, K. E.(2013). *An Introduction to the Philosophy of Methodology*, London: Sage.

Hudson, J. & S. Lowe(2004). *Understanding the Policy Process: Analysing Welfare Policy and Practice*, Bristol: The Policy Press.

Hughes, J. & W. Sharrock(1997). *The Philosophy os Social Research*, London: Longman.

Hugman, R.(1994). *Ageing and the Care of Older People in Europe*, Basingstoke: St. Martin's press.

Hummel, R. P.(2008). *The Bureaucratic Experience: The Post–Modern Challenge*, M. E. Sharpe Inc.

Hunt, E. K.(2011). *History of Economic Thought: A Critical Perspective*, Oxon: Routledge.

Hunter, D.(1999). *Managing for Health: Implementing the New Health Agenda*, London: IPPR.

______(2001). Something Old, Something Borrowed, Something New, in I. Allen (ed), *Social Care and Health, A New Deal?* London: Policy Studies Institute.

Husserl, E.(1970). *The Crisis of European Sciences and Transcendental Phenomenology* (trans. with an Introduction by David Carr), Evanston: Northwestern University Press.

Hwang, Gyu–jin(2006). *Pathways to State Welfare in Korea*, Aldershot, England: Ashgate.

Ikenberry, G. J.(1988). An Institutional Approach to American Foreign Economic Policy, in G. J. Ikenberry et al. (eds), *The State and Foreign Economic Policy*, Ithaca: Cornell University Press.

Immergut, E. M.(1992). *Health Care Politics: Ideas and Institutions in Western Europe*, Cambridge: Cambridge University Press.

______(1998). The Theoretical Core of the New Institutionalism, *Polity & Society* 26(1): 5–30.

Ishkanian, A. & S. Szreter(eds.)(2012). *The Big Society Debate: A New Agenda for Social Welfare?* Cheltenham: Edward Elgar.

Janin, I.(2007). Governability. In Bevir Mark(ed.), *Encylopedia of Governance*, 363–364. Thousand Oaks: Sage Publications.

Jessop, B.(2003). From Thatcherism to New Labour: Neo–Liberalism, Workfarism, and Labour Regulation, Department of Sociology, Lancaster University, http://www.lancs.ac.uk/fss/sociology/papers/jessop–from–thatcherism–to–new–labour.pdf. 접근일, 2007.3.9.

John, H. & E. N. Berthrong(2004). *Confucianism: A Short History*, Oxford, UK: Oneworld Publications.

Johnson, C.(1982). *MITI and the Japanese Miracle: The Growth of Industrial Policy 1925–1975*, Stanford, CA: Stanford University Press.

Johnson, N.(1987). *The Welfare State in Transition: The Theory and Practice of Welfare Pluralism*, Amherst, MA: The University of Massachusetts Press.

______(1990). *Reconstructing the Welfare State: A Decade of Change 1980–1990*, New York: Harvester Wheatsheaf.

Johnson, P.(1986). Some historical dimensions of welfare state crisis, *Journal of Social Policy* 15(4): 443–65.

Jolin, M.(2007). *Investing in Social Entrepreneurship and Fostering Social Innovation*, Center for American Progress.

Jones, C. O.(1984), *An Introduction to the Study of Public Policy*, Monterey, CA: Books /Cole Publishing.

______(1993). The Pacific Challenge: Confucian Welfare State, in C. Jones (ed.), *New Perspectives on the Welfare State in Europe*, London: Routledge.

Jones, K.(1994). *The Making of Social Policy in Britain 1830–1990*, London: Athlone Press.

Jones, M. & R. Lowe(2002). *From Beveridge to Blair: The first fifty years of Britain's welfare state 1948–1998*, Manchester University Press.

Jorm, A. F., B. G. K. Dear, & N. M. Burgess(2005). Projections of future numbers of dementia cases in Australia with and without prevention, *Australian and New Zealand journal of psychiatry* 39(11–12): 959–963.

Joshi, H.(1988). *The Cash Opportunity Costs of Childbearing*, Centre for Economic Policy

Research, UK.

Jun, Jong S.(1994). *Philosophy of Administration*, Seoul: Daeyoung International, 윤재풍 · 정희남(옮김). 『행정철학』, 서울: 대영문화사.

Jung, Wha Yol(ed.)(1972). *Existential Phenomenology and Political Theory: A Reader*, Chicago: Henry Regnery Company.

Kaplan, A.(1964). *The Conduct of Inquiry: Methodology for Behavioral Science*, Scranton: Chandler Publishing Co., 권태환(옮김)(2015). 『탐구의 실행: 행동과학방법론』, 서울: 한울.

Karger, H. J. & D. Stoesz(1994). *American Social Welfare Policy*, New York: Longman.

Kemeny, J. G.(1959). *A Philosopher Looks at Science*, New York: D. Van Nostrand Company.

Kemp, P.(2000). Housing Policy under New Labour in M. Powell(ed), *New Labour, New Welfare State?* Bristol: Policy Press.

Kenstowicz, M. & C. Kisseberth(1979). *Generative Phonology: Description and Theory*. New York: Academic Press.

Kerlin, J. A.(2006). Social Enterprise in the United States and Europe: Understanding and Learning from the Differences, *Voluntas* 17.

Kim, Byung-kook(2011). The Labyrinth of Solitude: Park and the Exercise of Presidential Power, in Byung-kook Kim and E. Z. Vogel(eds.), *The Park Chung Hee Era: The Transformation of South Korea*, Cambridge, MA: Harvard University Press.

Kim, Hea-seung(2001). The Problems and Their Causes in the Economic System of Chosun Dynasty, *Korean Social Science Review* 25(3): 107-128.

Kim, Soon-yang(2006). Contrasting Policy-making Dynamics under the Same Authoritarian Political System, *Korean Public Administration Quarterly* 18(4).

______(2007). Consolidating the Authoritarian Developmental State in the 1970s Korea: Chosen Strategies, *International Review of Public Administration* 12(1).

______(2008). The East Asian Developmental State and Its Economic and Social Policies: The Case of Korea, *International Review of Public Administration* 12(2): 69-87.

Kim, Yeon-myung(2008). Beyond East Asian Welfare Productivism in South Korea, *Policy & Politics* 36(1): 109-25.

King's Fund(1997). Management Costs (press briefing), London: King's Fund.

Kingdom, J.(1999). *Government and Politics in Britain*, Cambridge: Polity Press.

Kingdon, J. W.(2003). *Agendas, Alternatives and Public Policies*, N.Y.: Longman.

Kiparsky, P.(1968). How Abstract is Phonology?, in O. Fujimura. *Three Dimensions of*

Linguistic Theory. Tokyo: TEC.

Kirkup, B. & L. Donaldson(1994). Is Health Care a Commodity? How Will Purchasing Improve the National Health Service?, *Journal of Public Health Medicine* 16: 256–62.

Kishik, D.(2008). *Wittgenstein's Form of Life: To Imagine a Form of Life*, London: Continuum.

Koelble, T. A.(1995). The New Institutionalism in Political Science and Sociology, *Comparative Politics* 27(2): 231–45.

Kolderie, T.(1986). The Two Different Concepts of Privatization, *Public Administration Review* 46(4): 285–291.

KOSIS 국가통계포털.

Kurzweil, E.(1980). *The Age of Structuralism, Levi–Strauss to Foucault*, Columbia University Press, 이광래(옮김)(1995). 『구조주의의 시대: 레비–스트로스에서 푸꼬까지』, 서울: 종로서적.

Kwon, Huck–ju(2005). An Overview of the Study: The Developmental Welfare State Policy Reforms in East Asia, in H. Kwon (ed.), *Transforming the Developmental Welfare State in East Asia*, New York: Palgrave.

______ et al.(2009). Social Policy and Economic Development in Late Industrializers, *International Journal of Social Welfare* 18: 1–11.

Laurin, D.(2001). Physical activity and risk of cognitive impairment and dementia in elderly persons, *Archives of Neurology* 58(3): 498–504.

Lawson, N.(1992). *The View from No.11: Memoirs of a Tory Radical*, London: Bantam Press.

Le Grand J. & W. Bartlett(1993). *Quasi–Markets and Social Policy*, London: MacMillan.

Le Grand, J. & P. Vizard(1998). The Natioanl Health Service, pp. 75–121 in Glennerster, H. & Hills, J. (eds.), *The State of Welfare: the Economics of Social Spending* (2nd ed.), Oxford: Oxford University Press.

Le Grand, J., N. Mays, & J. Mulligan(1998). *Learning from the NHS Internal Market: A Review of the Evidence*, London: King's Fund.

Lee, H. B.(1968). *Korea: Time, Change, and Administration*, Honolulu: East–West Center Press.

Lee, J.(2010). Deciphering Productivism and Developmentalism in East Asian Social Welfare, in James Lee & Kam–Wan Chan (eds.), *The Crisis of Welfare in East Asia*, Lanham, MD: Lexington Book.

Leese, B. & N. Bosanquet(1995). Changes in General Practice and its Effects on Service Provision in Areas with Different Socio−economic Characteristics, *British Medicall Journal* 311: 1256−1267.

Lévi−Strauss, C.(1972). *Structural Anthropology* (trans. by Claire Jacobson & Brooke G. Schoepf), Harmondsworth: Penguin Books.

Lewis, J.(2005). New Labour's approach to the voluntary sector: independence and the meaning of partnership. *Social Policy and Society* 4(2): 121−31.

Lindblom, C. E.(1977). *Politics and Markets: the World's Political−Economic Systems*, New York: Basic Books, Inc.

Lister, R.(2003). Investing in the Citizen−workers of the Future: Transformations in Citizenship and the State under New Labour, *Social Policy and Administration* 37(5): 427−443.

______(2004). The Third Way's Social Investment State, in Lewis, J. & Surender, R.(eds), *Welfare State Change: towards a Third Way?*, Oxford: Oxford University Press.

Lockwood, D.(1993). *The Welfare State in Britain Since 1945*, London: MacMillan.

______(1996). Civic Integration and Class Formation, *The British Journal of Sociology: special issue for Lockwood* 47(3): 531−550, London: Wiley.

______(2005). *The Welfare State in Britain since 1945* (third ed.), Hampshire: Palgrave.

Lowe, R.(1993). *The Welfare State in Britain since 1945*, London: Macmillan Press.

______(2005). *The Welfare State in Britain since 1945* (3rd ed.), Hampshire: Palgrave.

Lowe, S.(2004). *Housing Policy Analysis*, Hampshire: Palgrave Macmillan.

Lowie, R. H.(1961). on the origins of the state in Parsons, Talcott · Edward Shils · Kaspar D. Naegele & Jesse R. Pitts (eds.) *Theories of Society*, New York: The Free press.

Lowndes, V.(1996). Varieties of New Institutionalism: A Critical Appraisal, *Public Administration* 74(2): 181−197.

Lund, B.(2007). State Welfare, in M. Powell(ed.), *Understanding the Mixed Economy of Welfare*, Bristol, England: The Policy Press.

Lunt, N., L. Atkin, & M. Hirst(1997). Staying Single in the 1990s: Single Handed Practitioners in the New National Health Service, *Social Science and Medicine* 45: 341−349.

Lupton, R. & A. Power(2005). Disadvantaged by where you live? New Labour and neighbourhood renewal, in Hills, J. & Stewart, K.(eds.), *A More Equal Society?*, Bristol: Policy Press.

Lyon, F., S. Teasdale, & R. Baldock(2010). *Approaches to measuring the scale of the social enterprise sector in the UK*, Working Paper 43 September 2010, Third Sector Research center.

Mann, M.(1987). Ruling Class Strategies and Citizenship, *Sociology* 21(3): 339–354.

Mannheim, K.(1950). *Ideology and Utopia*, London: Routledge and Kegan Paul.

March, J. G. & J. P. Olsen(1989). *Rediscovering Institutions: The Organizational Basis of Politics*, N.Y.: Free Press.

Marcussen, M. & L. B. Kaspersen(1997). Globalization and Institutional Competitiveness, *Regulation and Governance* 1(3): 183–196.

Mariana, M. O. et al.(2015). *Assessing Social Welfare Department Service Delivery System towards Vulnerable and Disadvantages Group in Malaysia: Case Study of Perak, Procedia Environmental Sciences* 28: 418–426.

Marshall, T. H.(1950). *Citizenship and Social Class: And Other Essays*. Cambridge University Press.

______(1961). The Welfare State: A Sociological Interpretation, *European Journal of Sociology* 2(1): 284–3.

______(1963). *Sociology at The Crossroads, and Other Essays*, London: Heinemann.

______(1965). *Social Policy*, London: Hutchinson University Library.

______(1970). The Role of the Social Services, in W. A. Robson & Bernard Crick (eds.), *The Future the social Services*, Middlesex: Penguin Books.

______(1972). Value Problem of Welfare–Capitalism, *Journal of Social Policy* 1(1): 15–32.

______(1973). A British Sociological Career, *the British Journal of Sociology* 24(4): 399–408.

______(1977). *Class, Citizenship and Social Development*, Chicago, Il.: University of Chicago Press.

______(1981). *The Right to Welfare*, London: Heinemann.

Marx, K. & F. Engels(1949). *The German Ideology*, London: Lawrence and Wishart.

Matthew, S.(2004). *Enduring Change: The Experience of Community Links Social Enterprise Zone*, Bristol, UK: Policy Press.

Mavra, L.(2011). *Growing social enterprise: research into social replication: A report from the Social Enterprise Coalition*, Social Enterprise Coalition.

McDonald, A.(2006). *Understanding Community Care: a Guide for Social Workers* (2nd ed.), Basingstoke: Palgrave Macmillan.

McKnight, A.(2005). Employment: Tackling Poverty through work for those who can, in

Hills, J. & Stewart, K.(eds.), *A More Equal Society?*, Bristol: Policy Press.

Mead, G. H.(1962). *Mind, Self, and Society: from the Standpoint of a Social behaviorist*, The University of Chicago.

Mead, L. M.(1986). *Beyond Entitlement: Social Obligations of Citizenship*, London: Collier Macmillian Publishers.

Means, R., S. Richards, & R. Smith(2008). *Community Care*, Basingstoke: Palgrave Macmillan.

Merleau-Ponty, M.(1945). *Phenomenologie de la Perception*, Éditions Gallimard, 류의근(옮김)(2002). 『지각의 현상학』, 서울: 문학과지성사.

Midwinter, E.(1994). *The Development of Social Welfare in Britain*, Buckingham, England: Open University Press.

Millar, J.(2009). *Understanding Social Security: Issues for Policy and Practice*, Bristol, UK: Policy Press.

Millar, J. & T. Ridge(2002). Parents, children, families and New Labour, in M. Power (ed.), *Evaluating New Labour's Welfare Reform*, Bristol: The Policy Press.

Miller-Millesen, J. L.(2003). Understanding the behavior of nonprofit boards of directors: A comparative theory-based approach, *Nonprofit and Voluntary Sector Quarterly* 32: 521-547.

Mishra, R.(1981). *Society and social Policy: Theories and Practice of Welfare* (2nd ed.), London: Macmillian.

______(1984). *The Welfare State in Britain: Social Though and Social Change*, Brighton, UK: Wheatsheaf.

______(1999). *Globalization and the Welfare State*, Cheltenham: Edward Elgar.

______(2014). *Welfare State and Capitalist Society*, London: Routledge.

Mkandawire, T.(2004). Social Policy in a Development Context: Introduction, in T. Mkandawire (ed.), *Social Policy in a Development Context*, Basingstoke, England: Palgrave.

Moe, T.(1990). Political Institutions: The Neglected Side of the Story, *Journal of Law, Economics, and Organizations* 6: 215-53.

Moon, J. D.(1988). The Moral Basis of the Democratic Welfare State, in Amy Gutmam (ed.), *Democracy and the Welfare State*, New Jersey: Princeton University Press.

Mooney, G.(1998). Quasi-markets and the Mixed Economy of Welfare, in M. Lavalette & A. Pratt(ed.), *Social Policy: A Conceptual and Theoretical Introduction*, London: SAGE Publications.

______(2004). New Labour and the Management of Welfare, M. Lavalette & A. Pratt(eds.),

Social Policy: Theories, Concepts and Issues, London: SAGE.

Moore, B.(1967). *Social Origins Dictatorship and Democracy: Lord and Peasant in the Making of the Modern World*, London: Allen Lane, Penguin Press.

Moore, S.(1998). *Social Welfare Alive* (2nd ed.), Cheltenham: Nelson Thornes.

Morton, A.(2004). *A Guide through the Theory of Knowledge*, Oxford: Blackwell.

Mosher, J. & J. Hermer(2005). *Welfare Fraud: The Constitution of Social Assistance as Crime*, The paper prepared for the Law Commission of Canada.

Mouffe, C.(1988). Civil Lesson, *New Statesman and Society* 7(October).

Murray, C.(1984), *Losing Ground: American Social Policy, 1950~1980*, New York: Basic Books.

Nakamura, R. T. & F. Smallwood(1980). *The Politics of Policy Implementation*, New York: St. Martin's Press.

Natanson, M.(1972). The Nature of Social Man, Hwa Yol Jung(ed.) *Existential Phenomenology and Political Theory: A Reader*, Chicago: Henry Regnery Company.

NESS(National Evaluation of Sure Start)(2004). *The Impact of Sure Start Local Programmes on Child Development and Family Functioning: A Report on Preliminary Findings*, London: Birbeck University of London, Institute of the Study of Children, Families, and Social Issues,
http://www.ness.bbk.ac.uk/documents/activities/impact/397.pdf. 접근일: 2007.3.11.

______(2005). *National Evaluation Report, Early Impacts of Sure Start Local Programmes on Children and Families: Report of the Cross-sectional Study of 9-and 36-month Old Children and their Families*,
http://www.surestart.gov.uk/_doc/P0001867.pdf. 접근일: 2007.3.11.

Newman, J.(2001). *Modernising Governance: New Labour, Policy and Society*, London: SAGE.

NHS, "About the NHS", http://www.nhs.uk/england/aboutTheNHS/default.cmsx, 접근일: 2006.6.25.

NHSE(1994). *Developing NHS Purchasing and GP fundholding*, EL(94): 79, Leeds: NHSE.

______(1996). *Annual Report 1995/6*, London: Department of Health.

Niebur, R.(2002). *Moral Man and Immoral Society: A Study in Ethics and Politics*, Westminster John Knox Press.

North, D. C.(1990). *Institutions, Institutional Change, and Economic Performance*, Cambridge: Cambridge University Press.

North, N. & S. Peckham(2001). Analysing Structural Interests in Primary Care Groups, *Social Policy and Administration* 35(4): 426－40.

O'Connor, J.(1979). *The Fiscal Crisis of the State*, New York: St. Martin's Press, 우명동(옮김)(1990) 『현대국가의 재정위기』, 서울: 이론과실천.

OECD 통계자료
(http://www.oecd－ilibrary.org/economics/oecd－factbook－2010_factbook－2010－en)

OECD(2005). OECD Health Data 2005.

Offe, C.(1984). Contractions of the Welfare State, in J. Keane (ed.), *Contractions of the Welfare State*, London: Hutchinson Co. Ltd.

Office for National Statistics(2006). Mid－2005 Population Estimates, www.statistics.gov.uk, 접근일: 2007.3.10.

Okun, A.(1975). *Equality and Efficiency: The Big Tradeoff*, Washington, D.C.: Brookings Institution, 정용덕(옮김)(1988). 『평등과 효율』, 서울: 성균관대학교출판부.

Oliver, A. & E. Mossialos(2005). European Health Systems Reforms: Looking Backward to See Forward?, *Journal of Health Politics, Policy and Law* 30(1－2): 7－28.

Oliver, D. & D. Heater(1994). *The Foundations of Citizenship*, London: Harvester Wheatsheaf.

Olsen, G. M. & J. S. O'Connor(1998). Understanding the Welfare State: Power Resources Theory and Its Critics, in J. S. O'Connor & G. M. Olsen, *Power Resources Theory and the Welfare State*, Toronto: University of Toronto Press.

Olson, M.(1968). *The Logic of Collective Action: Public Goods and the Theory of Groups*, Cambridge, Mass.: Harvard University Press.

Ostrom, E.(1986). An Agenda for the Study of Institutions, *Public Choice* 48: 3－25.

Pahl, J.(2003). The Family and Welfare, in J. Baldock, N. Manning, & S. Vickerstaff(ed.), *Social Policy*, Oxford: Oxford University Press.

Park, Byong－Chul(1998). *Phenomenological Aspects of Wittgenstein's Philosophy*, Dordrecht: Kluwer.

Park, Soon Woo(2004). The Struggle for Social Citizenship in Korea: 1945~1997, Ph. D. thesis. London School of Economics and Political Science.

Parkin, F.(ed.)(1974). *The Social Analysis of Class Structure*, London: Tavistock Publications.

Parsons, T.(1960). *Structure and Process in Modern Societies*, London: Collier－Macmillan Ltd.

Parsons, T., E. Shils, D. N. Kaspar, & J. R. Pitts(eds.)(1961). *Theories of Society*, New York: The Free press.

Parsons, W.(2003). *Public Policy: An Introduction to the Theory and Practice of Policy Analysis*, Cheltenham, UK: Edward Elgar.

Paton, C.(1992). *Competition and Planning in the National Health Service: the Dangers of Unplanned Markets*, London: Policy Studies Institute.

Paton, R.(2003). *Managing and Measuring Social Enterprises*, Thousand Oaks, CA: SAGE.

Patte, R. J.(2000). *The Handbook of Social Welfare Management*, Thousand Oaks, CA: SAGE.

Pawson, H. & K. Kintrea(2002). Part of the Problem or Part of the Solution? Social Housing Allocation Policies and Social Exclusion in Britain, *Journal of Social Policy*, pp.31–34.

Pearce, J.(2003). *Social Enterprise in Anytown*, London: Calouste Gulbenkian Foundation.

Pedan, G.(1985). *British Economic and Social Policy*, Oxford: Philip Allen.

Pennington, M.(2005). Competition in Land Use Planning: an Agenda for the Twenty–First Century, P. Booth(ed.), *Towards a Liberal Utopia?* London: IEA(The Institute of Economic Affairs).

Perkins, D., L. Nelms, & P. Smyth(2004). *Beyond neo–liberalism: the social investment state?*, Social Policy Working Paper No. 3, the Centre for Public Policy, University of Melbourne.

Petchey, R.(1996). From Stableboys to Jockeys? The Prospects for a Primary Care–led NHS, in M. May, E. Brunsdon & G. Craig (eds.), *Social Policy Review 8*, London: Social Policy Association.

Peter, G. B(1998). Managing Horizontal Government: The Politics of Co–ordination, *Public Administration* 76(3): 295–311.

Peters, B. G. & J. Pierre(2005). Multi–level Governance and Democracy: A Faustian Bargain?, In I. Bache and M. Flinders (eds.) *Multi–level Governance*, Oxford: Oxford University Press.

Peters, B. G.(2001). *Institutional Theory in Political Science: The New Institutionalism*, London: Continuum.

______(2004). *American Public Policy: Promise and Performance*, Washington, D.C.: CQ Press.

Peterson, J. & M. Shackleton(2002). *The Institutions of European Union*, Oxford: Oxford University Press.

Phillipson, C. & A. Walker(eds.)(1986). *Ageing and Social Policy: A Critical Assessment*,

Gower Publishing Co.

Piachaud, D. & H. Sutherland(2000). *How effective in the British government's attempt to reduce child poverty?*, CASE Paper 38, London: CASE.

Piattoni, S.(2001). *Clientelism, Interests, and Democratic Representation*, Cambridge, England: Cambridge University Press.

Pierson, C.(1998). *Beyond the Welfare State?: The New Political Economy of the Welfare*, Cambridge: Polity Press.

______(2006). *Beyond the Welfare State: The New Political Economy of Welfare*, Cambridge, England: Polity Press.

Pierson, P.(1994). *Dismantling the Welfare State?*, Cambridge, England: Cambridge University Press.

______(1996). The New Politics of the Welfare State. *World Politics* 48(2): 143－179.

______(2001). *The New Politics of the Welfare State*, Oxford, UK: Oxford University Press.

Pinker, R.(1991). On Rediscovering the Middle Way in Social Welfare, in Thomas & Dorothy Wilson(eds.), *The State and Social Welfare: the Objectives of Policy*, London: Longman.

Pinker, R.(1995). T. H. Marshall, in V. George & R. Page(eds.), *Modem Thinkers on Welfare*, London: Prentice Hall and Harvester Wheatsheaf.

Pirie, I.(2008). *The Korean Developmental State: From Dirigisme to Neo－liberalism*, Abingdon, England: Routledge.

Pissarides, C. A.(2003). *Unemployment in Britain: A European Success Story*, London: Centre for Economic Performance, London School of Economics.

Plant. R.(1992). Citizenship, Rights and Welfare, in Anna Coote(ed.), *The Welfare of Citizens: Developing New Social Rights*, London: IPPR/Rivers Oram Press.

Ploug, N. & J. Kvist(1997). *Social Security in Europe: Development or Dismantlement?* London: Kluwer Law International.

Pondy, R. L.(1967). Organizational Conflict Concepts and Models, *Administrative Science Quaterly* 12(2).

Poulantzas, N.(1978). *Political Power md Social Classes*, translated by Timothy O'Hagan. London: NLB.

Powell, F.(2007). *The Politics of Civil Society: Neoliberalism or Social Left?* Bristol: The Polity Press.

Powell, M.(2007). The Mixed Economy of Welfare and the Social Division of Welfare, in M. Powell(ed.), *Understanding the Mixed Economy of Welfare*, Bristol, England:

The Policy Press.

Powell, M. & M. Hewitt(2002). *Welfare State and Welfare Change*, Buckingham, England: Open University Press.

Powell, W. W. & P. J. DiMaggio(eds)(1991). *The New Institutionalism in Organizational Analysis*, Chicago: University of Chicago Press.

Pratt, A.(2004). Neo−liberalism and Social Policy, in M. Lavalette & A. Pratt(ed.), *Social Policy: A Conceptual and Theoretical Introduction*, London: SAGE Publications.

Putnam, H.(1988). *Representation and Reality*, London: A Bradford Book, 김영정(옮김)(1990). 『표상과 실재』, 서울: 이화여대출판부.

______(1992). *Renewing Philosophy*, Cambridge, MA,: Harvard University Press, 원만희(옮김)(1998). 『과학주의 철학을 넘어서』, 서울: 철학과현실사.

Raadschelders, J. C. N.(1998). *Handbook of Administrative History*, New Brunswick, N.J.: Transaction Publishers.

Rao, N.(1996). *Towards Welfare Pluralism: Public Services in a Time of Change*, Aldershot, UK: Dartmouth Publishing.

Rees, A. M.(1985). *T. H. Marshall's Social Policy in the Twentieth Century*, London: Hutchinson.

Rees, A. M.(1995). The other T. H. Marsahll, *Journal of Social Policy* 29(3): 341−362.

______(1996). T. H. Marshall and the Progress of Citizenship, in M. Bulmer & A. M. Rees(eds.), *Citizenship Today*, London: UCL Press.

Reese−Schäfer, W.(1990). *Karl−Otto Apel. Zur Einfuhrung*, Hamburg: Junius, 권용혁(옮김)(1992). 『칼−오토 아펠과 현대철학』, 울산: 울산대학교출판부.

Rein, M.(1989). The Social Structure of Institutions: Neither Public nor Private, Kamerman, S. B. & A. J. Kahn(eds.), *Privatization and the Welfare State*, Princeton: Princeton University Press.

Richards, D. & M. J. Smith(2002). *Governance and Public Policy in the UK*, Oxford: Oxford University Press.

Rickert, H.(1976). *Science and History: A Critique of Positivist Epistemology*, Princeton, N. J.: D. Van Nostrand Company, 윤명로(옮김)(1973). 『문화과학과 자연과학』, 서울: 삼성문화재단.

Ricoeur, P.(1976). *Interpretation Theory: Discourse and the Surplus of Meaning*, Texas: Texas Christian University Press, 김윤성 · 조현성(옮김)(2006). 『해석이론』, 서울: 서광사.

Riddell, P.(1991). *The Thatcher Era and its Legacy*, Oxford: Blackwell.

Rieger, E. & S. Liebfried(2003). *Limits to Globalization*, Cambridge: Polity.

Rimlinger, G. V.(1971). *Welfare Policy and Industrialization in Europe, America and Russia*, New York: John Wiley & Sons.

Robinson, R. & J. Le Grand(1994). *Evaluating the NHS Reforms*, London: King's Fund Institute.

Robson, W. A.(1976). *Welfare State and Welfare Society: Illusion and Reality*, London: George Allen & Unwin Ltd.

Rodger, J. J.(2000). *From a Welfare State to a Welfare Society: The Changing Context of Social Policy in a Postmodern Era*, London: Macmillan.

Rose, R.(1989). Welfare: Public/Private Mix, in S. B. Kamerman & A. J. Kahn(eds.), *Privatization and the Welfare State*, Princeton: Princeton University Press.

Sabatier, P. A. & C. M. Weible(2007). The Advocacy Coalition Framework: Innovations and Clarification, In P. A. Sabatier (ed.), *The Theories of the Policy Process*, Boulder, Colorado: Westview Press.

Sanders, D.(2002). Behavourism, in D. Marsh & G. Stoker (eds.), *Theory and Methods in Political Science*, Basingstoke: Palgrave.

Savas, E. S.(2000). *Privatization and Public-private Partnerships*, New York: Chatham House.

Scheller, M.(1924). *Philosophical Anthropology*, 신상호(옮김)(1987). 『철학적 인간학』, 서울: 정음사.

Schmidt, V.(2006). Institutionalism, In C. Hay et al. (eds.), *The State: Theories and Issues*, Basingstoke: Palgrave.

Searle, J.(1983). *Intentionality: An Essay in the Philosophy of Mind*, Cambridge University Press.

Secretary of State for Education and Employment, Secretary of State for Social Security, and Minister for Women(1998). *Meeting the Childcare Challenge: A Framework and Consultation Document*, http://www.surestart.gov.uk/publications/?Document=523. 접근일: 2007.3.9.

Secretary of State for Health(1997). *The New NHS: Modern, Dependable*, Cm3807, London: HMSO.

Sefton, T. & H. Sutherland(2005). Inequality and poverty under New Labour, in J. Hills & K. Stewart(eds.), *A More Equal Society?*, Bristol: Policy Press.

Sellers, C.(2003). *New targets, New Tools, New Rules: How the best local authorities are transforming services*, Hampshire: Middlesex University Press.

Sherraden, M.(2002). "CSD Speech: Asset-based Policy and the Child Trust Fund, Washington: Center for Social Development", http://gwbweb.wustl.edu/csd/Publications/2002/UK_speech2002.pdf. 접근일: 2007. 3.16.

Skocpol, T.(1995). Why I Am a Historical Institutionalist, *Polity* 28(1).

Smith, J., P. Flowers, & M. Larkin(2009). *Interpretative Phenomenological Analysis.* London: SAGE, 김미영·이광석(옮김). 『해석 현상학적 분석』, 서울: 한겨레.

Smith, M. J.(1993). *Pressure, Power and Policy: State Autonomy and Policy Networks in Britain and the United States*, N.Y.: Harvester Wheatsheaf.

Social Enterprise Coalition(2003). *A Guide to Social Enterprise*, London.

Social Firms UK(2006). *The Social Firm Performance Dashboard.*

Somers, A. B.(2008). Shaping the Balance Scorecard for Use in UK Social Enterprise, *Social Enterprise Journal* 1(1).

Spicker, P.(2006). *Policy Analysis for Practice: Applying Social Policy*, Bristol: The Policy Press.

______(2013). Liberal Welfare State, Bent Greve (ed.) *The Routledge Handbook of the Welfare State*, London: Routledge.

Spiegelberg, H.(1982). *The Phenomenological Movement: A Historical Introduction.* London: Martinus Nijhoff Publishers, 최경호·박인철(옮김)(1991). 『현상학적 운동』, 서울: 이론과실천.

Spurling, L.(1977). *Phenomenology and Social World: The Philosophy of Merleau-Ponty and its relation to the social science.* London: Routledge & Kegan Paul.

Starr, P.(1989). The Meaning of Privatization, Kamerman, S. B. & A. J. Kahn(eds.), *Privatization and the Welfare State*, Princeton: Princeton University Press.

Stern, D. T.(2006). *Measuring Medical Professionalism*, Oxford: Oxford University Press.

Stern, M. J. & J. Axinn(2017). *Social Welfare: A History of the American Response to Need*, New York: Pearson.

Stevenson, L.(1974). *Seven Theories of Human Nature*, Oxford: Oxford University Press, 임철규(옮김)(1982). 『인간의 본질에 관한 일곱 가지 이론』, 서울: 종로서적.

Stewart, J.(2007). The Mixed Economy of Welfare in Historical Context, in M. Powell(ed.), *Understanding the Mixed Economy of Welfare*, Bristol, England: The Policy Press.

______(1986). *The New Management of Local Government*, London: Allen & Unwin.

Stewart, K.(2005a). Towards an equal start?: Addressing Childhood poverty and deprivation, in J. Hills & K. Stewart(eds.), *A More Equal Society?*, Bristol: Policy Press.

______(2005b). Changes in Poverty and Inequality in the UK in international Context, in J. Hills & K. Stewart(eds.), *A More Equal Society?*, Bristol: Policy Press.

Strange, S.(2003). *States and Markets*, London: Continuum.

Stubbs, R.(1999). War and Economic Development: Export—Oriented Industrialization in East and Southeast Asia, *Comparative Politics* 31(3).

______(2009). What Ever Happened to the East Asian Developmental State? The Unfolding Debate, *The Pacific Review* 22(1).

Sumner, L. W.(1996). *Welfare, Happiness, and Ethics*, Oxford: Clarendon Press.

Swingewood, A.(1991). *A Short History of Sociological Thought*, London: Macmillan.

______(1994). *A Short History of Sociological Thought*, London: Macmillan.

Tannen, Deborah(1993). What's in a Frame? Surface Evidence for Underlying Expectations, Deborah Tannen(ed.) *Framing in Discourse*, New York: Oxford University Press.

Taylor—Gooby, P.(eds.)(2004). *New Risks, New Welfare: The Transformation of the European Welfare State*, Oxford: Oxford University Press.

Thelen, K. & S. Steinmo(1992). Historical Institutions in Comparative Politics', in S. Steinmo et al. (eds), *Structuring Politics: Historical Institutionalism in Comparative Analysis*, Cambridge: Cambridge University Press.

Thin, N.(2012). *Social Happiness: Theory into Policy and Practice*, bristol: The Polity Press.

Titmuss, R. M.(1968). The Right to Social Security, in R. M. Titmuss & M. Zander (eds.), *Unequal Rights*, London: CPAG.

______(1971). Welfare Rights, Law and Discretion, *The Political Quarterly* 42(2): 113—132.

Trolldalen, J. M.(199). *International Environmental Conflict Resolution—The Role of the United Nations*, Washington D.C.: NIDR.

Tsebelis, G.(2002). *Veto Players: How Political Institutions Work*, N.Y.: Russell SAGE Foundation.

Turner, B. S.(1993). *Citizenship and Social Theory*, London: SAGE.

Twine, F.(1994). *Citizenship and Social Rights: the Interdependence of Self and Society*, London: SAGE.

Ungerson, C.(2003). Informal Sector, in P. Alcock, A. Erskine, & M. May, *The Student's Companion to Social Policy*, Malden, MA: Blackwell Publishing.

Vaughn, J. & E. Otenyo(2007). *Managerial Discretion in Government Decision Making*,

Sudbury, MA: Jones and Bartlett.

Victor, C. R.(2010). *Ageing, Health and Care*, Bristol: Polity Press.

Vogel, E. F.(1991). *The Four Little Dragons: The Spread of Industrialization in East Asia*, Cambridge, MA: Harvard University Press.

Waarden, F. van(1992). Dimensions and Types of Policy Networks, *European Journal of Political Research* 21: 29-51.

Walby, S. & J. Greenwell(1994). Managing the National Health Service, in J. Clarke, A. Cochrane, & W. MaLaughlin (eds.), *Managing Social Policy*, London: Sage.

Waldo, D.(ed.)(1971). *Public Administration in a Time of Turbulence*, London: Chandler Publishing Co.

Walker, A.(ed.)(2005). *Growing Older in Europe*, Maidenhead: Open University Press.

Walker, A. & C. Wong(2005). Conclusion: From Confucianism to Globalization, A. Walker and C. Wong (ed.), *East Asian Welfare Regimes in Transition: From Confucianism to Globalization*, Bristol: The Policy Press.

Walsh, M. et al.(2005). *Social Policy and Welfare*, Cheltenham, England: Nelson Thornes.

Waugh, W. L. & W. W. Waugh(2006). Phenomenology and Public Administration, in Thomas D. Lynch & Peter L. Cruise (eds.) *Handbook of Organization Theory and Management: The Philosophical Approach* (2nd ed.), London: Taylor and Francis.

Weber, M.(1961). The Market, in Parsons, Talcott · Edward Shils · Kaspar D. Naegele & Jesse R. Pitts (eds.), *Theories of Society*, New York: The Free Press.

Weidenbaum, M. L.(1981). *Business, Government and the Public*, Englewood Cliffs: Prentice-Hall.

White G. & R. Goodman(1998). Welfare Orientalism and the Search for an East Asian Welfare Model, in R. Goodman, G. White, & Kwon Huck-ju (eds.), *The East Asian Welfare Model: Welfare Orientalism and the State*, London: Routledge.

Wilding, P.(1982). *Professional Power and Social Welfare*, London: Routledge and Kegan Paul.

Wilensky, H. L.(1975). *The Welfare State and Equality*, Berkeley: Univ. of California Press.

Wilkinson, D.(2003). *New Deal for Young People: Evaluation of Unemployment Flows*, Policy Studies Institute Research Discussion Paper 15. London: Policy Studies Institute.

Wilson, D. & C. Game(2002). *Local Government in the United Kingdom*, Basingstoke: Palgrave Macmillan.

Wilson, T., G. Morgan, A. Rahman, & L. Vaid(2013). *The local impacts of welfare reform: An assessment of cumulative impacts and mitigations*, A report commissioned from the Centre for Economic and Social Inclusion, London: Local Government Association.

Winch, P.(1995)(2nd ed.). *The Idea of a Social Science and its Relation to Philosophy*, London: Routledge, 권기돈(옮김)(1997). 『사회과학의 이념』, 서울: 현대미학사.

Winfield, T. C. & V. Elliott(1999). Managed Care, in Anne Osborne Kilpatrick & James A. Johnson (eds.), *Handbook of Health Administration and Policy*, New York: Marcel Dekker, Inc.

Wittgenstein, L.(1953). *Philosophical Investigations*, Oxford: Basic Blackwell, 이영철(옮김)(2006). 『철학적 탐구』, 서울: 책세상.

Wolf Jr., C.(1988). Markets or Governments: Choosing between Imperfect Alternatives, The LAND Corporation, 전상경(옮김)(1994). 『시장과 정부: 불완전한 선택대안』, 서울: 교문사.

Wolk, A.(2008). *Advancing Social Entrepreneurship*, Root Cause and Aspen Institute.

World Bank(1994). *Averting the Old Age Crisis: Polocies to Protect the Old and Promote Growth*, Oxford: Oxford University Press.

Wright, G. H. von(1971). *Explanation and Understanding*, Ithaca: Cornell University Press, 배철영(옮김)(1994). 『설명과 이해』, 서울: 서광사.

Yao, X.(2010). *An Introduction to Confucianism*, Cambridge, UK: Cambridge University Press.

Yeates, N.(ed.)(2008). *Understanding Global Social Policy*, Bristol: The Polity Press.

Yishai, Y.(1992). From an Iron Triangles to an Iron Duet? Health Policy Making in Israel, *European Journal of Political Research* 21.

Young, O. R.(1979). *Compliance and Public Authority: A Theory with International Applications*, Baltimore: The Johns Hopkins University Press.

______(2002). *The Institutional Dimensions of Environmental Change*, Cambridge, Massachusetts: The MIT Press.

찾아보기

ㄱ

ㄴ

ㅇ

ㅈ

저자 소개

이광석(李光錫: Kwang-seok Lee)

영국 뉴캐슬대학교(University of Newcastle upon Tyne)에서 사회정책학 박사학위를 받고 현재 경북대학교 행정학부 교수로 근무하고 있다.
관심 분야는 복지정책, 국제행정, 다문화행정 등이며, 최근 논문으로는 "행정학에서 주관주의에 관한 연구"(공저: 2016), "행정학에서의 구조주의에 관한 연구"(공저: 2017), "사회복지발달사에서 위기가설과 그 검증에 관한 연구"(공저: 2018) 등이 있고, 최근 저서로는 『복지모순론』(공저: 2015), 『국어정책론』(2016: 대한민국 학술원 2017년도 우수도서), 『복지언어론』(2017: 대한민국 학술원 2018년도 우수도서), 『한국행정학 60년: 1956~2016』(2017: 대한민국 학술원 2018년도 우수도서)의 행정학에서의 주관주의(접근방법과 패러다임) 등을 집필했다.(lightstone@knu.ac.kr)

김순양(金淳陽: Soon-yang Kim)

고려대학교 사회학과를 졸업하고, 서울대학교에서 행정학석사와 행정학박사 학위를, 런던정경대(LSE)에서 Ph.D(사회정책학)를 취득했다. 현재 영남대학교 행정학과 교수, 행정대학원장, 사회과학연구소장으로 재직하고 있다. 미국 워싱턴주립대, 콜로라도대, 영국 사우샘프턴대, LSE Health and Social Care 등에서 교환교수, 객원연구위원 등을 역임했다.
그동안 사회정책, 정책이론, 복지행정, 정부관료제 등의 분야에서 『*Health Politics in Korea*』, 『*Health Systems in Transition*』(WHO, 공저, 『한국 보건의료개혁의 정치』(대한민국학술원 2018년도 우수학술도서), 『한국 다문화사회의 이방인』, 『복지서비스의 민간위탁시스템 분석』(대한민국학술원 2008년도 우수학술도서), 『발전국가』(공저), 『행정』(공저), 『행정학의 이해』(공저), 『이익집단정치와 이익갈등』(공저) 등의 학술서적과 150여 편의 학술논문을 출간했다. 유럽, 북미, 아시아 각국의 주요 국제학술세미나에서 많은 학술논문을 발표했다. 세계 3대 인명사전인 미국 *Marquis Who's Who in the World*, 영국 케임브리지 국제인명센터(IBC)에 우수연구자로 등재되었으며, 동아일보 및 중앙일보 평가에서 우수연구자로 선정되었다. 『한국행정학보』 편집위원장을 2년간 역임했다.(kimsy@ynu.ac.kr)

박순우(朴純祐, SoonWoo Park)

영국 런던정경대(London School of Economics)에서 사회정책학 박사학위를 받고 현재 공주대학교 사회복지학과 교수로 재직 중이다.
관심 분야는 비교사회정책, 사회복지재정 등이며, 최근 논문으로는 "사회복지노동시장의 이중성에 관한 연구"(공저: 2015), "지역사회정신보건서비스기관의 네트워크 수준에 영향을 미치는 요인에 관한 연구"(공저: 2015), "기초자치단체 지역사회보장계획 시행 결과 분석 및 평가체계 개선 방안"(2017: 공저), "농촌 노인의 성공적 노화에 영향을 미치는 요인"(공저: 2018) 등이 있고, 역서로는 『사회복지재정의 이해』(2012) 등이 있다.(swpark@kongju.ac.kr)

사회복지정책론

펴낸날 제1판 제1쇄 2018년 8월 30일
지은이 이광석 · 김순양 · 박순우
펴낸이 임춘환
펴낸곳 도서출판 대영문화사
주소 서울특별시 용산구 청파로 61길 5(청파동 1가) 제일빌딩 2층(㊙04308)
등록 1975년 12월 26일 제3-16호
전화 (02)716-3883, (02)714-3062
팩스 (02)703-3839
홈페이지 http://www.dymbook.co.kr

ISBN 978-89-7644-714-2
값 30,000원